# 한글세대를 위한 서양철학 : 고중세 편

## ―세계와 인생에 대한 지혜

# 한글세대를 위한 서양철학 : 고중세 편

## —세계와 인생에 대한 지혜

**초판 1쇄 인쇄**   2023년 8월 21일
**초판 1쇄 발행**   2023년 9월  1일
—

**지은이**   이명곤
**펴낸이**   이방원
**책임편집**  박은창        **책임디자인**  박혜옥
**마케팅**  최성수 · 김 준     **경영지원**  이병은
—

**펴낸곳**   세창출판사

신고번호  제1990−000013호   주소  03736 서울특별시 서대문구 경기대로 58 경기빌딩 602호
전화  02−723−8660  팩스  02−720−4579  이메일  edit@sechangpub.co.kr  홈페이지  http://www.sechangpub.co.kr
블로그  blog.naver.com/scpc1992  페이스북  fb.me/Sechangofficial  인스타그램  @sechang_official
—

**ISBN**   979−11−6684−234−4   03100

# 한글세대를 위한 서양철학 : 고중세 편

## ─세계와 인생에 대한 지혜

이명곤 지음

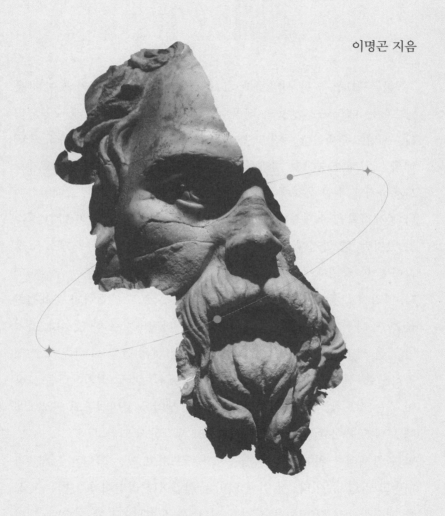

세창출판사

『한글세대를 위한 서양철학 : 고중세 편』이란 제목을 가진 이 책은 당초에는 대학 초년생들의 전공수업 교재로 사용하기 위해 구상되었다. '서양고중세철학'이란 과목이 대학마다 이미 있음에도 아직 국내에서는 고대와 중세를 함께 묶어 쓴 책이 없었고, 『철학사』를 교재로 사용하기엔 수업 목적에 적합한 책을 발견할 수가 없었다. 고대철학이나 중세철학을 소개하는 훌륭한 서적들은 국내에서도 많이 발견할 수가 있지만, 한 학기에 최소한 7~8과목의 수업을 수강하는 학생들을 생각하면 한 강의에서 두 권의 책을 교재로 선택하는 것 또한 부담이었다. 따라서 그동안 축적된 수업 내용을 바탕으로 고대철학과 중세철학을 함께 다루고 있는 적절한 교재를 직접 마련하기로 한 것이다. 하지만 글을 써 내려가면서 스스로 확신하게 된 것은 인생을 '의미 있고 성공적으로' 살아가는 데 있어서 고대와 중세철학자들의 지혜만큼 도움이 되는 것도 없다는 생각이었고, 이러한 생각을 일반인들의 인생살이에 보다 도움이 될 수 있는 글을 쓰자고 생각하게 되었다.

'한글세대를 위한'이라는 형용사가 내포하고 있는 의미는 크게 3가지라고 말할 수 있다. 첫 번째 의미는 희랍어나 라틴어가 가지는 낯섦을 해결하고자 하는 뜻을 가지고 있다. 한글세대라고 할 수 있는 대다수의 한국의 젊은이는 '희랍어'나 '라틴어' 용어들 그 자체가 다소 생소하고 또 이 용어들이 가진 독특한 의미들로 인해 고대철학이나 중세철학을 읽을 때 쉽게 몰입하기 어렵다. 그래서 이러한 어려움을 해소하고 별 어려움 없이 몰입할 수 있도록 작성하는 데 초점을 두었다. 희랍어나 라틴어로 된 철학적 용어들을 가급적 한글 단어로 적절하게 대치하였고, 문장이나 명제들 역시 의미가 현저히 달라지지 않는 한 자연스러운 한글 문장으로 변환시켜 가급적 일상의 언어들과의 간격을 줄이고자 하였다. 두 번째 의미는 역사적·문화적 차이를 해소하고자 하였다는 점이다. 고대와 중세는 현재 우리가 살고 있는 현대 사회와는 건너뛸 수 없는 현저한 역사적·문화적 차이를 가지고 있던 시대이다. 따라서 그들의 사고방식이나 가치관이나 세계관은 현대를 살고 있는 우리에게는 결코 쉽게 와닿거나 친근하게 느껴지지 않는다는 것이 사실이다. 바로 이러한 이유로 고중세의 사상들이 아무리 탁월하고 심오한 내용을 다루고 있다고 하여도 그 내용 혹은 교훈 등을 현실의 문제들과 직접 연결 짓거나 현대 사회의 문제에 바로 적용하는 데에는 무리가 있는 것이 사실이다. 따라서 고·중세사상가들이 말하고 있는 본래적인 의미를 해치지 않는 한도 내에서 가급적 근·현대의 사상가들의 사유나 진술들을 함께 사용하였고, 또 오늘날 현대인들이 마주하고 있는 다양한 현실적인 문제나 일화를 사용하여 소통의 어려움을 해소하고자 하였다.

마지막으로 이 형용사가 지니고 있는 의미는 오늘날의 한국의 젊은이들에게 꼭 필요하다고 생각되는 지혜들을 제공하고자 하는 일종의 '교육적 가치'를 염두에 두고 쓰였다는 것이다. 한때 '헬조선'이라는 말이 유행했을 정도로 오늘날 한국의 젊은이들은 그 어느 시기보다도 힘겨운 멍에를 지고 살아가고 있다. 이들에게 삶이란 이중 삼중으로 힘겨운 의무감을 부과하고 있으며 그들의 자율적이고 자유로운 생각과 행위들은 다방면의 위협에 노출되어 있다. 교육자들은 '남을 흉내 내지 말고 자신이 좋아하는 것을 하고, 자신이 원하는 삶을 살라'고 주문하지만 많은 젊은이는 무엇이 진정으로 자신이 원하는 것인지, 어떤 삶이 진정으로 자신이 살고자 하는 삶인지에 대한 생각 자체가 없다. 설령 그러한 것을 가지고 있다고 해도 왜 그렇게 살아야만 하는 것인지에 대한 분명한 생각이 없고, 또 생각할 겨를 또한 없다. 청운의 꿈을 품고 철학과에 입학한 학생이 어느덧 취업 준비에 온 마음을 빼앗긴 모습을 보게 된다. 다만 생존만을 걱정하는 인생이란 얼마나 비참한 것인가! 플라톤은 사랑이란 '비상을 사랑하는 것'이라 말한 바 있다. 이는 말하자면 젊다는 것은 '높은 가치'를 사랑할 수 있다는 것이며, 젊다는 것은 '원대한 꿈'을 가질 수 있다는 것을 뜻한다. 젊은이가 인생을 사랑한다는 것은 '비상을 사랑한다는 것'이며, 젊은이의 영혼이란 '무한한 가능성을 향해 비상할 수 있다는 것'이다. 그럼에도 오늘날의 사회는 이들에게는 마치 '한눈을 팔게 되면 인생에서 낙오된다!'고 끊임없이 위협하는 것처럼 보인다. 아리스토텔레스는 인간의 영혼을 '실현'이라고 규정한 바 있고, 토마스 아퀴나스는 영혼이란 '모든 것이 되어지는 것'이라고 규정하였다. 이는 말하자면 인간이란 마음먹기에 따라 —최소한 자아의 형성에 있어서는— 무엇이라도 될 수 있는 존재라는 것이다. 하지만 오늘날의 젊은이들은 비상에 대한 꿈보다는 너무 일찍, 즉각적으로, 그리고 직접적으로 사회의 한 기능을 담당하는 구성원이 되고자 애쓰면서, 영혼의 날개를 포기해 버리고 만다. 아리스토텔레스와 토마스 아퀴나스는 철학의 출발점은 '경외'라고 보았다. 다시 말해 인간의 영혼은 우주를 보고, 세계를 보고, 자연을 보면서 그 아름다움과 신비로움에 매료되어 감탄을 하고, 보다 깊고 본질적인 곳으로 나아가고자 하는 것, 이것이 곧 철학의 시작이라고 보았다. 하지만 현대의 사상가들은 끊임없이 철학도 '과학적'이 될 것을 주문하고 또 젊은 철학도들에게마저도 어디에 '유용한 것'이 될 수 있는 것인지를 반복적으로 묻고 있다. 게다가 오늘날의 기계기술문명은 수많은 매혹적인 이름으로 젊은이들의 영혼을 압도하고 있다. 현대는 그 어느 때보다도 젊은 영혼들이 '자유롭게 되고', '해방될 필요'를 느끼게 하는 사회이다.

어떤 이름을 지니고 있든지 진정한 철학이라면 다방면에서 압도당하고 있는 젊은 영혼들에게 '자유'와 '해방'을 가져다줄 수 있어야 한다. 젊은이들의 실존은 다시금 가벼워져야 하고, 정신은 자유로워야 하며, 영혼은 다시금 보다 높은 가치를 위해 비상할 수 있어야 한다. 다시금 정신을 가진 인간의 운명에 대해 깊이 생각할 수 있어야 하고, '소우주'와 같은 자신의 자아와 인생의 운명에 대해 생각해 볼 수 있어야 한다. 진정으로 그 의미와 가치를 이해하고 있는 사람이라면 고대철학과 중세철학의 지혜들이 이러한 요구에 잘 답해 줄 수 있을 것이라는 사실을 부정할 수는 없을 것이다. 이를 잘 이해하고 있는 유럽인들은 모든 고교생에게 철학을 공부할 것을 권유하고 있다. 특히 프랑스의 대입시험인 '바칼로레아'는 철학시험이며, 모든 고교생은 3학년 때에 의무적으로 철학을 공부하고 있다. 철학교수의 시선에서 보자면 그보다 더 부러운 문화는 없을 것이다. 비록 고대와 중세의 철학을 강의하기 위해서 작성된 책이지만 이 책이 젊은이들에게 진정한 인생의 의미와 가치 있는 삶을 영위해 가는 데 도움이 되기를 바라는 마음에서 써 내려갔다. 그런 이유로 혹자는 보다 학문적이고 전문적인 정보들이 부족하다는 느낌을 받을 수도 있을 것이다. 사실 인용구도 꼭 필요하지 않은 경우는 책의 제목이나 장, 절 정도만 간략하게 표기하였다. 그리고 철학을 처음 접하는 대학 초년생들에게 꼭 필요한 지식이 아니라고 생각되는 전문적인 정보들, 용어나 개념들에 대한 섬세한 규정들, 사상가들 사이에서의 미묘한 차이들 등은 '간략한 도표' 안에 요약하는 것으로 대신하였다. 그래서 이 책에는 철학서적으로서는 다소 많은 도표가 포함되어 있다.

고대와 중세의 사상들이 가진 장점 중 하나는 이들의 사상이 철학의 출발점이었다는 차원에서 철학적 '순수성'을 간직하고 있다는 점일 것이다. 순수하다는 것은 '경계'를 가지지 않는다는 것이며, 그렇기에 모든 것에 깃들 수 있고 모든 것에 스며들 수 있다는 것을 의미한다. 그래서 고대의 철학자들은 수학자였고, 천문학자였고, 의학자였고 또 신학자이기도 하였다. 특히 중세의 철학자들은 그들 특유의 '내면성'을 가지면서 존재의 깊은 의미로 파고들어 갔다. 그래서 그들은 숫자와 논리의 경계를 넘어 존재하는 모든 것과의 순수한 접촉을 시도하였다. 아마도 현대의 사상들과 사조들이 가지는 가장 취약한 점이 있다면 이 같은 철학적 순수성을 많이 상실하였다는 점일 것이다. 데카르트는 학문을 나무에 비유하면서 '형이상학을 나무의 뿌리'라고 생각하였다. 이는 철학이 만학의 근본이 된다는 것을 의미하는데, 여기서 형이상학이란 바로 고대와 중세의 고유한 사유를 상징하는 것이라고 말할 수 있다. 보다 높이 하늘을 오르고자 하는 나무는 그 뿌리를 땅속으로, 보다 깊이 내려야 한다. 무엇을 추구하든지 어떤 학문을 추구하든지 높이 비상하고자 하는 사람이라면 누구나 고대철학과 중세철학의 지혜들을 되돌아볼 필요가 있는 이유가 바로 여기에 있다.

이 책에서는 중세사상을 소개하는 여느 다른 책들과는 달리 아우구스티누스와 토마스 아퀴나스를 중점적으로 다루고 있으며, 다른 사상가들은 '그 외 중요한 철학자들'이란 장으로 비교적 간략하게 다루고 있다. '중세 천년'이라는 말이 있듯이 중세는 그 어느 시기보다 긴 시기였고 그만큼 수많은 철학자들의 이름이 등장한다. 하지만 또한 중세는 세계관의 관점에서 보자면 그 긴 시간동안 '기독교적(가톨릭적) 세계관'이라는 하나의 사상이 지속된 시기이기도 하다. 그래서 어떤 관점에서는 수많은 사상가가 있지만 모두가 동일한 하나의 세계관을 공유하며 지속된 시기라고 볼 수 있다. 그래서 이 책에서는 중세철학의 그 학문적 분위기가 확연히 달라지는 두 시기, 즉 교부철학시기와 스콜라철학시기로 크게 나누고 이 두 시기를 대표할 만한 두 철학자를 중심으로 소개하면서 다른 사상가들은 철학사적으로 의미 있는 주제들을 중심으로 간략히 다루고 있다. 이는 중세의 여타 철학자들의 사상이 별로 중요하지 않다고 생각하기 때문이 아니라, 이 책의 본래 목적이었던 철학과 초년생들을 위한 교재의 특성상 쉽게 몰두할 수 있고 또 분량을 맞추기 위해 꼭 필요한 것만을 선별하고자 했기 때문이다. 이 책이 비록 철학의 기초에 해당하는 과거의 사상에 관한 책이지만 철학에 대해 알고자 하는 사람, 처음 철학을 공부하는 새내기 철학도들, 그리고 한 번뿐인 인생을 보다 의미 있고 가치 있게 영위하고자 하는 모든 독자에게 작은 도움이나마 될 수 있기를 희망해 본다.

2023년 8월 14일
아라동 연구실에서
이 명 곤

**차례**

## 2부   중세철학

# 읽·어·두·기

1. 희랍어 용어 중 꼭 원어를 병기할 필요가 없는 경우는 '전사<sup>transcription</sup>'
   로 병기하였다.

2. 병기한 외국어에서 라틴어는 흘림체로 영어는 (영), 불어는 (불)이라 병
   기하였다.

3. 최초 병기한 용어 중 필요한 경우 책의 마지막 부록 편에 개념 설명을 하
   였고, 이후로는 위 첨자를 통해 표시하였다.

4. 한자 용어는 어색하거나 풀어 써도 뜻을 알 수 있는 경우 가독성을 위해
   가급적 한글 표기를 우선으로 하였다.

5. 이 책은 전공자나 연구자를 위한 것이라기보다는 초심자나 일반인들을
   위한 것으로 '인용구'의 경우도 꼭 필요한 정도, 즉 '책의 제목'이나 '장과
   절' 정도만 표기하였다. 라틴어의 경우는 원전을 직접 번역 사용하였고
   희랍어의 경우 한글 혹은 불어 번역본을 사용하였다.

6. 이해를 돕기 위해 고중세의 철학자들의 사유를 현대철학자들이나 과학
   자들의 사유와 비교하면서 설명한 부분이 많이 있다. 여기서 해석의 관점
   등은 가장 일반적인 철학사적인 관점을 활용하였다.

7. 희랍철학이나 중세철학에 관한 비판적인 성찰은 지면상 1부와 2부의 마
   지막 부분에 아주 간략하게 개괄적으로 언급하였다.

1부

고대철학

# 1장

## 왜 현대인들이 고대나 중세의 철학을
## 공부해야만 하는가?

지혜를 버리지 말아라. 그것이 너를 지켜 줄 것
이다. 지혜를 사랑하여라. 그것이 너를 보호하여
줄 것이다.

- 잠언 4:6 -

## 1. 세상에는 변하는 것과
    변치 않는 것이 있다

가끔 아내나 자녀를 둔 다른 동료들과 자녀 교육에 대해 이야기 할 때가 있다. 그럴 때 가장 자주 듣게 되는 말은 "요즘 아이들에게 이렇게 할 수야 없지!", "요즘 아이들은 저렇게 할 수밖에 없어!" 등과 같은 말이다. 그럴 때마다, 나는 키르케고르의 다음과 같은 말을 생각하곤 한다. "세상의 환경이 타락하였다. 그리고 사람들은 '세상의 환경이 타락했기 때문에 그곳에 사는 아이들이 타락하게 된다'라고 말한다. 이렇게 해서 세상의 아이들이 타락하게 되는 것이다." 이 말의 핵심은 세상이 타락했기 때문에 아이들이 타락하는 것이 아니라, 사람들이 '환경이 타락하면 그곳에 사는 사람들도 타락하게 된다고 생각하기 때문에, 바로 그 생각 때문에 아이들이 타락하게 된다'는 것이다. 즉, 환경이 문제가 아니라, 사람이 환경을 받아들이는 그 생각이 문제라는 것이다. 물론 이 같은 키르케고르의 생각이 다 옳은 것은 아닐 것이다. 자녀 교육에 관한 유명한 잠언인 '맹모삼천지교'는 환경이 아이들의 교육에 결정적인 영향을 미친다고 말하고 있기 때문이다. 한 인간의 사고방식이나 행동양식에 가장 큰 영향을 미치는 것은 무엇인가? 그를 둘러싼 환경인가, 혹은 주변 사람들의 생각인가? 아니면 그 자신의 생각이나 의지인가? 이 같은 질문에 정답이 있을 수는 없을 것이다. 이 역시 그가 누구인가, 혹은 그가 어떤 상태나 상황 속에 있는가에 따라 답변이 달라질 것이기 때문이다.

아마도 한 인간이 변화하거나 변모하는 데 있어서 환경, 주변 사람들의 생각 —이 역시 정신적 환경이라 할 수 있겠지만—, 혹은 변화의 주체인 개인의 사고나 의지, 변화의 내용이 무엇인가에 따라 정도의 차이는 있겠지만 이 가운데 무엇하나 중요하지 않은 것이 없을 것이다. 하지만 분명한 것은 사회 환경이 변화했다고 해서 그 사회 속에 사는 사람도 반드시 환경에 따라 변한다거나 혹은 타락하지 않는다는 사실이다. 인류의 역사를 보면 환경의 변화에 맞서, 즉 소위 말하는 '대세'에 맞서, 홀로서기를 보여 주면서 위대한 인생을 살다간 많은 사람이 있다. 고흐나 베토벤, 석가나 예수, 수많은 종교적 성인이나 민족들의 의인들이 모두 이러한 사람이다. 아마도 이들 모두에 공통되는 것이 있다면 그것은 '인간적인 혹은 인류적인 것'에 대한 추구일 것이다. 다시 말해 시대와 역사를 초월하여 누구나가 바라마지않는, 인간성의 차원에서 가지게 되는 어떤 가치에 대한 추구일 것이다.

역사의 흐름에 따라 문화나 사고방식이나 생활방식, 그리고 인생관이나 세계관 등은 변화하고 바뀔 수밖에 없다. 하지만 변화되는 것이 있다면 반드시 변치 않는 것도 있다. 수학적 기하학적 공식, 공기역학의 물리적 법칙들, 그리고 자녀에 대한 어머니의 모성애, 고통받고 신음하는 사람들에 대한 연민, 불의에 저항하며 정의를 갈망하는 양심의 소리 나아가 행복을 추구하는 인간의 본능적인 열망 등은 역사의 흐름이나 문화나 생활방식이 아무리 변화하여도 결코 변하지 않는 것들이다. 좀 과장하여 말하자면 이러한 것들은 '불멸하는 원리들'이고 '영원한 가치들'이다. 바로 이 불멸하는 가치들, 누구나 긍정할 보편적인 가치들은 철학사의 시초에서도 마찬가지로 긍정되어진 가치들이었고, 철학자들이 추구하는 진리들 중에 이 같은 불멸하고 보편적인 것들이 있다는 사실은 누구도 부정할 수가 없다.

소크라테스는 죽음을 앞두고 두려워 도망치지 않은 이유를 "지혜 sophia를 사랑하는philo 자 곧 철학자가 죽음을 두려워할 이유가 없다"라고 말하였다. 정보나 앎의 체계를 의미하는 '지식'과는 달리 '지혜'란 인생을 참되게 사는 것에, 혹은 진정 행복한 삶을 살아가는 데 도움을 주는 '깨달음으로서의 앎'을 말한다. 그리고 이 깨달음은 인간의 영혼이 불멸하는 것임을 깨닫는 것이었다. 플라톤은 『파이돈』에서 '철학적인 영혼은 불멸하고 신성한 것과 친교를 가지면서 죽음을 초극하는 실천적인 앎, 즉 지혜를 가진 영혼이며, 그래서 철학이란 곧 죽음을 연습하는 것'이라고 하였다. 그리고 이 지혜는 몽테뉴에게 다시 취해진다. 지혜나 진리는 분명 모든 사람을 위한 것이며, 예외 없이 누구에게나 해당되는 것이며, 시대와 무관하게 인류의 전 역사에서 요청되어 온 것이다. 그 모양은 다르겠지만 철학사에서 단 한 번도 망각된 적이 없었던 것이 지혜와 진리에 대한 추구였다.

'물자체는 알 수 없다'고 주장하며 형이상학을 부정했던 칸트도 '양심의 절대명령'(정언명령)을 긍정하였고, 이를 바탕으로 도덕형이상학을 마련하고자 시도하였다. 니체는 "신은 죽었다"라고 외쳤지만, 새로운 진리를 추구하고자 노력하였다. 비록 그 모양과 형식이 시대마다 다르다고 해도 지혜나 진리는 모든 시대에 간절히 추구했던 것이었고, 지혜나 진리가 보편적이고 영속적인 것이라는 차원에서 철학을 공부하고자 하는 사람은 반드시 고대와 중세의 철학을 공부할 필요가 있다. 왜냐하면 고대와 중세의 철학자들이 가장 주의를 집중하였던 것이 보편적이고 영속하는 지혜, 즉 '진리'였기 때문이다. 특히 철학을 자신의 삶의 길잡이로 삼고자 하는 사람은 반드시 고대와 중세의 철학을 깊이 탐구해 볼 필요가 있다. 보다 높은 건축물을 짓고자 하는 사람은 반드시, 보다 깊이 기초를 다져야 하기 때문이다.

## 2. 숲속에서 길을 잃었을 때, 가장 좋은 선택은 출발점으로 되돌아가 보는 것이다

탐험가나 등산가가 산속이나 사막에서 길을 잃었을 때 가장 현명한 방법은 '왔던 길을 되돌아 다시 출발점으로 가 보는 것'이라 말한다. 출발점에서 다시 온 길들을 따라가면서 어디에서 올바른 길을 벗어났는지 점검할 수 있기 때문이다. 마찬가지로 현대의 철학이 더 이상 현대인의 삶에 길잡이 역할을 할 수 없을 것 같다면 우리는 반드시 그 출발점인 희랍철학과 중세철학으로 되돌아가 보아야 한다. 철학사가 진리 혹은 진실을 추구하려는 철학자들의 노력의 점철이라고 할 때, 현대 사조를 보면 아이러니하게도 사람들이 그 어느 때보다 진리와 멀어진 느낌을 받는 것이 사실이다. 가상이 현실이 되고 현실이 가상이 되며, 거짓이 진실을 대신하고, 힘이 정의를 대신하는 풍토가 현대 사회에서는 너무나 일반화된 것 같다. 역사가 시작된 이래 전쟁에 쏟은 날이 평화에 쏟은 날보다 더 많다고 할 만큼 인류의 현대사는 전쟁과 투쟁의 역사인 듯하고, 사회에서 일상적인 삶은 지속적인 작은 전쟁처럼 보인다. 적대감이 사라지면 곧바로 무관심이 자리할 만큼 개인주의가 팽배하고, 개인주의는 '만인에 대한 만인의 투쟁'이라는 이기주의로 변질되었다. 인류애를 강조하던 이념적이고 종교적인 문화마저도 이미 그 효력성을 상실한 듯 보이고, 우정, 사랑, 동료애, 가족애 그리고 인류애는 길을 잃어버리고 만 것처럼 보인다.

가브리엘 마르셀G. Marcel과 사르트르J. P. Sartre는 이 같은 현대적 비극을 자신들의 철학에 담았다. 이들에게 있어서 소통이 단절된 일상의 삶이란 '깨어진 세계'(마르셀)요, '타자가 곧 지옥'(사르트르)이다. 이러한 세계에서 이웃과 동료는 소유하고 지배해야만 하는 필요성에 의해 사물화되고, 개인들은 폭군이 되거나 혹은 노예가 되기를 강요당하고 있다. 타인들의 시선은 나에게서 나의 세계를 빼앗아 가고, 타인의 현존은 나의 자유를 억압하고, 사회구조는 나의 다름과 차이를 용납하지 않는다. 한때 우리나라에서 유행했던 '헬조선'이란 말은 단순히 은유적인 표현만은 아닐 것이다. 아마도 지옥이 있다면 그것은 바로 이 현실을 의미한다고 할 수 있을 만큼 현대 사회는 비극적인 측면을 가지고 있는 것이 사실이다.

무엇이 잘못된 것일까? 헤겔은 '철학은 시대의 딸'이라고 말하였지만, 이와 반대로 '시대가 곧 철학의 딸'일 수도 있지 않는가 하는 질문에는 누구도 정답을 제시할 수가 없다. 하지만 한 가지 분명한 사실은 우리의 삶이 어떤 모양을 가지고 있는가 하는 것은 거의 결정적으로 우리들이 어떤 생각을 하고 있는가에 달려있다는 사실이다. 물질적이거나 외적인 것 혹은 사회적인 것에 있어서 나는 나의 삶의 주인이 될 수 없을지도 모른다. 하지만 최소한 윤리·도덕적인 삶에 있어서 나는 거의 절대적으로 나의 삶의 주인일 수 있다. 나는 선한 인간이 될 것인가 혹은 악한 인간이 될 것인가, 나는 정직한 사람이 될 것인가 거짓된 사람이 될 것인가, 정의로운 사람이 될 것인가 불의한 사람이 될 것인가, 명예로운 사람이 될 것인가 비겁한 사람이 될 것인가, 혹은 나는 양심적인 사람이 될 것인가 비열한 사람이 될 것인가 하는 것 등은 거의 전적으로 나의 자유의지에 달려 있기 때문이다.

그렇다면 무엇이 우리 사회를 이처럼 비참한 사회로 만든 것일까? 어떤 이들은 '잘못된 사회구조'가 원인이라고 할 것이다. 하지만 그렇다고 해도 이 잘못된 사회구조는 또 어디에서 기인된 것일까? 정치인들의 '잘못된 정치적 비전' 때문일까? 만일 그렇다면 정치인들의 그 잘못된 비전은 또 어디에서 기인된 것인가? 그것은 그들의 잘못된 사고나 사상에 연유하는 것이 아닐까? 그렇다면 그들의 그 잘못된 사유나 사상은 또 어디에서 기인한 것일까? 이렇게 질문하다 보면 우리는 철학이라는 학문의, 혹은 일정 부분 동시대의 시대적 문제들에 대한 철학자들의 책임이 있음을 부정할 수 없을 것이다. 누가 뭐라 해도 정신과 사상, 그리고 이념을 다루는 철학이 필연적으로 동시대 사람들의 사고방식에 많은 영향을 끼치게 된다는 것을 부정할 수는 없기 때문이다. 만일 현대의 철학이 현대의 비극적 삶에 충분히 답할 수 없다면, 그 원인을 발견하기 위해 처음의 출발점으로 되돌아가 다시 지난 발자취를 검토하면서 어디에서부터 길을 잘못 든 것인지를 되짚어 보아야 한다. 바로 이것이 현대인이 고·중세 철학을 공부해야만 하는 이유인 것이다.

## 3. 현재의 것이 과거의 것보다
## 더 퇴보했거나 추락한 것도 있다

가끔 무정부주의자들의 사고방식은 현대의 젊은이들에게 매우 매력적으로 보인다. 하지만 구체적인 제도나 구조가 없는 사회, 즉 국가나 정부가 없는 무질서한 사회는 결코 오래 생존할 수가 없을 것이다. 그렇기 때문에 어떤 경우에도 우리는 사회나 국가 그 자체를 경멸하거나 무시할 수가 없다. 다만 우리가 경멸해야 할 것은 인간을 사물화하고, 개인을 획일화하며, 사랑의 대상인 동료나 이웃을 투쟁의 대상으로 삼게 하는 잘못된 사회구조나 타락한 현대문화 그 자체이다. 어쩌면 이는 철학에서도 마찬가지일 것이다. 과거의 철학자들은 하나같이 각자의 세계관이나 가치관을 분명하게 나타내 보였다. '인간은 소우주이다'라는 파스칼의 말처럼 대다수의 과거의 철학자는 자신만의 우주를 가지고 있었다. 다시 말해 그의 사상의 체계 안에서는 존재하는 모든 것이 각자의 위치와 역할을 가지고 거대한 유기체적 질서를 이루고 있었다. 여기서는 그 표현하는 언어가 다를 뿐, 신과 영혼 그리고 우주의 원리들, 인간이 도달해야 할 궁극적인 목적 등, 형이상학적인 존재들이 그 지반을 이루고 있었다.

하지만 언제부터인가 철학자들은 이 같은 형이상학적인 사유에 강한 의심을 품기 시작하였다. 이러한 의심들은 거의 매번 '인간의 눈높이'에서, '인간의 척도에서'라고 인간적인 것에 호소하였다는 것이 사실이다. 사실 '인문주의'라는 르네상스는 곧 '인간이 만물의 척도'라는 프로타고라스의 사유를 바탕에 깔고 있다. 그런데 무엇을 척도로 인간이 만들어졌을까? 혹은 현대의 인간은 무엇을 척도로 '인간다움'을 규정하는 것일까? 아니면 무수한 종류의 사람 중에서 어떤 사람이 인간의 척도가 되는 것일까? 사거리의 소시민들일까? 법률을 제정하거나 이를 해석하는 법관들일까? 혹은 우주와 역사를 탐구하는 사람일까? 몇 광년이나 떨어진 우주 저편의 별들을 탐구하는 사람, 한 조각 피부 조직 안의 수천 분의 일 밀리미터를 탐구하는 사람, 인류의 역사, 아니 지구의 역사나 우주의 역사를 작성하도록 부름 받은 사람들은 결코 대중이나 민중이 닿을 수 없는 범위에서만 측정을 한다. 대로변의 평균적인 사람들에게서만 인간성을 만나고자 하는 생각은 매우 불합리한 생각일 수 있겠지만, 마찬가지로 결코 소시민이 닿을 수 없는 매우 전문적인 직업을 가진 사람들을 통해서만 인간성을 이해하고자 하는 것도 위험한 생각일 수 있다.

그럼에도 오늘날 무수한 분야의 전문화된 사람들은 오직 자신의 전문 분야를 통해서만 인간을 이해하고자 하며, 현대의 사상가들은 모든 것을 물질에 기초하여 이해하고자 하는 경향이 있다. 가령 현대의 어떤 학자들은 우리가 보고 있는 것은 '대상 그 자체'가 아니라, 대상으로부터 시각 정보에 의해 뇌로 수용된 것을 다시 망막에 투사하여 '스크린'과 같은 망막에 비친 상을 보는 것이라는 이론을 세우고 마치 우리가 보는 것이 곧 '가상의 세계'와 크게 다를 바 없는 것처럼 주장을 한다. 하지만 이러한 것도 어디까지나 하나의 이론일 뿐이며, 반대되는 주장도 얼마든지 가능하다. 다시 말해서 우리가 보는 것은 우리들의 존재와 대상 사이의 진정한 교감에서 주어지는 것이며, 시각 정보니, 수용된 뇌의 정보니, 망막에 맺힌 상이니 하는 것들은 어디까지나 우리가 교감하고 있는 실재의 사실에 대한 현상들, 즉 실재의 겉옷에 불과한 (마치 병의 증상처럼) 현상으로서만 나타나는 것일 뿐이라고 주장할 수도 있다. 모든 것이 학습에 의한 축적물일 뿐이며, 자아나 의식 혹은 정신이나 자유의지, 나아가 도덕성 등을 다만 실제적인 생물학적·화학적 작용의 부산물처럼 고려할 때, 인간은 다만 물질덩어리나 신경 다발에 지나지 않게 된다. 이러한 사유 지평에서는 인간성이나 인간의 존엄성이나 생명의 소중함이나 인권의 정당성 등은 주어지지 않는다. 이렇게 된다면 타인을 위해 헌신하는 고귀한 아가페적 사랑도 하나의 허상이나 자아도취에 지나지 않게 될 것이다. 인간을 불멸의 영혼을 가진 고귀한 존재라고 생각했던 고·중세인들의 관점에서 보자면 이러한 사유는 그 자체로 타락한 정신일 뿐이다. 비록 기술문명의 차원에서는 엄청난 발전을 이루었다고 해도 인간성의 차원 혹은 윤리·도덕의 차원에서는 엄청난 오류를 범하고 있으며, 이는 인류의 행복이라는 차원에서는 하나의 재앙일 수도 있다.

물론 현대의 기술문명이나 과학문명 그 자체가 나쁜 것이라 말할 수 없으며, 따라서 문명을 버리고 과거로 돌아가자고 말할 수도 없고, 또 그렇게 말해서도 안 될 것이다. 기술문명이나 과학문명은 분명 인간의 해방과 복지라는 차원에서 많은 기여를 한 것도 사실이기 때문이다. 하지만 기술이나 과학은 어디까지나 인간의 행복과 해방을 위한 수단이나 도구에 지나지 않는다. 기술발전이나 과학의 발전이 인간을 불행하게 하고 인류의 재앙을 초래하고 있다면 그것은 원래의 목적을 상실하였거나 원래의 목적을 비껴가고 있기 때문일 것이다. 때문에 현 시대에 있어 불행의 그림자가 드리운다면, 혹은 나쁜 꿈이 우리의 마음을 휘어잡고 있다면 우리는 어디서부터 이러한 추락과 퇴보가 시작되었는지를 되돌아보아야 한다. 그렇지 않다면 인류의 미래는 유토피아가 아닌 디스토피아로 직행할 수밖에 없을 것이다. 오늘날 환경주의자들은 기후변화나 환경오염을 걱정하고 이를 강하게 경고하고 있다. 하지만 병을 치유하기 위해 병이 위험하다고 외치기만 한다고 한들 문제를 해결할 수는 없다. 진정 병을 치유하고자 한다면 어디에서 이 같은 병이 발생하였는지 그 진정한 원인을 규명하고, 올바르고 근본적인 해결책을 찾아야 하는 것이다. 바로 이러한 이유로 고대와 중세의 사유를 되돌아본다는 것은 매우 중요한 일이고 필수불가결한 것이라 아니할 수 없다.

## 4. 역사는 지속성과 반복에 의해 이루어지는 것이다

학자들은 역사가 이루어지는 과정이 지속과 연속을 통해 점진적으로 발전을 한다고 생각하기도 하지만, 이와는 반대로 역사의 발전이란 지속적인 '혁명'을 통해서 이루어진다고 주장하는 이들도 있다. 그 근거로 '코페르니쿠스적 전환'이나 '창조설에서 진화론으로의 이행', 나아가 '프랑스 대혁명'이나 '상대성 원리' 혹은 '양자역학의 발견' 등을 내세우며, 인류의 진보를 이끈 결정적인 사건들은 모두 혁명적인 것이었다고 주장하고 있다. 물론 이러한 주장이 틀린 것은 아니겠지만 그럼에도 우리는 이 같은 주장을 다른 관점에서 고려해 볼 필요가 있다. 코페르니쿠스적 전환이 발생하였어도 사람들은 여전히 봄에는 씨를 뿌리고 가을에는 추수를 하며, 여전히 부모들은 자녀들을 끔찍이 사랑하고 자녀들은 부모님들에 감사한다. 진화론이 하나의 과학이론으로 정립되어도 신앙인들은 여전히 불행한 이들을 위해 기도를 하고 교회는 문을 닫지 않는다. 프랑스 혁명이 발생하여도 미화원들은 여전히 아침 일찍 시민들을 위해 봉사하기를 마다하지 않고, 군인들은 국민들을 위해 전쟁터로 향하고 있다. 상대성 원리나 양자역학이 발견되어도 여전히 사람들은 '우주'를 '코스모스'라고 부르고 또 이웃을 위한 사랑과 정의를 위한 노력이 고귀한 것으로 생각하고 있다. 역사의 발전에는 혁명적인 것도 있지만 눈에 보이지 않게 조금씩 지속적으로 성장하고 발전하는 것도 있으며, 결코 변치 않는 가치들도 있다. 사실상 혁명적인 사건이 인간의 삶을 변화시키는 것보다는, 여전히 과거로부터 지속되고 있는 것이 훨씬 더 많다는 것은 엄연한 사실이다. 누구도 변화를 야기하는 것이야말로 보다 가치가 있는 것이고, 지속되어 온 것은 덜 가치가 있는 것이라고 말할 수는 없다. '작은 것이 아름답고 사소한 것이 중요하다'는 말이 있듯이 가치 있는 것이란 무엇을 더 소중하게 여기는가 하는 개인의 주관적인 판단에 달린 것이기 때문이다. 어떤 사람에게 있어서는 지구가 태양을 돈다는 사실이나 안드로메다은하의 크기가 22만 광년이 된다는 사실을 아는 것은 춘분이 올 때 씨앗을 파종해야 한다는 사실을 아는 것에 비하면 오히려 사소한 것일 수도 있다.

현대철학자인 화이트 헤드는 "서양 철학은 플라톤의 각주에 불과하다"라고 말한 바 있다. 물론 이 말은 어느 정도 과장된 측면이 있고 누구도 사실 그대로 받아들이지는 않을 것이겠지만, 그럼에도 이 말이 의미하는 바는 충분히 납득할 수 있다. 우리는 헤겔 사상에서 플로티노스의 사유를 읽을 수 있고, 칸트의 사유 안에서 데모크리토스를 발견할 수 있다. 키르케고르의 사유 안에서 소크라테스를 발견할 수 있으며, 데카르트 안에서 아우구스티누스를 발견할 수 있고, 현대의 인격주의자들 안에서 토마스 아퀴나스를 발견할 수가 있다. 이렇게 한 시대의 사상이란 결코 하늘에서 떨어진 것이 아니라, 과거의 사유들에 대한 깊은 성찰에서 주어진 것임을 부정할 수가 없다. 설령 과거의 사상들을 비판하는 사상이라고 해도, 제대로 비판을 하기 위해서는 먼저 과거의 사유에 대한 답습이 있었다는 것을 전제하여야 한다. 베르그송은 인간의 자아를 '굴러가는 눈덩이'에 비유한 바가 있다. 눈덩이는 언덕 아래로 굴러가면서 처음부터 마지막까지 모든 것을 자신의 내면에 내포하고 있다. 역사란 바로 이러한 것이다. 한 개인의 역사 안에는 아득한 과거의 사실이나 사건들에서부터 현재에 이르기까지 모든 이야기들이 함축되어 있듯이 인류의 역사나 철학의 역사 안에는 과거의 모든 사유들이 함축되어 있다. 그래서 환경이나 사회적 조건이 어떻게 변하는가에 따라서 끊임없이 과거와 동일하거나 유사한 사유나 사상들이 다시 반복하여 출현하고 또 사라지고 또 반복하여 나타나면서 점진적으로 진보하고 있는 것이다. 헤겔은 이렇게 '정-반-합'의 원리를 통해 점진적으로 진보하는 것을 '변증법'이라고 불렀다. 가끔은 '망치를 든 철학자'라는 별명을 가진 니체와 같이 과거의 모든 것을 무로 돌리고 새롭게 시작하여야 한다고 주장하는 이들도 있고, 또 무정부주의를 주장하며 과거뿐 아니라 현재의 것까지도 모두 말소하고자 하는 이들도 있겠지만, 그럼에도 이러한 관점을 가진 이들이 극히 소수라는 사실 또한 부정할 수는 없다.

만약 우리가 역사의 지속성과 반복을 완전히 무시한다면 그것은 '인간성의 조건'을 회피하는 것이라고 말할 수 있을 것이다. 나무의 뿌리가 땅속을 떠나서는 존재할 수 없듯이 인간은 그 자신의 역사를 떠나서는 성장할 수 없을 것이며, 심지어 생존할 수도 없을 것이다. 인류는 항상 미래를 향해 도약하고자 하지만, 또한 항상 과거의 어떤 향수를 강하게 지닌 양면성의 존재라는 사실도 부정할 수 없다. 어떤 이들은 유독 '과거에 대한 이 향수'를 경멸적인 어조로 비판하면서 과거에서의 영향을 완전히 거부하기도 한다. 하지만 분명한 것은 이러한 태도를 암시적으로라도 모두에게 강요한다는 것은 그것은 이미 하나의 위협이라는 사실이다. 물고기가 물고기의 조건을 떠나서는 살 수가 없듯이 인간은 인간성의 조건을 떠나서는 살 수가 없다. 하이데거는 한 인간이 아무리 낮은 곳에 위치해 있더라도 한 인간의 우주는 '세계'라고 불린다고 하였다. 비록 이 세계가 책임감을 포기할 때에는 응집된 세계, 본능의 세계, 익명의 세계가 되어 버린다고 하여도 세계는 여전히 세계이며, 그것은 그가 살아온 온 역사가 포함된 세계이다. 누구도 그것에서 어떤 부분을 잘라 내거나 삭제할 수는 없는 것이 역사이다. 이렇게 어떤 철학이나 사상을 공부하더라도 그곳에는 이미 철학사의 전체가 뿌리처럼 내포되어 있다. 데카르트는 이 뿌리를 '형이상학'이라 불렀고, 이 형이상학은 시간과 역사를 초월하는 뿌리라는 것을 부정할 수가 없다. 고·중세의 철학을 공부한다는 것은 이렇게 근·현대의 철학과 다양한 응용철학들의 기초와 지반을 공부하는 것이다. 보다 높은 건물을 세우기 위해서는 보다 깊은 기초를 다져야 하듯이 현대의 철학이 보다 올바른 길로 나아가기 위해, 그리고 더 멀리 나아가기 위해서는 과거의 사유와 사상들이 그 기초로 놓이지 않으면 안 되는 것이다.

# 2장

## 철학의 시작과
## 자연철학자들

"피타고라스의 발견은 인간의 과학을 촉진시키는 가장 강한 자극들 중 하나이다. … 우리를 에워싸고 있는 자연의 뜻있는 질서도 자연법칙의 수학적인 핵심 안에 그 근거를 가지고 있지 않을 수 없기 때문이다."

-하이젠베르크-

**탈레스**
Tales

희랍의 가장 첫 철학자로 알려져 있다. 밀레(밀레토스)에서 태어났기 때문에 '밀레의 탈레스'라고 불린다. 그는 고대 그리스의 일곱 현자 중 한 명으로 인정되며, 밀레토스학파의 창시자로 추정된다. 그는 만물은 하나의 동일한 근원에서 발생하였다고 보았고 그 근원을 물이라고 생각하였다. 초기에 이집트에 머물면서 이집트와 바빌로니아의 과학을 접했다. 피라미드의 높이를 계산하거나 일식을 예측하는 것, 탈레스의 정리와 같은 많은 업적을 남겨 주었으며, 특히 기하학에서 수많은 수학적 연구를 하였다. 이유는 알수 없지만 직접 글로 쓴 자료를 남기지는 않았다. 그는 과학적 추리를 통해 현실을 분석하였고 관찰과 증명을 통해서 사물의 본질에 접근해 갔기 때문에 신화에서 이탈한 최초의 학자라고 할 수가 있다. 후일 아리스토텔레스는 그를 '철학의 아버지'라고 불렀다.

스승 탈레스와 마찬가지로 밀레(밀레토스)에서 태어났기에 '밀레의 아낙시만드로스'로 불린다. 탈레스의 뒤를 이어 밀레토스학파의 스승이 되었다. 그는 만물의 근원을 '무한자(아페이론)'라고 생각하였다. 세계의 모든 측면의 기원과 조직을 설명하려고 시도한 최초의 사상가였으며, 후대의 평론가들은 그의 이론이 과학사에서 본질적이고도 혁명적인 단계를 나타내고 있다고 평하고 있다.
스승 탈레스가 자신의 사상을 글로 남기지 않았기 때문에 아낙시만드로스는 자신의 작업을 글로 남긴 최초의 철학자로 인정받고 있다. 하지만 불행히도 그가 직접 한 말은 그리 많이 남기지 않았다. 후대인의 증언에 의하면 그는 철학, 천문학, 물리학, 생물학, 기하학, 지리학 등의 방대한 범주에서 사유의 단초를 남겨 주었다고 한다.

**아낙시만드로스**
Anaximandros

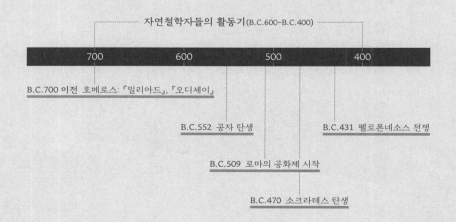

자연철학자들의 활동기(B.C.600~B.C.400)

700　　　600　　　500　　　400

B.C.700 이전 호메로스: 『일리아드』, 『오디세이』

B.C.552 공자 탄생

B.C.431 펠로폰네소스 전쟁

B.C.509 로마의 공화제 시작

B.C.470 소크라테스 탄생

# 1. 자연철학자들은
   어떤 사람들인가?

철학사에 등장하는 최초의 철학자들은 일반적으로 '자연철학자'라고 알려진 희랍의 철학자들이다. 사람들은 이들이 소크라테스 이전에 활동한 사상가들이라는 의미에서 '전前-소크라테스 사상가들'이라고 부르기도 한다. 이들 중에서도 가장 먼저 등장하는 철학자들을 '밀레토스학파' 혹은 '이오니아학파'라고 불렀는데, 이는 이오니아 지방의 밀레토스라는 도시에서 활동한 일군의 사상가들을 지칭하는 말이다. 이후 피타고라스학파, 엘레아학파 그리고 다원주의자들, 궤변론자들 등의 학파들이 있으며, 헤라클레이토스나 디오게네스 등 학파를 형성하지 않고 독자적으로 활동한 철학자들도 있다. 이들을 자연철학자라고 부르는 이유는 이들의 철학적 탐구의 대상이 인간 존재나 인간의 삶이 아니라, 자연의 대상이었기 때문이었다. 하지만 이들의 사유 대상은 단지 자연의 대상일 뿐 아니라, 세계의 근원, 세계의 모습, 인류의 기원, 인식의 특성, 수학적 원리들, 천문학, 기상학, 역사의 흐름, 신의 존재 등 다양하였으며 자연의 대상뿐 아니라 형이상학적인 대상들을 포괄하고 있다. 만일 누군가 이들의 가장 공통된 점이 무엇이었는가를 묻는다면 우리는 '세계의 근원에 대한 탐구'라고 할 수가 있을 것이다. 따라서 우리는 '자연철학자'라고 불리는 초기의 철학자들을 '세계의 근원을 추구하였던 형이상학자들'이라고 정당하게 말할 수도 있을 것이다.

물론 이들의 사유에는 철학사에 나오는 다양한 범주의 주제들 —인식론, 윤리학, 정치적 삶, 현상학적 사유 등— 이 산발적으로 거의 모두 나타나고 있지만, 그럼에도 이러한 사유들은 거의 대부분 삶에 교훈을 주는 훈화 혹은 지혜의 단편들로 나타나면서 엄밀한 의미의 학문적인 추구라고 보기에는 어려운 측면이 있다. 따라서 여기서는 초기의 철학자들이 말하고 있는 세부적인 주장들에 관심을 가지기보다는 철학의 출발점에서 가졌던 인간 정신의 철학적 특성이라는 차원에서, 보다 근본적이며, 오늘날 여전히 의미가 있는 정신 활동의 특징들에 대해서 이해하는 것이 더욱 효과적인 것이라 할 것이다.

**표 1** 소크라테스 이전의 희랍철학의 계보

| 학파이름 | 시기 | 철학자들 | 주된 사상 |
|---|---|---|---|
| 밀레토스학파 (자연철학자들) | B.C.635~B.C.590 | 탈레스 아낙시만드로스 아낙시메네스 | 세계의 만물은 모두 동일한 근원적인 원소(아르케)로 이루어져 있고, 만물이 신Dämonen으로 가득 차 있다. |
| 피타고라스학파 | B.C.569~B.C.437 | 피타고라스 필롤라오스 티마이오스 | 만물의 원리는 '數數'이며 만물은 수를 모방한다. 전생과 윤회를 믿었으며, 조화로운 삶을 강조. |
| 단독 | B.C.535~B.C.475 | 헤라클레이토스 | 만물은 생성과정이며, 만물의 본질은 생성이다. 로고스Logos는 생성을 관장하는 세계의 법칙이자 세계이성이다. "같은 강물에 두 번 빠질 수 없다." |
| 엘레아학파 | B.C.575~B.C.470 | 크세노파네스 파르메니데스 제논 멜리소스 | 진리의 기준으로 감각적 경험보다는 논리적인 명료성을 취함. 자연철학자나 헤라클레이토스를 비판하며 통일체를 인식하는 것은 오직 사유임을 설파. 범신론적 유일신을 주장 |
| 다원주의자 | B.C.500~B.C.470 | 아낙사고라스 엠페도클레스 | 자연의 다양성이 '일원론'으로 설명할 수 없다고 보고, 4원소(흙, 공기, 물, 불)를 주장 만물은 결합과 분리에 의해서 구성된다고 설파. |
| 기계론자 (원자론자) | B.C.470~B.C.455 | 로이키포스 데모크리토스 | 세계는 더 이상 분할 될 수 없는 원자들로 구성됨. 원자와 원자들의 결합과 분리로 사물들의 생성을 설명. |
| 궤변론자 (소피스트) | B.C.485~B.C.455 | 프로타고라스 고르기아스 크리티아스 | 프로타고라스는 지식의 상대성을, 고르기아스는 진리에 대한 회의주의를 주장하였고, 현실적인 삶의 문제에 집중하게 됨. |
| 단독 | B.C.413~B.C.327 | 디오게네스 | 공기를 만물의 근원으로 보았고 물활론적 일원론을 주장하였다. 신이 만물을 통해서 자신을 드러낸다고 보았으며 소피스트들을 비판하였다. 무소유를 실천하여 항아리속의 철학자라는 별명을 가지고 있다. 디오게네스는 시기상으로 소크라테스 이후 헬레니즘학파에 해당하는 사상가이지만 밀레토스학파의 주 관심사였던 '만물의 근원'에 관심을 가졌고, 이를 '공기'라고 주장한 사상가이기에 이 책에서는 초기 철학자들의 마지막 사상가로 포함시키고 있다. |

2장 · 철학의 시작과 자연철학자들

# 2. 왜 최초의 철학자들은 '만물의 근원'을 물었을까?

'여행자들이 낯선 고장에서 길을 잃었을 때, 올바른 길을 찾기 위한 가장 효과적인 방법은 처음 길을 잃었던 출발점으로 되돌아가는 것'이란 속담이 있다. 마찬가지로 '철학이란 도대체 무엇인가?'에 대한 질문이 모호해져 버린 현대시대에서 철학이 시작된 최초의 사상가들을 접함에 있어서 "철학이란 도무지 무엇인가?"라는 관점에서 접근한다는 것은 퍽 의미 있는 일이다.

최초의 철학자들인 밀레토스학파 중에서도 가장 먼저 나오는 철학자는 '탈레스'로 알려져 있는데, 후일 아리스토텔레스는 탈레스를 "철학의 아버지"라고 칭하였다. 탈레스와 더불어 아낙시만드로스, 아낙시메네스 등이 밀레토스학파에 속하는 사상가들인데, 아낙시만드로스는 탈레스의 제자로 탈레스가 저술 활동을 하지 않았기 때문에 처음으로 철학적 저술을 남긴 사람이기도 하다. 탈레스가 우선적으로 관심을 가졌던 것은 '만물'을 이루는 '근원'이란 무엇인가? 하는 질문이었는데, 이렇게 만물을 이루는 근본적인 것 혹은 본질적인 것을 후일 아리스토텔레스는 '아르케ἀρχή'라고 불렀다. 이에 대해 탈레스는 만물의 근원이 되는 것을 '물'로 보았다.(『형이상학』, 1권 3장) 반면 그의 제자였던 아낙시만드로스는 만물을 낳는 근원이 유한한 물질일 수 없다고 보아 '무한한 것' 혹은 '한계를 가지지 않는 것'으로 보았고, 이를 '아페이론ἄπειρον'이라고 불렀다. 반면 아낙시만드로스의 친구였던 아낙시마네스는 '무한한 것'이라는 용어가 너무나 막연하고 구체적이지 않다고 보고 이 만물의 근원을 '공기'라고 주장하였다. 그는 '항상 활동 중에 있으며, 늙지도 소멸되지도 않는 아페이론'이라는 개념에 가장 적합한 구체적인 사물이 공기라고 생각했기 때문이다. 물론 이들은 세계의 근원에 대해서만 관심을 가진 것이 아니라, 세계의 모습 그 자체에 대해서도 관심을 가지고 있었는데, 모든 것의 근원을 생각한다는 것은 또한 세계의 총체를 생각하도록 하기 때문이다. 탈레스는 땅이 물 위에 떠 있다고 생각하였고, 아낙시만드로스는 땅을 그 속이 불로 채워져 있는 구체처럼 생각하였다. 아낙시만드로스가 태양과 달을 지구를 중심으로 돌고 있는 동심원의 바퀴처럼 생각한 반면, 아낙시마네스는 지구는 평평하고 태양과 달은 고정된 천체들을 선회하는 원판처럼 생각하였다. 사실상 이들의 세계관은 지구중심설과 천동설을 주장한 셈이다.

밀레토스학파의 세계관은 오늘날의 과학이 발견한 것에 비하면 매우 소박하고 원시적인 사유라는 것도 사실이다. 하지만 이들이 질문을 던진 '만물의 근원을 이루는 것'에 대한 사유와 그 과정은 철학사적으로 매우 의미심장한 것이다. 왜 이들은 세계를 구성하고 있는 근원적인 것에 대해서 생각하였을까? 그리고 왜 이 근원적인 요소가 동일한 하나의 원소로 구성되었다고 생각하였을까? 단순히 우연적으로 가지게 된 호기심이었을 뿐일까? 그렇지는 않을 것이다. 희랍사람들은 세계를 '코스모스'라고 불렀다. '코스모스'란 '우주'를 의미하지만 또한 '조화', '질서', '통일', '균형' 등을 의미한다. 다시 말하면 희랍인들은 세계를 혼돈스런 무엇으로 보지 않고 잘 정리된 통일체, 즉 세계를 '하나의 단일한 개체 혹은 유기체'처럼 본 것이다. 그런데 어떤 것이 하나의 통일체 혹은 하나의 유기체처럼 고려할 수 있기 위해서 전제되는 그 조건은 무엇일까? 그것은 가장 우선적으로 그것을 구성하는 요소들이 동일하다는 것이다. 돌을 구성하는 요소는 모두 동일하며, 나무를 구성하는 요소도 식물적이라는 측면에서 모두 동일하다. 만일 돌과 나무 두 가지 모두로 구성된 무엇이 있다면 이는 결코 하나의 통일체나 유기체로 보기 어려울 것이다. 이는 언뜻 보기엔 매우 소박하고 원시적인 생각 같지만, 사실 첨단 과학은 우리에게 이와 동일한 것을 말해 주고 있다. 유전공학자들은 한 개인을 구성하고 있는 모든 세포들 안에는 동일한 유전자가 들어 있다고 말해 주고 있다. 즉 한 동물이나 한 인간을 구성하고 있는 모든 세포는 동일한 정보와 동일한 체계를 가지고 있는 동일한 세포들이라는 것이다. 그리고 이러한 한 개인의 세포가 지닌 정보나 구조는 유일한 것이며, 결코 동일한 세포를 가진 다른 개체를 발견할 수가 없다. 따라서 우리는 한 통일된 개별적인 개체가 가지는 첫 번째 조건이 '그를 구성하고 있는 근원적인 요소들의 동일성'이라고 정당히 말할 수 있을 것이다.

밀레토스의 철학자들이 세계를 구성하고 있는 근원적인 요소를 가정하였다는 것은 단지 우연적이거나 임의적인 사건이 아니라 세계를 '코스모스'로 믿고 있었던 그들의 신념에 대한 필연적인 귀결이라고 볼 수 있을 것이다. 여기서 우리는 다른 질문을 던져 볼 수 있다. 그렇다면 왜 희랍사람들은 세계를 혼란이나 혼돈으로 보지 않고 그 자체 정묘한 질서를 가진 통일체로 본 것일까? 어떤 초월적인 신이 그렇게 계시해 준 것일까? 아닐 것이다. 왜냐하면 그리스의 신화에 등장하는 수많은 신 중에서 '우주는 통일되고 질서 정연한 하나'이라고 말해 준 신은 어디에도 없기 때문이다. 세계를 하나의 통일된 개체처럼 고려한 것은 아마도 인간 정신의 자연적인 특성 혹은 지향성 때문일 것이다. 토마스 아퀴나스, 헤겔, 그리고 베르그송 등이 강하게 주장하고 있듯이 인간의 정신은 본질적으로 분석하고 종합하는 특성을 가지고 있다.

즉 정신은 무엇을 보든지 전체적으로, 그리고 하나의 통일된 것으로 파악하고자 하는 특성을 가지고 있는 것이다. '세계를 통일된 하나로 보고자 하는 것', 즉 세계관을 가지고자 하는 것, 이를 딜타이나 떼이야 르 드 샤르댕 같은 철학자들은 '형이상학'이라고 부른다. 따라서 우리 는 초기의 희랍철학자들을 단지 자연철학자가 아닌 형이상학자들이었 다고 말할 수도 있다.

　우리는 여기서 다른 측면에서 하나의 질문을 던져 볼 수 있을 것이 다. 처음으로 철학을 시작하면서 질문을 던질 것이 무수히 많을 것인 데, 왜 철학사에 등장하는 최초의 질문이 '근원'에 대한 질문이었을까? 단순히 우연한 선택이었을까? 아닐 것이다. 현대철학의 선구자였던 키 르케고르는 '처음', '시초', '최초'라는 말에 매우 중요한 의미를 부여하 고 있는데, 그 이유는 이 '처음'이라는 말이 이전과는 전혀 다른 새로 운 삶의 지평을 의미하는 것이기 때문이라고 하였다. 사람들이 첫 사 랑에 빠지거나, 처음으로 클래식 음악을 접하거나, 혹은 최초로 부모 가 된 시기를 잊지 못하는 이유는 이 최초의 시기가 이전과는 다른 전 혀 새로운 삶의 양식을 가지기 시작하는 때이며, 그렇기 때문에 그러 한 삶의 양식이 지니고 있는 본질이 매우 순수한 것이며, 또한 이를 맞 이하는 인간의 실존이 매우 진지하고 진실하다는 것을 의미하는 것이 다. 어떤 의미에서 이 최초의 시기는 한 개인이 가장 이상적인 실존의 양태를 간직하고 있는 시기인 것이며, 자신을 둘러싸고 있는 그 어떤 다른 삶의 양태들보다 더 중요하고 소중하게 생각되는 그러한 삶의 양 식이다. 그래서 사람들은 자주 "초심을 잃지 않는다면…" 하고 말하는 것이다. 따라서 어떤 사람이 철학적 질문을 처음으로 던지게 될 때, 어 떤 문제에 관심을 가지게 될 것인가 하는 것은 —최소한 무의식적으로라도— 자신이 가장 중요하다고 생각하는 문제일 수밖에 없을 것이다. 그렇다면 '근원'에 대한 문제가 왜 그렇게 중요한 문제인 것일까?

사실상 우주를 구성하고 있는 근원적인 것이 물인가, 불인가, 공기인가 혹은 '무한한 어떤 것'인가 하는 구체적인 답변은 중요한 것이 아닐 것이다. 왜냐하면 이러한 근원적인 것에 대한 질문에 정답이란 것이 있을 수도 없을 것이며, 또한 이러한 답변들을 증명한다는 것은 불가능할 것이기 때문이다. 중요한 것은 이렇게 근원적인 것에 대한 관심 자체가 인간의 정신에게 있어서 매우 중요한 문제였다는 것에 있다. 즉 이러한 질문이 가지는 의미는 인간 정신의 어떤 기질 혹은 특성을 말해 주고 있다는 측면에서 중요한 것이다. 어떤 것의 근원 혹은 기원에 대해 질문한다는 것은 어떤 것의 시초에 대해 질문한다는 것이기도 하다. 가령 공기가 만물의 근원이라는 것은 모든 것이 공기로부터 발생하였다는 것이며, 이는 시초에 공기가 있었다는 것을 의미하는 것이기 때문이다. 아리스토텔레스는 형이상학적으로 볼 때 시작과 끝은 일치한다고 하였다. 가령 운동의 시작이 '건강' 때문이었다면 운동의 끝은 '건강'을 성취하는 것에 있다. 마찬가지로 어떤 조류의 알이 '참새'가 낳은 것인지 혹은 '메추리'가 낳은 것인지를 안다는 것은 이 알이 참새가 될 것인지 메추리가 될 것인지를 알게 된다는 것이다. 즉 근원에 대한 질문은 어떤 의미에서 전체 혹은 총체에 대한 질문이기도 하다. 만물의 근원에 대한 질문을 던진 최초의 철학자들의 행위는 부정할 수 없는 인간 정신의 한 특성, 어떤 것을 전체적으로, 그리고 총체적으로 알고자 하는 인간 정신의 형이상학적인 특성을 말해 주는 것이다. 그리고 이는 곧 인간이란 '형이상학적인 존재'라는 것을 증명하는 것이다. 사실 이러한 사유는 엘레아학파에서 보다 분명하게 주장하고 있는 관점이다.

세계 혹은 우주의 기원이 무엇인지, 그리고 세계는 전체적으로 어떤 모양을 하고 있는지 하는 것에 대한 질문은 구체적인 현실적인 삶에 아무런 도움이 되지 않는 것이 사실이다. 이러한 질문은 현대인들이 그렇게 중요하게 여기는 '아파트'나 '자동차' 혹은 '주식' 같은 것과는 아무런 상관이 없는 것들이다. 하지만 토마스 아퀴나스가 말하였듯이 "인간의 영혼이 진리에 대한 앎을 양식으로 성장한다"는 것이 사실이라고 한다면, 이러한 형이상학적인 질문들은 인간 정신의 자기성장과 관련된 것이며, 가장 순수하게 인간적인 질문들이라고도 할 수 있다. 한 마리의 병아리가 오직 성숙한 암탉이나 장닭이 되기 위한 목적만을 가지고 있듯이, 인간 역시 성숙한 정신을 가진다는 것, 혹은 완성된 자아를 가진다는 것은 가장 순수하게 인간적인 삶의 목적이라고 할 수 있을 것이다. 하지만 파스칼이 주장하고 있듯이 만일 모든 인간이 '세계와 삶의 전체적인 모습을 항상 그려 보고 있는 것'이 사실이라면 세계나 삶의 총체적인 모습을 그려 보고자 하는 형이상학적인 노력은 구체적인 삶의 현실을 올바르게 살아가기 위해서도 반드시 필요한 것, 즉 '보다 심오하게 실용적인 것'이라고 할 수 있을 것이다.


## 3. 사유 진보의 첫 원리는 변증법이었다

희랍의 자연철학자들의 사유에는 특정한 패턴이 발견된다. 이는 일반적으로 서구철학이 발전해 온 것의 모범 형식이 된다고 볼 수 있는데, 그것은 '정-반-합'의 원리를 토대로 조금씩 사유를 발전시켜 나가는 '변증법의 원리'이다. 가령 탈레스는 만물의 근원을 '물'이라고 주장하였다면, 그의 제자였던 아낙시만드로스는 만물의 근원이 동일한 하나라는 것에는 긍정하지만, 하나의 물에서 전혀 다른 특성을 가진 불이나 돌 같은 것들이 발생할 수 없다고 보고, 모든 것의 근원은 그 어떤 구체적인 것이 아닌 '무한한 것'이라고 보았다. 반면 아낙시메네스는 만물의 근원이 '무한한 것'임에는 동의하지만, '무한한 것'이라는 표현이 구체적인 대상을 가리키지 않고 막연하며 실재라고 보기 어려운 것이라고 생각했다. 한편, 무한하면서도 구체적인 어떤 대상인 '공기'를 만물의 근원으로 본 것이다.

이러한 정-반-합의 변증법적인 원리는 각 학파들이 자신들의 사유를 전개하는 데서도 전형적으로 나타나고 있다. 밀레토스학파가 만물의 근원을 어떤 하나의 동일한 대상이나 원소로 가정하였다면, 피타고라스학파는 존재의 근원적인 원리가 물질에 있다는 사실을 받아들일 수가 없었다. 왜냐하면 근원적인 물질을 가정하더라도 이 물질이 구체적인 모습을 가지며, 또한 '세계'라는 것을 형성하기 위해서는 이들 상호간의 정묘한 조화가 필수적인데, 이러한 조화를 가능하게 하는 것은 '수數'이기 때문이다. 음악이 형성되는 것도, 자연법칙이 형성되는 것도 모두 수학적인 법칙에 의해서 가능하기 때문이다. 사실 물리학에서의 빛의 속성에 대해 아인슈타인과 쌍벽을 이루었던 현대물리학자인 '하이젠베르크'가 피타고라스의 업적을 두고 "피타고라스의 발견은 인간의 과학을 촉진시키는 가장 강한 자극들 중 하나이다. … 우리를 에워싸고 있는 자연의 뜻있는 질서도 자연법칙의 수학적인 핵심 안에 그 근거를 가지고 있지 않을 수 없기 때문이다"라며 치켜세웠을 정도이다. 반면 "우리는 동일한 강물에 두 번 빠질 수 없다"(『단편』 104)[1]라는 유명한 명제를 말한 헤라클레이토스는 만물의 근원을 생각함에 있어서 모든 만물이 변화하고 있다는 사실에 초점을 맞추었다. 만일 모든 만물이 끊임없이 변화하고 있다고 한다면, 물질도, 수도, 그 자체로 이러한 변화를 야기하는 원인이 될 수는 없을 것이다. 즉, 비록 만물이 조화로운 수학적인 원리 속에서 존재하고 있을지라도 만물이 활동하면서 끊임없이 생성·변화하는 그 원인이 이 수의 조화라는 것에서 발생하지는 않기 때문이다. 그래서 그는 만물의 근원을 '원질'(아르케)이나 '무한한 것'(아페이론)이 아니라 '생성 그 자체'로 본 것이다. 즉 만물은 그 자체로 고정되어 있지 않고 영원히 움직이고 생성/소멸하는 것으로 본 것이다. 이러한 생성을 야기하는 보다 근원적인 법칙을 그는 '로고스'라고 불렀다.

**표 2** 초기 희랍철학자들의 변증법의 예

| | | |
|---|---|---|
| 테제(정) | 탈레스 | 세계가 하나일 수 있기 위해서 만물은 동일한 근원적인 원소를 가져야 한다. 그것은 물이다. |
| 안티테제(반) | 아낙시만드로스 | 만물이 근원을 가진다는 것은 참이나, 불이나 돌 등의 다른 특성들이 하나의 물에서 발생할 수 없다. 만물의 근원은 '무한한 것'이어야 한다. |
| 신테제(합) | 아낙시메네스 | '무한한 것'은 생각이 가능한 구체적인 것이 아니다. 무한한 것이면서 구체적인 대상은 '공기'이다. 따라서 만물의 근원은 공기이다. |
| 테제(정) | 밀레토스학파 | 만물은 하나의 동일한 근원적인 요소(질료)를 가져야 한다. |
| 안티테제(반) | 피타고라스학파 | 질료적인 것이 만물을 조화롭게 형성하는 원리가 될 수 없다. 만물의 근원은 '수'이다. |
| 신테제(합) | 헤라클레이토스 | 조화로운 수 안에 만물이 존재한다 할지라도 정지된 수는 만물을 변하게 하고 탄생시킬 수가 없다. 따라서 만물의 원리는 '생성' 그 자체이다. |

이상과 같은 '변증법적 사유'는 희랍의 초기 철학자들에게서 끊임없이 나타나고 있는 것을 볼 수 있는데, 이는 인간 정신의 일반적인 경향성이 '변증법의 원리'라는 것을 말해 주고 있다고 볼 수 있다. 그렇지 않다면 최소한 서구적인 정신은 그러하다고 볼 수 있다. 인간의 정신이 변증법적인 원리를 가지고 있다는 것은 일상의 경험을 통해서도 충분히 알 수가 있는데, 사람들은 단순한 팩트가 아닌 자신의 견해나 의견을 말할 때, 상대방이 이에 동의하기보다는 우선적으로 이에 대해 반대 견해를 내놓는다는 것을 통해서도 알 수 있다. 그리고 그것이 견해 혹은 의견인 한은 어느 한쪽이 절대적으로 옳다고 볼 수 없기 때문에 두 가지 대립하는 견해를 조화롭게 종합하고자 한다. 만일 견해에 불과한 자신의 의견을 절대적으로 고집하게 되면, 사람들은 이를 '독단론'이라고 부르며 이를 건전한 사유로 인정하지는 않는 것이다. 종합된 생각은 대립하는 둘을 모두 포함할 수 있기 때문에 보다 '보편적인 것'이라고 할 수 있다. 이렇게 철학은 변증법의 원리를 통해서 보다 보편적인 사유를 획득해 가는 과정이라고 볼 수 있으며, 희랍의 초기 철학자들은 이처럼 철학이란 '보편적인 지식' 즉 '지혜'를 추구하는 것임을 보여 주고 있다.

## 4. 그들에게 형이상학은
## 과학의 뿌리였다

과학적인 방법론이 경험에 근거하고 있다는 것은 누구나 인정할 수 있다. 그런데 근대철학의 아버지인 데카르트는 모든 학문의 뿌리는 형이상학이라고 하였다. 즉 과학의 뿌리도 역시 형이상학인 것이다. 그렇다면 데카르트는 왜 형이상학이 과학의 뿌리라고 본 것일까? 우리는 이 답을 희랍의 초기 철학자들에게서 발견할 수 있다. 우선 우리는 이들에게서 매우 과학적인 사유를 발견할 수 있는데, 가령 피타고라스의 수학적 정의는 오늘날의 수학자들에게도 여전히 활용되고 있으며, '더 이상 분할할 수 없는 최소의 원소'라는 데모크리토스의 '원자론' 역시 오늘날 과학자들이 사용하고 있는 개념이다. '어떤 것의 생성은 서로 대립하는 것을 통해서 발생한다'는 헤라클레이토스의 사유도 매우 과학적이다. 이들의 이러한 사유는 모두 현상에 대한 관찰에서 기인한다. 그런데 과학이란 —과학이 최소한 학문이라는 것으로 고려될 때— 현상에 대한 관찰만으로 성립될 수가 없다. 과학은 현상에 대한 관찰을 통해서 그 현상의 원인이 되는 '법칙'이나 '이론'을 산출해 낼 때 성립하는 것이다. 어떤 의미에서 과학은 현상에 대한 관찰을 통해서 현상의 이면에 숨겨진 '원리' 혹은 '원인'을 밝혀내는 학문이다. 다만 과학이 어떤 특정한 범주나 범위에 국한하여 원리와 법칙을 산출한다면 형이상학은 이러한 원리와 법칙을 존재하는 모든 것, 즉 총체적인 국면에 적용될 수 있는 법칙이나 원리를 산출하고자 하는 것이다. 가령 데모크리토스의「원자론」, 파르메니데스의「존재에 관한 이론」그리고 헤라클레이토스의「로고스에 관한 이론」등은 어떤 특정한 국면이나 범주에 국한 하는 것이 아니라, 존재하는 모든 것과 세계 그 자체에 적용되는 근본 원리들이다.

사실상 과학이라는 학문은 그 자체 무수한 분야로 구성되어 있어서, 어떤 것에 대한 총체적인 사유가 불가능한 학문이다. 물리학과 생물학, 심리학과 신경과학, 기상학과 지질학, 지구과학과 양자역학 등의 학문 분야는 서로가 다른 대상과 다른 범주를 가지고 세계를 탐구하고 있기에 이 모든 것을 통합하여 하나의 세계에 대해서 생각한다는 것은 거의 불가능하다. 과학의 발전이란 한 특정 분야에서 보다 더 세분화되고 전문화되는 것을 의미하는 것으로 역사가 발전할수록 과학의 분야들은 더욱 세분화되고 전문화되면서 어떤 의미에서 서로 멀어지고 있다는 것이 사실이다. 탐구의 대상은 동일하나 서로 다른 범주와 다른 지평에서 탐구하는 것이 과학이라는 것이며, 이들은 결코 서로 소통하지 않는다. 즉 과학의 한계는 결코 다른 모든 분야와 종합이라는 것을 실시하지 않는다는 것에 있다. 그래서 생철학자인 베르그송은 "현대 사회를 인격에 비유한다면 자아가 분열된 인격이다"라고 비판한 것이다. 만일 어떤 학문의 발전이 자신들이 다루고 있는 대상이나 그 대상의 현상을 보다 잘 설명하는 것, 혹은 이를 위한 보다 나은 이론을 정립하는 것에서 주어진다고 한다면, 과학이 발전할수록 인간과 세계를 전체적으로 이해하기가 불가능해진다는 역설적인 상황이 주어지는 것이다. 학문의 발전이 인간과 세계를 더 잘 이해할 수 있는 이론이나 법칙 혹은 원리를 제공하는 것이라면, 다양성을 통합할 수 있는 보편적인 이론이나 법칙이 주어져야 진정한 발전이라고 할 수 있을 것이다. 바로 이러한 총체적이고 보편적인 이론이나 법칙을 추구하는 것이 곧 형이상학이다. 대나무가 그의 연약한 몸통에도 불구하고 하늘 높이 성장할 수 있는 이유가 매듭(마디)에 있고, 개구리가 높이 뛰어오를 수 있는 것이 도약을 위한 집력集力에 있듯이, 과학이 보다 진보하고 발전하기 위해서는 다양한 결과를 하나의 지평에 통합할 수 있는 형이상학적인 노력이 없이는 불가능하다. 바로 이러한 이유로 오늘날 모든 학문적 성과를 통합하고자 하는 '통섭'이라는 분야가 등장하고 있는 것이다. '통섭'이란 곧 종합을 의미하며, 이는 곧 '형이상학'을 의미하는 것이다. 떼이야르 드 샤르댕은 이를 "통합의 형이상학"이라고 부르고 있다.

비록 현대의 관점에서 보자면 다소 시적인 표현이기는 하지만 "존재하는 모든 것에 내재하면서 생성을 조종하는" 헤라클레이토스의 '로고스'의 개념이나, "존재하는 모든 것과 연관되는 존재로서의 하나인 모든 것"이라는 파르메니데스의 '존재'의 개념, 혹은 "세계라는 건축물을 바라보고 있으며 스스로 안에 머물러 있는 하나인 모든 것"이라는 크세노파네스의 범신론적 신개념 등은 세계를 하나로 보고자 하는 형이상학적인 노력의 결과라고 할 수 있다. 마찬가지로 "질료를 통해서 질료를, 물을 통해서 물을, 그리고 영기를 가지고서 영기를, 사랑을 가지고서 세계의 사랑을, 미움을 가지고서 세계의 미움을 본다"고 생각한 기계론자 아낙사고라스나 인식론에 대한 사유나, "우리들이 감각적으로 통찰한 것은 우리들에게 그렇게 보이는 주관적인 인식일 뿐 객관적인 세계가 아니다"라고 주장한 데모크리토스의 인식론, 나아가 "자연이란 하나밖에 없는 원인의 결과의 연쇄"라고 생각한 레우키포스의 기계론적인 사유도 매우 형이상학적인 사유이지만 모두 과학의 발전에 큰 영감을 준 사유들이다. 나아가 "영혼과 정신이라는 실체들도 물질적인 것과 구별되는 것이 아니라, 원자들의 운동에 지나지 않으며, 감각과 사유가 다만 원자들의 운동의 차이에 지나지 않는 것"이라고 생각한 데모크리토스의 원자론은 현대의 양자역학의 이론과도 놀랍게 일치하고 있다. 이러한 사실들이 우리에게 말해 주고 있는 것은 '첨단은 근본에서 나온다'고 하는 격언이며, 과학의 뿌리가 곧 형이상학이라는 것을 말해 주는 예들이라고 할 것이다.

## 5. 왜 진정한 종교가
## 신화로부터의 이탈을 의미하는가?

어떤 의미에서 초기 희랍의 철학자들은 하나같이 당시의 신화적인 세계로부터 벗어나고자 애쓴 철학자들이라고 할 수 있다. 미학자들은 희랍세계가 우리에게 전해 준 예술작품들 중에서 최고의 걸작품으로 '라오콘'을 꼽고 있는데, 그 이유는 이 조각 작품이 '미학적', '문화적', '정신적' 차원에서 당시 희랍인들의 삶과 정신을 집약적으로 보여 주고 있기 때문이다. 라오콘이나 프로메테우스 등은 인간에게 신의 비밀을 알려 주고 자신은 신의 저주를 받아 고통스러운 삶을 살 수밖에 없었지만, 이 고통을 견디어 내는 전형적인 영웅의 이미지이다.

이러한 희랍인들의 사유에는 몇 가지 인생의 비밀을 담고 있다. 첫째, 인간 세상이라는 것은 신들이 관장하는 것이다. 그런데 그리스의 신은 단수가 아니라 복수, 즉 다신多神이다. 초기 희랍인들에게는 '태양의 신', '사냥의 신', '전쟁의 신', '바다의 신', '미의 여신' 등 다양한 신이 있었으며, 인간사의 모든 것이 이러한 신들에 의해서 관장되고 인도된다고 믿고 있었다. 둘째, 인간의 운명은 신들이 정해 놓은 것이라 거역할 수가 없다. 즉 인간은 누구나 자신의 운명을 가지고 있고, 이를 수용하고 복종하여야 한다. 이를 인류의 역사에 적용하면 인류 역사라는 것도 사실은 신이 정해 놓은 운명 혹은 섭리라는 것이며, 이 역사를

하게산드로스, 아테노도로스, 폴리도로스 세 사람에 의해 조각되었다고 전해지는 이 작품은 '트로이 전쟁' 당시 '트로이의 목마'에 얽힌 사연을 담고 있다. 트로이의 사제였던 '라오콘'은 그리스인들이 만든 목마를 트로이의 성 안으로 들여놓으면 재앙이 있을 것이라 예언하였지만 트로이인들은 이를 듣지 않았다. 전쟁이 끝나고 라오콘은 천기누설로 인해 제우스의 노여움을 샀고, 이를 피해 두 아들과 함께 바다로 달아나지만 바다의 신 포세이돈이 보낸 물뱀에게 잡혀 고통당하고 있다. 사실주의의 극치와 감정표현의 리얼함을 보여 주는 이 작품은 미켈란젤로에게 충격을 주었고 그의 창작행위에 결정적인 영향을 주었다고 한다. 이 작품은 예술의 표현양식만큼이나 정신적인 면에서도 당시 그리스인들의 삶에 대한 자세를 잘 보여 주고 있는데, 신이 정한 인간의 운명에 거역한 대가로 저주를 받고 이를 견디어 내는 영웅의 이미지를 상징적으로 보여 주기 때문이다. 인간에게 불을 가져다주고 자신은 신의 형벌을 받을 수밖에 없었던 '프로메테우스'도 동일한 상징을 가지고 있다.

**라오콘의 군상**
후기 그리스(1세기경), 헬레니즘 예술을 대표하는 작품으로 바티칸 박물관에 소장되어 있다.

바꿀 수는 없다. 셋째, 인간의 위대함, 즉 영웅적인 것이란 곧 이러한 거역할 수 없는 운명에 굴복하지 않고 자유의지를 통해 맞선다는 것에 있다. 비록 이러한 맞섬이 참을 수 없는 고통을 동반한다고 하더라도 영웅들은 이러한 고통스러운 삶을 견디어 내는 위대한 이들인 것이다.

그런데 초기의 철학자들은 이러한 희랍인들의 '다신관'에 이의를 제기하고 있다. 신의 존재와 관련하여 그리스의 초기 철학자들의 세계관의 일반적인 경향은 세 가지이다. 유일신을 가정하거나, 신을 다른 이름(즉 존재)으로 부르는 범신론적 사유를 가졌거나 혹은 신을 부정하는 유물론적 사유로 대체하거나 하였다. 우선 세계가 동일한 하나의 원소들로 형성되었고, 그렇기에 하나의 유일한 유기적인 세계관을 가정한다는 것 자체가 다양한 신을 부정하는 것이었다. "유일의 신, 우리들이

상상할 수 있는 모든 것들 중에서 가장 위대한 자, 그 모습으로나 생각에 있어서 죽어 버릴 자와는 조금도 닮지 않은 자"(『단편』 23)라고 말한 크세노파네스, "세계를 만든 목수로서의 정신"을 가정한 아낙사고라스, 그리고 "만물의 창조자요 인도자인 신"이라고 주장한 디오게네스 등은 모두 유일신을 주장한 사상가들이다. 반면 "만물이 신들로 가득차 있다"고 말한 탈레스나 "존재 전체가 하나요, 보편적인 것이며, 항상 도처에 동일한 것이다"라고 말한 파르메니데스는 모두 일종의 범신론을 주장한 사람이라고 할 수 있다. 반면 세계의 근원적인 원리요 생성의 출발점으로서 '수'를 가정한 피타고라스나, 세계의 생성이 몇 가지 기본 원소들의 이합집산에 의한 기계적인 방식으로 생긴다고 본 엠페도클레스 그리고 '원자론'을 주장한 데모크리토스 등은 무신론을 주장한 사상가들이라고 볼 수가 있다.

**표 3** 희랍의 자연철학자들의 세계관에서 신 존재에 대한 관점들

| 관점 | 철학자 | 내용 |
|---|---|---|
| 유일신적인 관점 | 크세노파네스 | 가장 위대하고 불멸하는 유일신 |
| | 아낙사고라스 | 세계를 만든 목수인, 정신으로서의 신 |
| | 디오게네스 | 만물을 창조하고 질서 지우며, 생명을 부여하는 정신 |
| 범신론적인 관점 | 탈레스 | 만물 속에 가득 차 있는 신 |
| | 파르메니데스 | 전체가 하나이며, 보편적이며 항상 동일한 존재 |
| 무신론적인 관점 | 피타고라스 | 세계의 근원과 출발점은 '수'이다. |
| | 엠페도클레스 | 세계는 몇 가지 원소들의 기계적 이합집산으로 발생 |
| | 데모크리토스 | 모든 것은 더 이상 분할되지 않는 원자로 구성 |

유일신을 주장하든, 범신론을 주장하든 혹은 무신론을 주장하든 이들에게 있어서 공통되는 점은 세계와 자연현상을 다양한 인격적인 신

들의 조화로 설명하던 기존의 신화적인 세계관으로부터 탈피하여 '코스모스'(질서와 조화를 가진 하나의 세계)라는 이 우주의 탄생과 모습을 전체적으로, 그리고 논리적인 방식으로 설명하고자 하였다는 것이다. 우리는 이들의 사유에서 일종의 진정한 종교적 세계관이 탄생하고 있음을 볼 수가 있다. 종교Religion(영)란 라틴어 어원으로서는 'religio', 즉 '다시(Re)-연결하다(-ligo)'는 뜻이며, 한문 용어로는 '종교宗敎', 즉 '근본적인 것에 대한 배움'을 의미한다. 즉 서양인들에게 있어서 종교란 인간이 상실한 '신성한 어떤 것'과 인간을 다시 연결시킨다는 의미가 있으며, 이 신성한 것을 일반적으로 '신'이라고 부르는 것이다. 반면 동양의 종교에서 '근본적인 것'이란 도道나 불성佛性과 같이 인간이나 세계의 가장 근원적인 지반이 되는 어떤 것을 의미한다. 그것이 '신'이든 '도'이든 혹은 '불성'이든 간에 이 세계와 인간의 이성을 초월하여 모든 것의 지반이 되며, 이를 통해서 세계와 인생을 전체적으로 하나로 이해하고자 하는 것, 이것이 종교적인 세계관에 공통되는 것이다. 일반적으로 종교학자들은 건전한 종교의 3가지 조건을 '초월성', '세계관' 그리고 '종교의 사회적 역할 혹은 기여'를 들고 있다. 그중에서도 '초월성'은 가장 중요한 것으로, 이는 종교를 단순한 철학적 사상과 구별해 주는 기준이 된다. 종교를 가지기 위해서 반드시 유신론자가 될 필요가 없다. 하지만 진정한 종교인이라면 세계와 인생을 전체적으로 하나로 볼 수 있게 하는 어떤 '초월적인 원리' 혹은 '근본적인 원리'를 전제하지 않는 것 또한 어렵다. 가브리엘 마르셀 같은 철학자는 이러한 원리를 '역사 속의 초-역사적인 원리'라고, 야스퍼스는 "종교적인 삶이란 항상 근원적인 것에 있어서 존재하는 것"이라고 말하였다.

종교적 삶이란 단순히 어떤 몇 가지 믿음이나 율법을 가지고 사는 것을 의미하지 않는다. 종교적 삶이란 자신의 전 인생에 있어서 삶의 다양한 사건이나 사태를 하나로 묶어 주고 통일성을 부여하여 '나는 누구인가?'에 대한 물음, 즉 자기 동일성을 형성하게 하는 원리를 가진 다는 것이며, 나아가 이러한 원리가 자신의 삶의 방향이나 형식을 결정적으로 규정하게 하는 것을 말한다. 아리스토텔레스는 형이상학적으로 볼 때 '근원적인 것에 대한 질문'은 또한 '궁극적인 것에 대한 질문'에 대한 것과 같다고 하였다. 따라서 삶의 가장 근본적인 것에 대해 질문을 하고 답을 구하고자 하는 종교적인 삶은 또한 삶의 가장 궁극적인 것에 대해서도 답을 구하고자 하는 것이며, 이는 곧 자신의 총체적인 인생에 대한 의미와 목적에 대해서 답을 구한다는 것을 의미한다. 이러한 삶은 필연적으로 한 개인의 세계관, 가치관, 인생관 등에 대해서 결정적인 영향을 미치는 것이며 그의 삶의 방향을 규정해 주는 원리가 될 수밖에 없다.

키르케고르의 표현을 빌리자면 기존에 주어졌던 세상으로부터 빠져나와 유일한 자신만의 세계를 가지는 '거룩한 일'이라고 할 수가 있다. 이러한 관점에서 보자면 자신의 전 재산을 처분하고 세계와 인생의 진리를 추구하기 위해서 길을 떠난 항아리 속의 철학자 '디오게네스'는 가장 진지한 의미에서 '종교적인 삶'을 살고자 했던 최초의 철학자였던 상징적인 인물이라고 할 수가 있을 것이다. 그의 세계관은 근본적으로 유신론이지만, 단편들을 참조하면 그는 플로티노스의 사상이나 헤겔의 사상과 흡사하다. 그는 인간뿐 아니라 자연에도 정신이 있다고 보았고, 세계에 생명을 부여하는 것이 바로 정신이며, 세계의 모든 질서가 정신에 의해서 만들어졌다고 보고 있다. 이러한 정신은 사실상 플로티노스의 '일자'나 기독교의 '창조주 신', 그리고 헤겔의

'절대정신'을 다른 식으로 표현한 것이라고 볼 수 있다.

 디오게네스는 이러한 사상을 다만 그렇게 생각하거나 그렇게 주장하는 것에 그친 것이 아니라, 이러한 사상에 입각하여 인간이 어떻게 살아야 할 것인지, 또한 진정한 현인의 삶은 어떻게 되어야 할 것인지를 직접 자신의 삶을 통해 증거하였다. 알렉산드로스 대왕이 그를 찾아와 왕의 스승이 되어 달라고 했을 때, 이를 거절하고 진리를 찾아 헤매는 방랑자의 삶을 선택한 그의 일화는 진정한 종교적인 삶의 한 전형이 되고 있으며, 세상의 모든 좋은 것도 지나가는 것에 불과한 것이며 진리만이 영원하다고 생각하는 '영원의 철학'의 한 상징이 되고 있다.

# 3장

## 진정한 철학자의 상징, 소크라테스

"심미아스, 진실한 철인(哲人)이란 언제나 죽음에 다가가며 어느 누구보다도 죽음을 두려워하지 않는 자일세."

-『파이돈』 중에서-

소크라테스
Socrates

플라톤의 스승이자 철학자의 대명사로 알려진 아테네의 철학자. 세계 4대 성인聖人의 한사람으로 알려져 있다.

소크라테스는 조각가인 아버지와 산파였던 어머니 사이에서 태어났고, 직업을 가지거나 돈을 버는 것과는 무관하게 철학에 몰두한 사람이었다. 그의 철학함의 동기는 당시 유행하였던 '소피스트'들 때문이었다. 상대주의와 회의주의로 무장한 소피스트들이 변호사로 자처하고 파괴적인 언변과 비논리적인 언술로 진리에 대한 신념을 송두리째 파괴하는 모습에 참을 수 없었던 그는 객관적이고 보편타당한 진리를 역설하였고, 아테네인들이 양심적으로 살아가기를 바랐다. '크산티페'와 결혼하고 3명의 자녀를 두었지만, 그는 직업을 가지지 않았고 그의 철학교습은 전혀 보수를 바라지 않은 것이었다. 그의 아내가 '악처'로 알려진 것은 당연한 일이었을 것이다. 하지만 결혼을 해야만 하는가를 질문하는 젊은이에게 "결혼을 하게나. 만일 온유한 아내를 얻는다면 행복할 것이고, 사나운 아내를 얻는다면 철학자가 될 것일세!"라는 그의 말은 크산티페가 그를 철학자로 만들었다는 말이 거짓이 아님을 말해 주고 있다. 아테네인들의 양심다운 삶을 촉구하면서 정치인들을 자극하였던 그는 끝내 정치적인 희생양이 되는데, '신성모독죄와 젊은이 선동죄'로 사형을 언도받게 된다. 사형 전날 도망가기를 권유하는 제자에게 '죽음은 영혼의 해방'을 의미하는 것이라며 거부한 그를 보며 사람들은 '악법도 법이다'라는 말을 만들어 내기도 했다. 부처나 예수처럼 그는 전혀 책을 쓰지는 않았고, 그의 모든 사상은 그의 제자 플라톤에 의해 책으로 저술되었다. '너 자신을 알라!', '악법도 법이다', '먹기 위해 사는 것이 아니라, 살기 위해 먹는다'는 등의 명언들을 남겨 주었다.

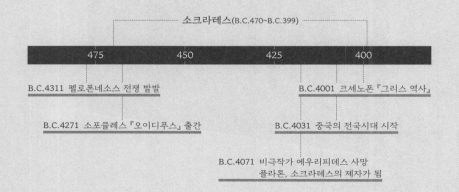

소크라테스(B.C.470~B.C.399)

| 475 | 450 | 425 | 400 |

B.C.4311 펠로폰네소스 전쟁 발발

B.C.4001 크세노폰 『그리스 역사』

B.C.4271 소포클레스 『오이디푸스』 출간

B.C.4031 중국의 전국시대 시작

B.C.4071 비극작가 에우리피데스 사망
플라톤, 소크라테스의 제자가 됨

## 1. 철학자로서의 소명을 가진다는 것은 무엇을 말하는가?

'소크라테스'라는 이름은 '공자'만큼이나 만인이 그의 이름을 알고 있는 철학자의 대명사이다. 그리고 오늘날 여전히 이상적인 철학자를 말할 때에는 의례 '소크라테스'를 말하기도 한다. 그렇다면 무엇이 그를 철학자의 대명사처럼 혹은 진정한 철학자처럼 여기도록 한 것일까? 우리는 몇 가지 측면에서 그 이유를 유추해 볼 수 있을 것이다.

첫째, 그의 '인간에 대한 관심' 혹은 '참된 인간적인 삶'에 대한 관심이었다. 사실 어떠한 관점에서 보자면 초기의 자연철학자들은 철학자이기 이전에 수학자이고 천문학자이고 물리학자였다. 그들 역시 인간에 대한 관심을 전혀 가지지 않았던 것은 아니었지만, 어디까지나 자연의 일부 혹은 세계의 한 부분으로서의 인간에 대한 관심이었다. 하지만 소크라테스가 관심을 가지고 있었던 것은 오직 '인간이란 무엇인가?', '인간은 어떻게 인간답게 살 수 있는가?'라는 것이 전부라고 할 수 있다. 그는 자신을 고발한 법정에서 사형을 운운하며 위협하였지만 "신이 자기 자신과 다른 사람들을 탐구하는 애지자愛智者의 사명을 수행하도록 나에게 명령한 때에 죽음의 공포나 또는 기타의 공포 때문에 내 자리를 포기한다면, 내 행위는 참으로 이상할 것입니다"(『소크라테스의 변론』)라고 스스로를 변호하였다. 여기서 자신과 다른 사람들을 탐구한다는 것은 곧 '인간이란 무엇인가?'를 탐구한다는 말이다. 즉 소크라테스에게 있어서 "지혜를 사랑하는 사람"이라는 철학자의 의미는 우선적으로 '인간과 인간의 삶'을 탐구하는 사람을 말하는 것이다. 보다 구체적으로 인간이란 어떻게 살아야 하는가? 하는 도덕, 선 혹은 인생의 지혜에 관한 문제를 다루는 사람이었다. 소크라테스는 인간이란 단지 자연의 일부가 아니라 세계의 그 어떤 존재보다 특별한 존재이며, 인간은 탄생과 더불어 그만의 고유한 사명을 가진 고상한 존재라고 생각하였다. 그의 철학자로서의 사명이 바로 이러한 인간의 운명에 대해 세상 사람들에게 증언하는 것이었고, 오직 그것을 위해서 그는 죽음을 마다하지 않았다. 인간에 대한 관심이 인문학의 핵심주제이고, 철학이 인문학을 대표하는 학문 중 하나라고 한다면, 인간에 관한 관심을 그의 탐구의 본질적인 문제로 삼았던 소크라테스는 당시로서는 '진정한 철학자'라는 말에 어울리는 유일한 사람이라고 할 수 있을 것이다.

둘째, 소크라테스를 진정한 철학자로 고려하게 한 이유들 중 다른 하나는 진리를 추구하는 그의 방법론에 있다. 그 방법론이란 익히 사람들이 잘 알고 있는 '산파술'이란 것이다. '산파'란 '출산 때에 산모를 도와주는 연륜이 많은 노파'를 말한다. 즉 그의 산파술은 '진리를 낳고자 애쓰는 초심자들을 도와주는 방법'을 말하는 것이다. 소크라테스는 결코 질문에 대한 정답을 직접 사람들에게 말해 주지 않았다. 오히려 그는 진리에 관한 대화를 시작하면 항상 먼저 질문을 던졌다. 상대방이 이미 알고 있다고 생각하는 것에 대해서 계속 집요하게 질문을 던지면서 그가 사실은 잘 알지 못함을 즉, '무지함'을 자각하게 하였고, 마침내 스스로 '아!'라고 깨닫게 될 때까지 질문을 멈추지 않았던 것이다. 즉 산파술이란 어떤 사람이 그 무엇에 대해서 스스로 깊이 생각하게 하고, 스스로의 힘으로 어떤 것을 분명하게 알 수 있도록 도와주는 진리 추구의 방법론인 것이다. 이러한 산파술에는 두 가지 중요한 의미가 함의되어 있다. 첫째는 진리란 곧 인간의 정신, 혹은 마음속에 이미 내포되어 있다는 것, 다시 말해 누구나 깊이 생각하기만 한다면 그 스스로의 힘으로 진리를 깨달을 수 있다는 '사유하는 인간의 이성(지성)에 대한 신뢰'를 의미한다. 둘째는 자율성 혹은 주체성의 의미이다. 스승이나 다른 사람으로부터 다만 진리를 전해 들은 사람은 그 진리에 대한 깊은 확신을 가질 수가 없기 때문에 어려움에 처하거나 삶의 이해득실 앞에서 쉽게 진리를 저버리고 말 것이다. 반면 타인으로부터 수용된 것이 아닌 스스로의 힘으로 진리를 깊이 깨달은 사람은 그 깨달은 진리에 대한 확신을 가지고 있으며, 그것이 삶으로 이어지고 타인들의 교묘한 화술이나 언변에도 현혹되지 않고 굳건하게 진리를 살아갈 수 있을 것이다. '철학적'이란 바로 이렇게 스스로의 확신에 의해 진리를 가지는 것이며, 이로서 자신의 사유와 행위의 주인이 되고 자신의 삶에 전적으로 책임을 가지게 되는 그러한 자율적이고 주체적인 태도를 말하는 것이다. 아마도 현대의 실존주의자들은 이러한 그의 태도를 '실존적'이라고 할 것이다. 소크라테스는 진정으로 철학적인 태도를 견지하였던 최초의 철학자라고 할 수 있다.

셋째, 소크라테스의 진정한 철학자로서의 면모는 무엇보다 그의 지행합일의 윤리적인 태도에서 나타나고 있다. 그는 "현명한 사람은 행복한 사람이며, 현명한 사람은 선한 사람이다"라고 말하였는데, 이는 정신과 삶 혹은 앎과 행위가 일치된 것을 말한다. 그냥 진리를 학문적으로 추구하고 전달하는 교사가 아니라, 자신이 알고 있는 것을 자신의 삶으로 삼고 자신의 행위의 원리가 되어 철저하게 앎과 행위가 일치된 사람을 그는 "지혜로운 사람", "깨달은 사람"이라고 보았고, 이를 "철학자", 즉 "지혜를 사랑하는 사람"이라 하였다. 그는 자신이 이러한 철학자가 되는 것이 곧 신이 자신에게 준 사명이라고 생각하였고, 이를 위해서 죽음마저도 극복하였다. 그의 아내와 제자들은 사형선고를 받고 죽음을 앞둔 그에게 "스승님의 죽음은 부당한 것입니다. 제가 책임질 테니 도망가시기 바랍니다"라며 간곡히 제안하였으나 소크라테스는 "내가 부당하게 사형을 받은 것이 낫지, 그럼 정당하게 사형을 받은 것이 더 낫다는 것이냐!"라고 되물었다고 한다. 죽고 사는 것보다는 자신이 '정당하고 떳떳한 사람'이었기를 바랐던 사람이 소크라테스였다. 그리고 그동안 아테네의 정치인들에게 법률을 준수하라고 누누이 강조한 그였기에 비록 판결이 부당하다고 해도 법률이 정한 것을 지켜야 한다는 사명을 죽음으로서 보여 주고자 했을 것이다. 아마도 오늘날 '노블레스 오블리주'라는 개념에 가장 충실하였던 사람이 소크라테스였을 것이다. 그는 이상적인 것을 향해서 죽음도 불사하고 내달렸던 최초의 이상주의 사상가였던 것이다. 현대철학의 선구자였던 키르케고르는 "철학자란 모름지기 자신의 사상을 위해 자신의 생명을 걸 수 있는 사람"이라고 말한 바 있는데, 그 최초의 철학자가 바로 소크라테스였던 것이다. 프랑스의 유신론적 실존주의자 가브리엘 마르셀이 사람들이 자신의 사상을 "실존주의"라고 부르자 스스로 자신의 사상에 대해서 "기독교적 소크라테스주의"라고 불러 달라고 요청했던 것도 소크라테스의 진정한 철학자의 면모를 존중하였기 때문이었다.


## 2. "너 자신을 알라"

소크라테스 하면 가장 먼저 떠오르는 말이 "너 자신을 알라!"라는 명언이다. 하지만 사실은 이 명언이 소크라테스가 한 말이 아니라 소크라테스가 신탁을 받았다는 델포이 사원의 입구에 적혀 있는 말이다. 그럼에도 이 말이 소크라테스가 한 말이라고 하여도 크게 문제될 것은 없을 것이다. 왜냐하면 신탁에서는 '아테네에서 가장 현명한 자를 소크라테스'라고 하였고, 그 이유는 모든 사람이 자신들은 많은 것을 알고 있다고 생각하지만 소크라테스만이 '자신이 무엇을 모르고 있다는 사실을 알고 있었기 때문'이라는 것이었다. 그리고 소크라테스 역시 철학적 담론에서 가장 먼저 한 일이 사람들에게 계속하여 질문을 던지면서 사람들이 자신이 알고 있다는 것이 사실은 허상임을 밝혀 보이는 것이었기 때문이다. 대다수의 철학서에서는 이 말을 "너 자신이 무지하다는 것을 알라!"는 것으로 해석하고 있는데, 사람들은 이를 '무지無知의 지智'라고 한다. '모른다는 것을 아는 지혜'는 앎에 대한 역설, 즉

'아이러니'를 말하고 있다. 후일 키르케고르는 바로 이 소크라테스적인 아이러니를 주제로 자신의 박사학위 논문을 작성하였고, 기독교적인 신앙을 바로 이러한 아이러니 개념으로 해명한 바 있다.

그런데 델포이 사원의 입구에 적혀 있는 이 말의 진정한 의미는 무엇일까? 성전에 들어가는 사람이란 문학적인 표현을 빌리면 '신을 만나러 가는 사람'이다. 그런데 신을 만나러 가는 인간의 마음 혹은 태도는 어떠해야 할까? 그것은 절대자 앞에서 응당히 가져야할 한 인간의 겸손함이다. 신과 인간 사이에는 무한한 거리가 있다. 델포이 사원에서 여사제를 통해 소크라테스에게 신탁을 계시한 '신'(다이몬)이 구체적으로 어떠한 존재인지는 알 수 없어도 최소한 우리는 그가 죄악과 무지로 가득 찬 인간들과는 무한히 다른 어떤 존재임을 짐작해 볼 수 있다. 따라서 신전 입구에 적혀 있는 "너 자신을 알라!"는 말은 인간으로서의 나약함과 비참함을 인지하고 신 앞에서 응당히 자신을 낮추어 '겸손함' 혹은 '경건함'을 가지라는 말일 것이다. 즉, 이 말 안에는 존재론적으로, 인식론적으로, 그리고 윤리·도덕적으로 매우 불완전하고 하찮은 인간 존재가 신의 위대함 앞에 자신을 낮추어야 한다는 종교적인 태도를 말하고 있는 것이다.

하지만 소크라테스가 진리를 사랑하는 철학자인 만큼 이 말이 소크라테스를 통해서 말해질 때는 우선적으로 사람들이 '진리를 알고 있지 않음', 즉 무지함에 대해서 자각하라는 말이 되는 것이다. 소크라테스는 사람들이 가지고 있는 대부분의 '앎'이 사실은 진정한 앎이 아니라 견해doxa이거나 믿음에 지나지 않는다고 보았다. 견해나 믿음은 타인에게서 전해 들은 것에 대하여 "그렇다고 생각한다"는 정도에 그치는 것으로, 스스로의 탐구에 의해 확실하게 밝혀진 것에 대한 앎이 아니며, 그렇기 때문에 항상 오류의 가능성을 가진 불확실한 앎이다. 오늘날 대다수의 사람은 다양한 매체를 통하여 사회적 국가적 문제에 대한 자신의 견해를 가지고 있다. 인터넷상에서 시사적인 글이나 기자들의 글에 달리는 댓글들은 예외 없이 일종의 견해들이다. 즉 이 견해들은 또 다른 매체를 통해 습득된 것이며 그 진위는 거의 반반이다. 왜냐하면 매체들, 가령 신문기사에 실린 60% 이상의 사실은 믿을 수 없는 정보들로 이루어졌다는 것이 기자들 스스로가 밝히고 있는 사실이기 때문이다. 그래서 오늘날 '팩트체크'라는 말이 유행어처럼 번지고 있다. 설령 올바른 팩트에 근거해 있다고 해도 특정한 집단의 이익을 위해서 편파적인 의미로 해석되기 일쑤이다. 동일한 사건에 대해서 서로 다른 매체들이 서로 다른 견해를 보이고 있다는 사실이 그 증거일 것이다. 따라서 진정한 앎, 혹은 진리에 관해서는 대다수의 사람이 오류에 빠져 있거나 불확실한 앎만을 가지고 있다는 것이 사실이다. 그 형식이 다를 뿐이지 그리스의 시대에도 상황의 본질은 다르지 않았을 것이다.

그럼에도 우리가 소크라테스의 행위를 전체적으로 고려해 본다면 이 말이 단지 "무지를 자각하라!"는 의미만을 함의하고 있지는 않다는 것을 알 수 있다. 플라톤의 전기 대화편―『소크라테스의 변명』, 『크리톤』, 『메논』 등―에서는 소크라테스의 철학적 담론이 항상 상대방을 '아포리아'(궁지에 봉착하는 것)에 이르게 하면서 상대방이 자신의 '무지를 깨닫는 것'으로 끝나고 있다. 반면 후기 대화편―『파이돈』, 『파이드로스』, 『향연』 등―에서는 대화를 통해서 사람들이 진리를 통찰하는 것에 이른다. 불안정하고 변화무쌍하며 덧없이 사라지는 현상의 세계와 달리 항상 한결같고 불멸하며 이상적인 이데아의 세계를 이해하기에 이르는 것이다. 따라서 '자신을 안다'는 것은 일차적으로 "무지한 자신을 자각하게 되는 것"이지만 이차적으로는 "나도 깊이 생각한다면 진리를 알 수 있다"는 사실을 깨닫는 것을 말하는 것이다. 왜냐하면 내가 알게 될 진리란 스승으로부터 전해 들은 것이 아니라, 나 스스로 알게 된 것, 즉 이미 나의 영혼 속에 모두 있었던 것이기 때문이다. '무지에 대한 자각aporia' 그리고 '대화dialektike'를 통해 견해나 믿음을 극복한 '진정한 앎epistēmē 혹은 진리idea에 대한 통찰', 이것이 곧 '필로-소피아', 즉 철학을 의미하며, 철인哲人이란 곧 '애지자'를 의미하는 것이다. 따라서 "너 자신을 알라!"는 명언이 담고 있는 최후의 의미는 곧 "너 자신도 애지자, 즉 철인이 될 수 있음을 알라!"는 의미가 될 것이다. 다시 말해 인간이란 곧 진리를 깨달을 수 있는 자, 아니 더 나아가 진리를 깨닫고 영원불멸하는 이데아의 세계로 나아가야만 하는 사명을 가지고 태어난 '숭고한 존재'라는 의미를 함의하고 있다고 해야 할 것이다. 만일 소크라테스가 오늘날 다시 태어난다면 물질만능주의를 살아가는 현대인에게 무엇이라고 말할 것인가? 아마도 희랍시대와 동일한 말, 즉 "너 자신을 알라!"라고 말할 것이다. 진리를 깨닫고 '예지자가 되어' 영원한 이데아의 세계로 나아가야 할 숭고한 존재가 언젠가는 소멸하고 말 무의미한 물질들의 세계에 파묻혀 살아가는 비참함을 보면서 자신의 진정한 모습과 숭고한 사명을 깨달아야 한다고 외치고 있을 것이다. 그리고 이를 위해서라면 죽음조차 마다하지 않을 것이다. 이러한 측면에서 소크라테스는 최소의 예언자, 최초의 순교자라고 해도 과언이 아니다.

# 3. '악법도 법이다'는
## 소크라테스가 한 말일까?

어쩌면 당연한 말이겠지만 『신약성경』은 "벗을 위하여 생명을 바치는 것보다 더 큰 사랑은 없다"라고 말하고 있다. 살아있는 모든 존재에게 있어서 '생명' 혹은 '목숨'이란 가장 큰 가치를 가지는 것이다. 최소한 이 세상에서는 내가 죽는다는 것은 나와 관계된 모든 것, 그리고 나를 둘러싸고 있는 세계가 동시에 사라지는 것이다. 나의 죽음은 나와 관계되었던 이 세상의 모든 가치가 동시에 소멸하는 것이 된다. 그런데 소크라테스는 억울한 누명을 쓰고 사형을 언도받게 된다. 억울한 죽음을 받아들일 필요가 없다고, 살아서 더 큰일을 하라고 부추기는 아내와 제자들, 그리고 벗들의 간곡한 제언에도 불구하고 그는 자신의 죽음을 받아들였다. 소크라테스는 평소에 정치인들에게 청렴함과 준법정신을 매우 강조했던 인물이었다. 그리고 그는 "이제까지 아테네의 시민으로서 법률이 정한 모든 시민의 권리를 자유롭게 누려왔다네, 그러니 이제 와서 나에게 불리하다고 해서 마음대로 법이 정한 것을 던져 버릴 수가 없다네!"라고 말하면서 죽음에서 도망가라는 제자들의 말을 일축시켰다. 소크라테스는 도덕적인 삶의 숭고함을 증명하기 위해서 마지막까지 자신의 생명을 바쳐서 헌신한 것이다. 그렇기 때문에 소크라테스는 '아테네의 양심'이라고 존중받았다. 이러한 일화는 지행합일, 즉 가르침과 실천이 일치하는 숭고한 정신과 '노블레스 오블리주'의 정신을 아주 잘 보여 주는 상징적인 사건이다.

물론 오늘날 사회와 삶이 복잡하고 정치적으로 매우 모호한 시대를 살고 있는 현대인들에게 있어서 법이 명한다고 억울한 죽음을 무조건 수용하는 사람을 칭찬할 사람은 아무도 없을 것이다. 하지만 오늘날의 현대 사회와 당시 소규모 도시국가였던 아테네의 상황은 매우 다르다. 간접민주제를 가지고 대의정치를 실시하는 오늘날의 민주 사회와는 달리 당시 아테네는 직접민주제를 가지고 있었다. 국가적 사안이나 정책 결정에 있어서, 그리고 법률을 제정함에 있어서 모든 시민이 한 광장에 모여서 다수결이 아닌 최종적인 만장일치가 주어지기까지 몇날 며칠을 토론과 토의를 거치는 것이 당시의 관습이었다. 그러니 법률이란 말 그대로 국민들의 뜻이며, 만인이 지켜야할 '보편적인 의지'라고 할 만한 것이었다. 다시 말해서 당시의 '법률'이라는 말은 오늘날의 그 것과는 확연히 다른 의미와 무게감을 가지고 있었다. 이러한 맥락에서 왜 소크라테스가 억울한 판결임에도 그 판결을 수용해야만 했던 것인지를 어느 정도 이해할 수가 있다. 즉 소크라테스의 도덕적인 척도는 타인에게도 엄격했겠지만 자신에게는 더욱 철저하게 엄격하였다는 것을 말해 주고 있다. 도덕불감증이 생활습관처럼 뿌리내리고 있는 현대 사회에 소크라테스의 지행합일의 정신은 항상 이정표가 된다고 할 수 있을 것이다.

그런데 우리는 이러한 소크라테스의 일화에서 다른 한 가지의 의미를 유추해 볼 수 있다. 독약을 마시고 서서히 마비가 오기 시작하고 아직 말을 할 수 있을 때, 소크라테스는 제자들에게 이상한 말을 남겼다고 한다. 죽음을 목전에 둔 사람이 자신의 죽음에 대해 불안해하기 보다는 평온한 목소리로 "아스클로피오스에게 빚진 닭 한 마리를 꼭 갚아 달라"는 미스터리한 말을 남긴 것이다. '아스클로피오스'는 당시 '의학의 신'을 지칭하는 이름이며, 아테네 사람들은 병이 나았을 때 의학의 신에게 닭 한 마리를 감사의 제물로 바치던 관습을 가지고 있었다. 따라서 소크라테스의 마지막 유언은 생전에 자신의 병을 치유하고 제물을 바치는 것을 잊어버린 적이 있었기 때문이라고 추정해 볼 수 있다. 그것이 아니라면 어쩌면 죽음으로부터 완전히 자유롭게 된 그 순간이 곧 '영혼의 자유'를 회복하는 것이요, '영혼의 병'이 완치되는 순간이라고 생각하고 암시적으로나마 자신의 생각을 전해 주기 위해서 그렇게 부탁하였을 것이다. 즉, 소크라테스는 치유된 영혼, 다시 말해 지상에 대한 미련이 완전히 사라지고 저 본래의 고향인 '이데아의 세계'로 갈 준비가 충분히 갖추어진 '완성된 영혼'이었다는 것을 암시하는 것이다. 세상 사람들이 가장 소중하다고 혼신을 다해 지키고자, 집착하는 '죽음에 대한 염려'를 완전히 벗어 버리고 영혼의 자유를 되찾은 '예지자의 모습'이 임종 직전의 마지막 소크라테스의 모습이었다. 우리는 여기서 후일 '영혼의 절대적 평정'을 의미하는 '아파테이아'를 최고의 이상으로 삼았던 스토아학파들의 전신全身을 볼 수가 있다. '만일 사형선고라는 억울한 일이 없었더라면 소크라테스는 죽음을 완전히 극복한 예지자의 모습을 획득하지 못하였거나 최소한 그 시기가 매우 늦어졌을 수도 있다. 그러니 세상의 눈에는 '사형선고를 내린 법률'이 '악법'이었겠지만, 현자(깨달은 자)의 눈에는 오히려 소크라테스의 득도得道를 도운 고마운 법이라고 할 수도 있을 것이다. 이러한 사실들을 감안하면 '악법도 법이다'라는 메시지가 소크라테스의 죽음이 상징하거나 암시한 말은 결코 아니었다고 해야 할 것이다.

# 4. 산파술은 왜 주관성으로서의 진리를 말하고 있는가?

실존주의의 선구자 키르케고르는 소크라테스적 주관성과 기독교적 주관성을 대비하여 설명한 적이 있는데, 전자를 후자를 위한 기본 전제 혹은 필요조건처럼 고려하였다. 즉 전자가 형성되지 않는다면 후자는 시작될 수가 없는 것이다. 이는 소크라테스적 앎(지혜)이 곧 개별적인 앎, 주관적인 앎, 혹은 '주관성으로서의 앎'이라는 것을 말해 주고 있다. 그렇다면 왜 소크라테스적인 앎이 주관적인 앎인가? '산파술'은 진리에 대해 담론하고 있는 상대방으로 하여금 스스로 분명하게 진리를 깨달을 수 있도록 최후까지 질문을 던지는 방법이다. 여기서 담론자는 '상식적으로 알고 있다고 생각하는 것'(견해)이 정말로 알고 있는 것인지를 질문을 통해서 검토하게 된다. 무엇을 상식적으로 안다는 것은 곧 일반성의 지평에 있다. 모두는 아닐지라도 대다수가 그렇게 알고 있고 사회가 그렇게 생각하고 있으니 나도 그렇게 생각하는 것이 '상식'이다. 하지만 질문의 마지막에 '아!'라고 깨닫게 되는 앎은 이러한 상식 혹은 일반성의 지평을 넘어서는 개별적인 것이다. 사실 단순한 앎이 일반성이나 보편성의 지평에 있는 것이라면, 깨달음 혹은 지혜는 그 특성상 개별성의 지평에 있다. 더하기 빼기 등의 수학적 연산에 대한 앎은 누구에게나 공통되는 것이기에 이는 '보편적인 것'이다. 반면 사람들은 '가난뱅이가 되기보다는 부자가 되는 것을 원한다'는 명제는 '일반적인 사실'(즉 상식적인 것)이다. 그런데 '용서란 무엇인가?', '정의란 무엇인가?', 혹은 '구원이란 무엇인가?'라는 질문들을 통해서 마침내 깨닫게 되는 앎은 그 자체로 주관성의 지평에 있는 것이다. 왜냐하면 이러한 질문에 대한 답변은 모두에게 있어서 조금씩 달라질 수밖에 없으며, 이는 자신의 인생의 다양한 체험이나 자신이 처해 있는 상황, 자신만의 고유한 가치관이나 인생관 등 여러 가지를 고려한 이후에 일종의 실존적으로 체득된 앎, 담론의 마지막에 '최후로 귀결되는 앎epistēmē'을 말하기 때문이다.

수학이 보편성의 지평에 있고, 미학이 일반성의 지평에 있는 것이라면, 윤리나 종교는 개별성의 지평에 있다. 가령 '절도를 한 사람을 어떻게 처벌하여야 좋은 것인가?'라는 물음에 '법대로 처벌하여야 한다'라는 답변은 올바른 답변이기도 하지만 어떤 관점에서는 너무나 일반적인(상식적인) 답변이어서 아무런 답변도 하지 않은 것과 같다. 왜냐하면 '훔치는 행위' 그 자체는 나쁜 것이나, 구체적인 실제의 삶 안에서 훔치는 행위에 대한 윤리적 판단은 그 사람이 처한 상황에 따라 사람마다 천차만별이기 때문이다. 가령 홍길동이나 임꺽정 같은 사람들의 훔치는 행위는 오히려 상을 주어야 하기 때문이다. 이와 유사하게 동일하게 살인을 저지른 사람들이라도 그 형벌의 정도가 사람마다 다 다를 수밖에 없는 이유는 윤리·도덕적인 행위에 있어서의 가치판단은 본질적으로 주관성의 지평에 있기 때문이다. 그래서 어떤 실제적인 윤리적 판단이란 판단받는 사람의 구체적인 개별적 상황, 그 사람의 고유한 가치관이나 인생관, 그리고 행위 당시에 그가 처해 있었던 개별적인 사회적 상황 등을 모두 고려한 이후에라야 참된 판단이 가능하기 때문에 개별적인 것일 수밖에 없는 것이다. 이와 유사하게 종교적인 삶을 사는 사람들에게 있어서 진리란 주관적인 것으로 나타날 수밖에 없다. 종교를 문자 그대로 해석할 때, 종교란 인생의 근본적인 것과 궁극적인 것을 배우는 것이다. 따라서 한 개인이 종교적 지평에서 진리나 진실을 고려한다는 것은 인생을 전체적으로 고려하면서 인생의 의미, 사람다운 삶, 가치 있는 삶, 혹은 구원의 의미 등을 생각하는 것이다. 이 경우 한 개인이 살아온 인생의 총체적인 지평은 거의 절대적으로 개별적인 것이어서 완전히 개별적인 지평에 있을 수밖에 없다. 그래서 부처의 깨달음은 당시 일반인들이 깨달은 것과는 완전히 다른 것이었고, 자신의 죽음의 의미에 대한 그리스도의 이해는 당시 그 어떤 사람도 이해할 수 없는 것이었다.

이처럼 산파술의 마지막 지점에서 '아!'라고 깨달음을 얻게 되는 그러한 깨달음이란 주관적인 앎일 수밖에 없는 것이다. 물론 여기서 주관적인 앎이 뜻하는 바는 보편성이나 일반성과 대립한다는 의미의 주관적인 것이 아니라 보편성과 일반성을 내포하면서 이를 넘어서는 그러한 의미의 개별적인 것이다. 이러한 주관성으로서의 앎의 지평에서는 "너 자신을 알라"는 엄명이 '무지의 지'로서의 그것과는 완전히 다른 의미를 가지게 된다. 즉 진정한 깨달음을 얻기 위해서는 우선적으로 내가 진정으로 누구인가를, 내가 처한 외적·내적인 상황과 나의 인생과 나의 자아 등 나의 실존을 총체적으로 이해하지 않고서는 불가능한 것이다. 한 마디로, '나 자신'에 대한 우선적인 이해가 없다면, 주관성으로서의 이러한 앎(지혜)을 가진다는 것은 불가능하게 되는 것이다. 억울하게 사형을 언도받은 소크라테스가 자신의 죽음을 기쁘게 수용하고자 하였을 때, 그를 진정으로 이해한 사람은 어디에도 없었을 것이다. 왜냐하면 소크라테스의 내밀한 내적인 비밀들, 그가 받은 철학자로서의 소명을 소크라테스 자신만큼 잘 알고 있었던 사람은 누구도 없었기 때문이었다. 그렇기 때문에 자기 자신 외에는 소크라테스의 죽음에 대한 의미나 가치를 평가할 수 있는 사람은 누구도 없었을 것이다. 즉 인생의 의미나 가치에 대한 소크라테스의 이해는 완전히 소크라테스 자신의 특수한 삶에서의 지극히 개별적인 것이었다. 이렇게 진리를 산다는 것은 자신의 전 인생의 의미로서 오직 자기 스스로가 자기 인생에 대한 절대적인 책임을 지고서 스스로 의미를 획득하면서 살아가는 것이다. 우리는 이러한 것을 소크라테스의 '산파술'에 나타나는 '주관성으로서의 진리'가 말해 주는 것이라고 할 수 있다. 이러한 차원에서 소크라테스는 근대적 주체성과 현대의 실존주의의 출발점이었다고 말할 수 있을 것이다.

## 5. 죽음을 넘어서는 소크라테스적 지혜란 무엇인가?

소크라테스에게 있어서 사람들이 무지 속에서 살고 있다는 명백한 증거는 사람들이 죽음을 두려워한다는 사실이었다.

> 사실 죽음을 두려워한다는 것은 절대적으로 알지 못하는 것을 알고 있는 것처럼 여기는 것이 아닌가? 왜냐하면 결국 그 누구도 죽음이 무엇인지, 행여 그것이 인간에게 주어진 가장 좋은 것은 아닌지 알지 못하기 때문일세. 그런데도 인간은 죽음이 가장 나쁜 것임을 안다는 듯이 두려워한다네. 알지 못하는 것을 안다고 믿는 이 무지가 어째서 비난 받아 마땅하지 않다는 말인가!
>
> - 『소크라테스의 변명』 p. 31 – [2]

그렇다면 소크라테스는 죽음을 어떻게 이해하였을까? 그는 심미아스에게 다음과 같이 말하고 있다. "심미아스, 진실한 철인이란 언제나 죽음에 다가가며 어느 누구보다도 죽음을 두려워하지 않는 자일세."(『파이돈』) 그렇다면 왜 철인은 죽음을 두려워하지 않는 것일까? 그것은 진정한 철인이란 지혜를 깨달은 사람이며, 이 지혜는 인생의 최후의 의미에까지 이르게 하기 때문이다.

> 진정한 애지자로서 저 하데스(저편 세계)에서만 지혜를 가치 있게 향유할 수 있다고 확신하는 사람이 어찌 죽음을 슬퍼하겠는가? 오히려 큰 환희를 품고 세상으로 가는 여행길을 떠날 것이네. 벗이여, 그가 진정한 철학자라면 분명 그럴 것이네. 그는 저 세상에서만 순수한 지혜를 발견할 수 있다는 굳은 믿음을 지니고 있을 테니까. 이럴진대 그가 죽음을 두려워한다는 것은 당치 않은 말이네.
>
> – 『파이돈』 p.31 – 3

소크라테스는 지혜를 추구한 진정한 철인이었지만 그는 이 세상에서는 이 지혜가 완전히 순수하지도 않고, 또 제대로 환영받지 못할 것임을 알고 있었다. 왜냐하면 이러한 지혜를 향유할 수 있는 것은 오직 저편 세계에서만 가능하기 때문이다. 사실 인류의 역사나 우리의 현실을 액면 그대로 바라본다면 이러한 소크라테스의 고백이 과장된 것이라고 할 수는 없을 것이다. "예언자는 자기 고향에서는 환영받을 수 없다"는 성경의 말처럼 덕이 있고 의로운 사람, 정의와 진리를 사랑하였던 사람은 오히려 그렇지 않은 사람보다 훨씬 더 힘겹고 고독하게 살 수밖에 없다는 것은 경험적으로도 알 수 있기 때문이다. 그래서 카뮈는 이 세상을 근원적으로 '부조리한 세계'로 보았고, 루이 라벨은 이 세상을 원초적으로 '부도덕한 세계'로 본 것이다. 하지만 소크라테스는 현상학자도 아니었고, 염세주의자도 아니었다. 그는 최소한 세계를 부조리한 세계로 보거나 비극적으로 보지는 않았다. 그렇기 때문에 진정한 철인들이 평생을 통해 획득한 지혜가 무의미하게 끝나 버리거나 하는 일은 결코 없을 것이라고 확신하였고, 따라서 저편 세계는 틀림없이 존재하는 것이며, 이 지상에서의 죽음은 결코 상실이 아니라고 본 것이다. 소크라테스의 인생관은 참으로 합리적이고 낙관적인 것이었다. 그는 다만 이 지상의 삶에서의 행복만을 추구하지는 않았다. 오히려 그는 자신이 추구하는 그 진정한 행복은 이 지상에서는 발견할 수 없는 것으로 보았다. 그렇기 때문에 그에게 있어서는 죽음이 오히려 '큰 환희를 품고 여행을 하는 것'으로 본 것이다. 이러한 사유는 거의 종교적인 사유에 가깝다. 이런 면에서 볼 때, 우리는 소크라테스를 서양 역사상 최초로 '자연종교'를 가졌던 사람이라고 할 수도 있을 것이다. 왜냐하면 이러한 그의 깨달음은 인간과 인간의 삶에 대한 그의 평생 동안의 명상을 통해 얻은 확신이었기 때문이다. 이러한 차원에서 우리는 야스퍼스의 말을 빌려 소크라테스를 '철학적 신앙'을 가졌던 사람이라고 해야 할 것 같다.

세상의 그 어떤 학문도 이렇게 인생의 최후의 비밀에 대해서 말해 주는 학문이나 기술이 존재하지 않는다는 차원에서 소크라테스는 참으로 '형이상학자'였다고 말할 수 있다. 형이상학이 다양한 의미를 가지고 있겠지만, 소크라테스의 형이상학은 세계와 인생을 총체적으로 고찰하는 것이라는 의미에서의 형이상학이라고 할 수 있다. 소크라테

스가 케베스에게 지혜에 대해서 말하고 있는 진술은 참으로 시적이고
아름답기까지 하다.

> 소크라테스: 그러나 영혼만으로 조용히 고찰할 때, 순수하고 영
> 원불변하며 불멸하는 세계로 들어가게 되는 것이 아닐까? 이 세
> 계는 영혼과 동질적인 것이므로 영혼이 육체의 방해에서 벗어나
> 독립하게 되면, 그리하여 유사한 본성들과 교류하게 되면 영혼
> 은 더 이상 방황하지 않고 그 절대적이며 불변하는 범주 속에 머
> 무르게 될 것이네. 그리고 영혼의 이러한 상태를 바로 지혜라고
> 부르는 것이 아니겠는가?
> 케베스: 오 소크라테스, 참으로 훌륭하고 지당한 말씀입니다.
>
> – 『파이돈』 79d – [4]

위의 진술은 플라톤이 우리에게 전해 준 수많은 소크라테스의 말
중에서 가장 미스터리한 부분이기도 하다. 영원하고 불변하는 세계
가 저편 세계를 의미하건만, 그러나 영혼이 혼자만으로 고요히 묵상
할 때, 영혼이 저편 세계로 들어간다니…. 그리고 이 세계가 영혼과 동
질적인 것이라니…. 여기서 말하는 영혼의 상태가 죽음 이후의 영혼의
상태라면 충분히 납득이 가겠지만, 그러나 그렇지 않다면 이러한 사유
는 평소에 소크라테스가 했던 말과는 분명 다른 것이다. 이는 한마디
로 이 현세에서도 영혼이 육체와 분리하여 고요히 명상에 잠기게 된다
면, 이 세상 안에서 저 세상을 살게 된다는 말과 같은 것이다. 즉 어떤
의미에서는 저편 세계란 공간적으로 저 너머에 있는 세계가 아니라,
이미 우리의 곁에 있지만 우리의 육체가 방해하고 있어서 영혼이 알아

차리지 못하는 세계라고 하는 것과 같은 것이다. 아마도 초현실주의자라고 한다면, 소크라테스는 이 현실 안에 존재하는 '초-현실'을 통찰하고 그것을 살았던 사람이니까 최초의 '초현실주의자'라고 할 것이며, 그리스도교인이라면 그는 이 지상에서 벌써 천국을 살다 간 사람이니 '성인'이라고도 할 것이다.

　이러한 초-현실적인 세계를 거닐고 있는 영혼의 이 상태를 소크라테스는 '지혜'라고 부르고 있다. 이러한 지혜는 단지 인생을 보다 더 잘 살기 위한 그러한 지혜가 아니라, 이미 '구원'이라고 할 만한 지혜일 것이다. 이러한 의미에서 본다면 플라톤이 동굴의 우화에서 소크라테스를 동굴을 벗어난 유일한 사람, 즉 이 세상에 살지만 이 세상의 바깥에 있었던 유일한 사람으로 묘사하고 있는 것은 참으로 적절한 묘사이다. 소크라테스는 "이 세상을 타향으로 생각하고 살아갔던 완성된 사람" 중에서 최초의 사람이라고 할 수 있을 것이다.

# 4장

## 관념론의 아버지
## 플라톤

"지혜를 깨달은 영혼은 비가시적이며, 신성하고
불멸하며, 예지적인 곳을 향하는 것이 아닐까?
인간의 실수, 어리석음, 공포, 그밖의 모든 인간
적 악에서 떠나 행복이 기다리는 곳으로 말일세."
-『파이돈』 중에서-

로마 시스틴 성당의 벽화 「아테네 학당」의 한 중간에 서 있는 플라톤(좌)과 아리스토텔레스(우)의 모습.
플라톤은 손을 위로 향하고 있고 아리스토텔레스는 손을 땅으로 향하고 있다. 즉 플라톤은 진리가 이데아의 세계를 명상하는 데서 비롯된다고 보았고, 아리스토텔레스는 구체적인 현실세계를 탐구하는 데서 주어진다고 보았다. 관념론과 실재론을 대표하는 두 철학자를 상징적으로 표현한 그림이다. 후일 중세의 철학자 아우구스티누스는 플라톤의 사상을 받아들였고 이를 토대로 '서양 영성의 아버지'라는 별명을 가지게 되었다. 한편, 토마스 아퀴나스는 아리스토텔레스의 형이상학적 원리들을 받아들여 그리스도교의 신학을 철학적으로 재정립하여, '스콜라철학자의 대표자'가 되었다.

**아테네 학당**
플라톤(좌)
아리스토텔레스(우)

### 플라톤Plato

아테네의 한 귀족 집안에서 3남 1녀 중의 막내로 태어난 플라톤의 원래 이름은 아리스톤ἀρισ-των이었으나 그의 이마가 크다고 해서 '넓은πλάτος'(플라토스)이란 뜻을 가진 "플라톤"으로 불리게 되었다. 처음에는 정치에 관심이 있었으나, 후일 소크라테스를 만나면서 철학에 관심을 가지고 그의 제자가 된다. 최초로 플라톤의 전기를 쓴 디오게네스 라에르티오스Διογενης λαερ-τιος(A.D. 200년경)는 소크라테스가 "어느 날 꿈에 하얀 황새가 자신에게 다가오더니 금세 멀리 하늘로 날아 갔는데, 그 다음 날 플라톤이 나를 찾아왔었다. 아마도 그 꿈에서 본 그 황새가 플라톤이었음이 틀림이 없을 것이다"라고 회상하였다고 전한다. 플라톤이 철학적 탐구를 평생의 과업으로 삼은 철학자가 되기로 결심한 것은 그의 스승 소크라테스가 억울하게 사형을 언도받고 죽음을 맞이한 모습을 목격한 이후이다. 스승의 죽음이 당시의 직접민주주의 체제 하의 아테네의 '우민정치' 때문이라고 생각한 그는 무지한 아테네의 시민들을 현자로 인도하는 일에 전 생애를 바치기로 결심한 것이다. 스승이 우민정치로 인해 살해되었다고 생각한 그는 민주주의를 비판하기도 하면서 '철인정치', 즉 철학자가 왕이 되거나 왕이 철학을 배워야 한다고 주장하였다. 그는 평생 30여 편을 저술하였는데, 초기 저술은 덕에 관한 질문과 관련하여 소크라테스와 관련된 내용을, 중기에는 '이데아론'과 관련된 자신의 핵심 사상을, 그리고 후기에는 철학적 방법론과 관련된 논리학적 관심을 담고 있다.

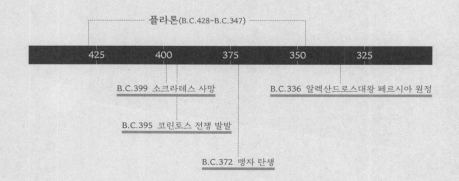

플라톤(B.C.428~B.C.347)

| 425 | 400 | 375 | 350 | 325 |

B.C.399 소크라테스 사망

B.C.336 알렉산드로스대왕 페르시아 원정

B.C.395 코린토스 전쟁 발발

B.C.372 맹자 탄생

# 1. 이데아론:
## 닭이 먼저인가 달걀이 먼저인가?

① 사태와 행위를 판단하는 척도는 어디서 오는가?

흔히 철학사가들은 플라톤과 아리스토텔레스를 마치 서양철학의 두 기둥으로 고려하면서 심지어 "서양철학의 역사는 플라톤과 아리스토텔레스를 재해석하는 것"이라고 평가하기도 한다. 이는 그만큼 이 두 철학자들의 사상이 서구 역사에 미친 영향이 지대하다는 것을 말해주고 있다. 그리고 철학사에서는 플라톤을 관념론의 아버지로, 아리스토텔레스를 실재론의 어머니로 고려하고 있다. 그런데 관념론이란 무엇이며, 실재론은 또 무엇을 말하는 것인가?

관념론과 실재론을 구별하는 방식은 다양하게 나타날 수 있겠으나, 가장 우선적으로 세상과 인간을 보는 관점 혹은 기질의 차이라고 할 수 있다. 우선 하나의 대상(사물)에 대한 가치를 생각하는 것에서 드러날 수가 있다. 예를 들어, 한 친구가 생일선물로 정성스럽게 직접 만든 카드와 편지 그리고 작은 시집 한 권을 선물하였고, 또 다른 친구는 평소에 가지고 싶었던 새로 나온 값비싼 스마트폰을 선물했다고 가정을 하자. 사람에 따라서 전자의 선물이 보다 나은 것이라고 여길 수도 있고 후자의 선물이 더 나은 것이라 여길 수도 있을 것이다. 이러한 서로 다른 판단이 가능한 것은 '무엇을 더 소중히 여기는가' 혹은 '무엇이 더 가치가 있다고 생각하는가' 하는 관점의 차이 때문이다. 전자를 선호하는 사람은 물질적인 것 혹은 값이 비싼 것보다는 '자신을 생각해 주는 그 마음과 정성'이 더욱 중요하다고 여기는 사람일 것이며, 후자를 선호하는 사람은 '실제로 도움이 되는 것 혹은 실용적인 것'이 더 중요하다고 여기는 사람일 것이다. 아니면 마음이란 공허한 것이며, 구체적인 선물의 내용이 곧 마음을 대변하는 것이라고 생각할 것이다. 전자를 관념론적인 기질을 가진 사람이라면 후자는 실재론적인 기질을 가진 사람이라고 할 수 있다.

어떤 사물이나 사건의 진위를 인식하는 인식의 차원에서도 관념론과 실재론은 뚜렷하게 구분된다. 가령 장미가 붉은색으로 보이는 것은 실제로 장미가 붉은색을 가지고 있기 때문일까? 혹은 인간의 인식 구조가 장미의 색을 붉게 보도록 되어 있기 때문에 붉게 보이는 것일까? 이 같은 단순한 질문을 던질 때, 실재론적인 관점을 가진 사람이라면 당연히 장미가 붉은색을 가지고 있기 때문에 우리가 그것을 붉은 것으로 인식한다고 하겠지만, 관념론적인 시각을 가진 사람에게는 장미가 붉게 보이는 것은 인간의 정신이 장미의 색을 붉은 것으로 인지하도록 구조 지워져 있기 때문에 붉게 보인다고 할 것이다. 즉 장미가 붉은색을 띠는 원인이 장미 그 자체에 있는가 아니면 그것을 인지하는 인간의 내부에 있는가에 따라서 실재론과 관념론으로 구분될 수 있는 것이다. 이러한 관점에서 "네 영혼이 존재하는 곳이 세계 안이 아니라, 오히려 내 영혼 안에 있는 것이 세계이다"라고 말한 버클리의 생각과 "일체유심조一切唯心造"를 주장하는 불교의 사유는 가장 관념론적인 사상이라고 할 수 있다. 만일 이러한 구분을 우주 혹은 세계에 적용한다면, 실재론자는 우주란 그 자체로 조화, 비례, 균형을 잘 갖춘 하나의 총체적인 유기체이기에 '코스모스'라고 불린다고 할 것이며, 반면 관념론자는 우주란 코스모스인지 카오스인지 알지 못하지만 우주를 인식하는 인간의 인식 구조가 우주를 '코스모스'로 인지하는 것이라고 할 것이다.

인간의 행위에 대한 원인이나 가치를 판단할 때에도 관념론적인 시각과 실재론적인 시각이 대립할 수가 있다. 예를 들어 한 예술가가 예술작품을 창조하였을 때 구체적인 작품의 외관이나 기법 등 작품 그 자체가 가지고 있는 가치를 보다 중시할 수도 있고, 작품을 산출하게 한 작가의 정신 혹은 마음을 더욱 중시할 수가 있을 것이다. 가령 영화의 경우 실재론적인 시각을 가진 사람은 영화가 얼마나 재미가 있는가, 영상미는 뛰어난가, 영화의 스토리 전개는 탄탄한가 등 영화 그 자체가 가지고 있는 다양한 현실적인 가치들에 주목하겠지만, 관념론적인 시각을 가진 사람은 이러한 구체적인 내용들은 부수적인 것이거나 지엽적인 것에 지나지 않다고 볼 것이다. 오히려 중요한 것은 영화를 통해서 작가가 말하고자 하는 것, 영화가 가진 정신, 독자들에게 보내는 메시지나 철학 등이라고 생각할 것이다.

관념론과 실재론의 대립은 "닭이 먼저인가 달걀이 먼저인가" 하는 오래된 질문에서도 나타나는 것이다. 닭이 먼저 있었다고 주장하는 사람은 달걀을 낳는 것이 닭이니 애초에 닭이란 것이 존재하지 않았다면 달걀도 존재하지 않았을 것이라고 생각할 것이며, 또한 달걀이 먼저 있었다고 생각하는 사람은 닭이란 것이 달걀에서 나오는 것이니, 애초에 달걀이 없었다면 닭이란 것이 존재하지 않았을 것이라고 생각할 것이다. 이는 곧 어떤 사물이나 대상의 기원을 문제 삼는 것이다. 만일 전자가 관념론적인 기질을 가진 사람이라면, 후자는 실재론적인 기질을 가진 사람일 것이다. 만일 이 세상을 관념론적인 시선으로 보자면 이 세상이 다만 우연히 생겼다거나 단순히 물질들의 상호반응을 통해 발생한 것이라고는 도저히 볼 수가 없을 것이다. 오히려, 애초에 세상이 존재하게 된 원인(관념적인 존재)이 먼저 있었다고 생각할 것이다. 반면 실재론적인 시각에서 보자면 존재하는 것은 무엇이나 그 존재를 구성하고 있는 물질적인 기초요소를 가지고 있을 것인데, 이러한 것이 배재된 관념적인 존재가 먼저 있었다는 것은 생각할 수가 없는 것이다.

즉 창조론을 지지하는 사람이 관념론적인 시각을 가진 사람이라면 빅뱅과 진화론을 지지하는 사람은 실재론적인 사람이라고 할 수 있을 것이다. 물론 이상 언급한 이러한 두 기질은 세계와 인간 현상을 고찰하는 두 가지의 '철학적 관점'이라고 할 수도 있고, 또 사람에 따라 달라지기보다는 우리들 각자가 동시에 지니고 있는 '인간의 양면적인 기질'이라고 볼 수도 있을 것이다. 즉 관념론과 실재론의 대립이란 두 사상 간의 대립이라기보다는 인간이 지니고 있는 존재의 '양면성으로서의 대립'이기에 역사가 지속하는 한 이러한 대립은 지속할 것으로 생각할 수가 있는 것이다.

어쨌든 우리는 세상의 모든 사건이나 사태를 관념론적으로 볼 수도 있고 실재론적으로도 볼 수가 있다. 플라톤은 세상을 관념론적인 관점에서 고찰한 최초의 철학자라고 할 수 있다. 비록 그러한 기질을 가진 사람이 그 전에도 있었겠지만 최소한 학문적인 체계를 갖추고 자신의 사상으로 정립한 사람은 플라톤이 최초이다. 그래서 그를 '관념론의 아버지'라고 정당하게 부를 수 있는 것이다. 그렇다면 그는 왜 관념론적으로 세계와 인간을 고찰하게 되었던가? 그것은 스승인 소크라테스의 삶과 사상이 그러했기 때문이다. 그렇다면 스승 소크라테스가 보여준 관념론적인 사유란 무엇인가? 우리는 플라톤의 초기 대화편에서 '경건함'에 대한 '에우티프론'과 소크라테스의 대화를 발견할 수 있는데, 여기서 소크라테스는 "그것에 의해서 모든 경건한 것이 경건한 것일 수 있는 경건함의 그 본질적인 특성 자체"에 대해서 알려 달라고 집요하고 질문하고 있는 모습을 볼 수 있다. 여기서 '어떤 것의 본질적인 특성'은 '형상', '본질', '정수', '핵심' 등의 다양한 의미로 해석될 수 있는 것이다. 그런데 소크라테스가 에우티프론과의 대화에서 확인한 것은 누구도 '경건함'의 그 본질적 특성에 대해서 정확하게 '정의'를 내릴 수 없었다는 것이었다. 에우티프론이 경건함과 관련된 다양한 속성이나 특성들은 알고 있었지만, 경건함 그 자체를 정의할 수는 없었던 것은 사실상 '어떤 것의 본질적 특성eidos'을 안다는 것은 단순히 '견해'를 가지는 것과는 다른 것이었기 때문이다.

우리는 앞서 소크라테스의 산파술이 '주관성으로서의 진리'를 말해주고 있음을 보았다. 여기서 '주관성으로서의 진리'란 담론의 최후에 '아!'라는 깨달음과 함께 주어지는, '실존적으로 체득된 앎'이라는 것을 언급하였다. 이렇게 깨달은 앎을 '지혜', 즉 '진정한 지식'이라고 부를 수 있다면, 이러한 지식은 그것과 연관된 다른 모든 담론과 판단의 '기준' 혹은 '척도'가 되는 것이다. 가령 '사랑이란 무엇인가?'에 답할 수 있는 '사랑에 관한 이상적인 관념'이 나에게 주어졌다면, 이는 이후 '사제 간의 사랑', '부자지간의 사랑', '벗들의 사랑', '이성간의 사랑' 등 다른 모든 구체적인 사랑의 척도 혹은 기준이 될 것이다. 이러한 사랑에 대한 '이상적인 관념'은 나의 마음이나 정신 안에 존재하는 것이지 현실 안에 존재하는 것이 아니다. 비록 현실 안에서 구체적으로 존재하는 것은 아니겠지만, 이 이상적인 관념은 내가 가지는 모든 사랑의 척도가 되고 나의 모든 사랑이 올바른 사랑이 될 수 있도록 길잡이 역할을 하는 것이기에 '존재하지 않는 것'이라고 할 수는 없다. 이는 바로 '관념적인 존재'(혹은 정신적인 실재)라고 할 수 있는 것이다. 엄밀히 말하면 나의 정신 혹은 내면에 존재하는 '관념적 존재'이다. 자신의 내면에 이러한 관념적인 존재를 가지기 위해서 인간은 '담론$^{dialektike}$'이 필요한 것이며, 이성을 사용하여 마지막까지 사유하기를 멈추지 말아야 하는 것이다. 바로 이러한 이상적인 관념을 내 마음속에 가질 수만 있다면 나는 이후 나의 모든 사유와 행위에 있어서 이를 '본$^{paradeigma}$'으로 삼아서 올바른 사유와 올바른 행위를 할 수가 있는 것이다.

그렇기 때문에 소크라테스에게 있어서 어떤 것을 진정으로 안다는 것은 다만 전문가나 타인 혹은 매스컴 등을 통해서 전해 들은 정보를 통해 가지게 되는 '견해'가 아니라, 다양한 담론의 과정을 거쳐서 최종적으로 나의 마음속에서 일종의 실존적인 확신을 통해 '깨달음'의 형식으로 주어지는 '이상적인 관념'을 의미하는 것이며, 이를 진정한 앎, 혹은 '참으로 아는 것'이라고 할 수 있는 것이다. 그러한 진정한 지식은 이후 다른 모든 개별적인 것의 판단에 있어서 척도 혹은 기준이 된다는 측면에서 '탁월한 것^areté'이라고 할 수 있다. 그리고 이러한 '탁월함' 혹은 '훌륭함' 그 자체를 '덕'이라고 부른다는 것은 이러한 탁월함이 윤리·도덕적인 지평에서의 내적인 성향만을 의미하는 것이 아니라, 어떤 한 분야의 탁월한 기술마저도 '덕'이라고 여긴다는 것을 말해준다. 사실이 그러하다. "선무당이 사람 잡는다"라는 말이 있듯이, 아직 의사의 자격증을 가지지 못한 초심자 의학도가 중요한 의료 행위를 한다는 것은 위험천만한 행위이다. 어떤 한 분야의 전문적이고 탁월한 기술을 가진다는 것은 이후 자신이 실행하는 모든 직업적인 행위에 있어서 올바르게 행위할 수 있는 조건이 되며, 이는 또한 사람들에게 정당하고 좋은 것을 줄 수 있는 필요조건이 되는 것이다. 이러한 '전문성'이 결여되어 있을 때 이 '결여' 자체가 직업적인 일에 있어서 '비리'나 '부-도덕함'의 원인이 된다는 것은 쉽게 경험할 수 있는 일이다. 즉 소크라테스에게 있어서 담론과 숙고를 통해 얻은 깨달음, 진정한 앎인 지혜를 가진다는 것은 올바르게 행동할 수 있는 '내적인 성향'을 가지는 것을 말한다. 이러한 내적인 성향이 확고한 사람이란 곧 '지행합일'을 형식을 취할 수밖에 없을 것이다. 왜냐하면 행위는 본성을 따르는 것이기 때문이다.

② 플라톤의 사상은 곧 소크라테스의 사상인가?

만일 어떤 사람이 "플라톤의 사상은 곧 소크라테스의 사상이며, 소크라테스가 말한 것을 다만 체계화하였을 뿐인가?"라고 묻는다면 "최소한 초기의 사상은 그렇다"라고 할 수 있다. 왜냐하면 그의 초기의 저작들은 모두 소크라테스와 다른 철학자들의 '대화'를 기록한 것들이기 때문이며, 여기에 자신만의 무엇을 첨가한 것이 거의 없기 때문이다. 반면 플라톤의 사상이 스승 소크라테스의 그것과 차이를 보이는 곳이 있다면 중기의 저술들, 예를 들어 『법률』, 『파이돈』, 『국가론』 등에서이다. 이 중기의 저술들의 많은 부분에서 플라톤은 더 이상 소크라테스를 등장시키지 않고 익명의 그리스인을 등장시켜 자신의 사유를 학문적으로 정립하고 있는데, 여기서는 소크라테스에게서는 볼 수 없었던 '자신만의 세계관'이 등장하고 있다. 이 세계관은 한 마디로 말해 '이데아론Theory of ideas'이란 것이다. 플라톤의 이데아는 소크라테스가 '산파술'을 사용하여 사람들로 하여금 그의 내면에 가지게 한 '다른 모든 사유와 행동의 모델'이 될 수 있는 '본질적인 특성'을 일종의 그 자체 독립적으로 존재하는 '이상적인 존재'로 환원한 것이라고 할 수 있다. 즉 인간의 내면에 '지혜'라는 형식으로 있던 것을 '천국과 같은 저편 세계'(하데스)에 존재하는 이상적인 존재들로 정립한 것이다. 물론 이러한 플라톤의 이데아와 이데아의 세계가 단지 현실과 앎의 과정을 잘 이해하기 위한 일종의 '비유적인 표현'인지 아니면 실제로 그러한 것으로 믿고 있었는지는 이론의 여지가 있겠지만 분명 플라톤은 그렇게 생각하였다. 그는 『국가론』에서 죽음 이후에 지혜를 깨달은 영혼들의 운명에 대해 "이러한 상태(깨달음)에 있는 영혼은 그와 유사한 것, 보이지 않고, 신성하고, 불멸적이며 분별 있는 것으로 나아갈 것이다"라고 말하고 있다. 보이지 않고 신성하고 불멸적인 존재란 곧 '이데아'(이상적인 존재)를 말하는 것이다.

물론 우리는 플라톤의 이데아론을 소크라테스의 사상을 왜곡하였거나 배신한 행위로 비판할 수는 없을 것이다. 왜냐하면 '세계를 어떻게 볼 것인가?' 하는 것은 인간 정신의 자유이며, 소크라테스가 순수하

우리는 아리스토텔레스가 『형이상학』에서 플라톤이 소크라테스의 '에 이도스'를 분리시켜 '존재'로서 환원해 버렸다고 비판하는 대목을 발 견할 수 있다. "소크라테스는 보편자들도 정의들도 '분리 가능한 것들' 로 만들지 않았으나, 그들(플라톤을 포함하는 사람들)은 분리하였다."

－『형이상학』, 13권, 9장 －

게 인간적인 관점에서 인생을 고찰하였다면 플라톤은 이를 보다 형이 상학적으로 혹은 보다 신비주의적인 관점에서 세계와 인생을 고찰하 였다고 볼 수 있기 때문이다. 만일 플라톤에 대한 정당한 비판이 있을 수 있다면, 그것은 스승 소크라테스가 일종의 '삶의 지혜' 혹은 '건덕 적建德的인 지혜'를 설파하였으나, 플라톤은 이를 '사변적이고 학문적 인 문제' 혹은 '패러다임의 문제'로 바꾸어 버렸다고 지적할 수는 있을 것이다.

**표 4** 플라톤의 시기별 「대화편」의 저작들과 그 내용

| 시기 | 저술제목 | 내용 |
|---|---|---|
| 초기 | 『소크라테스의 변명』, 『크리톤』, 『메논』, 『프로타고라스』, 『고르기아스』, 『라케스』, 『카르미데스』 등 | 소크라테스의 생애와 대화들을 중심으로 주로 '덕이란 무엇인가?'에 관한 논의들. |
| 중기 | 『파이돈』, 『파이드로스』, 『향연』, 『법률』, 『국가론』 등 | 영혼의 불멸성과 관련된 신화적 이야기를 통해 자신의 사상을 '이데아론'이란 형식으로 제시. |
| 말기 | 『파르메니데스』, 『테아이테토스』, 『소피스테스』, 『필레보스』, 『티마이오스』, 『크리티아스』 등 | 자신의 사상의 핵심은 점차 사라지면서 논리적 철학적 방법론과 우주론 등에 대한 논의가 주를 이룸. |

보는 관점에 따라서는 플라톤이 소크라테스보다도 훨씬 멀리 나아 갔다고 생각할 수도 있을 것인데, 그것은 소크라테스가 다소 '모호하

게' 혹은 '암시적으로' 말했던 모든 것에 대해서 플라톤은 보다 분명하
고 상승된 것으로 규정하면서 멀리 나아갔기 때문이다. 가령 플라톤은
『티마이오스』와 『크리티아스』에서 그 유명한 '아틀란티스의 전설'에
대해서 이야기하고 있는데, 여기서는 아틀란티스인들이 애초에 가졌
던 '신적인 속성physis'을 점차 상실하면서 인식과 가치의 전도가 일어
나서 마침내는 원래의 모습을 완전히 상실하게 되어 버렸다고 전해 주
고 있다. 그는 멸망 직전의 '아틀란티스'의 사람들이 어떠한 모습이었
는지 다음과 같이 말하고 있다.

> 가장 아름다운 것들이 가장 귀한 것에서 사라지게 되니, 볼 수
> 있는 사람에게는 이들이 추한 모습으로 보이게 되었지만, 행복
> 과 관련해서 진실된 삶을 볼 수 없는 사람에게는 올바르지 못한
> 탐욕과 권력으로 가득 차 있어서, 오히려 이제야말로 가장 훌륭
> 하고 행복한 자들로 여겨졌다.
>
> – *Timée*, 121b – [5]

플라톤은 소크라테스가 말한 "너 자신을 알라"에서의 '너'란 다만
'무지한 인간'을 의미하는 것이 아니라, 오히려 애초에 '신과 유사한
속성을 가졌던 인간'을 의미한다고 보았다. 플라톤은 인간의 이성과
지성을 '신적인 것theion'으로 격상시킨 것이다. 그리고 소크라테스의
이 말의 의미를 현재 이러한 속성을 너무나 많이 상실하고 있음을 자
각하라는 것으로 이해하였다. 플라톤은 이러한 신적인 속성을 상실하
게 한 결정적인 원인으로 '히브리스'가 인간의 이성과 지성을 완전히
지배하게 되었기 때문이라고 보았다. '히브리스'는 명예나 예절 그리

고 권리 등에 대한 존중의 마음에 대립하는 '오만하고 무례함', 그리고 상대방에게 '치욕과 모욕을 주는 내적 성향'을 의미한다. 아마도 오늘날 '갑질', '비리' 나아가 '모든 종류의 폭력'을 유발하는 '부정적인 내적 성향'이라고 말할 수 있다. 즉 아틀란티스의 이야기는 인간들이 애초의 자신의 모습을 망각하고 '신의 성향'을 상실하면서 윤리·도덕적으로 타락하게 될 때, 추한 모습으로 바뀌면서 멸망하게 된다는 교훈적인 이야기라고 볼 수 있을 것이다. 반면 자신의 원래의 모습과 신적인 것들을 통찰하고 이러한 것을 명상하는 사람들을 "신적인 관상觀想, theōria"을 지닌 이들로 보았다.

뿐만 아니라 플라톤은 이 우주를 일종의 '살아있는 유기체'처럼 고려하고 있다. 그는 『티마이오스』에서 신의 창조 행위가 "그는 선하였고 부러울 것 하나 없이 완전하였으며, 이러한 신이 모든 것을 선하고 가급적 자신과 유사한 모습으로 창조하기를 원하였기 때문"(Timée)이라고 보았다. 이러한 대목은 플라톤의 사상에서 가장 새롭고 신비주의적인 관점이라고 볼 수 있다. 그리고 이러한 관점하에서 초기의 자연철학자들이 말한 우주의 구성 요소들을 전체적으로 재해석을 하고 있다. 우주 자체를 마치 '신적인 속성'을 간직한 유기체처럼 고려한 이러한 관점은 후일 '플로티노스'의 '신-플라톤사상'에 결정적으로 영향을 미친 관점이다. 이러한 측면에서 우리는 다만 '윤리·도덕적인 삶'에 중점을 두었던 소크라테스의 사상을 '존재론' 혹은 '우주론'에까지 확대시키면서 일종의 '신학적 지평'에까지 나아간 것이 플라톤의 독창적인 업적이라고 볼 수도 있을 것이다.

플라톤의 이데아론은 잘 알려진 '동굴의 비유', '상기설' 그리고 '쌍두마차의 비유' 등에서 잘 드러나고 있다. 플라톤은 동굴의 비유에서 원래 이데아들의 세계에서 이데아들과 형제 관계에 살고 있었던 인간의 영혼이 물질적이고 감각적인 세계에 추락하여 '진리'(이데아)를 망각하고 살아가고 있는 모습을 '동굴 속에 갇혀 살아가는 죄수들'에 비유하였다. 어린 시절부터 동굴 속에 갇힌 죄수들은 동굴 바깥의 실제의 세계를 보지 못하고 동굴의 벽에 비친 세상 사물들의 그림자를 진짜 실재로 알고 살아가는 어리석은 사람들이다. 즉 세상 사람들은 '아름다운 것 자체Pauto to kalon'는 보지 못하며, 아름다움과 유사한 것만을 보고 살아가며, 정의 자체는 보지 못하고 '정의 비슷한 것'만을 알고 살아가고 있는 것이다. 세상 사람들이 말하는 관념들 '사랑', '우정', '교육', '정치', '인간', '진실' 등은 사실상 '진정한' 혹은 '참으로 그러한ho estin' 것, 즉 '실재to on'가 아니라, 실재와 유사한 것이거나 실재의 모방mimēsis에 지나지 않는 것이다. 우리가 살고 있는 이 세계는 진정한 실재들이 존재하는 '이데아의 세계'를 모방한 '모방의 세계'에 지나지 않는 것이다. 이러한 것이 플라톤이 바라본 세상의 삶의 모습이었다.

어떤 관점에서 보면 이러한 플라톤의 고찰은 충분히 공감이 가는 관점이다. 젊은이들은 하나같이 '진정한 우정'을 갈망하지만, 이 세상에서 진정한 우정이라는 것은 보기가 참으로 힘들고, 모든 학생과 교사들은 참교육을 원하였지만 학생들은 '참교육'이란 것을 받아 본 적이 없는 듯 보인다. 모든 시대에 있어서 시민들은 정의로운 사회를 갈망하였지만 역사상 한 번도 이러한 정의가 지배했던 사회를 볼 수가 없었고, 모든 나라가 스스로를 민주주의 국가라고 말하지만 어디에도 진정한 민주주의를 볼 수가 없는 것 같다. 또 누구나가 '평화'를 갈망하지만 현실의 삶은 평화보다는 불화와 갈등의 연속뿐인 것처럼 보인다. 그럼에도 사람들은 진정한 우정이나 진정한 교육, 그리고 참된 정의나 평화를 갈망하기를 멈추지 않는다. 만일 이러한 실재들이 어디에도 결코 존재하지 않는다면 이것을 추구하는 인간의 갈망은 도대체 어디에서 온 것일까? 인간이란 근원적으로 '모순된 존재' 혹은 애초에 '부조리한 존재'인 것인가? 그렇게 규정해 버릴 수도 있을 것이다. 하지만 그렇게 규정하기에는 인간은 이러한 참된 것과 비슷한 것을 너무나 많이 산출하였다. 그렇기 때문에 이러한 인간의 갈망에 대한 합당한 설명은 오직 애초에 인간이 이러한 실재들과 관계하였다고 하는 것이 타당한 답변이 될 것이다. 인간이 추구하는 이상적인 아름다움, 즉 '아름다움 자체', 이상적인 정의, 즉 '정의 자체', 이것이 바로 아름다움의 '형상' 또는 정의의 '이데아'인 것이다.

물론 플라톤이 말하는 '이데아'는 이러한 관념적인 존재들만을 의미하는 것은 아니다. 플라톤은 침상이나 식탁의 이데아에 대해서도 말하고 있다.

> 이 가구들과 관련해서는 어쨌든 두 이데아가 있겠는데, 그 하나는 침상의 이데아이며, 다른 하나는 식탁의 이데아일세. 그런데 각 가구의 장인은 그 이데아를 보면서 저마다 우리가 사용하는 침상들이나 식탁들을 만들며, 또한 어느 것들도 마찬가지의 방식으로 만든다고 우리가 또한 말해 버릇하지 않았던가? 그 어떤 장인도 이데아 자체를 만들지는 않을 테니까 말일세.
>
> – 『국가론』, 586b – 6

한 도공이 청자를 빚을 때, 도공이 보고 있는 '청자의 이데아'는 분명 도공의 정신 속에 있는 '이상적인 청자의 관념 혹은 이미지'일 것이다. 그리고 우리는 '이상적'이라는 말 그 자체에 의해 이러한 청자는 현실 속에는 존재하지 않는 것이라고 말할 수 있다. 왜냐하면 '이상적인 것'이란 '현실적인 것'과 대립하는 용어로 사용하기 때문이다. 여기서 우리는 저편 세계에 있는 '진정한 존재로서의 이데아'와 도공의 정신 속에 있는 이상적인 모델로서의 '청자의 이데아'는 어떤 상관관계가 있는지 질문해 볼 수 있을 것이다. 그리고 혹자는 "사실상 '저편 세계의 이데아'라는 표현은 문학적인 혹은 비유적인 표현이며, 이데아란 인간이 자신의 정신 속에 형성한 '이상적 모형'에 지나니 않는 것이 아닌가?"라고 질문할 수도 있을 것이다. 물론 플라톤의 이데아를 이렇게 해석할 수도 있을 것이나, 최소한 그의 저작 속의 내용만 본다면 그렇지 않다. 플라톤은 사물들의 본질을 창조하는 자를 신으로 그리고 이 창조된 본질을 모방하는 자를 장인으로 생각하고 있기 때문이다.

> 자네는 우리가 신을 그것의 '본질 창조자'라든가 또는 그와 같은 이름으로 부르기를 바라는가? / 그야 어쨌든 옳은 일입니다. 신은 이것이나 다른 모든 걸 진정 그 본질에 있어서 만들었으니까요. / … 그 본질로부터 세 번째인 산물의 제작자를 자네는 모방자라 부르는가? / 물론입니다.
>
> – 『국가론』, 586b – [7]

따라서 플라톤에게 있어서 세상에 존재하는 모든 것들의 기원이 되는 본질 그 자체는 신이 창조한 것이며, 이러한 신이 창조한 본질을 모방하여 장인들이 이러저러한 구체적인 사물을 만들며, 화가(장인)들은 이러한 모방품을 또 모방하여 세 번째의 산물인 그림이라는 것을 산출하는 것이다. 이렇게 하여 플라톤은 영원한 '진리'의 모방으로서의 '보이는 현상'이라는 '세계 모방설' 혹은 '예술 모방설'을 주장하게 된 것이다.

이데아를 통찰하고 이를 관조하는 것이 철학자의 일이며, 이데아나 사물을 모방하는 것이 예술가들의 일이라는 생각은 플라톤으로 하여금 예술가들의 작업을 하찮은 것으로 생각하게 한다. "회화繪畵와 일체의 모방술은 진리에서 멀리 떨어져 있는 자신의 작품을 만들어 내며, 또한 우리 안에서 분별(지혜)과는 멀리 떨어진 상태로 있는 부분과 사귀면서, 건전하지도 진실하지도 못한 것과 동료가 되고 친구가 된다고 내가 말했네. … 그러므로 모방술은 변변찮은 것일세."(『국가론』, 586b) 아마도 예술에 대한 플라톤의 이러한 생각은 오늘날의 예술가들에게는 매우 편협하고 예술작업의 가치를 '평가절하'하는 관점으로 보일 것이 분명하다. 하지만 예술에 관한 플라톤의 생각이 그의 세계관에 비추어 볼 때 즉, '이데아의 세계'에 비해 우리가 살고 있는 '현상의 세계 자체'가 일종의 '모방품' 혹은 '비-진리'에 지나지 않는 것으로 보는 그의 사상에 비추어 볼 때, 나아가 그가 말하는 예술이 '그리스의 예술'을 염두에 둔 것이라는 것을 감안한다면 충분히 납득할 만한 진술이라고 볼 수 있다. 다시 말해서 플라톤의 관점에서는 지혜(진리)를 추구하는 일이 아닌 일체의 세상의 일이 이에 비해 하찮은 일이며, 예술행위도 예외는 아닌 것이다. 그리고 거의 '사실주의' 내지는 '외형의 모방'의 수준에 머물렀던 그리스의 예술은 이후 근·현대의 예술과는 전혀 차원이 다른 것이기 때문이다.

## 플라톤의 '예술가 비하론'은 사실일까?

플라톤은 『국가론』에서 예술가들을 모방자라고 하고, 또 시인들을 추방하여야 한다고 말하고 있다. 그래서 후일 사람들은 이를 플라톤의 '예술 비하론'이라고 비판하기도 한다. 하지만 오늘날 우리가 알고 있는 음악과 미술은 사실 중세기 말기나 르네상스 시대에 발생하였고 - 최초의 유화는 르네상스 초기에 그리고 최초의 악보(그레고리안 성가)는 중세 말기에 발생하였다 -, 당시의 시란 신화시대의 영웅들의 영웅담을 노래한 서사시였다. 그렇기 때문에 사실 플라톤이 비판한 사람들은 진정한 예술가들이라기보다는 '장인들'과 '신화작가들' 혹은 '이를 낭송하는 유랑시인'이라고 보는 것이 타당하다. 따라서 플라톤의 '예술가 비하론'에서 이 예술가가 우리가 생각하는 오늘날의 예술가라고 한다면 이는 일종의 오해라고 보는 것이 타당하다.

예를 들어 '인상주의'나 '표현주의' 나아가 '추상미술' 등에서는 결코 회화 작업이 '모방의 모방'이라고 볼 수 없기 때문이다. 가령 침대를 만드는 일에 몰입하고 있는 목수의 모습을 그리는 오늘날의 화가는 다만 목수나 목수에 의해서 만들어지는 침대를 모사하는 것이 아니라, '목수의 심각함'이나, '삶의 무게' 등 '어떤 내적인 분위기'나 '삶에 대한 성실함' 등을 회화로 표현하는 것일 수도 있고 또한 혼신을 다해 자신의 일에 몰두하는 목수의 모습에 대한 화가 자신의 '내적인 감탄' 등을 표현하고자 할 수도 있기 때문이다. 나아가 화가가 그리는 그림 속의 사물들은 전혀 이 세상에 존재하지 않는 것들일 수 있다. 피카소는 "나의 그림 속에 있는 사물들, 이들은 매우 불편할 것이겠지만, 어쩌겠나, 참아야지!"라고 말한 적이 있다. 즉 현실 안의 구체적인 실재와 무관한 것을 그리는 행위는 더 이상 모방이 아닌 '창조적인 작업'일 수가 있는 것이다. 즉 근·현대에 있어서 예술행위는 모방이 아니라, 아직 세상에는 존재하지 않았던 어떤 것을 창작하는 '창조행위'일 수가 있는 것이다. 플라톤이 비판한 시인과 화가는 분명 이러한 '창작자'로서의 예술가는 아니었다.

어쨌든 플라톤에게 있어서 세계에 존재하는 모든 것은 그것이 이상적인 것이 아니라는 이유만으로 그것의 근원 혹은 모델이 되는 '창조적인 본질'을 존재의 원인으로 가져야만 한다고 보았고, 여기서 '이데아'는 모든 개별자가 존재하게 된 원인이 된다. 도공의 정신 안에 존재하는 '이상적인 청자의 모형'이 구체적으로 존재하는 청자의 원인이지, 그 반대가 아니라는 것이 플라톤의 생각이다. 사실 이러한 플라톤의 생각은 후일 데카르트의 '충족이유율'이라는 것과 정확히 일치한다. 데카르트는 완전한 것에서는 완전한 것과 불완전한 것이 모두 나올 수 있지만, 불완전한 것에서는 완전한 것이 나올 수가 없다고 보았다. 즉 하나의 결과는 그 원인(이유)을 가져야 할 것인데, 이 원인은 결과를 설명하는 충분한 것, 즉 결과보다 더 큰 것이어야 한다는 것이다. 그렇게 때문에 데카르트 역시 세계의 창조는 '우연'이거나 '어떤 하나의 점'에서 탄생할 수가 없고, 세계보다 더 완전한 존재로부터 창조된 것이라고 보고 있다. 즉 달걀이 닭에 의해서 존재하게 된 것이지 닭이 달걀에 의해서 존재하게 된 것은 아니라고 본 것이다. 이데아가 모든 존재하는 것의 원인이라고 하는 순간 우리는 '존재론의 차원'에서 '관념론'을 보게 된다. 즉 물리적인 사물의 기원이 곧 관념적인 존재인 '이데아'이며, '관념적인 것'이 물질적인 것의 원인이 되기 때문이다. 그리고 눈에 보이는 사물들에 대한 척도나 기준은 곧 눈에 보이지 않는 관념적인 존재인 것이다.

이러한 플라톤의 사유는 '무신론자들의 어리둥절한 질문'에 하나의 효과적인 답변을 주고 있다. 흔히 무신론자들은 "인간 이전에 신이 있었던가? 신이라는 개념은 곧 인간이 만든 것이 아닌가?"라는 질문을 하곤 한다. 이러한 질문은 사실 "경험적으로 확인할 수가 없는 것은 무엇이나 인간이 조작하여 만든 것이 아닌가?"라는 의도가 깔려 있는 질문이다. 물론 '신神'이라는 용어 혹은 관념은 인간이 만든 것이 분명하다. 왜냐하면 최소한 언어가 없었던 원시시대에는 '신'이라는 언어도 없었을 것이기 때문이다. 하지만 경험적으로 확인할 수 없는 것이라고 해서 모든 것이 인간이 조작해 낸 것이라고 한다면, '도', '불성', '영혼', '세계', '자아' 등의 모든 형이상학적인 개념이 지칭하는 것이나, 한 사람의 내면에 있는 '사랑', '예술성', '우정', '자비심' 등이 지칭하는 것도 모두 (감각의) 경험에 의해 확인될 수 없으니 인간이 조작해 낸 것이라고 말해야만 할 것이다. 이러한 관점은 실제로 존재하는 모든 것은 물질적인 것일 수밖에 없다는 유물론의 관점인데, 유물론도 어디까지나 하나의 관점일 뿐 유물론이 진리라는 법은 어디에도 없다. 그런데 "증명할 수 있는 신은 이미 신이 아니다"라고 가브리엘 마르셀이 말하듯이, 우리가 무엇이라고 언어로 규정할 수 있는 것은 이미 진정한 신이 아닐 것이다. 다만 모든 결과에 원인이 있다고 한다면, 그리고 이러한 원인이 최소한 결과보다 크다고 한다면, 세계를 만든 어떤 원인자를 가정하지 않는다는 것은 오히려 납득하기 어렵고 비-논리적인 인간의 사고라고 할 수 있을 것이다.

플라톤은 『티마이오스』에서 이러한 관념론에 의거하여 그의 관념론적인 우주론적 세계관에 대해 말하고 있다.

만약에 이 우주kosmos가 과연 아름답고 이를 만든 이dēmiourgos 또한 훌륭하다면, 그가 영원한 것to aidion을 바라보고서 그랬을 것이라는 것은 분명합니다. … 생겨난 것들 중에서 가장 아름다운 것이 우주이며, 원인들 중에서도 가장 훌륭한 것이 그걸 만든 이이기 때문입니다. 우주는 바로 이렇게 해서 생겨났기에, 그것은 합리적 설명logos과 지혜phronēsis에 의해 포착되며 '똑같은 상태로 있는 것'에 따라 만들어졌습니다. 이런 점들이 이러할진대, 이 우주가 어떤 것의 모상模像: eikōn일 것임이 전적으로 필연적입니다.

-『티마이오스』, 29a-b - [8]

조화, 비례, 균형이 아름다움의 요소들이라고 본 희랍의 관점에서는 우주가 가장 아름다운 것이라고 말할 수 있다. 왜냐하면 가장 질서가 잡혀 있고 조화롭게 볼 수 있는 것은 항상 부분보다는 전체이기 때문이다. 가령 역사의 한 페이지만을 보면 무질서하고 혼란하기 그지없겠지만 역사의 처음과 끝을 모두 한꺼번에 고찰한다면 역사란 매우 조화롭고 질서 있는 것일 수 있기 때문이다. 그런데 우주란 그 자체 총체적인 것을 말하는 것으로 가장 정교한 질서와 조화를 가지고 있는 것이다. 그리고 이러한 놀라운 조화와 아름다움은 결코 우연의 산물일 수가 없으며, 그것의 원인을 가져야 할 것이며, 이 원인의 모상(원인을 닮은 모습)일 수밖에 없는 것이다. 만일 이 원인자가 창조주로서의 '신'이라고 불릴 수 있다면 이는 그리스도교의 '창조론'과 정확히 동일한 관점이 된다. 토마스 아퀴나스는 세계를 창조하기 위해 신이 자신의 지성 속에서 가졌던 이 원형을 '창조적 본질essentia crēativa'이라고 불렀기 때문이다. 만일 누군가가 "인간은 어디서 왔는가?"라고 묻는다면 아마도 플라톤은 "인간의 이데아가 (신의 지성 속에) 먼저 있었고 인간은 이를 따라 만들어졌다"라고 할 것이다. 물론 그렇다고 해서 플라톤이 기독교식의 창조론을 말하는 것은 아닐 것이다. 다만 플라톤은 어떤 원인이 먼저 있지 않았다면 그 결과는 있을 수 없기 때문에, 세계가 존재하기에 세계의 원인자가 먼저 존재해야만 하고, 개별적인 인간들이 존재하기에 모든 인간에게 해당되는 인간의 이데아가 먼저 존재할 수밖에 없다고 본 것이다.

## 2. 인식과 존재의 일치: 무지가 허상을 낳고 앎이 존재를 낳는다

### ① 참된 것이란 곧 보다 지성적인 것이다

다시 '동굴의 우화'로 되돌아와 보자. 동굴 속의 죄인들 중에서 한 현명한 사람이 어느 날엔가 신탁을 받게 되고, 그리하여 이러한 세계의 진실을 깨닫게 되었으며 그는 실재의 세계를 보기를 원하였다. 그리하여 그는 동굴을 박차고 나가 '원래의 고향'이었던 실재의 세계를 목격하였고 다시 동굴 속으로 돌아와 동굴 속의 사람들에게 진정한 세계를 볼 수 있도록 가르치기 시작하였다. 그가 바로 '소크라테스'였다. 하지만 플라톤은 『국가론』에서 증언이라도 하듯이 다음과 같이 말하고 있다. "동굴 속의 사람들은 진짜라고 하는 것들 중 어느 것 하나도 볼 수 없게 되어 버렸고"(『국가론』, 516a)[9] 오히려 "자기들을 풀어 주고서는 위로 인도해 가려고 꾀하는 자를, 자신들의 손으로 어떻게든 붙잡아 죽일 수만 있다면, 그를 죽여 버리려 하지 않겠는가?"(『국가론』, 517a)[10] 왜 사람들은 진리를 알게 하고 자신들을 원래의 고향으로 데려가려는 자를 죽이려고 했던 것인가? 플라톤의 진술은 "예언자는 자기 고향에서는 환영받을 수 없다"라는 성서 속의 구절을 상기하게 한다. 여기서 우리는 보편적인 인간의 심리를 이해할 수 있다. 일반적으로 사람들은 진정으로 '진리'를 갈망하는 것이 아니라 진리를 소유한 자로 보이고 싶어 하고, 진정으로 정의를 갈망하는 것이 아니라 정의로운 자로 인정받고 싶어 하며, 자비를 베풀고자 하는 것이 아니라 다만 자비로운 자로 보이고자 할 뿐이다. 이는 곧 인간의 이중성을 말해준다. 한편으로는 '진리'를 갈망하지만, 진리를 산다는 것은 곧 자신의 이익에 도움이 되지 않기 때문에, 사실은 '자기 이익'을 구하고 있지만, 사람들에게는 '진리'를 사는 사람으로 비춰지기를 원하는 것이다. 사실상 '언론플레이'라는 말은 실제로 올바른 사람이 아니지만 군중이 올바른 사람으로 인정해 주기를 바라는 마음에서 '사실 혹은 진실'을 숨기거나 과장하는 행위를 말한다. 이러한 것이 곧 '위선적인 삶'이다. 소크라테스는 바로 이러한 아테네인들의 위선적인 삶을 고발한 것이다. 그리고 플라톤은 '아틀란티스의 멸망'을 통해 한 사회가 거짓으로 치닫게 되면 결국 멸망하게 될 것임을 경고한 것이다. 자신들의 진짜 모습을 훤히 알고 있고, 또 이러한 모습을 공적으로 거론하면서 '참된 삶'을 살기를 촉구하는 사람을 좋아할 사람은 거의 없을 것이다. 그렇기 때문에 이러한 위선의 사람들은 그들을 공격하는 예언자적인 사람을 그냥 둘 리가 없다. 진리를 미워하고 위선을 선호하는 이러한 아테네인들의 모습이 곧 이 세상의 삶이란 일종의 '모방품' 혹은 '허상'

에 지나지 않는다는 것을 말해 주는 것이다.

　하지만 곰곰이 생각해 보면, 소크라테스는 아테네인들을 고발한 것이 아니다. 그는 담론과 논의를 통해서 '우정 그 자체', '정의 그 자체', '인간 그 자체'를 깨달을 수 있도록 사람들을 인도하였는데, 이는 사람들이 전혀 몰랐던 지식을 습득하게 한 것이 아니라, 이미 저편 세계(이데아의 세계)에서 알고 있었지만, 지상의 감각적인 삶에서 망각해 버렸던 그 진리를 '다시 기억해 내도록 하는 것'이었다. 즉 진리를 안다는 것은 곧 '망각하였던 것을 다시 기억해 낸다는 것'이다. 이것이 플라톤의 '상기설'이 의미하는 것이다. 다시 말해서 지금은 인간적인 나약함으로 타락하였지만 모든 아테네인 또한 애초에는, 그리고 그 본성에 있어서는 '신적인 속성'을 지니고 있는 고귀한 사람들이라는 것을 일깨워 주고자 한 것이다. 인간의 정신nous(영혼)이 자신의 고향에서 형제관계 속에 살고 있었던 영원하고 정신적이며 불변하는 이데아들을 망각하고 가변적이고 감각적이며 물질적인 세계에 침잠하여 살고 있지만, 그럼에도 인간은 정신을 가지고 있다는 이유만으로 '영원한 세계'로서의 고향에 대한 향수, 진리에 대한 향수를 가지고 살고 있는 존재이다. 그러기에 지상의 '유사한 정의'를 보면서 '정의 자체'를, '유사한 아름다움'을 보면서 '아름다움 자체'를 그리워할 수밖에 없는 존재인 것이다. 또한 궁극적으로는 이러한 이상적인 세계, 이데아의 세계로 나아가야만 하는 존재이다. 소크라테스는 이러한 사람들의 진면목을 일깨워 주고자 했을 뿐이었다. 그래서 플라톤에게 있어서 인간은 '예지叡智의 존재'이기도 하지만 또한 '영원한 세계'를 향해 여행 중에 있는 '여정의 인간homo viator'이기도 한 것이다.

그러한 영혼(지혜를 소유한 영혼)은 그 자체와 마찬가지로 비가시적
이며, 신성하고 불멸하며, 예지적인 곳을 향하는 것이 아닐까?
인간의 실수, 어리석음, 공포, 그 밖의 모든 인간적 악에서 떠나
행복이 기다리는 곳으로 말일세.

　　　　　　　　　　　　　　　　　　　　　　　－『파이돈』p.63 – **11**

　이러한 관점에서 플라톤은 중세 그리스도교가 가졌던 패러다임과
거의 유사한 패러다임을 가졌던 그리스도교적 세계관의 전신前身이라
고도 할 수 있다. 따라서 플라톤에게 있어서 참되다는 것은 보다 '지성
적인 것'(정신적인 것)이며, 잘 산다는 것은 '감각이 지성의 안내를 잘 따
르는 것'에서 주어지는 것이다. 그래서 플라톤은 인생을 '감성'과 '정
신'이라는 두 마리의 말이 이끌고 가는 '쌍두마차'에 비유했다. 이 둘
이 서로 조화를 잘 이룰 때 삶이 평탄하고 올바른 길을 갈 수 있지만,
그렇지 못할 경우에는 마차가 전복할 것이라고 생각한 것이다.

　이러한 사유의 구조에 따라 플라톤은 '참된 것'이란 '정신적인 것'
혹은 '지성적인 것이 보다 존재에 일치하는 것'이라는 앎(인식론)과 존
재(존재론)의 관계를 규명하고 일종의 지성주의적인 앎의 등급에 대한
이론을 형성한 것이다.

　이러한 플라톤의 앎과 존재에 관한 이론은 '정신과 육체' 혹은 '지성
과 감성'이라는 이원적인 구도와 '앎=존재'와 '무지=비-존재'의 구도
를 이루게 되며, 나아가 현실의 세계와 이데아의 세계라는 이원론적이
세계관을 형성하게 된다. 이러한 세계관에 따르면 "진리에 관여한다는
것은 보다 존재에 더 관여하는 것이 되며"(『국가론』, 585c), "영혼의 보살
핌과 관련된 것이 육체의 보살핌에 관련된 것보다도 더 진리와 존재에

| 표 5 | 플라톤의 『국가론』(509B ~ 511C)에 나타나는 앎의 형태와 존재의 등급 |
| --- | --- |
| 원리 - 진리 | 선의 본질 (이데아) |
| 학문-앎(지혜, 관조) | 형상자체-사물의 본질 |
| 논증(담화) | 추론(수학) |
| 견해(믿음, 상상) | 감각적 실재(이미지) |
| 무지 | 비-존재 |
| 앎의 형태의 등급 | 존재의 등급 |

관여하게 되는 것"(『국가론』, 585d)이다. 이렇게 하여 감각적인 욕망과 삶에 집착한다는 것은 곧 진리와 멀어지는 것이요, 영적인 것 즉 명상과 지혜의 추구에 관심을 가진다는 것은 진리에 다가가는 것을 의미하게 되는 것이다.

② 보이지 않는 것이 오히려 존재이다

"무지가 비-존재(허상)요, 앎(지혜)이 곧 존재"라고 하는 사유는 인식론과 존재론의 일치라고 할 수 있을 것이다. 하지만 '앎이 곧 존재'라는 관점은 근대인의 시각으로 보자면 일종의 '범주의 오류'라고 볼 수도 있을 것이다. 어떤 것을 '안다는 것'과 어떤 것이 '존재한다'는 것은 별개의 문제이기 때문이다. 예를 들어 중세의 '안셀무스'가 인간은 '완전한 존재'가 어떠한 것인지 이해할 수 있기에 이러한 완전한 존재는 있다고 보아야 한다고 주장하였을 때, 칸트는 어떤 것이 '생각된다고 하는 것'과 이 어떤 것이 '실제로 있다는 것'은 다른 문제라며 이러한 안셀무스의 사유는 '범주의 오류'를 범하고 있다고 비판한 바 있다.

하지만 우리는 '존재'의 의미가 무엇인가에 따라서 '안다는 것'과 '존재한다는 것'이 동일한 것이라고 말할 수도 있을 것이다. 가령 수영하는 방법을 '참으로 안다'는 것과 수영하는 '기술이 나에게 있다'는 것, 혹은 그림 그리는 '방법을 안다'는 것과 그림 그리는 '기술이 나에게 있다'는 사태는 동일한 사태를 말하는 것이다. 마찬가지로 사랑이 무엇인지 참으로 안다는 것은 나에게 사랑하는 마음이 있음을 의미하는 것이다. 만일 그렇지 않다면, '참으로 안다'는 것은 거짓이거나 위선에 지나지 않기 때문이다. 이와 유사하게 깨달음을 통해 획득하는 '지혜'의 경우도 '참으로 안다'는 것은 곧 그 지혜가 '나에게 있다는 것'과 동일한 것이다. 더 나아가 세계가 어떠한 것인지 안다는 것 혹은 인생의 의미가 무엇인지를 안다는 것은 곧 나에게 '세계관'이나 '인생관'이 있다는 것을 의미한다. 이렇게 어떤 기술이나, 내적인 성향 혹은 내면의 세계 등이 문제가 될 때, '안다는 것'과 '존재한다'(나에게 있다)는 것은 사실 동일한 것의 다른 두 표현에 지나지 않는 것이다.

우리는 플라톤이 말하는 진정한 존재란 곧 눈에 보이지 않지만 나의 실존의 일부를 이루고 있는 '어떤 기술', '어떤 내적인 성향', '세계관이나 인생관' 혹은 '자아'나 '내면성' 등 나의 실존을 이루고 있는 눈에 보이지 않는 일체의 것을 의미한다고 볼 수 있다. 만일 구체적이고 눈에 보이는 물질이나 육체적인 것들도 존재라고 할 수 있고, 눈에 보이지 않지만 나의 내면세계를 이루고 있는 '마음적인 것이나 정신적인 것'도 존재라고 할 수 있다면, 플라톤에게는 이 후자의 것이 보다 근원적인 혹은 궁극적인 의미에서 존재라고 할 수 있는 것이다. 그중에서도 '지혜'나 '덕' 혹은 '내면의 빛' 같은 것이 가장 궁극적인 혹은 참된 의미의 '존재'라고 할 수 있는 것이다. 왜냐하면 영혼의 불멸을 믿고 있었던 플라톤에게 있어서 육체적인 것은 언젠가는 소멸하고 말 것이지만, 이러한 내적이고 정신적인 것은 육체가 소멸한 뒤에도 불멸하는 것이기 때문이다.

> 사람이 죽으면 가시적可視的이며 육체적인 부분은, 그 가시적인
> 세계에 있어서 시체라고 불리며 그 본질상 분해되고 소멸되는
> 것이지만, … 그러나 비가시적非可視的 부분인 영혼은 그 자체와
> 같은 비가시적이며 순수하고 빛나는 곳, 선과 현명한 신이 존재
> 하고 있는 진정한 하데스로 갈 것이네.
>
> – 『파이돈』, p. 62 – [12]

  사실 가시적이고 육체적인 것은 비록 그것이 '존재'라고 부를 만한 것이라고 해도, 진정한 존재라고 할 수 없으며, 오히려 어떤 의미에서는 '존재와 유사한 것'이라고 말하는 것이, 그리고 비-가시적이고 정신적인 것이 오히려 진정한 존재라고 한다는 것은 언어적인 의미에서도 타당한 말이다. '존재'란 곧 '없지 않고 있는 것'을 의미하는데, 만일 인생을 총체적으로 본다면 가시적이고 육체적인 것이란 마침내 없어질 것, 즉 잠정적으로만 존재하는 것이겠지만, 비-가시적이고 영적인 것은 불멸하는 것, 즉 지속적으로 존재하는 것이기 때문에 이 후자를 보다 진정한 의미의 존재라고 말할 수 있는 것이다. 그리고 한 청자의 가치를 판단할 때, 사람들은 우리의 정신(마음) 속에 있는 '청자의 모델'에 근거하여 구체적으로 존재하는 청자의 참됨이나 가치를 판단하는 것이지, 그 반대가 아니다. 육체적이고 가시적인 존재들보다는 비-물질적이고 정신적인 존재, 즉 관념적인 존재를 오히려 보다 더 참되고 진정한 의미의 존재라고 생각하는 이러한 플라톤의 사유는 '존재론적 질서에서의 관념론'이라고 부를 수 있을 것이다.

우리는 플라톤의 이러한 '관념론적인 사유'를 고리타분한 옛 사상이라고 치부할 수만은 없을 것이다. 왜냐하면 과학이 지극히 발달한 현재나 미래에도 이러한 눈에 보이지 않는 지혜나 정신적인 것들을 추구하는 사람들이 여전히 존재할 것이며, 진리란 숫자나 논리에 의해서 결정되는 것은 아니기 때문이다. 아마도 플라톤이 다시 태어난다면 자신의 사상을 '고리타분'하다고 생각하는 사람들에게 "지혜의 빛을 거의 소실하고만 존재가 빈약한 무지하고 허망한 사람들"이라고 한탄할 것이다. 왜냐하면 그에게 있어서 '무지'란 곧 진정한 존재를 '알지 못하고', '허망된 것들'로 진정한 존재를 대신하고자 하는 것을 말하며, 오직 지혜만이 '불멸하는 존재', '진정한 실재'를 낳는 것이기 때문이다.

# 3. 정치철학:
# 왜 철학자가 왕이 되어야만 할까?

① 사랑한다는 것은 전부 혹은 총체를 사랑하는 것이다

'이데아론'이 플라톤 사상의 존재론적, 인식론적 측면을 특징짓는 것이라면 그의 정치사상을 특징짓는 것은 철인정치이다. 철인정치란 철학자가 왕이 되거나 혹은 왕이 철학을 공부하거나 하는 정치체제를 말한다. 그런데 현대인의 시각으로 보자면 철학자가 한 국가의 통치자가 된다는 것은 그 자체로 모순이거나 말이 되지 않는 주장처럼 들린다. 왜냐하면 최소한 진정한 철학자라면 '권력욕'이나 '명예욕' 같은 것에서 초월한 사람이어야 하기 때문이다. 그렇다면 왜 플라톤은 철학자가 왕이 되거나 아니면 왕이 철학을 해야 한다고 생각하였을까? 아마도 대통령을 의미하는 오늘날의 국가 수장이라면 굳이 철학자가 국가의 수장이 될 필요는 없을 것이다. 왜냐하면 필요하다면 국가의 수장은 철학자를 장관으로 두거나 자신의 조언자로 두면 될 것이기 때문이다. 하지만 왕이 직접 국가의 모든 분야를 통치하던 시절, 그리고 직접 백성들을 돌보는 역할을 하였던 '소-도시국가'의 시절에는 사정이 다르다. 이러한 국가에서 국가의 평화나 국민들의 행복은 왕의 도덕적인 품성이나 지혜에 직접적으로 연관되어 있기 때문이다.

플라톤이 철학자가 왕이 되어야 한다고 한 첫 번째 이유는 철학을 하는 것이 성향상 나라를 다스리는 것에 적합하다고 보았기 때문이다. "철학에 종사하면서 동시에 나라에 있어서 지도자로 되는 게 성향상 적합하다."(『국가론』, 474c) 그렇다면 철학자의 어떤 측면이 나라를 다스리는 데에 적합한 것일까? 플라톤은 정치란 한 국가를 총체적으로 다스리는 것 혹은 인도하는 것이며, 나아가 다른 모든 국가와도 조화롭게 잘 지내며 궁극적으로 인류가 평화롭고 행복하게 되도록 수호하는 역할이라고 보고 있다.

> 철학자들이 나라들을 군왕으로서 다스리거나, 아니면 현재 이른바 '군왕' 또는 '최고 권력자'들로 불리는 이들이 '진실로 그리고 충분히 철학을 하게 되지 않는 한, 그리하여 정치권력과 철학이 한데 합쳐지지 않는 한, … 인류에게 있어서 나쁜 것들의 종식은 없다네. …
>
> -『국가론』, 437c-[13]

한 국가를 다스린다거나 한 나라를 사랑한다는 것을 무엇을 의미하는 것일까? 이는 최소한 플라톤의 시선에서는 '하나도 예외 없이 모두를 골고루 사랑하는 것'을 의미하였다. 왜냐하면 사랑의 특성상 '전부가 아니면 무'인 것이 사랑이기 때문이다. 플라톤은 이를 다음과 같이 말하고 있다.

> 어떤 사람이 뭔가를 사랑한다고 우리가 말할 경우에, 이에 대해 옳게 말하려면, 이 사람이 그것의 일부는 사랑하되 일부는 사랑하지 않는 게 아니라, 그 전부를 좋아한다고 말해야만 된다는 걸 자네로 하여금 굳이 상기하도록 해야만 하겠는가!
>
> -『국가론』, 474c - [14]

"알렉산드로스, 카이사르, 폼페이우스라 할지라도, 디오게네스, 헤라클레이토스, 소크라테스에 비하면 이들이 무엇이란 말인가? 이들은 만물의 실체와 원리에 대해 잘 알고 있었고 이들 모두 세상을 관장하는 이성을 지니고 있었다. 그러나 앞서 말한 사람들은 얼마나 많은 것을 염려하고, 얼마나 많은 것의 노예였던가?"

- 아우렐리우스의 『명상록』 중에서 - [15]

**마르쿠스 아우렐리우스**
플라톤의 '철인정치'가 불가능한 이상만은 아니라는 것을 증명이라도 해 주듯 서구 역사상 유일하게 '철인왕'으로 인정받는 왕이다. 로마제국의 제16대 황제로서 로마의 황금시기를 상징하는 인물이다. 그는 스토아철학의 이상과 도덕철학을 담은 『명상록』을 직접 저술하여, 철학사에 등장하는 유일한 왕이었으며, 매우 고귀한 품성과 헌신성을 가진 왕으로 알려져 있다.

사실이 그러하다. 만일 어떤 사람이 누군가를 사랑한다고 하면서, 그의 얼굴은 사랑하지만 몸매는 사랑하지 않는다거나, 그의 현명함은 사랑하지만 그의 성급함은 사랑하지 않는다는 등의 말을 할 수는 없는 것이다. 그를 사랑한다고 하는 것은 그의 모든 것, 그의 마음과 정신, 그리고 그의 몸과 그의 성향, 그의 재능이나 그의 가치관 등 일체를 사랑하는 것, 즉 단적으로 '그를' 사랑하는 것이다. 혹은 보다 형이상학적 용어로는 '그의 존재'를 사랑한다고 하는 것을 의미한다. 그런데 철학자란 곧 '지혜를 사랑하는 사람'을 말한다. 즉 철학자란 '사랑하는 특성'을 가진 자이다. 그래서 플라톤은 '지혜를 사랑하는 사람'이란 어떤 지혜를 사랑하는 사람인가에 대해 물으면서, "지혜라는 지혜는 모두 사랑하는 사람, 즉 일체의 지혜를 사랑하는 사람"(『국가론』, 475a)이라고 말하고 있다.

> 모든 배움을 선뜻 맛보려 하고 배우는 일에 반기며 접근하고 또
> 한 만족할 줄 모르는 사람, 이 사람을 우리가 지혜를 사랑하는
> 사람이라 말하는 게 옳지 않겠는가?
>
> – 『국가론』, 475c – [16]

철학자가 일체의 지혜를 사랑한다는 것은 당시의 철학자들에게는 과장된 것이 아니다. 아직 학문의 분화가 일어나지 않았던 희랍시대에서 철학자란 곧 수학자요, 천문학자이며, 형이상학자이고 정치를 논하는 정치학자들이며, 나아가 교육과 예술 그리고 영혼과 신에 대해서 탐구하고 논한 이들이었기 때문이다. 플라톤에게 있어서 한 나라를 사랑한다는 것은 곧 그 나라의 모든 구성원을 예외 없이 사랑한다는 것을 말한다. 그래서 그는 "이들(철인왕)은 온 존재를 사랑하여, 그것의 작은 부분이건 큰 부분이건 또는 그것의 귀한 부분이건 하찮은 부분이건

간에 자진해서 포기하는 일이 없다는 것에 대해서도 합의한 걸로 해 두세"(『국가론』, 485b)라고 말하고 있다. 그 어떤 것도 자신해서 포기하는 법이 없다는 것은 불가항력적인 경우가 아닌 한 일체의 국민을 사랑하고자 하는 사람을 말한다. 아마도 플라톤은 모름지기 왕이란 한 국가의 일체의 것을 사랑하는 사람, 즉 '박애주의자'여야 한다고 생각하였던 것 같다.

## 플라톤은 공산주의 이념을 가졌을까?

'예외 없이 모든 국민을 동일하게 사랑한다는 것'이라는 플라톤의 사유를 근거로 어떤 이들은 플라톤이 '공산주의의 이념'을 가졌다고 비판을 하기도 한다. 하지만 이는 오해라고 볼 수 있다. 왜냐하면 진정한 공산주의란 '모두가 동일하게 생산하고, 재산을 공동으로 소유하는 사회'로서 사유재산이 인정되지 않는 사회를 말한다. 하지만 '모두를 동등하게 사랑한다는 것'과 '재산을 공동으로 소유한다'는 것은 전혀 다른 의미이다. 전자는 행위의 원리로서의 박애를 의미하지만, 후자는 특정한 정치적 사회구조를 말하고 있다. 전자는 국민들을 자유롭게 하고 행복하게 하는 것을 목적으로 하지만, 후자는 모든 국민이 공산사회의 이념(공산당의 이념)에 복종하기를 원하는 사회이다. 굳이 말하자면 플라톤이 이상적인 군왕이 다스리는 이상적인(도덕적인) 국가를 지향하였다면, 공산주의는 최고 권력자가 지배하는 전체주의 국가를 지향하고 있다고 할 수 있다.

플라톤이 생각하는 정치의 목적은 오늘날의 정치인들이 생각하는 정치의 목적과는 다른 것이다. 오늘날 대다수의 정치가는 정치의 목적을 마치 '정당의 목적'과 동일시하는 것 같다. 즉 이들은 정치란 곧 '정권획득'을 목적으로 하는 것이라고 생각하는 경향이 있다. 하지만 플라톤의 관점에서 이는 목적과 수단을 혼동하는 것이다. 정권획득의 목적이 곧 '정치를 잘하기 위한 것'이지, '정권을 획득하기 위해서' 정치를 잘하는 것은 아니기 때문이다. 다시 말해 정치의 수단이 정권의 획득이며, 정권획득이 정치의 목적이 되어서는 안 되는 것이다. 사실 정치의 원 뜻은 '질서 지움'이라는 말이며, 이는 한 나라 안의 모든 요소들이 적합한 각자의 자리를 잘 지키며, 잘 영위될 수 있도록 수호하는 것을 말한다. 여기서 각자의 자리는 그 나라의 모든 국민에게 해당하는 것이며, 여기서 그 어떤 사람도 예외자가 있어서는 안 되는 것이다. 따라서 플라톤에 의하면 국가의 본래적인 목적은 정의 실현(각자에게 각자의 몫을 주는 것)이다. 그래서 플라톤은 '왕'이라는 말보다는 '수호자'라는 말을 자주 사용하고 있다. 그는 "가장 엄밀한 의미의 수호자들 phylakes로는 철학자가 임명되어야만 한다는 걸 감연히 말한 것으로 하세나"(『국가론』, 503b)[17]라고 말하고 있다.

## ② 물질적이고 가시적인 성공보다 내면의 성장이 더 어려운 것이다

그런데 철학자가 왕이 되어야 하는 이유는 '모두를 사랑하는 사랑의 특성' 때문만은 아니다. 왕이 아무리 모두를 사랑한다고 해도, 그가 무지하다면 결코 올바로 사랑할 수가 없을 것이기 때문이다. 그래서 그는 '지혜를 가진 자'가 나라의 지도자가 되어야 한다고 주장하고 있다.

> 한결같은 상태로 있는 것을 파악할 수 있는 이들이 지혜를 사랑하는 사람(철학자)들인 반면에, 이러한 것은 알지 못하면서 잡다하고 변화무쌍한 것들 속에서 헤매는 이들은 지혜를 사랑하는 사람들이 아니니, 도대체 어느 쪽이 나라의 지도자들이어야만

하겠는가?

- 『국가론』, 484b - 18

여기서 지혜로운 자란 곧 "깨어 있는 자"를 말한다. 그리고 이 깨어 있는 자는 '한결같은 것'을 알고 있는 자이다. 그런데 한결같은 것이란 무엇일까? 그것은 곧 어떤 것의 본질 혹은 형상을 말한다. 백인이나 흑인 혹은, 남자나 여자 등 어느 한쪽만을 잘 아는 사람은 다른 쪽 사람은 잘 알지 못할 것이다. 반면 인간의 본질에 대해서 잘 알고 있는 사람은 양쪽 모두 잘 알 수 있을 것이다. 이처럼 '어떤 것의 본질'을 알고 있는 자는 모든 개별적인 것을 이해하고 인도할 수 있는 자이다. 자유의 본질을 알고 있는 자만이 모든 종류의 자유를 이해할 수 있고, 사랑의 본질을 알고 있는 자만이 나머지 모든 종류의 구체적인 사랑을 이해할 수 있으며, 그리하여 실제로 사랑하는 이들을 잘 인도할 수 있다는 것은 당연한 이치이다. "그러면 아름다운 사물들을 믿으면서도 아름다움 자체는 믿지도 않고, 누군가 앎에 이르도록 그를 인도할지라도 따라갈 수도 없는 사람이 자네에겐 꿈꾸는 상태로 살고 있는 것으로 생각되는가, 아니면 깨어 있는 상태로 살고 있는 것으로 생각되는가?"(『국가론』, 476c)[19] 즉 한 국가의 수호자는 "잠들어 있는 영혼"일 수가 없으며, "깨어있는 영혼"이어야 하는 것이다.

국가의 통치자가 국가의 구성원 모두, 예외 없이 모두를 보살핀다거나, 이들을 잘 인도한다는 것, 배우는 자나 가르치는 자, 자유를 추구하는 자나 농사에 골몰하는 자, 예술을 하거나 건축을 하는 자들 등 모두를 잘 인도한다는 것은 현대와 같은 '거대국가들'에서는 불가능한 생각일 것이며, 효율적이지도 않을 것이다. 하지만 전성기의 인구가 30만에 불과하였던 아테네와 같은 작은 도시국가에서는 불가능한 일도 아니었을 것이다. 아마도 플라톤은 국가의 수장이란 다만 국가를 수호하는 자만이 아니라, 도시국가의 구성원들을 진리로 인도하는 자, 즉 국가의 구성원을 현명하게 하고 지혜로운 자가 되도록 인도하는 자의 사명을 가진 사람으로 여겼을 것이다. 그렇기 때문에 플라톤에게는 왕이 될 사람은 모두의 본이 되는 자가 아니면 안 되었고, 무엇보다 훌륭한 인격과 삶의 연륜을 가진 사람이라야 한다고 생각한 것이다.

> 선천적으로 기억력이 좋고 쉽게 배우며 고매하고 정중하면서, 진리와 올바름, 용기, 그리고 절제와 친구이며 동족이 아닌 한, 결코 아무도 능히 종사할 수 있게 될 수 없는 그런 일을 자네가 비난하는 경우가 있겠는가? … 그런 사람들이 교육과 연륜을 통하여 원숙해졌을 경우에, 오로지 이런 사람들에게만 자네는 나라를 맡기려 하지 않겠는가?
>
> ─『국가론』, 487a ─ [20]

어떤 의미에서 보자면 플라톤이 '철인정치'에서 말하는 국가는 이상적인 국가이며, 이곳의 왕은 이상적인 인간의 표본이라고 할 수 있다. 그는 한 나라의 법률과 질서를 수호하면서, 모든 국가의 구성원이 각자 자신의 위치를 잘 차지하고 이로서 국가 전체가 평화롭고 행복한 삶을 영위할 수 있을 뿐만 아니라, 또한 왕은 궁극적으로 모든 구성원을 '진리'로 인도하는 신성한 사명을 가진 자라고 생각한 것 같다. 사실상 철학적 의미에서 가장 위대한 왕이란 국가를 강성하게 하여 강대국을 만들거나 혹은 경제를 발전시켜 경제대국을 만드는 왕이 아니다.

그것은 국가의 구성원들이 훌륭한 도덕성과 훌륭한 문화를 가지도록 하는 왕일 것이다. 사실 물질적이고 가시적인 성공을 이루는 것보다, 눈에 보이지 않는 내면의 성장을 이루어 낸다는 것은 훨씬 어렵고 힘든 일이다. 이러한 내적인 성장과 인간됨이 전제되지 않는다면 진정한 행복이란 불가능하다는 것은 경험적으로도 충분히 알 수 있는 삶의 진실이다. 김구 선생이 자신은 "대한민국이 가장 잘사는 나라가 되기보다는 가장 훌륭한 문화를 가진 나라가 되기를 바란다"고 하였을 때, 이는 곧 이러한 훌륭한 문화를 바탕으로 할 때에만 진정 평화롭고 행복한 나라가 될 수 있다고 본 때문이었을 것이다. 마찬가지로 플라톤은 궁극적으로 한 나라가 행복한 나라가 된다는 것은 구성원들의 정신적이고 내적인 성장에 있다고 보았고, 이를 책임지고 있는 사람이 곧 그 나라의 왕이라고 본 것이다. 그렇기 때문에 플라톤에게 있어서 —최소한 이론적으로는— 철학자가 왕이 되거나 열심히 철학을 공부하는 왕자가 왕이 되어야 한다는 것의 당위성은 면허증을 가진 자만이 운전을 할 수 있다는 이치만큼이나 분명한 것이었다.

뿐만 아니라 플라톤에게 있어서 이러한 왕은 다른 국가들과의 정의롭고 평화로운 관계를 잘 유지하는 자로서 궁극적으로 인류를 평화와 복지로 인도하는 그러한 왕이라고 생각하였다. 왜냐하면 아무리 이상적인 국가라고 해도 국가란 곧 다른 국가와의 관계성 중에 있는 것이며, 다른 국가와의 관계가 파국에 이르게 되면 자기 국가의 행복도 보장할 수 없기 때문이다. 어쩌면 플라톤이 생각하는 이상적인 군주는 자신의 나라만을 생각하는 국수주의자나 자신의 민족만을 생각하는 민족주의자가 아니라, 세계의 평화와 인류의 행복을 지향하는 '세계시민정신'을 가진 자라고도 볼 수 있을 것이다. 이러한 이상 국가와 이상적인 왕에 대한 플라톤의 사유는 한갓 희망사항에 불과한 것이라 할지라도 이는 오늘날의 정치인들에게 깊은 교훈을 주고 있다. 그것은 한 국가의 행복과 평화는 다만 훌륭한 정책이나 제도적인 개선이나 혹은 법률의 보완 등만으로는 불가능하며, 그것은 모든 국가의 구성원이 '훌륭한 도덕성'과 '지혜를 가진 현명한 자'로 인도될 때에만 가능하다는 진실이다. 왜냐하면 아무리 훌륭한 도구가 주어졌다고 해도 그것을 사용하는 자가 '무지'하거나 '사악한 마음'을 가지고 있다면 그 도구들은 무용지물이 되고 말 것이기 때문이다.

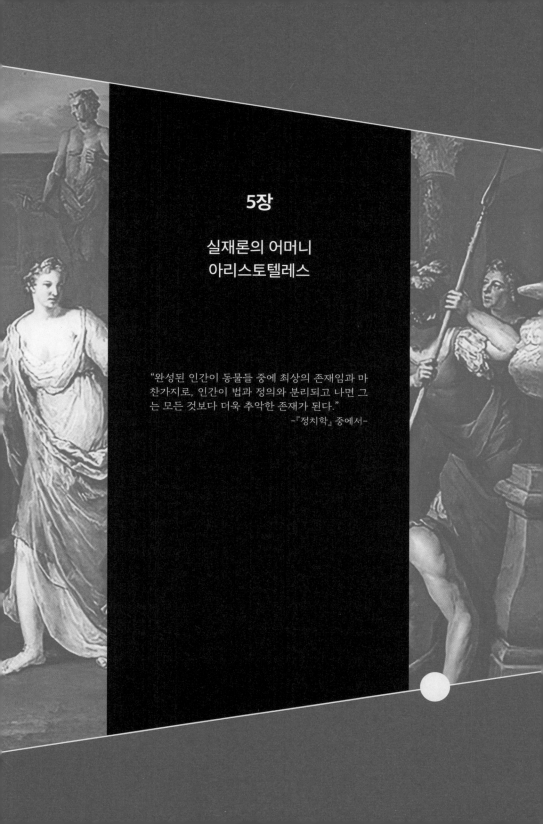

# 5장

## 실재론의 어머니
## 아리스토텔레스

"완성된 인간이 동물들 중에 최상의 존재임과 마
찬가지로, 인간이 법과 정의와 분리되고 나면 그
는 모든 것보다 더욱 추악한 존재가 된다."
-『정치학』중에서-

**아리스토텔레스**
Aristoteles

아리스토텔레스는 의사였던 아버지의 영향으로 어릴 적부터 생물학에 관심이 많았고, 해부학도 배우고 작은 수술도 도왔다고 전해지고 있다. 만 18세에 그는 아테네에 있는 플라톤의 아카데미아에 입학하였는데, 이후 스승 플라톤이 사망하기까지 19년 동안 그곳에 머물렀다. 41세 되던 해에 그는 마케도니아의 필립보스 왕의 초청으로 왕자 알렉산드로스의 스승이 되었으며, 이후 13년 동안이나 '알렉산드로스'의 스승 역할을 하게 된다. 필립보스 왕이 사망한 335년에 아테네로 돌아와 아테네 북부의 소크라테스가 즐겨 거닐었던 작은 성지에 학교를 세웠고, 제자들을 가르쳤으며, 또한 일반인들에게도 철학을 강의하였다. 아리스토텔레스가 인류에게 남긴 학문적인 영향은 참으로 큰 것이었다. 중세의 문호 단테는 아리스토텔레스를 역사상 가장 위대한 지식인처럼 묘사하였고, 토마스 아퀴나스는 유일하게 아리스토텔레스의 이름을 사용할 때는 '철학자'라는 일반명사를 사용하였는데, 이는 아리스토텔레스가 진정한 의미의 '학문'을 형성하였다고 보았기 때문이다. 생전에 그가 남긴 저서들은 『논리학』, 『자연학』, 『천체론』, 『기상학』, 『동물의 역사』, 『영혼론』, 『형이상학』, 『윤리학』, 『정치학』, 『시학』 등 다방면의 저서들인데, 이는 오늘날 여전히 제 학문의 기초학문처럼 고려되고 있다.

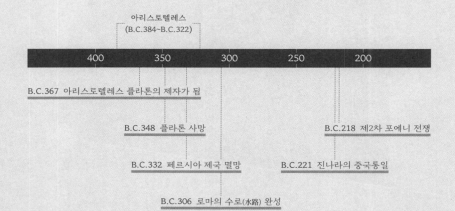

아리스토텔레스
(B.C.384~B.C.322)

| 400 | 350 | 300 | 250 | 200 |

B.C.367 아리스토텔레스 플라톤의 제자가 됨

B.C.348 플라톤 사망

B.C.218 제2차 포에니 전쟁

B.C.332 페르시아 제국 멸망

B.C.221 진나라의 중국통일

B.C.306 로마의 수로(水路) 완성

# 1. 아리스토텔레스는 왜 스승 플라톤의 사상을 비판하였나?

① 이데아를 부정하고 『형이상학』을 저술한 아리스토텔레스

아리스토텔레스 사상의 핵심은 플라톤의 '이데아론'을 부정하는 것으로부터 시작한다고 해도 과언이 아니다. 그를 '실재론의 어머니'라고 부를 수 있다면 그것은 무엇보다 그의 학문적 탐구의 첫 번째 대상이 구체적으로 그리고 실제로 존재하고 있는 대상들의 원리를 탐구하는 것이기 때문이다. 왜냐하면 아리스토텔레스에게 있어서 철학의 출발점은 '경이驚異', 즉 무언가를 놀랍게 여기는 것에 있고, 또 이를 이해하기 위해 그 원인을 탐구하는 것에 있었기 때문이다.

지금이나 예전이나 사람들은 어떤 것을 의아하게 생각함驚異으로써 지혜를 추구하기(철학하기) 시작했다.

－『형이상학』, 1권, 982b － 21

분명히, 근원적인 원인들에 관한 앎을 얻어야 한다(왜냐하면 으뜸 원인을 깨달았다고 믿을 때, 우리는 각 사물들을 안다고 말하기 때문이다).

－『형이상학』, 1권, 983a － 22

어떤 것에 대해서 '경이'를 가질 수 있다는 것, 이는 '놀라움'과 '궁금함'을 함께 가진다는 것이다. 이는 정신을 가진 인간의 가장 본질적인 특성을 말해 주는 것이며 그기에 가장 인간적인 것이기도 하다. 어린이들은 거의 모든 것에 대해 '경이로움'을 가진다. 아침마다 태양이 떠오르는 것을 보고 놀라고, 봄이 되면 어김없이 꽃들이 피는 것을 보고 놀라고 또 한 생명이 탄생하는 것을 보고 '경이로움'을 느끼게 된다. 잠자리 날개의 오묘한 빛깔을 보고 감탄하고, 붉은 단풍잎을 보고 놀라며, 반짝이는 별들을 보고 경이로움을 느낀다. 하지만 현대의 어른들은 더 이상 그 무엇을 보고도 경이로움을 느끼지 못하고 있다. 그 이유는 무엇일까? 아마도 아리스토텔레스는 '먹고사는 일에' 즉 '생존하는 일에' 모든 관심이 쏠려 있고, 그것에 마음과 정신을 다 빼앗기고 있기 때문이라고 할 것이다. 만일 이러한 현대인들에게 한 철학자가 "돈이란 적당히 있으면 되는 것이지, 돈을 벌기 위해 인생을 다 허비할 수는 없는 일이지요!"라고 말한다면, 담론자는 주저 없이 "그 말이 맞긴 합니다. 하지만 '적당히'가 어느 정도냐는 것이 문제이겠지요!"라고 반박할 것이다. 즉 생존과 노후대책이라는 미명하에 대다수의 현대인은 물질적인 안정이라는 문제로부터 자유롭지 못한 것이다. 아리스토텔레스는 이러한 사람들을 '자유롭지 못한 사람'이라고 보고 있다. 그는 철학이란 '자유로운 자'의 일이고, 자유롭기 위해서는 우선 '생존과 안정'이라는 강박관념에서 벗어나야 한다고 생각하고 있다.

> 사람들은 안락과 오락을 위해 필요한 모든 것들이 거의 다 갖추어졌을 때, 그러한 앎을 찾아 나섰다. 이렇듯, 우리는 분명히 어떤 다른 쓸모 때문에 지혜를 찾지 않는다. 마치 남이 아니라 자신을 위해 있는 사람을 '자유인'이라고 부르듯이, 이런 앎만이 모든 앎들 가운데 또한 자유롭다고 우리는 말한다.
>
> – 『형이상학』, 1권, 982b – 23

우리는 여기서 학문적 탐구의 근원적인 출발점에 대한 아리스토텔레스의 견해를 알 수 있다. 학문이란 그 출발점이 어떤 유용한 이득을 위해서가 아니라 경이로운 것들에 대해서, 세계와 인간에 대해, 자연과 제 사물들에 대해서 알고자 하며 이해하고자 하는 인간 정신의 근본적인 욕구에 의한 것이다. 바로 이러한 알고자 하는 욕구를 위해 법칙과 원리를 발견하고자 하는 것이다. 이는 어떤 관점에서 보면 정신을 가진 그 본성에 의해 순수하게 알고자 하는 욕구, 즉 '알 권리'에 속하는 것이다. 이 알고자 하는 권리는 정신을 가진 인간에게 있어서 가장 첫 번째의 욕구이기도 하며, 또한 이러한 앎을 통해서 인간답게 성장해 가는 것이다. 후일 토마스 아퀴나스 역시 "인간의 영혼은 진리에 대한 앎을 통해서 양식을 취한다"라고 말할 것이다. 그렇기 때문에 자연의 법칙과 천체 운행의 원리들 그리고 인간의 삶의 원리들에 대한 이해는 우선적으로 실용적인 목적에서 출발하는 것이 아니라, 무엇을 알고자 하고 이해하고자 하는 인간의 근원적인 욕구에서 출발하는 것이다. 우리는 이러한 아리스토텔레스의 학문에 대한 규정을 '이론적인 학문' 혹은 '이론정립의 학문'이라고 할 수 있을 것이다. 만일 실용성(실천)이 문제가 된다면 그것은 이러한 진리에 대한 앎이 참된 것이기만 한다면, 실용성이라는 것은 이론의 열매라는 형식으로 저절로 주어질 수 있는 것이다. 우리가 이론적인 학문이라고 부르는 것은 실용성의 문제와 무관한 지적인 유희를 위한 것이 아니다. 실용성이 참으로 효과적이기 위해서는 그 지반이 되는 이론이 우선 참되어야 하기 때문이다.

아리스토텔레스가 자연철학자들이나 플라톤의 사상을 비판한 이유는 그들이 세계와 인간의 삶을 설명하는 방식이 인간의 알고자 하는 그 근원적인 욕구에 충분히 답할 수 없다고 본 것이다. 아리스토텔레스가 '무엇을 안다'라고 할 때 이 앎의 첫 번째 의미는 '원인'에 대한 앎을 말한다. 즉 '왜?' 혹은 '어떻게'라는 질문에 답할 수 있는 것이어야 한다. 즉 현상을 관찰하고 나열하는 것만으로는 만족하지 못하면 그것이 왜 그러한 것인지를 알고자 한다. 어떤 현상들이 왜 그러한지를 이해할 때, 곧 진정한 앎을 의미한다. 이러한 것들 중에서도 어떤 불변하는 원인이나 우주의 질서, 그리고 인생의 법칙 등의 고귀한 것들을 '지혜'라고 본 것이다. "우리가 찾는 이름(지혜)은 같은 학문이 차지하게 된다. 다시 말해 이 학문은 으뜸 원리 및 원인에 관한, 이론에 관련된 학문(이론학)이어야 한다."(『형이상학』, 1권, 982b)[24] 이러한 지혜를 지혜 그 자체로 인해 추구하게 될 때 '필로소피아', 즉 '지혜를 사랑하는 철학'이 되는 것이다. 하지만 자연철학자들과 플라톤의 설명은 그 원인들을 통한, 충분히 납득 가능한 설명은 아니었던 것이다.

자연철학자들에 대한 아리스토텔레스의 비판은 다양하게 주어지고 있는데, 그 핵심은 자연철학자들은 근본적으로 유물론적인 입장을 견지하고 있기 때문에 그들의 설명이 '이유'나 '원인'에 대한 충분한 설명이 될 수 없다고 본 것이다. 아리스토텔레스가 자연철학자들을 비판하고 있는 대목 중 한 부분을 보자.

> 모든 것(우주)을 한 가지 것으로, 그리고 어떤 한 가지 실재를 재료로, 그것도 물질적이고 크기를 갖는 재료로 놓는 사람들은 분명히 여러모로 잘못을 저지르고 있다. 그들은 오로지 물체들의 요소들만을 놓을 뿐, 비물체적인 것들이 있는데도 비물체적인 것들의 요소들은 놓지 않기 때문이다. 그리고 그들은 생성과 소멸에 관한 원인을 말하려고 하면서, 또 모든 사물들에 관해 자연학의 방식에 따라 살피면서, 운동의 원인을 없애 버린다. 더 나아가, 이들은 실체와 본질을 어느 것의 원인으로도 놓지 않는다.
>
> — 『형이상학』, 1권, 988b — [25]

사실 위의 비판은 아리스토텔레스가 『논리학』, 『자연학』, 『형이상학』 등에서 말하고 있는 「4원인설」, 즉 질료인質料因, 형상인形像因, 운동인運動因, 목적인目的因에 근거한 비판이다. 바위나 소나무의 존재 원인을 물이나 불이나 공기 등의 어떤 특정한 요소에서 추구한다는 것은 왜 동일한 요소들이 어떤 것은 바위가 되고 또 어떤 것은 소나무가 되는지 설명할 수가 없는 것이다. 즉 이러한 이유를 설명하기 위해서는 비-가시적인 바위나 소나무의 '형상'(본질)을 전제할 때 가능한 것이다.

그리고 어떤 것의 운동이나 변화를 물리적인 법칙을 통해서만 설명한 다는 것은 왜 애초에 이러한 운동이나 변화가 시작되었는지에 대한 의문(즉 목적인에 대한 의문)을 전혀 해소하지 못한다.

| 표 6 | 아리스토텔레스의 4원인설. 질료·형상론으로 불리기도 한다. |
|---|---|
| 4원인 | 하나의 존재(실재)가 있기 위해서 전제되는 4가지 원인으로서, 아리스토텔레스의 사유에서 실재를 설명하는 가장 중요한 이론이다. 『논리학』(71b, 94a), 『자연학』(184a), 『형이상학』(1013a) 등에서 이에 대해 논하고 있다. |
| 질료인 | 대상(조각품)의 몸체를 이루고 있는 질료(대리석) |
| 형상인 | 조각가의 정신 안에 있는 조각의 모양(형상) |
| 운동인 | 조각가가 조각하는 일체의 활동 |
| 목적인 | 조각을 하게 된 동기나 목적. 가령 위인의 모습을 광장에 두고 추모하기 위해서 등 |

어떤 관점에서 보자면 자연철학자들의 세계와 인간에 대한 고찰은 순수하게 현상학적인 입장에서 고찰하고 있으며, 이러한 현상학적인 고찰은 그 과정이나 외적으로 드러나는 현상에 대해서는 잘 설명한다고 해도 결코 그 근본 원인이나 목적 등에 대한 질문에 답하지는 못한다. 즉 "왜 그러한가?", "무엇이 그러한 것을 가능하게 하는가?" 혹은 "무엇을 목적으로 그러한 것이 생성되는가?" 하는 등의 질문에는 답하지 못하는 것이다. 다시 말해서 어떤 것의 기원이나 궁극적인 목적 등에 대한 질문은 '형이상학적인 해명'만이 답할 수 있는 것이다.

반면 플라톤의 이데아론은 어떤 주제들에 대해서는 매우 그럴 듯하지만, 구체적으로 존재하는 개별자들의 원인으로서 개별자들이 존재하기 이전에 혹은 개별자들과 분리되어 독립적으로 존재하는 이데아를 상정한다는 것을 아리스토텔레스는 결코 수긍할 수가 없었다. 그는

## 아리스토텔레스는 왜 이데아를 부정하였나?

아리스토텔레스는 『형이상학』을 저술하면서 먼저 플라톤이 말하는 이데아가 사실은 존재하지 않는 것이라고 비판하고 있다. 그 이유 중 하나가 실제로 존재하는 것은 무엇이나 질료*forma*와 형상*materia*의 결합으로 이루어져 있는데, 이데아는 질료를 가지고 있지 않기 때문에 실제로 존재하는 것이라 할 수 없다고 보았기 때문이다.

이러한 순수하게 비-질료적인 이데아들의 존재에 대해서 여러 가지 관점에서 비판을 하고 있다. 그 중에서도 가장 강조하는 부분은 한 '구체적인 사람(개인)'의 이데아에 관한 해명이다.

> 동일한 사물에 대해 여러 본들이 있게 될 것이고, 따라서 여러 형상들이 있게 될 것이다. 예를 들어, 어떤 사람에 대해 **동물, 두 발 달림,** 그리고 이와 동시에 **사람 자체**가 있게 될 것이다. … 그러니, 어떻게 **이데아**들이 사물들의 실체들이면서 이 사물들과 따로 떨어져 있을 수 있겠는가? (플라톤의) 『파이돈』에서 형상들이 사물들의 존재와 생성의 원인이라고 주장되었다. 하지만 **형상들이 존재한다** 치더라도 그것들을 나눠 갖는 것들은 자신들을 움직이는 것이 있지 않는 한, 생겨나지 않는다.
>
> - 『형이상학』, 1권, 991a - [26]

플라톤의 이데아론에 대한 위의 비판은 아리스토텔레스가 세상과 사물들을 일종의 생물학적 인간학의 차원, 그리고 형이상학적·실재론적 차원에서 본 인간에 대한 이해에 기초해 있다. 구체적으로 존재하는 한 개인의 존재원인으로 '보편적인 이데아'를 가정할 때, 가장 설명하기 어려운 점은 '나의 존재'란 우선 '생명체'이고, '동물'이고, 나아가 '사람'이고, '남자이거나 여자이며', 그리고 '개인'이다. 여기서 동물의 이데아, 사람의 이데아, 나아가 남자나 여자의 이데아, 그리고 개인의 이데아 등을 생각해 볼 수 있다. 그렇다면 여기서 '이데아는 하나인가 여럿인가?'라는 질문이 주어진다. 만일 사람의 이데아만 있다고 할 경우, 남자나 여자, 나아가 개인으로서의 나는 어디에서 기인하는가? 만일 이데아를 여럿이라고 가정한다면 하나의 이데아에 다양한 개별자가 있는 것이 아니라, 반대로 하나의 개별자에 여러 개의 이데아가 있다는 모순에 빠지게 된다. 그런데 만일 범주적으로 최고의 것이 '나의 이데아', 즉 '한 개인의 이데아'라는 것이 있다고 가정한다면, 모든 개인이 존재하는 수만큼 이데아가 있다는 것이 될 것이며, 이는 다양한 개별자의 원인인 하나의 이데아라는 것과는 무관하게 된다. 설령 이데아가 존재한다고 해도 한 개별자가 탄생하여 구체적인 외모를 갖추고 개별적인 성향을 가지면서 '개인적인 인격'으로 형성하는 그 원인은 '보편적인 사람의 이데아'로는 설명할 수가 없다. 그렇기 때문에 아리스토텔레스에게 있어서 구체적이고 살아있는 개인의 존재와 삶을 이 개별자와 분리된 저편 세계의 이데아로 설명한다는 것은 언어도단이라고 생각한 것이다. 그렇기 때문에 만일 이데아적인 것이 있다면 그것은 인간의 내부에 있는 어떤 '본질'이나 '본성'과 같은 것이어야 한다. 아리스토텔레스는 이것을 한 개별자의 내부에 있는 '형상'이라고 부른 것이다.

아리스토텔레스의 이러한 비판은 '좋음', '적절함' 등과 같은 추상적 개념의 경우에 더욱 분명해지는데, 그는 "좋음이 어떤 공통적이며 단일한 보편자로 존재하지 않을 것이라는 점은 분명하다. 만약 그렇다고 한다면 모든 범주에서 좋음이 야기되지 않고 오직 하나의 범주에서만 야기되어야 했을 테니까"(『니코마코스 윤리학』, 1권, 988b)라고 말하고 있다. 다시 말해서 '좋음'이라는 것이 독립된 하나의 '좋음 자체'가 있는 것이 아니라, 다양한 범주에서 갖가지 좋은 것들이 일종의 '탁월한 속성'처럼 그렇게 주어져 있다는 것이다. 왜냐하면 좋음이란 '기술자에게는 완전한 기술'을 말하고, 상인에게는 '수익을 올리는 것'이 될 것이며, 단거리 운동선수에게는 '보다 빠른 것'이 될 것이며, 윤리학자에게는 '보다 선량한 것' 혹은 '정의로운 것'이 될 것이기 때문이다. 이 모든 다양한 범주의 '좋음'들이 단 하나의 '좋음 자체'에서 파생될 수는 없는 것이다. 이는 자유나 아름다움 혹은 현명함 등 모든 관념적인 명사에 있어서도 마찬가지이다. 이러한 모든 속성은 '실제로 존재하는 실재'의 내부에 질적인 특성으로 있는 것이지, 실재와 동떨어진 '비-질료적인' 실재일 수가 없다. 아리스토텔레스에게 있어서 '실제로 존재하는 것', 즉 '실재'란 무엇보다 '형상과 질료'로 구성되어 있으며, 질료를 전혀 가지지 않은 '이데아'는 마치 인간의 정신 속에 있는 순수한 관념적인 존재와 같고 실재, 즉 '실제로 존재하는 것'이라고 할 수는 없는 것이었다.

이러한 아리스토텔레스의 사유는 분명 플라톤보다 논리적이고 합리적이며 보다 학문적(과학적)이다. 하지만 그렇다고 해서 우리는 여기서 플라톤이 틀렸고 아리스토텔레스가 옳다는 식으로 말할 수는 없다. 왜냐하면 이는 세계를 이해하는 서로 다른 관점 혹은 지평이라고 할 수 있기 때문이다. 동일한 '물'에 대해서 과학자는 물의 실체를 'H2O'라고 말하겠지만, 시인은 물이란 '순수성'이요 '생명의 근원'이라고 말할 수 있을 것이기 때문이다. 일찍이 생물학과 자연학, 그리고 동물의 역사 등에 대해서 심취하였던 아리스토텔레스는 보다 과학적이고 논리적인 사유로 세계와 인간에 대해 접근하였지만, 플라톤은 이에 비해 마치 인생의 의미나 가치를 명상한 구도자처럼 그렇게 세계와 인간을 고찰하였기 때문이다.

### ② 높은 집은 보다 튼튼한 기초를 필요로 한다

아리스토텔레스에게 있어서 학문이란 크게 '이론적인 학문'과 '실천적인 학문'으로 나뉜다. 이론적인 학문은 앎과 관련하여 인간의 정신 활동을 통해 발견하거나 형성한 법칙이나 규칙들, 그리고 이러한 법칙들과 규칙들을 발견하는 그 과정에 대한 논의들을 말한다. 조금 더 일반적으로 말하자면 '순수한 앎 혹은 이해'와 관련된 일체의 학문(철학)으로서 구체적으로는 수학, 자연학, 신학이다. "이렇게 해서 세 가지의 이론 철학이, 즉 수학, 자연학, '신학'이 있게 될 것이다."(『형이상학』, 6권, 1026a)[27] 그리고 실천적인 학문이란 다시 두 가지 부류로 나누어지는데, 인간적인 삶과 관련하여 어떻게 행동하고 살아가야 하는가를 탐구하는 '윤리학과 정치학', 그리고 예술작품이나 유용한 사물 등을 제작하는 '제작학문'(기술학문)이 그것이다. 실천적인 학문은 이론적인 학문을 그 바탕으로 하여야 할 것인데, 그 이유는 올바르게 제작하거나 정당하게 행위한다는 것에 있어서 이 '올바름'이나 '정당함'을 밝혀 주는 것이 곧 '이론적 학문'이기 때문이다. 마찬가지로 '어떤 작품'(가치 있는 작품)을 '어떻게(방법론)' 제작할 것인가를 고민하는 예술가에게 '가치 있는 작품'(무엇을)에 답을 주는 것은 윤리학이 될 것이며, 또한 '어떻게'(방법적 문제)에 답을 주는 것은 '기술적인(이론적인) 학문'일 것이다. 이렇게 하여 모든 학문은 하나가 다른 하나에게 기초적인 지식과 확실한 출발점을 제공하게 되는 것이다. 데카르트 식으로 말하자면 '이론적인 학문'은 나무의 뿌리에 해당할 것이며, '실천적인 학문'은 기둥에 그리고 '제작학문'은 가지에 최종적인 상품은 나무의 열매에 해당한다고 할 것이다. 따라서 예술이나 과학이 보다 건실하게 발전하기 위해서는 그 뿌리가 되는 철학이나 형이상학이 보다 튼튼하게 발전하지 않으면 안 된다는 것은 당연한 진리이다.

그런데 하나의 학문이 형성되기 위해서는 무엇이 필요할까? 그리고 모든 학문에 기초가 되는 공통적인 것은 무엇일까? 아리스토텔레스는 『논리학』의 「뒤 분석론」(2권, 1장)에서 학문적 탐구가 가능한 주제들에 대해서 그리고 앎의 대상이 되는 다섯 가지를 소개하고 있다.


• 학문적 탐구의 주제

첫째, '대상에 대한 현상적 기술' 즉 '어떻게 되어 있다는 것'을
　　　기술하는 것(관찰)

둘째, '그것이 왜 그러한 것인가?'에 대한 질문 즉 '현상의 원인
　　　을 밝히는 것'(원인규명)

셋째, '그것이 무엇인지를 규정하는 것', 즉 본질규정


• 앎의 대상

(1) 어떤 것의 이름이 가지는 의미

(2) 그 이름에 상응하는 대상이 있다는 것

(3) 그 대상이 '무엇'인지를 규명하는 것

(4) 그것이 일정한 속성을 갖는다는 것

(5) 왜 이러한 속성을 갖게 된 것인지 하는 것

이러한 학문적 주제와 앎의 대상들에 대한 고찰은 우리들의 사고에 있어서 자연적인 순서에 해당된다.

| 표 7 아리스토텔레스의 주요 저작들의 내용 | |
|---|---|
| **논리학**<br>Organon | 범주론, 명제론, 본석론(1&2), 변증론, 소피스트식 논박 등으로 구성되어 있다. 모든 학문에 가장 기초가 사고의 논리적인 원리들에 대한 저술이다. |
| **자연학**<br>Physica | 일종의 물리학이라고도 볼 수 있겠지만, 발생(생성), 변화(성장), 본성 등 자연과 자연물의 제 원리들에 대해서 탐구하는 보다 포괄적인 저술이다. |
| **형이상학**<br>Metaphysica | '존재로서의 존재에 관한 학문'이라 칭하며 범주나 종류를 초월한 '모든 존재하는 것'에 공통된 원리나 법칙 혹은 개념 등에 대한 탐구이다. |
| **영혼론**<br>De anima | 일종의 '인간학' 혹은 '정신심리학'적인 책으로 영혼과 육체의 관계, 감각의 종류와 구성, 앎의 과정 등에 대해서 논하고 있다. |
| **니코마코스 윤리학**<br>Ethica Nicomachea | 실천적인 학문으로서 덕에 관한 논의, 습관을 통한 훌륭한 성품을 갖추는 것에 대한 연구이다. 아들의 이름을 따서 니코마코스라는 이름을 붙였다고 한다. |
| **에우데모스 윤리학**<br>Ethica Eudemia | 도덕적인 활동에 관한 것, 행복에 관한 것, 관조를 통한 신적인 본성에 대한 명상 등이 강조되어 있다. 제자 '에무데모스'가 편집하였다고 해서 '에우데모스 윤리학'이라 불린다. |
| **정치학**<br>Politica | 국가, 정치체제들, 사회 공동체의 목적, 사유재산, 노예제도, 이상 국가 등 정치와 관련된 다양한 주제들이 논의 되고 있다. |
| **시학**<br>Poetica | 일종의 '예술론'이라고 할 수 있다. 다양한 예술장르에 대해 언급하면서 특히 시작詩作에 있어서 기원이나 모방, 그 효과 등에 대해 다루고 있다. |

이외 아리스토텔레스의 저작은 '천체론', '기상학', '동물의 역사', '경제학', '수사학' 등 다양한 저술들이 있으며, 이 중에는 위작으로 의심되는 것도 있다. 위에 언급한 저술들은 일반적으로 인정되는 아리스토텔레스의 저작이며, 가장 중요한 저작들로 알려진 것이다.

학문적인 앎이란 상황에 따라 바뀔 수 있는 '견해'와는 달리 철저하게 증명(검증)된 것이어야 할 것인데, 그러기 위해서는 출발점에서는 증명이 필요 없는 그 자체로 분명한 사실 혹은 참된 것이 있어야만 한다. 왜냐하면 그렇지 않다면 이러한 것을 먼저 증명해야만 할 것이기 때문이다. 이러한 첫 번째의 분명한 앎은 모든 학문의 출발점이 되는 '일정한 앎의 토대' 혹은 '으뜸원리'라고 부른다. 가령 '두 점사이의 최단 거리는 직선이다'는 사실이나 '인간이란 사유하는 존재'라는 사실 등이 이러한 으뜸원리에 해당된다. 아마도 데카르트라면 이 으뜸원리를 더이상 의심의 여지가 없는, '그 자체 명석 판명한 것'이라고 할 것이며, 베르그송은 이를 '직관적 앎'이라고 할 것이다. 이렇게 그 자체 분명한 출발점으로부터 '논증'(삼단논법 등)'을 통해 어떤 결론을 이끌어 내는 것이다.

아리스토텔레스의 학문적인 업적을 보면 철학자란 곧 '물리학자요', '천문학자'이며, 나아가 '동물학자'요 '기상학자'이며, '형이상학자'이자 '윤리학자'이고 '미학자'이다. 이는 고전적 의미의 '철학자'가 어떤 사람인지를 알 수 있게 해 준다. 아마도 아직 학문적인 분야들 간의 분업화가 전혀 일어나기 이전의 철학자란 곧 '만학자'였던 것이다. 과학과 인문학이 분화되기 이전의 철학이 가정 먼저 해야 할 일은 이 모든 분야의 학문들을 아우르면서 개별 학문들의 기초가 되는 원리나 명제 등을 확립하는 것이었는데, 이것이 곧 『논리학』과 『형이상학』의 역할이었다. 논리학이 다양한 분야에 적용되는 인간 이성의 추론의 법칙들과 이에 관련된 다양한 규칙에 대한 탐구라고 한다면, 『형이상학』은 말 그대로 '형形(감각대상)을 초월한' 혹은 '개별적인 범주를 초월한' 일반성 혹은 보편성의 지평에서 존재를 탐구하는 것이라고 할 수 있다. 아리스토텔레스는 애초에 이 형이상학에 이름을 붙이지 않았으나 아리스토텔레스의 사후 100년 뒤에 그의 책들을 처음 편집한 '안드로니코스'가 이 저술을 발견하고는 '논리학'에도 '자연학'에도 그리고 윤리학에서 귀속시킬 수가 없어서, '타-메타-타-피지카ta-meta-ta-phyusika',

즉 '자연학 다음에 오는 학문' 혹은 '자연학을 넘어서는 그 다음의 학문'이라고 임시로 이름을 붙여 놓은 것이 후일 '메타피지카', 즉 '형이상학'이란 이름으로 정착되었다. 우리는 편집자가 이러한 이름을 붙여 놓은 이유를 '자연 세계의 변화들에 대한 공부를 먼저 한 다음에라야 이 책을 제대로 이해할 수 있다는 의미를 전달하기 위한 것'이라고 추정해 볼 수 있다.

③ 존재하는 모든 것에 공통적으로 적용되는 학문이 있을 수 있는가

아리스토텔레스는 『형이상학』에서 이 학문의 다른 이름들을 다양하게 언급하고 있는데, '제일철학', '제일학문', '으뜸학문', '지혜학', 그리고 '신학'이라는 이름을 사용하고 있다. 그 중에서도 이 학문의 특징을 가장 잘 드러나게 해 주는 명칭은 곧 "형이상학이란 존재로서의 존재being as being(영)에 대한 탐구"라는 것이다.

이 말의 의미는 존재하는 것의 어떤 특정 부분을 다루는 것이 아니라, '있다는 것'의 조건 아래 모든 것을 보편적으로 다루고 있다는 말이다. 아리스토텔레스는 "모든 존재하는 것에 공통되는 것이 있다면 그것은 없지 않고 있다는 것"이라고 말하고 있다. 즉 본질what(그것이 무엇인 것)의 질서에서는 모든 존재하는 사물에게 공통된 것이 있을 수가 없겠지만, '있다' 혹은 '존재하다'는 사실은 존재하는 모든 것에게 해당한다. 그런데 이 '존재하는 사물들'은 그냥 존재하는 것이 아니라, 정묘한 어떤 질서 속에서 존재하는 것이다. 즉 모든 존재하는 것은 본질의 질서를 넘어선 '존재의 지평'에서 공통되는 법칙이나 원리의 지배 안에서 혹은 법칙이나 원리를 가지고서 존재하는 것이다. 가령 "모든 발생(결과)은 원인을 가진다"라거나 "현실의 상태가 있기 전에 잠재 상

## '존재'와 '존재자'는 어떻게 구분되는가?

아리스토텔레스가 사용하는 희랍 용어 'ontos', 즉 '있음' 혹은 '존재'가 무엇을 의미하는가에 따라 어떤 이들은 '존재'로 이해하고 어떤 이들은 '존재자'로 이해하기도 한다. 하지만 대부분의 연구자는 아리스토텔레스가 형이상학에서 스스로 밝힌 '존재(자)로서의 존재(자)에 관한 학문'에서 존재(자)의 의미는 '존재자'가 아니라 '존재'로서 이해하고 있다. 왜냐하면 아리스토텔레스는 존재하는 모든 것에 있어서 공통되는 것이 곧 'ontos', 즉 '없지 않고 있음'이라고 말하고 있으며, 또한 형이상학을 의미하는 '메타-피지카'는 '자연학 다음에 오는 학'을 의미하는 것으로서 이러저러한 구체적인 대상들을 넘어서는, 존재하는 모든 것에 있어서 공통되는 참된 이치 혹은 법칙을 탐구하는 학문이기 때문이다. 따라서 아리스토텔레스에게 있어서 '자연학'(피지카)이나 '동물학'이 '존재자들에 관한 학문'이라면, '형이상학'은 '존재에 관한 학문'인 것이다. 그리고 존재는 '보편적인 것'을 '존재자'는 '개별적이고 특수한 것'을 지칭한다는 것은 철학사 전반에서 일반적으로 인정하고 있다. 이 같은 아리스토텔레스의 존재 개념은 중세에 와서는 단순히 '존재하는 사태'를 지칭하는 것이 아니라, 존재하는 모든 것을 '존재하게 하는 근원적인 힘'처럼 이해하게 되고, 또 하이데거 같은 철학자는 '존재자들의 본래적인 모습' 혹은 '현존재의 진리'를 밝혀 주는 빛처럼 고려하기도 하였다.

태(가능 상태)가 먼저 있었다" 혹은 "부분이 있기 위해서는 먼저 전체가 있어야 한다", "스스로 움직이는 것은 움직여지는 것보다 나은(탁월한) 것이다"는 등의 원리들은 존재하는 모든 것에 공통되는 원리이다. 이러한 법칙과 원리들을 탐구하는 것이 바로 '형이상학'이며, 그렇기 때문에 다른 모든 개별적인 범주의 학문에 있어서 '으뜸가는' 혹은 '기초적인' 학문일 수 있는 것이다.

| | |
|---|---|
| **표 8** | 『형이상학』에서 제시된 몇 가지 중요한 보편적 개념들 |

| | |
|---|---|
| 실체와 속성 | 어떤 사물의 '정의'가 지칭하는 '기체基體'로서, 여기에서 다양한 '성질', 즉 '속성'이 파생되어 나온다. 실제로 존재하는 모든 것은 실체와 이에 딸린 속성들을 지니고 있다. 자연물들의 실체란 '본성' 혹은 본질과 유사한 의미를 지니고 있다. 개별자에게 있어서 실체란 '개별자 자체'(소크라테스)이며, 여기에는 유적인 실체(인간성)를 가정할 수 있다. 육체 역시도 실제로 존재한다는 한에서 물리적인 '실체'라고 불린다. '보편적인 것'(이데아)은 실체가 아니다. |
| 필연과 우연 | '필연적임anankaion'이란 '그것 없이는 존재할 수 없는 것', '어찌할 수 없는 것' 혹은 '다른 어떤 것이 허용되지 않는 것'을 의미한다. 가령 생존하기 위해서는 '필연적으로' 먹어야 하고, 인간이라면 '필연적으로' 사유하게 된다. 반면 우연이란 이와 대립하는 것으로 얼굴이 흰 사람의 '흰색'이나 키가 큰 사람의 '큰 키' 등은 필연적이지 않다는 의미에서 우연적인 것이다. |
| 완전함 | '완전한 것teleion'이란 세 가지의 의미를 가지고 있는데, ① 어떤 기술이나 재능이 탁월하여 더 이상 좋은 것을 발견할 수 없거나 조금도 모자람이 없는 경우 완전하다고 한다. ② 어떤 것이 '목적'에 이르렀을 때, 즉 운동의 맨 끝에 나오는 것이 곧 완전함이다. 더 이상 손댈 곳이 하나도 없는 작품은 완전한 작품이다. '죽음'은 비유적으로 '완전한 소멸'이라고 불린다. ③ 그 바깥에 어떤 부분을 하나도 갖지 않을 때 '완전하다'고 한다. |
| 형상과 질료 | '형상'이란 ① 말 그대로 어떤 것(가령 동상)의 '외형' 혹은 '모양'(꼴)을 의미하기도 하고, ② 생명체의 경우 '본성' 혹은 '본질'을 의미하는 '생명의 원리'(영혼)를 의미하기도 한다. 즉 소나무를 소나무답게 하고, 소크라테스를 소크라테스이게 하는 본질이 곧 형상이다. 질료는 이러한 형상이 구체적인 감각대상으로 나타나기 위한 물질적인 바탕을 말한다. 모든 '실재'는 '형상과 질료'로 구성되어 있다. 질료 없는 형상도 형상 없는 질료도 현실적으로 존재하는 것은 아니다. 따라서 이데아는 '실재'가 아니다. |
| 단일성 | 모든 개별적인 실체는 '단일성'을 가정한다. '그것이 무엇인 것', 즉 정의가 지칭하는 대상은 '단일한 하나'를 의미한다. 소크라테스는 '개인'이고 '사람'이며, '생명체'이지만, 이는 유일한 하나의 형상(소크라테스의 영혼)을 통해서 개인이고 사람이며 또한 생명체이다. 모든 개별적 실체는 '단일성'을 이룬다. 즉 유기적인 통일체이다. |
| 원리 | '원리'란 다양한 의미를 가지고 있다. ① 어떤 것의 시작점을 원리라고 한다. 가령 선분의 첫 시작점을 말한다. ② 어떤 것의 중심 혹은 기초를 말한다. 가령 집의 기초처럼 어떤 것이 맨 처음 생겨나는 곳을 '아르케'라고 한다. ③ 움직임과 변화를 결정하는 결정권이나 주도적인 기술을 말한다. ④ 어떤 것이 처음 알려지는 지점인 '원인'을 의미하기도 한다. 즉 본성, 요소, 실체, 목적 등 어떤 것을 이해하는 데 있어서 으뜸가는 무엇을 아르케라고 한다. |

아리스토텔레스가 형이상학을 '신학'이라고 부르는 이유는 이렇게 존재의 질서에서 그 원리를 탐구하기 위해서는 우주 최초의 원리, 즉 '우주의 제일원인'에까지 거슬러 올라갈 수밖에 없다고 생각하였기 때문이다. 아리스토텔레스의 신에 대한 논의는 대중적인 종교 관념과 무

관하게 그의 논리학과 자연학의 원리들, 그리고 형이상학의 한 중심에 있는 원리들로부터 진행되지만 그 결론은 거의 종교적 의미의 신의 개념과 일치하고 있다. 첫 번째는 인과의 계열에 관한 논의이다. 그는 우선 운동의 원리에 의거하여 "우주에는 최소한 변화하지 않는 것(움직이지 않는 것)이 하나는 있어야 한다"라고 생각하고 있다. 왜냐하면 만일 그렇지 않을 경우 하나의 움직임은 그 이전의 다른 움직임으로부터, 이 다른 움직이는 것은 또 그것의 원인이 되는 이전의 다른 움직임으로부터 … 이렇게 무한히 거슬러 올라가야 하기 때문이다. 최소한 경험적이고 시간적인 세계 안에서 '영원히' 거슬러 올라간다는 것이 불가능하므로, 최초의 운동(세계 탄생)을 설명하기 위해서는 그 스스로는 움직이지 않으면서(앞선 원인을 가지지 않으면서) 다른 것을 움직이게 하는 (다른 모든 것의 원인이 되는) '원동자源動者'가 있어야만 하는 것이다.

그리고 두 번째는 목적론적인 관점에서의 논의이다. 움직이는(변화하는) 모든 것이 어떤 '목적'(지향점)을 가지고 있다고 한다면, 하나는 다른 목적을 향해 움직일 수밖에 없고, 이 다른 목적은 또 다른 목적을 향해, 그리고 실현된 이 목적은 또 다른 목적을 향해서 나아갈 수밖에 없을 것이다. 하지만 이렇게 영원히 진보할 수는 없다. 왜냐하면 변화와 시간 안에서 '영원'이란 있을 수가 없기 때문이다. 따라서 최소한 논리적으로 우주의 운동은 결국 최종적인 목적, 즉 '완성' 혹은 '궁극적 목적'에 도달할 수밖에 없을 것인데, 이러한 존재가 곧 '신'인 것이다. 즉 신이란 '우주의 궁극적인 목적'인 것이다. 그래서 아리스토텔레스는 우주의 모든 운동이 궁극적으로는 이 최후의 목적인 신을 향해 움직이고 있다고 보는 것이다. 마찬가지로 인간의 경우에는 신이란 지성적인 존재로서의 인간의 욕구와 사랑의 대상(목적인)이 되면서 (물리적으로가 아닌

지성적 동인으로서) 인간을 움직이는 것이다.

따라서 아리스토텔레스에게 있어서 신이란 우주의 첫 원동자가 되면서 동시에 우주의 궁극적인 목적이 되는 것이다. 그렇기 때문에 신은 스스로 움직이지 않으면서, 모든 것이 실현된 부동의 원동자인 것이다. 즉 신은 최상으로 실현된 존재이며, 가장 충만한 존재이며, 만일 신이 정신을 가지고 있다면 신의 존재 방식이란 스스로를 알고, 명상하고, 사랑하는 자의 형식을 가지게 되는 것이다.

> 신은 그런 더 좋은 상태에 늘 있다. 그리고 그는 생명을 또한 가진다. 왜냐하면 사유의 발휘/실현 상태는 생명이고, 신은 곧 발휘/실현 상태이기 때문이다. 신의 발휘/실현 상태가 바로 가장 좋은 영원한 생명이다. 그러므로 우리는 신이 영원한 가장 좋은 생명체라고 말한다. 따라서 그는 끊임없고 영원한 생명과 존속을 갖는다. 신은 정말 이러하다.
>
> – 『형이상학』, 12권, 1072b – [28]

물론 아리스토텔레스가 그리스도교에서 말하는 '창조주'로서의 '인격적인 신'과 같은 존재를 염두에 두고 이러한 진술을 하고 있는 것인지, 단지 우주의 제일원인으로서의 신에 대한 시적이고 비유적인 표현으로 이러한 말을 하는 것인지는 분명치 않다. 분명한 것은 아리스토텔레스는 신적인 존재를 긍정하였고 그것도 자연적인 이성의 추론을 통해서 그것을 증명하고 있다는 점이다. 그래서 후대의 철학자들은 아리스토텔레스의 『형이상학』을 '자연신학'이라고 부르기도 한 것이다.

만일 아리스토텔레스의 신이 다만 '자연적인 물리법칙'과 같은 '우주의 제일 첫 법칙'에 지나지 않는다고 한다면, 자연학이 오히려 제일 학문이 될 것이다. 하지만 아리스토텔레스가 말하는 우주의 제일원인 으로서의 신은 분명 물리적인 법칙을 넘어서는 '형상적인 존재'이다. 어떤 의미에서는 플라톤의 이데아처럼 더 이상 '변화'나 '진보'가 없는 '완전한 존재' 혹은 '완전한 현실태'의 존재이다.

> 그런데, 자연에 의해 형성된 실체들 외에 어떤 실체도 있지 않다 면, 자연학이 으뜸 학문이 될 것이다. 그러나 움직이지 않는 실 체가 있다면, 이것이 다른 실체들보다 더 앞선 것이며, 이것을 다루는 철학이 으뜸 철학이며, 이 철학은 으뜸가기에 또한 보편 적일 것이다.
>
> —『형이상학』, 6권, 1026a – 29

따라서 아리스토텔레스에게 있어서 눈에 보이는 경험적인 우주의 원인으로서의 '신'은 물질적이고 경험적인 것을 초월하는 일종의 '초-자연적인' 혹은 '초-경험적인' 실재이며, 이러한 존재에 대한 탐구는 오직 '제일철학prōtē philosophia' 혹은 '신학theologikē'에 의해서만 가능하다. 그리고 이러한 탐구를 곧 지혜라고 부르고 있다. 아리스토텔레스의 신 관념은 스피노자식의 범신론적 신 관념보다는 오히려 중세의 유일신 개념에 더 가깝다. 아마도 중세 그리스도교적인 신 관념과 아리스토텔레스의 신 관념 사이의 가장 분명한 차이점이라면, 그것은 인간에게 지켜야할 가장 기초적인 법도(계명)를 명령하고, 또 인간의 삶에 직간접적으로 개입하는 인격신의 개념이 아리스토텔레스의 사유에서는 보이지 않는다는 점일 것이다.

## 2. 영혼의 개념은
## 인간학적으로 이해하여야 한다.

① 영혼이 실재인가, 실재의 어떤 것을 영혼이라고 부르는 것인가?

사람들은 "인간에게 실제로 영혼이 있는가?"라는 질문을 던지곤 한다. 어떤 사람은 있다고 하고 어떤 사람은 없다고 한다. 그런데 누가 옳은 것일까? "당신은 신의 존재를 믿으십니까?"라는 기자의 질문에 아인슈타인은 "도대체 어떤 신을 말하는 것입니까?"라고 되물었다고 한다. 아마도 영혼에 관한 질문에 대해서도 동일한 답을 할 수 있을 것이다. 대다수의 현대 철학자는 더 이상 '영혼'이라는 말을 거의 사용하지 않는다. 칸트는 '신', '영혼', '세계'에 관한 질문들은 인간 이성의 능력을 벗어나는 질문이므로 학문적으로 다룰 수 없는 것이라고 선언하였다. 그리고 실증주의자의 창시자인 콩트는 영혼이란 실제로 경험되거나 관찰될 수 있는 대상이 아니므로 영혼이라는 말 또한 '두뇌의 도식적인 구조'로 대체되어야 한다고 주장하였다. 그런데 칸트는 중립적이라고 하더라도 실증주의적 사유는 순수하게 현상학적인 관점에서 실재를 이해하고자 하는 것이거나, 이러한 비-감각적인 대상 혹은 형이상학적인 대상을 가정하는 것 자체가 일종의 허상이라고 보고 있는 것이다. 하지만 이러한 입장은 그 자체 일종의 '아전인수적인 관점'이라고 볼 수가 있다. 왜냐하면 과학자들은 빅뱅이나 중력 등을 가정하고 있는데, 이들 역시 경험적으로 인식할 수 있거나 직접 확인할 수 있는 것은 아니기 때문이다. 그 현상들(결과들)을 보고 그 원인으로서의 중력이나 빅뱅을 긍정한다는 것은 순수하게 실증적인 것은 아니며, 여전히 근본적인 원인을 '가정'하고 있는 것이다. 다만 (형이상학적이고 초월적인 원인이 아닌) 물리적이고 질료적인 어떤 원인을 가정한 것뿐이지, 직접 인식되거나 재현 가능한 것은 아니다. 즉 무엇을 근본적인 원인으로 볼 것인가의 차이일 뿐, 경험될 수 없는 어떤 원인을 가정하고 있다는 점은 마찬가지이다.

베르그송은 생명 현상을 제대로 그리고 총체적으로 이해하기 위해서는 '영혼'에 대한 개념은 필수적인 것이라고 생각하였다. 이와 마찬가지로 아리스토텔레스의 '영혼에 관한 이론'은 가장 이성적이고 논리적인 사유의 결과이며, 그의 영혼에 관한 사유는 어떤 의미에서 최초로 인간을 종합적인 지평에서 고려한 진정한 학문적인(과학적인) 사유, 진정한 의미의 '인간학'이라고 할 수 있을 것이다. 힐쉬베르거의 『서양철학사』에서는 "아리스토텔레스가 영혼에 관하여 쓴 저작은 현대의 심리학처럼 단순히 의식 현상만을 다루고 있는 것이 아니라, 생명 전체의 근거와 그 본질적인 특징을 다루고 있다"[30]라고 말하고 있다. 아리스토텔레스는 모든 생명체에게는 그들의 정교하고 완벽한 생명 현상의 원인이 되는 어떤 근본적인 원인(원리)이 있다고 보았으며, 이러한 생명의 현상을 총체적으로 유지하고 보존하며 그 원인이 되는 것을 '생명의 원리', 즉 '영혼'(프쉬케)이라고 칭하였다. 일반적으로 대다수의 서구인은 아리스토텔레스의 『영혼론』을 라틴어로 'De anima'라고 번역한다. 즉 '영혼에 관하여'라는 뜻이다. '영혼'이라는 용어는 '아니모 animo', 즉 '생기(생명)를 부여하다'는 동사에서 파생된 명사이다. 따라서 '영혼'이란 '생명 혹은 생기(활력)를 부여하는 것'을 지칭하는 용어로 '생기를 불어넣는 원리' 혹은 단순히 '생명의 원리'라고 말할 수 있다. 그런데 한 생명체에 있어서 '생명 현상'이란 그의 모든 현상과 활동을 지칭하는 것이지 단순히 '생물학적 현상'만을 지칭하는 것은 아니다. 가령 인간에게 있어서 생명 현상이란 먹고 마시는 것, 감각하고 느끼는 것, 생각하는 것, 윤리·도덕을 만들어 내고, 예술 활동이나 정치적 활동을 하는 것 등 일체의 삶의 현상이다. 이러한 생명의 활동을 총체적으로, 그리고 유기적으로 유지하고 보존하며 그 발전의 원리가 되는 하나의 생명의 원리가 있다는 것이 아리스토텔레스의 관점이다. 그렇기 때문에 생명의 원리로서의 '영혼'이란 한 생명체의 유기적이고 실체적인 통일성의 원리, 즉 '실체적 형상*forma substantiae*'을 의미한다. 그렇기 때문에 아리스토텔레스에게 있어서 '영혼이 진짜 있는가?'라는 질문은 어리석은 질문이며, 무의미한 질문이다. 이는 마치 '인간에게 마음이라는 것이 진짜 있는가?'라고 묻는 것과 같기 때문이다. 즉 영혼에 관한 올바른 질문은 "무엇을 영혼이라고 부르는가?"라는 질문이 되어야 하는 것이다.

'형상'이 한 실체적 존재의 본질을 구성하고 여기서부터 다른 모든 속성이 파생되는 '근본적인 원리'라는 차원에서 형상은 형이상학적인 용어이다. 반면 '생명의 제 현상'을 고찰하고 이러한 생명 현상들의 근본적이고 총체적인 '원인' 혹은 '원리'를 지칭하는 '영혼'이란 개념은 논리적인 혹은 과학적인 용어라고 할 수 있다. 다시 말해 형이상학적으로 (생명체의) '형상'이라고 불리는 것이 논리적인(인간학적인) 용어로는 영혼으로 불리는 것이다. 아리스토텔레스가 이러한 실체적인 원리를 가정하고 있는 것은 지극히 논리적인 사유에서 기인한다. 모든 결과는 원인을 가정하며, 모든 실체는 '하나'(통일체)로서 존재한다. 따라서 독립된 개별적인 실체들은 모두 그들의 존재를 '하나의 유기적인 실체'가 되도록 하고 이를 보존하는 원리를 가정해야만 한다. 가령 누구도 '내일 갑자기 나의 팔이나 다리가 줄어들거나 길어진다면 어떡할 것인가' 혹은 '미래의 어느 날 내 등에 독수리의 날개가 생긴다면 어떡할 것인가'를 염려하지 않는다. 왜냐하면 나의 생명의 현상을 총체적으로 보존하고 하나로 유지해 주고 있는 어떤 원리가 있다는 것을 경험적으로 인지하고 있기 때문이다. 만일 이러한 실체적인 생명의 원리를 가정하지 않는다면, 우리는 정교한 생명의 현상을 설명해 줄 어떤 것도 발견할 수 없을 것이며, 이를 '우연'이라거나 '신비'라는 말로 만족해야만 할 것이다.

현대의 과학자라면 이러한 원리를 'DNA'의 효과로 설명하고자 할 수도 있을 것이다. 가령 그는 '우리의 인체 속의 모든 세포에는 정교한 DNA의 염기서열이 있고, 이러한 서열이 우리들의 생명 현상의 모든 특징을 관장하며, 이 서열이 변화하지 않는 한 생명의 외부적인 어떤 변화가 불가능하다'라고 말할 것이다. 하지만 이러한 설명도 역시 형이상학자의 시선에 불충분하기는 마찬가지다. 왜냐하면 형이상학자라면 여전히 '왜 어느 날 갑자기 이러한 DNA의 염기 서열이 변하지 않는가? 무엇이 이러한 정교한 DNA의 서열을 고정시켜 주고 있는가?'라고 질문할 것이기 때문이다. 더 나아가 그는 '애초에 무엇이 이러한 정교한 DNA의 구조나 서열을 야기한 것인가?'라고 물을 것이기 때문이다. 결국 이러한 질문은 '다양한 현상의 이면에 이 현상의 원인이 되는 어떤 본질이나 본성이 있는가?' 하는 질문이 된다.

아리스토텔레스에게 있어서 실체란 하나의 유기적인 통일체로 나타나고 이러한 실체의 유기적인 통일성과 이로부터 발생하는 모든 생명 활동의 근본 원인이 되는 '형상'을 가정하지 않고서는 생명 현상이란 설명이 불가능하다. 생명체에게 있어서 모든 생명 현상의 원인이 되면서, 자신의 존재 원인을 자신에게서 가지는 것, 이 최초의 것이 곧 생명의 원리 혹은 생명의 제일원인인 영혼이다.

> 이처럼 영혼의 본질, 혹은 인간의 본질, 혹은 이와 유사한 다른
> 용어들을 지칭하고 있는 것은 '원리'라는 의미를 요청하고 있다.
> 가령 우리가, 영혼이 그 자체로 그의 고유한 실존의 원인을 가지
> 고 있다고 생각한다면, 그리고 '그 자체로 그의 고유한 실존의 원
> 인을 가지고 있는 것은 스스로 움직이면서 하나'라고 생각한다
> 면 영혼은 원리인 것이다. 왜냐하면, 이 경우 영혼은 그의 본질
> 에 있어서 스스로 운동을 가지면서 하나이기 때문이다. 이러한
> 의미에서 영혼과 이러한 유일한 하나 사이에는 완전한 '동일성'
> 이 있다.
>
> — 『영혼론』, 414a — 31

아리스토텔레스는 『형이상학』 7권에서 존재의 여러 의미를 설명하
면서, 존재의 '첫 번째 의미'가 바로 실체적 통일성과 생명 현상의 근
본 원인이 되는 '본질' 혹은 '정수'라고 말하고 있다.

> 존재는 한편으로는 본질이나 규정된 개별자를 말하며, 다른 한
> 편으로는 하나의 사물이 지니고 있는 그러하고 그러한 특질 또
> 는 양을, 혹은 각자가 지니고 있는 속성들을 의미한다. 그러나
> 이러한 여러 의미들 가운데 첫 번째 의미의 존재는, 실체를 지칭
> 하는 '본질Ουσια'(우시아)이다.
>
> — 『형이상학』, 7권, 1028a — 32

한 개체의 '본질'로서의 실체란 한 개체의 외적 현상들의 원인이 되는 내적인 '형상μορφη'(모르페)이다. 이는 보다 일반적인 용어로는 '본성 φυσις'(푸시스)을 말하며. 본성이란 또한 모든 생명체에게 있어서 생명의 제일원인이자 원리가 되는 '영혼ψυχη'(프시케)이다. '형상', '본성', '영혼'은 생명체인 실체에 있어서 생명 현상들의 원인이자 목적이 되는 단 하나의 유일한 원리를 다양한 각도에서 지칭하는 유사어들이다. 영혼이 한 생명체에게 있어서 유기적인 통일체의 원인이 되고 또한 생명 작용의 원리가 되기 때문에 그는 "영혼에 의해서 우리가 살고, 지각하고, 생각을 한다"(『영혼론』, 414a12)[33]라고 말하고 있다. 플라톤이 한 개별자의 존재 원인과 제 현상들의 원인을 '이데아'에서 추구하였다면 아리스토텔레스는 이를 개별자의 내부에 있는 '형상' 혹은 '영혼'에서 추구한 것이다. 두 철학자 모두 감각적이고 현상적인 세계 현상을 '형이상학적인 문제제기'를 통해서 보다 이성적으로 이해하고자 하는 것이며, 플라톤이 다분히 관념적이고 시적으로 이해하고자 하였다면, 아리스토텔레스는 보다 실재론적이고 합리적인 차원에서 이해하고자 한 것이다.

② 영혼이란 백지와 같고, 삶이란 자기의 생명을 완성하기 위한 것이다.

인간의 영혼에 대한 아리스토텔레스의 존재론적인 이해는 그의 윤리학에 결정적인 기초를 제공하고 있다. 왜냐하면 인간의 영혼이란 인간의 생명 현상뿐 아니라 인간적인 행위들에 있어서 보편적인 원인이며 동시에 목적인이기도 하기 때문이다.

영혼은 살아 있는 신체의 원인이며 원리이다. 이것들은 여러 가지 의미로 말해진다. 그러나 영혼은 우리가 구분했던 바와 같이 세 가지 의미에서 (신체의) 원인이다. 왜냐하면 영혼은 '운동 그 자체는 어디로부터 기인되며(능동인 또는 작용인), 무엇을 위해(목적인) 움직이며, 영혼을 가진 신체의 실체로서(형상인)' 신체의 원인이기 때문이다. '실체로서'가 의미하는 것은 명백하다. 왜냐하면 실체는 만물의 존재 이유이고, 생명은 생물들의 존재 이유이며, 영혼은 그것들의 원인이며 원리이기 때문이다.

- 『영혼론』, 2권 - 34

이러한 아리스토텔레스의 영혼에 대한 이해는 "원인은 곧 목적"이라는 형이상학적인 원리에 근거한다. 가령 운동의 원인이 건강이라고 한다면, 운동의 목적은 '건강의 성취'에 있다. 이와 유사하게 모든 생명체에게는 하나의 '본성'이란 것이 있으며, 여기서 모든 작용이 흘러나오며, 이러한 작용들은 또한 본성을 완성하는 목적을 가지고 있다. 인간 존재 안에 유일하고 단일한 한 원리, 인간 생명의 출발점이자 또한 그 목적이기도한 하나의 원리, 이것이 인간의 영혼이고, 또 우리가 '본성'이라고 부르는 것이다. 이처럼 만일 생명 현상의 원인이 '영혼'이었다면, 생명 현상의 목적은 "완성된 영혼의 성취"일 것이다. 그래서 그는 "영혼(본질 혹은 제일실체)의 파괴는 모든 것의 파괴일 것이다"(『형이상학』, 5권, 1017b)35라고 말하고 있다. 즉 아리스토텔레스에 있어서 죽음이란 영혼이 육체로부터 분리되는 사건이며, 영혼의 분리는 육체가 더 이상 자신의 생명을 지탱해 줄 무엇을 가지지 못함을 의미하며, 나아가 육체의 외형을 보존할 무엇이 상실됨을 의미한다. 그렇기 때문에 죽음과 더불어 인간의 육체는 곧 바로 부패하기 시작하는 것이다.

## 아리스토텔레스는 영혼불멸성을 믿었는가?

아리스토텔레스의 사상에서 어쩌면 가장 답하기 애매한 질문이 '영혼 불멸성'에 관한 질문일 것이다. 왜냐하면 사후의 영혼에 관해서 그는 단 한마디만을 남겼기 때문이다. 그는 『영혼론』의 마지막에 "영혼이 육체에서 분리되면 (즉, 사람이 죽으면) 개별성individuality(영)은 소멸되며, 보편적인 것the universality(영)만이 남는다"라고 하였다. 이러한 생각은 원리로서의 영혼은 보편적일 수밖에 없고, 개별성은 육체적 차이에서 기인한다고 보았기 때문이다. 그런데 '보편적인 것'만이 남는다고 할 때, 육체적인 것이 없는 보편적인 원리란 '질료-형상론'의 그 이치에 따라서 실재하는 것이라고 볼 수가 없다. 즉 그것이 실제로 존재하는 것이라면 무엇이나 '질료와 형상의 결합'이어야 하기 때문이다. 그래서 사람들은 아리스토텔레스는 '영혼불멸설'을 믿지 않았다라고 생각할 수 있다. 아마도 과학적 사고방식에 민감한 이들은 '보편적인 영혼'이란 일종의 '정신적인 에너지' 혹은 '기氣'와 같은 것이라고 말할 수도 있기에 '영혼불멸설'을 믿었다고 할 수도 있을 것이다. 하지만 '사람들이 영혼불멸성'이라고 말할 때 이는 구체적인 한 개인의 영혼을 지칭하는 것이기에 아리스토텔레스는 '영혼불멸설'을 믿지 않았다고 하는 편이 더 설득력이 있어 보인다. 중세 때에는 아리스토텔레스의 원전에 충실했던 아랍철학자들(가령 아베로에스)은 영혼은 모든 사람에게 보편적이기에 사후 영혼은 보편적인 영혼이라고 하였고, 토마스 아퀴나스는 사후 영혼은 생전의 개별성을 고스란히 간직한 개별자로서의 영혼이라고 보았다.

모든 생명체가 자신의 행위의 원인이자 목적으로서의 영혼, 즉 본성을 가지고 있기 때문에 잘 산다는 것은 바로 이러한 '본성'에 적합하게 산다는 것을 말한다. 따라서 아리스토텔레스의 윤리학의 핵심은 '본성'에 적합하게 사는 것이다. 즉 그 자신의 고유한 내적인 원리에 따라, 혹은 그 원리의 진보 혹은 발전에 따라 사는 것이다. 하지만 그렇다고 해서 윤리학에 대한 아리스토텔레스의 기본 입장을 "모든 것을 자연의 순리에 따라야 한다"는 소박한 '자연주의'와 동일시할 수는 없다. 왜냐하면 그는 인간의 '본성'으로서의 영혼을 그 자체 이미 규정된 원리가 아니라, 가능성 혹은 잠재성을 가지고 진보·발전하는 것으로 보고 있기 때문이다.

> 영혼은 작용하기 이전에는 아무것도 아닌 것과 같다. 따라서 영혼은 (작용하기 이전엔) 어떠한 데생도 실현되지 않은 백지와도 같은 것이다. 이는 매우 분명하게 지성(지성혼)의 경우에 그러하다.
>
> -『영혼론』, 430a - 36

인간의 영혼은 실체적인 영혼으로서 모든 행위의 유일한 원리이지만, 아리스토텔레스는 인간의 생명 현상의 다양한 지평에 따라서 이를 3가지 부류로 나누고 이러한 작용의 원리가 되는 것을 '식물혼', '동물혼', '지성혼'으로 구분하여 부르고 있다. 이 세 가지 영혼이 실제로는 하나이기 때문에 엄밀한 의미에서 이는 영혼의 '식물적 원리'(기능), '동물적 원리'(기능), '지성적 원리'(기능)라고 불러야 할 것이다. 가령 소크라테스는 그의 유일한 영혼을 통하여 그가 존재하며, 그가 동물이며, 그가 인간이며 또한 그가 소크라테스인 것이다.' 이 중에서도 아리스토텔레스가 특히 관심을 가지고 있는 것은 '지성혼知性魂'이다. 왜냐하면 지성혼이야말로 인간 현상을 설명해 주고 인간의 삶을 이해하는 핵심적인 것이기 때문이다.

그런데 애초에 영혼(지성혼)이란 '그 안에 아무것도 쓰여 있지 않는 백지와 같다'는 그의 진술이 의미하는 것은 무엇인가? 우리는 이를 크게 두 가지 차원에서 이해할 수 있을 것이다. 첫째, 지성혼이 곧 모든 앎의 원리라는 것이다. 눈이 모든 색깔을 왜곡 없이 보기 위해서 눈동자는 어떠한 색을 지니고 있지 않아야 하듯이, 지성이 모든 것을 왜곡 없이 이해하기 위해서는 지성 그 자체에는 어떠한 선지식도 없어야 한다. 이는 모든 지식은 곧 경험에서 비롯한다는 아리스토텔레스의 실재론적인 관점을 대변하고 있으며, '상기설'을 주장하는 플라톤의 이데아론을 배격하는 관점이다. 그리고 이러한 진술은 감각적 행위들에 대한 플라톤의 회의적 태도와 달리 인간의 감각경험 혹은 감성행위의 역할에 대한 긍정을 의미한다. 즉 모든 지식의 근원이 감각적인 인식에 근거한다고 주장하면서 인간의 감각인식에 대한 올바른 자리매김을 하였다고 볼 수 있는 것이다.

둘째, '자아'에 대한 질문, 즉 '나는 누구인가?' 혹은 '나는 어떠한 사람인가?'에 대한 질문에 이해의 기초를 제공하고 있다. 아리스토텔레스는 영혼을 '실현εντελεχεια'(엔텔레케이아)이라고 말하기도 하는데, 이는 '백지와도 같은 영혼'이 삶의 과정을 통해서 '구체적인 내용'을 가진 영혼으로 되어 간다는 것을 의미한다. 즉 '~이 되어 감'의 과정을 거쳐서 구체적인 한 인격체가 됨을 의미한다.

> 정의로운 일들을 행함으로써 우리는 정의로운 사람이 되며, 절제 있는 일들을 행함으로써 절제 있는 사람이 되고, 용감한 일들을 행함으로써 용감한 사람이 되는 것이다.
>
> – 『니코마코스 윤리학』, 2권, 1103b – [37]

즉, 아리스토텔레스에게 있어서 탄생 시 인간의 영혼은 '백지'와 같기 때문에 그가 어떠한 '품성hexis'을 가지고 있는가 혹은 그는 어떠한 종류의 사람인가 하는 문제는 그가 어떠한 습관을 들였는가 하는 문제와 직결된다. 반복되는 습관은 그의 영혼 안에 '제2의 본성'처럼 구체적인 본질을 야기하기 때문에 인간은 자신이 어떠한 사람이 될 것인가 하는 것을 스스로 선택하고 실현해 가는 존재인 것이다. 이러한 것이 또한 윤리·도덕에 있어서 아리스토텔레스의 실재론적인 관점인 것이다. 즉 단순히 선에 대한 깨달음이나 정의에 대한 분명한 이해를 가진다고 선한 사람이나 정의로운 사람이 되는 것이 아니라, 자전거를 타면서 자전거 타는 기술을 배우듯이, 인간은 선을 행하고 정의를 행하면서 조금씩 선한 사람, 정의로운 인간으로 '되어 가는' 것이다.

**표 9** 『영혼론』에서 감각인식에서 지성적인 인식의 형성 과정

| | |
|---|---|
| 감각인식의 네 가지 전제들 | 모든 인식은 감각적인 지각에서 시작된다. (431a 14) |
| | 감각한다는 것은 감각대상이 현실적으로 있을 때 이루어진다. (425b 25) |
| | 감각대상에는 고유한 감각(오감의 대상)과 공통된 감각(수, 모양, 크기 등)이 있다. (418 a 10) |
| | 모든 감각이 자기 영역 내에서 활동하는 한, 항상 참되다. (427b 12) |
| 감각표상이 이루어지는 과정 | 다양한 감각(오감)이 동시적으로 이루어지는 감각의 종합적인 통일이 일종의 중추신경인 '공통감각sensus communis'에서 이루어진다. (2권 12장) |
| | 공통감각을 통해서 감각 인식은 영혼 안에 첫 보편자인 '감각형상εἶδς αἰσθητόν, species sensibilis'을 산출한다. (2권 12장) |
| | 감각대상이 사라진 뒤에도 영혼이 이 대상을 떠올릴 수 있는 것은 '감각형상'의 덕분이며, 영혼 안에 떠올려진 감각대상이 '상상' 혹은 '이미지'를 의미하는 '판타시아phantasia'이다. 이를 감각적인 표상이라고 한다. (427b 27) |
| 감각표상에서 지성적인 앎으로 | 감각 형상들이 여럿 모이면 보편적인 개념(예컨대 동물, 식물 등)인 종 전체에 대한 표상이 생기게 되는데, 이는 곧 추상 작용abstractio이다. |
| | 이러한 추상 작용을 통해서 대상의 본질을 의미하는 '지성적인 형상species intellectiva'이 발생하게 된다. 이것이 곧 지성적인 앎이다. (434a) |
| | 인간의 정신은 결코 '이미지(영상)' 없이는 사유되지 않는다. (434a) |

아리스토텔레스가 인간의 영혼에 대해 규정한 것 중에서 가장 의미심장하지만 또한 가장 모호한 진술은 "영혼은 어떤 의미에 있어 모든 것이 된다"(『영혼론』, 431b)[38]라는 말일 것이다. 이 말이 의미하는 것은 무엇일까? 우리는 여기서 두 가지의 다른 의미를 생각해 볼 수 있을 것이다. 첫째는 지성혼은 그 자체 비-질료적인 것이어서 어떤 것을 이해하는 데 있어서 한계가 없다는 것이다. 보다 쉽게 말해 '인간의 영혼은 존재하는 모든 것에 대한 앎을 가질 수 있다'라고 할 수 있는 것이다. 감각적인 인식이 영혼 안에 '감각적인 형상'을 유발한다는 것은 영혼 안에 '일종의 변화'를 야기한다는 것이다. 즉 '가능태로 있던 무엇'을 '현실태'로 바꾼다는 것이다. 이와 마찬가지로 지성적인 인식이란 영혼 안에 '지성적인 형상'을 유발한다는 것이며, 이는 사물들 안에 '가능태'로만 존재하는 사물들의 본질을 영혼 안에서 '현실태'로 실현시킨다는 것을 의미한다. 즉 영혼 안에 '사물들의 본질'에 해당하는 '지성적인 형상'을 현실화시키는 것이다. 가령 인간의 정신이 불타는 불꽃을 바라볼 때, 비록 영혼 안에 실제로 '뜨거움'을 유발하지는 않겠지만 '뜨거운 불'에 대한 형상을 유발하기 때문에 어떤 의미로 영혼은 '불꽃과 유사하게' 변화를 겪는 것이다. 즉 지성적인 인식이란 인식하는 대상의 본질을 현실화시키면서 영혼이 인식대상과 유사하게 '되어지는' 것이다. 보다 시적으로 말하자면 인간이 천사를 인식(이해)할 때 영혼은 (순간적으로 나마) 천사와 유사하게 되고, 악마를 인식할 때 악마와 유사하게 되는 것이다. 감각적인 인식은 질료적인 한계로 인하여 모든 것을 인식할 수는 없겠지만, 반면 지성혼의 앎에 있어서 그 대상이 되는 것은 '존재하는 일체'라고 할 수가 있다. 왜냐하면 지성혼은 어떠한 구체적인 질료도 가지고 있지 않기 때문에 모든 질료적인 것에 적용될 수 있으며, 또한 감정이나 열정 등의 비-질료적인 것에도 적용되는 것이기 때문이다. 즉 앎의 대상을 비-질료적인 형상으로 수용하는 지성혼의 작용에 있어서 '한계'란 존재하지 않는다. 이렇게 해서 '앎'이라는 형식으로 인간의 지성혼은 '존재하는 모든 것'과 유사하게 될 수 있는 것이다.

두 번째 의미는 존재론적인 질서에 있어서 '완성'에 이를 수 있다는 의미를 생각해 볼 수 있다. '모든 것이 된다'는 것에서 '모든 것'이 의미하는 것을 외부에 존재하는 인식의 대상이 아니라 나의 내면에 '가능성으로 존재하는 일체의 것'이라고 한다면, 이는 '가능태'(가능성)를 '현실태'(현실성)로 바꾸는 데 있어서 한계가 없다는 것으로 이해할 수 있다. 사람들은 한 아이를 보면서 '저 아이는 커서 무엇이 될까?' 혹은 '무엇이 될 수 있을까?'라는 질문을 던지곤 한다. 그리고 사람들은 "이는 그 아이가 어떻게 사느냐에 따라 달렸으며, 섣불리 속단할 수 없다"라고 생각한다. 하지만 그럼에도 우리는 이 아이가 자신이 원하는 무엇이라도 될 수 있다고는 생각하지 않는다. 가령 노력만 한다면 '음악가'나 '화가'가 될 수 있겠지만 그럼에도 '베토벤'같은 악성이나 '고흐' 같은 천재가 될 수 있다고는 생각하지 않는다. 즉 그 아이가 가진 한계라는 것을 긍정하는 것이다. 하지만 만일 '됨'이라는 것이 외부의 어떤 대상을 모델로 가정하고 그것에 근접해 가는 것이 아니라, 그 아이가 (자신의 내부에) 지닌 가능성 그 자체를 실현하는 것으로 말한다면 그 아이는 '자신의 모든 것', 즉 '자신이 가진 모든 가능성'을 실현할 수가 있을 것이다. 이러한 추정은 아리스토텔레스의 관점에서 보자면 언어사용의 남용이라고 할 수가 있다. 가능성이란 '실현된 것'(현실성)을 보고 추정하는 것이지, 현실성이 주어지기 전에 이미 '가능성'을 말할 수는 없기 때문이다. 가령 어떤 사람이 '시인'이 되었을 때, '그에게는 시인이 될 가능성이 있었다'라고 말할 수 있는 것이지, 누구도 시인이 되기 전의 그를 보면서 그에게는 '시인의 가능성이 있다'고 단정적으로 말할 수가 없기 때문이다. 전지전능한 신이 아니고서야 결코 한 개인의 미래의 가능성에 대해서 단정적으로 말할 수가 없기 때문이다. 왜냐하면 인간은 수치와 확률로 미래를 계산할 수 있는 '사물'이 아니라 '자유의지'를 가진 '자율적인 존재'이기 때문이다. 즉 미래의 모든 것은 그 자신에게 달린 것이다.

따라서 '인간의 영혼이 모든 것이 된다'는 의미는 '인간은 자신이 원하기만 한다면 자신이 가진 거의 모든 가능성을 실현할 수 있다'는 것으로 이해할 수 있다. 이는 인간을 원하기만 한다면 '자신이 원하는 자아'를 실현할 수 있는 존재라고 보는 것이다. 프랑스의 유신론적 실존주의자인 '루이 라벨'은 "성인이란 자기 자신을 절대적으로 실현한 사람"이라고 말한 바 있는데, 우리는 아리스토텔레스의 영혼에 대한 정의를 "(모든) 인간의 영혼은 (원하기만 한다면) 자신의 가능성을 절대적으로 실현할 수 있으며, 따라서 누구나 성인이 될 수 있다"라는 보다 현대적인 의미로 이해할 수 있을 것이다. 소크라테스가 '너 자신을 알라!'는 말을 남겼다면, 아리스토텔레스는 '너 자신이 되라!'는 말을 남긴 것이다. 즉 인간의 영혼에 대한 아리스토텔레스의 사유는 한 인간의 가치는 '자기 자신'을 얼마나 실현하였는가에 달려 있는 것이지, 결코 세상에서 무엇을 얼마나 성취했는가에 달려 있는 것이 아님을 말해주고 있다.

# 3. 자기 인생에 성공을 가져다주는 것이 윤리학이다

① 행복은 어디서 오는가?

나는 행복한가? 우리는 행복한가? 이러한 질문을 자기 자신에게 던진다는 것은 살아가면서 반드시 필요한 일이지만, 의식적으로든 혹은 무의식적으로든 사람들은 이를 외면하면서 살고 있다. 왜 그런 것일까? 아마도 그 이유는 '생존의 문제'가 너무나 크게 다가와서 보다 중요한 '행복의 문제'에 대한 질문을 던질 여유가 없기 때문일 것이다. 아리스토텔레스에게 있어서 생존은 그리 중요한 문제가 아니며, 행복이 진정으로 중요한 문제이다. 왜냐하면 그는 인간이 사회를 구성하여 사는 이유가 생존 때문이 아니라, 행복하기 위해서라고 보고 있기 때문이다.

『니코마코스 윤리학』에서 아리스토텔레스는 먼저 '최고선ariston'에 관하여 논하고 있다. 그는 대부분의 사람이 최고선을 '행복eudaimonia'이라고 말한다고 하면서, 윤리학을 '행복이 무엇인지', 그리고 '어떻게 행복을 성취할 수 있을지'를 탐구하는 학문으로서 규정하고 있다.

> 대중들과 교양 있는 사람들은 모두 그것(최고선)을 '행복'이라고 말하고 있다. '잘 사는 것'과 '잘 행위 하는 것'을 '행복하다는 것'과 같은 것으로 생각하고 있기 때문이다. 그러나 행복이 무엇인지에 대해서는 논란이 있으며, 대중들과 지혜로운 사람들이 동일한 답을 내놓는 것은 아니다.
>
> -『니코마코스 윤리학』, 1권, 1095a - 39

그렇다면 일반인들이 생각하는 행복과 지혜로운 사람(철학자)이 생각하는 행복은 어떻게 다른 것일까? 아리스토텔레스는 이에 대해서 두 가지를 말하고 있다. 첫째, 행복에 대한 사람들의 견해는 다양하고 자신들의 처지에 따라서 매우 달라진다는 것이다. 가령 아픈 사람은 건강만 있다면 행복할 것이라고 생각하고, 가난할 때는 부가 행복의 원인이라고 생각하며, 또 어떤 사람은 사람들이 경탄할 만한 어떤 진리를 아는 것이 행복의 원천이라고 생각하기도 하는 것이다. 이처럼 일반적으로 행복에 대한 사람들의 사고는 매우 상대적이며 다양한 것이 사실이다. 둘째, 그럼에도 불구하고 아리스토텔레스는 이러한 다양한 사고들을 세 가지의 부류로 정리할 수 있다고 보았다. 첫 부류는 즐거움이 행복의 원천이라고 생각하며 끊임없이 향락을 추구하는 사람이며, 두 번째 부류는 탁월함이나 명예를 중시하며 정치적인(사회적인) 삶을 추구하는 사람이다. 마지막 부류는 진리를 탐구하며 관조적인 삶을 추구하는 사람들이다.

그리고 아리스토텔레스는 진정한 행복은 즐거움이나 명예에서 주어지는 것이 아니라 세 번째의 '관조적인 삶'에서 주어진다고 논하고 있다. 왜냐하면 즐거움은 그것이 우리를 만족시키기 위해서는 끊임없이 강도를 높여 가야만 하며, 누구도 즐거움에서 완전한 만족을 얻지는 못하기 때문이다. 한편, 명예는 그것이 나 자신에게 달린 것이 아니라 나를 존중하고 칭찬해 주는 타인들의 손에 달린 것이며, 따라서 언제나 공허한 것이 될 수가 있기 때문이다. 아마도 아리스토텔레스가 '관조적인 삶'에서 행복을 얻을 수 있다고 본 것은 행복이란 (외부에서 주어지는 어떤 것에 의해서가 아니라) '자기 스스로 만족할 수 있는 것'이라고 보았기 때문이다. 다시 말해서 자신의 본성에 적합한 것을 추구하고 획득하여 스스로 만족할 수 있는 것이어야 한다고 생각했기 때문이다. 따라서 인간이 행복하기 위해서는 '인간의 본성에 고유한 일과 기능'을 탐구하면서 그것을 획득할 때일 것인데, 그것이 바로 동물과 달리 인간만이 가지고 있는 고유한 기능인 '이성(정신)의 활동'인 것이다. 아리스토텔레스는 인간이 사유를 통해서 '진리를 아는 것'이 가장 인간에게 탁월하고 고귀한 것이라고 생각하였고 이를 신적인 것처럼 생각하고 있다.

> 탁월성에 대한 보상과 탁월성의 목적은 최고의 것이고 신적이며 지극히 복된 어떤 것으로 보인다. … 우리가 탐구하고 있는 것에 대한 답은 지금까지의 논의로부터도 분명하다. 우리는 행복을 탁월성에 따른 영혼의 어떤 활동이라고 규정하였다.
>
> ─『니코마코스 윤리학』, 1권, 1099b – 40

물론 아리스토텔레스의 이러한 논의는 완전히 체계적이거나 논리적이지는 않다. 그는 정치학의 목적이 '최고로 좋은 것'이라고 말하는가 하면, 또한 완전한 행복은 진리를 관조하는 것뿐 아니라 '완전한 생애'도 필요하다고 말하고 있다. 어쨌든 그는 '영혼의 탁월성'에서 행복이 주어진다는 것을 의심하지 않았다. 그리고 이 영혼의 탁월성을 '지적인 탁월성'과 '성격적 탁월성'으로 분류하고 있으며, 탁월성이 어디에서 오는지를 묻고 있다.

이러한 질문을 통해서 그는 전형적인 자신의 실재론적인 사유를 제시하고 있다. 자신에게 주어진 능력dynamis을 통해 활동energeia을 발휘하고 이러한 활동이 습관적으로 이루어지면 '(획득된) 본성'처럼 주어지는 것이다. 다시 말해서 자전거를 타면서 자전거를 타는 능력과 탁월함을 갖추게 되고, 정의를 실천하면서 '정의로움'을, 용감한 일들을 실천하면서 '용감함'을 본성처럼 소유하게 되는 것이다. 따라서 "습관은 제2의 천성이다"라는 격언은 전형적인 아리스토텔레스의 관점이다. 이러한 의미에서 "행복이란 탁월성에 따르는 활동"(『니코마코스 윤리학』, 1177a)이라는 아리스토텔레스의 규정은 '가능성potentia의 최대한의 실현actus'에서 주어지는 것이라고 할 수 있을 것이다. 이렇게 형성된 '탁월함'을 그는 '덕aretē'이라고 부르고 있다. 아리스토텔레스는 이러한 덕의 종류를 다음과 같이 분류하고 있다.

| 도덕적인(실천적인) 덕 | 절제, 관용, 인내, 용기, 관대함, 정의 |
|---|---|
| 지성적인(이성적인) 덕 | 학문적 인식, 기술, 실천적인 지혜, 철학적인 지혜 |

아리스토텔레스의 『니코마코스 윤리학』의 몸통을 이루고 있는 것은 바로 이러한 다양한 덕에 대한 논의들이다. 이러한 덕들은 인간을 현명한 인간, 성숙한 인간이 되게 하고, 그리하여 자신의 인생을 성공적으로 영위할 수 있게 한다. 따라서 윤리학은 자신의 인생을 성공적으로 이끌어 가고자 하는 누구에게나 매우 중요한 실천적인 지혜를 제공하는 책이다. 어떤 관점에서 보자면 이러한 아리스토텔레스의 생각은 매우 일반적이고 당연한 것 같지만 이러한 당연한 생각이 오늘날 우리에게 매우 중요한 점을 시사해 주고 있다. 우선 '탁월함'이 곧 덕이라고 하는 것은 어떤 관점에서 보자면 언어적인 남용 같기도 하다. 왜냐하면 어떤 의사가 아무리 탁월한 의술을 가지고 있다고 해도 오직 자신의 수익 창출을 위해서만 의술을 사용하고 치료가 꼭 필요하지만

가난한 사람의 치료를 외면한다면 이러한 의사를 '덕이 있다'고 할 수가 없기 때문이다. 그럼에도 불구하고 우리는 최소한 탁월함이 '덕의 조건' 혹은 '덕의 지반'이라고 말할 수는 있다. "선무당이 사람 잡는다"라는 말이 있듯이 의사가 환자를 사랑하는 마음을 가지는 것은 좋은 것이나, 그 이전에 의사는 먼저 완벽한 치료 기술을 지니고 있어야 한다. 치료의 기술을 대충 익힌 의사가 더 많은 사람을 사랑한다는 것은 더 큰 위험의 소지가 있는 것이다. 마찬가지로 변호사가 약자들을 사랑하기 위해서도 우선 그는 억울한 이를 잘 변호할 수 있는 '탁월한 법률적 지식'을 지녀야만 한다. 그렇기 때문에 모든 전문적인 분야에서 우선적으로 요구되는 것은 '그의 탁월한 전문성'이다. 이러한 전문성은 그가 사람들을 사랑하기 위한 전제 조건과 같기 때문이다. 그래서 말브랑슈는 아리스토텔레스에 따라 "사랑이 있기 이전에 항상 먼저 정의가 선행되어야 한다"라고 한 것이다. 즉 '덕'을 실천하기 위한 '기본 조건'(탁월성)을 갖추고 있다는 것, 이것이 곧 하나의 덕이라고 할 수 있는 것이다.

그런데 어떤 분야에서 탁월하다고 하는 것은 단순히 완벽한 기술을 소유한 것만을 의미하지는 않는다. 왜냐하면 "지나침은 모자라는 것만 못하다"는 격언이 있듯이 상황에 대한 이해가 부족한 용기 있는 병사는 오히려 겁 많은 병사보다 먼저 죽을 수 있기 때문이다. 아리스토텔레스는 너무나 신중한 사람은 비겁한 사람이 되고, 모든 일에 용감하고자 하는 자는 무모한 자가 될 것이며, 지나친 관대함은 허영심이 될 것이며, 향락을 무조건 회피하는 자는 목석같은 자가 될 것이라고 하였다. 그리고 모자람도 지나침도 없는 어떤 상황에 적합한 가장 적절한 행위를 '중용mesotēs'이라고 불렀다. 그리고 이러한 중용의 덕을 가능하게 하는 것을 또한 '숙고proudentia'(혹은 사려 깊음)라고 불렀다. 그리고 이러한 숙고를 덕 중에서 제일가는 것처럼 생각하였다. 즉 '깊이 사유하는 인간'이란 또한 가장 도덕적인 존재가 될 수 있는 조건이라는 것이다. 아마도 우리는 여기서 "나는 사유한다. 고로 나는 존재한다"는 데카르트의 명제를 떠올려 볼 수 있을 것이다. 물론 우리는 이러한 아리스토텔레스의 윤리학에서 '도덕적' 의미의 덕이 결여되어 있거나 빈약하다고 비판할 수도 있을 것이다. 왜냐하면 '도덕이란 윤리가 요구하는 것을 모두 실행하고 그 이상을 하는 것'이라는 베르그송의 말처럼 '이웃에 대한 연민 혹은 헌신'을 의미하는 '아가페적' 혹은 '그리스도교적 사랑'으로서의 도덕은 아리스토텔레스에게는 아직 볼 수가 없기 때문이다. 즉, 아리스토텔레스 윤리학의 최종 목적은 '정의의 실현'에 있는 것이다.

## ② 인생은 무엇을 위해 달려가고 있는가?

철학도들이 『니코마코스 윤리학』에서 눈여겨볼 필요가 있는 부분은 당연히 '철학적 지혜'를 다루고 있는 부분일 것이다. 이전의 철학자들은 철학을 '지혜에 대한 사랑'이라고 정의하였다. 그리고 아리스토텔레스는 지혜를 아는 학문이 최고의 학문이라고 규정하고 있다.

학문적 인식들 중에서 가장 정확한 것이 (철학적) 지혜일 것이라는 점은 분명하다. 그러므로 지혜로운 사람은 원리들로부터 도출된 것을 알아야 할 뿐만 아니라 원리들 자체에 대해서도 참되게 알아야 할 것이다. 그렇기에 지혜는 직관적 지성과 학문적 인식이 합쳐진 것일 터이며, 가장 영예로운 것들에 대한 '최정점'의 학문적 인식이다.

－『니코마코스 윤리학』, 6권, 1141a －[41]

아리스토텔레스가 말하는 지혜는 원리를 아는 것이며, 일종의 처음과 끝, 시작archë과 목적telos을 아는 것을 말한다. 어떤 대상을 아무리 섬세하게 알고 있다고 해도 이를 부분적으로만 알고 있다면 정확하게 알고 있다고는 할 수가 없다. 가령 의사는 인간의 육체와 감각, 혹은 신경 등에 대해서 매우 전문적인 지식을 가지고 있겠지만, 그러나 이러한 지식만으로는 '인간을 잘 안다'고 할 수는 없을 것이다. 단적으로 '인간을 잘 알고 있다'고 하는 것은 육체적인 감성적인 심리적인 그리고 정신적인 나아가 영적인 지평에 이르기까지 모든 지평에 있어서 인간을 통찰하고 있을 때 말할 수 있는 것이다. 그렇기 때문에 철학적인 지혜는 '실천적인 지혜'를 능가하는 것이다. 어떤 의미에서 철학적인 지혜란 곧 다른 모든 개별적인 지혜를 아우르는 최종적인 지혜라고 할 수 있다. 그래서 아리스토텔레스는 철학적 지혜란 우주를 알고 인간을 알고 나아가 '신적인 것'까지도 아는 것이라고 생각하였다. 그래서 그는 가장 행복한 사람(지극히 복된 자)은 (진리를) 관조Theona하는 자라고 생각하며, 가장 행복한 행위는 관조에서 주어지는 것이라 말하였다.

> 관조의 활동이 완전한 행복일 것이다. … 철학적 지혜를 가진 사람은 혼자 있어도 관조할 수 있으며, 그가 지혜로우면 지혜로울수록 더욱 그러할 것이다. 그가 동반자를 가지면 아마 더 잘 관조할 수도 있겠지만, 그럼에도 그가 가장 자족적이다. 이 관조적인 활동만이 그 자체 때문에 사랑받는 것 같다.

지복至福의 관점에서 빼어난 것으로서 신의 활동은 관조적 활동일 것이다. 그렇다면 인간적인 활동들 중에서도 이것과 가장 닮은 활동이 행복의 특성을 가장 많이 가지게 될 것이다. … 관조가 지속되는 만큼 행복도 지속되며, 더 많이 관조하는 사람에게 행복도 더 많이 돌아가는 것이고, 우연에 따른 행복이 아니라 관조에 따른 행복이 더 오래 지속되는 것이다. 관조는 그 자체로 영예로운 것이니까. 따라서 최고 행복은 어떤 종류의 관조일 것이다. … 이 모든 것이 지혜로운 사람(철학자)에게 가장 많이 속한다는 것은 명명백백하다. 따라서 그는 신들의 사랑을 가장 많이 받는 사람이다.

- 『니코마코스 윤리학』, 10권, 1178b~1179a - [43]

"진리를 관조하는 것이 가장 행복한 행위"라는 이러한 사고는 그의 형이상학적인 원리에 의해서 당연한 것이다. 왜냐하면 더 나은 것일수록, 그리고 탁월한 것일수록 그 자체의 원리에 의해서 주어지는 어떤 것이기 때문이다. 진리를 관조한다는 것은 절대적으로 그 자신의 내부에 그 원리가 있으며, 이는 자신이 철회하지 않는 한 상실될 수 없는 것이기 때문이다. 하지만 물질적인 가치가 팽배할 뿐 아니라 자본의 원리에 의해 모든 것을 지배받는 현대인들에게 이러한 생각은 쉽게 납득이 가지 않을 수도 있다. 그리고 행복이 자신의 '삶의 의미'에서 주어진다는 실존주의적인 생각을 가진 사람에게도 이러한 사유는 일방적인 것처럼 들린다.

아무리 진리를 잘 관조하는 사람이라고 해도 일상적인 삶의 조건들, 즉 경제적 조건이나 육체적·감성적 조건, 그리고 사회 정치적 조건이나 문화적 조건 등이 매우 열악하거나 이러한 삶의 조건들이 아예 박탈당한 사람이라면 과연 '행복한 삶'이라는 것이 가능할까? 현대인이라면 누구도 이러한 질문에 '그렇다!'라고 답할 수가 없을 것이다. 이러한 반론이 주어질 수 있는 것은 아리스토텔레스가 영혼의 탁월성에 대해서 논함에 있어서 매우 평면적으로 혹은 수평적으로 사유하고 있기 때문이다. 따라서 아리스토텔레스의 사유를 보다 완전하게 이해하려면 '삶의 유기체성' 혹은 '실존의 지평들'에 대한 사유가 요청된다. 즉 즐거움(심미적)에 대한 추구, 명예에 대한 추구(사회적 혹은 윤리적), 진리의 관조에 대한 추구(정신적)라는 세 가지의 지평을 수평적으로 나열하고 이중 어느 것이 진정 행복한 것인가를 선택하는 이러한 방식이 아니라, 이러한 지평들이 유기적으로 얽혀 있으며 여기에는 '삶의 상승' 혹은 '실존의 도약'이 전제되어 있음을 통찰하여야 하는 것이다. 즉 인간은 육체적·감성적 차원의 탁월함을 추구하나 이러한 추구에서 완전한 만족감이나 행복감을 느끼는 데에는 한계가 있다. 인간은 이러한 것 이상을 가진 존재이기 때문이다. 마찬가지로 사회적 삶의 탁월함은 명예를 가져오겠지만 인간 조건은 이러한 사회적 삶의 탁월함에 완전히 만족할 수가 없다. 왜냐하면 늙음과 더불어 이러한 외부로부터 주어지는 명예는 결국 사라질 것들이며, 또한 이는 완전히 나의 내면적인 조건으로부터 주어지는 것은 아니기 때문이다. 그래서 인간은 또한 그 이상을, 즉 진리를 관조하는 것을 추구하게 된다. 어떤 관점에서 보자면 인간 존재는 이러한 모든 것을 —발생의 순서에서는 시간적 차이가 있겠지만— 동시적으로 추구하는 것이며, 여기서 보다 항구적이고 보다 더 큰 기쁨을 주는 것이 진리에 대한 관조라는 것은 분명하다. 즉 어떤 의미에서 진리를 관조하는 정신적인 실존(영적인 실존)은 심미적 실존과 사회적 실존을 포괄하고 있는 존재이며, 보다 실존이 상승할수록 하위적인 삶(실존)에 대한 의미와 만족은 감소하고 상위적인 삶(실존)에 대한 의미와 만족은 커진다고 설명하여야 할 것이다.

인간이 본질적으로 "사유하는 인간*homo-sapience*"이라고 한다면, 사유하는 것의 그 욕구를 완전히 만족하지 않고서는 행복하다고 할 수 없을 것이다. 파스칼은 "인간은 인간을 무한히 넘어서는 존재"라고 말한 바 있는데, 아마도 신적인 것을 관조하는 인간이란 이미 순수한 인간적인 지평을 넘어서는 그 지점에 도달한 자일 것이며, 이는 '신비주의', '초인사상', '절대적인 실존', '영성' 등의 개념으로 철학사에서 끊임없이 등장하는 인간 존재에 대한 탁월성을 말해 주는 것들이라고 해야 할 것이다. 아리스토텔레스는 자신의 윤리학에서 인간의 궁극적인 목표, 즉 '인간은 결국 무엇이 되어야 하는가?'에 대해 그것이 '무엇임'을 말하기보다는 '그것은 진리에 대한 관조'를 통해서 이루어진다고 말하고 있는 것이다. 즉 중요한 것은 무엇이 되는가가 아니가, 무엇이 되든지 진리를 아는 것(관조하는 것)이 중요하다는 것이다. 그리고 이러한 것을 인생의 의미로 추구하는 사람을 곧 '철학자'라고 말하고 있는 것이다.

### ③ 윤리학에서 정치학으로

어쩌면 우리는 아리스토텔레스가 자신의 윤리학에서 놓치고 있었던 부분을 정치학을 통해서 보완하고 있다고 말할 수 있을 것이다. 그것은 '선과 악'에 관한 그의 사유, 보다 정확히는 '정의의 개념'을 통해 드러나는 선량한 삶에 대한 사유이며, 진정한 '도덕적인 삶'에 관한 사유이다. 만일 윤리학을 '개인의 행복'을 지향하는 길잡이라고 한다면, 정치학은 '사회적 행복'을 지향하는 길잡이라고 할 수가 있을 것이다. 그는 『정치학』에서 만일 인간이 정의를 상실한다면 동물보다 못한 존재로 전락할 수 있음을 경고하고 있다.

> 완성된 인간이 동물들 중에 최상의 존재임과 마찬가지로, 인간이 법과 정의와 분리되고 나면 그는 모든 것보다 더욱 추악한 존재인 것이다.
>
> - 『정치학』, 1권 - [44]

그리고 이러한 정의에 대한 사유를 통해서 '참된 것을 아는 것이 곧 참된 삶'이라는 플라톤의 관념론적인 사유와는 달리 '행위되어진 것'이 도덕적인 인격의 '참됨'을 증명하는 것이라는 '실재론적인 특성'과 '실천적인 특성'을 가지게 된다. 그에게는 정의를 실천하는 것이 곧 '(사회적) 선'이요, '정의'를 실천하지 않는 것이 곧 '(사회적) 악'이다. 이리하여 아리스토텔레스의 실천적인 윤리학은 '인간의 자유' 혹은 '자유인'에 대한 그의 독특한 사상과 '정의가 모든 덕의 근원'이라는 그의 정치학적 사유의 한 근간이 된다. 그에게 있어서 자유인이란 그가 소유한 것들로부터 자유로운 인간일 뿐만 아니라, 소유한 것을 하나의 선으로 환원하는 데에 있어 탁월한 이를 말한다. 그래서 그는 자유로운 부자란 부로부터 자유로운 자라고 말하면서 '자유로운 부자'에 대해 다음과 같이 말하고 있다.

따라서 자유로운 인간은 선을 위해서 증여할 것이다; 그리고 그는 하나의 정확한 방식을 통해서 증여할 것이다, 즉 적합한 순간에 적합한 이에게, 그리고 하나의 올바른 자비를 통한 제 조건들에 따르면서 … 다른 한편, 증여가 이루어진 후, 증여의 자유로운 특징은 그의 선물의 량에 달린 것이 아니라, 증여자의 증여방식에 달려있다. 이 증여의 방식이란 그의 자본의 기능 자체이다. 그러나 자유로운 인간이 부자(자본가)가 된다는 것은 쉬운 일이 아니다. 왜냐하면 그는 자본을 취하거나, 보존하는 경향성을 지니고 있지 않기 때문이다. 이와 반대로 그는 그의 증여적인 소비를 통해서 그 자신을 드러내고, 자본을 그 자체로 평가하는 것이 아니라, 하나의 증여의 수단으로 고려한다.

  ─『니코마코스 윤리학』, 4권, 1119b~1120a ─ [45]

아리스토텔레스의 위의 진술에 따르면 결국 한 개인이 소유한 부는 덕의 실현을 위한 한 방편이며, 부자가 자유롭기 위해서는 소유한 부에 대한 집착에서 벗어나야 한다. 부자가 소유한 부에 대한 집착에서 자유로워지면, 이때 비로소 자신이 소유한 부를 어떻게 유용하게 쓸 수 있을 것인가 하는 '선의 실현'을 고민하게 될 것이다. 비로 이것이 '가난한 자를 위해 부자가 존재하여야 한다'는 아리스토텔레스의 정신이다. 이처럼 아리스토텔레스에게 있어서는 '자유로운 부자'(자본가)란 가난한 이를 위해 존재하는 이를 말하며, 그것도 탁월한 실천의 기술(노하우)을 가진 자를 말한다. 따라서 자본가가 진정 자유로운 자가 되기 위해서는 '어떻게 자본을 보다 큰 선을 위하여 사용할 것인가'에 대해 숙고하여야 한다. 이는 다시 말해서 올바르고 적합한 자본의 증여를 고려하는 '정의실현'을 말하는 것이다. '정의'에 대한 아리스토텔레스의 견해는 참으로 깨끗하고 아름답기까지 하다.

> 바로 이 때문에 사람들은 자주 정의를 덕들 중에서 가장 완전한 덕으로 고려한다. 저녁의 별들도, 아침의 별들도 정의보다 더 찬양할 만한 것이 못된다. 우리는 다음과 같은 교훈적인 표현을 가지고 있다. 결국 의 안에 모든 덕이 있다.
>
> – 『니코마코스 윤리학』, 1129b – 46

# 6장

## 스토아철학

"어진 마음, 부지런한 습관, 남을 도와주는 마음,
이런 것들이야말로 좋은 운명을 여는 열쇠다. 운
명은 용기 있는 사람 앞에서는 약하고 비겁한 사
람 앞에서는 강하다."

－『명상록』 중에서－

**세네카**
Lucius Annaeus Seneca

스토아철학은 기원전 4세기 말 제논에 의해서 설립된 헬레니즘 철학을 지칭한다. '스토아'라는 말은 대형 프레스코화로 장식된 현관의 기둥 또는 갤러리를 의미하는 것으로 이를 중심으로 가르침을 전하였다고 해서 붙여진 이름이다. 이들의 활동은 고대 그리스, 로마 그리스, 고대 로마에까지 이어졌으나, 마지막 스토아 철학자로 알려진 로마황제 마르쿠스 아우렐리우스 이후 기독교가 국교로 되면서 급속히 쇠퇴하게 되었다. 그리스시대에서 로마시대로 넘어가는 변혁기의 시대에서 활동한 이들은 정치적인 사건 등에서 물러나 명상적이고 내적인 삶을 추구하고 내면의 평화와 영혼의 평정을 추구하였는데, 오늘날의 수도승들과 유사한 삶을 영위하였다고 할 수 있다. 제논, 키케로, 세네카, 에피쿠로스, 에픽테토스 등이 대표적인 인물들이다. 이들의 사상은 주로 인생에 있어서 '행복한 삶'을 획득하기 위한 방법론으로서의 '삶의 지혜'를 추구하는 것이었는데, '자연에 따른 삶' '선을 추구하는 미덕' '세속적 가치들에 대한 초탈함을 통한 자유의 획득' 나아가 '운명에 대한 깊은 숙고' 등으로 이루어져 있다. 특히 세네카의 「운명론」은 근대의 휴머니즘적인 사유(근대 스토아주의)의 출발점이 되었다.

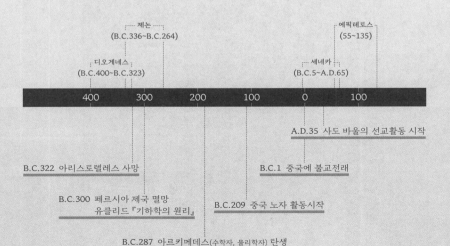

# 1. 헬레니즘학파의 '삶의 양식'으로서의 철학

① 시대가 사람을 만든다

희랍철학의 전성시대가 플라톤과 아리스토텔레스의 시대라고 한다면, 이 시기가 지나고 후기 희랍철학이라고 할 수 있는 헬레니즘학파가 등장하게 된다. 기원전 4세기부터 기원전 1세기까지 성행하였던 이학파는 혼란한 사회정세 속에서 철학자는 어떻게 행동하고 살아야 하는가 하는 '생활의 지혜' 혹은 '삶의 양식'에 대해 고민한 철학자들이라고 할 수 있다. 알렉산드로스 대왕의 세계 원정으로 인해 그리스의 세계도 새로운 광대한 세계와 접하게 되는데, 중앙아시아, 중국, 아프리카, 서유럽 등지와 새로운 교역이 이루어지고, 문화, 관습, 종교적 차원에서 다양하게 서로 뒤섞이게 된다. 사회적 부가 증가하면 자연히 정치가들의 권력 다툼과 사회적 혼란이 가중되고 윤리적 타락도 뒤따르게 마련이다. 이러한 시기에는 '덕과 정의'를 외치는 철학자들의 목소리도 힘을 잃게 되고 철학자들은 무력감에 빠지게 된다. 그래서 철학사에서는 종종 이 시기의 철학을 '동양과의 접촉으로 인한 그리스 문명의 퇴폐적인 국면을 보여 주는 사상'이라고 소개하기도 한다. 하지만 이러한 평가는 이 시기의 철학에 대한 정당한 평가는 아니며, 분명 '평가절하'된 부분이 있다. 어떤 의미에서 이 시기의 철학자들은 소크라테스가 보여 주었던 그 철학자로서의 삶을 전혀 다른 방식으로, 그들만의 방식으로 살아간 사람들이라고 할 수 있다.

플라톤은 정의와 진리를 사수하다 죽음을 선택한 스승 소크라테스의 모습을 목격한 이후에 혼란하고 타락한 시기에 현명한 철학자는 어떻게 처신하는지, 두 부류의 철학자를 통해 다음과 같이 말하였다.

> 철학과 벗하기에 걸맞은 사람들은 거의 남지 않았다네. … 그런데 대다수의 사람이 미쳐 돌아가고 있으며 어떤 정치가의 행위에도 분별이라 할 만한 것이 전혀 없는 시대에, 이 소수에 속하며 어떤 선의 감미로움과 행복을 맛본 사람은 죽음을 무릅쓰지 않고는 정의를 사수하기 위해 그 누구와도 연대를 맺을 수 없음을 절감할 것일세. … 그는 이 모든 것에 대해 성찰한 후에 조용히 물러나 자기 일에만 전념하게 되네. 마치 폭풍우를 만난 여행자가 벽 뒤에 숨어 바람에 실려 오는 먼지의 소용돌이를 피하듯이 그는 다른 사람들이 불의를 자행하는 모습을 보면서 만약 지상에서 불의와 무도함을 피해 살다가 아름다운 희망을 품은 채

영혼의 평안과 평정 속에서 생애를 마칠 수 있다면 그것이 곧 행복이라고 스스로 여기네.

－『국가론』, 496c 5 – [47]

위의 플라톤의 진술에서 소크라테스가 전자의 사람을 대표한다면, 스토아철학자들은 후자의 사람들을 대표한다고 볼 수 있다. 만일 소크라테스가 정의와 진리를 사수하다 목숨을 잃었다면, 플라톤이 생각하는 다른 종류의 현명한 철학자들은 혼란한 세상에서 물러나, 자신의 세계에서 자신만의 일에 전념하면서 영혼의 평정을 간직하는 사람들이다. 그런데 바로 이러한 현명한 철학자들이 헬레니즘 시대의 철학자였던 것이다. 시대가 혼란하고 사회정의와 분별이 사라져 갈 때, 철학자의 사명이란 무엇일까? 소크라테스처럼 죽음을 무릅쓰고 정의를 사수하기 위해 행동해야만 하는 것일까? 아니면 사회적 삶이나 정치적 삶에서 물러나 조용히 자신의 일, 즉 자신들의 삶의 행복과 지혜의 탐구에만 몰두해야 할까? 이에 대한 정답은 없겠으나, 분명 헬레니즘 시대의 철학자들은 후자였다.

헬레니즘학파를 창시한 4명의 철학자는 '디오게네스', '제논', '에피쿠로스' 그리고 '피론'이다.

이 4명은 각각 '키니코스학파', '스토아학파', '에피쿠로스학파' 그리고 '회의주의학파'의 창시자들이이다. 키니코스학파는 소크라테스의 제자 안티스테네스가 창시하였다는 설도 있지만 이 학파에서 가장 잘 알려진 인물은 분명 디오게네스이다. 디오게네스의 삶이 말해 주듯이 과연 이 학파를 '학파라고 할 수 있는가?'에 대한 설도 분분하다. 왜냐하면 이들은 '아카데미아' 같은 교육기관을 전혀 만들지도 않았고, 특

항아리 속의 철학자,
디오게네스Diogenes

자연철학자들 중 최후를 장식하고 있으며, 스토아철학의 키니코스학파의 창설 멤버로 알려져 있는 디오게네스는 '플라톤과 토론하며 플라톤에 반대한 철학자'로 유명하지만, 일반인들에게는 '알렉산드로스 대왕과의 대화'로 잘 알려진 철학자이다. 소원을 말하라고 하는 알렉산드로스 대왕에게 "당신이 햇빛을 가리고 있으니 한 걸음만 옆으로 물러나 주시오. 이것이 나의 소원입니다"라고 말한 그의 답변은 '무소유'를 지향했던 그의 신념을 잘 대변해 주고 있다. 자신이 누구라고 생각하느냐에 대한 알렉산드로스의 질문에 스스로 '개'라고 말한 그의 답변이나, '내가 왕이 아니었다면, 디오게네스가 되고 싶다'고 말한 알렉산드로스 대왕의 말이나 모두 '무소유'를 지향하며, '자유'를 향유하고자 하는 인간의 갈망을 대변해 주고 있다. 개라는 말은 '인생사의 걱정거리가 전혀 없이 현재를 온전하게 누리는 자유로운 실존'을 상징하고 있다. 그가 항아리 속의 철학자라는 별명을 가진 것은 자신의 저택과 모든 재산을 버리고 나무 항아리를 굴리고 다니며 그 안에서 잠을 잔 것에서 주어진 별명이라고 한다. "인간이란 깃털 없는 두 발로 걷는 짐승"이라는 플라톤의 정의를 반박하기 위해 깃털이 전부 뽑힌 생닭을 가지고 와서 "이것이 당신이 정의한 인간이요"라고 한 말이나, 대낮에 등불을 들고 아테네 시내를 두리번거리며 무엇인가 열심히 찾고 있을 때, 한낮에 왜 등불을 들고 다니느냐 미친 것이냐고 사람들이 묻자, "도무지 참된 인간을 찾을 수가 없어서, 조금이라도 잘 보이라고 등불을 들고 찾고 있소"라고 말한 그의 일화들은 그의 실재론적인 정신을 잘 대변해 준다. 플라톤은 그를 '미친 소크라테스'라고 부르기도 하였다. 반면 그는 아리스토텔레스와는 매우 가까웠던 것으로 전해지고 있는데, 후일 아리스토텔레스가 사망 직전에 가족들을 위한 유언장을 그에 손에 맡겼다고 알려져 있다.

정한 교사가 제자들을 가르쳤던 공동의 생활양식도 없었으며, 다만 수도승처럼 속세를 벗어난 소박한 개인적인 삶을 영위했을 뿐이기 때문이다. 철학자들의 삶을 말해 주는 한 저서에서는 이 학파들의 삶을 "도시도 없이 집도 없이 조국도 없이 하루하루 비참하게 방랑하면서 살았다"[48]라고 전해 주고 있다. 이들은 사회적 예의나 전통적인 관습 나아가 경제관념 등에는 전혀 관심이 없었고, 심지어 철학적 담론마저도 최소한으로만 하였을 뿐 오직 그들의 자유로운 삶에만 관심을 가졌다. 부정적으로 보자면 역사상 최초의 무정부주의자였다고 할 수 있으며,

긍정적으로 보자면 이들은 문명사회의 사치와 허망함을 거부하였고 정치적 명예나 학문적인 명성을 하찮은 것으로 멀리하였으며 오직 진리를 향유하고 자유를 구가하는 것 외에 관심이 없었던 수도승의 삶을 추구하였다고 할 수 있다. 아스케시스<sup>askēsis</sup>(금욕), 아타락시아<sup>ataraxia</sup>(내적평정), 아우타르케이아<sup>autarkeia</sup>(독립성) 등은 이 학파를 상징하는 대표적인 용어들이다.

헬레니즘학파들 중에서 가장 영향력이 컸던 학파는 물론 '스토아학파'인데, 제논이 아테네 광장의 기둥에서 철학을 가르쳤기 때문에 '스토아<sup>Stoa</sup>(기둥)'학파로 불렸다. 잘 알려진 스토아학파의 철학자들로는 노예출신의 철학자 '에픽테토스<sup>Epiktetos</sup>', 역사상 유일하게 '철인왕'으로 알려진 로마황제 '마르쿠스 아우렐리우스', 그리고 『명상록』의 저자 '세네카' 등이 있다. 스토아학파의 특징이라면 그들의 사상이 근본적으로는 플라톤·아리스토텔레스의 '형이상학적이고 지성주의적인 세계관'에 기초하고 있었다는 점이다. 스토아학파의 영향력 있는 철학자 크리시포스는 "보편적인 자연법칙과 그것의 합리성에 일치하지 않는다면, 아무리 사소한 사물이라 해도 개별적인 사물이 발생할 수 없다"고 하였는데, 이는 아리스토텔레스의 목적론적인 관점과 정확히 일치하고 있다. 하지만 이들이 보다 관심을 두었던 것은 학문적 체계 정립과 이상주의적 추구가 아니라, 현실에서의 개인적인 행복추구였고 우주나 세계를 이해하기보다는 일상의 삶에서의 지혜로운 생활방식에 더 관심을 가졌다. 따라서 이들에게 있어서 철학을 한다는 것은 혼란한 현실세계 안에서 자신의 내적인 평안과 영혼의 평정을 가져다 줄 삶의 지혜와 윤리적인 덕목을 추구한다는 것이었다.

'에피쿠로스학파'는 에피쿠로스가 정원에서 제자들을 가르쳤다고 해서 '정원학파'라고도 부르기도 하며, 또한 이들이 일체의 고통에서 벗어난 쾌락 상태를 강조하였기에 '쾌락주의'라고도 불렸다. 에피쿠로스학파의 사상은 데모크리토스의 '원자론'을 그 토대로 하고 있는데, 일종의 유물론적인 사상이라고 할 수 있다. 이들은 실증주의자인 콩트의 신 관념과 매우 흡사한 신 관념을 가지고 있었는데, 신의 존재 자체는 부정하지 않았지만 신의 세계는 인간의 세계와는 전혀 무관하며, 신들은 인간의 운명에 일체 개입하지 않는다고 보았다. 따라서 이들은 사실상의 무신론을 주장하였다고 볼 수 있다. 또한 이들의 세계관은 유물론에 기초해 있기 때문에 영혼의 불멸이나 사후세계 등이 생각될 여지가 없다. 이들은 신과 영혼과 사후세계에 대한 부정이 오히려 이러한 것들에 대한 인간의 불안과 공포를 해소해 준다고 보았다. 마찬가지로 세계의 발생을 우연으로 보았고 자연법칙은 인정하였지만, 자연법칙의 목적성은 부정하였다. 모든 것을 원자들의 결합과 분열로 이해하고자 하였기 때문에 인생의 궁극적인 목적이나 인간다운 삶이라는 윤리적 당위성도 부정하였다. 아마도 우리는 이들의 사상을 현대의 '실증주의적 정신'의 근원이라고 볼 수 있을 것이다. 스토아철학이 이성의 추론과 합리성에 근거한 근대의 합리주의 정신에 매우 근접해 있다면, 에피쿠로스철학은 감각경험과 귀납에 근거한 경험주의 정신에 매우 근접해 있다고 할 수 있다.

그런데 회의주의학파는 한편으로는 위의 '에피쿠로스의 사상'을 더욱 극단적으로 밀고 나아갔다고 볼 수도 있고, 다른 한편으로는 스토아철학과 에피쿠로스 철학의 대립을 해소하였다고 볼 수도 있다. 피론의 사유의 출발점은 근본적으로 인간의 인식이 '법칙'이나 '진리' 혹은 '참된 것' 등을 파악할 수 없다는 '회의'에 기초하고 있다. 그래서 '회의주의'를 '피론주의'라고 부르기도 한다. 그는 "우리는 본다는 사실을 인정하며, 특정한 생각이 있다는 사실도 받아들인다. 하지만 어떤 대상이 실제로 희다고 긍정하지 않고 '이것이 희게 나타난다'는 식으로 표현한다"[49]라고 주장하였다. 이는 말하자면 인간이 인식하는 일체의 것이 '사실'이거나 혹은 '실재 자체'라기보다는 인간의 인식구조에서는 '그렇게' 인식될 뿐이라는 것이다. 이러한 사유는 "물자체Ding an sich(독)는 알 수 없다"는 칸트의 출발점과 일치하고 있다. 피론의 회의주의는 소크라테스 이전의 '소피스트'들의 사유와 맥을 같이하고 있는데, 인간이 진정한 진리를 알 수 없기 때문에 모든 주장은 관점의 차이일 뿐이라고 생각하였다. 따라서 모든 것이 상대적인 가치를 가질 뿐이며 그 어떤 것도 절대적인 진리라고 할 만한 것은 없다고 보았다. 어차피 인간이 구성한 모든 이론이 '실제로 존재하는 것'과는 무관한 것이라는 피론의 생각은 그로 하여금 일체의 저술을 거부하게 하였고, 그의 사상은 그의 제자들의 글을 통해서만 알 수 있을 뿐이다. 따라서 세계나 인생의 진정한 진리를 안다는 것은 그 자체로 어리석은 생각이기 때문에 그는 스토아학파들처럼 정치적이고 공적인 사회적 삶에서 물러나 '마음의 평정'을 통한 개인의 행복을 추구하였다. 로고스에 대한 이성적인 인식이 그 근간을 이루고 있는 스토아철학과는 달리 회의주의학파는 인간을 움직이게 하는 동기를 '쾌락과 이익에 대한 추구'라고 생각하였기에 '법률이나 정의 등도 모두 강자의 편익을 위해 존재할 뿐'이라는 생각을 가지고 있었다. 그렇기 때문에 이들은 극단적인 개인주의적 경향을 고수하였다. '만인에 의한 만인의 투쟁'이라는 토마스 홉스의 '자연 상태의 인간'에 대한 견해나 리처드 도킨스의 '이기적유전자'에 대한 사유는 회의주의학파의 사유와 정확히 관점을 같이하고 있다고 볼 수도 있다.

이상 헬레니즘 시대의 철학은 키니코스학파를 제외하면 근대철학의 출발점과 유사한 양상을 보이고 있다고 할 수 있다. 스토아철학, 에피쿠로스철학, 그리고 피론주의는 마치 합리론과 경험론의 대립이 있은 후에 다시 칸트가 이 둘의 대립을 해소한 근대철학의 흐름과 흡사하게 나타나고 있다. 다만 이들에게 있어서 공통적인 점은 혼란하고 무질서하며 사회적 부패가 극심했던 시대, 철학자들의 목소리가 그 힘을 상실한, 암울한 시기에 철학자가 행할 일은 사회적이고 정치적인 삶에서 물러나 '마음의 평정'을 통해서 개인적인 안녕과 행복을 추구하며, 이를 위한 삶의 지혜들, 즉 일종의 고차적인 처세술을 익히는 일이었다. 즉 이들은 한편으로는 '개인윤리'를 발전시키는 동시에 다른 한편으로는 '내면의 삶'으로 눈을 돌렸던 것이다.

② 사유의 양식에서 존재의 양식으로

소크라테스가 자신의 삶 그 자체를 통해서 철학자의 삶이 무엇인지를 증명하였다면, 플라톤과 아리스토텔레스에게서는 철학이란 인간과 세계를 이해하게 하는 거대한 이론체계로서의 학문으로 등장하고 있다. 하지만 헬레니즘의 철학자들에게는 다시금 철학이 삶의 양식처럼 나타나고 있다. 다시 말해서 이들에게는 철학이란 주어진 자신의 인생을 잘 살게 하고 행복하게 살 수 있도록 도와주는 생활의 지혜처럼 고려된 것이다. 자신의 구체적인 삶과 무관한 철학은 철학이 아니라고 본 것이 이들의 생각이었다. 아마도 이러한 생각을 철저하게 실천한 대표적인 인물이라면 디오게네스일 것이다. 그는 부나, 권력이나 명예 혹은 안락함 등에는 전혀 관심이 없었고 오직 진리를 향유하고 자유를 추구하는 한 가지에만 관심을 가졌다. 그리하여 모든 재산을 사람들에게 나누어 주고 마치 탁발 수도승처럼 살았고, 알렉산드로스 대왕이 그를 찾아와 자신의 스승이 되어 달라고 청했지만 거절하였다. 그리고 어떤 사람이 그에게 '운동'이라는 것이 존재하는가를 물었을 때, 그는 아무 말도 하지 않고, 조용히 자리에서 일어나 걸어갔다고 한다. 즉 논쟁을 하는 대신에 몸으로 보여 준 것이다. 철학이 사유의 양식이 아니라 삶의 양식이라는 이러한 생각은 스토아철학자들에게서도 두드러진 생각인데, 대게의 스토아철학자는 자신들의 사상을 사변적이고 이론적인 정립의 형식보다 삶에 대한 함축적인 금언 형식, 즉『명상록』, 『수상록』 등을 통해 남긴 것은 바로 이 때문이다.

헬레니즘의 철학자들이 사회적이고 정치적인 삶에서 물러나 조용히 개인의 행복과 안녕을 추구하였다고 해서 이들이 마치 출가하여 산속이나 광야에서 도를 추구한 승려들처럼 살았던 것은 아니다. 예를 들어 스토아학파의 학자들은 하나같이 존경받는 훌륭한 스승의 이미지를 간직하고 있었는데, 창시자인 제논이나 그의 후계자였던 클레안데스, 그리고 크리시프 등은 모두 욕심이 없고, 의지가 강하며, 도덕적으로 엄격하고 종교심도 강한 모범적인 사람들이었다. 제논이 죽은 후에 아테네인들은 그의 삶을 기리기 위해 묘비를 세우고자 하였는데, 그 묘비명에는 다음과 같은 글이 적혀 있다.

> 므나세아의 아들 키티온의 제논은 오랫동안 도시 내에서 철학에 따라 살면서 기회가 있을 때마다 자신이 선한 사람임을 보였을 뿐만 아니라 특히 덕과 절제를 북돋았으며 언제나 자신이 가르치는 원칙에 부합하는 삶의 본보기를 보임으로써 그의 학교에

오는 젊은이들이 최선의 행실을 지니게끔 장려하였으므로…

-『고대철학이란 무엇인가』 - 50

위 묘비명에 묘사된 아테네인들의 찬사는 제논의 사상이나 철학 이론에 대한 것이 아니라 그의 생활방식과 삶의 도덕적 특성에 대한 것이다. 특히 제논의 금욕주의적인 청빈은 희극작품으로도 공연될 정도였는데, "빵 한 조각, 무화과 몇 개, 약간의 물, 이것이야말로 새로운 철학을 '철학함'이다. 그는 굶주림을 가르치며 제자들을 얻었다"[51]라고 그의 청빈을 풍자적으로 말해 주고 있다.

철학이 '지혜에 대한 사랑'이라고 할 때, 스토아학파는 '지혜란 곧 무지에 반대되는 것'이라는 소크라테스 식의 견해를 공유하고 있었지만, 이들에게 있어서 지혜란 절대적인 진리나 영원한 진리에 대한 앎을 의미하는 것이 아니라, 삶 안에서의 선택을 통해 '삶의 양식'으로 자리 잡는 것을 의미하였다. 이러한 삶의 양식은 가치판단에 대한 그들의 독특한 생각에 기인한다. 즉 악 혹은 나쁜 것이란 객관적인 사물들에 깃들어 있는 것이 아니라, 이를 판단하는 인간의 가치판단에서 발생한다고 보았다. 예를 들어 에픽테토스는 "화를 내는 이유는 상황이 아니라 상황을 바라보는 관점 때문이다"라고 하였는데, 이는 어떤 상황에 처하든지 그 상황의 가치는 이를 받아들이는 주체의 가치판단에 달려있다는 것이다. 마찬가지로 세네카는 "가난하다는 말은 너무 적게 가진 사람을 두고 하는 말이 아니라, 더 많은 것을 바라는 사람을 두고 하는 말이다"라고 하였는데, 이 역시 가난과 부에 대한 관점 혹은 가치판단에 달려 있다고 말하는 것이다. 스토아학파의 창시자인 제논은 자신의 배가 난파당하여 전 재산을 잃었다는 소식을 들었을 때, "운명이 나에게 방해를 덜 받으며 철학에 몰두하라고 하는구나"라는 말을 하였다고 한다. 이는 주어진 사태에 대한 가치판단이나 의미부여는 모두 판단하는 주체에 달렸다는 것을 말해 주고 있다. 그렇기 때문에 사회를 혼란하게 하고 타락시키는 '악의 존재'는 곧 인간의 잘못된 가치판단에서 기인한다고 보았고, 모든 개인의 고통과 행·불행도 개인이 가진 가치판단에서 비롯된다고 보았다. 그래서 그들은 개인이 자신의 삶 안에서 행복하기 위해서는 잘못된 가치판단을 교정해 주는 교육이 필요하다고 본 것이다. 즉 철학이란 잘못된 가치판단에 의한 잘못된 삶의 양식으로 인해 발생하는 인간의 고통을 치유하는 '삶에 대한 교육'이라고 생각하였고, 이러한 철학적 치유만이 곧 내적인 평화나 영혼의 평정을 가능하게 한다고 생각한 것이다. 디오게네스나 스토아철학자들이 보여 준 청빈한 삶은 대다수 사람의 고통이 '소유의식'이라는 잘못된 가치관에 의해 비롯된 것임을 보여 줌으로써 '청빈한 삶'이 오히려 내적 평정과 개인적 행복을 줄 수 있다는 것을 보여 준 대표적인 '본보기'라고 할 수 있을 것이다. 따라서 삶의 양식으로서의 지혜란 곧 사유하는 것에서 '사는 것' 혹은 '존재하는 것'으로 이행된 지혜를 말하는 것이다.

존재의 양식 혹은 삶의 양식으로서의 철학이라는 관점에서 보자면, 한 개인의 모든 근심과 불안, 그리고 온갖 비참은 개개인의 잘못된 삶의 양식에서 기인한다. 쾌락주의라면 이러한 잘못된 양식은 '거짓된 쾌락'의 추구에서 기인한다고 볼 것이며, 회의주의자라면 '잘못된 의견(억견: 臆見)'을 고수하는 데서 비롯된다고 볼 것이겠지만, 스토아철학자라면 이기적인 관심과 잘못된 가치판단에서 기인한다고 볼 것이다. 특히 스토아철학은 인간에게는 '선에 대한 본능적인 지향성'을 가지고 있다고 보았기 때문에 삶 안에서의 '선에 대한 추구'를 배제하고는 영혼의 평정이나 안정이 없다고 보았다. 각각의 학파는 자신들의 가르침을 전하기 위해서 '아카데미아'를 설립하여 제자들을 받아들였는데, 이들의 교육 장소에는 제자들뿐만 아니라 일반청중들도 함께 참여하였다. 이들의 가르침의 방식은 곧 자신들의 고유한 삶의 양식을 정당화하기 위한 '변론술(변증법)'을 펼치는 것이었는데, 오늘날 '철학적 담론'이라고 하는 것이다. 이러한 변론술은 자연히 논리학의 발전을 가져다주었고, 이는 또한 청중을 설득하는 기술인 '수사학'(웅변술)의 발전을 가져왔다. 이러한 수사학은 청중을 설득시키는 데 대단히 효과적인 것이어서, 정치가를 지망하는 수많은 젊은이가 그리스 전역, 근동 지역, 북아프리카 그리고 이탈리아에서 아테네로 몰려들었다. 정치적이고 사회적인 삶에서 물러나 조용히 자신들의 개인적인 삶의 지혜와 영혼의 평정을 추구하였던 작은 학파들이 오히려 세계적인 정치가들의 양성소가 되어 버렸다는 것은 또한 삶의 아이러니가 아닐 수 없다.

## 2. 소크라테스주의가 부활하다

헬레니즘의 철학자들은 하나같이 개인의 선택을 강조하였다. 인생의 행·불행이 모두 각자의 선택에 달려 있다고 보았기 때문이다. 스토아학파의 철학자들에게도 가장 중요한 것은 개인의 선택이었다. 그리고 이들에게 있어서 그 선택이란 곧 '소크라테스의 선택' 그것이었다.

다시 말해서 플라톤이 그의 스승 소크라테스를 변호하면서 말한 "선한 사람에게는 살아서든 죽어서든 어떤 악도 가능하지 않다."(*Apologie*, 41d)는 명제를 그대로 자신들의 인생관으로 선택한 것이다. 선한 사람에게는 왜 악이 가능하지 않는 것인가? 왜냐하면 그 어떤 악이라고 보이는 것도 선한 사람에게는 오히려 '진보'와 '발전'의 기회가 되어 주기 때문이며, 설령 그것이 죽음이라고 해도 선한 이들에게는 오히려 죽음이 나은 세계로 데려다 주는 해방을 의미하는 것이었기 때문이었다.

스토아 철학자들은 하나같이 개인의 선택을 강조하고 있다. 왜냐하면 이들에게 있어서 한 번뿐인 인생을 '잘 산다는 것'이 전부이며, 잘 산다는 것은 곧 '무엇을 선택하는가'에 달려 있기 때문이다. "당신은 어떤 존재가 될 것인가. 먼저 스스로에게 어떤 존재가 될 것인지 말하고 그런 후에는 스스로 할 일을 하라."(『에픽테토스』) 그리고 모든 인생의 선택에 있어서 전제되는 한 가지는 '선하게 산다' 혹은 '선한 인간이 된다'는 것이었다. 왜냐하면 이들에게 있어서 '선한 인간이 된다' 혹은 '선한 삶을 산다'는 것을 배제하고서는 '행복'은 불가능한 것이었기 때문이다. 세네카는 "진정 자신을 위해 살려면 이웃을 위해 살아야 한다"라고 하였고, 또한 "인생은 짧은 이야기와 같다. 중요한 것은 그 길이가 아니라 값어치다"라고 하였다. 여기서 이웃을 위한 삶이나 가치 있는 삶은 곧 '선한 삶'과 동일한 의미이다. 뿐만 아니라 그는 "선한 사람은 신의 제자이자 모방자이며 진정한 후손이다"(*De Providentia*, 1.5.)라고 단호하게 말하고 있다. 그리고 에픽테토스 역시 "금전, 쾌락 혹은 명예를 사랑하는 사람은 남을 사랑하지 못한다"라고 하였고, 또 "육체의 종양이나 농창을 제거하는 것보다도 마음속에서 나쁜 생각을 없애 버리는 것에 마음을 써야 한다"라고 하였다. '타인을 사랑하는 삶'이나

'나쁜 생각을 없애는 것'은 모두 선한 것이다. 물론 여기서 사랑한다는 것이 구체적으로 어떤 것인지 혹은 나쁜 생각들이란 것이 구체적으로 어떤 생각들인지 하는 것에 대해서는 말해 주지 않고 있다. 다시 말해 이들이 '선한 삶을 살아야 한다'고 할 때, 이 '선한 삶'이 구체적으로 무엇인가 하는 것은 불분명한 것이 사실이다. 세네카가 '선한 사람'에 대해서 말할 때에도 다분히 추상적으로 '선한 사람의 속성'을 말해 주고 있으며, 구체적으로 어떠한 사람이 선한 사람인지는 말하고 있지 않다.

> 선한 사람이 할 수 있는 일은 무엇일까? 자신을 운명에 내맡기는
> 것이다. 우리가 우주와 함께 휩쓸려 간다는 것은 그나마 큰 위안
> 이다. 우리에게 그렇게 살라고, 그렇게 죽으라고 명령한 것이 무
> 엇이든 그것은 똑같은 필연성으로 신들을 구속한다. 신도 인간
> 과 같이 돌이킬 수 없는 길로 내달리고 있기 때문이다. 모든 것
> 의 창조자이자 지배자는 운명의 법칙을 제정했으나 자신도 그것
> 을 따른다. 그도 일단 명령한 후에는 항상 스스로 복종한다.
>
> – *De Providentia*, 5.8. – [52]

위에서 세네카가 말하는 선한 사람이란 아마도 모든 자연의 법칙과 인생의 순리에 역행하지 않고 이에 따라 사는 사람이라고 말하는 것 같다. 사실상 선과 악에 대한 존재론적인 분석이나, 구체적인 현실의 삶에서 무엇이 '선'이고 무엇이 '악'인지를 구별하는 학문적인 탐구는 그 이전의 철학자들도 시도하지 않았던 것이다. 이러한 시도들은 플로티노스나 중세철학자들에 이르러서야 비로소 시도되었다. 어쩌면 스

토아철학자들은 '선과 악'이란 이미 사람들이 선험적으로 알고 있는 것이라고 생각하였고, 이에 대한 논쟁을 한다는 것 자체가 무의미하다고 생각하였을 수도 있다. 어쨌든 이들의 사유가 '선을 지향하는 삶이 곧 행복을 보장한다는 것'이었음은 부정할 수가 없다. 이러한 사유를 루이 라벨과 같은 현대철학자는 '도덕 심리주의' 혹은 '심리적 도덕주의moralisme psychologique(불)'라고 부르기도 한다. 즉 '스스로가 자신이 선한(의로운) 사람이라고 내적으로 확신하면서 거기에서 가장 큰 삶의 만족과 행복감을 가지는 사유'를 말하는 것이다.

소크라테스가 자신에게 주어진 철학자의 사명을 타협 없이 실천하였고, 이러한 소명은 죽음마저도 두려워하지 않게 해 주었다. 그는 진리를 위해 죽는 것이 곧 신이 자신에게 부여한 자신의 운명이라고 보았고 전혀 주저함 없이 이를 받아들였다. 소크라테스는 심미아스와 케베스 앞에서 '철학이란 죽음의 연습'이라고까지 주저 없이 말한 바 있다. "그처럼 한평생 육체로부터의 해탈에 힘쓴 영혼, 다시 말해서 참으로 철학을 추구해 온 영혼은 언제나 죽음을 쉽게 맞이하는 연습을 해왔던 걸세. 철학이란 '죽음의 연습' 바로 그것을 의미하는 것이네. 그렇지 않는가?"(『파이돈』)[53] 소크라테스의 죽음은 단순히 순간적인 정의감이나, 분노에 의한 자기주장이 아니었다. 그것은 자신이 한평생 추구해 온 영혼의 모습 혹은 삶의 모습 그 자체였다. 죽음이 자신에게 주어진 자신의 소명의 결과라면 이 결과 역시 자신이 수용해야할 소명의 연장이었다. 이러한 것이 곧 세상에 대한 완전한 해탈, 완전한 자유를 지닌 자의 모습이었다. 스토아철학자들 역시도 최소한 그들의 사유에 있어서는 완전히 소크라테스의 삶의 모습과 일치하고 있다.

우리는 오래 살기 위해서가 아니라 옳게 살기 위해 노력해야 한다.

- 『세네카』 - [54]

두려운 것은 죽음이나 고난이 아니라, 죽음과 고난에 대한 공포
이다. 어떤 것을 잃게 되면 잃어버렸다고 하지 말고 본래 있던
곳으로 돌아갔다고 말하라. 내 것이라고 믿었던 모든 것은 하늘
이 잠시 빌려준 것일 뿐이다.

- 『에픽테토스』 - [55]

물론 소크라테스의 죽음에 대한 수용은 '죽음이 오히려 자신을 더
훌륭한 세상으로 데려갈 것'이라는 분명한 확신에 의한 것이었지만,
스토아철학자들의 죽음에 대한 수용은 일종의 삶의 집착에서 벗어난
자유로운 영혼의 의미를 가지고 있기에 완전히 동일한 의미로 이해할
수는 없을 것이다. 하지만 '죽음'을 일체의 상실에 대한 체험이라는 상
징적인 의미로 이해할 때, 그리고 이러한 상실이 자연의 순리, 운명의
명령 혹은 신의 섭리에 의한 것이라면 —여기서 그 이름이 중요한 것
은 아닐 것이다—, 이를 기쁘게 맞이하는 것이 즉 이를 '선한 것'으로
받아들이고자 하는 것이 이들이 가진 '삶에 대한 동일한 태도'인 것이
다. 즉 '무엇을 선택하고 받아들이는지가 중요한 것이 아니라, 왜 선택
하고 받아들이는지가 중요한 것'이며, 여기서 이 '왜'에 대한 답변은
모두 "올바른 것" 혹은 "선하다는 것"이다.

현대인들 중에는 이러한 스토아철학자들의 소크라테스식의 선에
대한 추구를 단순히 '논증 없이 미덕만을 강조하는 훈육'이라고 평가
절하할 수도 있을 것이다. 하지만 유신론적 철학자 가브리엘 마르셀이

"논증할 수 있는 신이라면, 이미 진정한 신이 아니다"라고 말한 바 있 듯이, 모든 형이상학적인 주제는 '논증을 통해서' 증명하거나 밝힐 수 있는 것이 아니다. 삶과 죽음, 선과 악, 인간의 본성, 세계의 기원과 종 말, 영혼의 유무나 불멸성의 문제, 사후의 세계, 신의 존재 등에 관한 문제는 결코 논증을 통해서 분명히 밝혀질 수 있는 문제가 아니다. 이 러한 문제들에 관한 논증들이 완전히 무용한 것은 아니겠지만, 논증은 어디까지나 보조적인 역할에 지나지 않는 것이다. 이러한 것들은 한 개별자가 자신의 전 생애를 통해서 '삶에 대한 확신' 혹은 '철학적 신 앙'의 문제로서만 분명하게 주어질 수 있을 뿐이다. 어쩌면 '지혜에 대 한 사랑'이라는 철학의 정의에서 '지혜'가 의미하는 가장 원래적인 의 미가 이러한 '삶의 대한 확신' 혹은 '철학적 신앙'을 의미하는 것인지 도 모른다. 키르케고르는 이러한 지혜를 '건덕적建德的인 지혜'라고 불 렀는데, 소크라테스나 스토아철학자들은 이러한 건덕적인 지혜야말 로 자신의 인생을 소중하게 여기는 모든 인간에게 있어서 가장 필요한 '영혼의 양식'이라고 말할 것이다.

# 3. 세네카의 '운명론'은
# 운명론이 아니다

① 운명이란 주어진 것인가, 만들어 가는 것인가?

스토아철학자들의 사상에서 사유의 근간이 되고, 그들의 전체 사상 에서 가장 강하게 부각되는 개념이 있다면 그것은 '운명'에 관한 것이다. 모든 스토아철학자가 나름대로 '운명'에 관한 자신들의 견해를 말했다. 이들이 철학사의 대부분의 사상가와 달리 운명에 대해서 매우 긍정적이고 수용적인 태도를 취하고 있다는 점은 스토아철학만의 남다른 특징이다. 철학이란 주체적인 학문이며, 또한 냉철한 이성을 바탕으로 한 비판적 학문이라고 생각하는 사람들은 스토아철학의 이러한 '운명론'에 대해서 강한 거부반응을 가질 것이며, 전성기 희랍사상의 쇠퇴 혹은 추락이라고 볼 수도 있을 것이다. 하지만 이러한 판단은 스토아철학자들이 말하는 '운명'이 무엇을 의미하는지를 분명히 이해하지 못한 속단의 결과라고 할 수 있다.

스토아철학에서 말하는 '운명'이란 다양한 의미로 사용되고 있다. 어원적으로 보자면 '운명'이란 '모리아', 즉 각자의 '몫'을 의미한다. 이는 각 개인들은 탄생과 더불어, 기질, 성격, 타고난 재능, 환경적 요인 등으로 '자신이 살아가야 할 몫'이 있음을 의미한다. 이러한 생각은 긍정적으로 보자면 인생을 현명하게 살고자 하는 것이나, 부정적인 관점에서 보자면 현실과 타협하면서 주어진 현실에 안주하고자 하는 정신적 나약함을 의미하게 될 것이다. 긍정적으로 보든 부정적으로 보든 이러한 한 개인이 타고난 피할 수 없는 '운명' 그 자체를 부정할 수는 없다. '적을 알고 나를 안다'라는 말이 있듯이, 사람들이 인생을 행복하게 영위하기를 원한다면 그 첫 번째의 조건이 이러한 피할 수 없는 자신의 운명을 정확히 인지한다는 것에 있다는 것은 부정할 수가 없다. "인간이 자기 자신으로부터 얻을 수 있는 것을 다른 사람에게서 얻고자 하는 것은 쓸데없는 일이며 어리석은 짓이다"라고 말한 에픽테토스의 명언은 바로 이러한 개인적인 '운명'을 자각하라는 의미일 것이다. 우리는 이를 '개인적 지평의 운명'이라고 말할 수 있을 것이다.

그런데 만일 운명을 우주 전체의 관점에서 고려하게 되면, 모든 존재하는 것이 서로 불가분하게 얽혀 있으므로 인해서 각자의 운명은 또한 서로서로 연관되어 있기 때문에 이 경우 각자의 몫을 '분배'하는 '정의'나 '인과응보'의 개념과 연관되어 있다. 예를 들어 어떤 사람이 오랫동안 상습적으로 음주운전을 하였다면 언젠가는 '대형사고'를 일으킬 것이라는 것은 피할 수 없는 일일 것이며, 악덕 사장이 오랫동안 갑질을 하여 왔다면 어느 순간 이에 대한 '정의의 심판'이나 '보복'을 받게 될 것이라는 것도 피할 수 없는 사태일 것이다. 즉 자연법칙에 필연성이라는 것이 있듯이, 인생에도 피할 수 없는 필연적인 법칙이 있다. 세네카가 "네가 한 언행은 네게로 되돌아간다"라고 하였을 때, 이는 이러한 '사필귀정'의 '인과법칙'을 말하고 있는 것이다. 오늘날 인류의 환경 파괴적 행위로 말미암아 심각한 자연재해를 맞이하고, 문학자들은 이를 '자연의 복수'라고 표현하곤 한다. 사실 이는 세계에는 피할 수 없는 어떤 필연적인 인과의 법칙이 존재하며, 이러한 당위적이고 필연적인 법칙에 따른 '인과응보'를 '자연의 복수'라는 말로 표현하고 있는 것이다. 우리는 이러한 인생과 우주의 차원에서의 피할 수 없는 법칙을 '우주적 지평의 운명'이라고 부를 수 있을 것이다. 이러한 '우주적 지평의 운명'은 불교의 '업보'의 개념과 매우 유사한 것이라 할 수 있다.

개인적 지평의 운명이든 우주적 지평의 운명이든 이러한 운명은 그것이 '필연적인 것'이라는 차원에서 인간이 피해 가거나 바꿀 수 있는 것이 아니다. 어차피 피할 수 없고 수용할 수밖에 없는 것이라면, 이러한 사건들에 대해서 푸념하거나, 한탄하거나 혹은 저항한다는 것은 무용한 일이며, 보다 현명하게 산다는 것은 이러한 것을 수용하고 사랑하는 일이다. '운명을 사랑하는 것', 이것이 인생을 현명하고 올바르게 사는 것이다. 이러한 의미에서 현대인들이 즐겨 사용하는 "피할 수 없으면, 즐겨라!"라는 금언은 운명에 맞선 스토아철학적 지혜라고 할 수 있다. 피에르 아도는 '운명을 사랑하고자 했던' 스토아철학의 운명론과 인생에 대해 다음의 진술을 통해 잘 요약하여 설명한다. "내가 원하는 대로 사태가 일어나도록 하고자 힘쓰지 말라. 그저 일어나야 할 방식대로 일어나기만을 바라라. 그리하면 행복하리라." (『고대철학이란 무엇인가?』)[56]

그런데 스토아철학자들이 말하는 '운명'의 또 다른 개념은 세계와 인생의 법칙에서 발견되는 '필연적인 법칙'이란 개념보다 훨씬 깊은 의미를 내포하고 있다. 그것은 '운명'이란 스스로 선택하고 스스로 개척해 가는 것이라는 의미이다. 세네카는 이에 대해 다음과 같이 진술하고 있다.

> 사람은 대개 자기의 운명을 스스로 만들어 가고 있다. 운명이란 외부에서 오는 것 같지만, 알고 보면 자기 자신의 약한 마음, 게으른 마음, 성급한 버릇, 이런 것들이 결국 운명을 만든다. 어진 마음, 부지런한 습관, 남을 도와주는 마음, 이런 것들이야말로 좋은 운명을 여는 열쇠다. 운명은 용기 있는 사람 앞에서는 약하고 비겁한 사람 앞에서는 강하다.
>
> -『명상록』 중에서 - [57]

아리스토텔레스는 "습관이 '제2의 천성'을 만든다"라고 하였고, 토마스 아퀴나스는 "행위는 본성을 따른다"라고 하였다. 위 세네카의 말은 바로 이러한 스스로 선택하고 개척해 가는 한 개인의 운명에 대해서 말하고 있다. 이는 사실이다. 한 젊은이가 대대로 음악가인 집안에서 태어났고, 탁월한 음악적 재능을 타고났다고 해도, 만일 그가 전혀 음악에 관심이 없고, 음악을 공부하거나 악기를 연주하는 일에 매우 게으르다고 한다면, 그는 결코 음악가는 될 수가 없을 것이다. 반면 어떤 사람이 음악가가 되기에는 매우 열악한 환경 속에서 태어났다고 해도 만일 그가 음악가가 되기로 결심하고, 매일같이 음악을 공부하고 오로지 악기를 연주하는 것에 집중하고 이를 게을리하지 않는다면, 그는 언젠가 음악가가 될 것이다. 음악가의 자질은 그의 삶의 습관에 의해서 '제2의 천성'처럼 주어질 것이며, 그가 내면에 형성된 탁월한 예술성은 그로 하여금 음악가 외에 다른 어떤 것이 될 수 없게 할 것이다. 이렇게 된다면 음악은 그에게 일종의 운명이 된 것이다.

물론 현대인들 중에는 이러한 세네카의 생각이 '개인적 차원의 운명'과 '우주적 차원의 운명'의 냉혹함과 견고함을 고려하지 않는 매우 낙관적인 생각이라고 비판할 수 있을 것이다. 하지만 세네카는 이러한 두 가지 운명들이 가지고 있는 견고함과 냉혹함에 대해 무지하지 않았다. 세네카의 시선에서 인생이란 그가 누구이든지 간에 사슬에 묶여 있으며, 모두는 인생이라는 굴레에 갇혀 종살이를 하는 것처럼 보인다.

우리는 모두 운명에 매여 있네. 어떤 사람은 느슨한 황금 사슬로, 어떤 사람은 팽팽하고 저급한 사슬로 묶여 있을 뿐이지 무슨 차이가 있겠는가? 우리는 모두 똑같이 포로이며, 묶은 자도 묶여 있기는 마찬가지라네. 왼손의 사슬이 더 가볍다고 여기는 정도의 차이가 있을지는 몰라도 말일세. 어떤 사람은 높은 관직에 묶여 있고, 어떤 사람은 부에 묶여 있네. 어떤 사람은 고귀한 가문으로 고통받고, 어떤 사람은 미천한 출신으로 고통받는다네. 어떤 사람은 이방인의 지배에 머리를 숙이고, 어떤 사람은 자신의 지배에 머리를 숙인다네…. 인생은 모두 종살이라네.

－『영혼의 평정』, 10. 3. － [58]

인생을 바라보는 이러한 비극적인 시각은 사실 대게의 문화나 사상에서 볼 수 있는 일반적인 견해라고 해도 무방하다. 불교는 인생을 '고통의 바다'라고 하였고, 그리스도교에서도 인생을 '원죄의 업보를 지닌 것'으로 고찰하였으며, 플라톤은 이 현세상의 의미를 '이데아의 세계'로부터의 '추락된 세계'로 보았다. 그리고 부조리 철학자들은 이 세상을 그 자체 '부조리한 것'으로 보았고, 루이 라벨은 또한 인생을 그 자체 '부도덕한 것'으로 보았다. 심지어 사르트르는 '타자란 곧 지옥'이라는 말로 인생의 비극적인 측면을 진단하고 있다. 그러니 세네카가 모든 인생은 곧 '종살이'라고 표현하는 것이 그리 낯설지가 않다. 그리고 인생의 부정적인 측면을 고찰하고 있는 이 모든 사상이 나름대로 그 해결책, 즉 '구원이 어디서 오는지'를 고민하였다면, 세네카 역시도 이러한 운명이 부여하는 '고통과 멍에'를 어떻게 해결할 것인지를 고민하였고, 그는 이에 대해 '운명에 대해 투쟁하기'를 권고하고 있다.

운명 *fortuna*은 우리를 매질을 하며 괴롭힌다. 우리는 인내해야 한다. 그것은 잔혹한 행위가 아니라 전투 *certamen*이다. 우리는 자주 싸울수록 더욱 용감해진다. 우리 몸에서 가장 많이 사용하는 신체 부위가 가장 단단한 법이다. 우리는 운명에 맞서서 운명에 의해 강해지기 위해서 우리 자신을 운명에 내어 주어야 한다. 운명은 점차 우리를 자신의 상대로 만들 것이며 위험한 상황이 반복될수록 위험을 가볍게 생각하게 된다.

-『운명론』, 4. 12. - [59]

　'운명에 자신을 내어 준다'는 표현은 '개인적 차원의 운명'과 '우주적 차원의 운명'을 거부하지 않고 수용하며 견디어 낸다는 것이다. 반면 '운명에 맞서 싸운다'는 것은 이러한 주어진 필연적인 상황을 극복하여 이 필연성에 굴복하지 않고 보다 나은 '자기 자신'을 창조해 낸다는 말이다. 다시 말하면 중요한 것은 주어진 운명을 다만 견디어 내는 것에 있는 것이 아니라, '어떻게 견디어 내는가'에 있다. 이 '어떻게'는 곧 '운명을 도구 삼아' 보다 나은 자신을 형성해 가는 방식이다. 세네카가 본 '가치 있는 인생'이란 이렇게 운명에 굴복하지 않고 보다 나은 자신을 형성해 가는 것을 의미한다. 이는 데카르트가 "세상을 바꾸기보다는 자기 자신을 이기는 것이 더 가치가 있다"라고 했을 때와 정확히 동일한 의미이다. 자신을 이긴다는 것은 곧 자신의 한계를 극복하고 주어진 운명을 극복한다는 것이다. 다시 말해서 '주어진 운명'을 극복하면서 그 스스로 '자신의 운명을 만들어 간다는 것'이다.

　아마도 어떤 사람들은 "아무리 더 나은 자신을 형성하였다고 하여도 부조리한 사건이나 죽음이 '형성한 자신'을 송두리째 앗아 간다면 그게 무슨 소용이겠는가?"라고 물을 수도 있을 것이다. 하지만 세네카에게 있어서 '더 나은 자신을 형성하는 것'은 어떤 다른 목적이 있는 것이 아니라 그 자체가 행복이요, 최고의 선이다. 그는 이를 다음과 같이 말하고 있다.

자연이 이전에 우리에게 주었던 것을 돌려받기를 요구한다면 이 때에도 우리는 "그대가 주었을 때보다 더 나아진 영혼을 돌려받으시오! 나는 도망치지 않을 것이고 주춤거리지 않을 것이요. 나는 그대가 준 것을 흔쾌히 돌려줄 각오가 되어 있소. 자, 가져가시오!"라고 말할 것이다.

– 『영혼의 평정』, 11. 3. – [60]

여기서 자연이란 곧 '운명'의 다른 이름이다. 인간은 그 어떤 자연의 법칙도 피해 갈 수가 없기 때문이다. 가령 천재지변으로 인한 불행을 인간은 피해 갈 수 없다. 어느 정도 피해를 줄일 수는 있겠지만 근본적으로 자연의 위대한 힘 앞에서 이를 피해 달아날 수 있는 사람은 아무도 없기 때문이다. 하지만 이러한 운명이 내 생명을 요구할지라도 세네카는 주춤거리지 않겠다고 한다. 왜냐하면 이미 자신은 '더 나은 자신'을 형성하였기 때문이다. 실제로 세네카는 인생의 말기에 정치적인 음모에 휘말려 사형을 선고받게 된다. 사형을 앞두고 눈물을 흘리는 가족들에게 그가 남긴 유언은 참으로 스토아철학자다운 말이었다. "걱정하지 말라. 지상의 부보다 훨씬 더 가치 있는 것, 덕이 높은 삶의 본보기를 남긴다." 이러한 세네카의 사유는 결과에 연연하지 않고 오로지 자신의 진보와 발전에만 힘쓰고, 그것에서 최고의 만족을 느끼는 운동선수와 유사하다. 우리는 인생을 운동선수의 운동에 비유할 수 있다. 진정한 운동선수란 '챔피언'이 되고자 하는 사람이 아니다. 만일 그가 챔피언을 목표로 한다면, 챔피언이 되었을 때 그는 더 이상 목표가 없게 되고 이후 운동이란 오로지 정상을 지키기 위한 힘겨운 고통에 불과할 것이기 때문이다. 반면 만일 그가 운동을 하는 그 자체를 즐기고, 자신의 한계를 극복하여 더 나은 자신을 형성하는 것에서 최고의 만족과 기쁨을 느낀다면 그는 결코 '목표의 상실'이나 '고통스런 운동'이란 것을 가지지 않을 것이다. 마찬가지로 인생의 의미를 '자신을 선택하고', '선택한 자신을 형성하며', '항상 더 나은 자신을 형성하고자 하는' 사람, 여기서 최고의 만족을 느끼는 사람이라면, 죽음이라는 운명이 그에게 그의 '존재 자체'를 요구한다고 해도 주저하지 않고 흔쾌히 내어 줄 수 있을 것이다. 왜냐하면 그는 이미 인생에서 최고의 만족과 행복을 가졌기 때문이다.

이렇게 세네카에게 있어서는 인생에는 두 가지의 '운명'이 있다. 하나는 나의 의지와 무관하게 '주어진 운명'이며, 다른 하나는 '스스로 선택한 나의 운명'이다. 이 후자는 곧 '자신이 어떠한 사람이 될 것인가'라는 물음에 대한 선택을 의미하며, 이렇게 선택한 것을 실현하기 위해 '항상 더 나은 자신을 형성해 가는 것'을 의미하는 것이다. 따라서 이 후자의 운명이란 '자신의 의지로 자신과 자기 인생을 창조해 가는 것'을 말하는 것이며, 우리는 이러한 의미의 운명을 '자아형성으로서의 운명' 또는 '자아형성의 운명' 혹은 단순히 '자아의 운명'이라고 할 수 있을 것이다. 전자의 운명은 인간이라면 누구나가 가지게 되는 것이겠지만, 후자의 운명은 오직 스스로 자신의 삶의 주인이 되어 더 나은 자기 자신을 창조해 가는 '주체적인 인간'에게만 가능한 것이다. 우리는 여기서 이미 데카르트가 보여 주었던 근대적 의미의 '주체성'의 씨앗을 보고 있는 것이다.


② 사람은 스스로 창조한 자기 운명을 가져야 한다

운명과 섭리 그리고 업보, 이 세 가지 용어는 매우 유사하지만 다른 의미들을 내포하고 있는 용어들이다. 『국어 대사전』을 살펴보면 운명을 "인간을 포함한 모든 것을 지배하는 초인간적인 힘, 또는 그것에 의하여 이미 정해져 있는 목숨이나 처지"라고 규정되어 있다. 이러한 의미의 운명은 사람들이 가장 일반적으로 떠올리는 운명에 관한 이해임이 분명하다. 그리고 여기서 '모든 것을 지배하는 초인적인 힘'을 무엇으로 볼 것인가에 따라서 '운명'을 '섭리' 혹은 '업보'라고 부르는 것이다. 일반적으로 그리스도교에서 신의 섭리라고 말할 때, '섭리 *providentia*'란 신이 어떤 특수한 목적을 위해서 한 인간이나 한 민족을 이끌어 가는 것을 의미한다. 물론 넓은 의미에서 모든 인간의 탄생이 우연의 결과가 아니라, 어떤 목적이 있다는 의미에서 '모든 인간의 탄생'이 곧 신의 섭리라고 볼 수도 있을 것이다. 따라서 여기서 '초자연적인 힘'이란 곧 '신의 의지' 혹은 '신의 뜻'과 동일한 의미이다. 반면 '업보'란 불교에서 사용하는 용어로서 "선악의 행업으로 말미암은 과보果報"를 의미한다. 즉 불교에서는 모든 인간의 선행과 악행은 소멸되지 않는 원인으로 남아 이생이나 후생에 이러한 행위에 상응하는 '대가'를 받게 된다고 보는데 이러한 대가 혹은 대가의 원인이 곧 업보이다. 이러한 불교의 '인과의 원리'는 개인의 의지로 회피할 수 없는 것이며 또한 역사를 초월하는 것으로 '초자연적인 힘'이라고 부를 수 있다.

그렇다면 세네카가 '운명'이라고 말할 때, 그는 이러한 '초자연적인 힘'을 가정하는 것일까? 가정하고 있다면 이는 무엇을 의미하는 것일까? 이러한 것을 이해한다는 것은 곧 세네카의 세계관 혹은 종교관을 이해하는 것이 된다. 우선 세네카는 그리스도교의 인격적인 유일신을 가정하지는 않는다. 그는 "신은 우주의 한 부분*pare mundi*이다"(*Naturales Quaestiones*, 7.30.4.)라고 말하는가 하면 또한 "신은 아무것도 결여하지 않다. 신 자신은 전적으로 자신의 피조물, 안에 존재한다. … 신은 자연, 운명 또는 (행)운이라 불리는데 이는 동일한 신의 이름들이며, 단지 기능적으로만 구별된다"(*De Beneficiis*, 4.8.2.)라고 말하고 있다. 신이 전적으로 자신의 피조물, 즉 자연과 인간 안에 있으며, '운명' 혹은 '행운'이라고 불릴 수 있다고 말한다는 것은 일종의 범신론을 주장하고 있는 것이다. 이는 스피노자가 '신=실체=자연'이라고 말하였을 때와 거의 동일한 의미의 신이다. 물론 피조물이라는 용어 자체가 이미 '창조주'를 전제하는 말이지만, 이는 "도道가 만물을 창조하였다"라고 말할 때처럼 유비적인 표현이지 '인격적인 창조주'를 말하는 것은 분명 아니다. 물론 세네카도 신에 대해서 말하면서 마치 인격적인 신을 말하는 것처럼 말하기도 한다. 그는 "신은 선한 사람들에게 아버지의 마음, 몹시 아끼는 마음으로 말한다. 진정한 힘을 얻기 위해 고생과 고통과 시련을 겪기를!"(*De Providentia*, 2.4.)이라고 말하고 있다. 하지만 이 역시 일종의 세계의 원리와 법칙을 말하기 위한 은유적인 표현이지 진정한 '인격적인 신'을 말하고자 하는 것은 아니라고 보는 것이 타당하다. 중세에 와서 아우구스티누스는 『아카데미아학파에 대한 반론』에서 다음과 같이 비판하고 있다. "보통 '운명'이라고들 부르는 것은 어떤 은밀한 질서에 의해 다스림을 받는 것이며, 또한 우리가 '우연히 일어났다'고 말하지만 실상은 그 이유나 원인이 비밀에 싸여 있다는 것 이외에 아무것도 아니다. 사람들은 '이것은 신의 섭리이다'라고 해야 옳을 일에 대해서, '이것은 운명이다'라고 이야기하는 매우 악한 관습을 지니고 있다." 여기서 비판하는 대상은 분명 스토아철학자들의 '범신론적 경향'이라고 할 수 있다.

따라서 우리는 세네카가 가정하고 있는 '초월적인 힘'은 곧 자연의 이치 혹은 세계의 원리와 법칙이라고 볼 수 있다. 이 원리와 법칙은 세계 질서와 인생 모두에 적용되는 것으로 누구도 이러한 원리와 법칙의 적용에 벗어날 수는 없다. 존재하는 모든 것에 적용되며 전 우주와 인생을 관통하고 있는 이러한 원리와 법칙은 사실상 스콜라철학자들이 주장하는 '영원히 변치 않고 다른 모든 법의 근원이 되는 영원법*lex aeterna*'의 개념과 흡사하다. 어쩌면 세계의 모든 곳에 존재하며, 존재하는 모든 것이 이것의 원리를 따르는 도가들의 도의 개념과도 유사한 개념이다.

그런데 우리는 세네카가 말하는 '운명'을 불교의 '업보'와 동일시할 수 있을까? 아마도 그럴 수는 없을 것이다. 세네카가 말하는 운명론은 여러 측면에서 불교의 윤회사상과 유사한 측면이 있지만 분명히 구분되는 점이 있다. 누구도 피해 갈 수 없는 '초-자연적인 원리와 법칙'이 있다는 것, 이는 인과의 법칙으로서 결국 자신의 언행의 결과를 자신이 가져야만 한다는 것, 나아가 이러한 원리와 법칙이 한 개인의 인생뿐만 아니라 전 우주를 관통하고 있다는 것 등은 윤회사상과 유사한 측면이다. 마찬가지로 이러한 운명에 처한 인생이란 마치 거물에 걸린 물고기처럼 '부자유'이고 '고통'이라고 보는 것 등은 양자에게 있어서 모두 동일한 관점이다. 반면 명백한 차이점이라고 한다면, 불교에서는 '윤회'를 긍정하지만 스토아철학에서는 윤회라는 것을 가정하지 않는다. 그렇게 때문에 엄밀히 말해 '죽음'에 대한 불교의 관점과 스토아철학의 관점은 확연히 다르다. 스토아철학은 전생이나 후생을 생각하지 않으며, 죽음이란 '원래의 것' 혹은 '근원'으로 되돌아가는 것을 의미한다. 그렇기 때문에 스토아철학은 불교처럼 종교로 승격되지는 않는다. 굳이 말하자면 스토아철학은 일종의 '이성의 종교'라고 할 수는 있을 것이다. 이는 불교에서는 '인생의 고통'에서 해방되기 위해서 '선禪', '교敎', '염念' 등의 수행 방법을 가지고 있지만, 스토아철학에서는 마지막까지 이성의 지혜를 따른다는 것에서도 드러나고 있다. 그리고 보다 결정적인 차이점은 스토아철학에서는 스스로 '자신의 운명'(자아)을 창조하라고 권고하지만, 불교에서는 '무아無我'를 지향하고 있다는 점이다.

세네카에게 있어서 인간은 탄생과 더불어 자신의 의지와 무관하게 주어진 '자신의 운명'을 가질 수밖에 없겠지만, 또한 이러한 주어진 운명을 극복하고 '스스로 창조한 자신의 운명'을 가지도록 불림 받은 존재이다. 여기서 스스로 창조한 자신이란 곧 '자아'이자 '자기세계'라고 할 만한 것이며, 이는 곧 '내면세계'를 의미하는 것이다. 우주의 원리와 법칙인 신이 인간에게 명하는 다음과 같은 세네카의 말은 그의 인생을 대하는 태도를 집약적으로 보여 주고 있다.

> 나는 너희에게 확실하고 지속적인 좋은 것들을 주었다. 누군가 그것들을 돌려보면 볼수록, 여러 각도에서 살펴보면 볼수록 더욱 좋고 위대하다. 나는 너희에게 두려운 것을 무시하고 욕망을 혐오하도록 가르쳤다. 너희는 겉으로는 번쩍거리지 않는다. 너희의 좋은 것은 안쪽을 향해 있다. 이와 같이 세계는 외적인 것들을 무시하고 '그것 자체'를 바라보는 데에서 기쁨을 찾도록 한다. 나는 너희 안에 모든 좋은 것을 두었다. 너희의 행복은 행운을 필요로 하지 않는다는 것이다.
>
> – De Providentia, 10, 3. –

'인간의 행복은 행운을 필요로 하지 않는다'는 이러한 세네카의 생각은 그의 '휴머니즘적인 사유'를 잘 드러내어 주고 있다. 인간에게 있어서 중요한 것은 인간 스스로가 의지하고 노력한 그 결실에 있다는 것이지, 그 외 중요한 것은 없다는 것이다. 즉 목표보다는 의도를, 결과보다는 과정을 중시하며, 삶과 죽음이 결국 다른 가치가 아님을 말해 주는 '초탈한 휴머니즘'을 말해 주고 있는 것이다. 그리고 이러한 휴머니즘은 각자가 '자신이 될 수 있는 그것'이 되는 것에 최후의 도덕적 가치를 가지는 것이다. "우리 자신을 알려면 시험을 받아야 한다. 아무 시도도 해 보지 않고 자기가 무엇을 할 수 있는지 아무도 모른다."(*De Providentia*, 4. 3.) 아마도 이러한 스토아철학의 사유는 "너 자신이 되라!"라는 토미즘의 도덕적 금언과 정확히 일치하는 관점이라고 할 수 있으며, 그런 측면에서 중세의 도덕철학의 한 디딤돌이 되었다고 볼 수 있을 것이다.

# 7장

## 플로티노스,
## 신비주의적 미학적 세계관의 발견

"생성된 것들이 실상 아름다움과 무관한 것임에
도 불구하고 그처럼 아름답게 다듬어 낸 지혜 앞
에서 사람들은 크게 탄복하게 될 것이다."
-『에네아데스』 5권 중에서-

플로티노스
Plotinos

플로티노스(희랍어: Πλωτῖνος, 라틴어: Plotinus)는 '신-플라톤주의자'라고 알려진 희랍의 마지막 철학자이다. 그는 그리스사상에서 '신비주의' 혹은 '영지주의'라 불리는 새로운 사상을 확립하였고, 이는 중세 그리스도교가 철학적으로 정립될 수 있게 된 토대가 된다. 그는 사상가이기 이전에 세네카나 에픽테토스를 잇는 진정한 현자의 이미지를 가진 사람이었다. 그의 사상은 제자인 포르피리우스에 의해 에네아데스Enneades라는 이름으로 총 9권으로 수집되고 출간되었다. 그의 핵심 사상은 '일자론' '유출설' 등으로 알려져 있는데, 이러한 사상을 통해 '신비주의적 세계관' '미학적 세계관' 등이 탄생하게 된다. 그의 사상적 독창성은 '현세와 이데아의 세계' 혹은 '감각적 세계와 지성적 세계'라는 플라톤의 분리된 두 세계를 일종의 '아날로그적 세계관'으로 일원화한 것에 있다고 볼 수 있다. 마찬가지로 영혼의 구원이란 단순한 깨달음에서 주어지는 것이 아니라 '영적인 상승' 혹은 '영적인 변모'에서 주어지게 된다. 이러한 그의 사상을 흔히 '상승의 형이상학'이라고 부르기도 하는데, 후일 중세 가톨릭 신비주의와 사상가들에게 큰 영향을 주게 된다.

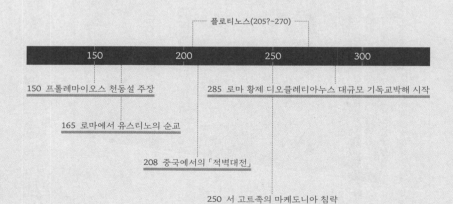

플로티노스(205?~270)

150          200          250          300

150 프톨레마이오스 천동설 주장

285 로마 황제 디오클레티아누스 대규모 기독교박해 시작

165 로마에서 유스티노의 순교

208 중국에서의 「적벽대전」

250 서 고트족의 마케도니아 침략

# 1. 「일자론一者論」,
## 세계를 하나로 보다

① 세계는 잘 지어진 집과 같다

플로티노스의 사상을 이해하고자 하는 사람들 중에는 그의 사상이 비록 고대의 사상이지만 오늘날 과학의 시대에 매우 친근한 것임을 알고 놀라게 된다. 그 이유는 우주의 탄생에 관해 플로티노스가 지니고 있었던 이미지가 현대의 천문학자들이 말하고 있는 빅뱅이론과 매우 유사하기 때문이다.

우주의 탄생이란 마치 화산이 폭발하여 다른 모든 물질이 유출되어 나오듯이 그렇게 하나의 근원적인 지점에서부터 다른 모든 것이 흘러 나온 것처럼 생각하는 것이 플로티노스와 현대의 천문학자들이 동일하게 가진 우주탄생의 이미지이다. 다만 그 차이점은 탄생의 근원 혹은 출발점에 대해 다른 관점을 견지하고 있다는 점이다. 플로티노스는 이 근원을 '일자the One'라고 불렀고, 현대의 천문학자들은 이를 '특이점'이라고 불렀다. 그리고 일자와 특이점은 그 질적 특성이 서로 반대된다. 일자는 순수하게 정신적인 것이며 신성한 어떤 것인데, 여기서부터 지성, 영적인 우주, 자연적(물질적) 우주 등이 유출되어 나오는 것으로 보았다. 반면 과학자들이 말하는 특이점은 매우 밀도가 높고 고온을 가진 어떤 물질적인 것이며, 이것이 대폭발을 일으켜 이 폭발로부터 양성자, 중성자, 원자핵 등이 분출되어 나오고 이후 나머지 모든 우주를 구성하는 물질이 파생되어 나온 것으로 보고 있다. 따라서 플로티노스는 우주의 발생과정을 정신적인 것에서 보다 물질적인 것으로 유출되어 나오는 것을 보지만 천문학자들은 물질적인 것에서 (진화의 과정을 거쳐) 보다 정신적인 것이 파생되어 나온 것으로 보고 있다.

**표 10** 우주탄생에 관한 플로티노스의 유출설 모델과 현대과학의 빅뱅 모델의 비교

그런데 이 두 가지 모델 중에서 '어느 것이 선호할 만한 것인가?' 혹은 '어느 것이 더 참되거나 설득력이 있는 것인가?'를 질문하게 된다면, 과학적인 정신을 가진 사람은 당연히 '빅뱅 모델'이라고 하겠지만, 형이상학적인 정신을 가진 사람은 당연히 '유출설 모델'이라고 할 것이다. 과학자들에게 있어서는 시간의 순서로 보나 논리적인 순서로 보나 가장 최초의 것은 당연히 가장 물질적인 것일 수밖에 없으며, 이것은 우리들의 경험이 밝혀 주는 명백한 진실로 간주되고 있기 때문이다. 반면 형이상학적인 정신을 가진 사람에게는, "원인은 항상 결과보다 크다"라고 아리스토텔레스가 말한 바 있듯이, 단순한 물질에서 정신적인 것이 파생되어 나온다는 사실은 도저히 수긍할 수가 없을 것이다. 가령 달걀이 닭이 된다고 하더라도 그 달걀 안에 이미 '가능태(가능성)로서의 완전한 닭' 혹은 '닭의 형상'이 이미 존재하고 있었기 때문에 가능한 것이지, 단순히 달걀을 구성하는 물질들을 모아 놓는다고 해서, 달걀이 되고 또 닭이 되지는 않을 것이기 때문이다. 그렇기 때문에 정신을 가진 인간을 파생한 그 최초의 원인은 정신적인 것을 넘어서거나, 최소한 정신적인 존재일 수밖에는 없는 것이다.

　따라서 우리는 플로티노스의 신비주의적인 관점이나 천문학자들의 경험적이고 과학적인 관점이나, 이 두 사상을 우주를 하나로 바라보는 두 관점 혹은 세계를 구성하는 양면에 대한 다각적인 이해로 고려할 수 있다. 그런데 왜 어떤 학자들은 우리가 존재하고 있는 이 우주를 하나의 통일된 세계라고 보는 것일까? 알 수 없는 신비로운 것이라거나, 세계는 통일성을 가진 것이 아니라 혼돈 그 자체라거나 혹은 칸트처럼 세계의 진면목(물자체)은 인간이 알 수 없는 것이라고 생각할 수도 있지 않을까? 사실상 우주의 진짜 모습이 어떠한가 하는 질문에 대해 정답을 줄 수는 없을 것이며, 가장 솔직한 대답은 칸트처럼 '진면목'은 알 수 없는 것이라고 말하는 것이다. 하지만 그럼에도 '전체를 하나로 고려한다는 것'이나 '세계를 잘 지어진 집처럼 조화롭고 균형 잡힌 유기체처럼' 본다는 것은 매우 인간적인 태도이다. 왜냐하면 인간 정신의 특성이 바로 어떤 것을 전체적으로 보려고 하고, 어떤 것을 질서를 통해 이해하고자 하기 때문이다.

예를 들어 누군가 어떤 알 수 없는 물건을 발견하였을 때는 '이게 뭐지?'라고 질문을 던지고, 납득하기 어려운 사건이 발생하였을 때는 '왜 이 사건이 발생한 것이지?'라는 질문을 던진다. 전자는 '사물의 정체성 혹은 동일성'에 대한 질문이며, 후자는 사건이 발생하게 된 '이유 혹은 원인'에 대한 질문이다. 어떤 것의 정체성에 대해 질문한다는 것은 그것의 '본질'에 대해 질문한다는 것이며, 어떤 사건의 원인에 대해 질문한다는 것은 사건을 발생시킨 '근원 혹은 시초'를 묻는 것이다. 어떤 것의 본질에 대한 이해는 어떤 것의 속성이나 특성 나아가 행위를 이해하기 위한 것이며, 또한 그것을 어떻게 사용하거나 처분할 것인지 하는 결과도 생각하게 한다. 어떤 것이 단순한 돌이거나 쓰레기에 불과하다면 그냥 던져 버리면 될 것이지만, 만일 금이거나 은이라면 가격을 가늠해 보고 또 무엇에 쓸 것인지도 생각해 볼 것이다. 마찬가지로 어떤 사건의 원인이 나로 인해 발생한 것이라면 감내하거나 스스로 해결하고자 노력할 것이며, 이웃으로 인해 발생하였다면 이웃에게 원상복귀를 요구하거나 손해배상을 청구하고자 할 것이다. 이처럼 인간의 정신은 그 자체의 원리로 인하여 어떤 것의 처음과 끝을, 즉 전체적으로 이해하고자 하는 욕구를 가지고 있다. 이는 정신을 가진 인간이라면 누구나 동일하게 지니고 있는 인간 본성의 요구와도 같은 것이며 그렇기 때문에 '알 권리'라는 말이 있는 것이다. 혼돈과 같은 세계를 하나의 통일된 전체로 파악하고자 하는 것, 이것은 곧 인간 정신의 본질적인 욕구이다. 그리고 이러한 이해가 플로티노스로 하여금 '일자'로부터의 세계의 유출이라는 통일된 세계관을 갖게 한 것이다. 플로티노스에게 세계 혹은 우주란 혼돈이 아니라 잘 지어진 집과 같은 것이었다.

### ② 선한 것은 곧 아름다운 것이다

플로티누스는 '일자'를 '신'이라고 부르기도 하는데, 그는 신의 두 가지 속성을 '선'과 '아름다움'인 것처럼 고려하고 있다.

> 선한 것과 아름다운 것은 영혼을 신과 동일한 모습으로 존재하도록 이끈다고 정당하게 말할 수 있다.
>
> – 『에네아데스』, 1권, 6, 6 –

> 만일 신을 보고 싶어 하고 또 아름다움을 보고 싶어 한다면, 정녕 처음부터 모두 신을 닮고 또 아름다운 모습으로 태어났다고 말해야 할 것이다.
>
> – 『에네아데스』, 1권, 6, 9 –

위 플로티노스의 진술에서 알 수 있는 사실은 두 가지이다. 하나는 신이 가진 속성은 선하고 아름다운 것이라는 것이며, 다른 하나는 신에 대해 알고 싶어 하는 인간의 특성과 아름다운 것을 보고자 하는 인간의 특성이 곧 인간이 신과 매우 유사한 모습을 가지고 탄생하였다는 증거

# 희랍철학자들에게 있어서 '신'은 어떤 존재인가?

소크라레스 이전의 철학자들에게서도, 플라톤의 저작들에서도 그리고 아리스토텔레스의 사상에서도 나아가 플로티노스의 사상에서도 '신의 존재'에 대한 언급은 지속적으로 이어져 오고 있다. 그럼에도 사실상 이들이 말하는 신이 구체적으로 어떤 존재인지에 대해서는 여전히 모호한 측면이 있다. 가령 탈레스는 만물에 가득 차 있는 범신론적인 신을 말하였고, 디오게네스는 만물을 창조하는 유일신에 대해 말하였다. 그런데 플라톤의 이데아론에서는 이데아들의 이데아인 '선의 이데아'가 모든 것의 기원이 된다는 측면에서 논리상 신이어야 한다. 하지만 '선의 이데아가 곧 신'이라는 진술은 어디에서도 발견할 수가 없다. 마찬가지로 아리스토텔레스의 사상에서는 '우주의 제일원인'이 신의 역할을 대신하는 것이 분명하지만, 그는 '우주의 제일원인이 곧 신이다'라는 진술은 하지 않는다. 나아가 플로티노스 역시 모든 것의 기원이 되는 '일자'가 논리상 신이어야 하지만, '일자가 곧 신'이라는 말은 명시적으로 하지 않고 있다. 그럼에도 이들은 '신적인 것' 혹은 '신성한 것' 등에 대해서 끊임없이 말하고 있다. 아마도 우리는 이들의 불분명한 신적 존재에 대한 진술들과 이에 관한 이론적 체계의 불완전함의 원인을 당시의 문화적 배경에서 찾을 수 있을 것이다. 첫째, 신정일치神政一致의 세계였던 당시로서는 신의 존재를 부정한다는 것은 불경한 일이며 명백하게 죄를 짓는 일이었기 때문에, 어떻게든 신에 대해서 말하지 않을 수 없었을 것이다. 그럼에도 신에 대해 명시적으로 말한다는 것은 또한 기존의 신들을 부정하는 것이 될 것이다. 사실 사형선고를 받았던 소크라레스의 죄명이 '신성모독 죄' 및 '젊은이들을 선동한 죄'라는 것을 참작해 보면 충분히 납득할 만한 일이다. 둘째, 세계와 인간에 대한 진리, 즉 지혜를 말하고 있는 철학적인 일들이 세속적인 일들보다 더 중요하고 보다 가치가 있는 것임을 말하기 위해서, 나아가 형이상학적인 것들, 즉 초월적인 세계나 세계의 원리들에 관한 일들이 일상의 일들과는 구분됨을 말하기 위해서 이들에 '신성한 것', '신적인 것' 등의 의미를 부여하였을 것이다.

라는 것이다. 플라톤은 모든 이데아의 이데아가 곧 '선의 이데아'라고 하면서 세계의 제일원인에 '선의 속성'을 부여하였다. 그런데 플로티노스는 여기에 '아름다움'을 추가하고 있다. 왜 신의 속성을 단순히 선한 것으로만 고려하지 않고, 아름다움이라는 속성을 추가한 것일까? 우리는 그의 진술들을 통해 그 이유를 유추해 볼 수 있을 것이다.

하지만 그 이유를 유추하기 이전에 먼저 알아 두어야 할 것이 있다. 그것은 플로티노스가 신의 속성에다가 다만 '아름다움'의 속성만 추가한 것이 아니라, 선과 아름다움을 동등한 것으로 간주하거나 혹은 동일한 지평에 위치시킨다는 점이다.

> 첫 번째에다 '아름다움'을 매김질할 때, 동시에 거기에는 '선함'도 자리한다.
>
> - 『에네아데스』, 1권, 6, 4 -

> 오히려 참되게 존재하는 것이 '미'요, 그와 다른 모습이 추醜이다. 그것이 또한 첫 번째 악이다. 그래서 존재하는 것에게 선한 것과 아름다운 것, 혹은 선과 미는 동일하다.
>
> - 『에네아데스』, 1권, 6, 6 -

플라톤에게는 선함(이성의 질서)이 아름다움(감각의 질서)보다 상위적인 것이거나 보다 가치 있는 것이었다. 하지만 플로티노스는 선과 아름다움을 동일한 것으로 간주하거나, 동일한 지평에 위치시킨다. 어떻게 이 같은 사유가 가능한 것일까? '아름다움을 최고의 것으로 간주할 때, 여기에 동일하게 선한 것도 자리한다'는 말은 무슨 의미일까? 우리는 이를 두 가지로 생각해 볼 수 있다. 첫째는 모든 아름다운 것은 그 자체로 선한 것(좋은 것)이라는 말이다. 선을 의미하는 라틴어의 '보나 bona'와 불어의 '비엥bien'은 두 가지의 의미를 동시에 가지고 있다. 존재론적으로 '좋음'이 그 하나요, 윤리·도덕적으로 '선량하거나 의로운 것'이 다른 하나이다. 일체의 아름다운 것은 그 자체로 '좋음', 즉 '선호할 만한 것'이다. 정상적인 인간이라면 누구나 추한 것보다 아름다운 것을 선호한다. '좋은 것'이란 '내가 선호하는 그것'을 말하는 것이다. 따라서 '아름다운 것', 그것은 '좋은 것'이다. 마찬가지로 '지극히 아름다운 것은 누구도 함부로 할 수가 없다'는 말이 있듯이 아름다운 것은 인간에게 정서적 유순함을 야기하여 윤리·도덕적으로도 선량하게 행위하도록 한다. 따라서 우리는 존재론적인 차원에서 "아름다움은 그 자체 '선함' 혹은 '좋음'을 지니고 있거나, 이를 직접적으로 유발하는 것"이라고 말할 수 있다.

두 번째 의미는 아름다움에 관한 언어적 사용의 문제이다. 아름답다는 말은 다만 감각적인 것에만 사용되는 것이 아니다. 우리는 '단풍이 참 아름답다'고 말하지만 또한 그의 일생은 '참 아름다운 생애였다'라거나 '그는 참 아름다운 영혼을 가진 사람이다'라고 말하기도 한다. 이 외에도 우리는 '아름다운 우정', '아름다운 하루', '아름다운 생각'에 대해서 말하기도 한다. 즉 아름다움이란 용어는 눈에 보이지 않는 정신적인 것, 심리적인 것, 관념적인 것 등에도 동시에 사용하는 용어이다. 이렇게 눈에 보이지 않는 정신적인 것이나 심리적인 것, 즉 관념적인 것에 사용하는 아름다움의 용어는 '좋음', '정의로움', '감탄할 만한' 등의 의미를 지니고 있으며, 이는 곧 '선'과 동일하거나 호환될 수 있는 의미이다. 그렇기 때문에 '존재하는 것에서 선과 미는 동일한 것'이라는 플로티노스의 진술은 단순히 비유적인 표현이 아니라, 언어적 사용에 있어서 실재를 말하고 있는 것이다. 이 같은 플로티노스의 사유는 '존재의 속성'을 다만 '선함'으로 이해한 플라톤의 사상에 '아름다움'을 추가하였다고 할 수 있다. 플라톤의 '이데아'가 가진 가장 근본적인 속성은 '선함'이었으며, 아름다움은 고려되지 않았다. 왜냐하면 그에게 있어서 참된 것은 보다 지성적인 것(이데아)을 의미하였는데, 아름다운 것은 본질적으로 감각적인 질서에 있는 것이었기 때문이다. 하지만 플로티노스는 신의 존재에 아름다움의 속성을 부여하고 있다. 이는 말하자면 아름다움이 감각적인 것을 넘어서는 것, 즉 순수하게 정신적인 존재에게까지 속성으로 긍정되고 있는 것이다.

아름다움이 신적 존재의 속성으로 간주하게 되면, 아름다움 역시도 초월성을 가지게 된다. 즉 플로티노스는 아름다움에까지 '초월성'을 부여하고 있는 것이다. 그렇다면 아름다움이 가지는 '초월성'은 어떻게 이해되며, 어떻게 이 같은 초월성이 현실의 아름다움 혹은 감각적인 것의 아름다움과 관계를 가지는 것일까? 미의 초월성에 대해 플로티노스는 다음과 같이 말하고 있다.

> 어떻게 이편의 아름다운 것이 저편의 아름다운 것과 동일할 수 있을까? 우리는 그 이유를 형상εἶδος들에 참여하기 때문이라고 말한다. … 그래서 로고스 및 형상에 참여하지 못한 그 어떤 것은 추하고 신적인 로고스 바깥에 존재하는 것이요, 그런 점에서 모두 아름답지 못한 것이라고 말한다.
>
> – 『에네아데스』, 1권, 6, 2 –

어떤 것이 형상에 참여한다는 것은 무엇을 말하는 것일까? 형상이란 한 개체가 자기 자신일 수 있는 원인 혹은 본질을 말한다. 즉 플로티노스에게 있어서 형상은 아리스토텔레스의 영혼 개념과 유사하다. 아리스토텔레스는 소크라테스가 인간일 수 있고, 한 개인일 수 있고 또 한 남자일 수 있는 것이 그의 영혼을 통해서라고 하였다. 여기서 영혼은 형상과 동일한 개념이다. 즉 형상이란 그것을 통해 한 개체가 자기 자신일 수 있는 근원적인 원리이다. 따라서 우리는 이 형상을 한 개체의 본질 혹은 개별자의 원리라고 할 수 있다. 그런데 한 개별자가 가지고 있는 형상은 그 기원이 또한 절대자(일자)에서 비롯한다. 따라서 한 개별자가 자기 자신이 지닌 완전성에 근접하는 것은 곧 절대자의 정신 안에 있는 '이데아', 즉 '형상'에 가까이 간다는 것 혹은 그것과 유사하게 된다는 것을 의미한다. 즉 플로티노스는 형상에 참여한다는 것을 '이데아와 유사하게 되다', '근원적인 것에 가까이 다가가다' 혹은 '신의 정신에 참여하다'라는 것으로 이해하고 있다. 이는 후일 중세철학자들의 '참여이론participatio'의 모델이 된다. 즉 중세철학자들에게 있어서 선하게 되거나 의롭게 되는 것은 신의 정신 안에 있는 선함과 의로움에 참여할 때 가능하다고 보았다. 물론 신의 편에서 보자면 선과 의로움을, 즉 존재를 나누어 주기 때문에 '분유론分有論'이라고 부르기도 한다. 이 같은 사유는 초월적인 저편 세계와 현실적인 이편 세계가 완전히 분리된 것이 아니라 형이상학적 차원에서 서로 연결되어 있다는 '아날로그적 사유'를 의미한다. 이를 비유적으로 말하자면 도공의 손에서 빚어지고 있는 청자가 보다 완전하게 되거나 보다 아름답게 되는 것은 도공의 정신 속에 있는 청자의 이미지에 더욱 근접하게 되면서, 즉 참여하면서 가능한 것이다. 이와 반대로 도공의 정신 속의 '청자의 이미지'에서 멀어질수록 빚고 있는 청자는 덜 아름답거나 추하게 되는 것이다.

이 같은 플로티노스의 미의 초월성에 관한 사유는 오늘날 '예술의 추락'에 관한 사유를 이해하는 데 매우 도움을 주고 있다. 프랑스의 미학자인 '마르끄 짐머네즈'는 "현대 예술은 풍요로운 결실을 낳았지만, 화려한 실패로 끝났다"라고 말한 바 있으며, 어떤 미학자들은 현대에서의 '예술의 종말'에 대해서 이야기하고 있다. 그렇다면 무엇이 예술에 있어서의 '화려한 실패'이며 또 무엇이 '예술의 종말'이라는 것일까? 그것은 애초에 '아름다움의 구현'에서 출발하였던 예술이 아름다움에 대한 외면 혹은 무시로 일관하고 있기 때문이다. 이는 사실이다. 현대 예술은 더 이상 자연과 세계에서의 진정한 미학적 체험을 염두에 두지 않고, 마치 연구소에서 가상의 세계를 탐구하듯 인위적인 감각적 반응들을 실험하듯이 예술행위를 한다. 예술이 실제 세계와의 진정한 미학적인 체험을 외면하고 인위적인 것들—심리적인 것이나 정신분석적인 것이나 무엇인건 간에—에 집착하는 그것이 바로 예술의 추락을 의미하기 때문이다. 아름다움이 존재의 속성이며, 초월적인 것이라는 말은 진정한 아름다움은 인위적으로 만들어 낼 수 있는 것이 아니라, 존재에 대한 체험에서 수용될 수 있을 뿐이라는 것이다. 예술가는 미학적 체험을 통해 수용된 것을 작품이라는 수단을 통해 구체적인 현실로 실현하여야 한다. 하지만 세계나 존재에 대한 진정한 미적 체험을 전제하지 않는 예술행위는 더 이상 진정한 미를 구현할 작품을 가질 수가 없다는 것을 의미하는 것이다.

③ 세계관을 가진다는 것은 곧 미학적인 세계를 가지는 것이다

플로티노스는 우리 자신의 본질과 아름다움의 관계에 대해 말하고 있다. 그리고 이 말은 인간이 어떻게 살아가야 하는지를 아주 잘 말해 주고 있다.

> 정녕 우리가 우리 자신에 속할 때 우리는 아름다우나, 낯선 그 어떤 것에 몰두한다면 우리는 추한 것이다.
>
> -『에네아데스』, 5권, 8, 13 -

'우리가 우리 자신에 속한다는 것'은 무엇을 의미할까? 그리고 왜 이러한 때에만 아름다운 것이라고 말하는 것일까? 우리는 여기서 '우리'라는 개념을 두세 가지의 다른 의미로 이해할 수 있다. 첫째는 플라톤의 관점에서 이데아는 마치 형제 관계와도 같다고 할 수 있는 영혼의 관점에서 이해할 수 있다. 이 경우 인간이란 무엇보다 먼저 '영적인 존재'이기에 우리가 우리 자신에 속한다는 것은 '영적인 것을 추구하고 영적인 삶을 산다는 것'을 의미한다. 그렇기 때문에 '낯선 어떤 것에 몰두한다는 것'은 영적인 존재에 어울리지 않는 감각적인 것이나 물질적인 것에 집착한다는 것을 뜻하며 동시에 그렇게 자신의 영혼을 도외시할 때 '추하게 된다'는 의미가 된다. 둘째는 '우리'라는 개념이 지칭하는 것을 '영혼과 육체'라는 이원론적인 관점에서 이해하는 것이 아니라, 아날로그적인 관점에서 단순히 '인간적인 것'이란 의미로 이해할 수 있다. 즉 인간이란 물질적, 감성적, 심리적, 정신적 나아가 영적 지평의 다양한 실존을 가지고 있으며, 이 모든 것이 조화로운 일치를 이루고 있을 때, 우리는 우리에게 속하는 것이며, 그 어느 하나에 과

도하게 집착하거나 할 때 우리는 우리에게 속하지 못하게 되고 따라서 추하게 되는 것이다. 이는 사실이다. 인간 세상에는 참으로 많은, 다양한 사람이 존재한다. 어떤 소설가는 자신의 소설에 등장하는 인물들을 '걸어 다니는 술통', '수다를 떠는 금고', '밥을 먹고 있는 계산기', '인간의 옷을 입고 있는 이념' 등으로 묘사하였다. 이 같은 표현은 일종의 비-인간적인 삶을 살고 있는 사람들의 특징을 비유적으로 말해 주는 표현이다. 이들의 삶이 하나같이 추하게 보이는 것은 '우리에게 속하는 것', 즉 '인간적인 것'에서 벗어나 스스로 자신의 존재를 왜곡하고 축소시키고 있기 때문이다. 가령 사육사에게 길러진 호랑이가 성체가 되어서도 마치 '고양이처럼' 행동할 때 우리는 추한 호랑이라고 말할 수 있는 것이다.

마지막으로 '우리'라는 개념을 각자가 선택한 자신의 '본질' 혹은 '자아'라고 이해할 수도 있다. 파스칼은 "인간은 소우주이다"라고 말하였고, 프랑스의 종교철학자 앙리 뒤메리는 "인간은 누구나 때가 되면 자기 세계를 가진다"라고 하였다. '소우주'나 '자기 세계'라는 것은 곧 그의 자아를 말한다. 모든 인간은 성인이 되면 각자 자기만의 자아를 지니게 된다. 동일한 문화권 속에서 혹은 동일한 신앙의 삶 안에서 성장하였다 해도 '기질상의 차이', '성격상의 차이', '지능이나 재능의 차이', 그리고 그가 속한 '가족적 환경의 차이' 나아가 그가 걸어온 '개인적인 역사의 다름'을 통해서 다른 모든 이와는 구분되는 자아를 지니고 있다. 그렇기 때문에 동일한 가정에서 자라온 일란성 쌍둥이라고 해도 때가 되면 '너'와는 완전히 구분되는 '자아', 즉 개별적인 '자기세계'를 가질 수밖에 없는 것이다. 그리고 이는 사회인이 되어 직업적인 전문분야를 선택하게 될 때 더욱 뚜렷해진다. 가령 화가나 시인은 결코 기업인과 유사한 자아를 가질 수가 없을 것이다. 시인은 시인다울 때 그의 삶이 아름답게 보인다. 시인이 마치 기업가나 정치인처럼 행동하게 될 때 우리는 추한 시인의 모습을 보게 될 것이다. 이처럼 누구나 자신이 선택한 자신의 정체성이나 동일성에 적합하게 행동하고 살아갈 때, 즉 자신에게 속할 때 그의 삶과 자아가 아름답게 보이는 것이다.

자기 세계란 그가 지닌 총체성을 의미하기에 일종의 절대적인 것이고 여기엔 비교 대상이 없다. 그렇기 때문에 어떤 세계가 보다 아름다운 세계이며, 어떤 세계가 보다 완전한 세계인가 하는 것을 말할 수는 없다. 하지만 그럼에도 우리는 최소한 자기 세계가 보다 분명하고 통일성을 가지며 조화로운 자아가 그렇지 못한 자아보다 더 완전하고 더 아름답다고 말할 수 있을 것이다. 예를 들어 통상적으로 '자아 분열증'에 걸린 사람의 자아를 완전하고 아름답다고 생각하지 않기 때문이다. 그래서 플로티노스는 "그대 자신의 상을 조각하는 것을 멈추지 말라!"(『에네아데스』, 6권, 9, 13)라고 충고하고 있는 것이다. 이는 다시 말해 구체적인 '어떤 자아'를 가지라고 충고하는 것이 아니라, 어떤 자아를 형성하든지 다만 자신의 자아를 보다 완전하고 아름답게 형성해 가기를 멈추지 말 것을 요청하는 것이다.

인간이 자기 세계를 가진다는 것은 또한 필연적으로 '세계관을 가진다'는 것을 포함하고 있다. 왜냐하면 나의 세계라는 것은 엄밀히 말해 내가 체험한 외부의 세계와 인생을 그 구성요소로 하고 있기 때문이다. 그것이 무엇이건 나에게 체험되지 않은 세계에 대해 세계관을 내가 가진다는 것은 진정한 세계관을 가지는 것이 아닌 일종의 주입된 이데올로기를 가지는 것과 같다. 드라마를 통해 추-체험된 '사랑'이나 '우정'은, 그것이 아무리 아름다운 것일지라도 나의 사랑이나 나의 우정에 대한 추억이 될 수는 없을 것이다. 따라서 나의 세계관이라는 것은 체험된 일체의 것을 통해 내가 지니게 되는 '세계에 대한 나의 비전 vision'이라고 할 수 있다. 이 비전이 진정으로 나의 체험의 결과라고 한다면 비극적인 것으로 나타나든지 낙관적인 것으로 나타나든지, 부조리하게 나타나든지 합리적으로 나타나든지 아니면 장엄하고 숭고하게 나타나든지 씁쓸하고 비참하게 나타나든지 그 어떤 것도 옳고 그른 것이 없을 것이다. 모든 것이 진실이란 이름 아래서는 참된 것이고 실재이기 때문이다. 하지만 그럼에도 체험된 것인 한 세계관이란 객관적인 외부세계와 나의 개별적인 실존적 상황과의 상호적인 작용의 결과물일 수밖에 없다. 이 사실을 감안한다면, 좋은 세계관 혹은 아름다운 세계관을 가진다는 것은 곧 내가 스스로 좋은(선한) 자아와 아름다운 자아를 가지려고 노력하여야 한다는 것을 전제하고 있다. 나를 둘러싼 세계의 객관적인 사태들을 내가 바꿀 수는 없겠지만 그것을 수용하는 나의 자아의 모습은 오직 나 자신에게 달린 것이다. 그리고 이처럼 아름다운 세계관과 자아를 가지는 일은 결코 끝이 없다. 왜냐하면 우리의 세계관과 자아를 형성하도록 부추기는 세상의 아름다움의 근원은 이 세상을 무한히 초월하고 있는 것이기 때문이다.

그렇기 때문에 엄밀히 말해 플로티노스의 사유에서 오류의 세계관이나 잘못된 세계관이라는 것은 존재하지 않는다. 다만 여기에는 완전하거나 불완전한 세계 혹은 아름답거나 추한 세계관이 있을 뿐이다. 세계관을 가진다는 것은 본질적으로 세계를 미학적인 관점에서 바라본다는 것을 의미하며, 여기에는 옳고 그름이나 선악의 문제가 적용되는 않는다. 반면 세계관을 혹은 자기 세계를 가지기를 거부하거나 부정한다는 것은 그에게서 '미학적인 세계'가 상실되어 있음을 의미한다. 우리가 '세계'라고 부르는 것도 사실은 진정한 세계를 의미하는 것이라기보다는 우리가 구성하거나 형성한 세계일 뿐이다. 우리가 속해 있는 전체의 세계는 우리가 어떤 세계관을 형성해 내더라도 그것보다 무한히 크고 광대하다. 그래서 플로티노스는 "우리의 이 세계는 그 전체 아름다움 안에서 그림자이자 이미지일 뿐이다"(『에네아데스』, 3권, 8, 11)라고 말하고 있다. 세계의 초월성의 진정한 의미는 진리와 아름다움을 추구하는 인간의 노력에 끝이 없음을 함의하고 있다. 이 같은 세계의 초월성은 일체의 완결된 세계관을 허용치 않는다. 유물론이든 관념론이든 혹은 형이상학이든 현상학이든 어떤 이름을 가지더라도 그것은 다만 무한하고 초월적인 진정한 세계의 어느 한 부분을 반영해 줄 수 있을 뿐이다. 플로티노스의 이 같은 사유는 철학적 작업에 있어서 일체의 이데올로기로부터 우리를 벗어나게 해 준다는 장점이 있다.

## 2. 인식한다는 것은 '되어 간다'는 것이다

인생의 목적과 관련하여 플라톤의 사유는 '실낙원'의 우화에 비유할 수 있다. 플라톤은 우리가 현재 살고 있는 부단히 변화하는 현상의 세계와 불변하고 참된 이데아의 세계를 분명히 구분하고, 인간 영혼의 원래 고향이 바로 이데아의 세계라고 보았기 때문이다. 즉 우리가 살고 있는 이 현세의 삶이란 영원한 이데아의 세계에서 추락한 영혼의 삶인 것이다. 따라서 그에게 있어서 생의 목적은 참되고 영원한 세계에 대한 깨달음을 얻고 영혼의 지향성을 현세로부터 잃어버린 이데아의 세계로 방향을 돌리는 일이었다. 그리고 이렇게 영혼의 지향성이 바로 잡혀 있는 사람을 그는 '현자' 혹은 '철인'이라고 하였다. 아마도 플로티노스 역시 이와 같은 플라톤의 사유에 근본적으로는 동의할 것이다. 하지만 플로티노스가 플라톤의 사유에 만족하지 못한다면 그것은 너무나 이원론적으로 구분된 '초월의 세계'와 '현세의 세계'에 대한 플라톤의 비전 때문일 것이다. 왜냐하면 플라톤에게 있어서 이 두 세계는 서로 단절되고 분리된 세계이며, 하나를 취하기 위해서는 다른 하나를 버려야 하는 세계이기 때문이다. 반면 플로티노스는 이 두 세계는 분리된 세계가 아니라 서로 연계되어 있고 지속적인 것이라 보았으며, 진리의 세계는 바로 이 현세의 삶에서부터 시작되어야 한다고 보았다.

### ① 사유하는 인간은 자기 속에 신성한 것을 가지게 된다

플로티노스의 인식론적인 반성의 최대 장점은 플라톤이 분리한 두 세계를 이어 준다는 것에 있다. 그에게 있어서 인간의 사유의 특징, 그것은 아직 존재하지 않는 진리를 사유를 통해 획득한다는 것에 있다. 그리고 사유로서 획득된 것은 또한 실제의 삶 안에서 소유하려는 노력의 원동력이 된다. 어떻게 이 같은 사유가 가능한 것일까? 그의 말을 들어 보자.

> 능동적으로 사유하는 영혼의 존재 곁에서는 정의롭고 아름다운 것들이 함께하기에 정의롭거나 아름다운 것이기만 하다면, 언제든지 논리적으로 찾아 나서는 움직임이 일어난다. … 그렇지 않

다면 대체 어떻게 논리적 사유가 생겨나겠는가?

-『에네아데스』, 6권, 9, 9 -

능동적으로 사유한다는 것은 무엇을 말하는 것인가? 왜 능동적으로 사유하는 영혼의 곁에서 정의와 아름다움이 함께하는 것일까? '능동적'이라는 것은 '수동적'인 것의 반대말이다. 수동적으로 행위한다는 것은 나의 내적인 동의나 나의 신념과 무관하게 외부에서 명령하거나 주입한 것에 따라서 움직인다는 것을 의미하며, 능동적으로 행위한다는 것은 외적인 힘이나 압력과 무관하게 나의 내적인 긍정이나 신념에 따라, 즉 스스로 옳다는 기준에 따라 행위하는 것을 의미한다. 따라서 능동적으로 사유하는 영혼의 곁에 정의와 아름다움이 함께한다는 것은 인간 영혼의 본질적인 특성이 정의와 아름다움을 지니고 있거나 최소한 이와 유사함을 의미한다. 아니면 인간 영혼의 본성적인 특성이 정의와 아름다움을 지향하고 있음을 의미한다. 이러한 사유는 인간의 본질에 대해서 매우 긍정적이며 일종의 성선설을 말하고 있는 것이라고도 볼 수 있다. 그래서 플로티노스는 한 인간이 스스로 생각하고 스스로 판단하는 능동적인 사유의 습관을 가지고 있기만 한다면 그는 진리를 향해 나아갈 수 있고, 올바른 인생을 살아갈 수가 있다고 보는 것이다.

게다가 플로티노스는 논리적인 사유를 이성적 사유의 본질적인 특성으로 보고 있으며, 정의와 아름다움을 추구하는 방법이란 곧 논리적인 사유를 통해서만 말하고 있다. 논리적인 사유란 곧 추론적인 사유를 말한다. 중세철학자 토마스 아퀴나스는 천사들의 사유 방식에는 추론의 과정이 필요하지 않고 오히려 사물들의 본질을 단김에 직관할 뿐이라고 보았다. 반면 인간의 사유란 추상 작용과 추론을 통해 다양성에서 보편적인 개념(본질에 대한 이해)을 유추하는 과정을 거친다고 보았다. 플로티노스도 토마스 아퀴나스도 사물의 본질이나 진리에 대한 인간의 앎은 지성이 추론이라는 힘겨운 과정을 거쳐 획득한다고 보았고, 직관은 이 같은 힘겨운 지성적 노력의 마지막에 주어진다고 보고 있다. 즉 먼저 이성이 논리와 추론을 통해 앎을 획득하고 획득한 앎을 지성이 관조(직관)하게 되는 것이다.

그런데 인간 정신의 특성은 '좋은 것' 혹은 '올바른 것' 등에 대해서 다만 관조하는 것에서 그치는 것이 아니라, 이를 '소유하고자 하는' 혹은 '이와 유사하게 되고자 하는' 갈망을 이끌어 낸다. 좋은 것을 보고서 그것을 소유하거나 닮고자 한다는 것, 이는 인간 영혼이 가진 근본적인 지향성이다. 그래서 또한 논리적인 방식으로 이를 획득하고자 하는 것이다. 보다 일상의 언어를 통해 말하자면 유사한 것은 유사한 것을 끌어당기고, 유사한 것과 하나가 되고자 하는 것이 인간의 특성이다. 그렇기 때문에 '아름답게 되고자 하고', '정의롭게 되고자 하는 것'은 곧 인간의 영혼이 가진 가장 본질적인 지향성이다. 이 같은 플로티노스의 사유는 자연과학이 가진 사명이나 목적에 대해서 잘 이해하게해 주며, 동시에 오늘날의 과학의 문제점이 어디에 있는지를 잘 보여주고 있다. 과학의 방법은 먼저 경험을 통해 발견된 사실을 토대로 추론을 통해 이론을 정립하는 것이다. 가령 중력의 원리나 힘은 결코 인간의 인식에 직관될 수 있는 것은 아니지만, 경험적 사실들에 대한 논리적인 추론을 통해 알 수 있는 것이다. 그리고 일단 획득된 앎은 매번 동일한 추론을 필요로 하지 않고, 필요할 때마다 지성을 통해 단김에 직관하게 되는 것이다. 그런데 이 같은 자연과학적 사유의 목적은 보다 더 큰 목적, 즉 세계의 아름다움과 인생에 있어서의 정의로움을 이해하고 이를 추구하고자 하는 지성의 사명을 위해서 존재한다. 하지만 오늘날의 과학은 이와 같은 지성의 사명과 연계되지 않는다. 오히려 어떤 관점에서는 과학은 지성의 사명을 배제하고 그 자리에 순수한 과학적 사유(논리적 혹은 이성적 사유)를 대신 앉히고자 하는 것이다. 하지만 과학이 아무리 지성의 사명을 외면하고 인간 지성의 사명이나 지향성은 허상이거나 알 수 없는 것이라고 선포하여도, 이러한 지성의 지향성은 결코 사라지지 않으며, 결코 무화시킬 수 없다는 것은 경험적으로도 충분히 확인할 수 있다.

그런데 이 같은 플로티노스의 사유의 이유나 근거는 무엇일까? 바로 여기에 플로티노스 특유의 신비주의적 사유의 핵심이 있다. 플로티노스는 인간이란 일자와 유사하거나 최소한 인간의 내면에는 신성한 것이 가능성으로 내포되어 있다고 보았다.

> 우리 안에 정신의 시원이자 원인으로서 신적인 것이 존재한다는 것은 사실이다.
>
> — 『에네아데스』, 6권, 9, 9 —

세계는 다양한 지평으로 구성되어 있고, 인간은 세계와 유사하게 다양한 실존의 지평으로 구성되어 있다. 물질적, 생물학적, 감성적, 그리고 정신적 나아가 영적인 지평으로 구성된 것이 인간 실존의 양태이다. 그리고 서로 구분되는 이 같은 지평들은 그럼에도 서로 단절된 것이 아니라 그 경계선을 구분할 수 없을 만큼 아날로그적으로 서로 연계되어 있다. 정신적인 스트레스가 쌓이면 육체가 병을 앓게 되고, 육체가 소진하면 사유도 희미하게 되는 것은 바로 이 때문이다. 그런데 만일 발생의 논리적 순서로 보자면 보다 상위적인 것이 보다 하위적인 것의 원인이 된다. 왜냐하면 형이상학적으로 보자면 원인은 항상 결과보다 포괄적이고 큰 것이기 때문이다. 그래서 인간 정신의 근원은 물질이 아니라, 정신보다 탁월한 것, 즉 신적인 것일 수밖에 없다. 인간 정신의 근원이 신적인 것(즉, 일자)이라는 것은 또한 신적인 것과 하나 되고자 하는 지향성을 가진다는 것을 의미한다.

그렇기 때문에 인간의 정신이 사고 작용을 시작하면 그 끝은 필연적으로 신적인 것, 즉 이상적인 것에 귀결하게 된다. 사유의 질서에서 이상적인 것이란 곧 개념을 의미한다. 사전적인 정의를 의미하는 개념은 사실상 모두 어떤 것의 본질 혹은 이상적인 것을 지칭하는 것이다. 그래서 개념과 그 개념이 지칭하는 실재하는 대상은 항상 거리감을 가진다. 그 어떤 실재하는 교사도 사전적 정의의 교사에 완전히 일치하는 사람은 없다. 그래서 플로티노스는 인간의 사고 활동은 항상 그 기준이나 모델이 되는 개념과 실제로 존재하는 구체적인 대상을 통해서 실행된다고 보는 것이다.

> 사유하는 자(주체)는 사유하는 한에서 '이중적으로' 존재해야 한다. 그래서 다른 것(이데아적인 것)이 (사유 주체의) 바깥에 존재하든가 아니면 그 둘(이데아와 실재 대상) 모두 (사유 주체의) 내면에 존재하든가 해야 할 것이다.
>
> – 『에네아데스』, 5권, 3, 5 –

인간 개념과 (실제) 인간, 정의 개념과 (실제) 정의는 서로 맞닿아 있다. 이 같은 모든 것은 이중적이요, 하나이면서 둘인 셈이다. 물론 이중적인 것은 (모두) 하나로 되돌아가게 될 것이다.

- 『에네아데스』, 5권, 6, 6 -

　　이데아(이상적인 것)는 구체적인 사물과 항상 구분되고 이 둘 사이에는 항상 거리가 있다. 하지만 인간은 사유를 통해 이데아를 알 수 있고, 또 사유 안에 이데아가 있을 수 있다. 사유하는 주체가 누구인가에 따라서 이상적인 교사가 그의 사유에 존재할 수도 있고, 또 그의 사유 바깥에 존재할 수 있다. 다시 말해 이상적인 인간으로서의 성인은 어떤 사람에게는 실제로 사유될 수 있고 (사유 속에 존재할 수 있고) 어떤 사람에게는 유사하게만 사유될 수 있다. (사유의 바깥에서만 존재할 수 있다.) 이는 말하자면 플라톤이 이데아와 실존하는 대상들을 분명하게 이원적으로 구분하였다면, 플로티노스는 이 둘이 서고 맞닿아 있다고 생각한 것이다. 맞닿아 있다는 것은 어느 정도 서로 일치하는 부분이 있고 공유되는 부분이 있다고 말하는 것이다. 이는 플라톤이 분리한 두 대상(이데아와 실재)을 서로 연결시켰음을 의미한다. 이 같은 관점은 세계와 인생을 보는 데 있어 매우 긍정적인 점이라고 할 수 있다. 왜냐하면 참 교사나 성인 등이 결코 이 현세에서는 있을 수 없고, 저편 세계(이데아의 세계)에서만 있을 수 있다고 한다면, 우리는 참 교사가 되거나 성인이 되고자 노력할 수가 없을 것이다. 반면 참 교사나 성인이 이미 이 지상에서 이루어지고 있다고 한다면 우리는 이를 이루고자 시도할 수가 있을 것이기 때문이다.

　　그리고 이렇게 서로 구분되는 두 대상이 언젠가 하나로 되돌아간다는 것은 곧 모든 존재는 언젠가 일자로 되돌아간다는 것을 의미한다.

왜냐하면 이데아가 실제로 존재하는 곳이 있다면 그것은 일자의 내부일 것이기 때문이다. 그래서 사람들은 통속적으로 플로티노스의 세계관을 '나들이', 즉 '일자로부터 나왔다가 일자로 되돌아가는 것'이라 말하는 것이다. 우리는 이 같은 플로티노스의 사유에서 일종의 '역사적 낙관론'을 발견할 수가 있다.

### ② 지혜란 곧 '앎과 존재의 일치'에 있다

소크라테스 이전에 이미 희랍의 철학자들은 철학자를 '지혜를 사랑하는 사람'이라고 규정하였다. 그리고 소크라테스에게서 이 지혜란 '아는 것과 행위하는 것'이 일치하는 것을 의미하였다. 따라서 지혜의 개념에서 강하게 부각되고 있는 것은 윤리·도덕적인 올바름의 의미이다. 무엇이 옳은 것인지, 무엇이 그른 것인지 혹은 무엇이 선한 것인지 무엇이 악한 것인지 하는 것은 웬만큼 지성적이고 이성적인 사람이라면 누구나 알 수 있는 것이다. 하지만 이러한 것이 자신의 삶에서 구체적인 실천행위로 이어지는 사람은 그리 많지 않다. 소크라테스는 마치 이를 모범적으로 보여 주는 것이 철학자의 소명처럼 생각하였다. 즉, 소크라테스에게서 진정한 앎이란 '지행합일'의 앎, 즉 앎과 행동이 일치를 이루는 그러한 앎을 의미한 것이었다. 그런데 이제 플로티노스는 이 같은 '진리와 행위의 일치'를 '진리와 존재의 일치'로 방향을 돌리고 있다.

그는 먼저 올바르게 혹은 완전하게 인식한다는 것은 어떤 것을 '하나'로 인식하는 것이며, 또한 인식 주체와 인식 대상이 '하나'가 되어야 한다고 말하고 있다.

인식하는 자가 더욱 깊이 알면 알수록 … 그만큼 풍부하게 와 닿
는 것은 인식된 〈하나〉와 하나-됨일 것이다.

－『에네아데스』, 3권, 8, 6 －

어떤 것을 인식할 때, '인식된 하나'가 의미하는 것은 무엇일까? 이
는 '총체적인 인식' 혹은 '통일된 인식' 나아가 '통일된 총체적인 인식'
을 말한다. 예를 들어 보자. 장님들이 코끼리의 모습을 인식할 때 이들
은 코끼리의 모습을 여기 저기 만져 볼 수밖에 없을 것이다. 어떤 이는
둔탁한 벽을 닮았다고 할 것이고, 어떤 이는 둥근 기둥을 닮았다고 할
것이며 또 어떤 이는 굵고 길쭉한 밧줄을 닮았다고 할 것이며 … 이렇
게 각자가 인식한 것을 말할 것이다. 그런데 참된 코끼리의 모습은 이
모든 것이 하나를 이룰 때 가능할 것이다. 이와 유사하게 학생들이 K
교수라는 사람을 인식할 때, 어떤 학생은 참 지혜로운 불교 신앙인으
로, 어떤 학생은 날카로운 지성을 가진 냉정한 사람으로, 또 어떤 학생
은 전문성은 뛰어나나 돈을 밝히는 사람으로 혹은 어떤 학생은 자기
전문분야뿐 아니라 예술이나 문화에 대한 식견이 뛰어난 사람으로, 또
어떤 학생은 불교 신앙을 가졌지만 거의 공산주의 정신을 가진 사람으
로 인식할 것이다. 이렇게 또 다른 학생들은 K교수에 대한 또 다른 자
기 인식을 제시할 것이다. 하지만 K교수에 대한 진정한 인식이란 이
모든 것을 동시에 포함하고, 또 이 모든 것이 하나의 총체적인 형상을
가지게 될 때 가능한 것이다. 따라서 이 같은 인식론에 대한 이해는 하
나의 개체로써 존재하는 것은 무엇이나 통일되고 유기적인 전체로서,
즉 '하나'로서 존재하고 있음을 말하는 것이다.

그런데 인식된 '하나(총체성)'와 하나가 된다는 것은 무엇을 의미하는

것일까? 사실 인간이 인식하는 인식 대상은 반드시 눈에 보이는 구체적인 외적 대상만을 의미하지 않는다. 여기에는 눈에 보이지 않는 대상들, 즉 정신적인 대상도 포함이 된다. 가령 한 개인의 자아, 한 사물의 본질, 특정 시기의 한 민족의 정체성, 한 예술가의 예술에 대한 사랑 등 다양한 정신적인 대상(실제)을 포함하고 있다. 더 나아가 매우 관념적인 개념인 '정의', '공정성', '우정', '민주주의' 등도 인식의 대상이 될 수 있다. 그리고 이 같이 관념적이고 추상적인 '대상'에 대한 인식은 '앎'(지혜 혹은 지식)이라는 말에 가장 어울리는 것이라 할 수 있다. 그런데 이 같은 정신적인 대상을 인식할 때 보다 깊이 알수록 인식 주체와 인식 대상이 하나를 이룬다는 것은 무엇을 의미하는 것일까? 그것은 일차적으로는 인식 대상에 대한 감정이입을 통한 이해를 의미한다. 범죄 심리학자는 도저히 납득할 수 없는 범죄인의 심리상태를 깊이 파고들며 마침내 그가 왜 납득할 수 없는 끔찍한 죄를 지을 수밖에 없었던 것인지, 그 이유를 이해할 수 있게 된다. 이 경우 이들은 범죄자의 마음속으로 들어가 자신이 범죄자의 처지에 서서 범죄의 행위를 이해하고자 한다. 이때 우리는 범죄 심리학자가 범죄자를 충분히 이해하였다고 할 수 있으며, 문학적으로 표현하자면 '그와 하나됨'을 이루었다고 말할 수 있을 것이다. 이와 유사하게 한 소설가가 '부처의 일생'이나 '프란체스코 성인'의 전기를 쓰고자 할 때, 그는 심리적으로 혹은 정신적으로 부처나 성인의 입장에서 그들의 행위와 삶을 이해하고자 하여야 할 것이다. 이렇게 하여 소설가는 그들에 대해서 최소한 일반인들보다는 깊이 성인에 대한 이해를 가지게 될 것이고, 이들을 보다 깊이 이해한다는 것은 곧 그의 정신이 보다 더 성인들의 삶과 행위에 밀착되어 있다는 것을 의미한다. 다시 말해 소설가가 성인을 깊이 안다는 것은 곧 (심리적으로 혹은 정신적으로) 성인과 하나가 되었다는 것을 의미한다. 따라서 플로티노스에게 있어서 무엇을 진정으로 안다는 것은 그 앎의 대상과 정신적으로 '하나 된다는 것'을 의미하며, 이는 곧 내 정신이 성인의 정신과 유사하게 변모하였음을 의미하다. 즉 진정으로 안다는 것은 내 정신이 앎의 대상과 유사하게 '됨'을 의미하는 것이다.

그런데 플로티노스는 더 나아가 사유하는 주체와 사유된 대상이 동일해야만 진리라고 말할 수 있다고 말하고 있다.

> 사유하는 정신은 사유된 대상과 동일해야만 한다. 그것은 만일
> 동일하지 않다면, (우리가 진술하는) 진리란 있을 수 없기 때문이다.
>
> - 『에네아데스』, 5권, 3, 5 -

'사유하는 정신'과 '사유된 대상'이 동일하다 혹은 일치를 이룬다는 것은 무엇을 말하는 것일까? 그리고 왜 이것만이 진리라고 할 수 있는 것일까? 우리는 여기서 두 가지의 관점에서 이 진술의 의미를 이해할 수 있을 것이다. 첫 번째는 사유된 대상이 구체적인 사물이나 사람 등이 아니라 관념적인 존재라는 관점의 경우이다. 만일 사유된 대상이 구체적인 사물이라고 한다면 여기서 문제가 되는 것은 '구체적인 외부 대상'과 '사유된 대상'과의 일치만이 문제가 될 것이며, '사유된 대상'과 '사유하는 정신'의 일치는 문제가 되지 않는다. 그리고 사유된 대상 (정신 속의 존재)과 구체적 대상(외부 대상)이 일치를 이룰 때 우리는 올바른 인식이 이루어졌다고 말할 수 있다. 하지만 이 경우는 '진리'라는 말을 사용할 필요는 없을 것이며 다만 '사실 혹은 팩트'라고 말하면 그만인 것이다. 반면 사유하는 대상이 관념적인 것일 때는 사정이 달라

진다. 가령 '예술성', '모성애', '정의감', '가치' 등이 문제가 될 때, 사유하는 정신은 자신이 사유한 것의 올바름을 확인하기 위해서 외부의 대상과 비교해 볼 수는 없다. 예를 들어 내가 사유한 '예술성'이나 '모성애'에 대해 제대로 사유한 것인가를 확인하기 위해 구체적인 어떤 예술가나 어떤 어머니를 떠올려 볼 수는 없을 것이다. 왜냐하면 어떤 예술가도 '예술성' 그 자체를 보여 줄 수 없으며, 어떤 어머니도 '모성애' 그 자체를 보여 줄 수가 없기 때문이다. 마찬가지로 사람들이 어떤 동일한 대상을 사유할 때, 사유하는 사람의 내적인 조건에 따라서 사유된 내용이 달라진다는 것은 필연적이다. 예를 들어 행복에 대해 사유한 사람들 중에서 그가 '기업인'이거나, '예술가'이거나 혹은 '스님'이거나에 따라서 그가 생각한 '행복'의 의미는 다를 수밖에 없을 것이다. 따라서 절대적인 상대주의에 빠지지 않고, 만일 내가 사유한 관념적인 대상의 진위를 확인하기 위해서 그 척도가 필요하다면 그것은 '이데아'일 것이다. 이데아란 '이상적인 것'을 의미하기 때문이다. 사실 이데아의 존재란 절대적인 상대주의를 극복하기 위해 요청되는 일종의 한 보편적인 척도이다. 모든 이가 수긍하고 긍정할 수 있는 어떤 절대적인 기준이 존재하지 않는다면 모든 것은 개개인의 상황이나 조건에 달린 것이 될 것이며, 이 경우 진리라는 것은 무의미한 말이 되고 말 것이다. 모든 사람에게 사랑이나 행복이 다 다를 수밖에 없다고 한다면 이는 —최소한 개념적으로는— 사랑이나 행복은 존재하지 않는 것과 다를 바가 없기 때문이다.

그런데 '내가 사유한 것'(사유된 대상)이 '나의 정신'과 동일하다는 것은 어떤 의미일까? 바로 이 질문에 답한다는 것이 곧 플로티노스의 '사유와 존재의 일치'를 해명하는 것이 된다. 플라톤이 제시하는 소크라테스의 윤리적 준칙은 '지행합일', 즉 앎(사유)과 행위의 일치였다. 반면 플로티노스가 제시하는 윤리적 준칙은 '지존합일知存合一', 즉 앎(사유)과 존재의 일치라고 할 수 있다. 예를 들어 '의로움'이나 '성인' 등에 대해 고찰하는 한 윤리학자는 이에 대해서 누구보다 해박한 지식을 가지고 있을 것이다. 하지만 그는 여전히 마음으로 의롭지 않거나, 그의 정신은 성인들의 그것과 조금도 유사하지 않을 수 있다. 이는 정의를 외치는 정치인에게 있어도 마찬가지일 것이다. 그런데 이 정치인은 '행위와 앎의 일치'를 보여 주기 위해 비록 자신의 마음속에는 전혀 정의로움이 없지만, 외적으로는 정의의 행위(정의와 유사한 행위)를 할 수가 있을 것이다. 우리는 이 같은 행위를 전혀 사회적 약자를 사랑하지 않지만 대중의 지지를 얻기 위해 외적으로 사랑의 행위(사실은 위선인 행위)를 실천하는 정치인에게서 잘 볼 수 있다. 그런데 진정한 사랑으로써 사랑의 행위를 하는 것과, 위선적으로 사랑의 행위를 구분하는 척도는 무엇일까? 그 척도가 바로 사유하는 정신과 사유된 대상 사이의 일치이다. 즉 사랑에 대해 '사유하는 자의 정신'이 '사유한 결과로서의 사랑'과 동일성을 가질 때, 다시 말해 자신 속에 지닌 사랑으로 사랑의 행위를 실천할 때, 그가 베푸는 사랑의 행위가 참된 것이 되는 것이다. 이 경우에만 '참된 원리'로서의 사랑, 즉 진리로서의 사랑이 되는 것이다. 내가 무엇을 사유하든지, 사유된 그것과 나의 정신과 마음이 일치를 이루는 것, 이것이 곧 앎과 존재의 일치인 것이다. 이렇게 하여 철학이 '지혜를 사랑하는 것'이라고 할 때, 이 지혜는 곧 '됨'을 의미하는 것이다.

이렇게 플로티노스에게 있어서 진정으로 안다는 것은 곧 내가 아는 것과 나의 내면 혹은 나의 존재가 일치를 이루는 것을 의미하는 것이다. 이 같은 플로티노스의 사유는 현대에 와서 실존주의자들의 '실존함'의 의미에서 다시 취해지고, 에리히 프롬의 『소유냐 존재냐』라는 책에서는 '소유양식의 삶'과 '존재양식의 삶'으로 보다 현대적 옷을 입고 나타나고 있다. 그리고 플로티노스는 이렇게 앎과 존재가 일치를 이룰 때 무엇이건 '참으로 아름다운 것'이 여기에 있다고 보고 있다.

> 참된 지혜가 존재요, 참된 존재가 지혜인 셈이다! 따라서 지혜는 곧 아름다움에 대한 추구이다.
>
> -『에네아데스』, 5권, 8, 5 -

이는 사실이다. 우리는 이를 위대한 예술가들이나 철학자들의 삶에서 잘 볼 수 있다. 그가 어떤 작품을 산출하든지 혹은 그가 어떤 사상을 말하고 있든지, 우리는 그의 작품이 곧 그 자신의 삶인 예술가에게서 그리고 그의 사상과 그의 삶이 완전히 일치를 이루고 있는 철학자들에게서 이루 말할 수 없는 아름다운 정신과 아름다운 인생을 발견할 수 있다. 반면 그의 말과 그의 삶이 완전히 모순을 이루고 있는 거짓 예술가나 거짓 사상가들에게서는 전혀 아름다운 무엇을 발견하기가 어렵다. 이들의 존재는 한 마디로 '추함' 그 자체라는 것을 현실 안에서도 잘 발견할 수가 있다.

# 3. 윤리학이란 아름다움과 행복을 다듬어 내는 지혜이다

① 참된 행복의 근원은 '선'이다

사실 플로티노스에게 있어서 윤리학적인 주제들은 그의 존재론의 주제나 인식론의 주제와 별개로 구분되지 않는다. 그의 사유는 그의 존재론을 중심으로 유기적으로 나타나고 있기 때문이다. 플로티노스에게 있어서 인간의 윤리적 삶의 핵심 주제는 아리스토텔레스와 마찬가지로 '행복'이다. 즉, 윤리적 관점에서 인생의 목적이 무엇인가를 묻는다면 그것은 행복한 삶을 가지는 것이다. 그렇다면 플로티노스에게 있어서 행복은 어디서 오는가? 그는 이 질문에 대해 다음과 같이 답변하고 있다.

> 정녕 행복의 원인은 쾌락이 아니라 오히려 판단하는 능력, 곧 '선이 쾌락이라고 판단하는' 데 있다. 그렇게 판단하는 일은 감성을 좇아 결정되는 것보다 훨씬 더 좋다.
>
> -『에네아데스』, 1권, 6, 4 -

위의 진술은 당시 유행하였던 '스토아적인 쾌락주의'에 대한 반동이라고 볼 수 있다. 스토아철학자들은 인간의 행복은 곧 육체적, 정신적 쾌락에서 주어진다고 보았다. 어떤 관점에서 보자면, 예를 들어 순수하게 현상학적인 관점에서 보자면 스토아철학자들의 관점은 사실처럼 보인다. 인간이 삶 안에서 갈망하는 것은 크게 두 가지로 '물질적인 선'과 '정신적인 선'이라고 할 수 있다. 그리고 이를 획득하였을 때 인간은 즐거움이나 기쁨을 느낀다. 즐거움이나 기쁨이 상징적으로 '쾌락'이라고 부를 때, 쾌락주의가 행복을 가져다준다는 것은 의심할 수가 없다. 하지만 여기서 플로티노스는 쾌락주의가 간과한 것이 있음을 통찰하고 있다. 그것은 인간의 윤리·도덕적인 지평의 삶이다. '올바름', '의로움', '정의', '선량함', '자비' 등의 개념은 윤리적인 개념들이다. 언뜻 보기엔 이러한 것은 사람들이 애써 추구하지는 않는 것 같고, 이러한 것을 추구할 때는 득보다 실이 많고 기쁨보다 고뇌가 오히려 더 많은 것처럼 보인다. 하지만 관점을 좀 바꾸어 보면 이 같은 생각은 너무 소박한 생각임을 알 수 있다.

어느 정도 성숙한 사람이라면 자신이 주변 사람들로부터 '이기적인 사람'이러나 '불공정한 사람'이거나 혹은 '양심도 없는 사람'이라는 평을 듣게 된다면 참을 수가 없다는 것을 알고 있다. 그리고 성숙한 사람에게 있어서 자신이 '윤리·도덕적으로 올바른 사람'이라는 것은 그 어떤 물질적인 이득이나 정신적인 지식을 소유하는 것보다 훨씬 더 중요한 것이다. 이는 달리 말해서 윤리·도덕적으로 선한 사람이거나 올바른 사람 혹은 정의로운 사람이 된다는 것이 그에게 무엇보다 큰 기쁨을 주는 것임을 의미한다. 어린이들이 이기적인 행동으로 작은 이득을 얻었을 때 보다는 선한 일을 하여 보상을 얻었을 때 훨씬 더 큰 기쁨을 느낀다는 것은 누구나 경험해 본 사실일 것이다. 여기서 우리는 즐거움과 기쁨이라는 두 용어를 구분해 볼 필요가 있다. 즐거움은 대게 물질적인 선에서 주어지는 것이다. 예를 들어 맛있는 음식, 아름다운 옷이나 집을 가졌을 때 사람들은 즐거움을 느낀다. 하지만 보다 정신적이거나 가치 있는 것을 획득하였을 때는 일시적인 기쁨이 아니라 내면으로부터 솟아나는 기쁨을 느낀다. 수년 동안 노력하여 마침내 어떤 학위나 자격증을 획득한 사람이 느끼는 것은 단순하고도 순간적인 즐거움이 아닌 내면으로부터 느끼는 지속되는 기쁨이다. 마찬가지로 윤리 도덕적으로 자신이 의로운 삶을 살고 있다거나 참으로 양심적으로 살고 있다고 느끼게 되면 인간은 누구나 깊은 곳에서 샘솟는 기쁨을 느낄 수 있다. 따라서 "선이 쾌락이라고 판단하는 것"에서 '쾌락'이란 단순한 즐거움이 아닌 내적인 기쁨이라고 해야 할 것이다. 인간은 누구나 선에서 자신의 기쁨을 발견할 수 있다고 판단하게 된다면, 그는 선을 좇을 것이다. 이렇게 하여 그는 순간적인 즐거움이 아닌, 지속적이고 내적인 기쁨, 즉 행복감을 가지게 되는 것이다. 우리는 이를 현대적 용어로 '도덕적 심리주의'라고 부를 수 있을 것이다. 즉, 선행의 진정한 보상은 외적인 것에서 주어지는 것이 아니라, '진정으로 자신이 도덕적인 사람'이라고 생각하게 되는 심리적 혹은 내적인 만족감에서 주어지는 것이다.

그런데 누군가 '선한 것을 행위한다는 것은 매우 힘든 일이 아닌가?'라고 묻는다면 플로티노스는 '진정으로 좋은 것은 힘들게 얻어진다'라고 답할 것이다. 그는 "선(善)을 판단하는 척도를 갖지 않고서는 아예 선을 좇을 수조차 없다"(『에네아데스』, 1권, 4, 4)라고 말하고 있다. 여기서 선을 판단하는 척도는 우리에게 '기쁨을 주는 것'이다. 인간이라면 누구나 본능적으로 즐거움과 기쁨을 바란다. 그런데 우리를 충만하게 하고 살 만하게 하는 것은 후자이다. 즐거움은 잠시의 충만으로 끝나겠지만 우리에게 지속적인 존재의 충만함과 삶의 의미를 주는 것은 기쁨이다. 따라서 만일 즐거움이 본능적인 것이라고 한다면 기쁨은 숙고된 결과로 주어지는 '의지적인 것'이라고 할 수 있다. 가령 아무리 맛이 좋은 음식이라 해도 사람들은 그 음식을 애타게 혹은 간절히 바라지는 않는다. 반면 동경하거나 마음속에 간직한 꿈은 간절히 바라게 된다. 그리고 우리에게 행복을 주는 것은 후자의 것임이 분명하다. 그리고 플로티노스는 이 후자에 필연적으로 동반되는 것은 '윤리적인 혹은 도덕적 의미의 선함'이라고 보고 있다. 아마도 인생을 오랫동안 살아온 사람이라면 이러한 생각에 동의하지 않을 수 없을 것이다. 경제적인 부나, 명성이나, 권력이나 아무리 좋은 것이라고 해도 도덕적 올바름에 기초하지 않는 것이라면 나이가 들어감에 따라 이러한 것이 그에게 매우 무의미한 것이 되어 버리겠지만, 비록 아무것도 가진 것이 없다고 해도 그가 한 평생을 올바르고 선량하게, 그리고 정의롭고 자비롭게 살아왔다면 그는 참으로 삶에 대한 기쁨과 행복감을 가지게 될 것이다. 그래서 플로타노스는 "행복한 삶은 반드시 간절히 바라는 것이어야 한다"(『에네아데스』, 1권, 4, 5)라고 말하는 것이다.

### ② 아름다움은 인간의 정신이 산출하는 것이다

앞서 우리는 존재란 아음다움과 선이라는 두 가지 속성을 가지고 있음을 보았다. 그런데 이제 플로티노스는 지혜가 곧 아름다움을 빚어 낸다고 말하고 있다.

> 생성된 것들이 실상 아름다움과 무관한 것임에도 불구하고 그처럼 아름답게 다듬어 낸 지혜 앞에서 크게 탄복하게 될 것이다.
>
> -『에네아데스』, 5권, 8, 6 -

생성된 것이 실상 아름다움과 무관하다는 것은 무슨 의미일까? 그리고 지혜가 이를 아름답게 다듬어 낸다는 것은 또 무슨 의미인가? 플로티노스의 대다수 진술이 그러하듯 이 진술도 매우 시적이고 암시적이다. 따라서 이를 이해하기 위해서는 그의 다른 진술들이나 일상의 경험적 사실들을 토대로 추론해 볼 수밖에 없다. '생성된 것'이란 '산출된 것'과 다른 것이다. 수증기는 생성되지만 자동차는 산출된다. 인간이 인위적으로 만드는 모든 것은 '산출되는' 것이며, 자연적으로 발생하는 모든 것은 '생성되는' 것이다. 따라서 생성된 모든 것이라고 한다면 그것은 자연 혹은 세계일 것이다. 그리고 인간이 만든 모든 문명의 것은 산출된 것이라고 할 수 있다. 앞서 플로티노스는 자연이나 세계를 그 자체 아름다운 것, 최소한 아름다운 속성을 지닌 것으로 고려하였다. 그런데 여기서는 자연과 세계(생성된 것)가 아름다운 것과는 무관한 것으로 고려하고 있다. 왜 그런 것일까? 그것은 근본적으로 아름다움이라는 개념 자체가 인간의 감각이나 정신에 의해 '인식된 것'을 의미하기 때문이다. 다시 말해 인간의 인식과 무관한 세계란 '아름다움'의 의미가 개입될 여지가 없다. 세계를 아름다운 것으로 나타나는 것은 인간의 정신이 세계를 인식할 때, 즉 인간에 의해서 세계관이 산출될 때이다. 우주가 질서 정연하고 조화롭다는 것은 원래 우주가 그런 것인지 혹은 인간의 정신이 그렇게 산출한(파악한) 것인지를 묻는다면, 아리스토텔레스적인 실재론적 관점에서는 원래 그렇다고 하겠지만, '내 정신 안에 있는 그것이 세계'라는 버클리식의 관념론에 의하면 세계란 정신에 의해 산출된 것이다. 여기서 중립적인 관점이라고 한다면 '물자체는 알 수 없다'고 말한 칸트의 관점이 될 것인데, 칸트는 이성의 합목적성에 따라 이해된 것이 우주 혹은 세계라고 보았기 때문이다. 그런데 생성된 것이 아름다운 것과 무관하다는 플로티노스의 관점은 칸트의 관점에 매우 근접해 있다. 왜냐하면 우주를 '아름답게 다

듣어 낸다'는 그 의미 안에 이미 어떤 지향성을 가지고 노력하여 획득하였음을 의미하기 때문이다. 즉 세계나 자연이 아름다운 것은 사실상 세계와 자연을 아름다운 것으로 보려고 하는 혹은 세계와 자연에서 아름다움을 다듬어 내고자 하는 인간 정신, 즉 지혜가 산출한 것으로 보고 있기 때문이다.

물론 플로티노스는 자연이나 세계가 중립성이라거나 알 수 없다고 하는 관점을 가진 것은 아니다. 오히려 인간의 정신은 중립적인 수가 없고, 아름다운 것을 산출하고자 하는 일종의 본성적인 경향성을 가지고 있기 때문에 세계를 아름다운 것으로 그려 내는 것이라고 본다. 즉, 인간의 정신이 자연이나 세계를 아름다운 것으로 파악하는 것은 이들과 '하나 됨'을 통해서이다. 따라서 인간의 정신이 본성적으로 혹은 자연적으로 추구하는 것은 아름다움이며, 아름다운 것을 발견하면서 인간은 자신의 행복을 발견한다. 그래서 인간이 인생의 모든 사건에서 본능적으로 발견하고자 하는 것이 곧 아름다움이다.

> 만남, 애틋한 포옹, 갈망, 사랑, 즐거운 율동, 이 모든 것은 우리
> 가 그때마다 쉽게 대하는 (아름다움에 관련된) 느낌들이다
>
> ─『에네아데스』, 1권, 6, 4 ─

사이코패스가 아닌 이상 인간은 누구나 평화, 온유함, 희망, 사랑, 조화 등을 갈망하며 파괴, 전쟁, 절망, 비참 등을 멀리하고자 한다. 만일 이 후자를 의지적으로 원하는 사람이 있다면 플로티노스는 이를 악마적인 사람이라고 할 것이다. 왜냐하면 그에게 있어서 존재를 파괴하는 것 ─정확히는 존재의 가치를 파괴하는 것─, 그것이 곧 악이기 때문이

다. 따라서 플로티노스적으로 말하자면 인간은 누구나 자신의 인생에서 아름다운 무엇을 느끼고자 하고 아름다운 무엇을 보고자 한다. 그래서 진정한 예술가는 가장 추한 것, 가장 비극적인 것에서조차 아름다운 무엇을 발견하고자 하고 작품을 통해 아름다움을 산출하고자 한다. 플로티노스에게 있어서는 심미적인 지평에서뿐만 아니라, 윤리적 지평이나 정신적 지평에서도 인간이 바라는 것은 곧 '아름다운 무엇'이다. 아름다운 얼굴을 지닌 여성이나, 정의로운 마음을 가진 정치가나, 통일성 있고 조화로운 세계관을 지닌 철학자 등은 플로티노스의 시선에는 아름다움이 그 속성처럼 나타나고 있는 사람들이다. 이는 달리 말하자면 무엇을 선택하는가 혹은 어느 지평에 속하는가 하는 것이 중요한 것이 아니라, 어느 것을 선택하든지 혹은 어느 지평에 속하든지 '선하고 참된 모습', 즉 '아름다운 모습'으로 존재하는 것이 중요한 것이다. 그래서 그는 인간이 추구하는 것은 오직 아름다움 자체라고 말하고 있다. "아름다운 것에 대한 사랑에 순수하게 머물러 있는 사람에게는 오로지 아름다움 자체만이 만족을 줄 것이다."(『에네아데스』, 5권, 8, 13)

철학자들의 고유함, 그것은 일반인들이 생의 마지막에 가서야 깨달을 수 있는 진리를 관조를 통해 즉시 알 수 있는 지혜를 지녔다는 점에서 비롯된다. 이 같은 플로티노스의 사유를 '피에르 아도'는 다음과 같이 말하고 있다.

> 인간들이 멀리 우회하여 겨우 얻을 수 있는 것을 우리(철학자)는 관조를 통해, 즉 아름다움에 대한 봄[覓]을 통해 즉시 소유하게 된다.
>
> ─『플로티노스 또는 시선의 단순성』─

인생의 목적이 진정 행복이라고 생각하는 사람이라면, 그리고 행복에 관한 플로티노스의 사유에 공감하는 사람이라면 그는 철학을 공부하지 않을 수가 없을 것이다. 철학을 공부한다는 것은 철학자가 되거나 혹은 철학교수가 되는 것에 목적을 두는 것이 아니다. 이는 인생에서 매순간 어떤 처지에서든 아름다운 것을 발견하고 아름다움을 획득할 수 있는 지혜를 가지고자 하는 것일 뿐이다. 그리고 이 지혜는 위대한 일에서도 아주 미소한 일에서도 동일하게 아름다움을 발견해 내는 그런 지혜이다. 플로티노스의 '눈과 아름다움'의 관계에 대한 아래의 비유는 이를 잘 드러내주고 있다.

> 아름다움은 그 크기가 크다고 해서 확정되는 것은 아니다. … 신기하게도 우리의 작은 눈은 크기가 지나치지 않는 그런 크기의 모습뿐 아니라, 아주 거대한 크기의 모습들도 모두 받아들일 수 있다.
>
> - 『에네아데스』, 5권, 8, 2 -

인간의 시각은 크기와 무관하게 모든 곳에 있는 아름다움을 동일하게 수용할 수 있다. 마찬가지로 인간의 정신은 작은 들꽃에서, 거대한 은하의 모습에서, 아기를 사랑하는 어머니의 모성에서, 국가를 위해 목숨을 바치는 애국심에서, 인생의 진리를 발견하기 위해 사막으로 떠나는 수행자에게서, 일체의 것에서 동일하게 아름다운 무엇을 발견하고 여기서 아름다운 그 무엇을 산출해 낸다. 아마도 우리는 '미학적 관점에서 세계와 인생을 이해하고자 한 최초의 사람은 플로티노스였다'라고 말할 수 있을 것이다.

# 고대철학을 마치며…

파스칼은 '인간의 밝은 면만을 고찰하는 것도, 인간의 어두운 면만을 고찰하는 것도 다 같이 위험한 것이며, 이 둘을 모두 함께 볼 수 있어야 한다'고 강조하였다. 이는 맞는 말이다. 이 세상이 이상사회가 아닌 이상 모든 것에는 명암이 함께 존재하며 우리는 이 두 측면을 모두 볼 수 있어야 밝은 것은 발전시키고 어둠은 제거시키면서 사유를 올바르게 발전시켜 나갈 수 있을 것이다. 따라서 고대철학을 마치며 우리는 이 둘을 모두 함께 고찰하면서 그 정당한 평가를 내려 볼 수 있을 것이다.

### 고대철학에 대한 찬사

다양하게 규정될 수 있는 인간의 본질들 중에서 가장 의미심장한 것이 '호모사피엔스'라는 것이 사실이라고 한다면, 인류역사에서 철학의 탄생은 인간이 비로소 인간다울 수 있게 된 인류사적인 사건이라고 할 수 있을 것이다. 신화의 시대에도 사유는 있었겠지만 논리적이고 이성적인 사유, 세계와 인간에 대해 진정으로 '이해하고자 하는 노력'으로서의 사유는 고대 그리스에서 출현한 철학 이후에야 가능하였기 때문이다. 소크라테스 이전의 철학자들인 탈레스, 헤라클레이토스, 파르메니데스 등은 우주를 구성하고 있는 근본적인 질료나 본질 등에 대해 사유하면서 우주를 생성케 하고 지배하는 기본 원리를 이해하려고 노력하였다. 그들은 근본적으로 우주를 하나의 유기적인 통일체로 보았기 때문에 이 근본적인 우주의 질료로서 단일한 하나 혹은 몇 개의 물질을 가정하기도 하였고, 또 존재나 생성 혹은 무한자 등의 개념들을 제시하기도 하였다. 비록 이들의 사유나 이론들이 불완전하고 자기 완결성을 결여한 미숙한 사고라 할지라도 이들의 사유는 이후 서양 철학사에서 형이상학의 토대를 마련하였고, 이들이 보여준 정-반-합의 변증법적인 원리는 서양 전통에서 철학적 담론의 기초를 마련하였다고 할 수 있다.

고대철학에서 소크라테스의 등장은 철학이 비로소 철학다울 수 있었다는 철학의 성숙을 의미하는 것이었다. 왜냐하면 그의 철학은 근본적으로 '인간의 자기 성찰'을 의미하는 것이었기 때문이다. 플라톤을 통해 알려진 그의 철학함의 의미는 인간이 진정으로 어떤 존재인지 그리고 인간은 무엇을 목적으로 삶을 살아가야 하는지 하는 나아가 인간은 어떻게 살아야 하는지 하는 '인간학적 물음'의 장을 열었다고 할 수 있다. 인간이란 무엇인가 하는 물음이 사유의 한 중심에 위치하면서 비로소 '인문학'이라는 분야가 나타났고 또 인간이 스스로 자기 인생의 주인이 되고, 스스로 자신의 삶을 보다 가치 있는 것으로 창조해가는 '자립하는 존재'가 될 수 있었기 때문이다. 소크라테스의 산파술은 변증법을 통한 단순한 진보를 의미하는 것이 아니라, 마지막까지 최후까지 스스로 '아!'라는 내적인 확신을 가질 때 까지 사유의 끈을 놓지 않는 진정한 깨달음의 방법론으로서 우리는 소크라테스의 철학함을 통해 비로소 '진리'라는 말이 의미를 가지게 되었다고 할 수 있다. 스승 소크라테스의 사유를 자신의 학문적인 토대로 삼아 보다 이론적으로 정립한 플라톤은 동굴의 우화를 통해 '이데아' '형상' '영혼' 등의 개념을 발전시켰고 진정한 의미의 형이상학과 윤리학의 토대를 마련하였으며, '철인 왕' '이상 국가' 등의 개념을 통해 정치학의 토대를 마련하였다. 플라톤이 '관념론'의 아버지라고 한다면, '실재론'의 어머니였던 그의 제자 아리스토텔레스는 논리학, 형이상학, 윤리학, 인간학, 정치학 등 논리와 추론을 통한 과학적 사유방식으로 체계적인 학문의 범주들을 구축하였고 그 영향력은 오늘날에 이르기까지 서구역사 전반에 영향력을 미치면서 학문의 발전에 지대한 기여를 하였다. 그리고 그의 「윤리학」에 나타나고 있는 덕, 윤리, 중용 등의 개념은 수세기 동안 서양의 도덕철학에 지속적인 영향을 미쳤다. 소크라테스, 플라톤, 아리스토텔레스 이 세 명의 철학자들은 그리스 철학의 황금기를 이루면서 인류역사에서 비교할 수 없는 하나의 보물을 주었다고 할 수 있을 것이다.

고대 그리스가 쇠퇴하면서 스토아학파, 에피쿠로스학파, 회의주의를 아우르는 헬레니즘 철학이 등장하였다. 이들은 세계관이나 인생을 전체적으로 고찰하는 형이상학적 사유를 벗어나 삶의 양식으로서의 철학을 추구하였는데, 자연에 따른 삶, 운명의 수용, 미덕의 중요성 등을 강조하였다. 회의주의는 인간의 지식의 가능성 그 자체에 대해 의문을 제기하면서 '판단보류'를 주장하기도 하였다. 학문적 추구와 거대 담론을 벗어나 절제와 자제 그리고 순리에 따른 평온한 삶을 추구한 이들의 철학함의 의미는 로마-그리스 시대의 철학자들에게 이어졌다. 세네카, 에픽테토스, 아우렐리우스 등으로 이어지는 로마-그리스 철학자들의 철학함의 의미는 일종의 '개인 윤리'와 '내적 평화'를 추구한 '생활철학으로서의 지혜'를 추구하였다고 할 수 있다. 만일 철학도나 학자들이 아닌 일반인이 철학을 배운다면 플라톤이나 아리스토텔레스보다는 오히려 이들의 사유가 더 유용하고 효과적일 것이다. 반면 그리스철학의 마지막을 장식한 '신-플라토니즘'의 대표자인 '플로티노스'는 기독교와 중세철학에 지대한 영향을 미친 사상가였다. '일자론' '유출설' '상승의 형이상학' 등으로 알려진 그의 사유는 아우구스티누스를 비롯한 초기 교부 철학자들의 '유일신 사상'과 '창조론' 등의 형성에 일종의 원형을 제공하였고, 아리스토텔레스의 형이상학적인 원리들과 함께 토마스 아퀴나스가 『신학대전』을 저술하는데 토대를 제공하였다. 중세철학의 황금기였던 '스콜라 철학'의 특징이 플라톤과 아리스토텔레스의 세계관을 종합하면서 기독교 사상을 정립한 것임을 감안한다면, 그리스의 철학은 서구철학의 가장 첫 번째 유산이라고 할 수 있으며, 이후 서양철학사의 모든 담론들 형이상학, 윤리학, 인식론, 인간학 나아가 정치철학 등의 담론에 사유의 근원이 되고 있다고 할 수 있을 것이다. 이들이 마련한 합리적인 사유, 비판적 사유, 진리 추구는 아마도 철학이 존재하는 한 지속되는 '영속적인 가치'일 것이다.

## 고대철학에 대한 비판적 성찰

어떤 사상이나 사유를 비판한다는 것은 그 사상을 소개하는 것 보다 훨씬 어려운 일이다. 우선 비판의 관점이 다양할 수 있다. 그 사상의 관점에 대해서 비판을 할 수도 있고, 용어들의 모호함이나 논리가 일관되지 않는 것에 대해 비판할 수 있고 또 전체적인 이론의 틀에 통일성이 부족하여 자기 완결성을 결여하고 있다고 비판할 수 있다. 그 중에서도 가장 중요한 점이라면 그 사상이 현실에 어떤 도움을 주고 있는가? 혹은 철학자가 자신의 사상을 현실의 문제들을 위해 실제로 어떻게 적용하고 있는가 하는 점 등일 것이다.

아마도 고대철학에 있어서 비판의 여지를 살펴보면 위에서 언급한 모든 것들이 이에 해당될 수가 있을 것이다. 예를 들어 자연철학자들에게 있어서 존재하는 모든 것에 있어서 공통되는 '근원적인 요소'를 가정하는 것은 그 근거가 희박하다. 왜 갑자기 세계에 존재하는 모든 것에 공통되는 근원적인 요소를 생각하게 되었는지 그 이유가 궁금하고 또 왜 애초에 다양한 원소들이나 다양한 질료들이 존재하였다고 할 수 없었는지 알 수가 없다. 거의 대다수의 고대 철학자들이 신에 대해서 말하고 있지만, 신이 정확히 무엇을 말하는지 어떤 존재인지에 대해서는 모호하다. 모든 것이 물에서 그 근원을 가진다고 생각했던 탈레스는 또한 신은 만물 속에 있다고 하였다. 그렇다면 물이 신의 근원인지 신이 물의 근원인지가 모호하다. 플라톤 역시 신에 대해 그리고 신성한 것에 대해 말하고 있지만 또한 최상의 존재는 '선의 이데아'라고 말하고 있다. 인간의 영혼과 이데아 사이에서 신은 정확이 어디 쯤 존재하며, 또 그 역할이 무엇인지 모호하다. 아리스토텔레스는 질료와 형상이 결합된 것만이 실제로 존재하는 것이라고 하였지만, 죽은 뒤의 영혼은 개별성이 소멸되고 '보편적인 것만 남는다'고 하였다. 육체가 소멸되고 개별성이 소멸된 영혼은 질료를 가지지 않을 것인데, 질료 없는 것이 존재한다는 것도 납득이 가지 않는다. 이러한 사유는 모두 논리적인 일관성의 허점들이고 자기 완결성이 부족한 점이라고 할 수 있다.

플라톤은 모든 인간이 동일하게 고귀한 영혼이란 것을 가지고 있다고 생각하였고, 아리스토텔레스는 정의가 모든 덕들 중에 가장 고귀하다고 생각하였지만 그럼에도 그들은 현실의 삶 안에서 여전히 존재하고 있었던 노예제도에 대해서는 아무런 비판을 하지 않았고, 당시에 여전히 계급사회였던 사회적인 구조들에 대해서 그리고 정치적 삶에 있어서 여성의 권리가 거의 존중되지 않았던 사회적 부조리에 대해서는 비판이나 언급이 거의 없었다. 한 마디로 학문적이고 사변적인 일에 헌신한 것은 사실이지만 충분히 도덕적이지 못하였다고 할 수 있다. 아리스토텔레스의 윤리학은 '탁월한 덕'을 가질 것을 주문하고 이로서 행복하게 살 것을 권고하였지만 그러나 선과 악에 대한 숙고한 적은 없었다. 이상적인 사회가 아닌 한 인간 사회란 사회악이 존재할 수밖에 없고 이 사회악으로 인해 고통과 고뇌 그리고 약자들의 눈물이 있다는 것을 부정할 수는 없다. 아무리 탁월한 덕을 소유한 자라고 해도 그의 마음이 선하지 않고 악하다고 한다면 오히려 탁월성은 보다 큰 사회악을 야기할 수 있는 도구가 될 것이다.

플로티노스 역시 세상에 만연하는 악의 존재에 대해서 명상한 적은 없다. 플로티노스에게 있어서 악이란 다만 일자로부터 보다 멀리 떨어져 있다는 것이었고 그리하여 존재의 빛이 희미한 '물질 그 자체'를 악으로 규정하였다. 하지만 인간에게 고통을 유발하는 악은 물질이 아니다. 그것은 다른 인간에 의해서 이며, 자연재해 같은 자연악을 제외하면 엄밀하게 말해 악은 오직 인간을 통해서만 산출되는 그 무엇이다. 희랍시대나 중세시대 혹은 근대나 현대 할 것 없이 인간의 사회란 항상 고통과 고뇌가 만연하고, 사회적 약자들로 하여금 고뇌에 빠지게 하고 눈물을 흘리도록 하는 불의한 일들로 가득하다. 하지만 희랍의 어떤 철학자들도 사회적 약자에 대한 자비나 이웃에 대한 사랑을 말하는 이들은 없었다. 비록 인간이 궁극적으로 지향해야 할 것이 저 편세계라는 것을 깨닫고 의식이 깨어났기는 했지만 여전히 고대철학자들에게 있어서 가장 취약한 부분은 도덕적인 삶에 대한 논의가 매우 빈약하였다는 것에 있을 것이다. 베르그송에 따르면 '도덕이란 의무를 다하고 그 이상을 하는 것'을 말하며, 여기서 가장 중요한 것은 '나' 혹은 '우리'를 넘어서서 모든 인간을 위해 선을 행하고 자비를 베푸는 사랑의 행위를 말하는 것이다. 비록 아리스토텔레스가 부자는 가난한 자를 위해 있다고 말하고 있기는 하지만, 이는 너무나 원론적인 정의일 뿐 어떻게 가난한 자들을 실제로 도울 수 있는지, 그리고 사회적 약자들이 가진 어려움이 무엇인지에 대한 고민은 전혀 하지 않았다.

　이러한 도덕적 삶에 대한 성찰의 부족 때문에 현대인들 중에는 자주 고대철학은 그 성격에 있어서 '엘리트들을 위한 엘리트들의 학문'이라는 인상을 가지게 되는 것이다. 물론 철학이 사회적 실천으로 눈길을 돌린 것은 거의 근대 이후 '사회철학'이란 것이 등장하면서 이겠지만 그럼에도 인생의 지혜라는 차원에서 과거에도 동일한 갈망과 동일한 사회적 갈망을 지니고 있었을 것이다. 인간이라면 누구나 '양심'이란 것을 가지고 있으며, 희랍의 철학자들도 우리와 동일한 양심을 지니고 있었을 것이다. 그렇게 때문에 철학자가 자신의 양심에 따라 철학을 하고 있다면 세상의 불의나 사회악 등에 대해서 무감할 수가 없을 것이며, 자신의 철학적 작업 중에 고통당하고 있는 세상의 범인들에 대한 관심을 철회할 수가 없을 것이다. 아마도 이점에 있어서 그나마 소크라테스가 여전히 모범이 되고 있다고 말할 수 있으며, 우리에게 큰 위로를 주고 있다고 할 수 있을 것이다.

# 주 · 석

1  *Xénophane, fragments*, Trad. par Yves Gerhard, Et ego in Arcadia, 2019, Sur la nature, fr. 23.

2  플라톤, 『소크라테스의 변명』, 최현 옮김, 집문당, 2008, p. 31

3  플라톤, 『파이돈』, 최현 옮김, 범우사, 2010, p.33.

4  Platon, *phédon*, trad. par D. Monique, GF-Flammarion, p. 242.

5  Platon, *Timée*, trad. par Albert Rivaud, Les Belles Lettres, 1949.

6  Platon, *La Republique*, trad. par R. Baccou, GF-Flammarion, 1966, p. 360.

7  *Ibid.*, p. 350.

8  플라톤, 『티마이오스』, 박종현·김영균 공동역주, 서광사, 2011, 29a-b. pp. 78-79.

9  Platon, *La Republique*, p. 274.

10  *Ibid.*, p. 275.

11  플라톤, 『파이돈』, p. 63.

12  같은 책, p. 62

13  Platon, *La Republique*, p. 190.

14  *Ibid.*, p. 230.

15  Marc-Aurèle, *Les Pensées*, trad. par M. J. Barthélémy, G-Baillière, 1876. (8. 3)

16  Platon, *La Republique*, p. 231.

17  *Ibid.*, p. 260.

18  *Ibid.*, p. 241.

19  *Ibid.*, p. 232.

20  *Ibid.*, p. 244.

21  아리스토텔레스, 『형이상학』, 김진성 역주, 서광사, 2022, 982b, p. 40.

22  같은 책, 983a, p. 44.

23  같은 책, 982b, p. 41.

24 같은 책, 982b, p. 40.

25 같은 책, 988b, p. 73.

26 같은 책, 991a, p. 85.

27 같은 책, 1026a, p. 271.

28 같은 책, 1072b, p. 512.

29 같은 책, 1026a, p. 272.

30 힐쉬베르거, 『서양철학사』, 강성위 옮김, 이문출판사, 1983. p. 626.

31 Aristote, *De l'âme*, trad. par R. Boéüs, GF-Flammarion, 1993, p 145.

32 Aristote, *Métaphysique*, Tom 1, trad. par J. Tricot, J. Vrin, 1991, p. 237.

33 Aristote, *De l'âme*, p 145.

34 *Ibid.*, p 152.

35 Aristote, *Métaphysique*, p. 183.

36 Aristote, *De l'âme*, p. 277

37 Aristote, *Éthique à Nicomaque*, trad. par J. Tricot, J. Vrin, 1994, p. 89.

38 Aristote, *De l'âme*, p. 238.

39 Aristote, Éthique à Nicomaque, p. 40.

40 *Ibid.*, p. 69.

41 *Ibid.*, p. 290.

42 *Ibid.*, p. 510.

43 *Ibid.*, p. 519-520.

44 Aristote, *Les politiques*, trad. par P. Pellegrin, GF-Flammarion, 1993, p. 92.

45 Aristote, *Éthique à Nicomaque*, pp. 169-170.

46 *Ibid.*, p. 219.

47 Platon, *La Republique*, p. 253.

48 Diogene Laërce. *De la Vie des philosophes*, Tom I, trad. par de Gilles Boileau, Charles de Sercy, 1668 p. 38.

49 *Ibid.*, p. 197.

50 피에르 아도, 『고대철학이란 무엇인가』, 이세진 옮김, 이레, 2008, p. 136.

51 Diogene Laërce, De la Vie des philosophes, p. 197.

52 Sénèque, *Œuvres complètes* de Sénèque le Philosophe, Hachette, 1914, Tom 1, *De la Providence*, trad. par Joseph Baillard, *(De Providentia*, 5. 8.*)*, pp. 219-234.

53 플라톤, 『파이돈』, p. 32.

54 Sénèque, *Œuvres complètes, Lettres à Lucilius* XCV.

55 Arrien, *Épictète, Manuel*, trad. par C. Thurot, Hachette et Cie, 1889, p. 12.

56 피에르 아도, 『고대철학이란 무엇인가』, p. 179

57 Sénèque, *Œuvres complètes, les Pensees*. 2, 8.

58 Sénèque, *Œuvres complètes, Sur la tranquillité de l'âme*, 10. 3.

59 Sénèque, *Œuvres complètes, De la providence*, 4. 12.

60 Sénèque, *Œuvres complètes, Sur la tranquillité de l'âme*, 11. 3.

2부

중세 철학

# 1장

중세철학,
중세철학에 얽힌 오해들

# 1. 중세철학은
## '암흑기'의 산물이었나?

① 중세철학에 대한 세 가지 편견들

외국에서, 특히 유럽에서는 중세철학이 비교적 잘 알려져 있고 이에 대한 선입견 또한 적은 편이다. 반면 국내에서는 유독 중세철학에 대한 선입견과 편견이 심한 편이다. 철학의 기초를 소개하는 책에서 아예 중세철학이 빠져 있는 경우도 있고, 예전에도 그랬지만 지금도 일반대학 철학과의 커리큘럼에서는 좀처럼 독립된 중세철학 강의를 볼 수가 없다. 30여 년 전 철학과 초년생이었을 때에 나는 서양철학사에 관심이 많았고 '서양고중세철학'이라는 과목을 매우 기대를 가지고 들었다. 하지만 한 학기에 고대와 중세를 동시에 살펴야 하는 강의이다 보니, 강의는 거의 한 학기 내내 고대철학을 중심으로 진행되었고, 중세철학에 관해서는 거의 마지막 한두 시간 언급하는 것으로 끝나 버렸다. 그리고 국내의 한 대학원에서 토마스 아퀴나스를 전공하려고 하였지만, 결국 지도교수를 구하지 못하고 유학을 가야만 했다. 그러니 나는 프랑스 유학을 가서야 비로소 중세철학에 대해 참으로 공부다운 공부를 할 수 있었다. 그러한 분위기 때문인지 오랫동안 무의식 속에 '왜 한국에서는 중세철학이 이토록 잘 알려지지 않은 것일까' 혹은 '왜 한국의 철학자들은 중세철학을 기피하는 것일까'라고 생각하였던 것 같다.

이 같은 질문에 대해 현재 내가 지니고 있는 답변은 '그럴 수밖에 없는 이유가 크게 세 가지 정도는 있다'는 것이다. 첫째는 세계사에 대한 선입견을 철학사에 대해 그대로 적용한 오류일 것이다. 즉, 세계사에서 중세사를 '암흑의 시대'라고 부르고 있기 때문에 당연히 중세철학도 그 '암흑기의 산물'로 생각하는 것이다. 그래서 중세철학이 지혜를 추구하는 학문인 철학에는 크게 도움이 되지 않는 것이라 쉽게 판단해 버리는 것이다. 둘째는 '중세철학은 신학의 시녀였다'는 잘못된 편견도 중세철학을 기피하는 하나의 이유일 것이다. 서구 유럽에서 중세기란 그리스도교가 지배한 역사였고, 이 시기의 철학은 그리스도교의 교의들을 정당화하기 위해 도구적으로 사용되었을 뿐이라는 오해가 있기 때문이다. 솔직히 이 점은 관점의 문제이기 때문에 중세철학을 전공하는 연구자들 사이에도 이견이 있다. 셋째는 철학이란 무엇인가에 대한 일반인들의 인식, 특히 동양인들의 일반적인 인식이 종교나 신앙의 문제와 밀접한 관계를 가진 중세철학을 기피하게 하는 원인이 되고 있다는 것이다. 가령 중세철학은 그리스도교의 철학이니만큼 '유신론적인 세계관'을, 그것도 '유일신 개념'을 견지하고 있기 때문에, '신 중심의 사고방식'이라는 속견으로 인해 중세철학을 평가절하하게 되는 것이다. 사실 어떤 면에서는 이 세 가지 이유가 서로 얽혀 있고 하나의 큰 맥락에서 기인되고 있다고 해야 할 것이다.

그럼에도 불구하고 이 세 가지의 이유는 최소한 합리적인 사유에 있어서는 모두 선입견 내지는 편견에 지나지 않은 것이라 할 수 있다. 특정한 관점을 가지기를 고집한다면 이 세 가지의 입장이 충분히 긍정될 수도 있겠지만, 정상적이고 합리적인 추론에 의하면 이러한 세 가지 입장은 수용되기가 어려울 것이다. 설령 그 입장들을 공정하게 수용한다 해도 중세철학에 대한 중립성을 주장하는 견해가 더욱 합리적이고 논리적일 것이다. 그리고 이 같은 선입견들이 잘 해소되고 중세철학에 대해서 정당하고 올바른 이해를 가지게 된다면, 오히려 이러한 앎이 근대철학이나 현대철학이 가진 문제점을 파악하는 데도 도움을 줄 수 있을 것이다. '모든 존재는 존재하는 만큼 선한(좋은) 것'이라는 토마스 아퀴나스의 관점에서 보자면 그 어떤 사람이나 사상도 그 자체 '나쁜 것'은 없다. 모든 사상은 어떤 면에서는 좋은 것이며 또한 어떤 면에서는 나쁜 것이고, 모든 사람은 한편 좋은 점도 있고 또 한편 나쁜 점도 있다. 이 세상에 그 자체로 '선하거나 악한 것' 혹은 그 자체로 '완전한 것'은 없기 때문에 우리는 모든 것에 대해서 공정하게 평가할 필요가 있고, 인생에 도움이 되고 인류 역사에 도움을 줄 수 있는 긍정적이고 밝은 쪽을 바라볼 수 있어야 한다. 논리학에서는 이를 '자비의 원리'라고 부른다. 동일한 하나의 사실에 대해서 긍정적인 관점에서 평가할 수도 있고 부정적인 관점에서 평가할 수도 있을 때는 가급적 '긍정적으로 평가하는 것'이 자비로운 행위이며, 또 그것이 인생에 도움을 주는 사고방식이다. 그렇기 때문에 중세철학에 관한 이 세 가지 오해에 대해서 무엇이 문제인지를 한 번쯤은 고찰해 볼 필요가 있는 것이다.

### ② 서양 중세사는 암흑의 역사였던가?

우선 '중세기는 암흑의 역사였다'는 이 평가에 대해서 한 번 생각해 볼 필요가 있다. 만일 역사가들에게 왜 세계사에서 유독 중세기를 '암흑의 역사' 혹은 '암흑기'라고 부르는가를 질문한다면, 아마도 그 근거를 무수하게 많이 나열할 수 있을 것이다. 이 중에서 대표적인 이유를 세 가지로 나열하자면, 첫째는 서양의 중세기란 일반적으로 정교일치政教一致의 사회로 교황을 중심으로 하는 '전제정치despotism(영)'였다는 점이다. 따라서 당연히 민주주의라는 개념도 없었을 것이며, 인권이라는 개념도 없었을 것이요, 여성의 권리라는 것도 빈약했을 것이며 또한 여전히 특정 지역에서는 노예제도가 존속해 있었을 것이다. 둘째는 중세기란 아직 과학이 발전하지 못한 문맹기여서 흑사병과 같은 전염병이 돌면 도시인구의 절반이 죽어 나던 암담한 시기였다고 할 것이다. 세 번째 근거는 가장 빈번히 상징적으로 내세우는 것으로 '마녀사냥'이 있었던 야만적인 시대였다고 할 것이다. 하지만 이러한 이유들은 한편 그럴 듯 하지만 그러나 조금만 더 깊이 생각해 보면 사실상 거의 의미가 없는 이유들이며, 순전히 정치적인 동기를 가진 편견들이라고 할 수가 있다.

서양의 중세기란 역사가들에 의하면 시기상으로는 서로마 제국이 멸망했던 5세기에서 르네상스가 시작하기 직전인 15세기까지로 알려져 있다. 물론 중세철학은 그리스도 사망 이후 교부들이 그리스도교 신학을 정립하던 2세기 정도로 잡을 수 있다. 따라서 서양의 중세기는 시기상으로 한국사의 삼국시대에서부터 고려시대 혹은 태조 이성계가 조선을 건국하던 ·초기시대까지로 볼 수 있다. 중국의 역사로는 위진 남북조에서 청나라까지에 해당한다. 그런데 사실상 서양의 중세기에 해당하는 동양의 역사에도 정치적인 상황은 거의 동일하다. 삼국시대나 고려시대 혹은 명나라나 청나라는 모두 왕이 절대 권력을 가지고 있던 '전제정치'의 시대였고, 이 시기에 민주주의나 인권의 개념은 전혀 존재하지 않았다. 마찬가지로 노예제도도 동양의 나라들에도 동일하게 존재하였으며, 조선시대는 말기까지 일종의 노예였던 종이나 머슴이 존재하였다. 이를 감안한다면 서구 유럽의 중세보다 동양이 더했으면 더했지 덜하지 않았을 것이다. 마녀사냥이라는 것도 사실 문화적 차이에서 따라 다른 형태로 나타나는 것이긴 하지만, 이와 유사한 것이 중국이나 삼국시대에도 여전히 존재하였다. 중국이나 삼국시대 그리고 조선시대에는 반역을 한 자는 구족을 멸한다는 끔찍한 제도가 있었고, 중국에서는 왕을 황제라 칭하고 황제는 하늘이 정해 준 것이기에 누구도 그 권위를 부정할 수가 없었다. 왕이 절대 권력인 하늘의 권위를 가지고 있었던 시대가 동양의 중세 시기라고 할 수 있다. 또한 한중일 모두는 그리스도교를 수용하였던 수많은 사람을 요사스런 사상을 퍼뜨린다며 참혹하게 학살한 어두운 역사를 가지고 있다. 하지만 누구도 동양사에서 '암흑기'라는 말을 사용하지 않는다. 오히려 동양에서 중세기를 말할 때는 주로 찬란했던 문화적 유산들을 더욱 언급한다. 언어와 종이의 발견, 놀라운 건축기술, 아름다운 전통문화들과 예술품들 등 동양이 자랑하는 대다수의 전통문화는 곧 동양 중세기의 산물들이다. 이와 마찬가지로 찬란한 전통문화란 서양에서도 대게 중세기에 만들어진 것이다. 따라서 유독 서양사에서만 중세를 암흑시대로 보는 것은 일종의 편견이다.

서양사에서 중세기를 '암흑기'라고 부르는 이유는 사실상 근대를 '계몽주의 시대', 즉 '(이성의) 빛을 비추는 시대'라고 불렀기 때문에 그 이전의 시기를 '빛이 없던 시대'라는 의미에서 '암흑기'라고 불렀던 것이다. 그리고 서양 역사를 보면 마녀사냥이 실제로 일어났던 시기는 중세 말기였고 본격적으로 진행된 것은 르네상스 초기였다. 따라서 '중세 암흑기'라는 용어는 일종의 비유적인 혹은 문학적인 용어로 사용하는 것이지 이를 말 그대로 중세사에 적용할 수는 없을 것이다. 비록 전제주의라는 정치적인 역사를 근거로 암흑기라고 말할 수 있다고 해도 이는 어디까지나 정치적인 범주에 국한하는 것이지, 문화나 예술, 그리고 학문의 발전과는 직접적으로 상관이 없는 것이다. 그렇기 때문에 중세사 그 자체를 '암흑기'라고 생각하는 것은 일종의 '실체화의 오류'를 범하는 셈이다.

중세기의 문화가 교회음악이나 성화를 중심으로 이루어졌고, 과학적으로도 신 중심의 사유가 지배하여 천동설을 주장하였고 그리하여 문화적 다양성이 제한되었다는 이유로 '암흑기의 시대'라고 부른다는 것도 일종의 언어적 오용 혹은 남용이라고 볼 수 있다. 왜냐하면 이는 서구 중세기의 문제가 아니라, 진보 사관에서 진보가 덜 된 모든 문화에서 볼 수 있는 '과거 시대의 문제'이기 때문이다. 한편으로, 중세 중반기의 대학 문화가 없었다면 근대의 탄생 또한 어려웠음을 부정할 수가 없다.

## 마녀사냥이란 무엇인가?

중세 말기에 다양한 과학적 발견과 새로운 세계관의 등장 등으로 인해 정치적으로 사상적으로 교회의 권위가 추락하고 교회로부터 이탈하고자 하는 운동이 일었다. 그러나 가톨릭 교회에서는 이단적인 사상을 퍼뜨리는 사람들을 악마의 유혹에 빠진 사람들이라고 생각하며 이들을 탄압하기 시작하였고, 그중 하나가 '마녀사냥'이라는 것이었다. 마녀사냥은 다양한 사회적 불행들, 가령 '천재지변', '전염병', '전쟁' 등에 대해서 이에 대한 책임을 주술사, 치유자 등의 어느 특정한 개인들에게 전가하기 위해 만든 것이다. 특정한 개인에게 '마녀'라는 오명을 씌워 악마의 사주로 이 같은 불행이 초래되었다고 본 것이다. 이를 위해서 교회에서는 정식으로 재판을 하기 위해 1484년에 '마녀소추지침Malleus Maleficarum'이라는 것을 발표하였으며, 가장 심했던 시기는 1582-1679년 이었다. 하지만 르네상스의 시작을 에라스무스(1466-1536)의 인문주의라고 본다면, 사실상 마녀사냥이 합법적으로 이루어진 시기는 르네상스 시대인 셈이다. 물론 이를 르네상스 시대에 잔존하는 중세기적 요소라 볼 수 있다고 해도, 아주 짧은 시기 특정한 오류의 문화현상을 전체 문화의 이미지로 덧씌울 수는 없을 것이다. 사실 어떤 관점에서 보자면 모든 시대에 이 같은 마녀사냥이 그 모양을 달리하여 존재하여 왔고, 오늘날 여전히 존재하고 있다고 할 수 있다. 따라서 마녀사냥이 중세기를 암흑기라고 부를 수 있는 근거가 될 수는 없다.

### ③ 빛을 향한 점진적인 도약으로서의 중세철학

그렇다면 서양의 중세철학은 어떤가? 중세기 그 자체를 암흑기라 부를 수 없다면 당연히 중세철학에서도 이 같은 의미를 부여할 수는 없을 것이다. 더욱이 철학이라는 특수한 영역에서는 '암흑기'라는 말은 전혀 어울리지 않는다. 왜냐하면 1천 년이라는 긴 세월 동안 중세철학에서는 무수한 사상가가 등장하였고, 비록 그 속도가 느리긴 했지만 어떤 의미에서 빛을 향한 끊임없는 진보가 서양 중세철학의 역사였기 때문이다. 교부철학에서 '교부敎父'란 성직자들을 의미하는 것이며, 이들의 학문적 노력이 초기 교회의 교의와 신학을 정립하던 것을 목적으로 하고 있었기에 어느 정도 중세의 정치문화의 산물이었다고 할 수 있다. 반면 이후 스콜라철학이 시작된 이후부터 철학자들의 노력은 오히려 논리적이고 합리적인 사유를 바탕으로 하여 기존의 교조주의적이고 교회중심주의적인 도그마로부터 이탈하도록 하는 토대가 되었다. 보편적이고 이성적인 세계관을 형성하고자 한 노력이라고 볼 수 있다. '스콜라scola철학', 즉 '대학의 철학'을 의미하는 이 시기의 철학은 교부철학에 높은 수준의 지성적인 논의들이 매우 활발했던 시기였다. 대학에서 다양한 교양이 강의되고, 논리적 추론에 의해 한층 발전된 변증법은 말 그대로 고유한 철학적 논의들을 매우 풍부하게 하였다. 특히 아리스토텔레스의 논리학을 수용한 토마스 아퀴나스의 철학적 작업은 이성을 신앙에 종속시킨 기존의 수직적 관계에서 벗어나 신앙과 이성이 각자의 고유한 영역을 가지게 하였고 서로 상보적인 관계의 협력관계로 발전시켰다. 교부철학의 대표자였던 아우구스티누스의 모토가 "알기 위해서 믿는다"라는 것이었다면, 토마스 아퀴나스의 모토는 "믿기 위해서 먼저 알고자 한다"는 것이었다. 우리는 최소한 스콜라철학 이후의 중세철학은 신앙에 종속된 이성 혹은 종교에 봉사하였던 철학이 자신의 자율성과 독립성을 획득하고자 하는 부단한 노력의 과정이었다고 말할 수 있다.

이 같은 사실의 분명한 근거를 최소한 2개를 소개할 수 있다. 하나는 스콜라철학의 대표자인 토마스 아퀴나스의 삶 그 자체이며, 다른 하나는 토마스 아퀴나스와 거의 동시대를 살았던 이슬람의 철학자인 아베로에스Averroès의 삶이다. 토마스 아퀴나스는 학자로서 평생 이루어야만 했던 하나의 사명을 가지고 있었는데, 그것은 아리스토텔레스의 논리학과 변증론에 기초한 그리스도교 철학(신학)을 새롭게 확립하는 일이었다. 그리하여 그는 자신의 학문적 커리어의 중반기에 이르기 이전에 이미 "근본적인 아리스토텔레스주의"라는 죄명으로 가톨릭교회(당시 파리교회와 옥스퍼드교회)로부터 이단으로 단죄되었으며, 그의 오명은 사후 성인품에 오르기 전까지 풀리지 않았다. 이 일화는 중세철학이 단지 그리스도교의 합리화에 봉사하고 신학적 체계에 봉사하기 위한 철학이 아니었음을 여실히 보여 주는 사건이다.

다른 하나의 근거는 아랍철학자였던 아베로에스의 삶이다. 12세기 안달루시아 지방에는 이슬람 극단주의자와 합리적이고 이성적인 지식을 세우려던 철학자들 사이에 충돌이 발생하였다. 아베로에스는 철학자이자 동시에 칼리프 알 만수르Caliph al-Mansur의 고문이었다. 그는 충실한 신하였고 현명하고 공정한, 이성적인 철학자였다. 하지만 칼리프는 종교적 근본주의자들을 달래기 위해 철학자의 모든 작업을 중지시키고 철학 서적들을 불태울 것을 명하였다. 이 같은 국왕의 '분서갱유' 명령에 대항하여 목숨을 다해 철학을 지키고자 헌신한 철학자가 아베로에스 였다.

「운명‎الصير, Al-Massir」이란 제목의 영화 포스터

이집트에서 유세프 샤힌Youssef Chahine에 의해 제작된 이 영화는 철저하게 역사적 사실의 고증에 의해 제작되었으며, 다큐멘터리적 요소를 가미한 역사 드라마이다. 이 영화에서는 종교적 근본주의자들의 정신적 폭력 특히 철학 서적들을 불태우려고 하는 '분서갱유'에 맞서 목숨을 걸고 싸운 철학자들의 처절한 몸부림을 잘 보여 주고 있다. 철학자이자 의사였던 '아베로에스'의 일대기를 다룬 영화로서 칸 영화제에서 기념상을 수상하였다.

# 중세는 진정으로 암흑의 시대였던가?

| | |
|---|---|
| 중세에 대한 비판적 관점 | 세계사에서 중세를 흔히 '암흑시대'로 규정하는 것을 볼 수 있다. 하지만 이러한 비판적 명칭은 과장된 면이 있고 공정하지 않으며, 따라서 언어의 오용 혹은 남용이라고 할 수 있다. 서양 중세의 역사 문화적 양태를 근·현대인의 시각에서 비판적으로 고찰할 수 있는 여지는 많이 있지만 또한 찬란한 문화적 발전도 많이 있다. 우선 중세 문화나 정신을 비판적으로 고찰하자면 크게 네 가지 사실을 들 수 있을 것이다. ① 1천 년 이상 지속되었던 중세시기였지만, 그리스도교의 세계관이라는 하나의 세계관이 지속되었고 다른 모든 사상은 마치 오류의 사상처럼 고려되었다. 한 마디로 똘레랑스가 거의 없었던 문화적으로 혹은 정신적으로 경직된 시기였다. ② 중세의 후반기에 어느 정도 완화되기는 하였지만 중반기까지 즉 반세기 이상 철저한 계급사회 수직적 위계질서의 사회였고 교황중심주의나 국왕중심의 전제적 체제가 –사람들은 이를 신중심의 사회라고 통칭하기도 한다– 지속된 시기였다. 비록 사상적으로는 사랑의 윤리학이 핵심이었지만 사회적으로는 오늘날과 같은 인권의식이나 사회적 약자를 배려하는 제도 등은 거의 볼 수가 없었다. 한 마디로 학문과 실제 삶의 괴리가 이원화된 시기가 너무나 오래 지속되었다고 볼 수 있다. ③ 종교전쟁, 마녀사냥, 농노제도 등과 같은 비-정의로운 일들이 많았지만 철학자들은 이러한 사실들을 거의 철학적 논의의 대상으로 삼지 않았다. ④ 의학이 발전하지 않았던 중세 말기에 흑사병이 돌아 너무나 많은 사람이 치료를 받지 못하고 죽음을 당하였다. |
| 중세에 대한 긍정적 관점 | 그 이유 역시 크게 4가지로 들 수 있을 것이다. ① 위의 비판적 사실들은 비단 서양의 중세 시기뿐 아니라, 인간의 의식이 충분히 발전하지 못하였던 모든 시대의 역사적 사실들이며 어떤 관점에서는 '진보사관'에서의 자연스러운 발생학적 과정이라고 할 수 있다. 아무도 '고구려의 암흑시대' 혹은 '진나라의 암흑시대'라는 말을 하지 않듯이 역사의 진보가 이루어지지 않은 시대를 무조건 암흑시대라고 할 수는 없기 때문이다. ② 중세 시기는 사회적 의식적인 진보가 뒤쳐졌던 시기였기에 역설적으로 철학적 사상적 차원에서 빛을 향한 엄청난 노력이 있었다. 토마스 아퀴나스, 아베로에스 등과 같은 철학자들은 정치적인 박해를 극복하고 자신들의 평생을 바쳐 진리를 추구하는 작업을 멈추지 않았고, 중세 말기의 부르노는 자신의 사상을 주장하다가 화형을 당하였다. 비록 정치·문화적으로 매우 미개한 측면이 있었지만 사상적으로는 매우 낙관적이고 밝은 진리를 향한 상승의 시기였다고 볼 수 있다. ③ 고대 시대에 비해 중세의 문화 예술에서 특징적인 것은 '빛'이었다. 종합예술품으로 고려되는 중세의 대성당들에서 가장 중요한 것은 빛의 예술이라 불리는 '스레인드글라스'였다. 유럽에서 세계문화유산 1호는 스레인드글라스로 유명한 파리 근교의 '샤르트르 대성당'이다. 그리고 '악보'가 처음 발명된 것도 중세의 수도원에서였고, 역사상 첫 '그림'이라고 할 수 있는 프레스코화도 중세 말기에 발명되었다. 오늘날 우리가 '시', 그리고 '소설'이라고 부르는 문학 장르도 사실 중세 중기와 말기에 처음 나타났다. 중세 말기에는 근대 사회를 가능하게 하였던 많은 발명이 수도원에서 이루어졌다. 이러한 점들을 고려해 본다면 중세를 '암흑시대'라고 부르는 것은 정당하지 않은 평가라고 할 수 있다. |

## 그렇다면 중세기에 대한 정당한 평가는?

아마도 중세기를 '암흑시대'라고 불렀던 진짜 이유가 있다면 그것은 근대를 사상적으로 '계몽주의', 즉 '빛의 시대'라고 불렀기 때문에 그 이전을 '빛이 없었던 시대', 즉 암흑시대라고 하였을 것이다. 한국의 누구도 고려시대나 조선시대를 '암흑시대'라고 부르지 않듯이 우리는 서양 중세를 암흑시대라고 일반적으로 부를 수는 없을 것이다. 다만 중세시대는 정치적으로 문화적으로 사회적으로 진보가 매우 느렸던 시대였고, 철학적으로는 사상과 현실의 삶 사이의 괴리가 심했던 시대라고 평할 수는 있을 것이다.

그는 제자와 친척들과 함께 모든 철학 서적을 사본으로 만들어 국경너머로 보내는가 하면, 어떤 책들은 '알라'라는 이름이 포함된 새 표지로 만들어 ―이슬람에서는 '알라'라는 용어가 포함된 어떤 서적도 파쇄하거나 불태울 수가 없다― 동굴 속에 숨기기도 하는 등 눈물겨운 사투를 보여 주었다. 그의 일대기는 1997년 영화로 제작되어 당해 칸 영화제 50주년 기념상을 수상하기도 하였다. 이 같은 사실들은 중세의 철학이 단지 '암흑기'로 표방되는 정치적 역사의 산물이 아니라 오히려 이 같은 암흑기를 벗어나고자 했던 '점진적인 빛을 향한 도약의 여정'이었음을 말해 주고 있다.

## 2. 중세철학은 신학의 시녀였던가?

① 진정한 철학은 어떤 전제도 가지지 말아야 하는가?

"중세기에 있어서 철학은 신학의 시녀였다"는 말은 중세철학 전공자들에게서도 종종 들을 수 있는 말이다. 그리고 어떤 관점에서는 이 명제가 완전히 틀린 것은 아니다. 예를 들어 아직 사상적으로 완전히 정립이 되지 않았던 교부철학의 시기에서는 철학이 신학을 정립하기 위한 하나의 수단처럼, 혹은 신학을 정립하기 위한 봉사자처럼 사용하였다는 말이 적절할 수 있다. 물론 이 경우도 '시녀'라는 말이 적합한 것인가 하는 점은 의문의 여지가 있다. 그런데 최소한 스콜라철학이 시작되면서는 철학은 더 이상 신학의 시녀 혹은 신학을 위한 봉사자가 아니라 독자적인 방법과 분야를 가진 독립된 학문이었다고 할 수 있다. 따라서 스콜라철학에서는 신학과 철학이 상보적인 동반자의 관계라고 할 수 있다.

사실 '중세철학은 신학의 시녀였다'는 말은 철학자나 신학자들의 말이 아니라, 역사학자의 말이었다. 힐쉬베르거의 『서양철학사』에서 "이 시대를 특징 짓기 위해 거듭거듭 인용되는 말은 역사학자 페트루스 다미아니의 '철학은 신학의 시녀'라고 하는 말이다. 간단히 말해서, 철학은 '전제가 없는 것'이 아니었다. 그리고 바로 그렇기 때문에, 중세기에 진정한 철학이 있었느냐 하는 것은 의심스럽다. 그러나 이러한 견해는 피상적인 판단이요, 피상적인 물음이다"(요한네스 힐쉬베르거, 『서양철학사』)라고 말하고 있다. 이 진술에서 핵심이 되는 것은 역사학자인 페트루스 다미아니에게 진정한 철학인가 아닌가 하는 문제는 '전제가 있는가 없는가'에 달렸다는 것이다. 즉 "전제가 없는 철학이 진정한 철학인데, 중세철학은 이미 신학이 가진 대전제를 가지고 출발하기에 진정한 철학이라고 보기 어렵다"는 것이 역사학자인 '페트루스 다미아니'의 관점이다. 그리고 이러한 관점이 매우 피상적인 관점이라는 것이 힐쉬베르거의 관점이다. 왜 그런 것일까? 일견 보기에 그럴듯해 보이는 '철학이 신학적 전제를 가진 학문이기에 신학의 시녀'라는 관점이 왜 피상적인 관점일까? 그 이유는 상식적인 차원에서 그것이 무엇이건 학문이라면 전제를 가질 수밖에 없기 때문이다. 가령 "1+1=2이다", "삼각형의 세 각의 합은 180도이다"와 같은 가장 기본적인 전제들이 성립하지 않는다면 수학이나 기하학은 존재하지 않을 것이며, "모든 사람에게 있어서 생명은 하나의 절대적인 가치를 가진다"라는 헌법적 전제를 가정하지 않는다면 생명을 다루는 민법과 사법은 매우 가변적이고, 따라서 확고한 법적인 가치를 가질 수가 없게 될 것이다. 마찬가지로 데카르트가 '방법적 회의'라는 것을 통해서 '더 이상 의심할 수 없는 확실한 진리'를 발견하고자 한 것도, 그 자체로 분명한 몇 가지 전제를 가지지 못한다면 참된 학문(철학)이라는 것을 가질 수 없다고 보았기 때문이다. 따라서 '진정한 학문(철학)은 전제를 가지면 안 된다'거나 '진정한 학문(철학)을 가지기 위해서 확고한 몇 가지 전제를 가져야 한다'는 것은 관점의 문제일 뿐 어느 것이 옳은 것이라고 말하기가 어렵다. 그리고 어떤 관점에서 보자면 '진정한 철학은 그 어떤 전제도 가질 수 없다'고 강하게 주장한다면, 이러한 주장 자체가 곧 철학이 가지는 '하나의 절대적인 대전제'가 되어 버릴 것이며 철학은 자기모순에 빠지고 말 것이다.

이성의 작업으로서의 철학이 '신학적 전제'를 가진다는 것은 사실상 용어의 문제이며, 이는 달리 말해 철학을 시작하기 위해서 형이상학적인 하나 혹은 몇 가지의 전제를 가지고 출발한다는 것을 의미한다. 가령 "인간은 신의 모상으로 창조되었기에 '존엄성'을 가진다"라는 전제는 인간의 생명이 다른 생명체의 생명보다 소중하다는 형이상학적 전제의 다른 표현이라고 볼 수 있다. 왜 인간이 인간이라는 이유만으로 존엄한 것인가에 대한 이유를 '형이상학'에서는 '사유를 한다', '자기의식을 가지고 있다', '도덕적인 존재이다'는 등의 이유를 가지고 있겠지만, 신학(종교)에서는 인간에게 자신을 초월하는 '초월성'(신과의 유사함)을 가지고 있기 때문이라고 하는 것이다. 이 같은 전제를 전혀 가질 수가 없다면 '인간이란 무엇인가?'라는 논의 자체가 불가능하거나 무의미하게 될 것이다. 인간에 대한 관점은 각자 자유롭게 가질 수 있겠지만, 그것이 무엇이든 '인간관'을 가진다는 것은 곧 '어떤 형이상학적 전제'를 가정하는 것이다. 아무런 전제가 없는 곳에서는 어떠한 후속적인 명제도 발생하지 않을 것이기 때문이다. 따라서 진정한 철학이란 아무런 전제도 없이 출발한다는 것은 마치 진정한 건축은 어떤 기초도 없이 세워져야 한다고 말하는 것과 같이 공허한 이념에 지나지 않을 것이다.

## ② 기초학문으로서의 봉사는 학문의 신성한 역할이다

중세에서 철학을 신학의 시녀로 본 이유 중 하나는 철학이 신학에 봉사한다는 것에 있다. 이는 사실이다. 토마스 아퀴나스도 그의 『신학대전』에서 "신학은 다른 학문들을 하위적인 학문으로서 그리고 봉사하는 것으로서 사용한다"(ST., 1, q. 1, a. 5, ad 2)라고 말하고 있다. 하지만 '봉사를 한다'는 사실이 곧 봉사를 하는 주체가 봉사를 받는 객체의 하녀가 된다는 것을 말하지는 않는다. 경찰들과 공무원들이 국민을 위해 봉사하는 사람들이라고 말할 수는 있겠지만, 그렇다고 국민의 '하인들'이라고 말하지는 않는다. 물론 어떤 의미에서 모든 학문은 보다 상위적인 학문들을 위해서 봉사를 한다. '해부학'은 '의학'에 봉사를 하고, '수학'은 '건축학'에 봉사를 한다. 하지만 누구도 '해부학은 의학의 시녀'라거나 '수학은 건축학의 시녀'라는 말은 하지 않는다. '하녀' 혹은 '시녀'란 자율성이나 자유의지가 박탈되고 오직 주인의 명령에만 복종하는 사람을 일컫는 말이다. 철학은 수학이나 해부학처럼 하나의 하위 범주의 학문으로서, 특정한 역할의 수행에 있어서 일시적으로 상위를 차지하는 학문(신학)에 기초지식이나 원리를 제공한다는 의미에서의 봉사를 하는 것이지, 자율성이 박탈된 '시녀'로서 봉사하는 것은 아니다. 때에 따라서는 신학이 철학을 위해 봉사할 수도 있을 것이다.

사실상 모든 학문은 그 자체로서 의미나 가치가 있는 것이 아니라, 보다 더 큰 가치를 위해 봉사를 한다는 한에서 의미나 가치가 있다. 의학이나 건축학이 의미가 있고, 가치가 있는 이유는 그것이 인간의 병을 치유하고 사람들이 살거나 집무를 볼 수 있는 집이나 사무실을 지어 주기 때문이다. 전혀 다른 것을 위해 봉사할 수 없는 '연구를 위한 연구'란 사실 무의미하고 가치가 발생하지 않는다. 아무도 이해할 수 없고, 그 무엇을 위해서도 도움이 되지 않는 어떤 '작품'이 있다면 그 같은 작품이 무슨 의미가 있고 가치가 있겠는가! 반면 아무리 사소한 것이라고 해도 그것이 보다 상위적인 대상이나 작품을 위해 봉사를 할 수 있을 때, 그것은 가치가 있고 소중한 것이 된다.

| 표 11 | 토마스 아퀴나스 사상에서 신학에 대한 철학의 독자성과 자율성을 주장하는 진술들 | | |
|---|---|---|---|
| 철학자 | 진술 | 관점 | 출처 |
| 토마스 아퀴나스 | "이러한 이유로 신학이 다른 학문들로부터 차용하는 것은 마치 자신보다 상위적인 학문처럼 고려하는 것이 전혀 아니며, 오히려 이 다른 학문들을 하위적인 학문으로서, 그리고 봉사하는 것으로서 사용하는 것이다. 정치학이 병법을 사용하듯이 이처럼 하위적인 학문들을 사용하는 학문을 건축적인 학문이라고 하지 않는가." | 하위 학문과 상위 학문의 관계 | 『신학대전 1』, 문 5, ad 2. |
| 마리-도미니크 쉬뉴 | "신학은 학문들 사이에서 지혜이다. … 아우구스티누스에게 있어서 이 지혜는 그 주제의 상위권과 그 방법을 통해서 인간적인 학문들을 평가절하하고 그들의 시간적인 가치들과 빈약함을 선고하였지만, 토마스 아퀴나스는 이 학문들에게 그들의 고유한 분야와 그들의 형식적 대상들에 대한 이성적인 확실성 안에서 이들만의 고유한 비중과 자율적인 방법을 인정하였다." | 고유한 대상과 자율적인 방법의 소유 | *St. Thomas d'Aquin et la théologie*, Seuil, 1959, p. 48. |
| 조제프 라삼 | "신학적인 사변은 믿음에 직접적으로 의존하지만, 철학적인 반성은 본질적으로 이성의 작품이다. 바로 이 때문에 엄밀하게 말해서 신학과 철학이 동일한 실재를 가지고 있을 때, 이 두 학문은 동일한 대상을 가지고 있는 것이 아니다." | 이성의 자율성과 고유한 대상 | *Thomas d'Aquin*, PUF, 1969, p. 27 |
| 엔티엔 질송 | "『신학대전』 안에는 다른 철학자들과 구분되는 고유한 토미스트의 철학이 존재한다." | 독자적인 철학의 존재 | *Le Thomisme*, J. Vrin, 1942, p. 13. |

사소한 볼트 하나를 만드는 회사도 그 볼트가 없이는 자동차를 조립할 수가 없기 때문에 자동차를 만드는 회사만큼 소중한 것이며, 마찬가지로 누군가 청소부에 대해 편견을 가지고 하찮다 여기더라도, 그들의 청소 없이는 사회가 유지될 수 없기에 더없이 소중한 것이다. 이처럼 철학이 제공하는 기초적인 지식이나 원리들이 없이는 진정한 신학(종교)이 성립할 수 없기 때문에 철학은 소중한 것이다. 따라서 중세철학을 '철학은 신학의 시녀'라는 방식으로 규정한다는 것은 선입견에 의한 오류라고 간주해야 할 것이다.

### ③ 스콜라철학은 정교분리의 정신적 지주였다

'철학이 신학의 시녀였다'는 주장 안에는 일종의 정치적인 의도와 암시가 내포되어 있다. 다시 말해서 중세기에는 당시의 정교일치 사회에서 철학이 이 같은 정교일치를 정당화시키는 데 이념적인 지반을 제공하고 있었다는 생각이 내포되어 있는 것이다. 물론 중세기의 전반기를 차지하고 있었던 교부철학에서는 어느 정도 이 같은 생각이 진실이었다고 할 수도 있을 것이다. 그것은 '교회가 곧 그리스도교'라는 생각과 '성직주의' 그리고 '교황 중심의 전제주의' 등이 어느 정도 교부철학의 이념들에 의해 지지되었기 때문이다. 하지만 스콜라철학이 시작되면서, 특히 토마스 아퀴나스의 사상에서는 이러한 '정교일치'가 무너지고 '교회와 사회의 이원성'이 분명하게 된다.

인류 역사에서 오늘날과 같은 대학이 탄생한 것은 중세기의 중반이었다. 스콜라철학에서 '스콜라*scola*'는 '학교' 혹은 '대학'을 일컫는 말이다. 즉 대학이 생기면서 대학에서 강의를 하게 된 이후의 철학이 곧 스콜라철학이다. 이를 감안한다면 스콜라 시대부터 최소한 학문의 영역에서는 '성직주의'에서 벗어나게 되었음을 의미한다. 대학이 생기기 이전에 학교란 주로 '교회나 수도원'의 부속학교를 의미하였고, 여기서 교사의 대다수가 성직자나 수도자였다. 하지만 대학이 생기면서 '문학', '역사', '법학', '천문학', '철학' 등이 대학에서 강의를 하게 됨에 따라 자연히 일반인들이 강의를 할 수 밖에 없었다. 당시 대다수의 학교가 왕립학교였다는 것을 감안한다면, 대학의 성립은 곧 정신적인 '정교분리'를 의미하였던 것이다. 왜냐하면 강의를 하는 교수들은 더 이상 교회나 성직자들을 의식하지 않고 오히려 자신들을 고용한 왕과 정부를 의식할 수밖에 없었기 때문이다. 따라서 최소한 중세기 중반

이후부터는 철학자들도 더 이상 교회의 이념이나 종교적 교의를 전파하는 목적을 가지고 있지는 않았으며, 인간의 이성에 의거한 보다 합리적이고 논리적이며 정의로운, 인간다운 세상을 위한 철학을 가지고자 노력한 것이다. 이는 정치적인 정교분리와는 차원을 달리하여 '정신적인 정교분리'를 이루었음을 의미한다.

물론 그렇다고 해서 당시의 학문들이, 특히 철학이 그리스도교의 이념이나 사상을 배척하거나 그곳으로부터 탈피하고자 하였다는 것을 의미하지는 않는다. 오늘날의 기독교철학자들에게 있어서 마찬가지이겠지만, 당시에는 대다수의 철학자가 그리스도교의 사상과 신념을 자신의 세계관으로 가지고 있었으며, 스콜라철학 이후에도 여전히 기독교적 가치와 진리를 추구하였다. 다만 변화된 것은 각각의 학문들이 고유한 범주와 고유한 연구방법을 가지고 있으며, 더 이상 교회나 종교의 간섭 없이 독자적으로 학문을 추구할 수 있게 되었다는 점이다. 한마디로 말해서 학문의 다양성이 인정되었을 뿐만 아니라 교회와 사회의 이원성이 긍정되었다는 것을 의미한다. 토마스 아퀴나스가 그의 『신학대전』을 정립하는 과정에서 그 기초적인 원리로 도입하였던 아리스토텔레스의 『자연학』과 『형이상학』의 제 원리들이 당시 가톨릭의 신앙과는 무관하게 그 고유한 가치와 기능이 손상 없이 보존되고 있었다는 것은 이를 상징적으로 보여 주는 예이다. 즉, 신학에 대한 여타 학문들의 관계는 더 이상 종속적인 관계나 도구적인 관계가 아니었고, 각 학문은 그들만의 고유한 분야와 자율적인 방법을 가지게 되었던 것이다.

이는 정치적인 영역에 있어서도 마찬가지였다. 토마스 아퀴나스는 『진리론』의 「양심」 편에서 "고위성직자의 명령과 양심의 명령이 상충될 때는 양심의 명령을 따라야 한다"라고 주장하였고, 법에 관한 논의

> "여전히 교회가 곧 그리스도교*ecclesia=christianitas*라는 사고와 성직주의 *hiérocratisme*(불) 혹은 이것이 야기하는 전제교황주의*césaropapisme*(불)에 대한 지속적인 유혹에 사로잡혀 있는 보나벤투라나 심지어 성 알베르트와 같은 동시대인들과는 달리 토마스 아퀴나스는 '교회와 사회'라는 이원성에 대한 분명한 개념을 가지고 있었고, 이러한 생각은 결코 흔들리지 않았다."
>
> 출처: J. P. Torrell O. P., *Initiation à saint Thomas d'Aquin*, Cerf, 1993, p. 20
>
> **토마스 아퀴나스 전후로 '교회와 사회의 이원성'에 관한 '장 피에르 토렐'의 진술**

들에서도 인간이 만든 '인정법人定法'의 근거는 교회법이 아니라, 자연법自然法이라고 주장하기도 하였다. 이렇게 해서 스콜라철학 이후 중세기는 점진적으로 '성직주의'에서 '평신도주의'로 이동하였고, 오늘날 유럽 사회의 '기독교적 휴머니즘'의 기초가 다져지게 된 것이다. 따라서 '중세철학은 신학의 시녀였다'는 진술은 최소한 스콜라철학 이후에는 전혀 어울리지 않는 진술이다.

## 3. 중세는 신 중심의 사회였는가?

① 신 중심의 사회라는 공허한 비판

중세기라는 말에 거부감을 가지거나, 중세철학 혹은 기독교철학 이라는 용어에 비호감을 가지는 사람들에게 그 이유가 무엇인가를 물으면, 십중팔구는 '중세기는 신 중심의 사회'이며, '기독교철학은 신 중심의 사상'이라는 것이다. 그런데 '신 중심' 혹은 '신 중심의 사회'라는 말이 의미하는 것이 무엇인가를 묻는다면 정확하게 답변을 하는 사람은 거의 없을 것이다. 무엇이 신 중심의 사회인가? 오늘날 현대인은 무엇을 중심으로 하는 사회인가? 사실 그것이 어떤 말이든 '~중심'이 붙는 말들은 매우 부정적인 의미로 사용되었다. 과거의 가부장제를 비판하는 사람들은 '남성 중심의 사회'라는 말로 비판을 했다. 오늘날 환경론자들은 근대나 현대를 비판할 때 '인간 중심의 사고방식'이라 비판을 한다. 그렇다면 '신 중심'도, '인간 중심'도, '남성 중심'도 모두 나쁜 것이라면, 어떤 중심이 좋은 것일까? '자연 중심'이 좋은 것인가? '돈 중심의 사회'가 좋은 사회인가? 아니면 '기술 중심의 사회'나 '법 중심의 사회' 혹은 '여성 중심의 사회'가 좋은 사회인가? 이렇게 질문을 하게 되면 '~중심의 사회' 혹은 '~중심의 사고방식'이라는 말은 모두 부정적인 의미로 사용되는 말이라는 것을 알게 된다. 그렇다면 '중심이 없는 사회'나 '중심이 없는 사고방식'이 좋은 것인가? 아마도 그렇다고 답변하기도 어려울 것이다. 왜냐하면 중심이 없다는 것은 '질서'가 없다는 말이며, 질서가 없다는 것은 '혼돈'을 말하는 것이기 때문이다. 혼돈이 그 실체인 사회란 어떤 사회일까? 불교에서는 '혼돈'이 그 실체인 사회를 '아수라'라고 한다. 아수라는 지옥과 같은 세상을 지칭하는 말이다.

중심을 가지는 것이 좋은 것이라면 왜 '~중심의 사회' 혹은 '~중심의 사고방식'이라는 말은 부정적인 의미로 다가오는 것일까? 그것은 하나의 중심에서 혹은 하나의 사고방식에 모든 것을 '집어넣다' 혹은

'끼워 맞추다'라는 것을 의미하기 때문이다. 여기에는 일종의 생각의 전체주의 혹은 정신적인 전체주의를 암시하고 있기 때문에 부정적으로 보이는 것이다. 가령 초창기 미국의 청교도들은 마을의 작은 공장을 지으면서도 '하느님을 위하여 공장을 건설한다'라고 생각을 하거나 '자녀를 학교에 보내면서도 하느님을 위해서 보낸다'고 생각한 적이 있었다. 그럼에도 공장을 짓는 것은 돈을 벌기 위한 것이며, 학교에 보내는 것은 공부를 하기 위한 것이지 하느님과는 무관한 것이다. 물론 예외적인 신앙인들은 이렇게 삶의 모든 사소한 일도 자신들이 믿는 신을 위해서 한다고 생각을 하고 실제로 그렇게 지향을 둘 수가 있을 것이다. 하지만 이 같은 생각을 모두에게 강요한다는 것은 이미 위선을 강요하는 것이고 일종의 정신적인 전체주의가 되는 것이다.

하지만 이렇게 부정적인 의미가 아닌 한, 중심을 가진다는 것은 좋은 것이다. 사실상 어떤 사회나 어떤 사상도 하나 혹은 몇 개의 중심을 가지고 있다. 중심이 없다는 것은 세계도 없고, 사회도 없고, 사상이나 이념도 없다는 것을 의미한다. 왜냐하면 세계, 사회, 사상, 이념 등과 같은 말은 모두 하나의 '통일된 전체'를 가정하는 것이며, 여기서 '통일되다'라는 말은 다양하고 무질서한 것이 하나 혹은 몇 가지 중심을 통해서 질서를 유지하고 있음을 의미하기 때문이다. 그리고 모든 사람은 무의식적으로라도 한두 가지 중심을 가지고 살 수밖에 없다. 어떤 사람은 건강이 중심일 수 있고, 어떤 사람에게는 경제가 중심일 수 있고 또 어떤 사람에게는 명예나 직위 등이 중심일 수 있다. 그리고 철학자에게는 자신의 사상이나 신념이 중심일 것이며 신앙인이라면 자신의 믿음이 중심일 수 있다. 중심이란 살아가는 데 있어서 우선적인 가치를 말하는 것이며, 다른 모든 것이 그것을 중심으로 질서가 지워지는 그 무엇을 말하는 것이다. 그렇기 때문에 모든 이에게 있어서는 각자의 고유한 상황에 따라 중심이 정해질 수밖에 없으며, 어느 것을 중심으로 하는가 하는 문제는 전적으로 그것을 취하는 개인의 몫이다. 따라서 '인간 중심의 사고방식'이나 '신 중심의 사고방식', 나아가 '경제 중심의 사고방식' 등 모든 것은 각자가 처한 상황에서 주어지는 것이며 보다 나은 것도, 보다 못한 것도 없다. 다만 어떤 하나의 중심이 예외를 허락하지 않고 일종의 절대적인 가치를 가지면서 다른 모든 것을 여기에 종속시키게 될 때, 일종의 정신적인 전체주의, 즉 이데올로기가 발생하고 인간적 삶에 해악을 끼치게 되는 것이다. 따라서 이데올로기로 변질되지 않는 한, 하나의 중심을 가진 사회나 생각은 중심이 없는 사회나 생각보다 훨씬 좋은 것이다. 이렇게 본다면 '~중심의 사회' 혹은 '~중심의 사고방식'이라는 말로 상대를 비하하거나 비판한다는 것이 얼마나 공허한 것인지를 알 수 있다.

② 중심이 없는 삶은 더 이상 인간적인 삶이 아니다

미국의 어떤 기업인이 신입사원을 뽑을 때 가장 우선적으로 고려하는 조건이 '종교를 가지는 것' 혹은 '신을 믿는 것'이라고 하여 화제가 된 적이 있다. 그 이유를 묻는 기자에게 기업가는 "삶의 중심을 가지고 산다는 것은 한 개인을 믿을 수 있게 하는 첫 번째 조건이기 때문입니다"라고 말했다고 한다. 참으로 공감이 가는 생각이다. '가장 최악의 법을 가진 사회란 아무런 법도 가지지 않은 사회'라는 속담이 있다. 전혀 법이 없는 사회가 있을 수는 없겠지만, 만일 그런 사회가 있다면 그 사회는 어떤 모습일까? 아마도 위에서 말한 '아수라' 혹은 '지옥'과 같은 사회일 것이다. 어떤 사람이 중심을 가지고 있다는 것은 그가 어떤 믿음이나 신념이 있다는 것을 말한다. 그것이 무엇이든 믿음이나 신념을 가지고 산다는 것은 그가 삶에 있어서 일정한 질서나 행위 원칙을 가지고 있음을 의미한다. 그렇기 때문에 우리는 확고한 믿음이나 신념을 가진 사람을 믿을 수 있고 그를 두려워하지 않는다. 그의 행위를 예측할 수 있기 때문이다. 반면, 대부분의 사람은 사이코패스나 정신분열증 환자들을 믿을 수 없고 그런 사람들에게서 두려움을 느끼게 된다. 왜냐하면 그들에게는 삶의 중심이나 질서가 없고 따라서 그들의 행위를 예측할 수 없기에 불안한 것이다.

비록 나와 사상이나 신념이 다르다고 해도 하나의 확실한 믿음이나 신념을 가지고 사는사람은 신뢰할 수 있거나 혹은 그의 행동을 예측할 수 있고 따라서 두려움을 가질 이유가 없다. 하지만 무원칙의 사람이나 전혀 신념이나 중심이 없는 사람은 불안하고 두려운 것이다. 그가 어떤 행동을 할지 아무도 예측할 수가 없기 때문이다. 따라서 넓은 의미에서 '중심이 없는 사람'이란 '자기 자신의 이익을 위해서는 무엇이라도 할 수 있는 사람'이라고 규정할 수 있다. 그것이 법이든, 양심이든 혹은 사회적 관습이거나 종교적 가치이든 무엇인가 자신이 소중히 생각하고 우선적으로 여기는 가치를 가진다는 것, 이것이 곧 중심을 가진다는 것이며, 이는 인간다운 삶을 위한 필수적인 조건이다. 무엇을 중심으로 할 것인가는 전적으로 개인의 자유에 달린 것이며, 누구도 이 같은 개인의 자유를 판단할 수 있는 자격을 가진 사람은 없다. 다만 그가 선택한 중심에 따라서 실천적으로 잘 살고 있는가 하는 것만이 우리가 판단할 수 있는 문제이다. 만일 중심이 있다고 해도 전혀 그것을 염두에 두지 않고 살거나 혹은 아예 중심을 가지고 있지 않다는 것은 더 이상 인간적인 삶이 아니라고 해야 할 것이다. 생각해 보자. 어떤 기업인이 필요할 때 사원을 채용하였다가 필요가 없을 때는 사원을 해고하고, 어떤 정부가 필요할 때마다 세금을 올리거나 아무 때나 근거나 이유도 없이 어떤 법을 폐지해 버린다면 그러한 회사나 그러한 국가에서 인간다운 삶이 존재할 수 있을까? 회사는 노동법이나 상법 등에 근거하여 사원을 뽑고 국가도 헌법이나 다른 법에 근거하여 세금도 올리고 법률을 제정하거나 폐지를 하여야 중심이 있는 회사이고 중심이 있는 정부라고 할 수 있는 것이다.

이처럼 중심을 가지고 산다는 것은 인간이 인간다운 삶을 살기 위한 가장 기본적인 조건이라고 할 수 있다. 다만 어떤 중심을 가질 것인가는 각자가 처한 상황에 따라 스스로 정하면 되는 것이다. 물론 중심을 가지는 데 있어서 가급적 도덕적으로 바람직한 것을 가지는 것이 좋을 것이다. 가령 '생존한다는 것이 지상과제이다'라는 단순한 중심을 가진 사람은 자신의 생존을 위해서는 타인을 해칠 수도 있을 것이다. 반면 '법이 정한 한도 내에서 최대한 돈을 많이 벌 것이다'라는 중심을 가진 사람은 최소한 자기 이익을 위해 무자비하게 타인을 해치지는 않을 것이다. 그리고 '어떤 경우에도 양심에 어긋나는 행위는 하지 않을 것이다'라는, 양심이 중심인 사람은 참으로 믿음이 가고 편안함을 주는 사람일 것이다. 나아가 어떤 사람이 '나는 내가 믿고 있는 신의 시선에 불의하게 보이는 일은 결코 하지 않을 것이다'라는 생각을 가진 사람도 양심을 중심으로 하는 사람만큼이나 믿음이 가는 사람이다. 왜냐하면 최소한 건전한 종교라고 한다면 '너의 이익을 위해서는 이웃을 속이고 타인을 해쳐도 상관이 없다'고 명하는 종교는 어디에도 없을 것이기 때문이다. 한마디로 무엇을 중심으로 삼고 살아갈 것인가 하는 것에 정답은 없는 것이다. 다만 그것이 무엇이든 자신이 선택한 중심에 참으로 성실하고 충실하게 살아간다는 것이 중요할 뿐이다. 따라서 중세철학이 신 중심의 사유를 가졌다고 비하하는 것은 매우 어리석은 생각이고 무지의 소산이라고 할 수 있다.

# 2장

## 서양 영성의 선구자
## 아우구스티누스

"세상 어디에서도 신을 발견하지 못하였으니, 신
은 내 영혼 깊숙이 존재하고 있는 것이 틀림 없
으리!"

－『고백록』 중에서－

"사랑하라. 그리고 네가 원하는 것을 하라!"

－『훈화집』 중에서－

아우구스티누스
St. Augustinus

'히포의 주교' 혹은 '아우렐리우스Aurelius 아우구스티누스'로 알려져 있는 그는 현재 알제리의 도시인 북아프리카 타가스트Thagaste에서 탄생하였으며, 중세 교부철학자의 대표적인 인물이다. 그는 가톨릭교회에 입문하기 이전에는 매우 방탕한 젊은 생활을 보냈으며, 마니교에도 심취해 있었는데, 훗날 신앙심이 깊고 경건하였던 어머니 모니카의 지극한 사랑에 의해 회심하게 되었다. 이러한 자신의 회심에 대해 고백하는 『고백록』을 저술하여 철학뿐 아니라 문학에서도 잘 알려진 인물이다. 그의 어머니 모니카는 어머니의 상징적인 인물이자 가톨릭의 성녀가 되었다. 학문적인 업적으로는 희랍의 네오-플라토니즘과 유대-크리스천의 전통적 사유들, 그리고 성경의 사유를, 종합하여 고전 라틴문화를 통합한 건축적인 사상을 정립하였으며, 오랫동안 서구의 기독교문화 전반에 영향을 미쳤다는 것이다.

가톨릭으로 개종하기 이전의 아우구스티누스의 초기 사상을 전해 주는 책은 발견하기 어렵지만, 그가 가톨릭교회에서 세례를 받기 전에 쓴 『고백록』과 『조화이론』으로 번역되는 'De Musica'는 그의 젊은 시절의 사상을 알 수 있는 대표적인 책들이다. 물론 『고백록』은 가톨릭에 입문하기 전의 책이긴 하지만, 스스로 회심을 하고 신에 귀의하기 위한 예비단계로 쓴 것이라는 점을 감안하면, 이 역시 그리스도교적 세계관이 담긴 책이다. 신학자이자 교부철학자로서의 그의 본격적인 사상을 전해 주고 있는 대표적인 책들은 『삼위일체론』, 『신의 도성』 그리고 『자유의지론』 등이다. 그가 가톨릭으로 개종하게 되는 데는 어머니의 영향뿐 아니라, 밀라노의 주교였던 교부철학자 암브로시우스Ambrosius의 영향이 컸다. 아우구스티누스가 성서의 우화들을 신플라톤주의와 연관하여 해석하고자 하는 관점과 성자聖子를 신의 피조물로 보지 않고 신과 동일한 실체로 보는 관점 등은 모두 암브로시우스의 사상을 이어받은 것이다. "나는 알기 위해 믿고자 한다", "신은 나의 의식보다 더 깊이 나의 내면에 존재한다", "사랑하라, 그리고 네가 원하는 것을 하라"는 등의 유명한 말을 남긴 그의 사상은 '서양 영성의 아버지'라는 이름으로 불리게 되었다. '신의 정의', '내면성', '영성' 등의 개념으로 대변되는 그의 사상은 스콜라철학의 대표자인 토마스 아퀴나스와 함께 중세철학의 두 거장 중 한 사람으로 인정받고 있다. 그의 사상은 프랑스 고전 문학의 원천 중 하나였으며 말브랑슈와 라이프니츠의 신정론théodicées(불)에 영감을 주었고 17세기에도 큰 영향을 미쳤다.

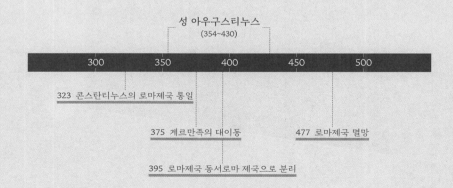

성 아우구스티누스
(354~430)

300　　　350　　　400　　　450　　　500

323 콘스탄티누스의 로마제국 통일

375 게르만족의 대이동

477 로마제국 멸망

395 로마제국 동서로마 제국으로 분리

# 1. 『고백록』은 무엇을 누구에게 고백하는 것일까?

① 내 인생을 판단하는 척도는 무엇인가?

아우구스티누스의 『고백록』은 철학사적으로 매우 의미 있고 독특한 저술이다. 그는 마니교에서 벗어나 가톨릭으로 개종하고자 결심하였지만, 곧바로 가톨릭교회로 입문하지 않고 스스로 칩거하면서 3년을 준비하였다. 3년 동안의 칩거생활은 당시까지의 그의 전 인생을 되돌아보면서 자신의 삶을 평가하고 뉘우치며 자신이 깨달은 진리에 대해서 고백하는 일기형식의 책을 쓰게 하였는데, 이 책이 『고백록』이다.

이 책의 특징을 요약하자면 다음과 같이 크게 세 가지로 요약될 수 있다.

- 당시까지의 자신의 모든 삶을 평가하면서 청산하는 회상적 일기형식의 고백록
- 인생에 대해서 진지하고도 절대적인 차원에서 자신이 깨달은 진리를 진술함
- 오직 자신의 양심을 통해 자기인생을 평가하는 것으로 매우 실존적인 저술

이 책이 가지는 첫 번째 의의는 '자신의 삶' 그 자체를 철학적 반성의 대상으로 삼았다는 것이다. 그 이전까지는 누구도 이러한 시도를 한 적이 없었다. 인생의 어느 시점에서 자신의 삶을 되돌아보면서 지나온 모든 삶을 하나의 절대적인 기준을 가지고 평가하고 뉘우치며, 자신이 깨달은 인생의 진리에 대해서 기술하는, 일종의 삶에 대한 증언이라고 할 수 있는 책이다. 아직 아우구스티누스가 기독교적 신앙을 가지고 있지 않았다는 차원에서 이 책에 나타나는 진리에 대한 깨달음은 소크라테스식의 '자각' 혹은 '무지의 지'라고 할 수 있다. 보다 구체적으로는 자신의 삶 안에서 나타나는 신의 섭리에 대한 깨달음이다. 지금까지 인간적인 것이라고 믿었던 모든 행위가 사실은 죄스러운 것이었고, 지금까지 행복을 추구하기 위한 자신의 모든 노력이 사실은 무의미한 것들이었고, 지금까지 자신의 삶에서 발생한 이해 불가능한 고통들이 사실은 진리를 깨닫게 하기 위한 신의 섭리였음을 자각한다는 것, 이것이 곧 무지로부터 깨어나는 '정신의 각성'인 것이다. 이러한 인생의 진실에 대한 깨달음은 학문적으로 논증할 수 있는 그러한 진리가 아니라 다만 생의 체험에 대한 깊은 반성과 명상을 통해 얻게 되는 '삶의 지혜'로서의 진리인 것이다. 이는 고대철학자들이 말한 바로 그 '지혜'

를 의미하는 것으로 진정한 '철학적인 앎'이라고 할 수 있는 것이다.

> "철학사에는 『고백록』이라 제목이 붙은 두 개의 중요한 작품이 있는데, 첫째는 아우구스티누스의 것이며, 둘째는 루소의 것이다. 둘 모두 진실에 대한 탐구가 핵심이라면 그럼에도 그 접근 방식에 있어서 이 둘은 서로 상반된 방식으로 접근한다. 루소에게 있어서 진실의 소리가 '나', '나', '나'였다면, 아우구스티누스에게 있어서 진실의 소리는 '너', '너', '너'였다."
>
> 출처: Timothy Chappell, "Augustine's ethics", in *The Cambridge companion to Augustine*, 2014, p. 204.
>
> **아우구스티누스의 『고백록』과 루소의 『고백록』이 가진 성격상의 차이**

『고백록』이 가진 두 번째 의의는 '절대적인 지평'에 대한 이해이다. 세상의 모든 행위와 사건은 일종의 상대적인 지평의 것으로 관점에 따라서 다르게 이해될 수 있고 또 그 가치도 다르게 평가될 수 있다. 하지만 어느 순간 이러한 상대적인 지평이 철회되고 스스로 흔들림 없는 내적인 가치기준, 즉 (절대자 앞에서 선) 양심을 통해 모든 것을 평가한다는 것은 소극적인 의미에서 하나의 절대적인 기준 혹은 절대적인 지평을 획득하였음을 의미한다. 현대적 의미로 진지하게 '자기객관화'가 된 상태를 말하는 것이다. 이러한 지평을 가진다는 것은 생에 대한 도약이라고 할 수 있다. 왜냐하면 기존의 다른 모든 것을 하나의 지평에 수렴할 수 있는 새로운 지평을 가질 때만이 이러한 행위가 가능하기 때문이다. 이는 일종의 인생에 대한 '형이상학적인 사유의 지평'을 획득한 것을 의미한다. 이는 나의 모든 사유와 모든 행위에 대해서 절대적으로 내가 주인이 된다는 의미이며, "더 이상 의심할 수 없는 확실한 것만을 진리로 수용하고자"했던 '데카르트 식의 주체성'에 비길 만한 것이다.

『고백록』의 세 번째 의의는 생에 대한 실존적인 기술이라는 점이다. '실존적'이라는 것은 자신의 내면이나 의식에 있어서 '의미 있는 무엇', '소중한 무엇'만을 진리 추구의 대상으로 삼는 그러한 정신을 말한다. 실존주의자의 선구자였던 키르케고르는 그의 첫 저작을 자신의 삶에 대한 진지한 고백으로 시작하고 있다. 그는 『이것이냐 저것이냐』의 첫 장을 자신의 삶이 매우 비참하고 불행함을, 그리고 세상 사람들이 매우 위선적이고 가식적인 것임을 진지하게 비판하면서 시작하고 있다. 이러한 삶에 대한 비판적이고 회의적인 진술들은 진정 중요하고 참되고 진리인 것을 추구하기 위한 일종의 '실존주의적 문제제기'라고 할 수 있다. 오직 참되고 진실한 것만을 추구하기 위해서 그와 반대되는 모든 것을 진술하게 비판하고 있다는 것은 진정한 '도덕적인 인간'이 되기 위한 출발점이라고 할 수 있다. 왜냐하면 '도덕적 행위'란 스스로의 판단에 따라 '소중하고 가치 있는 것'을 추구하는 자율적인 행위를 의미하기 때문이다. 여기서 '자신의 판단 기준'은 곧 '양심'이다. 위대한 철학적 사상도, 종교적인 율법도, 인간이 만든 법률이나 관습도 그 기준이 될 수 없고 오직 나의 내면에서 우러나는 진지하고 진솔한 판단이 곧 '양심에 따른 판단'이다. 고백록이 이러한 '양심의 판단'에 따른 진술이라는 점에서 이는 매우 '휴머니티'한 것이며, 독자들의 공감을 가질 수 있게 하는 것이다. 물론 아우구스티누스에게 있어서 '나의 양심의 고백'은 항상 '신의 면전에(절대적 기준 앞에)' 홀로 서 있는 양심의 고백이다. 왜냐하면 이 지상에서 신이 현존하는 곳이 바로 인간의 내면(마음속)이기 때문이다. 이러한 관점에서 아우구스티누스의 『고백록』을 최초의 실존주의적인 작품이라고 한다고 해도 지나치지 않을 것이다. 한 마디로 우리는 아우구스티누스의 『고백록』은 소크라테스 이후 가장 원래적인 의미의 철학함을 보여 주는 작품이며, 또한 철학을 하는 새로운 방법론을 보여 준 작품이라고 할 수 있을 것이다.

### ② 회개란 본래적인 것으로 돌아가는 것이다

자신의 이전 삶을 총체적으로 반성하고 있는 책인 만큼 『고백록』 안에는 철학적으로 매우 중요한 몇 가지 개념들이 등장하고 있는데, 이는 크게 다음과 같은 네 가지로 요약될 수 있을 것이다.

- 우정에 관한 고찰을 통해 인간 사랑의 궁극적 대상에 대한 질문
- 가치 척도의 지평들에 대한 질문으로서 실존의 상승과 가치의 상승
- 시간에 대한 명상을 통해 기억에 대한 이해와 영원한 현재 개념을 도출
- 자아와 자기의식에 대한 문제를 통해 인간 영혼과 신과의 관계성에 대한 문제도출

물론 이상의 주제들은 이후 아우구스티누스의 주저들에서 지속적으로 다루어지고 있는 주제들이며, 그 의미가 종교적 차원에서 보다 깊어지고 있다고 할 수 있다. 다만 이러한 주제들이 다른 주저들에서는 성서나 기존 신학자들의 진술들에 근거하여 보다 도그마틱하게 다루어지고 있다면 『고백록』에서는 순수하게 소크라테스식 산파술의 방

법론으로 다루어지고 있다는 차이점 또한 존재한다. 즉 스스로가 자기 스승이 되어 끊임없이 질문하고 답하면서 최종적으로 자신이 깨달은 인생의 진리라고 할 만한 것을 제시하고 있다는 점이다. 물론 여기서 신은 '절대적인 너'(타자)로서 고백은 항상 신 앞에서 자신의 인생을 뉘우치는 방식으로 이루어지고 있다. 이렇게 자신의 '실제적인 삶을 그 사유의 대상으로' 삼아 이성과 양심에 의존하여 질문하고 응답하며, 최종적으로 자신의 정신 속에서 진리라고 할 만한 명제들을 도출하는 이러한 방식은 기존의 철학자들에는 존재하지 않았던 새로운 방식의 철학함이라고 할 수 있으며, 이러한 철학함의 방법은 후일 실존주의자의 선구자로 불리는 키르케고르가 자신의 철학적 작업의 출발점으로 삼은 방법이 된다.

『고백록』을 통해서 우리가 도출할 수 있는 다른 한 가지 새로운 의미는 '(참된 것의) 모방에 지나지 않는 이편 세계'와 '참된 세계인 저편 세계'라는 플라톤식의 이원론이 '허망한 현실의 세계'와 '참된 내면의 세계'(영적인 세계)라는 이원론으로 바뀌었다는 것이다. 즉, 이편과 저편이라는 이원론이 아니라, 이편 세계 안에서의 두 세계라는 이원으로 바뀌었다는 점이다. 아우구스티누스는 허망한 현실의 세계로부터 참된 내면의 세계로 완전히 관심을 돌리는 것을 '전향conversio' 혹은 '회개'라고 부르고 있다. 이는 죄를 뉘우침이라는 의미라기보다는 '보다 원래적인' 혹은 '보다 근원적인 것'으로 되돌아가는 것이라는 존재론적인 전향의 의미가 강하다. 영혼을 가진 인간은 애당초에 영적인 것을 지향하도록 창조되었지만 대다수의 사람은 감각적이고 물질적인 것에 얽매여 평생을 살아가게 된다. 하지만 어느 순간 '우리의 것'은 물질적이고 감각적인 것이 아니라, 정신적이고 영적인 것임을 자각하게 되고, 관심과 마음을 영적인 것 혹은 내면으로 돌리게 되는 것이다. 바로 이 같은 전향을 인생 전체에 걸쳐 '단 한 번에' 완전히 돌아서도록 하는 것이 곧 『고백록』이 보여 주는 것이다. 따라서 이는 아우구스티누스 한 개인의 고백이기도 하지만, 인생의 진실을 진정으로 깨달은 모든 이에게 정도의 차이는 있겠지만 공통되는 삶의 고백이기도 하다. 아마도 '본래적인 것'을 회복하고 '근원적인 것'으로 되돌아가자고 외치는 현대 실존주의자들의 권유는 아우구스티누스의 전향과 그 본질에 있어 크게 다르지 않을 것이다.

**표 12** 아우구스티누스의 저작과 사상에 대한 평가들

| |
|---|
| "아우구스티누스의 저작에서는 많은 것이 다소 단순한 방식으로 또는 비유적인 방식으로 표현되어 있으며, 인간적인 실재들이 신적 존재를 향해 일어설 수 있도록 이 땅에서 자신의 영혼을 이끌어 가는 사람들에게 적합하다." |
| **출처**　Goulven Madec, *Le Dieu d'Augustin*, Cerf, 1998. p. 73. |
| "아우구스티누스의 사상에는 성경의 '지반이 없는 신비 le mystère sans fond(불)'와 신성한 선물로서의 인간 지성의 능력 사이에 하나의 긴장이 있으며, 치명적인 한계를 가진 지성의 본성 sa nature fatalement limitée(불)과 양립할 수 있는 최대한의 빛을 찾고 있다." |
| **출처**　Lucien Jerphagnon, *Saint Augustin-Le pédagogue de Dieu*, Gallimard, 2002, p. 84. |

## 2. 「우정론」과 신의 섭리

① 인생은 왜 고통스러운가?

오늘날 현대 사회에서는 '우정'이란 말이 거의 사라져 버린 것 같다. 누구도 '우정'이라는 그 삶의 형식에 그리 큰 의미를 부여하지 않으며,

또 우정을 가지고자 해도 현대인의 삶의 형식에서는 참으로 쉽지 않다. 왜 그런 것일까? 다양한 이유가 있을 것이다. '경쟁사회이기 때문에', '매체를 통한 소통으로 직접적 소통의 부재나 관계성의 빈약함으로 인해', '개인주의와 이기주의의 팽배로 인해', '물질문명에 대한 지나친 집착 때문에' 등, 다양한 이유로 진정한 벗을 가지기가 어렵고, 또 벗을 가져도 그 관계가 피상적이고 지속적이지 못하기 때문일 것이다. '친구' 혹은 '벗'이란 말이 거의 그 의미를 상실하였거나 그 의미가 매우 빈약해지면서 이들의 관계성을 의미하는 '우정'이란 말이 덩달아 사라져 가는 현대 사회에 아우구스티누스의 '우정론'은 매우 큰 시사점을 던져 주고 있다.

아우구스티누스는 『고백록』의 전반부에 상당한 분량을 할애하여 우정에 관해 이야기하고 있는데, 1권의 7장에서 21장까지 이어지고 있다. 이 부분들에 대한 아우구스티누스의 진술을 크게 세 부분으로 나누어 보면, ① 우정에 관한 놀라운 관조, ② 사랑의 성장에 관한 고찰, 그리고 ③ 인생의 궁극적인 목적에 대한 실제적인 체험으로 요약될 수 있다. 아우구스티누스는 자기 친구가 열병으로 사망한 이후에 그 친구를 그리워하면서 우정의 추억을 기술하고 있는데, 그 부분을 보면 마치 동성애를 떠올리게 하리만치 진지하다. 예를 들어 그는 "그 친구는 나의 영혼의 절반이었다", "나의 친구는 제2의 나였다"라고 말하는가 하면, "두 신체에 있는 하나의 영혼을 느꼈다"라고 회상하고 있다. 이 부분은 아우구스티누스의 인생에서 우정이 얼마나 큰 의미를 지니고 있었던가를 말해 주고 있다. 그래서 그는 "만일 우정을 통해서가 아니라면, 우리는 누구도 안다고 말할 수 없다"(『훈화집』)라고 말한 것이다.

그런데 그토록 큰 의미를 가졌던 벗의 죽음은 또한 그에 비례하여 큰 슬픔을 야기하였다. 그는 아테네의 어디를 가도 죽은 친구의 얼굴이 떠올라서 삶을 지속할 수 없었다. 그리하여 우정의 추억이 스며 있는 아테네를 떠나 다른 도시로 이사를 가지만, 죽은 친구에 대한 그리움과 슬픔은 그치지 않았다. 그래서 그는 또 다음과 같이 말하고 있다. "나는 나 자신으로부터 어디로 도망갈 수 있겠는가?" 즉 벗의 죽음으로 인한 그리움과 슬픔은 아우구스티누스 자신의 마음의 문제이지 벗과 함께했던 장소들의 문제가 아니었던 것이다. 그리고 이러한 고뇌의 끝에서 아우구스티누스는 다음과 같은 깨달음을 얻게 된다. "슬픔은 죽을 자를 죽지 않을 자처럼 사랑한 때문이었다." 이러한 고백은 아우구스티누스가 인생의 법칙 혹은 진실을 이해하게 되었음을 말해 주고 있다. 즉 모든 존재는 사랑받을 만한 자격이 있지만, 자신들의 본성과 위치에 적합하게 사랑하여야 한다는 것이다. 그리고 인간의 최종적인 사랑의 대상은 소멸하지 않을 자, 즉 신이라는 것이며, 그것이 무엇일지라도 피조된 존재들 중에 신처럼 사랑하게 된다면 그것은 곧 '우상'이 되고 고통과 슬픔을 유발하게 된다는 사실을 깨달은 것이다. 이는 비단 우정이나 사랑에 있어서뿐만 아닐 것이다. 아우구스티누스에게 있어서 세상의 그 어떤 좋은 것·부·명예·권력·학문·예술 등 그 어떤 것도 자신이 사랑해야 할 최종적인 대상이 된다면 혹은 인생의 최종적 목적이 되는 한 슬픔과 고통은 피할 수가 없는 것이다. 이것이 영혼을 가진 인간의 피할 수 없는 진실이었다.

② 사랑은 오직 사랑으로만 갚을 수 있다

아우구스티누스는 벗의 죽음으로 인하여 지극한 슬픔을 가지게 된 것을 곧 신의 섭리에 의한 것처럼 생각하고 있다. 다시 말해서 아우구스티누스는 자신으로 하여금 세계의 질서와 신의 존재를 확실하게 자각할 수 있도록 하기 위해서, 신이 이러한 작은 인생의 비극을 마련하였거나 혹은 허락하였다고 생각하고 있다.

> 당신은 나의 불안을 커지게 하기 위해서 은밀한 가시로 나를 괴롭혔습니다. 결국 나의 내면의 눈을 통해서 당신은 나에게 확실한 대상이 되었습니다.
>
> -『고백록』, 7, 8 -

**표 13** 아우구스티누스 사상에서 '섭리'의 세 가지 의미

| | |
|---|---|
| 자연법칙으로서 | 세계의 창조 당시 확립한 모든 자연 법칙에 따른 현상을 섭리라고 한다. 가령 사계절의 변화는 신이 마련한 섭리의 하나이다. |
| 인생의 지혜로서 | 아우구스티누스가 벗의 죽음을 통해 인생의 법칙 혹은 지혜를 깨닫게 되었듯이 삶 안에서 발생하는 예기치 못한 사건들을 통해 어떤 진리를 깨닫도록 신이 배려하는 것. 신이 의도한 것과 신이 허락한 것이 있을 수 있다. |
| 구원과 관련된 선택의 의미로서 | 어떤 특정한 영혼들에게 '선택' 혹은 '부름'을 통해 신적 사랑을 부여하고 인류의 구원에 도움이 되게 하는 것으로, 역사적으로는 유대민족을 선택한 사건을 말하고, 개별적으로는 모든 성인의 경우에 해당한다. 왜 어떤 영혼들에게는 특별한 신적 사랑이 허락되고 어떤 영혼들에게는 그러하지 않는지 하는 질문에 대해서 아우구스티누스는 '알 수 없는 신비'라고 답하고 있다. |

『고백록』에서 우리의 관심을 끄는 몇 가지 문장을 살펴보면, 첫째는 사랑의 속성 혹은 본질에 대해서 말하는 대목이다. 그는 다음과 같이 말하고 있다.

> 사랑하는 자에게 사랑으로 보답하지 않을 때 양심의 가책을 느낀다.
>
> -『고백록』, 1, 14 -

사랑하는 자에게 사랑으로 보답한다는 것은 무엇을 의미하며, 또 사랑으로 보답하지 않는다는 것은 무엇을 의미하는 것일까? 그리고 사랑으로 보답하지 않을 때는 왜 양심의 가책을 느끼는 것일까? 사랑에 있어서 보답할 수 있는 것은 사랑밖에 없다는 이 진술은 사랑이 인생에 있어서 최고의 가치임을 의미한다. 그렇지 않다면 사랑보다 더 큰 것으로 보답이 가능할 것이기 때문이다. 따라서 사랑하는 사람에게 있어서 사랑이 아닌 다른 것으로, 혹은 적절치 않은 것으로 보답하게 되면 양심의 가책을 느끼게 되는 것이다. 물론 아쉽게도 아우구스티누스는 '사랑한다는 것'이 구체적으로 '어떤 것인지'에 대해서는 설명해 주고 있지 않다.

　그런데 아우구스티누스가 벗을 잃은 후에 가지게 된 슬픔은 오직 자신의 내면적인 문제였다. 더 이상 벗을 볼 수도 느낄 수도 없는 자신의 내적 상실로부터의 슬픔이었고, 이는 일종의 벗의 선이나 행복을 바라는 것이 아니라, 자신의 선과 행복을 바라는 사태와 연관되어 있는 것이다. 즉 사랑이란 본질적으로 '나의 선'이 아닌 '너의 선'을 바라는 행위이며, 여기서 '나의 선'에 집착하는 행위는 일종의 사랑의 부재 혹은 사랑을 배신하는 행위가 된다. 그렇기 때문에 순수한 사랑이 아닌 일종의 '자기-사랑'에 사로잡혀 있는 자신을 발견하였을 때 양심의 가책을 느끼지 않을 수가 없었던 것이다. 물론 여기서 순수한 사랑이란 오로지 타인의 선과 행복을 바라면서 자신을 희생하는 것만을 의미하지는 않을 것이다. 왜냐하면 진정한 사랑이란 타인의 선과 행복을 보면서 나 역시 행복함을 느껴야 할 것이기 때문이다. 후일 아우구스티누스는 『삼위일체론』에서 신에 대한 사랑과 자기사랑은 모순되지 않는다고 말하고 있다.

하지만 불완전하고 유한한 인간에게 있어서 자신의 선을 전혀 문제삼지 않고 오로지 타인의 선과 행복을 보면서 나 역시 기뻐하고 행복한 상태를 간직한다는 것은 매우 어려운 것이며 거의 불가능하다고 볼 수 있다. 이러한 경우는 정확하게 타인 역시 나에 대해서 그러한 동일한 감정과 의지를 지니고 있어야만 하기 때문이다. 그렇기 때문에 순수한 사랑이 가능하기 위해서는 인간의 모든 사랑의 행위에 있어서 그에 보답되는 다른 사랑을 가정하여야 한다. 그것은 곧 신의 사랑이다. 그래서 또 아우구스티누스는 다음과 같이 말하고 있는 것이다.

> 신에 있어서 친구를 사랑하고, 신을 위해 적을 사랑하는 자는 행복하다.
>
> -『훈화집』-

만일 사람이 무엇을 사랑하더라도 ―다른 한 사람이든, 직업적인 일이든, 예술분야나 사회적 분야든 혹은 어떤 단체나 국가나 민족이든 간에― 진정으로 자신의 사랑을 불태웠을 때, 이 사랑이 결국 환멸로 이어지지 않기 위해서는 이 사랑에 걸맞는 다른 사랑으로 되돌아오는 보상이 있어야만 할 것이다. 그런데 현실적으로 이 세상에서 이러한 경우는 극히 드물며 거의 불가능에 가깝다는 것은 경험적으로 확인할 수 있다. 그렇기 때문에 만일 어떤 사람이 자신의 사랑의 행위에 있어서 환멸로 되돌아오지 않는 절대적으로 안전하고 확실한 사랑을 원한다면 하나의 방법 밖에는 없을 것이다. 그것은 곧 신의 사랑으로 어떤 것이나 어떤 사람을 사랑한다는 것이다. 다시 말해서 오직 신을 사랑하기 때문에 사랑하는 것이요, 신의 사랑을 갈망하기에 그 방법적인 것으로 세상과 이웃을 사랑하는 것이다. 신은 절대적으로 의롭고, 사랑 그 자체이기에 신에 대한 사랑이 배신당한다는 것은 있을 수가 없기 때문이다.

따라서 논리적으로 인간의 사랑이 완성에 이르기 위해서는 그 사랑의 궁극적인 대상은 '신'이외에 다른 것이 될 수가 없다. 그리고 신 아닌 다른 것을 최종적인 사랑의 목적으로 삼는다는 것은 곧 우상이 된다. 이는 윤리적인 명령이라기보다는 일종의 존재론적인 필연의 법칙이다. 왜냐하면 사랑에 충분한 것, 완전한 것이 이 세상에서는 존재하지 않는다는 그 사실로부터, 신 아닌 그 무엇을 사랑의 궁극적인 대상으로 삼은 사람은 언젠가 그 사랑이 배신당하거나 부질없음을 알게 되기 때문이다. 우리는 이러한 아우구스티누스의 사유를 "진정한 사랑은 서로 마주보는 것이 아니라, 서로 동일한 곳을 바라보는 것"이라고 한 생텍쥐페리의 말에서 다시 발견할 수가 있다. 누구라도 인생에 있어서 신의 사랑을 발견하지 못한다면, 그리하여 세상의 어떤 것에 자신의 마음과 정신이 고정되어 있다면, 이러한 사랑은 언젠가는 환멸과 무의미로 끝나 버릴 것이라는 것이 아우구스티누스가 발견한 인생의 진실이었다. 신이 모든 인간에게 있어서 인생의 궁극적인 목적이라 생각하는 아우구스티누스의 사유에서는 신을 배제하고는 전체를 안다고 할 수가 없다. 그리고 "전체를 파악하는 능력은 정신적 기쁨을 가져다준다."(『고백록』, 1, 17) 그렇기 때문에 우리는 아우구스티누스에 따라 세상 사람들을 두 가지 종류의 사람으로 구분해 볼 수 있다. 그것은 신을 사랑하는 것에서 기쁨을 느끼는 영적인 사람과 세상을 사랑하는 것에서 기쁨을 느끼는 세속의 사람이다. 왜냐하면 "기쁨이 어디에서 오는가에 따라 사람은 차이가 있기 때문이다."(『고백록』, 1, 21) 이러한 플라톤적인 이원론은 후일 『신국론』에서 "자신을 너무 사랑하여 신마저 미워하는 국가와 신을 너무 사랑하여 자기 자신마저 미워하는 국가"라는 이원론으로 이어진다. 우리는 이 같은 아우구스티누스의 사유에서 "사람이 세상을 너무 사랑하게 되면, 거기에는 아버지의 사랑이 거할 틈이 없다"라고 말한 영화 속의 한 주인공의 말을 떠올리게 된다.

결국 아우구스티누스가 『고백록』에서 말하고 있는 인생의 진리란 이 지상의 모든 좋은 것이란 지나가는 것에 불과하며, 인간이 궁극적으로 바라야 할 것은 신적인 것 혹은 천국의 것이라는 사실이다. 이는 전형적인 중세 기독교적 세계관의 이원론이며, 중세의 수행자들이 깨달은 삶의 진리이다. 『고백록』의 말미에는 이러한 그의 깨달음을 자신의 어머니의 말을 빌려 최종적으로 진술하고 있는 부분이 있다.

> 어머니는 나에게 다음과 같이 말씀하셨습니다. "나의 아들아, 내가 염려하고 있는 것을 고려하면, 더 이상 이 세상의 삶에서는 나에게 매력적인 것이 없구나. 이 시대에 있어서 나의 희망이 성취된 이후에는 아직 여기서 내가 해야 할 것이 무엇인지, 그리고 왜 내가 여기에 있는지 모르겠구나. 내가 이생에서 조금 더 머물고 싶었던 것은 내가 죽기 전에 네가 가톨릭 크리스천이 되는 것을 보고 싶었던 오직 한 가지 이유뿐이었다. 그런데 나의 하느님은 나의 소원을 내가 원한 것 이상으로 들어주었구나. 나는 너에게서 다만 지상의 행복들을 경멸하는 것에만 만족하지 않는 하느님의 종을 보고 있다. 그렇다면 나는 여기서 무엇을 하고 있는가?"
>
> – 『고백록』, 9, 10 –

근·현대철학에 관심이 많은 사람들이라면 '지상의 좋은 것이나 지상의 행복에 연연하지 않는 영적인 혹은 신적인 것을 추구하는 진리의 삶'이라는 이 같은 아우구스티누스의 이원론적인 사유에 대해 '흑백논리의 오류'라고 비판할 수도 있을 것이며, 현세의 삶의 가치를 무시하는 '현실도피적인 사유'라고 치부할 수도 있을 것이다. 하지만 중세철학자들의 문제의식은 근·현대철학자들과는 달랐으며, 아우구스티누스의 사상은 일종의 종교철학으로 보아야 할 것이다. 종교가 성립하기 위한 조건 중 하나는 '초월성'이며, 아우구스티누스에게 있어서 초월성은 플라톤이나 플로티노스에서처럼 보이는 이 현세의 저편에 있는 혹은 그 이면에 있는 신성한 존재이며 신성한 삶이었기 때문이다. 즉 이들은 탄생과 삶, 그리고 죽음과 죽음 이후의 삶 모든 것을 동시에 고려하는 총체적이고도 형이상학적인 관점에서 인생의 의미를 추구하였다. 따라서 이들에게 있어 진리의 관점에서 보자면 이 현세의 삶만을 문제 삼고 있는 모든 사상은 그 자체 일종의 오류이며 —왜냐하면 보다 상위적인 지평에서 보자면 하위적인 지평의 앎은 일종의 오류이니까—, 그들의 앎은 지혜의 측면에서는 불완전한 지혜인 것이다. 유대-크리스천의 전통에 뿌리를 두고 있는 종교들은 모두 계시종교이며, 이들에게 있어서 계시된 신의 말씀은 성서이다. 따라서 이들의 모든 사유의 근원은 성서이며, 이들의 사상은 성서에 근거해 있다. 하지만 아우구스티누스의『고백록』은 전혀 성서적 명제들로부터 출발하지는 않는다. '알기 위해 믿음이 필요하다'는 깨달음은 고백록의 출발점이 아니라, 고백록의 결과이다. 그는 실제로 체험된 자신의 삶 그 자체를 이성을 통해 반성하면서, 자신의 인생을 통해서 드러난 '진리'를 깨닫게 되고 이러한 깨달음이 곧 '신의 섭리'의 덕분이라고 고백하고 있다. 이는 비록 '신의 섭리'를 말하고 있지만 그 방법론에 있어서는 '자연종교'의 그것과 다르지 않다. 세계와 자기 인생에 대한 '명상'을 통해 '인생의 불변하는 진리' 혹은 '인생에 대한 지혜'라고 할 만한 것을 최종적으로 발견하게 된 것이다. 여기서 우리는 "올바르게 사유하기만 한다면, 인간의 지성은 계시된 신적 진리와 만나게 된다"는 토미즘의 사유 혹은 크리스천적인 휴머니즘을 발견할 수가 있다.

## 3. 자아에 대한 추구는 '내면성'을 가진다는 것이다

① 자신을 안다는 것은 무엇이며, 왜 중요한가?

아우구스티누스는 서구 역사에서 종교적 차원에서 '자아에 대한 물음'을 출현시킨 최초의 인물이라고 할 수 있다. 소크라테스가 '너 자신을 알라!'라고 하였을 때, '너 자신'은 진리를 알지 못하며 무지상태에 있는 자신에 대해 자각하라는 의미였기에 '무지의 지'라는 철학적 지혜를 의미하는 것이며, 아직 진정한 자아에 대한 물음, 즉 '나는 누구인가?'라는 물음은 아니라고 할 수 있다. 하지만 아우구스티누스는 '나는 누구인가?'라는 자아의 본질에 대해 질문하고 있다. 소크라테스가 인식론적 차원에서 '나의 상태'에 대한 질문을 던졌다면, 아우구스티누스는 존재론적 차원에서 '나의 본질'에 대한 질문을 던진 것이다. 아우구스티누스는 서구사상에서 '신의 초월성'을 가장 강하게 주장한 사상가 중 한 사람이었다. 그에게 있어 신에 대한 사유는 직접적으로든 간접적으로든 인간적인 사유는 아니다. 그렇기 때문에 신의 음성을 듣는다는 것은 유한한 인간으로서는 불가능하거나 혹은 가능하다면 신이 인간의 내면에 존재한다고 할 때 가능한 것이다. 그렇기 때문에 그에게 있어서 가장 우선적으로 해결해야 할 문제는 신과 인간과의 관계성에 관한 문제였다. 이러한 이유로 그는 철학을 시작하면서 가장 먼저 무엇을 알아야 하는 것인지에 대해 물으면서 다음과 같이 말하고 있다.

> 나는 신과 나를 알고 싶다. 그밖에는 없는가? 전혀 아무것도 없다.
>
> −『독백록』−

> 철학의 문제는 두 가지이다. 하나는 영혼에 관한 문제이고 다른 하나는 신과 관련된 문제이다.
>
> −『질서론』−

이상의 진술에서 말하고자 하는 것은 철학적 문제란 '진리인식과 자아인식'의 문제라고 하는 것이다. 물론 우리는 이러한 아우구스티누스의 사유를 철학에 관한 매우 편협하고 좁은 사유라고 비판할 수도 있을 것이다. '지혜에 대한 사랑으로서의 철학'이란 본질적으로 그 대상에 있어서 제한이 없으며, 모든 것이 철학의 대상이 될 수 있기 때문이다. 따라서 우리는 아우구스티누스의 이러한 진술을 일종의 '과장법'으로 보아야 할 것이다. 즉 '신을 아는 것과 자기 자신을 아는 것이 그 무엇보다 중요하며, 철학을 시작할 때에는 이 두 가지 것을 가장 먼저 알아야 한다'는 것을 에둘러 말하고 있는 것이다. 이는 통속적으로 말해서 '첫 단추를 잘 꿰어야한다!'는 것을 의미한다. 파스칼은 『팡세』에서 인간의 영혼이 무엇인지를 안다는 것은 매우 중요한 것이라 주장하면서, 그 이유를 '인간의 본질'에 대한 규정은 이후 모든 인간의 도덕적인 문제를 결정하는 것이기 때문이라고 하였다. 이는 사실이다. "인간이란 신의 모상으로 창조된 존재로서 세상의 그 어떤 다른 생명체보다 소중한 존재이다"라고 생각하는 사람과 "인간이란 다만 신경이 매우 복잡하게 진화되었을 뿐 다른 동물들과 본질적으로 다르지 않다"라고 생각하는 사람에게 있어서, 이들이 가지게 되는 '윤리나 도덕' 혹은 '가치관이나 인생관'은 판이하게 달라질 수밖에 없을 것이다.

그런데 아우구스티누스가 던지는 질문은 '인간이란 무엇인가?'에 대한 인간학적 차원의 질문이 아니라, "나는 누구인가?"라는 나의 자아에 관한 질문이다. 인간학적 차원의 '인간이란 무엇인가?'로 시작하지 않은 이유는 아마도 당시로서는 '인간이란 무엇인가?' 하는 문제가 너무나 명백하고 사람들이 알고 있는 그 사실 —인간은 신의 모상으로 창조된 이성적 존재라는 사실— 에 대해서 이론의 여지가 없었기 때문일 것이다. 이 같은 성서적 지평의 인간관에 의문을 제기한 것은 진화론이 등장하면서지만, 아마도 아우구스티누스가 진화론에 대해 공부했다고 하여도 이 같은 질문에는 변함이 없을 것이다. 왜냐하면 그의 질문이나 추론은 오직 그 자신의 이성과 양심에 의해 자율적으로 주어지고 있기 때문이다. 『삼위일체론』에서 아우구스티누스는 소크라테스의 '너 자신을 알라'라는 명제를 다시 상기시키면서 '너 자신'의 문제를 '앎의 문제'에서 '존재론적인 문제'로 이행시키고 있다.

> 그것(영혼이 자신을 이해하는 것)은 사람들이 '너의 얼굴을 바라보라'고 말할 때의 경우와 같은 것이 아니다. … 사람들이 영혼에게

'너 자신을 알라'라고 할 때 영혼은 사람들이 자신에게 '너 자신'
이라고 말하는 것을 이해함과 동시에 자기 자신을 알게 된다. 이
는 오직 (영혼이) 그 자신에게 현존하고 있다는 한 가지 이유만으
로 알게 되는 것이다.

- 『삼위일체론』, 10, 12 -

자기를 안다는 것이 거울을 통해 자기 얼굴을 확인하는 것, 즉 외모
를 분명히 인지하는 것일 수 있다. 그런데 이와는 전혀 다른 방식, 즉
'자기 자신에게 현존하는' 방법을 통해서 알게 된다는 것은 무슨 의미
일까? 여기서 핵심문제는 '내가 나 자신에게 현존하다'는 것이다. '현
존現存, præséntia'이란 '그 자리에 있는', '현재의', '출석한' 등의 뜻을 가
진 'præsens프레젠스'의 명사형이다. 따라서 '내가 나 자신에게 현존하
고 있다'는 것은 나의 정신이 가장 나다운 것에, 나의 가장 깊은 본질
에 집중하고 있다 혹은 그것에 존재하고 있다는 것을 의미한다. 예를
들어 '화가'인 어떤 사람이 화가로서의 자신의 정체성이나 동일성을
알기 위해서 '나는 누구인가?'라고 아무리 질문을 던지고 생각을 한다
고 해서 '화가로서의 자신'에 대해서 제대로 알 길이 없다. 여기서 가
장 좋은 방법은 '화가로서의 자신의 본질에 집중하는 것' 혹은 '화가
로서의 본질에 현존하는 것'이다. 화가로서의 본질에 현존한다는 것은
곧 열심히 그림을 그리는 것이다. 만일 그가 전혀 그림을 그리는 일에
몰두하지 않고 있다면, 그는 무엇을 해도 '화가로서의 자신의 본질'에
대해 충분히 이해할 수가 없을 것이다. 다시 말해서 화가가 자신의 본
질을 아는 유일한 방법은 곧 '화가로서의 본질적인 일에 충실하게 임
하는' 그것뿐이다. 따라서 영혼을 가진 영적인 존재로서의 인간에게

있어서 자기 자신에게 현존한다는 것은 곧 '영혼에 집중하는 것' 혹은 '영적인 삶에 집중하는 그것'에 있다. 왜냐하면 인간에게 가장 본질적인 것은 영혼의 어떤 것이기 때문이다. 어떤 존재이든 한 존재는 자신의 본질 혹은 본성에 적합하게 그리고 충만하게 존재할 때 그곳에 만족과 행복이 있다. 마찬가지로 인간이 내적인 삶을 혹은 영적인 삶을 충만히 영위하고 있을 때, 그때에 인간은 충만하게 인간적일 수 있고 여기에 진정한 인간의 만족과 행복이 있는 것이다. 우리는 여기서 "자신으로 존재한다는 것에는 가장 완전한 기쁨이 있다"라고 말한 키르케고르의 말을 떠올려 볼 수 있을 것이다.

## ② 철학함이란 아름다운 내면성을 가지는 것이다

이와 같은 아우구스티누스의 사유는 '영적인 세계에 속하는 영혼과 세속적인 세계에 속하는 육체'라는 플라톤적인 이원론을 이어받은 것이다. 하지만 아우구스티누스의 장점은 영적인 것을 내면적인 것과 동일시하고 있는 점이다. 다시 말해 플라톤이 말한 '저편 세계', '초월적인 세계'를 아우구스티누스는 인간의 내면으로 데려온 것이다. 인간이 자기 자신의 내면에 집중할 때, 즉 자신의 모든 의식이 외부의 세계로부터 물러나 자신의 내면으로 향할 때, 거기서 발견하는 것은 곧 '신의 현존'이다.

> 세상 어디에서도 신을 발견하지 못하였으니, 신은 내 영혼 깊숙이 존재하고 있는 것이 틀림이 없다!
>
> -『고백록』-

아우구스티누스의 신은 인간을 초월하여 존재하지만 또한 인간의 내면 깊숙이 존재한다. 이것이 그가 자신에 대해 명상하면서 발견한 초월적인 신의 진리이다. 다시 말해서 인간의 가장 근본적인 모습(영혼의 모습)은 '그의 내면에 신의 현존이 있는' 그리하여 신적 존재와의 필연적인 관계를 가지고 있는 존재라는 것이다. 그래서 그는 인간 영혼의 본질적인 능력들인 기억, 지성, 의지를 '신의 삼위일체'를 닮은 것이라고 강조하고 있다. 인간이란 영혼을 가진 존재이며, 그 영혼의 깊숙한 곳에 신이 현존하고 있으며, 그리하여 인간적으로 산다는 것의 가장 본질적인 모습 혹은 원래적인 모습이 곧 '영적인 삶을 영위하는 것'이라는 점이다. 이것만이 인생에서 최후적으로 가치가 있는 것이며, 궁극적으로 추구해야 할 것이다. 그 외 세상의 좋은 것들, 세상이 선이라고 하는 것은 모두 사실상 잠정적인 것이며, 진리로 나아가는 방편일 뿐이고, 필연적으로 소멸할 수밖에 없는 허망한 것들이다. 그래서 인생에서 궁극적으로 염려해야 할 것은 진리에 대한 깨달음을 가져야 할 영혼의 건강함뿐이다.

이 같은 아우구스티누스의 사유는 본질적으로 종교적인 지평에 있는 사람들 혹은 인생의 근본적인 진리를 추구하는 형이상학적 정신을 가진 이들에게 있어서만 충만하게 공감이 가는 것임은 분명하다. 하지만 다른 한 관점에서 보자면 인생의 무게에 허덕이는 모든 사람에게 위안을 주는 하나의 빛이 여기에 있다. 생각해 보자. 많은 사람이 '인생이란 참 고달프다'라고 생각한다. 그런데 이 '고달픔'은 어디에서 오는 것일까? 다양한 답변이 주어질 수 있겠지만 우리는 이에 대한 하나의 이상적인 답변으로 '사람들이 소유양식의 삶'을 살고 있기 때문이라고 말할 수 있을 것이다. 좋은 성적을 받지 못해 불행한 학생들, 좋은 직업을 구하지 못해 걱정하는 젊은이들, 승진을 하지 못해서 불안한 직장인들, 항상 경쟁을 해야만 하는 기업인들, 매일 전쟁을 치르는 것 같은 정치가들, 아무리 애를 써도 인간관계가 어렵고 꼬이기만 하는 사무원이나 판매원들, 아무리 노력을 해도 세상의 인정을 받지 못하는 작가나 예술가들, 시간이 지나도 전혀 깨달음을 얻지 못해 애가 타는 수도자들, 그리고 죽음을 앞둔 불안한 노인들, 그가 누구이든 인생에 있어서 '근심'이나 '불안'이 전혀 없이 사는 사람은 어디에도 없다. 그래서 불교에서는 인생을 '고통의 바다[苦海]'라고 부른다. 이 같은 근심이나 불안의 원인은 자신의 삶을 안전하게 해 줄 그 무엇을 소유하여야 한다는 것에서 주어진다. 소유하여야 할 그 무엇이 박탈되어 있거나, 그것이 상실의 위험에 있기 때문에 불안하고 근심스러운 것이다.

인생의 길에서 어김없이 만나게 되는 이 같은 '고뇌'는 불교에서 말하듯 인생의 본질이라고 볼 수도 있겠지만, 그것은 '인간이란 무엇인가'에 대한 잘못된 관념이나 이념에서 비롯하는 것일 수도 있다. 아우구스티누스에 따라 우리는 인간은 무엇보다 먼저 영혼이며, 영혼을 가진 인간은 영적인 것에 관심을 가지고 영적인 것을 추구하는 것이 가장 가치 있고 소중하며, 그 외 세상의 온갖 좋은 것은 다만 이 영적인 것을 위한 수단에 불과하다고 생각을 할 수 있다. 이렇게 생각할 수 있다면 세상이 좋다는 것, 가치 있다는 것들로부터 소외당하고 있다는 이 사실이 그리 큰 고민거리나 근심거리가 될 수는 없을 것이다. 비록 외적으로는 가난하고 보잘 것 없는 삶을 살고 있다고 해도, 인간은 자신이 원하기만 한다면 내적으로 매우 풍요롭고 가치 있는 삶을 영위할 수가 있다. 그 어떤 외적인 조건에도 불구하고 진정으로 원하기만 한다면 선하고 의로운 사람이 될 수도 있을 것이다. 그리고 나의 내면에 존재하는 것은 그 누구도 훔쳐가거나 빼앗아 갈 수가 없는 것이며, 나의 의지에 따라 무한히 깊게 하고 풍요롭게 할 수가 있다. 바로 이것이 소유양식에 대립하는 존재양식의 삶이다. 즉 내가 무엇을 소유하는가 하는 것이 문제가 아니라, 내가 어떤 사람이 될 것인가 하는 것만을 문제 삼는 삶이 곧 존재양식의 삶이다. 그래서 아우구스티누스의 사상에서 항상 일관되게 고려되고 있는 것은 '외부세계에서 내면의 세계로' 그리고 '낮은 것(세속적인 쾌락)에서 높은 것(진정한 자아실현)'으로 나아가는 것이다.

세상의 모든 것이 시간과 더불어 소멸하고 마침내 사라지고 말 것이지만, 인간의 내면에 있는 영적인 것은 결코 소멸될 수가 없다. 어떤 의미에서 내가 가꾸어 가는 나의 영혼의 모습은 이 세상 안에서 영원한 것을 만들어 가는 것을 의미한다. 이 같은 사유는 "너 자신을 조각하는 것을 멈추지 말라"고 한 플로티노스의 사유와 정확히 일치하고 있다. 그래서 진정 중요한 것은 곧 '나의 내면의 세계'를 의미하는 영혼의 모습이다. 이것을 후대 철학자들, 예를 들어 프랑스의 현대철학자 에메 포레스트Aimé Forest는 '내면성intériorité(불)'이라고 이름하고 있다. 철학을 한다는 것은 곧 아름다운 '내면성'을 가지는 것을 말하는 것이며, 다른 말로는 '진정한 자아'를 형성해 가는 일이다. 아름다운 내면성을 가지고 있는 사람, 최소한 이러한 것을 가꾸어 가고자 애쓰고 있는 사람에게 있어서 근심거리는 오직 하나밖에 없다. 그것은 그 어떤 이유로 나 스스로 이러한 일을 중단하게 되는 것뿐이다. 즉, 인생의 근심 걱정거리는 오직 나 자신에게 달려 있는 것뿐이다. 그 외 모든 부정적인 것은 불편하거나 고통스러울 뿐 큰 근심을 유발하는 것은 아니다. 바로 이것이 소극적인 의미에 있어서 영원한 것을, 즉 진리를 사는 것이다.


## 4. 사유하는 주체로서의
## 정신과 사랑

① 왜 앎이 사랑을 유발하는 것일까?

근대철학을 한 번이라도 접해 본 사람이라면 데카르트의 코기토 *Cogito*의 원리를 모르는 사람은 없을 것이다. "나는 사유한다, 고로 나는 존재한다"는 이 유명한 명제는 인간 정신의 특성을 말해 주는 것이다. 데카르트는 진리란 더 이상 의심할 수 없는 그 자체 확실한 것이라고 보았고, 그리하여 진리 추구의 방법론으로서 '방법적 회의', 즉 확실한 것을 발견하기 위해서 의심할 수 있는 모든 것을 의심하고자 하는 방법을 고안하였다. 그 결과 그는 수학적, 기하학적 진리들은 그 자체 확실한 것이라 보았고 또 이렇게 의심하고 확실한 것을 추구하는 사유의 주체인 '비-질료적인 정신'이 있다는 것 또한 그 자체 분명한 진리라고 보았다. 사유하고 추론하고 의심하는 비-질료적인 정신이 인간에게 있다는 사실과 인간은 누구나 동등한 사유하는 능력을 가지고 있다고 본 것이다. 이와 유사한 추론을 우리는 아우구스티누스의 저작에서 발견할 수 있다.

> 사람들에게 여러 가지 의심이 있다는 것은 사실이다. 자기가 살아있으며, 기억하며, 결심하며, 생각하며, 알며, 판단하는 그 능

력은 어디서 오는가를 의심했다. … 의심한다면 의심한다는 것을 이해한다. … 그러므로 다른 일을 의심하는 사람도 이 모든 일(의심하고, 분명히 알고자 원한다는 사실)은 의심하지 않을 것이다.

- 『삼위일체론』, 10, 10-14 -

데카르트가 '코기토'의 명제를 통해서 '비-물질적인 사유하는 정신'의 존재를 증명하고자 하였다면, 위의 아우구스티누스의 추론은 사유하는 정신을 통해서 '진리를 추구하는 인간 정신의 특성'에 대해 말하고자 하는 것이다. 아마도 시기적으로 데카르트가 후대의 사람이니, 사실상 데카르트가 아우구스티누스의 사유를 답습하였거나, 보다 깊게 하였다고 해야 할 것이다. 어쩌면 너무 당연한 사실을 말하고 있는 것 같지만, 아우구스티누스의 위 진술은 매우 중요한 의미를 내포하고 있다. 인간이란 정신을 가지고 있기 때문에 의심을 하게 되고, 의심한다는 사실은 곧 분명하지 않은 것을 분명하게 알고자 한다는 것을 의미한다. 어떤 것을 '분명하게 안다는 것'은 무엇을 의미하는가?

인간은 정신을, 즉 이성과 지성을 가지고 있기 때문에 본능적으로 무엇에 대해서 알고 있으며, 또 알고자 하며, 그것도 분명하게 알고자 한다. 인간의 지성은 막연하거나 모호하게 아는 것으로는 만족하지 못한다. 스스로 '아, 그렇구나!' 하고 분명하게 알기를 원한다. 의심을 한다는 것은 내가 알고 있는 어떤 것이 분명하지 않다는 것을 의미한다. 모호하거나 막연한 것 혹은 애매하거나 불분명한 것을 분명하게 알고자 한다는 것, 이것은 인간의 정신이 가진 본질적인 속성이다. 그렇다면 무엇에 대해서 이렇게 분명하게 알고자 하는 것인가? 즉 인간 정신의 앎의 대상은 무엇인가? 그것은 아마도 존재하는 모든 것, 혹은 인생의 길에서 부딪히는 모든 일이 그 대상일 것이다. 왜냐하면 불완전하거나 모호하게, 그리고 막연하게 알고서도 만족할 수 있는 대상이란 어디에도 없기 때문이다. 어떤 것을 분명하게 알고자 한다는 것, 그것도 모든 것에 대해서 분명하게 알고자 한다는 것, 이것이 곧 '진리를 알고자 하는 것'이다. 인간의 정신은 본래적으로 진리를 알고자 하는 존재인 것이다. 만일 '인간은 빵만으로 살 수 없다'는 옛 금언이 사실이라면 그 이유는 본질적으로 정신적인 존재인 인간은 '진리를 혹은 진실을 알고자 하는 존재'이기 때문이다. 그래서 '알 권리'라는 것은 인간에게 있어서 가장 우선적이고 첫째가는 권리 중 하나라고 할 수가 있는 것이다. 달리 말해 인간이라는 이유만으로 '진리 혹은 진실'을 알고자 하고, 이는 '천부적인 권리'이며, 누구도 이 권리를 박탈해서는 안 된다는 것을 의미하고 있다. 이것이 위 아우구스티누스의 추론의 첫 번째 의미일 것이다.

그런데 두 번째 의미는 더욱 심오하다. 그것은 인간의 인식이 가지는 고유한 특수성을 의미하는데, 곧 인식에 동반되는 '사랑'의 특성이다. 다시 말해 어떤 것을 분명하게 인식하게 된다는 것은 곧 그 대상을 사랑하게 된다는 것을 의미하는 것이다. 파스칼은 '누군가 무엇을 알고자 한다면, 이미 그는 그것에 대해서 어느 정도 알고 있다는 것을 의미한다'고 하였다. 이는 사실이다. 어떤 사람이 A에 대해서 완전히 무지하다면, A에 대해 알고자 하지 않는다. 실용적인 이유에서 A를 반드시 알아야만 할 필요가 있다면 전혀 모른다고 해도 알고자 하겠지만, 그렇지 않다면 내가 전혀 모르는 것은 나에게 전혀 흥미를 유발하지 않기 때문에 그것을 알고자 하지 않는 것이다. 이는 전혀 바둑에 대해서 알지 못하는 사람은 바둑을 두고자 하는 마음이 생기지 않는 것과 같은 이치이다. '자신이 전혀 흥미를 느끼지 않는 것에 대해서는 알고자 하지 않는다'는 사실을 거꾸로 말한다면, '무엇엔가에 흥미를 느낀다면 이 무엇을 알고자 욕구하게 된다는 것'이다. 그리고 무엇을 알고자 한다는 것은 또 이 무엇을 어느 정도는 알고 있다'는 것이 된다. 그런데 '흥미를 가지다' 혹은 '관심을 가지다'는 표현은 달리 말해 '매력을 느낀다'라고 할 수 있다. 어떤 것에 '매력을 느낀다'는 것은 다른 표현으로 하면 어떤 것을 '좋아하고 있다'고 말할 수 있다. 그런데 좋아한다는 것의 강도가 매우 강하거나 혹은 그 깊이가 매우 깊게 될 때 우리는 이 어떤 것을 '사랑한다'라고 말하게 되는 것이다. 즉 인간의 정신이 어떤 것을 안다는 것 혹은 그것을 알고자 한다는 것은 곧 이 어떤 것을 좋아하고 사랑하기 때문인 것이다. 즉 앎은 사랑을 유발하고 또한 사랑은 알고자 하는 욕구를 유발하는 것이다. 그래서 인간은 정신을 가졌다는 그 이유만으로 진리를 알고자 하고자, 진리를 사랑하고자 하는 존재인 것이다.

그래서 아우구스티누스는 '인식과 사랑'을 서로 함께하는 한 커플처럼 고려하고 있으며, 또한 여기에 마치 그 결과물처럼 '자기에 대한 인식'을 포함시키고 있다.

> 인식하고 사랑할 때, 거기에는 세 가지 명사들이 있으니, 정신과 사랑, 그리고 자기에 대한 앎*mens et amor et notitia eius*이다.
>
> -『삼위일체론』, 9, 4 -

'안다는 것은 곧 사랑한다는 것이다'는 명제는 관점에 따라 충분히 납득할 만한 것이다. 그런데 여기서 사랑이란 자기헌신을 의미하는 도덕적 차원의 사랑(즉, 아가페)일까 아니면 매우 좋아한다는 의미의 '미학적 혹은 심미적 차원의 사랑(즉, 에로스)'일까? 아우구스티누스의 관점에서 본다면 사랑에 대해서 앎에 동반되는 이 사랑은 어쩌면 에로스에 가깝겠지만 엄밀한 의미에서 '에로스나 아가페' 등으로 구분될 수 있는 것이 아니거나 아니면 이 둘을 모두 어느 정도 포함하는 것이라고 할 수 있다. 어쩌면 앎에 동반되는 이 사랑은 에로스에서 아가페로 넘어가게 하는 매개체라고 할 수도 있을 것이다.

왜냐하면 에로스적 사랑은 감성적 차원의 사랑이기 때문에 분명한 앎이 없이도 매력이나 사랑의 감정을 유발할 수가 있으며(즉, 좋아하게 될 수 있으며), 매력을 느끼는 대상에 대해서 보다 깊이 알게 될수록 단순히 좋아하는 것에서 사랑하게 되는 상태로 나아가기 때문이다. 좋아함은 알고자 하는 욕구를 유발하고, 보다 깊은 앎은 그 대상에 대한 보다 깊은 사랑을 유발한다는 것은 일반적인 인간의 행위법칙이다. 그리고 사랑하는 대상에 대한 사랑이 깊어질수록 사랑하는 사람은 그 대상을 위해서 자신을 헌신하고자 하는 욕구를 더욱 느끼게 되며, 우리는 이를 '아가페'라고 부르는 것이다. 이렇게 앎이란 에로스에서 아가페로 이행하는 가운데 필연적으로 요청되는 것이다. 물론 구체적인 대상을 전제하지 않을 때는 ―가령 세상의 모든 버림받은 자를 사랑하고자 하는 종교적 사랑의 경우라면― 오직 그 사람의 내적인 신념이나 도덕성만으로 충분할 것이겠지만, 구체적인 한 사람이거나 혹은 예술이나 법률과 같은 특정한 전문분야의 경우엔 사랑하는 대상에 대한 보다 깊은 앎을 전제하지 않는다면 결코 사랑은 에로스에서 아가페로 성장하지 않을 것이다.

표 14 아우구스티누스의 네 가지 사랑의 개념에 관한 '한나 아렌트'의 구분

| 이름 | 내용 |
|---|---|
| 탐욕으로서의 사랑<br>*amor-cupiditas* | 세상을 사랑하는 것을 의미한다. 이는 우리 자신의 관심을 우리 자신을 찾는 것으로부터 흩어지게 하고, 우리의 삶을 외적인 것에 의존하게 하는 것이다. 결국 사라지고 말 덧없는 것을 사랑하는 것으로 우리 자신의 자율성을 상실하게 한다. 그렇기 때문에 '탐욕'이라고 부를 만하고 사실상 '거짓된 사랑'이라고 할 수 있다. |
| 신적 사랑<br>*Amor-caritas* | 탐욕으로서의 사랑과 대조되는 진정한 의미의 사랑 혹은 참된 사랑인 신적 사랑. 이는 "영원성과 절대적인 미래를 갈망하는 정의로운 사랑"이라고 말해진다. 자신의 외부에 존재하는 세상적인 것을 욕망하지 않고, 자신의 내부에 있는 신적인 것을 추구하며, 탐욕적인 사랑이 외부적인 것과 연결하는 것이라면, 카리타스는 내면에 존재하는 신적인 것과 연결한다. 따라서 카리타스에 있어서 신에 대한 사랑과 자신에 대한 사랑은 대립하거나 모순되지 않는다. "내가 나의 신을 사랑할 때, 내가 사랑하는 것은 내 내면의 빛이며, …. 장소에 국한되지 않는 내 영혼이 빛나는 곳, 시간이 가 버리지 않는 것 …, 만족이 분산되지 않는 것, 이것이 내가 나의 하느님을 사랑할 때 사랑하는 것이다."(p. 45) |
| 자애로서의 사랑<br>*amor-dilectio* | 딜렉티오는 욕망이나 (외부) 대상에 의해 인도되지 않고 "지금 현재 세상 안에서 절대적인 미래를 살고 있는 한 인간의 미리 할당된 *préassignée*(불) 객관적인 태도"(p. 57)를 말하는 것이다. 이 태도로부터 사랑의 대상에 대한 위계가 주어진다. 가장 우선적인 것은 '우리 위에 있는 것*supra nos*'이며, 그 다음 우리와 아주 가까이 있는 것*iuxta nos*, 그 다음은 우리들의 '이웃*proximus*', 그리고 우리의 아래에 있는 것*infra nos*, 즉 육체적인(물질적인) 것이다. 딜렉티오는 신의 은총에 의한 것으로 인간의 의지에 달린 것은 아니며, 신적 은총을 통해 계명과 율법을 완전하게 수행하게 한다. |
| 이웃 사랑 혹은 아가페적 사랑<br>*dilectio proximi* | 이웃 사랑은 딜렉티오의 한 유형으로, 신적 사랑과의 관계가 확고한 이후에 자기 자신을 포기하는 사랑을 말한다. 이는 아가페적 사랑에 가장 적절한 개념으로 "어떠한 차별도 없이 모든 인간을 사랑하는 것"(p. 125)을 의미한다. "사랑을 사랑하는 것 없이 그 형제를 사랑할 수 있는가? 필연적으로 그는 사랑을 사랑하게 된다. 사랑을 사랑하면서 그는 신을 사랑하는 것이다."(p. 126) 신의 도성*la Cité de Dieu*(불)에서의 사랑의 형식이 이것이다. 여기서 문제가 되는 것은 인류가 아니라, 모든 개별적인 인간이다. 여기서 "모든 타인에 대한 관계는 신과의 직접적인 관계를 향한 하나의 단순한 통로가 된다"(p. 178). |

인용출처: Hannah Arendt, *Le Concept d'amour chez Augustin*, Payot-Rivages, 1999.

② 나를 안다는 것은 나를 형성한다는 것이며, 또 나를 사랑하는 것이다

그런데 이렇게 어떤 대상을 알고 또 사랑하는 것이 왜, '나 자신에 대한 앎'을 유발하는 것일까? 그리고 '자신에 대한 앎'이란 구체적으로

무엇을 말하는 것일까? 이를 이해하기 위해서 우리는 우선 '자기다운 것'이 무엇인지를 생각해 볼 필요가 있다. 파스칼은 "정신적이 될수록 보다 오리지널한 것이 많게 된다"고 한 바 있다. 왜 정신적으로 된다는 것이 '나 자신만의 고유한 것'이 더 많아지게 되는 것일까? 이는 지극히 상식적인 것이다. 생각해 보자. 개개의 유치원생을 구분한다는 것은 쉽지 않다. 서로 너무 유사하기 때문이다. 하지만 개개의 철학자를 구분한다는 것은 너무나 쉽다. 왜냐하면 이들은 마치 우주가 다르듯이 가치관이나 인생관 세계관의 차원에서 서로 확연하게 다르기 때문이다. 이렇게 정신적으로 된다는 것은 그가 그의 내면세계를 가진다는 것이며, 이 내면세계의 다름은 외모의 다름과는 근본적으로 다르다.

그렇기 때문에 자신을 안다는 것 혹은 자신에 대한 앎을 가진다는 것은 우선적으로 자신의 내면에 자신만의 무엇을 가진다는 것을 의미한다. 아직 어린 아동들이나 청소년들은 자신들에 대한 앎을 가지기가 무척 어렵다. 왜냐하면 자신이라고 할 만한 내적인 것, 자신의 정신세계나 자아가 형성되어 있지 않기 때문이다. 그래서 아우구스티누스에게 자신에 대한 앎이란 마치 자전거를 타면서 자전거 타는 법을 배우듯 곧 자신의 내면성(자아)을 형성하면서 자신을 아는 것이다. '정신성'이나 '내면성' 혹은 '영혼의 자기이해' 등은 모두 정신적 활동을 통해 자신의 내적인 자아를 가지는 그 행위 자체와 동일한 개념이다. 즉 '너 자신을 알라!'라는 소크라테스의 '무지에 대한 자각의 요청'은 아우구스티누스에게는 '너 자신의 자아를 형성하라'는 존재론적이고도 행위론적인 요청으로 바뀌는 것이다. 그런데 나 자신의 자아를 형성한다는 것은 곧 세계와 인간, 그리고 진리에 대한 앎을 통해서 나의 영혼의 내용을 가진다는 것을 말하는 것이다. 그렇기 때문에 '무엇을 안다는 것'

과 '무엇을 사랑한다는 것' 그리고 '나 자신에 대한 앎을 가진다는 것'은 동시적인 것이며, 동일한 사태의 다양한 국면 혹은 양태를 지칭하는 용어들이 되는 것이다.

이러한 앎과 사랑의 관계에서 가장 부각되는 개념은 '내면성' 혹은 '내적인 것'이다. 사유한다는 것은 내면성을 가진다는 것이며, 내면성을 가진다는 것은 곧 신적인 것과의 관계성을 가진다는 것이다. 이는 곧 눈에 보이는 이 유한한 세계를 초월하는 다른 하나의 세계(내면의 세계)를 가진다는 것을 의미하기도 한다. 보다 정신적으로 되면서 자기적인 것이 된다는 것은 또한 보다 정신적인 존재가 되면서 개별적인 인간이 된다는 것을 의미한다. 이렇게 아우구스티누스에게 있어서 앎과 사랑, 정신적인 것과 내적인 것, 자아를 형성하는 것과 개별자가 된다는 것은 모두 서로 일치하고 있다. 아우구스티누스에게 있어서 '사유한다'는 것의 의미는 다만 합리적이고 논리적인 추론의 지평과는 다른 형이상학적이고 종교적인 의미를 지니고 있다. 그렇기 때문에 아우구스티누스에게 있어서 '사유하는 인간*Homo-sapiens*'이란 곧 '종교적인 인간*Homo-Religiosus*'과 직접적으로 맞닿아 있다.

# 5. 앎의 초월성과 조명설

① 이해하는 데 있어서, 왜 믿음이 필요한 것일까?

아우구스티누스에게 있어서는 지성이 끝나는 곳에서 믿음*fides*이 시작되는 것이 아니라, 오히려 진정한 앎이란 믿음에서 출발하거나 믿음으로부터 파생되어 나오는 것이다. 왜냐하면 그에게 있어서 진정한 앎이란 플라톤에서와 마찬가지로 '견해'가 아니라 영혼의 불변성과 연계된 '지혜' 혹은 '진리'를 의미하기 때문이다. 따라서 아우구스티누스에게 있어서 무엇에 대해서 깊이 사유하기 위해서는 먼저 사유 대상에 대한 믿음이 요구된다. 그렇기 때문에 아우구스티누스에게 있어서는 "이해하기 위해서는 (먼저) 믿어야 한다*crede ut intellegas*"는 형식이 성립하는 것이다. 따라서 아우구스티누스에게 있어서 무엇을 안다는 것 혹은 무엇에 대한 앎을 가진다는 것은 곧 이 앎의 대상을 진리라는 차원 혹은 진리의 지평에서 안다는 것이며, 이는 다른 말로는 앎의 대상이 가지는 진리와의 관계성을 이해한다는 것이다.

'앎이 믿음에서 출발한다'는 이 같은 관점은 순수한 이성적인 앎이 아니라 종교적 관점 혹은 형이상학적 관점의 앎이라고 할 수 있다. 그럼에도 어떤 관점에서 보자면 모든 앎이 어떤 면에서 어떤 형이상학적 믿음의 지반에서 출발한다는 것도 사실이다. 물리학이나 지질학 혹은 생물학이나 천문학, 나아가 진화론이나 유물론 등 그 어떤 학문이나 사상도 그 최초의 원리들은 증명 가능하거나 설명할 수 있는 것이 아니다. 오히려 그 자체로 명백한 어떤 것에서 출발한다는 점에서 이는 곧 그들만의 믿음에서 출발한다고 보아야 할 것이다. 가령 실험실에서 실험을 하는 과학자는 '동일한 상태에서 동일한 작용을 가하면 동일한 결과가 발생한다는 믿음'을 가지고 있기 때문에 실험을 진행할 수 있으며, '모든 현상에는 현상의 원인이 있다'는 것에 대한 믿음이 있기 때문에 현상의 원인을 탐구할 수 있는 것이다.

그런데 아우구스티누스가 생각하는 '앎의 근원으로서의 믿음'에서 부각되는 것은 앎의 대상이 가지는 초월적인 측면이다. 특히 이 초월성은 진리를 추구하는 영혼의 초월성과 영혼이 궁극적으로 지향하고 있는 신의 초월성이다. 영혼과 신 사이의 관계성에 대한 아우구스티누스의 도식은 다음과 같이 요약될 수 있다.

A: 모든 사유는 그 자신의 원리에 의해 진리(참된 것)를 추구한다. 즉, 모든 인간은 진리에 대한 의지를 가지고 있다.

B: 모든 진리의 근원이자 진리 자체인 존재가 곧 신이다. 따라서 인간은 정신을 가졌다는 이유만으로 본래적으로 신을 추구하고 있다. 그런데 유한한 인간이 무한한 신을 추구한다는 것 자체가 논리적으로 모순이다. 왜냐하면 유한(시간)과 무한(영원) 사이에는 건널 수 없는 간격이 존재하고 있기 때문이다.

C: 따라서 무한한 것을 추구하고자 하는 영혼의 갈망을 야기한 것은 신 자체여야 한다. 즉, 애초에 인간에게 진리를 추구하고자 하는 갈망을 일으킨 것은 신 자신(인간 내면에 거주하는 신)이다.

D: 진리를 추구하는 영혼은 신적 존재와의 초월적 관계성을 지니고 있다는 차원에서 초월성을 내포하고 있으며, 이 관계성을 깊이, 그리고 보다 실제적인 것으로 만드는 것이 곧 종교적 삶(영적인 삶)이다.

이 같은 아우구스티누스의 사유에서 신은 인간에게 '신 자신'을 추구하도록 하였고, 이에 따라 인간 정신(영혼)은 무한히 자신을 초월하여 절대적인 것에 접근하고자 하는 것이다. 그렇기 때문에 진리를 추구하는 인간 정신의 앎은 초월적인 것에 대한 앎의 추구를 의미하며, 세계의 신비와 신의 신비를 끊임없이 밝히고자 하는 노력을 의미한다. 그래서 아우구스티누스는 앎을 추구하는 지성의 행위에 대해 "마치 우리가 (반드시) 찾아야만 하는 것처럼 추구하고, (이를 추구한 뒤에도) 아직 다시 추구해야 하는 것처럼 추구하여야 한다"(『삼위일체론』, 4, 1)라고 말하고 있다. 즉 진리에 대한 추구는 지성을 가진 존재의 사명이며, 또한 이 사명에는 끝이 없음을 의미한다. 이것이 아우구스티누스 사상에서 드러나는 '앎의 초월성'이 가진 의미이다.

② 보편적이고 절대적인 앎은 추론이 아닌 조명과 직관을 통해 가능하다

이 같은 앎의 초월성은 외부 대상을 인식할 때도 그대로 적용되는데, 아우구스티누스는 외부 대상에 대한 진정한 인식은 감각이 아닌 영혼을 통해 이루어진다고 말하고 있다. 그는 『창세기 주해서De Genesi adliteram libri duodecim』 12장에서 다음과 같이 말하고 있다. "지각하는 것은 몸(감각)이 아니라 있는 그대로를 전달하는 몸(감각)을 통해서 영혼이 하는 것이다. 그런 다음 영혼은 외부에서 오는 것을 활용하여 참된 것을 자기 자신에게서 형성하는 것이다." 여기서 참된 것quod veritatae, the very thing이란 플라톤이 말하는 이데아적인 것이라고 할 수 있다. 아리스토텔레스나 토마스 아퀴나스에게 있어서 이 '참된 것'은 지성의 추상 작용 덕분에 획득할 수 있다. 가령 다양한 정의 사이에서 공통적이고 본질적인 것을 추상해 냄으로서 '정의의 본질'을 획득하는 것이다. 반면 아우구스티누스에게 있어서는 이 본질적인 것을 영혼의 통찰

을 통한 '직관'의 형식으로 획득한다. 이렇게 영혼이 직관을 할 수 있는 것은 바로 신적 조명을 통해서 가능하다. 이것이 '조명설illuminatio의 의미이다. 그런데 이 같은 조명은 '선험적인 진리'뿐만 아니라, 인간의 모든 지식에 적용되고 있는데, 그 이유는 모든 피조물이 신의 이성을 원형으로 하여 창조되었기 때문이다.

> 우리가 지성으로 파악한 모든 것에 있어서, 이것을 말할 때 이는 외부에서 울리는 목소리가 아니라, 우리가 숙고하고 있는 내면의 정신을 인도하는 진리이며, 아마도 이 숙고된 것을 언어들을 통해서 수행하라고 알려주는 것일 것이다.
>
> -『고백록』-

과학적 탐구 방법이 현상을 기술하면서 현상의 원인을 추구하는 것이라면, 아우구스티누스의 조명설은 조명을 통해 영혼이 직관의 형식으로 통찰한 것(본질적인 것 혹은 참된 것)을 언어의 형식을 빌려 구현하는 것이라 말할 수 있다. 즉 과학에서는 말로 표현될 수 있는 것(현상에 대한 기술)이 직접적인 것이고 일차적인 것이며, 말로 표현될 수 없는 것(현상의 원인으로서의 원리 혹은 체계)이 이차적인 것이라면, 아우구스티누스에게 있어서는 말로 표현될 수 없는 것(본질적인 것 혹은 직관 된 것)이 직접적인 것이고 일차적인 것이며, 말로 표현될 수 있는 것(개념을 통한 묘사)이 이차적인 것이다. 따라서 아우구스티누스에게 있어서 앎을 추구한다는 것은 궁극적인 목적인 진리를 추구하는 방편이다. 이는 종교적·형이상학적 지평에서의 '명상meditatio' 혹은 '관상contemplatio'의 전형적인 방법이라고 할 수 있다.

따라서 현대의 과학적 관점에서 보자면 아우구스티누스의 조명설은 매우 비과학적이고 신화적인 이해 같지만, 현대의 사상가들에게서도 유사한 것을 발견할 수 있다. 사물의 본질이나 진리를 인식함에 있어서 직관과 통찰의 방법을 고려하는 것은 오늘날 여전히 존재한다. 베르그송의 직관의 방법, 불교의 돈오, 그리고 도교의 도에 대한 통찰 등은 모두 '영혼의 조명'과 일맥상통하고 있다. 아마도 신적 조명을 통해 사물들의 진리를 인식하게 된다는 이 같은 아우구스티누스의 인식론이 가지는 실제적인 의의가 있다면 그것은 상대적인 진리를 넘어선 '절대적인 진리의 개념'을 확립한다는 것에 있을 것이다. 인간의 이성이 한계를 가지고 있고, 따라서 이성의 추론이나 사유만으로는 절대적인 진리에 도달할 수가 없다고 한다면 ―아우구스티누스에게 있어서 신에 대한 직접적인 지식은 결코 이성의 추론이나 사변을 통해서는 도달할 수가 없으며, 오직 신비적 체험을 통해서만 가능하다―, 절대적인 진리는 오직 신적 조명을 통해서만 가능하다. 따라서 조명설을 통해 절대적인 진리를 인식할 수 있다는 것은 앎에 대한 '상대주의'를 극복하기 위한 것이라 할 수 있다. 그렇기 때문에 조명설을 통해 '절대적인 진리'에 접근하는 인식의 문제는 바로 '윤리적인 문제'와 연결되고 있다. 그는 『고백록』에서 다음과 같이 말하고 있다.

모든 정직한 사람이 두려워해야 하는 본질적이고도 놀라운 것은 만일 이 시스템(앎의 체계)이 개연성일 경우, 한 개인이 진리에 대한 어떤 동의도 하지 않는다면, 그 개연성을 실현하고자 믿는다고 해도 그는 다른 사람들의 비난이 없다면 오류나 범죄 등 어떤 끔찍한 행위도 할 수 있을 것이라는 사실이다.

만일 진리라는 것을 인정하지 않고, 모든 앎이라는 것이 단지 관점의 문제에 지나지 않는 것이라면, 그리고 체계 지워진 구조의 문제일 뿐이거나 혹은 헤게모니의 문제라면, 즉 상대적인 것이라고 생각하게 되면, 학자나 연구자는 더 이상 어떤 망설임도 없이 금기시하는 무엇이라도 감행할 수가 있을 것이다. 하지만 만일 절대로 상대화할 수 없으며, 누구나 존중하고 긍정하여야 할 어떤 근본적이고도 본질적인 보편적인 가치들, 예를 들어 생명의 존엄성, 양심의 명령, 인권의 소중함, 자유의 가치 등을 긍정하고 존중하게 된다면, 인권을 심각히 해치거나 사회적 공동선을 파괴하거나 인류를 위기 상황에 맞닥뜨리게 할 수 있는 자유의 남용은 쉽사리 시도할 수가 없을 것이다. 칸트가 기존의 형이상학을 부정한 뒤에, 유일하게 가능하다고 믿었던 〈도덕 형이상학〉의 정립에 성공하지 못했던 것은 언제나 누구에게나 진리라고 할 수 있는 보편적 도덕법칙이 최소한 몇 개는 될 것이라고 하였지만, 그것을 현실의 삶 안에서는 발견할 수가 없었기 때문이었다. 그런데 아우구스티누스는 이러한 보편적이고 절대적인 차원의 진리들을 통찰하게 하는 것은 '신적인 조명'에 의해서 가능하다고 본 것이다. 조명설은 추론이나 담론을 통해 획득하는 것이 아닌 정화된 영혼들이 직접적이고 절대적인 차원에서 통찰(직관)한 것이며, 오늘날 여전히 신비주의나 종교적 삶에서 진리추구의 방법론으로 사용하는 것이다.

# 6. 죄의 개념과 종교적 삶

① 죄는 어디서부터 발생하는가?

사람들은 사람들에게 고통과 불행을 야기하는 파괴와 폭력, 그리고 온갖 거짓과 위선 등이 어디에서 기인하는지 궁금해한다. 적당한 폭력이나 적당한 악행은 환경의 영향이나 사회구조적인 문제나 혹은 이기주의의 발로로 인해 그럴 수 있겠다고 생각되지만, 모든 윤리와 도덕이 멈춰 버리고 상상이 불가능한 폭력과 악행이 자행되며 한 민족이나 국가를 송두리째 파괴하는 전쟁이나 인종청소 등을 보면서 이 같은 악행들이 어디에서 기인하는지 도저히 납득하기 힘들 때가 있다. 아우구스티누스는 모든 악행의 근원이 되는 것 혹은 악행 그 자체를 '죄'라고 부르며, 죄를 사회적 범법 행위를 통해 발생하는 '사회적 죄*crīmen*'와 종교적 지평에서 발생하는 '종교적 죄*peccátum*'로 구분하고 있다. 그리고 모든 사회적 죄의 그 뿌리는 종교적 죄에 있다고 보고 있다. 즉 종교적 죄는 사회적 죄들의 근본적인 원인이 된다. 종교적인 죄는 인간과 세계를 신의 관점이나 신과의 관계성 속에서 고찰하는 것이 아니라, 순수하게 인간적인 관점에서 고려하는 데서 발생한다. 왜냐하면 세계와 인간을 신의 지평 안에서 명상하게 되면 매우 선하고 좋은 것을 야기하게 되겠지만, 순수하게 인간의 지평에서 고려하게 되면 죄의 상태를 야기하게 되기 때문이다. 왜냐하면 전자는 창조의 목적에 맞게 세계와 인간을 영적인 것으로 인도하겠지만, 후자는 감각적 사랑에 의한 탐욕으로 인도하게 될 것이기 때문이다. 따라서 비록 탐욕이 죄의 직접적인 원인이라고 해도 이 탐욕의 근원은 또한 세계와 인간에 대한 잘못된 이해에서 비롯한다. 그래서 아우구스티누스에게 있어서 죄의 문제는 앎의 문제에서부터 출발하는 것이다. 사실상 복잡하게 얽힌 사회적 삶에서가 아니라면 대다수의 죄는 악행을 행하는 이의 잘못된 생각에서부터 비롯한다는 것을 부정할 수가 없다. 오늘날 빈번하게 행해지고 있는 '인권침해'나 '갑질' 등의 경우 그 행위의 근본적인 원인은 가해자의 잘못된 생각에 있다. '모든 인간은 소중한 존재여서 누구도 함부로 대해서는 안 된다'는 생각을 굳게 지니고 있는 사람이라면 결코 갑질이나 인권침해 같은 죄를 범하지는 않을 것이며, 모든 사람의 삶이 다 같이 소중하고 고귀한 것이라 생각하고 있다면 결코 타인의 마음에 상처나 고뇌를 유발할, 억울한 일을 당하게 하지는 않을 것이기 때문이다.

파스칼은 『팡세』에서 '신이 있는 인간의 행복과 신이 없는 인간의 불행'에 대해서 말하였는데, 이는 아우구스티누스의 생각과 정확히 일치하고 있다. 피조된 세계와 창조주로서의 신의 관계를 완전히 배제하고 세계와 인간을 순수하게 인간의 관점에서 고려한다는 것은 애초에 창조된 피조물로서의 인간의 고유한 존재의미를 부정한다는 것을 의미한다. 이는 어떤 의미에서 스스로 신과 동등한 위치에 자신을 두게 하는 것이다. 만약 이렇게 되면 프로타고라스가 말한 것처럼 "인간이 만물의 척도"가 되고, 무엇이든 스스로 규정하거나 결정할 수 있게 될 것이기 때문이다. 심지어 실증주의나 유물론에서 볼 수 있듯이 인간도 동물과 근본적으로 차이가 없는, 뇌신경이 보다 발전한 고등동물에 지나지 않는다고 규정해 버릴 수도 있고, 또 인간이 만든 인공지능 로봇을 인간과 동등하게 고려할 수도 있을 것이다. 이렇게 된다면 사실상 사람들이 악행이나 죄라고 하는 것도 그냥 자연의 법칙에 불과한 것이 되어 버린다. 약육강식, 자연도태, 잉여인간 등과 같은 말이 진실처럼 간주되고, 심지어 우수하고 탁월한 민족이 다른 열등한 민족이나 국민을 지배하는 것이 당연한 것처럼 생각하는 이들도 생겨나게 될 것이다.

신이 창조와 더불어 의도한 인간의 운명이나 세계의 운명을 거부하고 스스로 인간의 본성이나 인류의 미래를 자유롭게 결정하고자 자유롭게 계획하는 것, 이것은 아우구스티누스에게 있어서 피조물로서의 자신의 위치와 권한을 망각한 일종의 교만*superbia*을 의미한다. 아우구스티누스에게 있어서 '원죄原罪'란 바로 인간이 '피조된 자'로서의 자신의 위치를 망각하고 스스로 창조주처럼 되고자 한 자유의 남용, 즉 인간의 오만에 있다. 따라서 원죄란 최초의 인간이 지은 죄를 의미할수도 있겠지만, 그보다는 '피조물의 근원적인 본성 혹은 본질에 대한 거짓된 통찰'에서 주어지는 것으로서, 세계와 인간에 관한 인간 정신 이해의 문제 혹은 앎의 문제와 직접 연관되어 있다. 즉 원죄란 '최초의 죄' 혹은 '첫 인간들의 죄'라는 의미보다는 인간이 가진 근원적인 불완전함과 나약함으로 인해 자신의 위치와 질서를 왜곡하게 되는 상황 그자체를 의미하거나 혹은 이로 인하여 '죄를 지을 가능성을 항상 지지고 있는 인간적 조건'을 상징하는 개념이라고 할 수 있다.

사실상 현대의 포스트모더니즘과 과학기술 문명은 거의 인간을 신의 위치에 두고, 신을 흉내 내고 있다고 해도 과언이 아니다. 인간에 관한 과거의 모든 규정을 부정하면서 인간에 관하여 그 어떤 규정도 가능하다고 생각하고, 유전자를 조작하여 생명체를 변형시키거나 새로운 생명체를 만들어 내려 하기도 하고, 인공지능을 만들어 인간을 대신하고자 하기도 한다. 인간을 단지 신경이 복잡하게 발달한 고등동물처럼 여긴다면 생산성이 없는 인간은 잉여인간으로 취급되고, 이들을 위한 인간의 존엄성은 매우 찾아보기 어렵게 된다. 아우구스티누스의 시선에는 이 같은 현대인들의 모습은 원죄, 즉 '죄의 가능성'을 가진 인간의 불완전함을 상징적으로 보여 주는 예들이 될 것이다. 아우구스티누스에게 있어서 이 같은 죄의 가능성에서 인간을 구원해 줄 수 있는 것은 인간의 의지만으로는 충분하지가 않다. 왜냐하면 이 죄의 가능성은 그의 존재의 근원에 깊이 각인된 것이기 때문이다. 그렇기 때문에 인간과 신의 관계성을 외면하고는 죄와 죄의 결과인 고통과 고뇌는 해결되지 않는다. 신과 인간의 관계성을 통한 신의 도움을 그는 은총이라 불렀다.

아우구스티누스에게 있어서 인간이 스스로 '죄로부터의 해방', 즉 '새로운 탄생'이 불가능한 것은 항상 과거에 집착하며 곧 다가올 죽음을 망각하는 습관 때문이다. 그는 이 습관을 '죄의 법칙'이라고 부르고 있다. 이 같은 분석은 '철학을 죽음에 대한 연습'이라고 생각하는 플라톤이나 세네카 등의 고대 철학자들의 분석과 유사하다. 생각해 보자. 만일 어떤 악덕 기업가가 '건강검진'을 했는데, 불치병이 발견되고 살아갈 날이 고작 3개월밖에 남지 않았다는 것을 알게 된다면 어떻게 될까? 곧 다가올 자신의 죽음을 알고서도 악덕 기업가로서의 악한 행위를 계속할 수 있는 사람은 지극히 드물 것이다. '죽음'이란 최소한 죽음을 맞이하는 당사자에겐 지상의 모든 좋은 것, 모든 인간관계, 자신을 둘러싸고 있는 모든 환경, 즉 세계의 종말을 고하는 시간이기 때문이다. 이렇게 세계가 소멸하는데 자기 이익을 위한 악행이 왜 필요하겠는가? 최소한 상식적인 사유가 가능한 사람이라면 이때까지 자신이 추구하였던 온갖 탐욕들을 내려놓을 수밖에 없을 것이다. 하지만 이렇

**표 15** 아우구스티누스의 3가지 지평에서의 신에 대한 관념

| 창조주이자 세계의 주관자로서의 신 |
|---|
| • 신은 세상과 선을 창조한 창조주이다. 그의 창조는 무에서 유를 창조하는 것으로 신의 창조 이전에는 아무것도 존재하지 않았다. 창조는 정신적 세계(천사들)와 물질적 세계(우주)를 포함하는 일체이며, 신은 악을 창조하지 않았기에 죄인들의 악행에 대해서는 그에 적합한 심판이 있을 것이다. - 『고백록』, 7, 13, 19 -<br>• 신은 다만 세계를 창조하였을 뿐 아니라, 섭리의 형식에 따라 우주를 통치한다. 섭리는 부분적으로는 자연의 법칙에 따라, 부분적으로는 신의 의지에 따라 이루어진다. - 『창세기 주해』, 8, 9, 17 -<br>• 신의 섭리는 신비이며 인간의 이성으로 이해불가하다. - 『신국론』, 1, 28 - |

| 초월성과 관계성으로서의 신 |
|---|
| • 신은 "의지와 능력이 바로 자신"이라는 의미에서 단순하다. 따라서 신은 본질 그 자체이고 순수한 존재이다. 이는 곧 하나의 실체 혹은 하나의 본질에 세 개의 위격이 있다는 '삼위일체설'을 긍정하게 한다. - 『삼위일체론』, 7, 5, 10 -<br>• '삼위일체설'은 "관계성 중에 있는 존재"의 개념을 야기한다. 성부와 성자와 성령은 서로 하나의 정신 안에서 내밀하게 일치된 관계성 중에 있다. - 『삼위일체론』, 7, 5, 10 -<br>• 신은 최초의 세계의 창조와 창조된 세계의 보존 그리고 섭리를 통해 목적으로 세계를 이끌어 간다는 차원에서 세계와 밀접한 관계를 가진다. 세계의 모델은 신이며, 세계는 신의 모습에 가장 유사하게 변모해 간다. - 『창세기 주해』, 8, 9, 17 - |

| 신비적 초월성과 내재적 인격성으로서의 신 |
|---|
| • 신-플라톤주의의 비-인격적인 '일자'로서의 신은 아우구스티누스에서는 '측량할 수 없는 신비를 가진 신'이면서 동시에 성육신한*incarnatio* 신, 즉 인간 존재의 가장 내밀한 곳에서 작용하는 내적인 '인격신'으로 고려된다. - 『질서론』, 2, 44 -<br>• 아우구스티누스에게 신은 항상 '내가 바로 여기에 있다'는 방식으로 다가오는 신, 즉 '너'라는 2인칭으로 다가오는 살아있는 신이며, 성육신의 사건도 죄로부터 인간을 해방하기 위한 '내재적 신(인간 안으로 내재한 신)'의 의미를 함축하고 있다. - 『시편 주해』, 101 - |

게 불치병을 앓고 있지 않는 다른 사람들이라고 해도 사실상 지상에서 살아갈 날이 그리 길지는 않다. 어느 정도 나이가 든 성인이라면 어떤 사람은 10년을 어떤 사람은 20년을 길어야 30-40년을 더 사는 것이 고작일 것이다. 하지만 자신이 살아갈 날이 고작 10년이나 20년 밖에 남지 않았다는 생각 때문에 죽음을 준비하는 사람은 없다. 한 마디로 인간은 인생 전체를 볼 수 있는 눈이 없고, 더구나 다가올 미래, 특히 죽음 이후의 저편 세계를 염두에 두고 준비하며 살아가는 사람은 매우 드물다. 물론 그 이유 또한 일반 사람들이 순수하게 인간적인 관

점에서 세계를 바라보기 때문이다. 오늘날 환경론자들이 환경을 파괴하는 현대인의 삶의 방식을 '인간중심주의'라고 비판하는 것을 볼 수 있는데, 아마도 아우구스티누스 역시 순수하게 인간적인 관점에서 세계와 인간을 고려하면서 항상 '죄의 경향성'을 지니고 사는 현대인들의 삶의 형식을 '인간중심주의'라고 비판할 것이다. 자신의 번영만을 생각하며 자신의 지반(환경)을 무시하고 파괴하는 것이나, 자신의 영달만을 생각하며 자신의 목적지(초월성)를 완전히 도외시하며 사는 것이나 사실 어리석기는 매한가지이기 때문이다.

## ② 의지의 빈약함이 죄를 낳는다

만일 아우구스티누스에게 있어서 인간이 만든 법과 양심의 소리가 항상 죄로부터 벗어나게 해 주지는 못한다고 한다면, 그것은 이성의 실패 때문이 아니라, 피조물 안에 존재하는 '원하는 것'과 '원하는 것을 실행할 능력' 사이의 관계성의 빈약함 때문이다. 즉, 누구나 선한 것과 올바름을 원하기는 하지만, 이를 현실 안에 실행하는 데 있어서 매우 나약한 능력을 가지고 있기 때문에 원하는 것을 실현하지는 못하는 것이다. 즉 죄는 의지의 빈약함에서 발생하는 것이다. 바로 이 때문에 아우구스티누스의 도덕적 특성을 '주의주의主意主義' 혹은 '의지주의意志主義'라고 부르는 것이다. 비록 죄의 근원이 앎(지성)에 있기는 하지만 실제적인 행위로 선이나 악을 행하게 되는 결정적인 요인은 '의지의 유부족'에 있기 때문이다. 자신이 원하지만 원하는 것을 충분히 행할 수 없음이라는 이 인간적인 한계가 '창조주로서의 신'과 '피조물로서의 인간'의 근본적인 차이점이다. 신은 무엇이건 원하는 것이 곧 현실이 되는 그러한 존재이지만, 인간은 자신이 원하는 것을 완전하게 실현하는 경우가 거의 없다. 그래서 신은 완전한 자유를 가졌지만, 인간의 자유는 매우 불완전한 자유를 가지고 있는 것이다. 그래서 아우구스티누스에게 있어서 자유의 고유한 의미는 '진리와 선'을 실천할 수 있는 의지의 자유를 말하는 것이 된다. 만일 '구원'이라는 말이 의미가 있다면 그것은 이 같은 피조물로서의 자신의 한계와 나약함을 인정하고 자신이 원하는 것을 실현할 수 있게 할 '신의 도움'을 진정으로 바라고 있다는 것에서 주어진다. 신의 도움을 의미하는 은총은 인간을 죄의 본성으로부터 해방시키면서 인간을 새롭게 태어나게 하며, 죄로부터 자유롭게 한다. 그런데 아우구스티누스에게 있어서 은총은 멀리 있는 것이 아니다. 누구든 자신의 내면 깊숙이 내려갈 때, 그곳에서 은총의 근원을 발견할 수 있기 때문이다. 왜냐하면 신이 항상 현존하고 있는 곳이 바로 인간의 내면 깊숙한 곳이기 때문이다.

> 나는 존재하고 살고 있다. 따라서 왜 내가 '신이시여 나에게 오소서'라고 요청하겠는가? 만일 신이 항상 나에게(나의 내면에) 현존하지 않았다면 나는 존재하지 않았을 것이다.
>
> –『고백록』, 1, 2 –

그렇기 때문에 아우구스티누스에게 있어서 내적인 삶과 종교적인 삶은 거의 유사한 개념이다. 내적인 삶이 종교적 삶의 '충분조건'은 아닐지라도 최소한 내적인 삶은 종교적 삶의 '필요조건'이다. 즉 모든 내적인 삶이 다 종교적인 삶은 아닐지라도, 모든 참된 종교적인 삶은 내적인 삶을 전제하고 있다. 바로 이 내적인 삶에서 인간은 자신이 원하는 것을 추구할 수 있는 힘, 즉 진리와 선을 선택할 수 있는 힘을 가지게 되는 것이다. 따라서 그 형식이 어떠한 것이든, 종교를 가진다는 것은 곧 '죄로부터 해방되어 다시 태어나다'는 의미를 가지고 있다. '세례'라는 종교적 입문 행사는 바로 이 같은 새로운 탄생의 상징적인 몸짓이다. 따라서 아우구스티누스에게 있어서 인간이 종교적 삶을 가진다는 것의 의미는 '죄의 경향성을 가진 본성'에서 '선과 빛을 향한 지향성을 가진 본성'으로 '돌아선다'는 본성의 변모를 의미하며, 또한 지속적으로 신의 은총과 관계한다는 차원에서 '창조주와 피조물 사이의 실제적인 관계성의 회복'을 의미한다. 나아가 '불완전한 자유를 완전한 자유로 재창조하는 창조의 지속'을 의미하기도 한다. 이러한 삶의 형식이 현실 안에서 구체적으로 나타날 때, 이를 곧 '사랑의 삶'이라고 부르는 것이다. 왜냐하면 "신은 곧 사랑이기*Deus Caritas est*" 때문이다. '창조주 신과의 관계성의 정립', '새로운 본성으로의 재탄생', '불완전한 자유에서 완전한 자유로의 변모' 그리고 '사랑의 원리에 의한 삶의 형식' 등은 사실 동일한 사태에 대한 다양한 관점의 이해들이며, 이는 종교적 삶의 핵심이 된다.

# 7. 사랑하라, 그리고 내가 원하는 것을 하라

### ① 왜 도덕이 사랑으로부터 출발하는가?

희랍의 철학자들과 마찬가지로 아우구스티누스에게 있어서 윤리적인 삶의 목적은 '행복의 추구'이며, 따라서 윤리학은 행복한 삶을 위한 실천적인 학문이다. 그래서 그는 "누구도 행복하지 않다면 현명하다고 말할 수 없다"(『복된 삶에 관하여』)라고 말하고 있다. 그런데 일반적으로 고중세인들에게 있어서 행복감이란 외적인 소유보다는 내적인 덕의 형성에 달려 있다. 따라서 아우구스티누스의 윤리학은 기독교적 교의에 충실히 부합하고 있지만, 의무 개념보다는 덕의 세움에 더 가까이 있다. 그리고 이 같은 '덕의 세움'은 결과론적으로 '신적 사랑'의 개념을 중심으로 통합되고 있다.

아우구스티누스에게 있어서 '진정한 행복'은 '최고선'에 이르는 것에서 주어진다. 따라서 선을 추구하는 것과 행복을 추구하는 것은 동일시되거나 최소한 선을 추구하는 것이 행복을 추구하는 수단처럼 고려되고 있다. 그리고 최고선이 이 지상의 삶에서는 획득할 수 없는 것이기 때문에 '영혼의 불멸성'은 진정한 행복을 추구하기 위한 가장 큰 전제조건이 된다. 바로 이점이 진정한 행복이란 '고뇌와 불안으로부터의 자유'에서 주어진다고 생각하는 쾌락주의나 스토아철학과 다른 점이다. 순수하게 인간적인 관점에서 덕의 소유를 통해 행복을 추구한다는 것은 아우구스티누스에게도 긍정되는 것이다. 하지만 진정한 행복을 위해서는 이것만으로는 충분치가 않다. 왜냐하면 본질적으로 진리를 추구하고자 하는 성향을 가진 인간에게 있어서 갈망이 완전히 충족되는 것은 신적 현존과의 관계성의 정립에서만 가능하기 때문에, 진정한 행복 혹은 참된 행복은 순수한 인간적인 덕만으로는 획득할 수 없는 것이기 때문이다.

'진리와 신'은 모든 인간에게 ―최소한 이를 긍정하는 모든 이들에게― 공통되는 것 혹은 보편적인 것이다. 따라서 아우구스티누스에게 있어서 '도덕적 진보의 첫 단계'는 개인적인 것과 사적인 영역에서 벗어나 공통적인 것과 보편적인 것을 선호하게 되는 것에서 주어진다. 현대적 용어로 말하자면 공동선을 추구하고자 하는 경향성에서 시작된다. 그럼에도 불구하고 아우구스티누스에게 한 개인으로 하여금 진정으로 도덕적인 인간으로 나아가게 하는 출발점은 사회적 의무감이나 윤리적 준칙들이 아니라 '2인칭으로서의 신과의 관계성'이다. 즉, 신과 나 사이의 내밀한 인격적인 관계를 형성하는 것에서 진정한 도덕적 삶이 시작된다. 바로 이 관계가 '사랑의 관계'이며, 이것이 곧 모든 윤리와 도덕의 원천이 된다. 이렇게 하여 "사랑하라, 그리고 네가 원하는 것을 하라!"는 유명한 명제가 탄생하게 되는 것이다.

> 사랑하라, 그리고 네가 원하는 것을 하라. 만일 네가 침묵한다면 사랑을 통해 침묵하고, 만일 네가 말을 하고자 한다면 사랑을 통해 말하라. 만일 네가 교정하고자 한다면 사랑을 통해 교정하고, 만일 네가 용서한다면, 사랑을 통해 용서하라. 네 마음 깊숙한 곳에 사랑의 뿌리를 내려라, 이 뿌리로부터는 좋은 것 외에 다른 어떤 것도 발생하지 않는다.
>
> -『훈화집』-

사실 기독교적 신앙을 가지지 않은 사람들에게는 인간의 도덕적인 삶이 신과의 관계성에서 출발한다는 것은 다소 일방적이고 편협한 관점일 수 있다. 하지만 행위의 준칙이 되는 하나의 절대적인 기준을 가지고자 하는 이들에게 있어서는 충분히 납득할 만한 관점이기도 하다. 왜냐하면 인간은 본성의 불완전함(죄의 경향성)으로 인해 스스로는 결코 절대적인 기준을 가질 수가 없기 때문이다. 만일 누군가 판단과 행위의 절대적인 기준을 가지고자 한다면 그것은 신일 수밖에 없다. 아우구스티누스는 도덕적 삶에 관하여 이렇게 판단과 행위의 절대적인 기준을 가지고자 한 것이다.

> 우리의 하느님은 그분의 의지에 의해서도, 필연성이나 예측할 수 없는 우연에 의해서도 결코 부패할 수가 없다. 그분은 신이시기 때문에 당신이 원하시는 것도 선이며, 또한 그분 자체가 선이기 때문이다.
>
> -『고백록』, 7, 4 -

크리스천에게 있어서 도덕적 행위의 출발점은 범법 행위에 뒤따르는 처벌에 대한 두려움이 아니라, 올바름(정의)에 대한 사랑이다. 처벌에 대한 두려움은 '외적인 것을 참조'하는 것이지만, 올바름에 대한 사랑은 '내적인 것을 참조'하는 것이다. 즉 '내면적인 삶(영적인 삶)에서부터 야기되는 양심의 소리'는 결코 타락하거나 변질될 수 없는 신의 명령과도 같은 것이기에 도덕적 행위의 절대적인 기준이 될 수 있는 것이다. 신외에 어떤 인간도 신과 유사하게 절대적으로 선하거나 절대적으로 정의롭지는 못하기 때문에 누구도 자신이 세상의 윤리·도덕의 절대적인 기준이라고 말할 수가 없는 것이다. 비록 처벌에 대한 두려움이 도덕교육에 있어서 쓸모없는 것은 아니라고 할지라도 이는 매우 소극적인 것이며 정의에 대한 사랑으로 이어지지는 않는다. 왜냐하면 처벌에 대한 두려움이 행위의 원칙이 된다는 것은 처벌을 피할 수 있다고 생각하면 무엇이건 행위할 수 있다는 것을 의미하기 때문이다. 반면 그의 행위의 원칙이 그의 내적인 삶에서 발견되는 사랑 —신은 사랑이시다— 의 원리에 기초한다면 그는 모든 경우에 있어서 올바름과 선을 행할 수가 있을 것이다.

> 형벌이 두려워서만 죄를 멀리하는 자는 정의의 적이 될 것이지만, 만일 그가 정의를 사랑하여 죄를 피한다면 그는 정의의 친구가 될 것이다. 그러면 그는 진정으로 죄를 두려워할 것이다. 오직 지옥의 불길만 두려워하는 자들에게는 죄를 짓는 것이 두려운 것이 아니라, 불타는 것을 두려워하기 때문이다.
>
> -『서간』, 145 -

따라서 윤리·도덕적인 삶에 대한 아우구스티누스의 관점은 '사랑의 윤리학'이라고 할 수 있으며, 이는 매우 적극적인 것이며 또한 오류의 가능성이 배제된 매우 확실한 것이다. 물론 우리는 아우구스티누스의 이 같은 사랑에 대한 이론이 매우 원론적이고 비과학적인 것이라 비

**표 16** 사랑에 관한 아우구스티누스의 진술들

- 누구도 사랑 없이는 살지 않는다. -『훈화집』-
- 나는 아직 (누군가를) 사랑하지 않았지만, 사랑하기를 좋아했고, … 사랑하기를 사랑하면서, 나는 내 사랑의 대상을 찾고 있었다. -『고백록』, 3, 1 -
- 사랑은 어려움들을 부드럽게 하고 장애물들을 파괴한다. -『훈화집』-
- 누군가 사랑할 때, 그는 아무런 어려움을 가지지 않거나 혹은 자신의 어려움까지도 사랑하게 된다. -『훈화집』-
- 사랑의 시선으로 보자면, 불안함이 있는 한 희망이 있다. -『훈화집』-
- 사랑한다는 것은 필연적인 행위이며, 필연적인 것은 법(율법)을 고려하지 않는다. -『독백록』-
- 사랑은 최선의 것을 기대하고, 악은 최선의 것을 황폐화시킨다. -『훈화집』-
- 사랑의 척도, 그것은 척도 없이 사랑하는 것이다. -『훈화집』-
- 각자는 자기 자신의 내면에서 (자기 자신과의) '부부간의 사랑'으로 변해야 한다. -『창세기 주해』, 2, 12, 16 -
- 역사의 종국은 진리를 군주로, 사랑을 법도로, 영원을 척도로 두는 완전한 사회이다. -『서간』, 3. 17 -

판적으로 견지할 수는 있을 것이다. 왜냐하면 내적인 삶에서 발생하는 사랑의 감정이란 그의 의식이 어떤 지평에 있는가에 따라 달라질 수밖에 없고, 나아가 내적인 삶 그 자체가 매우 개별적이고 사람에 따라 그 의미나 깊이에 있어서 엄청난 차이를 보일 수밖에 없기 때문이다.

### ② 보편적인 정의란 곧 사랑의 정의이다

일반적으로 그리스도인들에게 있어서 『신약성경』은 『구약성경』의 완성을 의미하며, 이는 달리 말해 '율법이 사랑에 의해 완성된 것'이라고 할 수 있다. 그렇기 때문에 그리스도인들에게 있어서 윤리와 도덕은 필연적으로 사랑의 윤리학이 될 수밖에 없다. 이러한 이유로 아우구스티누스에게 있어서 정의의 개념은 곧 '사랑의 정의' 혹은 '사랑에 기초한 정의'가 된다. 정의에 관한 아우구스티누스의 사유는 희랍인들의 정의 개념, 스토아철학의 정의 개념, 그리고 『신약』에서의 사도 바울의 정의 개념에서 그 근원을 취하고 있다.

그리스인에게 정의의 개념은 도시 또는 도시국가(폴리스)의 법률과 연결되어 있다. 반면 스토아철학에서는 정의의 개념을 두 가지 방식으로 확장시켰는데, 하나는 폴리스의 시민으로서의 정의요 다른 하나는 세계시민으로서의 정의였다. 가령 키케로_Marcus Tullius Cicero_에게 정의 또는 불의의 개념은 '올바른 이성'과 동일시되는 불문율과 연결되어 있다. 따라서 키케로에게는 정의가 예외 없이 모든 사람에게 적용되는 것처럼 보인다. 하지만 키케로에게 있어 시민사회나 세계는 위계적인 것이며, 이방인에 대한 정의는 자국인의 정의 다음에 고려된다는 점에서 아직은 엄격한 의미에서 '보편적인 정의 개념'이라고 보기는 어렵다. 정의 개념이 예외 없이 모든 사람에게 공평하게 적용될 수 있는

'보편적인 정의의 개념'은 『신약성경』의 정의 개념이라고 할 수 있다. 왜냐하면 「로마서」에 드러난 사도 바울의 사유에서 그리스도교의 신은 이스라엘의 신일 뿐만 아니라 모든 민족과 국가의 신이며, 인간의 죄를 심판하시는 신의 심판은 문화적·민족적 다름과 차이를 넘어서는 보편적 인간이란 관점에서 심판하기 때문이다. 즉, 신의 심판은 지상의 모든 상대적 기준을 넘어서는 일종의 절대적 관점에서 누구에게나 공정하게 적용되는 사태이기 때문이다.

아우구스티누스의 정의 개념은 이상의 3가지 근원을 잘 조화시킨 것이라 할 수 있다. 아리스토텔레스와 키케로의 사유로부터는 "정의란 각자가 응당히 받아야 할 것을 주는 것"이란 개념을 취하고, 스토아철학으로부터는 "모든 인간에게 적용되는 보편적인 정의 개념"을 취한다. 하지만 아우구스티누스가 가장 중요시 여긴 것은 사도 바울의 관점이다. 그는 이 보편적 정의 개념에서 가장 중요한 의무로 여긴 것을 가난한 자와 억압받는 자를 돌보는 것에 두고 있기 때문이다. 아우구스티누스가 말하고 있는 '기독교적 정의'는 사실상 '사랑의 정의'이다. 그는 『삼위일체론』에서 사도 바울의 사유를 그대로 다시 취하고 있는데 "그가 누구이든 서로 사랑하는 것 외에는 어떠한 빚도 없도록 하는 방식으로 정의롭게 되어야 한다"(8, 6)라고 말하고 있다. 유대인 철학자 레비나스가 힘주어 강변하듯이 사실상 어떤 관점에서 모든 인간은 서로가 서로에게 사랑의 빚을 지고 있으며, 이 사랑의 빚은 완전히 갚기가 불가능하다. 그래서 모든 인간은 서로에게 사랑의 빚을 가지고 살 수 밖에 없다. 하지만 우리는 그 외 어떤 경우에도, 누구에게라도 빚을 지고 살아서는 안 된다. 그렇게 되려고 노력하는 것이 곧 '정의로운 것'이다. 여기서 '빚을 지다'는 표현은 상징적인 표현이다. '빚'이란 '응당히 주어야 할 것을 주지 못하는 것', '마땅히 고려해야 할 것을 고려하지 못하는 것', '당연히 존중되어야 할 것을 존중하지 못한 것', '공정하게 판단해야 할 것을 판단하지 못한 것', '올바르게 대해야 할 것을 대하지 못한 것' 등 이성과 양심에 따라 정당하고 올바르게 행위해야 할 것을 행위하지 못한 것 일체를 말하며, 그 대상은 예외 없이 모든 사람에 대해서이다. 한마디로 말해 언제 어디서나 누구에게나 이성과 양심의 명령에 따라 '올바름'으로 대하는 것, 예외 없이 모두에게 동일한 방식과 동일한 무게로 '올바르게 대하고자 하는 것' 혹은 그렇게 하고자 노력하는 것이 곧 정의로운 것이다. 이것이 성경적 이념에 근거한 '보편적 정의의 개념'이다.

하지만 인간이란 원죄를 가진 인간, 즉 죄의 경향성을 가진 문제적인 인간이다. 그렇기 때문에 이 같은 보편적인 정의 개념이 현실의 삶에서 충분히 실현되기란 매우 어렵다. 인간은 자기애自己愛로 인해 비록 이성은 정의를 행위하여야 한다고 명령하지만 의지는 불의로 향하게 된다. 그래서 올바름이나 정의의 개념도 어느 정도는 상대적일 수밖에 없다. 이러한 이유로 충실한 정의의 실현을 위해서도 신의 도움이 필요한 것이다. 신의 도움, 즉 은총은 바로 내적인 삶에서 주어지는 '선과 정의를 향한 의지의 강력함'이다. 이것은 곧 신의 사랑 혹은 신적 사랑의 결과이다. 그래서 아우구스티누스에게 있어서 최후의 정의 혹은 가장 완전한 정의는 곧 '사랑의 정의' 혹은 '사랑에 기초한 정의'이다. 사랑의 빚을 완전히 갚을 수가 없듯이, 사랑의 정의 역시도 완전히 실현할 수가 없다. 그래서 우리는 언제 어디서나 최선을 다해 '정의롭게 살고자 하고, 정의를 실현하고자' 노력하는 수밖에 없다. 이것이 곧 '신의 정의'이다. 즉, 신의 정의란 할 수 있는 데까지 사랑을 실천하는 그것을 말하는 것이다. 그리고 이 같은 신의 정의를 다하고자 하는 사람을 성서적인 의미의 '의인', 즉, 신 앞에선 의로운 자인 것이다. 후일 키르케고르가 '신 앞에선 단독자'의 개념을 제시한 것은 이 같은 '성서적 의인'의 개념을 제시하는 것과 크게 다르지 않다.

은총이 본성을 완성하듯 사랑은 정의를 완성하는 것이다. 그리고 이 같은 정의의 완성은 곧 '진정한 행복'으로 이어진다. 그래서 아우구스티누스에게 있어서 진정한 크리스천이란 곧 정의로운 자요, 사랑하는 자이며, 성인이 되고자 애쓰는 사람이다. 그래서 그는 윤리와 도덕에 대해 말할 때 가장 자주 '사랑'에 대해서 말하고 있는 것이다.

③ 국가가 지상권을 가지면, 종교는 신의 정의를 선포해야 한다

아우구스티누스의 '사랑의 정의' 혹은 '신의 정의' 개념은 기독교적 국가관에 대한 그의 개념을 자연스럽게 이끌어 내고 있다. 그는 우선 "정의가 없는 곳에는 국가도 없다"(『신국론』, 11, 14)라고 말하며, 또한 "정의가 없는 왕국들은 도둑들의 집단에 불과하다"(『훈화집』)라고 말하고 있다. 이 말은 국가의 가장 중요한 기능은 '정의의 확립'이라는 말과 같다. 국가란 시민사회가 자신들의 목적을 이루기 위해 정치체제를 가지는 것을 의미하는 것이며, 이는 인간성의 관점에서는 일시적인 목적에 봉사하는 것으로 완전히 자연적인 것은 아니다. 시민국가란 어느 정도 인위적이고 기술적인 것이며 시민적 합의에 의해 사회적 정의를 실현하기 위해 형성한 일종의 인위적인 최대기관이다. 그렇기 때문에 인류의 궁극적인 목적의 실현이란 측면에서 볼 때는 잠정적인 것이고 또 중재적인 것일 뿐이다. 국가는 '신의 왕국'과 '세속적 왕국' 사이에서 불확정적이고 개연적인 공간을 구성한다. 그렇기 때문에 아우구스

티누스는 "권력을 가진 자가 우리를 불의한 행위로 그리고 불경한 장소로 이끌지만 않는다면, 필연적으로 죽을 우리들이 어떤 권력 아래에서 살고 있다고 한들 그것이 무슨 상관이 있겠는가!"(『신국론』, 9, 14)라고 말하고 있다. 다시 말해서 중요한 것은 '국가의 정체'가 아니라 '정의의 실현'이며, 정의를 잘 실현해 주고 있는 국가라면 그 형태나 체제가 어떠하든지 상관이 없다는 것을 의미한다. 비록 기독교인이 신의 왕국에 속하는 영혼들이지만, 또한 시민사회에 속하는 시민이기에 정치에 참여한다는 것은 자연스러운 일이다. 중요한 것은 사회적이고 정치적인 일이 신앙을 따르는 삶과 반대되거나 모순되어서는 안 되며 정치적인 삶이 신앙의 삶을 대신하거나 방해하여서는 안 된다는 점이다.

공화국에서의 정치적인 삶이 정의에 기초한 삶이라는 차원에서 국가적 시민사회에서의 삶이란 문화·역사·법률·제도·정부·통치자 등이 있는 삶이며, 또한 행복과 불행이 공존하는 삶이다. 그래서 그리스도인들도 이 국가의 정치적인 삶에서 충분히 삶의 의미와 행복을 추구할 수 있다. 그런데도 아우구스티누스는 『신국론』 마지막 부분에 와서 '신의 왕국'과 '세속적 국가'라는 국가에 대한 극단적이고 이원론적인 정치적 해석을 내리고 있다.

> 그러므로 두 사랑이 두 도성을 건설하였다. 자기를 너무 사랑하여 신을 경멸하기까지 하게 된 지상의 도성(세속 국가), 신을 너무 사랑하여 자기를 경멸하기까지 한 신의 도성(이상 국가)이 그것이다. 전자는 자기를 영광스럽게 하고, 후자는 신 안에서 영광스러워한다. 전자는 사람들에게 자신을 숭배할 것을 원하고, 후자는 자신의 영광을 신 안에 두면서 자신의 양심을 증거하고 있다.

사실 아우구스티누스가 말하는 '신의 도성*civitate Dei*'은 문학적 은유가 풍부한 용어로서 플라톤이 말하고 있는 관념상의 '이상 국가'로 이해할 수도 있고, 또 기독교적 이념이 완전히 실현된 지상의 국가(휴머니즘적 유토피아)로 이해할 수도 있으며, 또 실제로 역사의 마지막에 도래할 '신을 유일한 통치자로 한, 완전한 정의가 구현된 신성 국가'라고 볼 수도 있다. 아우구스티누스는 이 같은 이상 국가가 도래하기 위해서는 지상의 정치적 제도인 국가를 통해서 점진적으로 나아가야 한다고 생각하면서도, 결국 '타락한 지상의 국가'와 '이상적인 신의 도성'이라는 극단적인 이원론적 사유를 견지하고 있다. 그 이유는 아마도 아우구스티누스가 당시의 정치 역사적 맥락에 있어서 일종의 '예언자의 역할'을 하고자 하였기 때문이라고 보아야 할 것이다.

아우구스티누스가 『신국론』을 기획한 것은 10년 이상이었다는 것이 일반적인 견해이다. 그래서 이 책이 어느 하나의 목적을 위해 쓰였다고 말하기는 어렵다. 그런데 그가 이 책을 출간하기로 결정한 것은 당시의 정치적인 위기 때문이었다. 4세기경 로마는 당시 이민족의 침입으로 인해 약탈을 당했는데 로마의 황제가 이를 그리스도인들의 책임으로 돌리면서 그리스도인에 대한 박해가 시작되었다. 이에 아우구스티누스는 그리스도인들을 변호하기 위해 이 책을 출간하기로 결심하였다. 이 책에서 지향하는 것은 크게 두 가지였다. 하나는 로마가 침략당한 것은 그리스도인 때문이 아니라 로마 제국의 '자업자득'이었다는 것을 말하기 위한 것이었다. 당시는 로마 황제가 절대적인 전제 군주제를 실행하여 황제가 곧 지상의 절대 권력처럼 군림하던 시대였고,

이 같은 절대적인 권한을 로마 시민들에게뿐만 아니라 주변의 모든 나라에게도 강요하였다. 로마 황제의 이 같은 행위는 종교적으로는 우상을 섬기도록 요구하는 것이었고, 사회적으로는 '정의'를 확립하여야 할 국가가 앞장서서 정의를 훼손하는 것을 의미하였다. 따라서 로마의 속국처럼 지내던 주변 국가들의 반발과 저항은 당연한 것이었고, 이것이 곧 '야민인의 침입'이라고 불리는 로마 약탈의 원인이었음을 말하고자 한 것이었다. 둘째는 결국 지상의 어떤 국가도 자연적인 법칙이나 사회적 법률에 의해서는 완전한 정의가 실현되는 이상 국가에 도달할 수 없음을 주장하면서 타락한 공화국에 환멸을 느낀 비-신앙인들이나 이교인들에게 자연스럽게 개종을 유도하고자 하는 의도에서였다는 것이 이 책의 출간 이유였다.

어쨌든 『신국론』의 내용 가운데 특히 현대를 살아가는 우리의 관심을 끄는 것은 정의를 선포하는 종교의 '예언자적 역할'일 것이다. 국가라는 것은 인류 역사상 가장 큰 사회기관 혹은 정치체제를 의미하고, 오늘날 누구도 국가라는 테두리를 벗어나서는 인간다운 삶을 영위할 수가 없다. 그 어떤 사람도 어떤 한 나라의 국민일 수밖에 없고, 일상의 모든 것이 국가의 통제와 보호 아래 있을 수밖에 없다는 것이 현대인의 진실이다. 그렇기 때문에 국가란 개개인의 운명과 행복에 직접 연관되어 있다. 그럼에도 정교분리가 철저히 지켜지고 있는 현대 국가의 정치개념에는 '인간의 궁극적인 목적의 개념'이 배제되어 있다. 다시 말해 국가 제도란 인간의 총체적인 실존을 모두 포괄할 수는 없는 것이다. 그래서 현대 사회에서는 국가가 혹은 정부가 '지상권*summátus*'을 대표하게 되는 비-정의로운 사회로 전락하게 될 위험이 항상 도사리고 있다. 왜냐하면 어떤 국가이든지 국가가 지상권을 자처하는 순간에 전제와 독제가 지배하는 비-정의로운 국가가 되고 말기 때문이다. 이러한 때에 종교는 정당하게 자신들의 예언자적 소명을 실천할 수 있고, 또 실천하여야 하는 것이다. 즉 교회란 '신의 정의'를 선포할 책임을 가진 공동체인 것이다. 이것이 『신국론』이 가진 현대적인 의의가 될 것이다.


## 8. 시간과 역사는 실제로 존재하는 것일까?

### ① 왜 시간은 존재하지 않는 것일까?

아우구스티누스의 사상에서 현대를 살아가는 우리의 관심과 매력을 끄는 주제 중 하나는 '시간 개념'일 것이다. 시간이라는 주제에 대하여 현대인의 관심을 끄는 것은 '시간의 상대성', '시간여행' 등 과학적인 관점일 것이다. 이미 오래전부터 공상소설에서는 시간여행을 매우 중요한 주제로 다루어 왔고, 과학자들 역시도 시간여행의 가능성에 대해 꾸준히 언급해 왔다. 하지만 과학철학자이기도 한 베르그송은 '시간'이란 실체가 없는 것으로 '시간여행'을 마치 오류의 개념처럼 고려하고 있다. 이 같은 베르그송의 사유는 사실상 아우구스티누스의 사상의 연장선상에 있다고 말할 수 있다. 왜냐하면 아우구스티누스의 시간의 개념은 정확히 이러한 것이기 때문이다. 아우구스티누스에게 있어서 시간개념의 중요성은 시간에 대한 개념이 인간 의식의 특수성을 잘 보여 주고 있으며, 또한 인간의 궁극적인 목적을 상기시켜 주는 개념이라는 데에 있다.

시간 개념에 대한 아우구스티누스의 사유는 매우 논리적으로 전개되고 있다. 우선 그는 '시간이란 무엇인가?'라는 질문에 대해서 언급하고 있다.

> 누구도 나에게 질문을 던지지 않았을 때, 나는 시간에 대해서 잘 알고 있었다. 하지만 만일 누군가 나에게 시간이란 무엇인가라고 질문을 하게 된다면, 나는 더 이상 시간이 무엇인지 알 수가 없다.
>
> ―『고백록』, 4 ―

위의 진술에서는 거의 심리적 분석을 통해 '시간 개념의 모호성'에 대해 날카롭게 지적하고 있다. 시간을 모르는 사람은 아무도 없다. 많은 사람이 하루에도 여러 번 '시간이 없다', '시간이 촉박하다', '시간이 너무 빨리 간다'는 등의 말을 하고, 또 이 말의 의미가 무엇인지를 묻는 사람은 아무도 없다. 하지만 시간이 무엇인가를 '정의하고자 하면' 누구도 만족스럽게 시간을 규정해 주지 못한다. 왜 그런 것일까? 그 이유는 시간이란 사실상 실체가 없는 것이기 때문이다. 혹은 좀 더 논리적으로 말하자면 시간이란 '형상과 질료'의 합성으로 이루어진 '구체적인 실재res'가 아니기 때문이다. 아리스토텔레스는 플라톤의 '이데아'가 사실은 실제로 존재하는 것이 아닌 '관념적인 것' 혹은 '정신적인 것'에 불과한 것이라 주장하였는데, 그 이유를 구체적인 존재 혹은 실제적인 존재란 항상 '형상과 질료'가 합성된 것이라 보았기 때문이다. 만질 수 있거나 볼 수 있거나 어떤 방식으로든 오감에 인지되지 않는 것을, 다시 말해 질료를 가지지 않는 것을 '실제로 존재하는 것'이라고 말할 수 없다는 것이 아리스토텔레스의 생각이었다. 그런데 시간도 마찬가지다. 시간은 오직 정신의 산물이며, 그 어떤 '질료'도 가지지 않으며, 결코 오감에 포착될 수 없는 '관념적인 것'이다. 그래서 아우구스티누스는 시간이란 '간격'이며, 이는 정신이 산출한 것 혹은 정신 그 자체라고 규정하고 있다.

> 나에게 시간이란 다만 하나의 간격으로만 나타난다. 그런데 무엇에 대한 간격인지 나는 알지 못하겠다. 이 간격이 정신 그 자체가 아니라면 놀라울 것이다.
>
> -『고백록』, 4, 15 -

시간이 다만 간격이며 이 간격을 산출하는 것이 곧 정신이라는 것, 그리하여 어떤 관점에서 시간이 곧 정신 자신이라는 것은 충분히 경험적으로도 납득할 만한 것이다. 시계가 없을 때 사람들은 해가 이동한 거리를 보고 시간을 측정하였다. 만일 시계도 없고 해가 전혀 보이지 않는 동굴 속에 사는 사람이 있다면 시간의 흐름을 식물이나 곤충이 자라는 것을 보고 측정할 것이다. 해가 이동한 거리, 식물의 키가 자란 거리 등은 모두 간격을 의미한다. 즉 시간이란 어떤 의미에서 변화와 운동을 측정하기 위해 인간의 정신이 고안한 '등가의 간격'을 의미한다. 전혀 변화가 없이 고정된 것에는 시간의 개념이 무의미할 것이다. 그래서 아우구스티누스는 '우리 자신이 곧 시간'이라고 말하기도 한다. "나쁜 시간을 보내고 있는가? 그렇다면 잘 지내야 한다. 그러면 좋은 시간을 보내게 될 것이다. 왜냐하면 우리가 곧 시간이기 때문이다."(『훈화집』)

시간을 '변화와 운동을 측정하기 위해 고안한 간격'이라고 생각한다는 것은 '변화'가 있는 것이지, 변화하는 대상과 무관하게 '시간'이 독립하여 존재하는 것이 아님을 말하는 것이다. 그렇기 때문에 시간은 실체가 있는 것이 아니다. 따라서 만일 '시간이 존재한다'라고 말한다면 그것은 '변화하는 현재' 혹은 '현재의 변화'가 있다는 것을 은유적으로 말하는 것이어야 한다.

> 그러므로 과거, 현재, 미래의 세 가지 시간이 있다고 말하는 것은 적절하지 않다. 아마도 다음과 같이 말하는 것이 보다 정확할 것이다. 즉, 과거의 현재, 현재의 현재, 미래의 현재가 있다고 하는 것이다. … 과거의 현재는 기억이며, 현재의 현재는 직관이요, 미래의 현재는 기다림이다.
>
> ─ 『고백록』, 20, 26 ─

위 진술의 핵심은 시간이란 실체가 있는 것이 아니라, 자아의 산물이라는 것이다. 우리가 과거라고 하는 것은 이미 사라져 버린 과거의 것을 지금 현재 '기억'이라는 형태로 보존하고 있는 것을 말하며, 미래라는 것은 아직 발생하지 않은 것을 현재에서 상상력의 형태로 지니고 있는 것을 말하는 것이다. 그러니 나의 자아와 무관하게 실제로 존재하는 것은 오직 현재뿐이며, 이 현재는 우리의 의식에 의해서 직관되고 있는 그것이다. 그런데 직관되는 어떤 것이란 순간적인 것이다. 생각할 여유를 주지 않는 것에 대해서는 직관할 수밖에 없다. 우리가 무엇을 생각하는 그 순간에 이미 생각된 것은 과거가 된다. 이렇게 현재라는 것도 사실상 '찰나'에 불과하고 '덧없는 것'에 지나지 않는다. 이런 의미에서 사실상 아우구스티누스에게 있어서 '시간'이란 실체가 없으며 존재하지 않는 것과 같다.

**표 17** 시간의 본질에 관한 세 가지 견해

- 칸트: 시간과 공간을 사물들처럼 존재하는 실재 혹은 실체가 아니라, 사물들이 존재하기 위한 조건처럼 고려하여야 한다. 즉 '어떤 것'이 존재하기 위해서는 필연적으로 시간이라는 조건과 공간이라는 조건에 속에서만 실제로 존재할 수 있다.
- 아인슈타인 등의 과학자들: 시간과 공간은 마치 구체적인 사물들처럼 물리적 실체를 가진 대상 즉 실재이다. 그래서 어떤 조건이 변하면 시간과 공간의 특성이나 성격도 변하게 되는 것이다. 가령 엄청나게 무거운 행성의 주변에서는 공간이 찌그러진다거나 혹은 중력이 매우 강한 것의 주변에서는 시간의 흐름이 매우 느려지는 것이다.
- 아우구스티누스: 시간과 공간이 신의 창조와 더불어 시작되었다고 주장하는 곳도 있지만, 근본적으로 시간이란 변화와 운동을 이해하는 인간 정신의 특성에 의해 고안된 등가의 간격을 의미하는 관념적인 개념에 불과하며, 엄밀히 말해 '시간의 실체성'은 긍정되지 않는다.

시간을 '어떤 사물이 존재하기 위한 조건'으로 고려하든, 혹은 '물리적인 실재'로 고려하든 혹은 '정신이 고안한 관념적인 것'으로 고려하든 중요한 것은 시간과 관련된 현상들을 보다 잘 설명할 수 있다면 그것이 선호할 만한 관점일 것이다. 왜냐하면 시간에 관한 이 세 가지 관점들은 어떤 의미에서 사태 혹은 양태를 이해하기 위해 마련한 언어적 약속기호와 같은 것이기 때문이다. 가령 온도가 내려갔기 때문에 공기가 차가워진 것인가? 혹은 공기가 차가워졌기 때문에 온도가 내려갔다고 말하는가? 하는 문제는 정답이 있는 것이 아니라, 온도에 대한 언어적 약속에 의해 규정되기 때문이다.

## ② 과거는 현재를 형성하고 미래는 현재가 형성한다

자아와 무관하게 독립적으로 존재하는 것은 오직 현재뿐이며, 오직 정신을 통해서만 과거도 미래도 존재할 수가 있다는 사실은 인간의 정신 혹은 의식의 특징을 잘 말해 주고 있다. 이는 '역사성'을 말하는 것이다. 사람들은 "역사를 아는 사람은 현명해진다"라고 말한다. 왜 그런 것일까? 생각해 보자! 우리가 이미 사라져 버린 과거의 사건을 떠올릴 수 있는 것은 어떤 방식으로든 과거의 사건이 지금 현재의 사태와 어떤 연관성을 가지고 있기 때문이다. 어떤 의미에서 현재란 과거의 결과물이다. 과거의 나의 삶의 모습들이 곧 지금 현재 나의 모습의 원인이었으며, 현재 나의 삶의 모습이 곧 내일의 나의 삶의 모습을 결정하게 될 것이다. 상상을 해 보자. 현재의 고흐가 화가일 수 있었던 것은 과거에 열심히 그림을 그렸기 때문이었으며, 미래에 불멸의 화가가 될 수 있는 것은 화가로서의 현재의 삶에 온 마음을 다해 살았기 때문이다. 어떤 의미에서 현재란 과거의 결과물이라기보다는 과거가 쌓인 것이 곧 현재이고, 또 미래 역시 현재가 쌓여 미래가 되는 것이다. 그렇기 때문에 우리가 과거를 떠올리고 과거의 사건들을 생각하는 것은 곧 현재의 나를 이해하기 위한 것이거나 현재의 나의 삶의 문제들을 해결하는 데 도움을 주는 단서를 가지고자 하기 때문이다. 그리고 이 과정에서 우리는 필연적으로 객관적인 것 같았던 과거의 사건에 대해 의미를 부여하고 그 사건이 지닌 가치들을 재해석하곤 한다. 예를 들어 '새옹지마塞翁之馬'라는 사자성어는 과거의 사건이 어떻게 현재의 사건과 연관되어서 그 의미가 변화하는 것인지를 잘 보여 주고 있다. 그래서 동일한 사건을 체험한 두 사람일지라도 그들이 가진 과거의 시간에 대한 의미나 가치는 확연히 다르게 되는 것이다.

마찬가지로 우리가 다가올 미래를 상상할 때는 항상 현재의 나의 삶의 모습이나 나의 갈망과 필연적으로 연관된 것일 수밖에 없다. 그래서 현재의 어떤 사건을 직관할 때에도 무의식적으로라도 미래와 연관시켜 이해하고 의미를 부여하게 된다. 그래서 현재의 동일한 사건을 체험하고 있는 사람들일지라도 자신이 처한 상황과 미래의 기대에 따라 현재의 의미가 매우 다르게 해석되는 것이다. 이러한 이유로 아우구스티누스는 우리가 생각하는 '팩트'라는 것도 하나의 '징표'라고 생각하면서 이 징표로부터 눈에 보이는 것과는 전혀 다른 새로운 어떤 것을 정신이 가지게 된다고 주장하고 있다.

*사실상 징표signum라는 것은 이것이 우리들의 감각에 드러나는*
*외관을 넘어서는 다른 어떤 것을 정신에게 나타나게 하는 것이다.*

*— De doctrina christiana —*

　우리는 여기서 '현재란 곧 의식의 지향성의 반영'이라 생각하는 현상학적인 시간 관념과 매우 유사한 아우구스티누스의 사유를 발견할 수 있다. 이렇게 과거와 현재, 그리고 미래의 시간은 인간의 정신(자아) 안에서 각자 자신만의 의미를 가진 '자기 역사'를 형성하게 되는 것이다. 이렇게 시간의 개념에 관한 아우구스티누스의 사유에서 부각되는 것은 시간이란 인간 의식의 산물이며, 자아의 모습에 따라 시간의 의미가 다르게 된다는 사실, 즉 '시간의 혹은 의식의 역사성'인 것이다. 다시 말해 인간의 의식은 과거의 시간들에 새로운 의미를 부여할 수 있으며, 현재의 시간에 대한 의미를 해석할 수 있으며, 나아가 미래의 의미를 창조해 낼 수 있는 존재인 것이다.

　아우구스티누스가 『신국론』에서 역사의 마지막에 있을 '신의 도성'을 생각할 수 있었던 것도 바로 인간의 의식이 가진 역사성을 통해서이다. 인류의 삶을 역사로 본다는 것은 인류의 삶이 시작에서부터 마지막까지 일련의 '히스토리'(이야기)를 형상하고 있음을 의미하며, 이는 필연적으로 시작과 종말(완성)을 전제하고 있다. 인류의 삶이 하나의 전체 혹은 총체로 이해하려는 것은 곧 역사에 대한 형이상학적 관점이라고 할 수 있다. 시작과 종말이라는 총체적인 역사에 대한 이해는 희랍 철학과 구분되는 중세 역사관의 특징이라고 할 수 있다.

　중세는 인류의 역사를 전체로서 해석하려는 이러한 시도와 함께

시작되며, 희랍시대에서는 잘 알려지지 않은 이러한 역사적 세
계관이 항상 특징적으로 남아 있다.

- P. Ariès, *Le temps de l'Histoire*, Seuil, p. 92. -

처음과 끝을 하나의 총체성으로 본다는 것은 형이상학적 시각이며,
이는 또한 필연적으로 시간성을 극복하고 '영원성'을 바랄 수 있는 종
교적 특성을 드러나게 한다. 왜냐하면 최소한 기독교적 관점에서 역사
를 이해한다는 것은 곧 신의 섭리를 이해한다는 것을 의미하기 때문
이다. 인류의 역사라는 관점에서 보자면 '역사의 종말'과 '신의 도성'
에 관한 사유는 '유토피아'에 대한 논의를 야기한다. 역사가들이 아우
구스티누스의『신국론』이 '유토피아에 대한 논쟁'에 생기를 불어넣었
다고 말하는 것은 바로 이 때문이다. 반면 한 개인의 차원에서 '덧없는
시간'이란 곧 죽음 이후의 삶을 생각하게 한다. 즉, 시간에 관한 아우구
스티누스의 이해는 현재가 덧없는 시간이기에 이 세상에서의 삶이란
곧 '영원한 안식처인 영적 고향을 향한 순례'라고 보게 되는 '여정의
인간' 개념을 낳게 하는 것이다.

## 9. 구원은 인간의 자유의지와
## 무관한 것일까?

① 신이 절대적인 선이라면 악은 어디서 왔을까?

중세시대와 마찬가지로 현대를 사는 우리들에게 있어서도 가장 호

기심을 자극하고 또 답을 얻고자 하는 주제가 있다면 '죄 혹은 악'은 어디서 기인하며, 죄를 범하는 인간들에 대해서 '어디까지 책임을 물을 것인가'하는 점일 것이다. 왜냐하면 강력범죄를 저지른 죄인들에 대한 처벌의 수위는 나라마다 다르고, 매 경우마다 다르며, 자주 일반적인 차원에서 국민들의 기대를 저버리기 때문이다.

『자유의지론De libero arbitrio』은 '악의 기원'과 '악한 행위'에 대한 책임성의 문제에 대한 아우구스티누스의 사유가 잘 정리된 책으로 비교적 초기(개종 후 불과 2년 만인 34세 때)에 저술된 책이다. 이 책을 저술한 목적을 한 마디로 말하자면, "존재하는 모든 것이 신에 의해 창조된 것이라면 악은 어디서 기인하는가?"라는 일반적인 물음에 답하고자 하는 것이며, 그 답변은 "악은 인간의 자유의지에서 기인하였고, 신은 인간에게 악을 행할 수도 있는 자유의지를 주었으며, 악행에 대한 책임은 전적으로 행위자에게 있다"는 것을 말하기 위해서였다. 아우구스티누스에게 있어서 죄란 나쁜 행위 혹은 불의한 행위를 말하며, 악malum은 선bonum에 반대되는 개념이다. 따라서 가장 일반적인 의미로는 죄의 결과로 파생되는 것이 곧 악이라고 할 수 있으며, 죄를 짓는 주체가 인간이니까 악은 인간의 자유의지에 의해 발생되는 것이다. 따라서 이 같은 아우구스티누스의 견해에 대해 우리는 한편으로는 '기독교적 변신론'의 대표적인 이론 중 하나로 볼 수도 있고, 다른 한편으로는 '행위의 책임이 행위자에게 있다'는 '주체적인 혹은 자율적인 인간'에 대한 각성을 촉구하는 이론으로 볼 수도 있다.

그런데 우리는 이 같은 아우구스티누스의 근본적인 사유에 대해 하나의 다른 질문을 던져 볼 수도 있을 것이다. 인간이 자유의지가 있기 때문에 죄의 책임이 인간에게 있다는 것은 납득이 가지만, 반면 "애초에 왜 신은 인간에게 죄를 지을 수도 있는 자유의지를 허락하였는가?"
라고 물을 수도 있을 것이다. 사실 아우구스티누스 스스로 이 질문을
던지고 있다.

> 우리가 나쁘게 행동하는 것은 어디에서 기인되는가? 내가 틀리
> 지 않았다면, 우리가 의지의 자유에 따라 그렇게 한다는 것을 이
> 미 논의에서 밝혔다. 하지만 우리가 죄를 지을 수 있는 능력이라
> 확신하는 이 자유의지에 대해서, 우리를 만드신 분이 이 능력을
> 우리에게 준 것이 옳았는지에 대해서는 의문이 든다. 사실 우리
> 에게 죄지을 능력이 박탈되었다면 우리는 죄에 노출되지 않았을
> 것이다.
>
> －『자유의지론』, 1, 16, 35 －

그리고 그는 2권에서 정확히 이 질문에 대한 답을 제시하고 있다.

> 누구도 자유의지 없이는 잘 살 수가 없을 것이다. 우리는 이를
> 인정하여야 하고, 자유의지가 선이라는 것과 신의 선물이라는
> 것을 이해하여야 한다. 그리고 우리는 자유의지를 오용하는 사
> 람들을 보면서 '차라리 자유의지를 주지 말았다면' 하고 말하기
> 보다는, 그 사람들을 정죄하여야 한다.
>
> －『자유의지론』, 2, 18, 48 －

인간은 분명 자유의지를 남용하거나 오용할 수 있다. 이를 현대적
언어로는 '만용'이라고 한다. 만용이 야기하는 악을 보면서 '차라리 애

초에 자유의지가 없었더라면' 하고 생각할 수는 없다. 이는 마치 손이 죄를 짓는다고 해서 '애초에 손이 없었더라면' 하고 생각하는 것과 같다. 따라서 만용을 방지하기 위해 자유의지를 박탈할 수는 없다. 왜냐하면 자유의지의 사용이란 인간의 존엄성을 구성하는 가장 중요한 요소 중 하나이기 때문이다. 그래서 자유의지는 선물인 것이다. 그렇기 때문에 누구도 자유의지가 박탈되고서는 인간다운 삶을 기대할 수는 없는 것이다. 또한 그렇기 때문에 아무리 큰 죄를 지은 사람이라고 해도, 그 죄의 행위는 단죄하여야겠지만, 죄의 원인이 되었던 자유의지를 박탈해서는 안 되는 것이다. 노예제도 그 자체가 나쁜 이유는 이 제도가 인간의 자유의지를 박탈해 버리기 때문이다. 자유의지의 핵심은 자신의 행위를 자신이 결정하는 것, 즉 자신이 자기 행위의 주인이 된다는 것에 있다. 물론 그 행위의 책임도 자신에게 있다. 반면 노예란 자신이 자기 행위의 주인일 수 없다는 것에 있다. 따라서 우리는 인간이 인간다울 수 있는 가장 첫 번째 조건을 '스스로 자신의 행위를 결정할 수 있다는 것'이라 말할 수 있다. 이것을 현대적 용어로는 '자율적인 행위'라고 하며, 자율적인 행위는 도덕적인 존재가 되기 위한 조건이다.

그래서 자유의지를 남용하거나 오용하는 사람, 즉 죄를 짓는 사람에게 우리가 할 수 있는 최선의 것은 그 행위를 정죄하고 자유의지를 올바르게 사용할 수 있도록 교정해 주는 것이다. 다시 말해 사람은 용서할 수 있어도 죄의 행위 그 자체를 용납할 수는 없는 것이다. 그래서 아우구스티누스는 "사람들은 용서하면서 잔인할 수가 있고, 벌주면서 자비로울 수 있다"(『서간』, 153)라고 역설적으로 말하고 있는 것이다. 죄의 행위에 대해 처벌한다는 것은 행위의 대가를 치르게 한다는 '복수법'의 의미도 있지만, 그의 잘못된 자유의지의 사용을 '교정하기 위한 수단'이라는 보다 적극적인 의미이기도 하다. 그래서 감옥에 관련된 일에 종사하는 사람들의 일을 '교정직'이라고 부르는 것은 적절한 것이다.

## ② 은총과 자유의지는 양립 가능한가

그런데 아우구스티누스가 『자유의지론』을 저술하게 된 다른 하나의 목적은 당시 유행하였던 구원과 은총에 관한 난제에 답하기 위한 것이었다. 구원에 관한 당시의 일반적인 관점은 구원은 인간의 행위를 통해서가 아닌 오직 신의 은총을 통해서만 가능하다는 생각이었는데, 그 근거는 원죄로 인해 인간은 자유의지의 올바른 사용을 상실하였다는 성서적 관점이었다. 당시 펠라기우스학파의 학자들은 "잃어버린 자유는 무효의 자유*amissa libertas nulla libertas*"라는 모토 아래 구원의 역사에서 자유의지의 역할을 없애 버리거나 최소한으로 축소하고자 하였다. 따라서 구원은 오직 신의 은총을 통해서만 가능하다고 생각하였으며, 이는 가톨릭 공의회(418년, 카르타고에서의 16차 회의)의 공식적인 입장이기도 하였다. 하지만 아우구스티누스는 인간적인 관점에서 인간을 인간답게 하고 인간으로 하여금 도덕적인 존재가 될 수 있게 하는 가장 고상하고 소중한 능력인 자유의지의 능력이 구원이라는 문제에 있어서는 아무런 역할을 하지 못하거나 쓸모없는 것이라고 한다면 이보다 더 모순적일 수는 없다고 보았다. 사실이 그러하다. 만일 이 현생에서의 한 개인의 모든 도덕적인 노력과 선의지가 사후의 삶과 구원의 문제와는 전혀 무관한 것이라고 한다면, 왜 성경에는 믿는 이들의 도덕적 삶과 선행을 촉구하는 수많은 우화나 일화들이 있으며, 나아가 마음에 간직하고 실천해야만 할 십계명이 무엇 때문에 존재하겠는가.

따라서 아우구스티누스는 '구원이 오직 신의 은총에 달려있다'는 이 명제를 다르게 이해할 필요가 있었다. 즉 자유의지와 은총은 다 같이 구원의 문제에 긴밀히 연관되어 있고 또 자유의지에 의한 행위는 반드시 구원의 문제에 직간접적으로 연관되어야 했다.

**표 18** 자유의지, 은총, 그리고 구원에 관한 아우구스티누스의 진술들

사실 은총을 받지 못한 사람들은 선을 원하지 않거나, 혹은 (선을 원하더라도) 자신이 원하는 것을 하지 않는다. 반면 은총을 받은 사람은 선을 원하고, 원하는 것을 성취한다. 나는 이 말을 이해하는 소수의 사람들이 —많은 사람은 제외되겠지만— 두 가지 원칙, 즉 '신의 은총'과 '자유 의지'의 영향하에서만 이 소중한 결과를 얻는다고 결론지었다. - *De gratia et libero arbitrio*, 4, 7 -

우리가 죄로부터 승리할 수 있는 것은 죄와 싸우는 우리의 노력들을 지지하면서, 우리들의 자유의지를 도와주기 위해 오는 신의 선물 외 다른 것이 아니다. - *De gratia et libero arbitrio*, 4, 8 -

은총이란 사람이 행한 이전의 공로 때문에 주어지는 것이 아니다. 그렇지 않다면 은총은 더 이상 은총이 아닐 것이다. 왜냐하면 은총은 무상으로 주어지는 것이기 때문에 은총이라고 하는 것이다. 따라서 ⋯ 이들이 원죄로 인해서거나 혹은 자신들의 자유의지에 의해서거나 불의하게 되었을 때, 하느님께서는 성령을 통하여 이들의 마음 안에 선을 행사하실 수 있으며, 이들의 나쁜 마음들을 정의롭고 선한 마음으로 만드는 것을 어찌 이상하게 생각하겠는가? - *De gratia et libero arbitrio*, 21, 43 -

마지막 심판 때에 하느님은 악을 악으로 갚을 것이다. 왜냐하면 그분은 정의로우시기 때문이다. 그분은 악을 선으로 갚으실 것이다. 왜냐하면 그 분은 은총을 베푸시는 자비로우신 분이기 때문이다. 그분은 선을 선으로 갚으실 것이다. 왜냐하면 그분은 선하시고 또 정의로우시기 때문이다. 하지만 하느님은 결코 선을 악으로 갚으시지 않으실 것이다. 왜냐하면 그분에게는 어떤 불의도 있을 수가 없기 때문이다. - *De gratia et libero arbitrio*, 23, 45 -

사실 아우구스티누스의 사상에서 '구원'이란 말은 2가지 다른 의미를 가지고 있다. 하나는 이 지상의 삶에 관련된 것이며, 다른 하나는 사후의 삶에 관련된 것이다. 지상의 삶에서 역시 구원이라는 말이 매우 의미가 있는 말인데 그것은 곧 인간을 죄로부터 해방한다는 의미이다. 왜냐하면 인간의 자유의지는 원죄(근원적인 죄의 경향성)로 인해 제 기능을 제대로 하지 못하는 불완전한 것이었기 때문이다. 그래서 은총과 무관한 사람은 선과 정의를 진정으로 의지하기도 어렵거니와, 원한

다 해도 그것을 실행에 옮기는 데는 한계가 있다. 그렇기 때문에 인간이 참으로 선하거나 의롭게 되기 위해서는 자유의지만으로는 한계가 있으며, 반드시 은총이 필요한 것이다. 따라서 은총이란 의롭지 못한 마음을 의롭게 하고 선하지 못한 마음을 선하게 하는 눈에 보이지 않는 내적인 힘 혹은 영적인 힘을 부여하는 것이라고 할 수 있다. 따라서 '오직 은총을 통해서'라는 말은 인간의 자유의지를 배제시킨다는 의미가 아니라, '오직 은총을 통해서만' 완전한 자유의지의 실행(자기 행위의 완전한 주인이 되는 것)이 가능하다는 것을 의미하는 것이다.

그런데 한 인간이 은총을 부여받기 위한 조건은 무엇일까? 은총을 받기 위한 조건이라는 것은 없다. 왜냐하면 은총이라는 말 그 자체가 '무상으로 부여하는 것' 혹은 '완전한 자비에 의한 것'을 의미하기 때문이다. 만일 은총이 한 개인의 도덕적인 특성이나 실존적인 상황 등에 의해서 결정되는 것이라면, 그것은 은총이라고 할 수도 없거니와 그러한 신은 더 이상 자유의지를 가진 인격적인 신은 아닐 것이다. 아마도 은총의 유일한 조건이 있다면 진정으로 은총을 받고자 하는 인간의 자유의지일 것이다. 바꾸어 말해 은총을 거부하지 않는 내적인 자세뿐일 것이다. 왜냐하면 자유의지를 가진 신은 결코 인간의 자유의지를 무시하지는 않을 것이기 때문이다. 그런데 은총이 무상의 선물이라고 해서 신의 은총이 마치 복권 추첨을 하듯 무-작위적으로 주어지는 것은 아닐 것이다. 왜냐하면 은총을 전혀 바라지 않는 사람, 즉 의롭거나 선한 삶을 결코 원치 않는 사람에게 있어서는 은총이 주어진다고 해도 그것을 수용할 수가 없을 것이기 때문이다. 마찬가지로 정의롭고 선한 삶을 살고자 진정으로 원하는 사람에게는 은총의 기회가 보다 많을 것이다. 왜냐하면 아우구스티누스의 신은 사랑의 신이기 때문이다. 마지막 심판의 날에 어떤 사람이 구원을 받을 것인가 하는 문제에 대해서 인간지성은 무어라 말하기 어려울 것이다. 하지만 분명한 것은 의롭고 선하게 살아간 사람들, 최소한 그렇게 살고자 애쓴 사람들이 구원에서 멀어질 일은 없을 것이라는 사실이다. 왜냐하면 아우구스티누스는 "그분에게는 어떤 불의도 있을 수가 없다"라고 말하고 있기 때문이다.

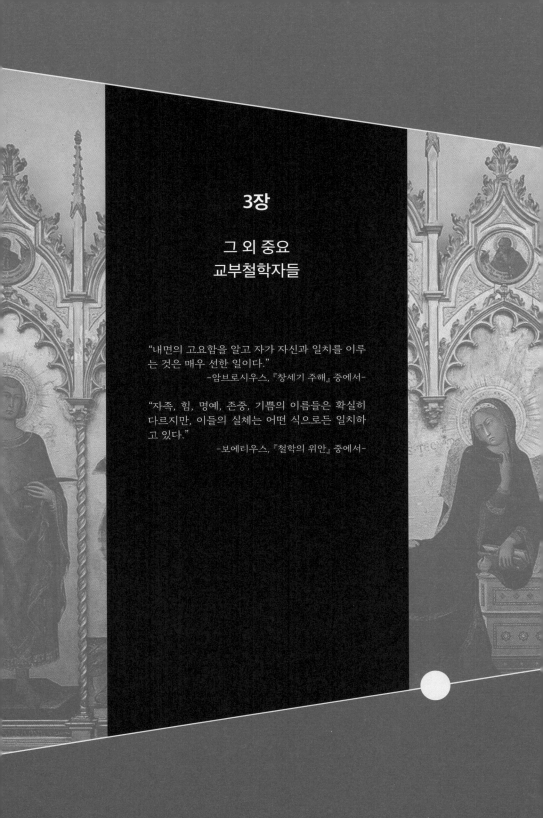

# 3장

## 그 외 중요
## 교부철학자들

"내면의 고요함을 알고 자가 자신과 일치를 이루
는 것은 매우 선한 일이다."
-암브로시우스, 『창세기 주해』 중에서-

"자족, 힘, 명예, 존중, 기쁨의 이름들은 확실히
다르지만, 이들의 실체는 어떤 식으로든 일치하
고 있다."
-보에티우스, 『철학의 위안』 중에서-

암브로시우스
Ambrosius

암브로시우스는 아우구스티누스보다 약 20년 먼저 활동한 초대 교부철학자이다. 339년 독일의 서부지역에 위치한 트리어Trier에서 로마제국의 집정관의 아들로 태어난 그는 아우구스티누스와 달리 모범적인 엘리트 코스를 밟은 사람이었다.

그는 로마 제국의 집정관이었던 아버지의 뒤를 이어 25세라는 젊은 나이에 이미 로마 제국의 고위 공직자를 지냈다. 하지만 로마 황제의 기독교정책에 반대하여 황제에게 기독교를 옹호하는 편지를 쓴 이후로 로마 제국과 등지기 시작하였다. 이후 그는 가톨릭교회의 성직자가 되었고, 374년에는 밀라노Milano의 주교가 되었다. 그는 성 아우구스티누스, 성 제롬, 성 그레고리우스와 함께 서방 교회의 4대 교부 중 한 명이 되었다. 암브로시우스는 사람들의 심금을 울릴 줄 아는 탁월한 설교가로 알려졌는데, 그의 전기를 쓴 밀라노의 폴린Paulin de Milano에 따르면 이와 관련된 전설과 같은 일화가 전해지고 있다. 어느 날 요람에 싸여 혼자 집정관의 홀에 있었던 어린 암브로시우스 위로 한 무리의 꿀벌들이 날아와 그의 얼굴을 뒤 덮었는데, 꿀벌들이 날아간 뒤 어린 암브로시우스의 얼굴에는 전혀 상처가 없었고 오히려 입술에 벌꿀이 남겨져 있었다고 하였다. 그 사건을 보고 그의 아버지는 후일 자신의 아들이 위대한 웅변가가 될 징표라고 생각하였다고 한다. 그리고 암브로시우스는 사후에 '모든 양봉가의 수호성인'이 되었다. 학문적 업적으로는 명상적인 동방 정교회의 특성을 서방교회로 도입하였고, 특히 성경 속의 우화나 일화들에 대한 탁월한 학문적 해석을 남겼다.

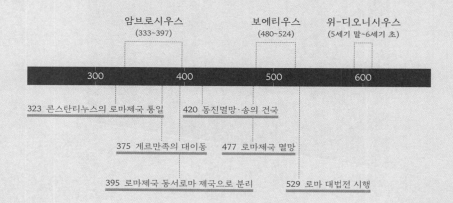

암브로시우스
(333~397)

보에티우스
(480~524)

위-디오니시우스
(5세기 말~6세기 초)

300    400    500    600

323 콘스탄티누스의 로마제국 통일    420 동진멸망·송의 건국

375 게르만족의 대이동    477 로마제국 멸망

395 로마제국 동서로마 제국으로 분리    529 로마 대법전 시행

# 1. 심오한 해석가 암브로시우스

① 성경의 지혜는 인생에 대한 알레고리이다

신화나 우화는 모두 직접 말하기 어려운 인생의 어떤 진리를 비유적으로 말하는 것이다. 따라서 종교적 경전에 나타나는 모든 우화나 비유는 인생의 진리를 상징적으로 제시하는 것이라 할 수 있다. 이를 전문적인 용어로는 '알레고리allegory'(풍유), 즉 '다른 것으로 표현하기'라고 한다. 아마도 종교적 경전만큼 '알레고리'를 많이 포함하고 있는 책도 없을 것이다. 그 이유는 종교란 원래 '초월적인 것'에 대해 말하고 있으며, 이는 일상 언어로는 제대로 표현하기 어렵기 때문이다. 암브로시우스의 사상에서 가장 돋보이는 것이 있다면 그것은 성경 속의

'우화'나 '비유'들에 숨겨진 인생의 진리를 잘 해석하고 있다는 점일 것이다. 이들 중에서 크리스천의 삶의 핵심을 잘 보여 주고 있는 세 가지 해석을 소개하면 다음과 같다.

② 영성적 삶의 척도는 신과의 관계성에 있다

그는 『구약성경』의 「창세기」에 나오는 '천사와 씨름한 야곱의 이야기'에 관한 진리를 다음과 같이 해석하고 있다.

> 이처럼 모든 원한을 마음에서 깨끗하게 정화하고, 평화로운 마음을 가졌던 야곱은 소유한 모든 것을 포기하고 홀로 남아 하느님과 씨름하게 되었다.(「창세기」, 1, 26) 왜냐하면 누구든지 이 세상 것을 멸시하는 자는 하느님의 형상과 닮음에 보다 가까이 가게 되기 때문이다. 그런데 신과 씨름을 한다는 것은 무엇을 의미하는 것인가? 덕을 위한 싸움이 아니라면 무엇이란 말인가? 자신보다 나은 자를 척도로 자신을 평가하고, 다른 모든 이보다 나은 신을 본받는 자가 되고자 하는 것이 아니라면 무엇이란 말인가?
>
> – 『야곱과 복된 삶』, 2, 6, 29 –

야곱은 자신을 잡으려고 군대를 데리고 오는 자기 형을 만나러 가기 전날 밤에 불안한 마음으로 잠자리에 들었다. 꿈속에서 신이 보낸 천사와 씨름을 하면서 씨름이 끝난 뒤에도 자신에게 축복을 내려 주지 않으면 놓아 주지 않을 것이라며 천사의 발꿈치를 꽉 부여잡았다. 이 일화는 다양한 방식으로 그리스도인들의 삶에 관한 진리를 해석하는 데 사용되고 있다. 위 암브로시우스의 해석에서는 이 일화는 그리스도인다운 삶이 어떠해야 하는지에 관한 비전을 말해 주고 있다. 야곱은 그리스도인의 삶, 특히 영성적인 삶을 살고자 하는 사람들에게 일종의 모델이 되는 인물로 자주 언급되고 있다. 흔히 목회자들은 "그 누구 감히 야곱처럼 신이 보내신 천사와 씨름할 수가 있다는 말인가?"라고 질문을 던지면서 인간성의 나약함과 불의함에 대해 질책을 하고서는, 그렇기 때문에 야곱의 행위를 본받으려 해야 한다고 권고하곤 한다.

그런데 신이 보낸 천사와 씨름을 한다는 것은 무엇을 의미하는가? 여기엔 두 가지의 의미가 함의되어 있다. 우선 첫 번째는 나의 가치가 세속적인 가치들로부터 '벗어나 있다' 혹은 세속적인 가치를 '넘어서 있다'는 것을 의미한다. 왜냐하면 '자기 보물이 있는 곳에 자기 마음이 있다'는 말이 있듯이 누구나 자신이 소중하게 생각하고 가치가 있다고 생각하는 것에 주의를 집중하고 있기 때문이다. 현대의 여성철학자 시몬 베유는 인식이란 곧 '주의집중'이며, 사랑한다는 것은 '사랑하는 대상에 대한 최고의 주의집중'이라고 말한 바 있다. 그렇기 때문에 신적인 것 혹은 영성적인 것에 의미나 마음을 두고 있는 사람이라면 결코 동일한 크기로 세속적인 가치들에 의미를 두거나 마음을 둘 수가 없을 것이다. 이는 누구도 두 가지 영화를 동시에 진지하게 몰입하여 볼 수가 없는 것과 같은 것이다. 따라서 영적인 것을 추구하는 사람은 무엇보다 먼저 자신의 모든 실존의 의미로 영적인 것에 집중하여야 하며 이는 그의 가치나 삶의 의미가 전적으로 신적인 것 혹은 영적인 것에 '질서 지워져 있음'을 의미한다. 바로 이러한 조건하에서만 '신과 씨름할 수 있는 조건', 즉 신과 '진지하고 내밀한 관계성을 가질 수 있는 조건'을 가질 수 있다는 의미이다. 이 조건을 다른 말로 하면 보다 상위적이고 차원 높은 가치를 위해 세상의 일체의 가치에 대해 관심을 철회하는 것이다. '세상의 것에 대한 애착이 멀어질수록, 신적인 것에 더욱 가까워진다!'는 이 단순한 공식은 플라톤의 전통에 있는 영적인 삶에 대한 이해이며, 사실 중세 때 거의 모든 신비가에 의해 긍정되었던 것이다. 우리는 암브로시우스의 이 같은 사유를 '그리스도인적인 무소유'를 의미하는 것이라고 말할 수 있을 것이며, 후일 키르케고르가 말한 "신 앞에서 단독자" 개념의 전신前身이라고 말할 수 있을 것이다.

두 번째 의미는 신과 씨름을 한다는 것은 곧 덕을 세우기 위한 싸움이며, 여기서 덕의 진보의 척도가 곧 신이며, 덕을 세운다는 것은 곧 신을 본받고자 하는 것이라는 의미이다. 다시 말하면 인간이 참으로 의롭고 선한 사람이 된다는 것은 스스로 자신과의 싸움을 통해서 자신 속에 덕을 쌓아야 할 것인데, 이를 가능하게 하는 것은 곧 '신과의 관계성을 가지는 것'이라는 의미이다. 신과의 이 관계성이 자신의 모든 삶과 행위의 기준이 될 때, 진정한 '신의 자녀' 혹은 '성서적 의인'이 될 것이라는 말이다. 영성적인 삶이란 세상을 초월하는 '무엇'을 추구하는 것으로, 엄밀히 말해 세상의 그 누구도 자신의 삶의 기준이나 모델이 될 수가 없다. 만일 척도나 기준 혹은 모델 같은 것이 존재한다면 그것은 곧 신뿐일 것이다. 그런데 '신을 본받다'는 것은 정확히 무엇을 의미할까? 사실 '신을 본받다'는 것은 '이상적인 인간이 되다' 혹은 플라톤의 말을 빌려 '인간의 이데아'에 접근해 가는 것을 의미한다. 왜냐하면 신이 무엇인가 하는 신의 본질에 대한 앎은 '긍정신학'에서 유비적인 앎을 통해서만 가질 수 있는 것인데, 신에 대한 유비적인 앎이란 곧 '신의 이미지'를 지니고 있는 인간의 가장 탁월한 모습을 통해 획득되는 것이기 때문이다.

| 표 19 | 토마스 아퀴나스에 따른 「부정신학」과 「긍정신학」의 구분 |
|---|---|
| 부정신학 | 토마스 아퀴나스는 '인간의 이성은 신이 존재한다는 것은 알 수 있어도, 신이 무엇인지에 대해서는 알 수 없다'고 하였다. 즉 신은 절대적인 초월자이기에 인간의 정신은 신의 본질에 대해서는 알 수가 없는 것이다. 따라서 신에 대해서 인간의 정신이 알 수 있는 것은 '신은 ~이다'의 긍정형식이 아닌 '신은 ~이 아니다'라는 부정의 형식으로만 알 수 있을 뿐이다. 이런 사유가 '부정신학'이 의미하는 것이다. |
| 긍정신학 | 토마스 아퀴나스는 또한 '인간은 신의 이미지*imago dei*를 지니고 있고, 다른 사물들은 신의 흔적*vestigium dei*을 지니고 있다'고 하였다. 따라서 신이 무엇인지 알고자 한다면 그의 이미지와 흔적을 추적하여 '유비적으로' 알 수 있을 뿐이다. 이렇게 하여 신은 '창조주'이며, '절대자'이며, '존재 자체'이며 '사랑 자체'라는 등의 신에 대한 앎을 가질 수 있는 것이다. 이렇게 신에 대해 긍정적인 방식으로 알고자 하는 것이 곧 '긍정신학'이다. |

가령, '신은 사랑이시다'라는 신에 대한 이해는 세상 그 어떤 사람도 이를 '있는 그대로' 보여 줄 수가 없기 때문에 오직 신과의 직접적인 소통이나 일치를 통해서만 획득할 수 있는 것이다. 이는 오직 신의 현존에 대한 절대적인 주의집중만이 가능하게 하는 것이다. 그런데 주의집중을 통한 신과의 일치는 곧 '신적 사랑'을 가진다는 것이다. 왜냐하면 서로 다른 두 존재가 '일치한다'는 것은 곧 상위적인 존재의 충만함이 하위적인 존재로 흘러든다는 것을 의미하기 때문이다. 그래서 나의 사랑의 완성의 척도가 되는 것은 곧 신의 존재뿐이다. 내가 신적인 존재에 일치할수록 나의 사랑은 더욱 완성되어 가는 것이다. 이처럼 정의, 용기, 절제 등의 다른 모든 인간적인 덕도 신적인 존재에 보다 접근하는 만큼 보다 더 완전하게 되는 것이다. 바로 이러한 의미에서 신은 인간이 영적인 삶에서 덕을 세우는 데 있어서 척도가 되는 것이다.

③ 외적인 삶의 성공은 내적인 삶의 깊이에 달려 있다

암브로시우스는 야곱의 일화를 하나의 다른 관점에서 해석하고 있는데 그것은 아우구스티누스의 사고에 큰 영감을 준 '내면성'에 관한 것이다. 자신을 포획하러 온 군대에 대한 두려움으로 잠을 잘 이루지 못한 야곱의 '두려움'에 있어서 사실상 진정한 적은 바로 자신의 내면이라고 하는 관점이다.

> 내면의 고요함을 알고 자기 자신과 일치를 이루는 것은 매우 선한 일이다. … 적군을 물리치는 것보다 악령의 유혹을 물리치는 평화에 더 많은 열매가 있다. 육체의 무질서를 조화롭게 하는 것이 야만인의 공격을 진정시키는 것보다 더 고상한 것인데, 그 이유는 멀리 있는 적과 맞서는 것보다, 당신 안에 갇힌 적에게 맞서는 것이 더 가치가 있기 때문이다.
>
> -『창세기 주해』, 32, 23 -

인생에 있어서 닥쳐올 그 어떤 사건으로 인해 '불안하고', '두려운' 마음을 한 번도 가져보지 못한 사람은 없을 것이다. 아니, 어쩌면 인생이란 이 같은 두려움과 불안의 연속이라고 해도 과언이 아닐 것이다. 그래서 실존주의자였던 키르케고르는 인간 실존의 근본적인 특성을 '불안'으로 보았고, 하이데거는 '근심'(염려)으로 보았다. 우리의 삶과 정신을 위협하는 외부적인 요인들은 너무나 생생하고 실제적인 것이라 결코 무시할 수가 없을 것이다. 하지만 영적인 관점에서 보자면 사실상 모든 두려움과 불안의 원인은 우리들의 마음에 있다. 우리를 불안하게 하고 두려움에 떨게 하는 것은 —비록 그 동기가 우리들의 외부에 있는 것이라고 할지라도— 바로 우리의 내면이다. 우리의 마음가짐, 우리의 삶에 대한 가치관, 우리의 내적인 상황이 우리를 불안하게 하고 두려움에 떨게 하는, 바로 이 같은 불안과 두려움이 우리들의 정신과 마음을 파괴하는 진정한 적이라는 것이다. 그래서 외부의 적을 정복하는 것보다는 오히려 우리의 내면에 존재하는 적을 정복하는 것이 더욱 잘 사는 것이며, 이것이 진정한 영적인 삶을 추구하는 사람들의 삶의 태도이자 자세라고 보는 것이다.

이는 사실이다. 치료약이 없는 불치병 환자를 살리는 '위약 효과'에서 볼 수 있듯이, 그리고 '네 믿음이 너를 살렸다'는 성경의 말에서 볼 수 있듯이, 많은 경우 인생에 있어서 성공과 실패를 가르는 것은 외적인 상황이 아니라 내적인 조건이다. 그래서 거의 모든 일에 있어서 성과나 결실을 내는 것은 바로 내적인 안정과 평화에 달려 있다는 것은 경험적으로도 충분히 확인할 수 있다. '내면성' 혹은 '자기 세계'를 가진다는 것은 단순히 세속적인 세계에서 물러나 영적인 행복을 추구하는 것만이 아니다. 이는 '건물이 높이 올라갈수록 기초를 더욱 깊이 다져야 한다'는 자연적인 법칙과도 같은 것이다. 즉 세속적이고 육체적인 삶에 있어서도 그 삶이 훌륭한 결실을 맺기 위해서는 먼저 자신의 내적인 안정과 평화를 가지는 것이 필수적이라는 것이며, 이 같은 삶의 기초는 크리스천에게 있어서 '신과의 관계성'에서 주어지는 것이다. 즉 영적인 삶의 깊이는 세속적인 일에서도 최선의 결과를 가져다 주는 비결이 된다는 사실이다.

### ④ 기독교는 고통과 행복을 어떻게 양립시키는가?

구약성경에서 가장 위대한 유대민족의 왕이 누구냐고 물으면 사람들은 흔히 '다윗 왕'과 '솔로몬 왕'을 손꼽는다. 그중에서도 유대민족의 영광을 가장 잘 드러낸 인물은 다윗 왕이다. 하지만 위대한 다윗 왕도 인간적인 나약함으로 인해 많은 죄를 짓게 되고 인생의 황혼기에 깊은 참회의 늪에 빠지게 된다. 「시편」에는 '자신의 눈물로 자신의 침대를 씻고 적신다'는 다윗 왕의 참회의 눈물에 대한 노래가 있다. 이에 대해 암브로시우스는 다음과 같이 해석하고 있다.

> 다윗이 매일 밤 침대를 씻는 것에 대해 다음과 같이 말하고 있다. "나는 매일 밤 내 침대를 씻습니다. 눈물로 침상을 적시나이다."(시편 6, 7) 그것은 우리의 양심을 고문하는 고통스러운 영혼의 손아귀에 있는 고통의 침대이다. 하지만 우리는 그리스도의 교훈에 따라 행동하기에 이 침대는 더 이상 고통의 침상이 아니라 안식의 침상이 된다. 주님의 자비는 죽은 것을 안식으로 바꾸셨고, 주님은 우리를 위해 죽음의 잠을 달콤한 매력으로 바꾸셨다.
>
> – 『루가복음 주해』, 5, 11-14 –

아마도 다윗 왕이 지은 죄를 모조리 열거하자면 어느 누구라도 분노를 느낄 수밖에 없을 것이다. 나아가 어떤 이들은 '위대하다고 칭송을 받던 왕이 어떻게 이렇게 위선적일 수가 있는가!'라고 분노할 수도 있을 것이다. 그래서 그의 참회의 눈물은 당연한 것으로 여길 것이며, 우리와는 상관이 없는 것처럼 들릴 수도 있다. 하지만 모든 인간은 상황 속의 존재이다. 누구나 그 자리에 있었다면, 그리고 그가 왕이었다면 다윗이 범했던 죄와 유사한 죄를 범했을 수 있다. 이는 말하자면 인간은 누구나 자신의 처한 자신만의 상황 속에서 자신에게 어울리는 크고 작은 죄를 지을 수밖에 없는 존재라는 것이다. 다만 다윗 왕의 죄가 컸던 것은 그가 일반인들보다 훨씬 더 큰 힘(권력)을 가졌기 때문이었다. 하지만 신의 시선에서는 죄의 경중이란 외적인 크기에 있는 것이 아니다. 높은 산꼭대기에서 내려단 본 도시의 건물들은 모두가 도토리 키 재기에 불과하듯이 신의 눈에 모든 인간들의 죄악의 크기는 도토리 키 재기와 유사한 것이다. 그래서 다윗왕의 참회는 곧 우리 모두의 참회를 상징적으로 보여 준다고 할 수 있다. 이는 '죄를 지어서 죄인인 것이 아니라, 죄의 상황 속에 있어서 죄인일 수밖에 없는 인간성의 운명'을 말해 주는 것이기도 하다. 그래서 그리스도교의 '죄' 개념은 모든 사람에게 보편적으로 해당하는 것이다. 누구도 신 앞에서 혹은 자신의 양심 앞에서 완전히 결백하거나 완전히 떳떳할 수가 없다는 것이 인생에 대한 기독교적 관점이다. 많은 이가 기독교에 대한 부정적인 시선을 지니고 있다면 아마도 그것은 곧 이 '죄의 개념' 때문일 것이다. 즉 죄의 개념으로 자신의 삶을 고려할 때, 양심의 가책과 마음의 짐을 피할 길이 없고, 또 이것이 내적인 고뇌를 야기하기 때문에 부정적으로 보는 것이다. 사실 '프로이트'는 이 같은 기독교의 죄에 대한 개념이 무지의 소산이라고 보고 '강박관념'으로 치부해 버리기도 한다.

그런데 암브로시우스는 죄에 대한 인식과 삶의 고통에 주안점을 두고 있는 것이 아니라, 오히려 죄로 인한 고뇌의 삶을 행복과 안식의 삶으로 바꾸어 주는 기독교적 역설에 초점을 두고 있다. 도스토예프스키의 『죄와 벌』에서 저자가 말하고자 하는 핵심은 '인간이 죄를 짓고 나면 내면의 기쁨을 상실한다'는 것이다. 즉 죄를 짓고 나면 진정한 행복을 가질 수가 없다는 것이다. 이는 '죄짓고는 못 산다'는 통속적인 격언이 말해 주듯 관점의 문제이기도 하겠지만 대다수의 평범한 사람이 긍정하는 사실이다. 세상 누구도 죄지은 이의 죄를 알지 못한다 해도, 그 자신은 그것을 알고 있으며, 그의 양심이 소멸되지 않는 한 그는 그 죄로 인한 양심의 가책과 불안과 고뇌를 가질 수밖에 없을 것이다. 비록 그가 그 죄를 무덤에까지 가지고 갈 수가 있다고 해도, 최소한 그는 그 죄로 인하여 진정한 내적인 기쁨을 가질 수는 없을 것이다. 바로 이 것이 암브로시우스가 통찰한 기독교적 인생관이었고, 그렇기 때문에 우리는 신 앞에 죄를 고백하고 자신의 마음과 영혼을 정화하고 진정한 내적인 기쁨과 행복을 가질 수 있어야 한다고 주장하는 것이다.

그런데 비록 우리가 순수한 마음을 가지고 결백한 양심을 지니면서 정의롭게 살아가고 있다고 해도 우리를 둘러싸고 있는 사회적 악과 부조리는 그대로 일 것이다. 그래서 어쩌면 이 같이 새롭게 된 의로운 삶은 이전보다 더 큰 고뇌를 야기하게 될 것이다. 그렇기 때문에 이러나, 저러나 인생이란 고뇌일 수밖에 없을 것이다. 그런데 암브로시우스는 이전에는 우리의 침상이 고통의 침상이었다면, (새롭게 정화된 후에) 이제는 우리의 침상이 '달콤한 매력'으로 바뀌었다고 말하고 있다. 여기서 '달콤한 매력의 침상'이란 '더 이상 악몽을 꾸지 않는 편안한 잠자리'라는 문학적인 차원에서 이해할 수도 있겠지만, 영적인 차원에서 '고통스러운 삶 안에서 느끼는 영혼의 안식과 행복'이라는 역설로 이해할 수도 있다. 어둠이 진할수록 촛불은 더욱 밝게 느껴지듯이 만일 참으로 양심이 순수하고 내적으로 결백한 사람이 이 세상에 존재한다면, 그리고 그것으로 인해 그가 내적인 평화와 진정한 영적인 기쁨을 느낄 수 있다면, 그의 행복은 오히려 세상의 악이 클수록 더 두드러질 수밖에 없을 것이다. 바로 이것이 '고통의 바다'라는 인생의 진실 속에서 느끼는 진정한 그리스도인들의 '역설적인 행복'이라고 할 수 있는 것이다.

⑤ 영적인 싸움이란 무엇이며, 관상*contemplatio*이란 무엇인가?

암브로시우스는 이와 같은 자신의 사유를 시로써 잘 표현해 주고 있는데, 「한밤중의 기도」라는 그의 시의 일부를 소개하면 다음과 같다.

밤이 내릴 무렵,

…

잠의 은총을 가져오는 밤,

우리의 지친 마음을 달래고,

우리의 불안한 슬픔을 잠재우고,

…

5월의 깊은 밤이 되면

어둠이 날을 닫고

믿음은 어둠을 모르고

밤은 믿음으로 빛난다네!

영혼이 잠들게 하지 말기를…

결함들에 잠들 수 있으니!

순결하고 상쾌한 믿음,

잠에 대한 열망을 가라앉히기를!

– 『한밤중의 기도』 중에서 –

위 시에서 밤을 맞이하는 자의 영혼은 새롭게 정화된 자의 영혼이다. 그리하여 그에게 밤이 내리면 그는 하루의 일과를 내려 두고 세상이 그에게 주었던 고뇌와 슬픔과 불안을 모두 잠재울 수 있게 된다. 그에게 밤은 영혼의 안식과 평화를 상징한다. 왜냐하면 모든 세상의 일로부터 벗어나는 이 시간은 곧 영혼이 신과 함께하는 시간을 의미하기 때문이다. 위 시에서 앞의 두 소절은 육체적인 삶을 의미하는 세속적 일상을 노래하고 있다고 볼 수 있다. 하지만 뒤의 두 소절은 다른 관점에서, 즉 영적인 차원에서 밤을 이야기하고 있다. 밤이 어둠에 싸여 있지만 그 밤은 어둠을 모르고 믿음으로 빛난다. 여기서 어둠에 싸인 밤은 불의와 죄가 만연한 현실의 삶이라고 볼 수 있다. 그리고 새롭게 정화된 영혼은 이 같은 불의와 죄를 알지 못하고, 오히려 그의 순수한 영혼으로 인해 그 어둠의 사회가 빛을 내고 있는 것이다. 사실 선과 악에 대한 앎이란 '이성적으로 이해하는 것'이 아닌, '실존적으로 아는 것' 혹은 '온 몸으로 체험하는 것'이라고 할 수 있다. 키르케고르는 '죄를 안다는 것은 곧 죄 중에 있다는 것'이라고 하였는데, 이는 또한 '선을 안다는 것은 선함 중에 있다'는 것을 의미하기도 한다. 한 인간이 실존적으로 (온몸으로) 선에 몰입하면서, 동시에 실존적으로 악에 몰입할 수는 없다. 이는 동일한 주전자에 찬물과 뜨거운 물을 동시에 채울 수 없는 것과 같다. 즉 실존의 분위기는 선함을 가지거나 악함을 가지거나 어느 하나일 수밖에 없다. 그래서 악을 아는 자는 선을 모르고, 선을 아는 자는 악을 모르는 것이라 말할 수 있는 것이다. 그래서 신의 현존을 추구하는 영성가란 곧 '선의 실존적 분위기'를 충만히 간직하고자 '악의 실존적 분위기'를 밀어내는, 중단 없는 영적인 싸움을 하는 것과 같다.

영혼은 육체가 아니며 순수한 정신이기에 잠을 잘 필요가 없다. 따라서 영혼이 잠든다는 것은 영혼이 죄와 악에 무감각하게 되는 것을 의미한다. 그래서 영혼은 항상 눈을 부릅뜨고 죄와 악에 맞서 싸워야 하는 것이다. 바로 이것이 신비주의가 말하는 '영적인 싸움'이라는 것이다. 세상이 부조리하고 악이 만연한다는 것은 매 세기말마다 '마치 종말을 맞이하는 것 같다'는 상황 속에서도 분명하게 드러난다. 인간 사회는 한 번도 이상적인 사회였던 적이 없었고, 앞으로도 그럴 것이다. 그리고 이것은 한 개인의 인생에 있어서도 마찬가지다. 기독교적 인생관은 '신의 품안에 안식하기까지 안식이란 없다'는 아우구스티누스의 고백에서 잘 드러나고 있다. 그래서 암브로시우스도 영혼이 '잠에 대한 열망을 가라 앉혀야 한다'고 말하고 있는 것이다, 말하자면 '선악의 투쟁에서 이제 그만 쉬고 싶다'고 하는 영적인 나약함에서 벗어나야 한다고 촉구하는 것이다.

우리는 이 같은 암브로시우스의 사상에서 인간 행위에서 가장 탁월한 행위인 관상에 대한 이해를 엿볼 수 있다. 관상이란 세계와 인생을 전체적이고 총체적으로 고찰하면서 그 존재에 대한 깊은 의미를 통찰하고자 하는 행위이다. 그리고 선과 악의 투쟁이라는 이 세계 안에 현존하는 신, 그 안에서 고통받는 신의 현존을 맞이하고 끊임없이 선의 빛을 발산하는 행위 그 자체인 것이다. 그리스도교에 있어서 이는 '세계와 신의 관계', '영혼들과 신의 관계'를 통찰하는 것을 의미한다. 따라서 관상의 목적은 신과의 관계성을 통해 인생의 최종적인 의미는 밝히고자 하는 것이며, 이 목적에 도달하고자 하는 것이다. 즉 암브로시우스에게 있어서 세계란 '인간에게 신의 사랑을 끊임없이 밝혀 보여주는 일종의 매개체'와도 같은 것이다. 야스퍼스가 세계 내의 모든 존재자는 곧 '신의 암호'라고 했을 때, 그는 암브로시우스의 관상을 염두에 두고 있었다고 말할 수 있을 것이다.

# 2. 철학을 죽음의 동반자로 삼은
   보에티우스

보에티우스
Boethius

보에티우스는 아우구스티누스보다 약 한 세기 늦게 로마에서 태어났으며 로마의 정치가이자 교부철학자로 활동한 사람이다. 그의 정치적인 행보는 510년에 로마의 집정관에 임명되었고, 10년 후인 520년에는 민정대신magister officiorum 으로 임명되어 활동하였다.

반면 그의 철학자로서의 활동은 플라톤과 아리스토텔레스의 철학을 라틴세계에 알리는 것에 주력하였다. 이 두 철학자들의 전체 저서를 라틴어로 번역하고 이 두 철학자의 사상을 조화롭게 일치시키고자 노력하였다. 그는 아랍철학자인 아베로에스의 '아리스토텔레스에 대한 주석'이 알려지기 이전에 이미 아리스토텔레스 작품들에 관한 주석을 남겼다. 특히 아리스토텔레스의 논리학에 기초하여 기독교의 사상들을 해명하고자 하였는데, 신의 단일성, 삼위일체론, 그리스도의 본성 등에 대해 해명하였다. 그리고 '실체', '자연', '인격' 등의 개념들을 활용하여 그리스도에 관한 정통적인 정의를 제시하고자 하였다. 보에티우스의 불행은 로마제국과 콘스탄티노플교회 간의 분열 이후 정치적 혼란에서 시작되었다. 그는 황제 저스틴Justin에게 상원의원이었던 알비누스를 공개적으로 변호하고 테오도릭Théodoric의 통치에 반대하는 편지를 보냈는데, 이 일이 화근이 되어 파비아Pavie 감옥에 감금되었다. 이후 그는 재산이 몰수되고 오랜 감금 이후인 524년에 처형되었다. 그가 옥중에서 쓴 『철학의 위안De consolatione philosophiae』은 '진정한 행복의 원천'에 관한 신플라톤주의적인 글인데, 그의 대표작처럼 가장 널리 알려진 책이다. 그는 사후에 성인이자 순교자로 알려졌지만 정식으로 시성된 적은 없었다.

① 논리학의 발전이 왜 중요한 것일까?

스콜라철학자인 아벨라르두스는 보에티우스를 가장 중요한 로마의 철학자로 생각하였고, 15세기에 로랑 발라Laurent Valla는 그를 최초의 스콜라철학자로 생각하기도 하였다. 보에티우스가 당시의 가장 중요한 철학자로 고려된 것은 최초로 고대철학(플라톤, 아리스토텔레스)을 중세 라틴지역에 전달하였다는 것에 있으며, 또한 고대의 언어를 라틴어로 번역하면서 정확한 라틴어 철학 언어를 만들었다는 것에 있다. 보에티우스가 다른 교부들의 학문적 성격과 가지는 유사점은 그 주제가 그리스도교 교의에 핵심이 되는 신에 관한 논의, 삼위일체론, 그리스도론 등이었다는 것에 있다. 반면 차이점이 있다면 논리학과 변증법의 발전에 공헌하였다는 점이었다. 15세기에 로랑 발라가 그를 최초의 스콜라철학자로 간주한 것은 그가 스콜라철학의 근간이 될 논리학과 변증법을 잘 발전시켰기 때문이다.

그런데 논리학의 발전이 철학에 있어서 중요한 이유는 무엇일까? 우선 논리란 무엇인가? 논리란 말 그대로 '논하는 이치'라고 할 수 있다. 우리가 어떤 사람과 대화나 토론을 할 때, 자신의 생각이 타당하거나 옳다고 주장하고자 한다면 목소리만 높인다고 되는 것이 아니다. 상대방의 긍정을 이끌어 내기 위해서는 설득력 있게 말해야 하고, 설득력을 가지려면 '논하는 이치'에 맞게, 즉 논리적으로 모순 없이 말해야 한다. 논리에 맞게 이야기를 한다는 것은 어떤 주제에 대해 말할 때, 우선적으로 부정할 수 없는 분명한 사실이나 명제를 먼저 제시하고 이 분명한 명제를 기초로 하여 다른 개별적인 사안들에 대해 주장한다는 것이다. 이런 경우에 말은 설득력을 가지게 된다. 이 같은 논리적인 논의의 대표적인 모델이 아리스토텔레스의 삼단논법이다. 마찬가지로 애매모호하거나 복잡한 학문적인 논의를 할 때에도 우선적으로 분명한 몇 가지 명제들을 제시하고, 이를 근거로 불분명하거나 모호한 사실들을 분명하게 밝혀 가는 것이 설득력 있는 논의가 될 것이다. 보에티우스는 이렇게 본격적인 논의를 하기 이전에 분명한 명제들을 제시하고 있는데, 그는 이를 '공리axiomata'라고 불렀다.

그는 『일곱 가지 공리에 관하여De hebdomadibus』에서 전통적으로 매우 중요하게 다루고 있는 형이상학적 문제인 '존재와 존재자'의 문제를 몇 가지 공리를 통해서 분명하게 밝히고자 하였다. 그중 일부분을 소개하면 다음과 같다.

**표 20** 보에티우스의『일곱 가지 공리에 관하여』에서 '존재'와 '존재자'에 관한 논증

| | |
|---|---|
| 선결되는 공리들 | 공리 1: 존재*esse*와 존재자*ens*(본질 혹은 무엇인 것)는 다르다. 실제로 '존재 그 자체 *ipsum esse*'는 아직은 '어떤 것'이 아니지만, 반면 사실상 무엇인 것이 일단 형상으로서의 '존재'를 수용하고 나면 존재하며 실존한다.<br>공리 2: 무엇인 것은 어떤 것에 참여한다. 하지만 존재 자체는 그 무엇에도 어떤 방식으로도 참여하지 않는다. 사실상 참여는 이미 어떤 것이 있을 때 발생한다. 그런데 어떤 것은 그가 일단 존재를 수용하면, 존재하게 된다.<br>공리 3: '존재자'는 그 자신인 것에 대해 외적인 것을 (혹은 자기 자신인 것과 다른 것을) 소유할 수 있다. 하지만 존재 자체는 그 자신이 아닌 그 어떤 다른 것도 섞여 있지 않다.<br>공리 4: 단지 '어떤 것이다'라는 것과 '무엇인 그것'에 있어서 이 둘 사이에는 차이가 있다. 전자는 우연(개연적인 것)을 지칭하지만, 후자는 실체(필연적인 것)를 지칭하는 것이다. |
| 공리에 근거한 논증과정 | … (공리 4에 따라) 그것이 무엇인 것에 대해, 실체가 선한 것(좋은 것)들만이 상대적으로 선한 것(좋은 것)이다. (공리 2에 따라) 그런데 존재하는 그것은 이것(선한 것 혹은 좋은 것)을 그들의 존재인 그것으로부터 취한다. 따라서 (공리 3에 따라) 제 사물들의 '존재 그 자체'는 좋은 것(선한 것)이다. 즉, 모든 것의 존재 그 자체는 좋은 것(선한 것)이다. |

사실 위의 공리들은 중세철학의 독특한 언어나 개념들에 대해 익숙하지 않은 현대인의 관점에서 보자면 여전히 모호하고, 이 공리들이 왜 분명한 명제로 간주될 수 있는지 알기 어려운 측면이 있다. 그럼에도 이 공리들은 당시 형이상학의 주 관심사였던 '존재'의 문제에 대하여 매우 분명하게 구분해 주고 있다. 공리 1은 '있다는 것'과 '그것이 무엇이라는 것'의 문제, 즉 '존재being'와 '본질'의 관계성에 대한 문제를 다루고 있다. A가 '존재하는가 않는가' 하는 문제는 'A가 무엇인가' 하는 문제와는 다른 문제이다. 예를 들어 보자. 누군가 "용은 공룡과 같은 종류의 동물이었는가?" 혹은 "용은 육식동물이었는가?" 하는 질문을 던진다면 누구나 이 질문이 무의미한 질문이라는 것을 알 수 있

다. 왜냐하면 용은 존재하지 않았던 동물이기 때문이다. 따라서 '용이 무엇이었나?' 혹은 '용이 어떤 동물이었는가' 하는 문제는 먼저 '용이 실제로 존재하였는가' 하는 문제가 해결된 이후에라야 의미가 있는 질문이 된다. 이처럼 우리가 말하고 있는 모든 것에 있어서 그것이 '실제로 존재하는가' 하는 문제와 '그것이 어떤 본질을 가지고 있는가' 하는 문제는 서로 다른 차원의 문제인 것이다. 즉, 존재의 문제와 본질의 문제는 서로 다른 범주의 문제인 것이다. 그래서 공리 1에서는 어떤 것(본질)이 '존재'(있게 하는 힘)를 수용한 다음에라야 실제로 있게 된다고 말하고 있다. 따라서 위 공리 1을 단순하게 바꿔 보면, "존재와 본질(존재자)은 서로 다른 문제이며, 본질은 먼저 존재를 수용한 이후에라야 실제로 있게 된다"(존재하게 된다)로 될 것이다.

공리 1에 해당하는 하나의 예를 들자면 도공의 머릿속에 있는 '청자'의 본질은 그것이 존재(도자기의 몸체)를 수용한 다음에라야 실제로 있게 되는 것이다. 그런데 중세철학에서 이 같은 본질과 존재의 구분이 중요했던 것은 '세계와 창조주로서의 신 사이의 관계성'을 정립하는 데 가장 기초적인 전제가 되기 때문이었다. 생각해 보자. 누군가 "혹시 내일 아침에 앞산이 사라져 버리면 어떻게 되지?" 혹은 "세계는 왜 없어져 버리지 않고 계속 있는 것일까?"라는 단순한 질문을 던진다면, 누구나 "그럴 리가 없지!"라고 생각하고 이 질문이 어리석은 질문이라고 생각할 것이다. 하지만 그럼에도 이 같은 질문은 형이상학적으로는 매우 의미 있는 질문일 수 있다. 왜냐하면 이 질문은 "무엇이 앞산을 혹은 이 세계를 지속적으로 존재하게 하는 힘일까?"라는 질문이기 때문이다. 그런데 이 질문에서 "산이기 때문에 혹은 세계이기 때문에 존재할 수밖에 없다"라고 답을 한다면, 즉 어떤 것이 존재를 지속하는 이유가 그의 본질에 있다고 한다면, 이는 논리적으로 수긍할 수 없는 답변이다. 왜냐하면 '인간이라는 본질이 인간을 지속적으로 있게 하는 것'이라고 한다면, 어떤 사람이 인간으로 남아 있는 한, 그는 계속 존재를 지속하여야 할 것이지만 그런 일은 발생하지 않는다, 누구도 그가 인간이라는 이유만으로 계속 존재할 수는 없다. 마찬가지로 무생물도, 식물도, 동물이나 인간도 그가 '무엇What'이라는 그의 본질이 없어지거나 바뀌지 않아도, 결국 소멸하게 될 것이다. 그래서 한 존재자가 지속적으로 존재하는 그 힘은 그 존재자의 외부에 있는 것이다. 즉 세계의 지속성을 이해하기 위해서는 최소한 그 스스로 자신의 존재를 지니는 자립하는 존재가 있어야만 하고 이 존재는 세계에 의존하는 존재가 아닌 오히려 세계가 이 존재에 의존하는 '제일존재'여야 한다. 아리스토텔레스는 이러한 제일존재를 '우주의 제일원인'이라고 불렀고 중세의 철학자들은 이를 '신'이라고 불렀다. 신은 '존재 자체'로서 존재의 질서에서 유일하게 자립하는 자인 것이다. 따라서 존재 자체로서의 신은 '무에서 유'를 창조할 수 있는 유일한 존재로 '존재하는 힘 혹은 존재하는 행위'의 원인이 되는 유일한 존재이다. 이렇게 해서 중세 철학자들에게 있어서 신은 다만 세계를 창조한 창조주일 뿐만 아니라, 세계를 지속적으로 존재하게 하는 근원적인 힘을 나누어 주는 존재로 본 것이다. 후일 토마스 아퀴나스는 이를 '분유론'이라 하였다. 즉 신만이 존재하는 행위(힘, 능력)에 있어서 그 스스로 자립하는 존재이며, 다른 모든 피조된 존재자는 신의 존재에 의존하는, 즉 존재 행위를 분유하여서만 존재할 수 있는 '의존적인 존재자들'이라고 본 것이다.

따라서 공리 2와 공리 3은 공리 1로부터 연장된 것이며, 공리 4는 앞선 공리들로부터 '우연'과 '필연' 혹은 '개연적인 것'과 '실체적인 것'의 구분을 이끌어 낸 것이다. 가령 '단순히 어떤 것'이라는 것을 "인간은 노래를 잘하는 존재이다"라는 명제의 예를 들면, 여기서 '노래를 잘하는 존재'는 필연적인 것은 아니며 우연적인 것 혹은 개연적인 것이다. 하지만 단순히 '어떤 것'이라고 말하지 않고 본질에 있어서 어떤 것이라고 할 때, 가령 "인간은 생각하는 존재이다"라고 할 때, 이 명제의 내용은 필연적인 것 혹은 실체적인 것이다. 즉, 생각한다는 속성은 인간이라는 그 본질로부터 필연적으로 발생한 것이다. 이렇게 모든 정의(규정)에는 실체적인 질서에 있는 것이 있고, 우연적인(개연적인, 확률적인) 질서에 있는 것이 있다. 이렇게 실체적인 것과 우연적인 것에 대한 구분은 논리적인 진술이나 논증을 하는 데 있어서 매우 중요한 것이다. 이는 우선순위나 가치의 위계를 정하는 데 있어서 '보편성'과 '특수성'의 문제로 나아가기 때문이다.

'실체적인 것'은 인간이라는 그 본질에서부터 발생하는 것이기 때문에 모든 인간에게 해당하는 '보편적인 것'이다. 가령 '헌법이 규정하는 알 권리는 모든 국민에게 해당하는 것이다'라는 진술은 '모든 국민'이라는 그 규정으로부터 '보편성' 혹은 '일반성'에 관한 규정이다. 반면 예기치 못한 심각한 피해를 발생시키는 특수한 경우에는 '알 권리'를 제한할 수도 있다는 것은 특수한 경우라는 그 규정으로부터 '특수성' 혹은 '개별성'에 관한 규정이다. 따라서 보편성(일반성)과 특수성(개별성)이 상충하는 경우 우리는 원칙적으로 보편성이나 일반성을 우선적으로 존중하여야 한다. 가령 "비리를 자행한 시장의 범죄 행위를 알려 달라"라고 요청하는 시민들에 대해, "시장에게 정신적으로 어려움을 겪고 있는 자녀가 있기 때문에 시장의 비리 사실을 공적으로 알리는 것은 그 자녀에게 심각한 피해를 야기할 수 있다. 따라서 시민들의 알 권리를 수용할 수가 없다"라고 답변한다면 이는 특수성을 이유로 보편성의 요구를 배제한 경우이므로 수용하기 어렵다. 마찬가지로 범법 행위를 한 기업인에 대해 공공의 이익을 위해서 그 내막을 공개하라고 요청하였을 때, '개인의 정보보호'를 위해서 공개할 수 없다고 주장하는 것은 특수성(개별성)을 이유로 보편성(일반성)을 희생하라는 주장으로 수용될 수가 없다. 특수성(개별성)을 보편성(일반성)에 앞세우는 이러한 삶의 방식을 우리는 '가치의 전도'라고 한다. 한 사회나 국가에서 '가치의 전도'가 일상적으로 발생하면 그 사회는 타락하고 결국 내분으로 인해 망하게 되는 것이다.

논리적인 발전이란 이렇게 모든 분야나 범주에 있어서 '보편성'과 '특수성'을 구분하면서 다양한 공리들을 만들어 내고, 이렇게 구분한 것을 '논의를 위한 법칙들', 즉 대화를 위한 규칙이나 질서를 만들어 낸다는 것을 의미한다. 이렇게 하여 논리적인 발전은 모든 학문에 있어서 기초를 튼튼하게 다지는 것과 같은 것이다.

공리들에 근거하여 존재와 존재자 사이의 관계성을 논하는 위의 논증과정에서는 중세철학의 형이상학(존재론)에서 기초적이자 가장 중요한 하나의 원리를 도출하고 있다. 위 논증의 과정을 간단히 삼단논법으로 요약하면 다음과 같이 될 것이다. 즉, ① 모든 존재자는 그 본질에 있어서 좋음(선함)이라는 특성을 가진다. ② 그런데 존재자의 본질이 가지는 이 좋음은 그의 존재(존재하는 힘, 혹은 존재 행위)로부터 온다. ③ 따라서 모든 존재자의 '존재 자체'는 좋은 것일 수밖에 없다. 그리고 이 단순한 논증으로부터 후일 중세철학자들은 "존재는 그 자체로 선이다", "모든 존재는 존재하는 만큼 선하다", "악이란 존재의 부족을 말하는 것이다", "악은 실체가 없으며, 선에 기생하여서만 존재한다"는 등의 중요한 형이상학적 명제들을 산출하게 되는 것이다.

## ② 추상이란 무엇인가?

보에티우스는 『일곱 가지 공리에 관하여』라는 책의 「추상적 방법의 적용」이란 장에서 인간 정신이 가진 추상의 능력에 대해 논하고 있다. 그는 '어떻게 존재자들이 가진 선(좋음)들이 다른 곳으로부터, 즉 존재 자체인 신으로부터 온다고 생각할 수 있는가?'라는 질문에 대해 다음 과 같이 답변하고 있다.

> 이 질문에 다음의 해결책을 적용할 수 있을 것이다. 실제로 분리 할 수는 없지만, 정신과 사유를 통해 분리할 수 있는 많은 것이 있다. 이처럼 누구도 삼각형이나 다른 기하학적 도형을 물질을 가진 주체로부터 실제로 분리하지는 않지만, 각자는 정신을 통 해 삼각형이나 다른 속성들을 이 주체로부터 분리하여 고려하고 있다. … 이처럼 최고의 선은 어느 한 순간 (우리의 정신을 통해) 다 른 모든 선한(좋은) 것으로부터 분리될 수 있으며, 우리는 이 선한 것들에 대해서 '만일 이들이 가진 선함들이 최고선으로부터 흘 러나온 것이 아니라면, 어떻게 이들이 선할 수 있는 것인가?'를 질문할 수가 있는 것이다. … 따라서 우리는 하나의 유일하고 동 일한 실체가 선하고, 희고, 무겁고, 둥글다고 가정하는 것이다.
>
> － 『일곱 가지 공리에 관하여』, 「추상적 방법의 적용」 －

사실 학문의 발전이란 인간 정신이 가진 추상 작용의 발전에 달려 있다고 해도 과언이 아니다. 어쩌면 추상 작용이 없었다면 학문이라는 것도 존재하지 않았을 것이다. 추상이란 무엇인가? 라틴어에서 추상*abstractio*이란 '*ab*'와 '*stare*'의 합성어이다. 즉 '~로부터', '분리해 내다'라는 것을 의미한다. 붉은색을 띈 사과로부터 '붉음'이라는 개념을, 그리고 둥근 달을 보면서 '원'이라는 개념을 분리해 내는 것을 추상 작용이라고 한다. 이처럼 대부분의 명사는 사실 추상 작용의 결과물들이다. 키르케고르는 실존이란 말의 의미를 설명하기 위해 "하루 종일 도시를 다니면서 수많은 사람을 만났지만, 사람은 만나지 못하였다"라는 유명한 말을 남겼는데, 이렇게 말한 이유는 '사람 자체'라는 개념은 추상의 산물이기 때문이다. 즉 '이런 저런 사람들(개인들)이 존재하고 있는 것이지, 사람 그 자체(개념)는 실제로 존재하는 것이 아니라는 것'을 말하고자 한 것이다. 즉, 먼저 존재한 것은 '개인의 실존'이며 이로부터 추상을 통해 '사람', '남자', '청년' 혹은 '인류'라는 개념이 그 이후에 존재하게 된 것이다. 그래서 "실존은 본질에 앞선다"는 명제가 성립하는 것이다. 모든 추상된 것은 사실상 하나의 실체로부터 어떤 속성이나 부분을 추출한 것으로, 실체로부터 분리되어서는 실제로 존재할 수는 없는 것이다. 그럼에도 인간의 정신은 이렇게 분리하는 행위를 습관적으로 행하고 있으며, 이 같은 추상 작용을 금지시킨다면 학문은 고사하고 일상의 대화 자체가 불가능하게 될 것이다. 가령 '몸이 아파서 결석했다'고 하는데, '몸이 아프다는 것은 잘못된 표현이다. 다리가 아프든 배가 아프든 머리가 아프든 구체적인 것만 있어, 그러니 구체적으로 말해 봐!'라고 하고, '배가 아파서 결석했다'라고 하니 또 '배가 아프다는 것은 잘못된 표현이야, 배가 콕콕 쑤시거나, 욱신욱신 하거나 등 구체적인 것만 존재해, 그러니 더 구체적으로 말해 봐!' 이런 식으로 계속 나아간다면 대화 자체가 불가능하게 될 것이다.

중세철학

토마스 아퀴나스는 학문의 발전이란 "개별적인 사실들로부터 보편적인 것을 확보해 내는 것을 의미하며, 이 같은 지성의 '추상 행위'에는 끝이 없다"라고 하였다. 위의 보에티우스의 진술에서도 추상 작용의 한 예로서 '최고선'의 예를 들고 있다. 성경에 사도 바울은 "모든 선한 것은 하느님으로부터 온다"라고 하였는데, 이는 형이상학적으로 말하자면 실체들이 가진 모든 선함은 최고선 혹은 제일선으로부터 기인된다는 것이 된다. 이 같은 사고가 가능한 것은 곧 지성의 추상 작용 때문이라는 것이 보에티우스의 생각이다. 이 같은 보에티우스의 사유를 앞서 말한 분유론에 따라 논증해 보면 다음과 같다. ① 하나의 존재자가 가지는 좋음은 그의 본질의 특성이나 속성이다. ② 그런데 본질이 실제로 있게 하는 것은 그의 존재이며, 이 존재는 또한 (신의 존재로부터) 존재를 분유한 것이다. ③ 따라서 본질의 좋음의 근원은 바로 신의 존재에 있는 것이다. 그런데 위 진술에서 보에티우스는 이를 추상 작용이란 측면에서 다른 방식으로 논하고 있다. 즉, 이미 존재하고 있는 한 개별자(존재자)에게 그의 존재가 신의 존재로부터 존재를 분유하여 있다면 신(최고선)의 선함과 나의 선함은 사실 —논리적으로 그리고 시간적으로— 직접적이고 동시적인 것이다. 그런데 개별자의 좋음(선함)이 신(최고선)으로부터 '온다'거나 신으로부터 '흘러 나온다'는 표현은 잘못된 것이라는 지적에 대해 '흘러 나온다'는 표현이 추상 행위로 인해 가능하다는 것임을 말하고 있는 것이다. 그 이유는 이미 개별자와 함께 있는 최고선을 개별자의 선들로부터 분리(추상)할 수 있고, 그런 다음 '만일 나의 개별적인 선이 이 최고선에서 기인되지(흘러 나오지) 않는다면 그 근원이 어디인가?'를 물을 수 있다는 것이다. 이 같은 사고를 후일 스콜라철학에서는 '아날로기아analogia', 즉 유비라고 칭하였으며, 유비추리는 논리학의 주요 논증방식의 하나가 된다.

　개별자와 보편자 사이의 관계성에 대한 사상적 노선이란 차원에서 보에티우스의 특징은 플라톤과 아리스토텔레스를 종합 혹은 통합하고자 한 노력이었다. 그리고 이 같은 통합의 노력은 이후 스콜라철학에서 꾸준히 지속되었다. 개별자와 보편자 사이의 관계에 대한 보에티우스의 사유를 한마디로 요약한다면 "어떤 의미로 이데아가 개별자 안에 돌아 왔다, 즉 개별자 안에 보편자가 (실제로) 있다"라고 할 수 있다. 보에티우스는 "모든 합성된 것에 있어서 '존재'와 '존재하는 것'이 다르다"라고 하였는데, 『서양철학사』의 저자인 힐쉬베르거는 여기서 존재 *esse*를 보편자를 의미하는 것으로, 존재하는 것*ipsum est*을 개별자*quod est*를 의미하는 것으로 고려하고 있다. 이는 다시 말해 '나'라는 한 개인으로서의 개별자 안에 나의 개별성의 근원 혹은 원인으로서의 형상(혹은 영혼)이 실제로 존재하고 있다는 것이다. 그렇기 때문에 내(개별자)가 소멸되어도, 나의 영혼(보편자)은 소멸하지 않는 것이다. 이 경우 보에티우스의 사유는 '개별자 안에 본질이 있고, 본질이 개별자의 근거가 된다'는 '본질의 형이상학'이 되는 것이다. 물론 이 같은 사유는 후일 토마스 아퀴나스에 의해 개별성의 원인이 되는 영혼 그 자체가 역시 '개별적인 것'이라 수정하게 된다. 토마스 아퀴나스가 이렇게 수정한 이유는 '개별성이 최후의 가치'라는 도덕적 의미와 '사후의 심판'이 가능하기 위해서는 사후의 영혼(육체와 분리된 영혼)이 개별성을 지니고 있어야 하기 때문이었다.

③ 『철학의 위안』은 무엇을 위로하고 있는가?

　『신곡』의 저자인 단테는 "보에티우스와 키케로는 나 자신을 가장

> ## 『철학의 위안』에서 여성으로 등장하는 철학의 예
> **(옥중에 낙담하고 있는 보에티우스에게 철학이 질책하며, 용기를 주고자 애쓰고 있다.)**
>
> 그녀가 말하였다. "그러나 그것은 불평하는 문제가 아니라 치료하는 문제입니다." 그런 다음 그녀는 나를 휘어잡는 듯한 시선으로 나에게 말하였다. "이전에 내 우유를 마시고 내 빵을 먹으며, 매우 열정적인 영혼의 활력을 가졌던 당신이 정말로 지금의 당신입니까? 확실히, 나는 당신에게 참으로 좋은 무기를 제공하였습니다. 당신이 이 무기들을 당신의 발 앞에 던져 버리지 않았다면 그들의 견고함이 당신을 보호하고 당신을 무적으로 만들었을 것입니다. 날 알아보겠습니까? 왜 침묵하시는 거죠? 부끄러운가요? 입을 다물고 있는 것은 낙담인가요? 부끄럽다면 더욱 좋습니다! 그러나 아니에요, 당신의 낙담은 너무 눈에 보입니다. … 그녀가 또 말하였다. "위험은 크지 않습니다. 환각에 사로잡힌 영혼에게 흔한 질병인 잠시의 혼수상태일 뿐입니다. 잠시 동안 자신이 무엇인지를 잊었을 뿐입니다. 기억은 쉽게 돌아올 것입니다. 하지만 먼저 나를 알아보지 않으면 안 됩니다."
>
> — 1권, 4장 —

고귀한 여성인 철학에 대한 사랑에 빠지게 하였다. 즉, 철학 연구에 입문시켰다"라고 말한 바 있다. 단테가 철학을 '고귀한 여성'이라고 말한 것은 보에티우스의 『철학의 위안』을 염두에 둔 말이다. 왜냐하면 『철학의 위안』에서 보에티우스는 자신과 다른 여성과의 대화를 이어가는 방식으로 저술하고 있는데, 이때 이 대화 상대자인 여성은 곧 '철학'이기 때문이다.

라틴어로 *"consolatione philosophiae"*라는 제목이 붙은 이 책은 524년경 보에티우스가 정치적인 일에 휘말려 반역죄로 감옥에 갇혀

사형선고를 받게 되자, 절망에 빠진 자신에게 스스로 용기를 주기 위해 쓴 책이다. 이 책의 유형은 철학을 여인에 비유하여 자신의 대화 상대자로 등장시킨 '철학적 대화록' 혹은 '자전적 대화'에 해당한다. 형식으로는 운문과 산문을 동시에 사용하고 있는데, 대개 새로운 장의 첫 부분은 시로 시작하고 있다. 사상적 위치로는 플라톤과 신-플라톤주의, 그리고 세네카 등의 스토아철학의 사상에 기초하여 중세 기독교 사상으로 발전시킨 형태를 취하고 있다. 그 핵심 내용은 '인간은 어떻게 행복을 획득할 수 있을까?'에 대한 것이며, 세계의 질서·정의·선과 악·행운·신·섭리·덕 등의 주제로 풀어 가고 있다.

**표 21** 보에티우스의『철학의 위안』각 권의 내용

| | |
|---|---|
| 1권 | 감옥에서 자신의 불명예를 한탄하는 보에티우스에게 철학이 여성의 모양으로 나타나 그를 질책하고 또 용기를 주고 있다. 그의 고뇌가 철학을 상실하였기 때문에, 즉 인간의 본성과 궁극적인 목적을 잊어버린 데서 비롯하고 있다고 설명한다. |
| 2권 | 철학은 보에티우스에게 모순된 두 얼굴, 즉 세계의 질서를 확립한 사랑의 힘과 인간 사회에 내재하고 있는 파괴의 힘에 대해 말해 주고 있다. |
| 3권 | 진정한 행복에 관해 정의하고 있다. 이 행복은 부도 권력도 그 어떤 세상의 풍요에 있는 것도 아니며, 최고선인 신에게 있다. 세계를 이끌고 세계에 질서를 부여하는 것이 바로 이 최고선이다. |
| 4권 | 철학은 세상에 존재하는 악의 실존으로부터 주어질 수 있는 질문에 답하면서 신의 섭리에 대해 논하고 있다. 외관을 넘어 세계를 지배하는 심오한 질서인 신의 섭리는 만물을 명령하는 신성한 이성인 반면, 운명은 신의 전개를 세세하게 규제하는 바로 그 질서를 의미한다. |
| 5권 | 섭리 이론에 대해 제기된 인간의 자유의 문제를 다루고 있다. 신의 예지는 자유 의지를 억압하지 않는데, 그 이유는 세상 사람들이 우연적이라 고려하는 미래의 사건들을 신의 예지에서는 우연적인 존재가 아니기 때문이다. 즉, 신은 자신의 존재 방식, 즉 영원에 따라 미래의 우연성을 보기 때문이다. |

사실상『철학의 위안』에서 말하고 있는 보에티우스의 사유는 그 형식적인 면이나 내용의 면에서 거의 아우구스티누스가『고백록』에서 제시하는 것과 유사하다고 할 수 있다. 다만 이 책에서 대화하는 상대

자는 신이 아니고 여인의 모습을 취한 철학이다. 그리고 억울한 죽음을 앞둔 절망적인 한 인간이 그럼에도 우울증에 빠지거나 절망하지 않고 굳건하게 영혼의 활력을 되찾고자 한다는 차원에서 "잘 산다는 것은 곧 잘 죽는 것"이라는 고대철학자들의 지혜를 떠올리게 한다. 따라서 이 책이 가진 장점은 '철학의 위한'이란 말이 암시하고 있듯이 절망적인 상황 속에서도 고대철학자들의 다양한 사유를 계승하면서 '지혜'라는 차원에서 진정한 행복으로 접근해 가고 있다는 점일 것이다. 따라서 이 책에서는 궁극적인 행복이라는 형이상학적 주제에 대해 이전의 철학자들에 비해 보다 논리적이고 체계적인 논의가 이루어지고 있다고 할 수 있다.

예를 들어 보에티우스는 이 책에서 '행복'을 말할 때, 지상에서의 행복*felicitas*과 궁극적인 행복*beatitudo*을 구분하여 사용하고 있으며, 또한 궁극적인 행복에는 다른 모든 선이 내포되어 있다고 하면서 보다 체계적이고 개념적으로 해명하고 있다. 그는 "참되고 완전한 행복은 스스로 만족하고, 능력과 존중, 명예와 기쁨을 모두 수행한 사람의 것"(3, 6)이라고 주장하고 있는데, 이러한 관점에서 그는 거짓 행복과 참된 행복을 구분하고 있다.(3, 9) 그는 "자족, 힘, 명예, 존중, 기쁨의 이름들은 확실히 다르지만, 이들의 실체는 어떤 식으로든 일치하고 있다"(3, 15)라고 말하면서, 그렇기 때문에 행복을 위해서는 이 모든 것을 동시에 달성하기 위해 노력해야 하며, 잘못된 수단으로 이를 달성한다는 것은 불가능하다고 주장한다.(3, 22-23) 즉, 진정한 자족이나 참된 명예가 없다면, 진정한 기쁨도 가질 수가 없다는 것이다.

마찬가지로 그는 신의 섭리와 인간의 자유의지와의 문제에 대해 논하면서도 매우 논리적으로 논하고 있다. 그는 미래에 있을 동일한 사실에 대해 세상의 학문은 우연적이고 자유로운 것으로 고려하겠지만, 신성한 학문(신의 예지)에 비추어 볼 때는 모든 것이 필연적인 것으로 고려된다고 보고 있다. 왜냐하면 모든 앎이란 알고 있는 주체의 조건에 관련된 상대적인 것이기에, '사실의 필연성'이라는 것도 인간에게는 단지 '조건적인 필연성'일 뿐이다. 예를 들어 대학에 합격한 고등학교 3학년 학생은 3개월 후면 필연적으로 대학생이 될 것이며, 대학생이 된다는 것은 그에게 필연성에 속하는 것이다. 하지만 이 역시 어떤 관점에서 보자면 조건적인 필연성에 지나지 않는다. 왜냐하면 여기엔 여전히 '그 학생이 특정한 질병에 걸리지만 않는다면', '그의 아버지 회사가 파산하지만 않는다면' 혹은 '그 대학교가 문을 닫지 않는다면'과 같은 다양한 조건을 전제할 수가 있기 때문이다. 이는 인간의 자유에 대해서도 마찬가지이다. 보에티우스는 "인간이 걷고 있다는 사실을 우리가 아는 순간, 걷는다는 것이 인간에게 필연적인 것이라 생각하게 된다"는 비유로 논하고 있다. 다시 말해 '그가 자유의지로 대학을 포기했다'는 사실을 아는 순간에 비로소 그가 자유의지를 행사했다는 것을 알며, 그에게 자유가 있다는 것을 필연성으로 알게 된다는 것이다. 즉, 미래에 대한 세상의 지식이란 모두 '조건적인 필연성'에 지나지 않는다는 것이다. 반면 세계의 모든 시간의 순간이 동시에 현실적인 신의 지성에 있어서는 모든 발생할 일이 곧 필연으로 고려된다고 그는 생각한다. 미래의 어떤 일에 있어서 인간의 입장에서는 자유의지를 통해 개연적으로 이루어지겠지만, 신의 지성에서는 여전히 필연적인 방식으로 이루어진다는 것이다.

'거짓 행복'과 '참된 행복', 그리고 '지상의 행복'과 '궁극적인 행복'을 개념적으로 구분하고, 또 '조건적인 필연성'의 개념을 통해 '인간의 자유의지와 섭리의 양립성'을 논증하는 그의 방식은 확실히 이전의 교부철학에서는 잘 볼 수 없는, 보다 진보된 사유 방식이라고 할 수 있다. 그리고 세상의 모든 부귀영화를 다 빼앗기고 죽음을 앞둔 자신을 보면서 낙담하거나 절망에 빠지지 않고, 진정한 행복과 궁극적인 행복이 어디에 있는지를 자기 자신과 논하면서 스스로 위로와 용기를 가지고자 하는 이러한 모습에서 우리는 '지혜를 사랑하는 것'이라는 희랍적 관점의 철학의 의미와 지상의 것을 넘어 저편 세계의 '진정한 행복'을 지향하는 교부철학의 핵심을 잘 엿볼 수 있다. 나아가 『철학의 위안』은 '내가 하는 일'이 곧 나의 행복의 원동력이 되어야 한다는 실존주의적인 정신을 엿보게 한다.

### ④ 예술은 무엇이며, 왜 필요한 것인가?

보에티우스는 이전의 어떤 철학자도 학문적으로(과학적으로) 다룬 적이 없었던 소리와 음정의 관계에 관해 논하고 있는 '음악에 관한 이론서'인 『음악의 질서에 관하여』를 썼다. 라틴어로 '*De Institutione musica*'라고 제목이 붙은 이 책은 철학자로서의 최초로 쓴 체계적인 학문으로서의 '음악학'이라는 차원에서 매우 의미심장한 책이라 할 수 있다.

사실상 전문적으로 음악에 종사하는 사람들에게 더 유용할 것 같은 이 책은 그럼에도 예술에 관한, 특히 고전예술에 관한 철학적인 지혜를 추출하는 데 유용한 책이라 할 수 있다. 철학적으로 관심을 가질 만한 음악과 음악가에 관한 그의 사유들은 아래 세 가지 형태로 요약될 수 있다.

| 표 22 | 보에티우스의 *De Institutione musica*의 구성내용 |
|---|---|
| 1권 | 천상(우주)의 음악, 인간의 음악, 기악의 세 가지 유형의 음악을 구분한다. 음의 수치적 비율과 관련하여 현악기들의 세 장르를 구분해 주고 있다. 고음과 저음 등에 대해 분석하며 음악가들의 일반적인 고려사항을 언급하고 있다. |
| 2권 | 산술의 일반성(비, 배수, 제곱 등)에 초점을 맞추어 음에 관해 분석하며, 이를 음악의 척도에 적용하고 있다. |
| 3권 | 이론적으로 흥미로우나 실용적으로는 잘 활용되지 않는 톤의 분할(*leimma, sharp, apotomè, comma, schism, dischism* 등)과 세분화에 대해 이야기하며, 음조에 있어서 숫자 간격을 수학적으로 평가하고 있다. |
| 4권 | 현악의 세 가지 장르에서 현의 숫자 간격과 분포를 사용하여 심화시키고 있다. 세속의 테트라코드에 대한 비교적 섬세한 연구를 진행하고 있다. |
| 5권 | 프톨레마이오스의 '화음에 관하여'의 논문을 참조하면서 음악에 관한 자신의 사유를 전체적으로 제시하고 있다. |

- 음악에 관하여: 무엇보다도 음악은 도덕성을 다루는 과학이다. 우리는 소리의 특성과 그 차이를 인지하는데, 잘 정돈되어 있을 때는 기쁨을 느끼고 일관성이 없을 때는 일종의 불쾌감을 경험한다. 이처럼 세상의 영혼은 도덕을 정화하거나 타락시키는 음악과 밀접하게 연결되어 있다.

- 음악의 분류: 음악에는 세 종류가 있다. ① 세계 음악(우주적 음악), ② 인간의 목소리, 그리고 ③ 기악이 그것이다. 우주의 조화인 음악은 하늘 자체이며, 사계절의 다양성 안에서 음악이 나타난다. 아리스토텔레스와 유클리드처럼 움직이는 모든 것이 소리를 생성한다고 가정한다. 반면 성악은 영혼의 상태와 육체적 음성이 완전히 조화를 이룬 것이다.

- 음악가에 관하여: 이해하는 이성이 있고 실행하는 손이 있다. 몸보다 정신이 중요한 것처럼, 이해하는 것이 실행하는 것보다 더 중요하다. 실행하는 것은 (이해하는 것의) 봉사자일 뿐이다.

질료적인 실행(즉, 연주활동)보다는 이성적인 앎에 기초한 음악에 관한 학문(예를 들어 작곡하는 것)이 훨씬 더 아름다운 것이다.

음악에 관한 보에티우스의 사유에서 우리가 이해하고 공감할 수 있는 점은 질서는 기쁨을 유발하고 무질서는 불쾌감을 유발한다는 점이다. 이는 음 혹은 소리 그리고 음악의 본질이다. 음과 소리의 톤을 조화롭게 배열하여 기쁨을 유발하는 것이 곧 '음악'이라는 예술이요 작품을 창조하는 것이다. 그래서 토마스 아퀴나스도 예술작품이란 "보아서 즐겁고, 들어서 기쁜 것"이라고 하였다. 따라서 고전적인 의미에서 예술가의 일(사명)이란 사람들에게 '순수한 기쁨'을 줄 수 있는 '아름다운 무엇(미학적인 것)'을 창출하는 일이다. 그런데 인간이 도덕적으로 산다는 것도 이와 유사하다. 어떤 사람의 행동이 우리들에게 기분이 좋고 기쁨을 유발하는 것이 도덕적인 행동이요, 그 반대는 비-도덕적인 행동이다. 그렇기 때문에 참된 음악은 인간의 도덕적인 행동을 유발하는 데 도움을 주는 것이다. 예술은 곧 심미적인 효과를 통해 마음을 정화하는 기능을 가진 것이다. 이것이 전형적인 예술에 관한 고전적인 이해이다.

모든 움직이는 것이 소리를 생성하고 소리가 조화로울 때 음악이 있다는 생각은 모든 것이 음악을 생성한다는 것과 같다. 이러한 사유는 참으로 동양의 도가적인 사유와 닮아 있다. 아마도 우리가 충분히 들을 수 있는 귀가 있다면, 우리는 자연의 어디에서도 아름다운 음악을 들을 수 있을 것이다. 물론 이 음악을 '작곡'이라는 방식을 통해 '악보'로 재현할 수 있는 사람은 특수한 재능을 가진 음악가뿐일 것이다. 그런데 음악가에 관한 보에티우스의 사유에는 약간 모호한 점이 있다. 그는 '음악에 관해 이해하는 학문'과 '질료적으로 실행하는 활동'으로 구분하는데, 여기서 음악에 관한 학문이 미학이나 음악학 등을 의미하는지 혹은 음에 대해 이해를 하고 '작곡'을 하는 '작곡가'를 말하는지 혹은 이 둘 모두 의미하는지 모호한 측면이 있다. 어쨌든 우리는 이해하는 음악가, 즉 음을 이해하고 곡을 만들어 내는 '작곡가'를 음악가로 그리고 이렇게 창작된 '곡'을 악기로 연주하는 '연주가'로 구분해 볼 수 있다. 그리고 전자가 후자보다 훨씬 더 아름답다고 하는 것은 전형적인 신-플라톤적인 관점이라고 할 수 있다. 왜냐하면 그들에게는 지성적인 것일수록 더욱 탁월하고 상위적이며 아름다운 것이기 때문이다.

그리고 음악에 관한 보에티우스의 사유에서 우리의 관심을 끄는 또 다른 부분은 성악에 관한 부분이다. 그는 성악을 '인간 본성의 음악'이라고 이름하며 다음과 같이 말하고 있다. "각자 자신에게 내려가면서 음악이 무엇인지 이해한다. 그런데 우리의 몸과 이성의 영적 활력 사이의 이 결합은 서로간의 완전한 적응이 아니라면 무엇이란 말인가, 말하자면 화음으로 모아진 낮은 소리와 높은 소리 사이의 질서가 아닌가."(*De Institutione musicade*, 2) 각자 자신에게 내려가면서 음악을 이해하고, 이때 이 음악을 '몸과 영적 활력 사이의 결합'이라 표현하는 점은 참으로 흥미롭다. 인간의 소리는 악기의 소리를 따라가지 못한다. 그래서 우리는 피아노나 첼로의 연주를 듣는 것이다. 반면 어떤 점에서 악기는 인간의 목소리를 따라가지 못한다. 왜냐하면 인간의 목소리는 '내면에서 울리는 소리', 즉 영혼의 활력이 육체를 통해 울려 퍼지는 것이기 때문이다. 여기서 일반적인 소리와 성악의 차이를 발견할 수 있다. 그것은 성악가는 자신의 깊은 내면에서 영혼의 상태를 목소리와 완벽히 일치시켜 노래하기 때문이다. 사실 이는 노래한다기보다는 내면(영혼의 상태)과 육체(심미적 정서)가 완전히 일치된 것을 표출하는 것이라고 해야 할 것이다. 이러한 관점은 인간의 모든 기관이 영혼과 일치되어 있다는 유기적인 통일성에 대한 이해를 돕게 한다. 즉 어떤 단계에 이르면 아름다운 목소리는 아름다운 영혼의 모습에서 기인하게 되는 것이다.

소리에 관한 보에티우스의 사유에서 다른 흥미로운 관점은 소리의 초월성에 관한 것이다. 과학자들은 가끔 지구가 자전하는 소리나 다른 행성들이 회전하는 소리에 대해 이야기를 한다. 그리고 과학자들은 실제로 우리가 들을 수 없는, 그 소리의 주파수를 포획하여 소리로 변환시켜서 행성이 내는 소리라며 들려 주기도 한다. 그런데 이미 중세 초기에 보에티우스는 우리가 들을 수 없는 '행성이 움직이는 소리'에 대해 말하고 있다.

> 참으로, 하늘을 나는 그로록 빠른 기계가 침묵과 고요 속에서 어떻게 움직일 수 있다는 것인가. 비록 그 소리가 우리 귀에 닿지는 않지만, 그런 큰 몸체가 그렇게 빠른 속도로 움직일 때 어떤 식으로든 소리를 내지 않는 것은 불가능할 것이다.
>
> *– De Institutione musica, 1, 2 –*

우리의 귀로는 들을 수 없지만 분명 어떤 것이 움직일 때 소리가 나지 않을 수 없다는 이 생각은 인간이 오감으로 감지할 수 있는 것에는 한계가 있음을 의미한다. 아마도 소리뿐 아니라 색도 마찬가지일 것이다. 이는 말하자면 존재가 우리에게 나타나는 것 중 인간이 인지할 수 있는 것은 한계를 가지고 있다는 것이며, 이 같은 사실은 '볼 수 있는 세계'와 '볼 수 없는 세계'를 가정하게 한다. 즉 존재는 현상적인 것과 초월적인 것으로 이루어져 있는 것이다.

음악에 관한 보에티우스의 사유 중에서, 소리와 관련하여 다른 하나의 흥미로운 주제는 침묵이다. 그는 "소리는 그 반대인 침묵에 의해서만 식별된다. 계속되는 소리는 마치 익숙한 소리를 듣지 않는 대장장이처럼 식별할 수 없다"(*Institutione musica*, 1, 27)라고 말하고 있다. '어떤 것을 식별하는 것은 그 반대되는 것을 통해서이다'는 생각은 참으로 날카로운 통찰이다. 상대방의 목소리를 잘 듣기 위해서는 내가 침묵을 하여야 하고, 심지어 주변의 모든 것이 침묵을 지켜야 한다. 시끄러운 카페나 식당 안에서는 상대방의 목소리를 제대로 들을 수 없기 때문이다. 아마도 이는 소리뿐 아니라 모든 감각 인식에 있어서 이는 사실인 것 같다. 혀가 어떤 특정한 맛을 온전히 느끼기 위해서는 맛을 보는 그 혀에는 다른 어떤 맛도 있어서는 안 되며, 눈이 특정한 색깔을 제대로 통찰하기 위해서는 우리의 안구 위에 어떤 색도 있어서는 안 된다. 아마도 오감을 통한 감각 인식뿐 아니라, 정신의 이해에 있어서도 이 원리는 동일하게 적용될 것이다. 내가 어떤 타인의 생각이나 사상을 제대로 이해하기 위해서는 먼저 내가 가진 선입견이나 나만의 고유한 관점에서 탈피해야 한다. 이는 말하자면 정확하게 이해하기 위해서 혹은 참되게 이해하기 위해서는 먼저 '자기 객관화' 혹은 '자기 중립화'가 이루어져야 한다는 것이다.

# 3. 존재의 신비를 노래한 위 디오니시우스

천계의 위계를 설명하는
위-디오니시우스Pseudo-Dionysius(480~524)의 삽화

위-디오니시우스의 원래 이름은 'Pseudo Dionysius l'Aréopagite'이다. 여기서 "pseudo"란 '거짓' 혹은 '가짜'라는 뜻이다. 따라서 이 이름은 사도 바울의 아테네 개종자인 아레오바고 사람 '디오니시우스'라는 유명 이름을 차용한 익명의 저자라는 뜻이다.

일반적으로 의사라고 추정되는 익명의 저자는 디오니시우스라는 가명으로 5세기에서 6세기 사이에 신비주의나 기독교 신학에 대한 많은 저술을 남겼는데, 이는 당시 기독교 신비주의의 정통적인 사상으로 인정되었고 후일 가톨릭의 신비가들과 마이스터 에크하르트Meister Eckhart의 신비주의 사상에 많은 영향을 미쳤다. 위-디오니시우스의 사상은 신-플라토니즘에 영향을 받는 것으로 일반적으로 '존재의 위계'라는 이름으로 잘 알려져 있다. 그의 주 저작은 신의 본질과 속성에 관해 다루고 있는 『신명론De divinis Nominibus』, 신에 이르기 위한 방법론(부정신학과 긍정신학)을 다루고 있는 『신비신학De mystica Theologia』 그리고 신으로부터 천계 존재들(천사들)의 위계를 다루고 있는 『천계위계론De caelesti Hierarchia』 등이 있고, 그 외 『상징 신학』, 『영혼에 관하여』, 『공정하고 신성한 심판』 등이 있다. 15세기에 가명이라는 것이 밝혀지면서 한때 그 관심이 식었었지만, 이후로 점차 관심이 증가하였다.

## ① 천계의 위계란 무엇인가?

가끔 사람들은 "이 넓은 우주 안에서 지적인 생명체는 인간뿐인 것일까?"라는 질문을 던진다. 그리고 대다수의 과학자는 '당연히 다른 지적인 존재들이 있을 것'이라 생각한다. 그 이유는 이 우주가 너무나 넓고 광대하기 때문에, 인간만이 존재한다는 것은 공간의 낭비라고 생각하기 때문이다. 더 나아가 오늘날의 천문학자들은 평행우주니 다중우주니 하는 말들을 한다. 즉 우리가 살고 있는 이 우주가 다만 하나뿐인 것이 아니라, 다양하게 많을 것이라고 생각을 하는 것이다. 그런데 이 같은 생각은 그 근거가 무엇이든 아직 직접 확인한 것이 아니기 때문에 알 수 없다. 확률로 치자면 반반의 가능성, 즉 50%의 확률을 가지고 있다고 보아야 할 것이다. 파스칼은 '죽음 이후에 다른 삶이 있는 것일까?' 하는 질문에 대해서는 최소한 학문적으로는 알 수 없는 것이라고 하면서, 전혀 알 수 없는 것에 대해서는 긍정도 부정도 할 수 없으며, 다만 50%의 확률이 있을 뿐이라고 하였다.

그런데 인간이 궁금증을 가지고 질문하는 것들, 그것도 일회성으로 그치는 것이 아니라 꾸준히 질문하며 항상 인간의 정신에 어떤 의문을 야기하는 것이라면 완전히 '무의미하거나', '쓸데없는 것'이라고 치부하기는 어렵다. 왜냐하면 '합리적인 의심'이란 항상 충분히 그럴 수 있는 것이기 때문에 의심하는 것을 말하기 때문이다. 가령 누구도 "내일 갑자기 내 왼쪽 다리가 없어져 버리거나, 오른쪽 팔이 늘어나면 어떡하지?" 혹은 "우리 고양이가 호랑이로 변해 버리면 어떡하지?"하는 따위의 질문은 하지 않는다. 왜냐하면 그것은 인간의 이성에 있어서 지나치게 비-논리적이고 불합리한 것이기 때문이다. 하지만 우주에 인간 외의 다른 지적 생명체가 있는 것일까? 혹은 우리가 살고 있는 이 우주의 바깥에 또 다른 우주가 있지는 않을까? 혹은 '죽음 이후에 영혼이 나아가는 다른 삶이 또 있지 않을까? 하는 질문들은 충분히 그럴 수도 있다고 생각되기 때문에 던지는 합리적인 의심이자 질문들이다.

중세의 철학자들은 인간이 살고 있는 이 세계보다 차원이 높고 탁월한 존재들이 살고 있는 다른 세계가 있다고 생각하였다. 단순히 우리가 살고 있는 우주와는 다른 우주를 생각한 것이 아니라, 우리가 살고 있는 이 세계와는 차원이 다르고 완전히 초월적인 세계, 어쩌면 죽은 이후의 영혼들이 나아가야 하는 세계가 있다고 본 것이다. 그 세계를 '천계caelesti Hierarchia'라 하였고, 그곳에 사는 존재들은 순수하게 정신적인 존재들(순수 형상들)로서 천사들angelicus이라고 불렀다. 위-디오니소스는 이러한 초월적인 세계에 대해 누구보다 관심이 많았고 이러한 생각에 헌신한 대표적인 철학자였다. 그런데 위-디오니소스가 이렇게 생각하게 된 근거는 무엇일까? 물론 천사들의 존재 그 자체는 성경에 근거하고 있겠지만, 체계적인 천계의 위계에 관한 철학적 근거는 신-플라톤주의(플로티노스)의 '유출설'이었다.

> 모든 사물은 자신의 본질을 초월하는 근원적인 원인에서 흘러나오는 섭리에 참여한다. 만약에 사물들이 만물의 근원이자 원인인 이것에 참여하지 않는다면, 만물은 존재하지 못할 것이다.
>
> – 『천계의 위계』, 4, 1 –

세계란 마치 태양에서부터 태양빛이 퍼져 나가듯이 일자The One로부터 존재가 유출되어, 순수한 정신적 존재에서 정신과 감성의 혼합인 존재, 감각적 존재, 그리고 가장 단순한 물질에 이르기까지 존재의 밀도(충만함) 차이로 구분되면서 다양한 계층으로 이루어져 있다고 보는 것이 플로티노스의 유출설이다. 그렇기 때문에 만일 일자(신)가 인간 정신에 대해 절대적으로 초월적인 존재라고 한다면, 일자와 인간 지성 사이의 이 같은 단절은 존재의 유출이라는 차원에 모순된다. 왜냐하면 태양에서부터 태양계의 끝까지 태양빛이 존재하지 않는 곳은 전혀 없는 것과 마찬가지로, 존재가 유출되는 것이라면 유출되는 최초의 원인(일자)과 유출된 최후의 산물인 물질 사이에 존재가 없는 '무無'의 지대가 있다는 것은 있을 수 없기 때문이다. 따라서 무한한 간격을 가진 인간과 신 사이에는 이 둘의 간격을 메워 주는 순수한 정신적인 존재들이 있어야 하며, 이 존재들을 중세철학자들은 천사들(순수형상들)이라고 부른 것이다.

그래서 위-디오니소스는 순수하게 정신적인 존재인 천사들 역시도 그들이 일자로부터 멀어지는 순서에 따라 일련의 계층을 이루고 있다고 본 것이다. 그리고 다양한 계층은 서로 맞닿아 있거나 겹쳐져 있다고 생각한 것이다. 후일 토마스 아퀴나스가 "상위적인 존재의 가장 하위적인 부분과 하위적인 존재의 가장 상위적인 부분은 서로 맞닿아 있기에, 서로 교감이 가능하다"라고 말한 것은 위-디오니소스의 사유를 그대로 답습한 것이라 할 수 있다. 그리고 존재가 충만한 (존재의 밀도가 높은) 상위적인 존재들이 보다 하위적인 존재들에 대해 가지는 관계성은 정화하고, 조명하며, 완성을 돕는 역할을 하는 관계이다.

> 어떤 천사들은 정화되었고 다른 천사들은 정화되며, 어떤 천사들은 조명되었고 어떤 천사들은 조명되며, 어떤 천사들은 완전하게 되었고, 어떤 천사들은 완전하게 되고 있다. 바로 이 때문에 계층적 질서가 있는 것이다.
>
> *- De caelesti Hierarchia, 3 -*

과학적 사유가 습관이 된 현대인들의 관점에서는 인간보다 탁월하고 상위적인 존재들이며 순수하게 정신적인 존재들인 천사들에 대한 앎은 단순한 '가상'이나 '판타지'에 불과할 수도 있을 것이다. 하지만, 인류의 진보 혹은 자아의 완성이라는 의식의 발전과 관련하여 인류의 미래에 대한 비전을 생각하는 사람들에게는 천사들에 대한 비전이 일종의 미래 인류에 대한 '알레고리'를 제공해 주고 있다고 볼 수도 있다. 위-디오니소스는 천계의 각 계층은 그에 적절한 방식으로 신적인 능력을 수용하기에, 상위 계층이라고 해서 하위 계층의 모든 것을 이해할 수는 없다고 생각하며, 인간들에게 있어서도 천사들과 유사한 방식의 삶을 가진 이들, 즉 신성과 신적 조명에 참여하는 사람들을 '천사적'이라고 부를 수 있다고 생각하고 있다.

**표 23** 위-디오니소스가 분류한 천계의 계층적 질서

| 라틴어 | 불어 | 한글 이름 | |
|---|---|---|---|
| 우눔Unum | Un | 일자(신) | |
| 세라핌Seraphim | Les Séraphins | 육익六翼천사 | • 천사들의 위계는 일자(신)로부터 얼마나 가까이 있는가에 의해서 결정된다. |
| 케루빔Chérubim | Les Chérubins | 지품智品천사 | |
| 트로누스Thronus | Les Trônes | 좌품座品천사 | • 천사들은 육체가 없으므로 숫자개념이 무의미하다. 따라서 불어에서는 항상 복수를 쓴다. |
| 도미니움Dominium | Les Dominations | 치治천사 | |
| 비르투스Virtus | Les Vertus | 덕德천사 | |
| 포텐시아Potentia | Les Puissances | 능能천사 | • 천사의 존재 자체는 성경의 계시에 근거하나, 계층적 분류는 인공(가공)적인 것이라 볼 수 있다. |
| 프렌시파투스Principatus | Les Principautés | 권權천사 | |
| 아르크안젤루스Archangelus | Les Archanges | 대大천사 | |
| 안젤루스Angelus | Les Anges | 천사 | |

신성한 질서 안에서 천사들은 이 질서를 산출한 원인(일자, 신)의 능력을 수용하지만, 모든 능력을 수용하도록 적응되어 있지 않다. 마찬가지로 상위 계층의 천사들은 하위 계층의 천사들보다 탁월하지만, 하위적인 능력의 어떤 것에서는 배제되어 있으며, 자신보다 하위적인 존재들을 모두 이해할 수는 없다. … 높은 계

층과 낮은 계층의 모든 사람에 있어서 신성과의 유사함에 그리
고 신적 조명에 참여하는 것과 관련된 것을 '천사적'라고 부를 수
있다.

- De caelesti Hierarchia, ch. 5 -

현대에서도 어떤 학자들은 인간의 진보는 이제 영적인 진화의 단계
에 접어들었다고 말하는 이들이 있다. 그런데 "영적인 진화나 진보가
의미하는 것은 무엇인가?" 그리고 "영적으로 진보하는 것의 목적이나
지향점은 무엇인가?"라는 질문을 던지면 누구도 분명하게 설명하지
는 못한다. 바로 이런 이유로 천사들에 대한 이해는 인간의 영적인 진
화나 진보를 생각할 때 하나의 이상적인 모델이 될 수 있는 것이다. 사
실 스콜라철학자인 토마스 아퀴나스도 천사론에 대해 말하면서 "천사
에 대한 이해는 인간이 인간적인 완성을 지향하는 데 도움을 준다는
한에서 의미가 있다"라고 말하면서 논의를 시작하고 있다. 그렇기 때
문에 위-디오니소스가 『천계의 위계』에서 말하고 있는 천사들에 관한
모든 앎은 인류의 영적인 진보라는 차원에서 인간의 미래 운명에 관심
을 가진 이들에게 하나의 지향점, 즉 진보의 구체적인 모델을 제시하
는 데 유용한 사상이라 할 수 있을 것이다. 예를 들면 '천사적인 의식 conscience angélique(불)'의 개념을 가지는 데 아주 유용한 사상이라 할 수
있다.

② 부정신학: 무엇이라 말해진 신은 이미 진정한 신은 아니다

신학에 대한 가장 일반적인 규정은 '신에 관해 다루는 학문'이라는
것이다. 그런데 근본적으로 신성과는 엄청난 거리감을 지니고 있는 인

간의 지성이 신에 대해서 어떻게 참된 앎을 가질 수 있는 것일까? 물론 기독교적 관점에서 신에 관한 모든 앎은 신이 인간에게 직접 밝혀 준 계시에서 출발한다. 하지만 계시라는 것도 사실은 인간의 언어나 인간이 만든 개념들을 통해서 인간에게 전달된 것이기에 어떤 의미로는 진정한 신에 관한 앎이라고 보기는 어렵다. 어떤 관점에서 인간의 언어를 통해 알게 된 모든 신에 관한 앎은 일종의 '유비' 혹은 '유사함'에 지나지 않는 것이다. 물론 언어나 개념을 통해 알게 된 신에 관한 앎도 허상이라거나 비-실재라고 할 수는 없을 것이다. 왜냐하면 어찌되었던 그것은 인간의 수준 혹은 인간적 지평에 나타나는 신에 관한 이해이기 때문이다.

이러한 이유로 위-디오니소스는 세 가지의 서로 다른 '신에 관한 학문', 즉 신학이 있을 수 있다고 말하고 있다. 그것은 '신비주의 신학la théologie mystique(불)', '사변적 신학la théologie spéculative(불)', 그리고 '상징적 신학la théologie symbolique(불)'이다. 사변적인 신학이란 말 그대로 인간의 이성의 논리적 추론을 통해 신에 관하여 논하는 것이다. 가령 아리스토텔레스는 형이상학에서 '우주의 제일원인'에 대해 논하고 있다. 이 논의에 따르면 존재하는 모든 것에는 그것이 존재하게 된 원인이 있으며, 그 원인은 또 자신이 존재하기 위한 다른 원인이 있으며, 또 그 원인의 원인, 또 그 원인의 원인… 이렇게 계속 소급하여 올라가다 보면, 현실의 세계에서 무한이란 것이 존재할 수 없으니, 최소한 하나의 '제일원인'에 봉착하게 된다고 보았다. 즉, 자신이 존재하는 데 있어서 자신에 앞서 존재하는 다른 어떤 원인도 가지지 않으며, 자신의 존재원인을 자기 내부에서 가지는 '우주의 제일원인'이 있어야 한다고 본 것이다. 그리고 이 우주의 제일원인을 중세 사람들은 신이라고 부른 것이다. 이러한 방식으로 이성의 추론에 의해서 신의 본질이나 신의 속성 등에 대해서 논하는 것이 전형적인 사변적인 신학이다.

반면 '상징적인 신학' 혹은 '상징 신학'은 신의 본성이나 행위 등을 인간의 행위에 적용하여 비유적으로 이해하고자 하는 것이다. 가령 성경에는 '하느님의 진노', '침묵하시는 하느님', '질투하시는 하느님' 등의 표현들이 나온다. 여기서 진노, 침묵, 질투 등의 개념은 당연히 인간들이 가지는 어떤 감정적인 상태를 신의 특정한 행위나 의지를 표현하기 위해 비유적으로 사용하고 있는 개념들이다. 신이 가진 진노나 질투 혹은 침묵은 당연히 인간의 그것과는 양태도 다를 것이며 의미도 다를 것이다. 그럼에도 신이 인간에 대해 가진 어떤 특정한 관계나 의지 등에 대해서 달리 표현할 수 없기에 인간의 감정 상태에 빗대어 말하고 있는 것이다. 즉 여기서 진노, 침묵, 질투 등은 일종의 상징이다. 상징이란 보이지 않는 것을 보이게 하고, 표현된 것을 초월하여 그 너머를 볼 수 있게 하는 매개적인 이미지이다. 따라서 상징 신학의 입장에서 만일 신에 부여하는 모든 표현 '진노', '사랑', '질투', '자비' 등의 표현을 상징으로 보지 않고 마치 인간이 가지고 있는 감정과 동일한 것으로 생각할 때 이것은 일종의 '우상'이 되는 것이다. 그래서 현대의 언어철학자인 라캉은 "상징이 살기 위해 우상이 죽지 않으면 안된다"라고 한 것이다. 따라서 사변적인 신학과 마찬가지로 상징적인 신학도 '신에 관하여 있는 그대로'를 제시하는 앎은 아니다. 다만 상징 신학은 신에 관해 상징적으로 표현되고 있는 앎들의 그 의미를 무한히 깊게 파고들고 진정한 의미에 접근해 가고자 하는 것이다.

그런데 '신비신학'은 이들보다 훨씬 더 신을 있는 그대로 알고자 하는, 즉 신성하다는 그 의미에 가장 근접하는 그러한 앎을 가지고자 하는 신학이다. 따라서 신비신학은 신에 관한 가장 탁월한 수준의 앎이라고 할 수 있다. 초월적인 것에 대해서 왜곡 없이 있는 그대로를 안다는 것은 이성의 추론이나 상징적인 표현을 통해서는 불가능하다. 그것은 오직 직접 신적인 현존을 체험할 수밖에 없다. 그리고 신적 현존을 깊이 체험할수록 이를 말이나 언어로 표현하기가 더 어려워지게 된다. 그렇기 때문에 인간의 영혼이 신에게로 상승하는 것은 침묵과 어둠 속에서이다. "우리가 우리들의 지각이 작용하지 못하는 어둠에 빠지게 되면, 언어가 부족할 뿐만 아니라 말과 이해가 전혀 불가능한 상황에 직면하게 될 것이다."(*De mystica Theologia*, 3) 따라서 신비신학은 '부정신학'에 매우 어울리는 신학이다.

사변신학이나 상징신학이 신의 본질이나 속성 등에 관하여 언어나 개념적인 표현을 긍정하고 있다는 치원에서 '긍정신학'이라고 한다면, '부정신학'은 가급적 신에게 직접 속하는 것이 아니라면 이를 부정하면서, 다시 말해 신의 고유한 신성에 직접 관여하지 않는 것이라면 언어적 규정들을 부정하면서 보다 신에게 가까이 상승하고자 하는 것이다. 위-디오니소스는 부정신학을 보다 잘 설명하기 위해 조각가와 조각상의 비유를 사용하고 있다. 그는 조각가가 대리석의 덩어리에서 필요 없는 부분들을 하나씩 제거해 가면서 원하는 이미지를 나타나게 하는 것처럼, 부정신학도 진정한 신의 모습을 대변할 수 없는 일체의 것을 하나씩 부정하면서 진정한 신의 현존에 다가갈 수 있다고 보았다.

> 그러므로 우리는 만물의 원인이며 만물의 너머에 있는 것(즉, 신)은 본질이 없는 것은 아니며, 생명이 없는 것도 아니며, 이성이 없는 것도 아니고, 지성이 없는 것은 아니라고 말하며, 그리고

몸도 아니라고 말한다. 그분은 형태도 형상도 질도 양도 질량도 없다. 그분은 어떤 장소에도 존재하지 않는다. 그분은 보이지 않고 감각으로 파악할 수는 없으며, 감각에 의해 감지되지도 않는다. 그분은 무질서함도 초조함도 모르며, 물질적 욕망에 괴로워하지도 않는다.

– De mystica Theologia, 4 –

신에 관해 말하고 있는 위 진술의 모든 문장은 부정문으로 되어 있다. 위 문장에서 표현하고 있는 '~한 것은 아니며', '~한 것이 아니고', '~하지도 않는다'는 등의 표현은 단순히 어떤 사실을 부정하고 있기보다는 '그러하지만', '그러한 것 이상이다'는 의미를 담고 있다. 즉 신은 정신을 가지고 있지만 정신 이상이며, 생명을 가지고 있지만 생명 이상이라는 것이다. 그리고 이러한 부정적인 표현은 오히려 신을 표현하는 데 있어서 보다 정확한 표현일 수 있다. "결과는 원인과 유사한 것을 지닌다"는 아리스토텔레스의 형이상학적 원리에 따라 이 세상의 존재 원인인 신은 어떤 식으로든 세상의 것과 유사한 것을 지니지만 (사실은 세상이 신과 유사한 것을 지니지만), 원인으로서의 신은 세상의 모든 것보다 더 많은 것, 보다 탁월한 것을 지니고 있기에, '~이 없는 것은 아니며'라는 표현이 정확한 표현인 것이다. 이 같은 부정신학의 정신은 가급적 신의 본 모습에 근접하기 위해서 '유사한 것', '상징적인 것'을 넘어서고자 하는 의지를 담고 있다. 그래서 부정신학이 필요한 이유를 우리는 "상징은 부정에 의해 정화되어야만 그 진정한 의미를 찾을 수 있다"라고 말할 수 있을 것이다.

가끔 이성적인 사람들은 '그리스도교의 신은 인격적인 신'이기에 저급하다고 생각을 한다. 하지만 만일 보다 정확하게 비판하고자 한다면, '인격적인 신' 그 자체가 문제라기보다는 그리스도교인들이 너무 상징에 매몰되어 진정한 신의 본질을 왜곡한다고 비판해야 할 것이다. 즉, 신은 분명 '인격성'을 지니고 있지만, 인간의 인격보다는 훨씬 탁월하며, 초월적인 인격성을 지니고 있음에도 가끔 사람들이 마치 신을 '교사'나 '부모'처럼 혹은 '군주'나 '친구'처럼 생각해 버리고 만다고 비판해야 정당한 비판을 수 있는 것이다. 즉 신의 초월성을 무시하고 상징으로서의 신의 실재를 진정한 신의 실재로 대신하고자 착각하기 때문에 '인격적인 신'에 거부감을 느끼는 것이다. 따라서 투박한 원석에서 불순물을 제거하면서 순수한 보석을 만들어 내듯이, 너무 상징성에 매몰된 사람들에게 부정을 통해 상징을 정화하면서 진정한 신의 실재를, 즉 신성한 현존을 드러내는 것이 곧 부정신학의 목적인 것이다. 따라서 위-디오니소스에 따르면 부정신학은 긍정신학을 부정하지 않으며, 다만 정화라는 형식을 통해 긍정신학을 보완하고 보충하고 있다고 말해야 할 것이다. 그리고 이처럼 자신의 일생을 통해 부정신학의 역할을 실천한 이들이 곧 '신비가'들이며, 이들의 사상을 '신비주의'라고 부른다. 따라서 아우구스티누스가 서양 영성의 아버지라고 불리듯, 위-디오니소스를 우리는 '서양 신비주의의 선구자'라고 불러도 좋을 것이다.

# 4장

## 실재론과 종합적 정신의 토마스 아퀴나스

"은총이 자연을 전제하듯이, 그리고 완성이 완성할 만한 것을 전제하듯이, 믿음은 자연적인 앎을 전제한다."

-『신학대전』, 1권 중에서-

"우리는 어떤 것을 우리가 아는 것보다 더 많이 사랑할 수 있고, 우리는 완전하게 알지 못하면서도 어떤 것을 완전하게 사랑할 수 있다."

-『신학대전』, 2권 중에서-

**토마스 아퀴나스**
Thomas Aquinas

아퀴나스는 1225년 나폴리의 호카세카 성주인 아퀴노 백작의 막내아들로 태어났으며 5세 때에 학교가 없었던 당시 몬테 카시노의 베네딕토 수도원에 위탁되어 오블라로서 수학하였다. 정교분리 이후 왕립학교인 나폴리대학에서 수학하였으며, 19세 때에 도미니크 수도원에 입회를 시도하였으나, 가족의 반대로 1년 동안 가택연금을 당하였고, 20세에 파리 도미니크회 입회하였다. 그 후 그는 성 알베르트의 제자가 되었고, 27세에 파리대학에서 첫 강의 시작하였다. 이때 그의 첫 저작인『존재와 본질』을 저술하였다. 29세에 도미니크회의 스승 칭호인 '마지스트로 *Magistro de l'O.P.*'를 부여 받았고 31세에는 파리대학 신학과 교수*Magistro de Tho.*가 되었다.

이후 그는『대-이교도 대전』『신학 대전 1-4권』그리고『진리론』『성서주해』등의 주저를 저술하였고, 특히 아리스토텔레스의 거의 모든 주저,『자연학』,『영혼론』,『형이상학』,『니코마코스 윤리학』,『정치학』을 자신의 저작들을 저술하면서 동시에 주석하였다. 그의 저작들 중 가장 사랑받고 있는 대표작이라면 4권으로 된『신학대전』인데 이 책만으로도 아리스토텔레스의 모든 저작보다 훨씬 분량이 많은 방대한 책이다. 그는 생전에 이미 당시 파리교회와 옥스퍼드교회로부터 단죄를 받은 적이 있지만, 사후에 교황 요한 22세로부터 시성되면서 단죄가 풀렸다. 이후 그는『천사적 박사』라는 칭호를 받게 되었고 스콜라철학의 대표자가 되었다. 그는 아우구스티누스와 함께 현재까지도 가톨릭교회의 정신적인 지주가 되고 있다.

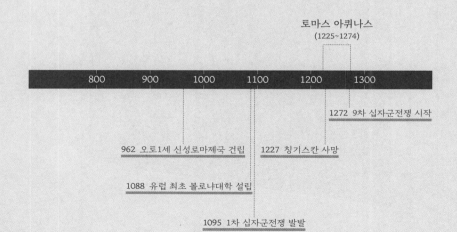

토마스 아퀴나스
(1225~1274)

800　900　1000　1100　1200　1300

1272　9차 십자군전쟁 시작

962　오토1세 신성로마제국 건립　　1227　칭기스칸 사망

1088　유럽 최초 볼로냐대학 설립

1095　1차 십자군전쟁 발발

# 1. 왜 토마스 아퀴나스는 스콜라철학을 대표하는 철학자인가?

### ① 스콜라철학은 어떤 철학인가?

'스콜라철학'이란 '학교' 혹은 '대학'을 의미하는 'schola'에서 파생된 용어로서, '대학철학'이라는 뜻이다. 스콜라는 '게으름', '자유', '여가시간' 등을 의미하는 그리스어의 '스콜레σχολή'에서 그 기원을 가지는 것으로 나중에는 "학교를 다니다" 혹은 "수업을 듣다"라는 의미로 사용되었다. 즉 스콜라철학의 탄생과 발전은 유럽에 있어서 대학의 탄생과 발전에 함께하고 있다. 중세에 처음 대학universitas이 발생한 것은 1200년경이었는데, 이탈리아의 볼로냐Bologna대학, 프랑스의 파리Paris대학과 몽펠리에Montpellier대학 그리고 영국의 옥스퍼드Oxford대학이 최초의 대학들이다. 중세기에 대학이 탄생하였다는 것은 문명사적으로 획기적인 변혁을 의미한다. 요즘이야 대학이라는 것 자체가 전 세계적으로 일반적인 교육제도로 자리하고 있고, 웬만한 주요 도시에는 서너 개 이상의 대학을 가지고 있어서 사람들에게 대학이라는 존재의 의미가 그리 크게 와 닿지 않는다. 하지만 중세시대에는 전혀 달랐다. 그렇다면 중세의 중·후반기에 있어서 대학이 발생하였다는 것은 무엇을 의미하는 것이었을까?

첫째는 특수 계층과 특수한 사람들에게만 허락되었던 학문이 거의 모든 계층의 모든 사람에게 허락되었다는 것을 의미한다. 당시만 해도 학교라고 한다면 '에꼴école'이라 불리던 대성당이나 수도원의 부속학교들이 전부였다. 이곳에서는 성직자나 수도자들이 주로 성경이나 그리스도교 교의, 그리고 신학 등을 가르쳤고, 학생들은 주로 성직이나 수도생활을 원하는 수련자들과 엘리트 평신도들이었다. 아마도 그 형식이나 내용이 달랐을 뿐 조선시대 서당이나 향교 등과 그 본질에 있어서 크게 다르지 않았을 것이다. 하지만 대학에서는 성직자들과 수도자들뿐 아니라 평신도(일반인)들도 교수가 되어 가르칠 수 있었으며, 수업에 참여한 학생들도 신앙인들뿐만 아니라 비-신앙인, 관료들이나 공직자들 심지어 이교인들도 참여할 수 있었다. 이는 알고자 하는 앎에 대한 인간의 갈망이 비로소 모든 이에게 열리게 되었다는 것을 의미한다. 즉 배움 혹은 학문과 연구가 모든 인간에게 의미 있는 보편적인 가치가 되었음을 말해 주고 있다. 이는 대학의 발생이 비록 '정교분리'라는 정치적인 사건과 밀접한 연관을 가지고 있었겠지만 다른 한편으로 당시의 유럽 가톨릭교회가 역사의 흐름에 매우 관대하였음을 의미하기도 한다. 스콜라철학의 대표자였던 토마스 아퀴나스는 "인간의 영혼은 진리에 대한 앎을 통해서 완성된다"(『진리론』, 정신에 관하여, 1)라고 하였는데, 이는 가톨릭교회가 대학의 발생에 대해 용인하였던 근본정신이라고 할 수 있다. 즉 학문에 대한 배움은 구원에 있어서 걸림돌이 아니라 도움을 주는 것이며, 또한 구원은 모든 사람을 위한 보편적인 것이라고 본 것이다.

둘째는 당시 일반적인 대학의 운영 주체는 교회나 국가가 아니라 교수들과 학생들의 연합체였으며, 매우 자율적인 운영체계를 가지고 있었다. 이는 이 시기에 이루어진 정교분리운동에 직접적인 원인이 되었다. 가령 왕립학교라는 것은 더 이상 교회의 소유가 아니었으며, 그리고 처음으로 교육제도가 생긴 터라 마땅히 그것을 관리할 관료라고 할 만한 사람들이 없었고, 따라서 당연히 그곳에 참여하여 학문을 배우고 가르치는 사람들이 중심이 되어 운영할 수밖에 없었다. 이는 교육적 차원에서는 '교육의 자율성'을 의미하는 것이었고, 정치적인 차원에서는 '중앙집권으로부터의 탈피'를 의미하였다. 어느 사회든지 지나치게 중앙집권화 되면 자율성이 사라지게 된다. 모든 것이 위로부터의 계획과 위로부터의 관리가 이루어지고 이렇게 되면 다양성이 소멸하고 인간의 마음이나 정신은 경직되어 버린다. 아직 교회가 절대적인 권위를 가지고 있었고 정치적으로는 군주제도를 유지하고 있었던 중세기에서 대학이 탄생하였다는 것은 사람들이 중앙집권의 경직성으로부터 탈피하여 자유롭게 무엇인가를 추구하고 연구할 수 있게 되었음을 의미한다, 즉 '자유로운 시민사회'라는 개념이 대학에서부터 싹트게 되었던 것이다. 이런 의미에서 근대가 가능하였던 것은 중세기의 대학의 탄생 덕분이라고 해도 과언이 아니다.

셋째, 대학의 발생은 인간의 지성이 보다 높은 학문의 세계로 한 단계 업그레이드 될 수 있었음을 의미한다. 처음 대학이 발생하였을 때는 수업의 과목이 신학과 철학 그리고 수사학과 문학 등이 전부였으나, 점차 논리학, 수학, 법학, 물리학, 천문학, 예술학 등 다양하게 되었다. 후기에는 그 형식과 내용에 있어서 사실상 오늘날의 대학과 거의 다를 바가 없었다. 즉 일종의 보편적인 교육기관이 탄생한 것이며, 여기서 자유롭게 학문과 과학이 발전할 수 있게 된 것이다. 오늘날 우리가 고등교육이라고 부르는 대학 중심의 교육제도는 사실상 중세의 스콜라시대에서 비롯한 것이다. 따라서 아직 천동설을 믿고 있었던 시대에 천문학자였던 코페르니쿠스가 '지동설'을 주장할 수 있었던 것도 사실 대학이 있었기에 가능한 것이었다. 즉 근대를 가능하게 한 것이 중세의 스콜라들이었다. 그러니 마치 근대를 중세에 대한 혁명처럼 고려하거나, 근대인들의 사유가 중세인들의 사유를 전복시킨 것처럼 생각하는 사고는 매우 정치적인 지평의 사고이며 ―최소한 정신문화나 학문적 발전에 있어서는― 진정한 역사적인 모습은 아니라고 할 수 있다.

철학의 분야에서 스콜라철학이 지향하던 바는 초기에는 주로 플라톤 전통을 견지하였던 교부철학들의 신학과 그리스철학(특히 아리스토텔레스의 철학)을 조화시키는 것이었다. 물론 스콜라철학의 초기에는 여전히 아리스토텔레스의 저작들이 금서목록에 들어 있었기 때문에 암암리에 연구하였다. 하지만 후기로 갈수록 공식적으로 아리스토텔레스 사상을 도입하게 되었고 나중에는 필수과목으로 지정하기도 하였다. 교부철학이 플라톤의 정신에 입각하여 그리스도교의 신학을 정립하고자 한 철학이라고 한다면, 스콜라철학은 아리스토텔레스의 철학을 도입하여 보다 논리적이고, 이성적이고, 합리적인 사유체계를 가지고자 하였다. 한마디로 보편적인 지성의 법칙에 근거하여 그리스도교의 세

**표 24** 스콜라철학의 시기별 구분

| 시기 | 연도 | 철학 활동의 윤곽 |
|---|---|---|
| 초기 | 11세기 초 ~ 12세기 말 | 초기 스콜라시대는 보편자가 먼저인가 개별자가 먼저인가 하는 '보편논쟁'이 주요한 철학적 쟁점이 되었던 시기였다. 보편자를 지지하였던 안셀무스와 이에 대립하여 개별자를 지지하였던 샹포의 길오름 그리고 유명론nominalisme(불)을 내세웠던 로슬랭Roscelin 나아가 개념론conceptualisme(불)을 주장한 아벨라르두스 등이 대표자들이었다. 플라톤과 플로티노스의 영향을 받고 있었던 크리스천, 유대인 그리고 아랍지역의 많은 철학자가 아리스토텔레스의 저작들을 번역하면서 아리스토텔레스를 재발견하기 시작하였는데, 이것이 진정으로 스콜라시대를 준비하게 된 계기가 되었다. 이 시기에는 또한 성서해석이나 주석이 정점에 이른 시기였다. 철학자들은 성서에 대한 4가지 스콜라적 방법이었던 문자적littéral(불), 우의적allégorique(불), 전의적tropologique(불) 그리고 유비적anagogique(불) 방법을 통해 성서를 해석하였다. 한 마디로 성서 본문에 대한 복수적인 해석을 주장하면서 성서를 이해하는 다양한 새로운 지평이 열렸는데 후고의 성 빅토르Saint-Victor de Hugh는 대표적인 한 사람이었다. |
| 중기 | 12세기 말 ~ 13세기 말 | 이 시기는 스콜라철학이 정점에 이른 시기로, '위대한 스콜라'라고도 불린다. 이 시기에는 스콜라철학의 기초 사상이 되었던 아리스토텔레스의 저작들이 대부분 라틴어로 번역되었고, 기존의 그리스도인의 세계관을 아리스토텔레스의 형이상학적 원리에 따라 새롭게 갱신하고자 하였다. 논리적이고 합리적이며 보다 보편적인 이성에 따라 신학적 사유들을 이성적으로 혹은 철학적으로 정립하고자 하였는데, 그 대표자는 토마스 아퀴나스였다. 토마스 아퀴나스는 그의 대부분의 주저를 아리스토텔레스의 형이상학적 원리들을 토대로 저술하였으며, 특히 그의 대표저작인 『신학대전』이 그러하였는데 현대의 토미스트들 중에는 그의 신학대전을 '과학적인 신학'이라 부르기도 한다. 토마스 아퀴나스와 동시대 인물인 '보나벤투라'는 아우구스티누스의 사상 노선을 따라 '영성'에 관해 보다 깊이 있게 탐구하였고, 좀 더 늦게 활동하였던 '에크하르트'는 신비주의를 형성하였다. 스콜라철학의 중기에는 사상적 노선에 대한 민감한 반응이 뒤따랐고 '이단논쟁'도 활발하였다. 영국의 로버트 그로스테트Robert Grossetête와 옥스퍼드의 로저 베이컨Roger Bacon은 아리스토텔레스의 자연학이 지나치게 경험에 치우쳐 오류를 내포하고 있다고 비판하기도 하였다. 반면 13세기 말 스콜라학자들의 주 관심사는 그리스와 아랍의 자연주의적 세계관과 그리스도교의 창조적 세계관에 대해 분명히 구분하는 데 주력하였다. |
| 말기 | 14세기 ~ 15세기 | 후기 스콜라시대는 지나치게 아리스토텔레스적인 세계관을 차용한 중기의 스콜라세계관으로부터 다시 정통적인 그리스도교의 세계관으로 복귀하고자 한 시기였다. 이 시기의 대표적인 사상가였던 둔스 스코투스John Duns Scotus는 신의 무한성과 피조물의 유한성을 강하게 지지하면서 유명론의 입장을 취하였고, 신학과 철학을 분명하게 구분하고자 시도하면서 토마스 아퀴나스를 비판하기도 하였다. '포스트 스콜라시대'라고 불리기도 하는 15세기부터 스콜라철학은 에라스무스의 인본주의와 종교개혁의 기운에 의해 도전을 받게 되는데, 얀 베사리온Jean Bessarion(1402-1472), 피에트로 폼포나치Pietro Pomponazzi 등은 인본주의의 이상에 반대하였고, 루터는 중세 기독교가 이교도에게 구원을 열쇠를 맡기고 있다고 비판하면서 종교개혁을 주장하였다. |

4장 · 실재론과 종합적 정신의 토마스 아퀴나스

계관을 재정립하고자 한 시기였다고 말할 수 있다. 스콜라철학의 초기가 아리스토텔레스의 저작들이 번역되고 도입된 시기라고 한다면, 중기는 이를 기반으로 하여 보다 합리적이고 이성적이며 완결된 그리스도교의 세계관을 정립하고자 한 시기라고 할 수 있다. 그리고 후기는 아리스토텔레스적 세계관에 너무 깊은 영향을 받고 있었던 것에서 돌이켜 다시 정통적인 그리스도인의 세계관으로 복귀하고자 하는 시기였다고 할 수 있다. 스콜라철학은 이렇게 일종의 정-반-합의 변증법적인 운동을 거치며 근대를 준비하고 있었던 것이다.

② 토마스 아퀴나스는 아리스토텔레스주의자였나, 성인이었나?

스콜라철학의 수많은 철학자 중에서도 사람들은 유독 토마스 아퀴나스를 스콜라철학의 대표자처럼 고려하고 있다. 그 이유는 무엇일까? 앞의 도표에서 볼 수 있듯이 토마스 아퀴나스는 전성기 스콜라철학에서 스콜라철학의 정신이었던 '합리적이고 보편적인 지성의 법칙에 기초하여' 그리스도교의 세계관을 전체적으로 갱신한 인물이었기 때문이었다. 『대이교도 대전』을 제외하면 일반적으로 연구자들이 가장 빈번히 사용하고 있는 그의 『신학대전』과 『진리론』은 모두 아리스토텔레스의 형이상학적인 원리들을 기본 전제로 질문하고 논하며 결론을 내리고 있다. 물론 아우구스티누스나 다른 교부철학자들의 사유들도 기초로 하고 있지만 그 분량이나 영향력의 차원에서 아리스토텔레스의 그것이 훨씬 크다고 할 수 있다. 예를 들어 그는 『신학대전』에서 그 이전에 등장하였던 거의 대다수의 철학자와 교부의 이름을 언급하고 있는데, 유일하게 아리스토텔레스를 지칭할 때는 "철학자가 이르기를 …" 하면서 아리스토텔레스를 진정한 철학자처럼 간주하며 큰 존경을 보여 주고 있다. 이는 사람들이 "공자 왈 …"이라고 할 때 이 공자의 이름을 진정한 철학자처럼 고려하고 있는 것과 같다.

**표 25** 토마스 아퀴나스의 주 저서들과 아리스토텔레스 주석 연대기 표

| 토마스의 저작들 | 저작 시기 | | 아리스토텔레스 주석 |
|---|---|---|---|
| 존재와 본질(*DEE*) | 1252~1256 | | |
| 대이교도 대전(*SCG*) | 1259~1265 | | |
| 진리론(*QDV*)<br>*De Potentia,*<br>*De Anima,*<br>*De spiritualibus…* | 1265~ | | |
| 신학대전(*ST*) 1<br>진리론: *De secreto,*<br>*super De causis* | 1268~1270 | 1267~1268<br>1268~1269 | 영혼론*De Anima* 주석<br>자연학*physica* 주석<br>형이상학 주석 |
| 신학대전 2-1<br>진리론: *De Malo,*<br>*De unitate intellectus* | 1270~1271 | 1270~1271<br>1271~1272 | 윤리학(니코마쿠스) 주석<br>정치학 주석(미완성) |
| 신학대전 3 | 1272~1273 | 1272~ | *De caelo et mundo* 주석<br>(미완성) |

이러한 이유로 그는 후대 사람들에게 마치 '아리스토텔레스주의자'처럼 오해받기도 하였다. 그리고 실제로 그는 1270년에 파리교회와 옥스퍼드교회로부터 '근본적인 아리스토텔레스주의'라는 오명을 안고 '이교도사상'이라 '단죄'받게 된다. 그리고 이러한 오명은 죽을 때까지 풀리지 않았다. 그는 사후 49년 만인 1323년에 교황 요한 22세에 의해 시성諡聖되었고, 이후 1325년에 비로소 파리교회는 토마스 아퀴나스에 대한 '단죄취소'를 선포하게 된다. 여기서 우리는 한두 가지 흥미로운 의문을 가져 볼 수 있다. 왜 당시의 사람들은 토마스 아퀴나스를 '근본적인 아리스토텔레스주의'라고 생각하면서 단죄하였을까? 그리고 또

무엇이 토마스 아퀴나스로 하여금 '이단'이 아니라 오히려 범인들이 근접할 수 없는 '거룩한 사람' 즉, '성인'으로 생각하게 한 것일까? 이 질문들에 답하기 위해서 우선 우리는 '근본적인 것'이란 무엇인가를 질문해 볼 수 있다. '근본적'이라는 말은 크게 세 가지의 의미를 가지고 있다. 첫째는 '펀드멘탈fundamental(영)'을 의미하는 '본질적인', '핵심적인' 혹은 '심오한' 등을 의미하면, 둘째는 '베이식basic(영)'을 의미하는 '기본적인', '기초적인' 등을 의미하고, 세 번째는 '레디컬radical(영)'을 의미하는 '철저한', '급진적인', '과격한' 등을 의미한다. 따라서 이러한 구분에 따라 토마스 아퀴나스의 사상을 '근본적인 아리스토텔레스주의'라고 말한다는 것은 세 가지의 의미 중 어느 하나를 가진다고 할 수 있다. 첫째는 그의 사상이 '본질적으로 아리스토테스 사상과 일치한다' 혹은 '심오하게 아리스토텔레스적이다'는 등의 말이 될 것이다. 둘째는 그의 사상이 '기본적으로 혹은 기초적인 것에 있어서 아리스토텔레스의 것이다' 혹은 '그의 사상의 기초가 되는 것들이 아리스토텔레스의 것이다'는 의미가 될 것이다. 그리고 세 번째는 '그의 사상이 철저하게 아리스토텔레스적이다' 혹은 '그의 사상이 과격하게 아리스토텔레스적이다'는 등의 의미가 될 것이다. 그렇다면 토마스 아퀴나스의 사상이 진정으로 '본질적으로 혹은 본질적인 것에 있어서 아리스토텔레스의 사상과 일치하는가?' 혹은 '그의 사상이 가장 기초적인 것에 있어서 아리스토텔레스의 것인가?' 아니면 '그의 사상이 너무 급진적으로 혹은 너무 과격하게 아리스토텔레스적인가?'라고 질문해 볼 수 있을 것이다.

아마도 당시에 토마스 아퀴나스의 사상을 '근본적인 아리스토텔레스주의'라고 생각한 사람들은 위 셋 중에 적어도 한두 가지는 해당이 된다고 생각을 했을 것이며, 그를 성인으로 생각한 후대의 사람들은 위 세 가지의 것들은 결코 토마스 아퀴나스의 사상에 해당되는 것이 아니라고 생각을 했을 것이다. 아마도 현대를 살아가는 우리가 볼 때 어떤 관점에서는 토마스 아퀴나스를 '아리스토텔레스주의자'라고 부를 수도 있겠지만, 엄밀한 의미에서는 결코 그렇게 부를 수가 없으며, 더욱이 '근본적인 아리스토텔레스주의자'라고 부를 수는 없다고 해야 할 것이다. 아직 그 이유를 상세하게 밝힐 수 있는 단계는 아니겠지만, 두세 가지 예시만 들어도 왜 그런 것인지 그 이유를 분명히 알 수가 있다. 우선 당시 중세철학자들의 세계관에 있어서 공히 핵심이 되고 본질적인 것인 내용을 몇 가지 생각해 볼 수 있을 것이다. 일반적으로 현대의 중세철학 연구자들은 크게 아래의 네 가지 사실을 들고 있다.

**표 26** 중세철학자들의 세계관에서 가장 핵심적인 네 가지 공통 사안

| 주제 | 내용 |
| --- | --- |
| ① 세계의 창조 | 세계는 영원히 있었거나 우연히 생겨났거나 혹은 어떤 알 수 없는 원인으로부터 필연적으로 파생된 것이 아니라, 인격적인 신이 사랑을 통하여 자유롭게 창조하였다. |
| ② 영혼의 불멸 | 인간의 영혼은 순수하게 비-질료적인 것이어서 육체의 소멸 이후에도 개별적 영혼으로 존재하며, 불멸하는 것이다. |
| ③ 사랑의 윤리학 | 인간은 '사랑이신 신'을 닮게 창조된 것으로 신을 사랑하고 이웃을 사랑하도록 창조되었다. |
| ④ 역사의 종말<br>(최후의 심판) | 인류 역사라는 것은 영원히 지속되는 것이 아니라, 언젠가 완성에 도달할 것이며, 이때 부활이 주어지고 모든 영혼은 각각의 생전의 삶의 모습에 적합하게 심판을 받게 될 것이다. |

이상의 네 가지 사안들은 토마스 아퀴나스의 사상에서도 여전히 본질적인 것을 이루고 있으며, 이를 중심으로 그의 사상이 형성되어 있다. 반면 이 네 가지의 본질적인 내용은 모두 아리스토텔레스의 사상

에서는 볼 수 없는 내용들이다. 우선 아리스토텔레스의 사상에서는 '창조론'이 없다. 왜냐하면 그의 신(우주의 제일원인)은 일종의 논리적으로 요청되는 '최초의 원인' 혹은 '원리'이며 자유의지를 가진 인격적인 신은 아니다. 그래서 아리스토텔레스는 세계란 어느 순간에 발생한 것이 아니라, 영원히 있었고 앞으로도 영원히 존재할 것이라고 생각한 것이다. 둘째 아리스토텔레스가 생각하는 영혼은 불멸하는 영혼이 아니다. 영혼에 대한 그의 관점은 영혼이란 생명의 원리이기는 하지만, 죽음 이후에는 일종의 정신적인 에너지처럼 '보편적인 것'만 남고 '개별성'은 모두 소멸하는 것이기에 '사후의 세계'라는 것 자체가 가정되고 있지 않다. 셋째 아리스토텔레스의 윤리학은 전체적으로 '덕의 윤리학'이지 '사랑의 윤리학'이 아니다. 그에게는 신에 대한 사랑이든, 이웃에 대한 사랑이든 사랑에 대한 언급이 없다. 다만 그는 사랑 이전에 요청되는 '덕'과 '정의'를 말하고 있을 뿐이다. 넷째, 아리스토텔레스의 세계관에서는 종말론이나 최후의 심판이 없으며, 더욱이 부활에 대한 것은 아예 논의 바깥이다. 따라서 토마스 아퀴나스는 어떤 식으로든 근본적인 아리스토텔레스주의자가 될 수는 없는 것이다.

그렇다면 어떤 관점에서 토마스 아퀴나스를 '아리스토텔레스주의자'라고 볼 수 있는 것일까? 그리고 왜 후대의 사람들은 (물론 당시에도 그렇게 생각한 사람들이 많았겠지만) 토마스 아퀴나스를 성인이었다고 생각한 것일까? 이를 제대로 이해하기 위해서는 '신학'과 '철학'에 대한 그의 구분을 살펴볼 필요가 있다. 이를 간략히 말하자면 다음과 같다. 그는 어떤 관점에서는, 즉 순수하게 철학의 관점에서는 아리스토텔레스주의자였다. 왜냐하면 '그리스도교 신학'이 아닌 순수하게 '그리스도교 철학'이라는 것이 중세시대에도 존재하였다면 그것은 곧 토마스 아퀴나스의 저작들에서 발견할 수 있을 것인데, 이 그리스도교철학의 기초가 되었던 것이 곧 아리스토텔레스의 형이상학적 원리들이었기 때문이다. 토마스 아퀴나스의 『신학대전』을 번역한 국내 학자 정의채는 "토마스의 『신학대전』은 철학과 신학의 놀라운 조화를 제시하는 일대 드라마를 연출하는 저서이다"라고 말하고 있다. 물론 토마스 아퀴나스 이전에도 그리스도교 철학이란 것이 없었던 것은 아니었지만, 하나의 완결된 세계관이나 총체적인 이론으로서의 사상은 아니었다. 반면 토마스 아퀴나스는 당시로서는 혁신적인 계획이라고 할 수 있는 놀라운 기획을 하고 있었는데 그것은 총체적이고 종합적인 하나의 유기적인 세계관을 제시해 줄 『신학대전』을 형성하는 일이었고, 이를 위해 거의 모든 주제나 문제에 있어서 아리스토텔레스의 형이상학적인 원리들을 그 사유의 기초로서 차용하고 있기 때문에 '아리스토텔레스주의자'라고 할 수 있는 것이다. 이를 다른 말로 하면 토마스 아퀴나스의 철학은 그의 『신학대전』의 내부에서 발견되는데, 이 철학이 곧 아리스토텔레스의 철학이었던 것이다. 이를 비유적으로 말하자면 전체 건축의 설계도는 그리스도교의 설계도였지만, 여기 사용된 기둥이나 창틀 벽돌 등은 모두 아리스토텔레스의 재료를 사용하였다고 볼 수 있는 것이다. 또 다른 비유를 들자면 만일 그리스도교 신학이 여행의 출발점과 목적지를 제시하고 있다면, 그 목적지로 나아갈 구체적인 방법과 구체적인 수단 등을 제시해 주고 있는 철학은 전반적으로 아리스토텔레스의 철학 원리들을 차용하고 있다고 할 수 있는 것이다.

하지만 순수하게 철학적 지평에서 고려할지라도 토마스 아퀴나스를 마치 아리스토텔레스의 제자처럼 고려하는 것에는 무리가 있다. 왜냐하면 그가 통합된 그리스도교의 세계관을 형성하는 데 있어서 차용하고 있는 원리들은 다만 아리스토텔레스의 원리들뿐 아니라, 플라톤, 플로티노스, 아우구스티누스, 위-디오니시우스 등 많은 다른 사상가의 사유 원리를 차용하고 있기 때문이다. 특히 '신 존재'와 '세계창조'에 대해 다루고 있는 『신학대전』의 앞부분은 마치 플로티노스의 사유를 재해석하고 있는 것처럼 '일자설'과 '유출설'의 원리로 설명하고 있다. 그리고 '인간의 영혼'에 대해 다루고 있는 질문들에서는 플라톤과 아리스토텔레스를 종합해주고 있기 때문이다. 따라서 토마스 아퀴나스를 '아리스토텔레스주의자'로 볼 수 있는가 하는 문제는 어떤 관점에

**표 27** 토마스 아퀴나스의 학문적 성격에 관한 현대 토미스트들의 진술들

"토마스 아퀴나스는 매우 일찍 아리스토텔레스의 자연철학과 형이상학에 익숙하게 될 수 있었는데, 당시 아직 파리에서는 (아리스토텔레스의 사상을 배우는 것이) 공식적으로 금지되어 있었던 시기였다." - 장 피에르 토렐 -

"우선적으로 마리-도미니크 쉬뉴는 『신학대전』을 '나감'(유출)과 '귀환'(회귀)이라는 네오플라토니즘의 도식의 빛을 통해서 읽을 것을 제안하고 있다." - 장 피에르 토렐 -

"우리가 잊지 말아야 할 것은 토마스 아퀴나스가 아리스토텔레스를 공부한 첫 번째 의도는 오직 하나의 작품을 준비하기 위해서, 즉 신학을 준비하기 위해서였다는 사실이다." - 엔티엔 질송 -

"토마스 아퀴나스는 『신학대전』 안에서 … 학생들에게 제공할 하나의 사상을 단지 그럭저럭 질문들을 병렬식으로 나열한 것이 아니라 내적인 관계들과 통일성을 발견할 수 있는 진정한 유기적인 종합으로서 제시하였다." 장 피에르 토렐 -

"아우구스티누스에게 있어서 이 지혜는 그 주제의 상위권과 그 방법을 통해서 인간적인 학문들을 평가절하하고 그들의 시간적인 가치들과 빈약함을 선고하였지만, 토마스 아퀴나스는 이 학문들에게 그들의 고유한 분야와 그들의 형식적 대상들에 대한 이성적인 확실성 안에서 이들만의 고유한 비중과 자율적인 방법을 인정하였다." - 마리-도미니크 쉬뉴 -

"『신학대전』 안에는 다른 철학자들과 구분되는 고유한 토미스트의 철학이 존재한다. 사람들은 이를 수 없이 긍정하였다." - 엔티엔 질송 -

"토미즘의 장점은 이처럼 믿음과 이성 사이의 분리되지 않은 구별 그리고 혼동 없는 일치를 유지한다는 데에 있다. 믿음이 이성에 종속된 것도 아니고, 이성이 믿음에 부속된 것도 아니다. … 하나의 상호적인 존중을 통하여 각자는 다른 것에 대한 일치를 발견하며 각자가 그 자신으로서 발견되는 것이다." - 엔티엔 질송 -

"여전히 교회가 곧 그리스도교라는 사고와 성직주의 혹은 이것이 야기하는 전제교황주의에 대한 지속적인 유혹에 사로잡혀 있는 보나벤투라나 심지어 성 알베르트와 같은 동시대인들과는 달리 토마스 아퀴나스는 '교회와 사회'라는 이원성에 대한 분명한 개념을 가지고 있었고, 이러한 생각은 결코 흔들리지 않았다." 장 피에르 토렐 -

서 보는가 하는 관찰자의 시점에 달린 문제일 것이다.

반면 토마스 아퀴나스가 '성인이었던가?' 하는 질문에는 주저 없이 '그렇다'라고 할 수 있을 것이다. 물론 그 이유는 그의 사후 50년 만에 '교황 요한 22세'에 의해 정식으로 시성되었기 때문이기도 하지만 철학적으로 사유를 해 보아도 그는 성인이었던 사람이 분명한 것 같다. 성인이란 무엇인가? 프랑스 유신론적 실존주의자인 루이 라벨은 "성인이란 한 개인이 자신이 가진 가능성을 극단에까지 실현하였을 때 탄생하는 것이다"(『4명의 성인』, 1)라고 말하였고, 토마스 아퀴나스도 "신의 이미지가 어떤 것에서 나타나기 위해서는 이 어떤 것이 완성의 최고 극치*ultimum genus perfectionis*에 도달해야 한다"(『진리론』, 정신에 관하여, 1)라고 말하고 있다. 따라서 성인이란 '개개인이 가능성으로 가진 신성한 모습을 최대한으로 실현한 사람' 혹은 '신의 모습에 가장 가까이 다가간 사람'이라고 할 수 있다. 그래서 어떤 이들은 "그리스도교 신자의 궁극적인 목적은 성인이 되는 것이다"라고 말하기도 하며, 또 어떤 이들은 "가장 정상적인(이상적인) 그리스도교 신앙인, 그것이 곧 성인이다"라고 말하기도 한다. 물론 이렇게 말할 수 있는 근거는 인간이란 누구나 '신의 이미지'(모상)를 가지고 탄생하며, 그 자신의 깊숙한 곳에 '신과 유사한 그 무엇'을 지니고 있다고 믿기 때문이다.

그렇다면 토마스 아퀴나스는 자신이 가진 그 신성한 가능성을 최대한 실현한 사람이라고 말할 수 있을까? 그렇다고 한다면 무엇을 근거로 그렇게 말할 수 있는 것일까? 일반적으로 가톨릭교회에서 시성조사를 할 때 조사 대상인 사람이 신과 매우 내밀한 관계를 가진 그 증거로 생전에 그 사람이 행한 '기적'을 들고 있다. 왜냐하면 기적이란 한 인간을 통해 신이 초자연적인 사건을 일으키는 것을 말하기 때문이다.

하지만 평생을 평수사로, 그리고 오로지 강의와 연구 그리고 저술만을 한 학자로 살았던 토마스 아퀴나스에게는 이렇다 할 '기적'이 없었다. 이에 대해 이의제기를 하는 신학자들에게 교황 요한 22세는 "그의 생애와 그의 업적 그 자체가 기적인데, 무슨 다른 기적이 더 필요하겠는가?"라고 말하였다. 이는 사실인 것 같다. 토마스 아퀴나스에게 있어서는 물이 술로 바뀌거나, 죽은 장미나무에 꽃이 피는 등의 구체적인 사건보다 훨씬 더 큰 기적, 그의 인생 그 자체가 일종의 초자연적인 사건, 평범한 인간으로서는 도저히 생각해 볼 수 없는 삶을 살았기 때문이다. 이를 이해하기 위해 간략히 그의 인생 행로를 살펴보자.

그는 5세 때에 일종의 위탁교육을 받기 위해 '오블라'로서 베네딕트 대수도원에 맡겨진 뒤 거의 10년을 수도자들과 함께 자랐다. 그리고 정교분리 사건 이후에 국가의 녹을 먹는 백작이자 한 성의 성주城主였던 아버지의 권유로 14세 때 왕립대학교로 편입하게 된다. 그리고 그곳에서 젊은 '도미니크회 수도자'들을 만났고, 곧바로 도미니크회의 수도자가 되었다. 물론 당시 가족들의 반대로 1년 이상이나 가택연금을 당하여 고생하였지만, 그동안 끈질기게 가족들을 설득하여 19세가 되던 해에 마침내 정식으로 수도자가 된 것이다. 생각해 보자. 요즘으로 치면 아버지가 재벌이자 고위 공직자인 한 젊은이가, 그것도 아주 총명하고 천재적인 수학능력을 가진 장래가 총망한 젊은이가, 아직 연애 한 번 해 본 적도 없었던 젊은이가 이 모든 것을 포기하고 가족이 반대함에도 불구하고 '스님'과 다를 바 없는 '수도자'가 되겠다고 한다면, 그것도 한 때의 젊은 혈기가 아니라 너무나 모범적이고 만족스럽게 수도생활을 하고, 수도자가 되어서도 온갖 좋은 직책들을 다 마다하고 오직 평수사로서 신학과 철학 공부에 평생을 헌신하였다면, 이를 어떻게 이해할 수 있을까? 아마도 심리학자나 정신 병리학자들이라면 이를 나름의 이론으로 설명이 가능하겠지만, 최소한 상식적인 사람에게는 단 한 가지 설명, 즉 '그는 그 어떤 알 수 없는 초자연적인 힘에 사로잡혀 자신의 삶의 소명을 일찍이 깨닫게 되었다'는 설명 외에는 가능하지 않을 것이다. 그리고 이 알 수 없는 초자연적인 힘을 신학자들과 그리스도인들은 '신의 섭리'라고 부르고 있다.

학자가 된 토마스 아퀴나스는 그의 학자로서의 삶의 여정에서 겨우 중반을 약간 넘긴 시점에서 이미 파리교회와 옥스퍼드교회로부터 억울하게도 자신의 사상이 '이단'이라 선고받고 상당한 어려움을 겪게 된다. '이단'의 근거는 '근본적인 아리스토텔레스주의'였다. 교황에게 중재를 구하자는 형제들의 제안도 만류하고 그는 묵묵히 동요하지 않고 마지막 임종 때까지 자신이 기획한 거대한 계획들을 실현해 갔다. 아리스토텔레스의 철학적 원리들을 기초로 '거대하고 건축적이며 유기적인 대전'을 완성하기 위해 온 심혈을 기울인 것이다. 당시 교황이 대주교직을 제안하면서 로마로 올 것을 권유하였지만 토마스 아퀴나스는 전혀 흔들림 없이 평범한 수도자이자 대학교수로 연구에 매진하였다. 그리고 만년에 그는 마치 모차르트처럼 주체할 수 없이 떠오르는 영감들을 글로써 따라잡을 수가 없어서 일종의 암호와 같은 자신만의 약자들을 개발하여 노트에 휘갈겨 적어 갔다. 그래서 『진리론』의 많은 부분은 그의 연구노트를 해석할 수가 없어서 학생들의 필기노트를 참조하여 수도회 형제들이 완성할 수밖에 없었다. 켈커타의 성녀였던 마더 테레사는 자기 자신을 표현하면서 "신의 손에 들린 몽땅 연필"이라고 하였는데, 아마도 토마스 아퀴나스라면 "신의 손에 들린 만연필"이라고 해야 할 것 같다.

그는 다양한 성서주석서, 아리스토텔레스의 대다수의 저작에 대한 주석서, 그리고 『신학대전』과 더불어 대전이라고 할 만한 『대이교도대전』과 『진리론』을 저술하였다. 그리고 크고 작은 단행본과 서간들 등 수많은 저작을 남겼다. 현대의 토미스트들 중에는 단어의 수를 헤아리면 총 4부로 되어 있는 『신학대전』의 제1부만으로도 아리스토텔레스의 모든 저작에 담긴 단어의 수를 넘어선다는 사실을 밝혀 낸 사람도 있다. 아마도 그 분량만으로 본다면 철학사의 어떤 철학자도 토마스 아퀴나스의 업적에 필적할 자가 없을 것이다. 그런데 이 같은 방대한 업적들이 불과 20여년 남짓에 이루어졌다는 것을 감안한다면, 그의 삶을 상상하면서 감탄하지 않을 수가 없는 것이다. 죽음의 직전에 토마스 아퀴나스는 어떤 신비한 체험을 하였는데, 그 이후 그는 전혀 글을 쓸 수가 없었다. 아직 『신학대전』의 4부가 완성되지 않았기 때문에 수도원의 형제들은 그로 하여금 『신학대전』의 4부만이라도 마저 써 줄 것을 권유하였지만 "내가 본 것에 비하면 지금까지 내가 쓴 것은 모두 지푸라기에 지나지 않는다. 나는 더 이상 내가 본 것을 쓸 수가 없다"라고 하였다고 한다. 그래서 『신학대전』의 4부는 그의 사후에 남아 있는 글들을 모아 수도회 형제들이 보완하여 출간한 것이다. 아마도 이러한 말년의 신비체험은 그의 평생의 헌신에 대한 보상이었을 것이다.

그 누구도 토마스 아퀴나스와 같은 인생을 감히 흉내낼 수 없다는 점에서, 그리고 정상적인 인간의 상식으로는 도저히 납득할 수 없는, 초자연적인 것 같은 결실을 낸 한 인간의 삶을 보면서 '기적'이 아니라고 할 수 있을까? "나무는 그 열매를 보고 안다"는 말이 있듯이 토마스 아퀴나스가 성인이 아니었다면 결코 그러한 결실을 맺지는 못하였을 것이다.

**표 28** 토마스 아퀴나스의 성성을 가늠해 볼 수 있는 토미스트들의 몇 가지 진술

"우리는 활동적 삶이 정관적인 삶(명상적인 삶)으로부터 나타난다는 것을 이해해야 한다. … 활동적인 삶이 정관적인 삶을 뒤따른다는 것은 필연적인 것이다." - 토마스 아퀴나스, 『진리론』, 스승에 관하여(De Masistro), 4장 -

"당시의 분위기 안에서 사람들은 육체적인 것들에 대해 소홀히 하는 경향이 있었던 반면, 토마스에게 있어서는 돌연히 이 감각적인 것들이 천상적인 것들을 향해 솟아올랐던 것이다. 이는 마치 그가 육체가 발견되는 곳에 있었던 것이 아니라, 그의 영혼이 거주하기를 원했던 곳에 있었던 것처럼 보였던 것이다." - 도미니크 필립, 『진리의 증거자 토마스 아퀴나스』, 1장 -

"마음이 순수한 자들의 지복이 있을 때만 성인이 될 수 있다. 우리는 마음의 순수성(순수한 마음의 지복) 없이는 지성적으로 통찰력을 가질 수 없는 것이다. 이것이 성 요한에게서 발견할 수 있는 성 토마스의 두 번째 특성이다." - 도미니크 필립, 『진리의 증거자 토마스 아퀴나스』 중에서 -

"그의 말년에 성 토마스는 결정적인 실재들의 알곡을 위해서 언어들의 지푸라기들을 포기할 것이라고 스스로 이를 증언하고 있다. 이러한 보기는 그의 신학이 경건함을 지니기 위해서 다른 것들을 보충할 필요가 없다는 것을 우리에게 증거해 주고 있다. 이를 위해서는 이 신학들의 요청을 최후까지 이행하는 것으로 충분한 것이다." - 토렐, 『영성의 스승 성 토마스 아퀴나스』 중에서 -

"그가 연구하고 쓴 것들을 무시하면서 어떤 것들의 위대함과 놀라움을 볼 기회가 그에게 주어졌다. 특히 그의 만년에 ―사람들은 이를 분명히 알 수 있는데― 그는 그에게 주어진 계시의 막대함 앞에서 망연자실하면서 쓰는 것을 중단하였다." - 기욤 드 토코, 『토마스 아퀴나스의 생애』 중에서 -

## 2. 철학과 신학, 이성과 신앙의 이상적인 관계는 무엇인가?

### ① 철학은 신학의 시녀인가?

중세철학자들에게 공통적으로 진지한 질문의 대상이 된 것 중 하나는 '이성과 신앙' 혹은 '철학과 신학'의 관계성에 대한 것이다. 그리고 토마스 아퀴나스 역시 이 문제를 진지하게 다루고 있다. 특히 그는 신학과 철학이 어떤 관계 속에 있으며, 이 둘의 고유한 역할이나 목적에 대해서 매우 비중 있게 다루고 있다. '신성한 학문'이란 이름으로 신학

대전의 앞부분에서 그는 이 문제를 매우 분명하게 밝혀 주고 있다. 그렇다면 토마스 아퀴나스에게 있어서 신학은 어떤 학문이며, 또 철학은 어떤 학문인가?

흔히 철학사 등에서 말하는 "철학은 신학의 시녀이다!"라는 명제는 최소한 스콜라철학이나 토마스 아퀴나스에 있어서는 참된 명제가 아니며, 이는 선입견이나 오해에서 비롯하는 것이거나 매우 피상적인 방식으로 고려한 결과이다. 왜냐하면 토마스 아퀴나스에게 있어서 신학과 철학은 엄연히 각자의 고유한 분야나 대상을 가지면서 또한 각자의 독자적이고 자율적인 방법론을 가지고 있기 때문이다. 'A가 B의 시녀이거나 하녀'라고 말하기 위해서 가장 본질적인 조건은 B가 A에게 봉사한다는 것이며, 자신만의 자율적인 방법이나 독자적인 영역을 가지고 있지 않고 A에 종속된다는 것을 말한다. 사람으로 치면 B는 자신만의 고유한 자유나 자율성이 박탈되어 있으며, 오직 A의 명령에 복종해야 할 때 'B가 A의 시녀'라고 말할 수 있는 것이다. 그런데 신학과 철학의 관계는 전혀 이러한 관계가 아니며, 각자는 각자의 고유한 탐구 대상과 고유한 방법론을 가지고 있다. 신학은 '신에 관한 학문이거나, 피조물들의 신에 대한 관계성을 탐구하는 학문이며, 그 방법은 계시된 진리들을 근거로 피조물들과 신과의 관계성을 해명 또는 설명하는 것이다. 반면 철학은 자연적인 제 사물들에 관한 학문이며, 이를 통해서 신에게로 나아가는 학문이며, 그 방법론은 이성의 법칙에 따른 추론이다.

우선 탐구의 방법론에 대해서 신학과 철학을 비교해 보자. 신학은 계시된 진리에서 출발한다. 가령 '신이란 어떤 존재인가?'를 묻게 되면 신학은 계시된 진리들, 가령 "신은 세계를 창조한 창조주이다" "신은 사랑이시다", "인간은 신의 모상에 따라 창조되었다"라는 등의 진리들에서 출발한다. 이러한 진리들이 인간의 이성의 능력만으로는 알 수 없는 사안이므로 당연히 믿음을 요청하게 된다. 만일 "인간의 이성이 알 수 없는 그 어떤 것에 대해서도 믿음을 가져서는 안 된다"라고 생각하게 되면 '종교'나 '종교적 세계관'은 존재할 수가 없게 된다. 모든 종교는 인간의 이성적인 사유만으로는 알 수 없는 그 어떤 근원적이고 근본적인 것들에 대한 믿음을 전제하고 있다. 가령 "인간은 불멸하는 영혼을 가지고 있다", "모든 인간은 불성佛性을 가지고 있다", "모든 것이 도의 원리에 따라 존재한다"는 등의 근본적인 진리들은 모두 믿음의 영역에 해당하는 것이며, 그 근원의 '계시'이다. 계시란 무엇인가? 계시란 '계시하다', '숨겨진 것을 밝히 보이다'는 등의 의미를 가진 영어 동사 'reveal'에서 파생된 명사이다. 따라서 계시된 진리란 '인간의 이성에게는 알려지지 않았던 혹은 숨겨져 있었던 그 어떤 사실이 밝혀진 것'을 말한다. 이 진리를 밝혀 주는 주체가 신일 때 계시종교가 될 것이며, 사람일 때 자연종교가 될 것이다. 계시종교에서는 신이 예언자들을 통해서 진리를 계시하는 것이며, 자연종교에서는 부처나 노자 같은 성인들의 깨달음을 통해서 사람들에게 계시된 것이다.

반면 철학은 관점에 따라 약간씩 다를 수 있겠지만, 이 같은 계시를 전제하지 않는 학문이다. 철학은 구체적인 자연현상이나 인간현상에 대한 고찰을 통해서 어떤 원리나 법칙들을 발견하고 이러한 사물들에 대한 이해를 토대로 한 추론을 통해서 보다 상위적이고 근원적인 진리들을 향해 접근해 가는 방식을 취한다. 물론 철학에서도 분야마다 그 방법론이 다를 수 있다. 아리스토텔레스와 같은 형이상학자는 '실체와 속성들'나 '형상과 질료', '본성', '본질' 등의 형이상학적 원리들로부터 다른 모든 현상을 이해하고 해명하고자 하겠지만, 후설과 같은 현상학자들은 이 같은 형이상학적인 원리들을 모두 괄호 속에 넣어 두고 우선적으로 '현상들'에 대한 고찰에 집중하여야 한다고 할 것이다. 어쨌든 철학은 이성의 법칙으로부터 출발하고 이성의 추론에 따라 진리를 추구해 가는 학문이다. 그럼에도 철학 역시도 믿음과 유사한 것을 전제하는 철학들이 있을 수 있다. 가령 모든 존재자에게 본래적인 의미를 부여해 주는 하이데거의 '존재'에 대한 개념이나, '존재자들이 절대자의 암호'처럼 나타나는 야스퍼스의 포괄자 개념 혹은 모든 세계 현상의 이면에는 '권력(힘)에 대한 맹목적 의지'가 존재한다는 쇼펜하우어의 생각들은 모두 일종의 깨달음을 통한 신념이지 순수하게 이성적 추론의 결과는 아니기 때문이다. 야스퍼스는 이러한 근원적인 것에 대한 신념을 '철학적 신앙'이라고 불렀다. 이런 의미에서 종교와 가장 유사한 철학의 분야는 '형이상학'일 것이다.

이제 신학과 철학에 대한 토마스 아퀴나스의 사유를 보자. 이를 가장 잘 요약해 주고 있는 현대 토미스트의 글을 소개하자면 아래와 같다.

> 신학 안에서 인간 이성의 역할은 믿음의 진리들을 증명하는 것이 아니다. 왜냐하면 이 경우 믿음은 그 모든 장점을 상실하게 될 것이기 때문이다. 따라서 이성은 이러한 가르침의 내용을 분명히 밝히는 것이다. … 신학적인 사유는 직접적으로 (계시된 진리에 대한) 믿음에 의존하고, 철학적인 반성은 본질적으로 이성의 작품이다. … 철학적인 반성은 그 자체로 관찰된 피조물들을 지나서 신에 대한 긍정에로 나아가며, 신학은 신에 대한 주의집중을 통해 피조물들의 신과의 관계를 염두에 두고 피조물들을 고찰한다.
>
> – 조제프 라삼, 『토마스 아퀴나스』 중에서 –

토마스 아퀴나스에 따르면 "신학은 어떤 것을 논하는 학문이 아니라, 믿음을 통해 수용된 결론에 관한 학문이다."(『진리론』, 14, 3) 다시 말해서 이성의 논의를 통해 결론을 도출하는 것이 아니라, 믿음을 통해 이미 결론을 수용하고, 이에 대한 그 의미나 가치 혹은 이를 통해 다른 것을 설명하는 것이다. 그렇기 때문에 "신학이 철학이 사용하는 어떤 원리들을 사용하더라도 이는 (진리를 발견하거나 도출하기 위해) 반드시 필요해서가 아니라 자신이 이미 지니고 있는 진리를 보다 더 잘 설명하기 위한 것이다."(『신학대전』, 1, 1, 5) 반면 철학은 구체적인 항목에 대해서 신학의 간섭 없이 자율적으로 이성의 사유나 법칙들을 활용하여 스스로 어떤 원리나 결론을 도출해 낸다. 물론 이렇게 이성의 사유와 추론을 통해 오류 없이 올바르게만 추구해 간다면 계시된 믿음과 만나거나 일치하게 될 것이라는 것이 토미즘의 관점이다.

이제 두 학문의 대상에 대해 생각해 보자. 신학의 우선적인 대상은 신이며, 신이 계시한 제 진리들이다. 그리고 자연적인 사물을 대상으로 취할 때도 신학은 이들 자체를 고려하는 것이 아니라 이들이 지니고 있는 신과의 관계성이란 차원에서 대상으로 취한다. 반면 철학은 우선적으로 자연적인 사물들, 인간과 세계가 그 대상이다. 이 자연적인 사물들이 지니고 있는 다양한 원리나 세계현상이나 인간현상들에 대해서 고찰하면서 이를 통해 신학이 설명하지 못하는 다양한 사태나 양태들을 설명하고 해명하면서 신학이 진리를 설명하는 데 도움을 주는 것이다. 토마스 아퀴나스는 이를 마치 정치학이 병법을 차용하는 것에 비유하고 있는데, 아마도 건축학이 수학을 차용하고, 의학이 해부학을 차용하는 것에 비유해도 무방할 것이다. 건축가는 수학에 대해 정확한 지식이 없어도 충분히 집을 지을 수 있을 것이다. 하지만 수학은 건축을 보다 섬세하게 하고 보다 완전하게 짓도록 도움을 준다. 비록 어떤 관점에서 건축학이 수학보다 상위 학문이라고 할지라도 그렇다고 수학이 건축학에 종속된 것은 아니다. 각자는 고유한 탐구의 대상이 있고, 고유한 방법론이 있다. 마찬가지로 신학과 철학은 갖자 고유한 방법론과 고유한 탐구의 대상을 가지고 있으며, 신학은 자신들의 해명이나 설명에 도움이 되는 한 철학적 원리나 결론들을 차용할 것이며, 철학은 또한 신학이 결론(최종 목적지)을 제시해 주고 있다는 차원에서 진리추구의 이정표로 간주할 수 있을 것이다.

따라서 신학과 철학은 전혀 주인과 시녀의 관계가 아니며, 서로는 서로에게 도움을 주는 동반자처럼 상호적인 관계를 가지고 있다. 신학이 위에서부터 아래로 내려오는 학문이라면, 철학은 아래에서부터 위로 올라가는 학문이라고 할 수 있을 것이며, 이들이 참된 학문인 한, 혹은 올바르게 탐구하는 한 서로는 만나고 일치할 수밖에 없을 것이다. 왜냐하면 어떤 것에 대한 진리란 하나일 수밖에 없을 것이기 때문이다.

## ② 신앙과 이성이 다루는 대상은 동일한 것인가?

어떤 학문이 자율성을 가지고 있다는 것은 자신만의 고유한 대상과 방법을 가지고 있다는 것을 의미한다. 예를 들면 동일한 환자를 고찰하는 종합병원에서 해부학, 신경과, 정신과는 각자 서로 다른 대상을 가지고 있다. 해부학은 뼈와 근육의 구조 등을 그 대상으로 하며, 신경과는 신경망이나 신경회로 등을 그 대상으로 하며, 또 정신과는 그의 정신이나 의식과 관련된 심리적인 문제를 그 대상으로 다룬다. 모두가 동일한 사람에 대해 다루고 있지만 그들이 다루는 대상은 그들만의 고유한 대상이며, 각자는 자신만의 고유한 고찰의 방법과 앎들을 가지고 있다. 이와 유사하게 동일한 대상을 다루고 있지만 신학과 철학은 서로 다른 대상과 서로 다른 방법론을 가지고 있다. 신학은 믿음(신앙)을, 철학은 이성을 앎의 원리로 가지며, 그 대상은 신학은 신, 그리고 신과의 관계성 중에 있는 자연과 인간이며, 반면 철학은 감각과 이성에 의해 포착된 자연과 인간이다. 물론 철학은 이성의 추론을 통해서 (신이 무엇인지는 알지 못하겠지만) 신의 존재를 파악하기도 한다. 이 경우 신은 계시된 신이 아니라, 마치 결과에 대한 원인처럼 자연과 세계의 원인으로서의 신을 파악하는 것이다. 이처럼 신학과 철학은 비록 동일한 실재를 탐구할지라도 서로 다른 대상을 가지고 있다.

그렇다면 믿음과 이성 사이의 관계는 어떠한가? 토마스 아퀴나스는 이 둘 사이의 관계는 서로가 서로에게 도움을 주는 상호적인 것으로 고려하고 있다. 이와 관련된 그의 두 가지 규정은 다음과 같다.

> 은총이 자연을 전제하듯이 그리고 완성이 완성할 만한 것을 전제하듯이, 믿음은 자연적인 앎을 전제한다.
>
> – 『신학대전』, 1, 2, 2 –

> 믿음의 이성에 대한 관계는 은총이 자연에 대한 관계와 같다. 은총은 자연을 파괴하는 것이 아니라 자연을 완성한다 *Gratia non destruit naturam, sed perficit.*
>
> – 『진리론』, 14, 9 –

'믿음 혹은 신앙이 자연적인 앎을 전제 한다'는 것은 무슨 의미이며, 왜 그런 것일까? 믿음이 자연적인 앎을 전제한다는 것은 사실 너무 상식적이고 논리적인 것이다. 하나의 예를 들어 보자. 가령 천사가 나타나 "신은 세상을 창조한 분이며, 오직 한 분뿐이시다"라고 계시를 했다고 하자. 여기서 이러한 계시의 내용을 믿는다는 것은 우선 '창조하다', '하나이다'는 것이 무엇을 의미하는지에 대한 '자연적인 앎'을 가지고 있어야 한다. 이는 인간과 인간 사이에서도 마찬가지다. 어떤 사람이 다른 사람에게 "나는 당신을 나의 목숨보다 더 사랑합니다"라고 고백할 때 이를 믿기 위해서는 '죽음'이 무엇인지를 알고 있어야 하고, 또 최소한 '사랑한다'는 것의 의미도 알고 있어야 한다. 그래서 이성이 전혀 발달하지 않은 어린아이에게 어머니가 "나는 너를 내 목숨보다 더 사랑한단다!"라고 말해도 어린아이는 이 어머니의 말에 대해 믿음을 가질 수가 없는 것이다. 왜냐하면 그 말의 뜻을 전혀 알지 못하기 때문이다. 이처럼 그것이 무엇이든 어떤 것에 대해 믿음을 가지기 위해서는 최소한의 '자연적인 앎'을 전제할 수밖에 없는 것이다. 더 나아가 많은 경우 자연적인 앎을 가진다는 것으로부터, '믿을 만한 진리'는 이성의 이해와 '모순'되지 않는 것이다. 가령 실증주의자들은 신을 긍정하기는 하지만 신을 마치 시계공에 비유한다. 즉 시계공이 일단 시계를 만들면 시계는 스스로 작동하며, 시계공은 더 이상 자신이 만든 시계에 관심을 가지지 않듯이, 실증주의자들은 비록 신이 세계를 창조하였지만 창조한 이후에는 자신들의 세계로 가 버렸고, 이 세계는 마치 시계처럼 스스로 작동하며 더 이상 신은 이 세계의 역사에 관계하지 않는다고 생각하는 것이다. 하지만 만일 이 같은 해명을 그 본질이 사랑인 그리스도인들의 신에 대입하면 이는 이성적으로 모순이 된다. 왜냐하면 이 경우 "사랑이신 신은 자신이 창조한 이 세상에는 아무런 관심도 없다"는 진술이 될 것이기 때문이다. 그 무엇을 사랑한다는 것은 그 무엇에 '관심과 배려를, 그것도 가장 큰 관심과 배려를 가지고 있다는 것'을 의미하기 때문이다. 따라서 자신이 창조한 세계에 아무런 관심이 없는 사랑의 신이란 마치 '뜨거운 찬물'과 같은 모순된 말이 되고 말 것이다. 그렇기 때문에 종교에서 말하는 믿음 혹은 신앙을 '맹목적인 믿음'이나 혹은 '무조건적인 신앙'처럼 고려하는 것은 무반성적인 선입견이라고 해야 할 것이다.

이제 '은총은 본성(자연)을 파괴하는 것이 아니라 본성(자연)을 완성한다'는 것에 대해 생각해 보자. 라틴어에서 '*natura*(나투라)'라는 '자연'과 '본성'을 동시에 의미하는 용어이다. 따라서 이해를 쉽게 하기위해 이 문장을 '은총은 본성을 파괴하는 것이 아니라, 본성을 완성한다'는 문장으로 이해해 보자. 우선 우리는 사람들이 본성을 파괴하는경우를 생각해 볼 수 있다. '인간의 본성이 무엇인가'하는 문제는 다양한 이견이 있을 수 있겠지만 가장 일반적인 경우를 생각해 보면 '인간은 맛있는 것을 먹고자 하고', '아름다운 것을 보고자하고', '참된 것을알기를 원하고' 또한 '사람들이 선을 행하기를 바라고', '나 또한 선한사람이 되는 것'을 원한다. 한마디로 사람들은 우선적으로 '자기 자신을 사랑하기'를 원하고 또 나아가 '타인과 세계를 사랑하기'를 원한다.그런데 자유의지를 가진 인간에겐 그 어떤 이유로 이런 것들을 바라지않는 순간이 있을 수 있고 또 선과 관련하여서는 어떤 내적인 한계로인해 선을 알지만 원하지 않고 행하지 않을 수 있다. 하지만 가장 일반적인 경우 사람들은 이러한 것을 원한다. 왜냐하면 그것이 우리의 본성이기 때문이다. 이것이 토마스 아퀴나스의 관점이다. 따라서 만일 어떤 사람이 기괴한 것을 먹고자 하고, 폭력적인 것을 보기를 원하고, 진실과 진리보다는 거짓과 궤변을 좋아하고, 또 자신과 타인을 파괴하는 폭력을 더 원하고 있다면, 그리고 이러한 일들이 일상적인 것이 되어 있다면 우리는 "그의 본성이 파괴되었다"라고 말할 수 있을 것이다. 우리는 이렇게 본성이 파괴된 것 같은 행위를 '사이코패스'나 '자아 도취자' 혹은 '트라우마에 사로잡힌 사람들' 등에게서 간혹 볼 수 있다. 이러한 결과를 야기한 것은 다양한 원인을 통해 주어질 수 있을 것이다. 잘못된 교육환경이나 왜곡된 사회적 환경으로 인해 혹은 과거의 어떤 끔찍한 경험을 통해 혹은 잘못된 가치관이나 세계관으로 인해 그렇게 될 수도 있을 것이다.

반면 '본성을 완성한다'는 것은 본래적으로 불완전한 것을 완전하게 한다는 의미이다. 가장 대표적인 예는 성인들의 경우일 것이다. 일반인들은 진실과 진리를 알기를 원하지만 적당히만 알기를 원하고, 자연과 세계를 사랑하기는 하지만 적당히만 사랑하고, 선을 행하기를 원하지만 매우 불완전하게 행하고, 보다 가치 있는 것을 지향하기는 하지만 주저함이 크고 망설임이 크다. 이것은 본성이 아직은 완성되지 않았음을 의미한다. 반면 성인들은 이미 본성이 완성되어 있기에 보다 단호하게 진리와 진실을 알기를 원하고, 보다 확고하게 세상과 자연을 사랑하고, 보다 확실한 신념으로 선을 행하는 데 있어서 주저함이 없다. 그들은 이러한 삶에 자신들의 전 존재를 투신한 사람들이기 때문이다. 물론 살아 있는 사람들 중에 이처럼 완성된 본성을 가진 사람은 매우 드물겠지만, 이러한 것이 완성된 본성을 지닌 성인들의 모습이다. 범인이 성인이 되는 것은 오직 한 길, 그의 본성을 완성하고자 하는, 즉 성성으로 도약하는 한 가지 길밖에는 없다. 반면 범인이 자신의 본성을 파괴하는 방법은 다양하게 주어질 수 있다. 그래서 토마스 아퀴나스는 "인간성을 완성시키는 것은 하나의 길뿐이지만, 인간성을 파괴하는 길은 다양하게 주어질 수 있다"라고 말하고 있다. 본성을 완성하는 길이 하나뿐이라는 것은 곧 '목적론적 윤리관'을 말해 주고 있다. 다시 말해 '궁극적인 목적'을 향해 나아가는 것을 말한다. 궁극적인 목적이란 최후의 목적을 의미하는 것으로, 단 하나일 수밖에 없는 것이다. 아마도 우리는 토미즘에 따라 현대 사회에서 다양한 방식으로 나타나는 인간성의 파괴적인 모습들은 '목적론적 인생관'의 상실에서 기인한다고 할 수 있을 것이다.

사실상 순수하게 철학적인 방식으로는, 즉 이성의 추론을 통해서는 이 궁극적인 목적이 존재한다고 확신할 수는 있겠지만, 이것이 무엇인지에 대해서는 알 수가 없다. 왜냐하면 이는 이성의 추론이나 사유를 넘어서는 것이기 때문이다. 그래서 토마스 아퀴나스는 "인간의 이성은 신이 무엇인지는 알 수 없어도, 신이 존재한다는 사실은 (추론을 통해) 알수가 있다"라고 한 것이다. 따라서 이 궁극적인 목적에 대해서 알려 주는 것이 곧 신학이고 이를 긍정하는 내적인 힘 혹은 신뢰가 곧 '믿음' 혹은 '신앙'인 것이다. 반면 신학은 어떻게 인생의 다양한 개별적인 목적이 하나의 목적 계열로 이루어지고 있는지, 어떤 관점에서 다양한 가치가 궁극적인 가치로 수렴되고 있는 것인지 하는 것에 대한 이성적인 증명이나 지적인 논의를 전개하지는 않는다. 다만 다양한 선과 가치들에 대해서 이 궁극적인 목적과 관계하는 그 관계성 ― 이는 믿음을 통해 전제된 것이다― 안에서 설명하고 해명할 뿐이다. 따라서 엄밀한 의미에서 믿음의 대상은 '최고선 혹은 절대자와 관계성 중에 있는 제 사물들과 사람들'이라고 해야 할 것이며, 신학은 무엇을 생각하든지 여기에서부터 출발하는 것이다. 반면 철학에서는 이러한 '믿음의 대상들'이란 최종적으로 귀결되는 것, 즉 결론으로 주어지는 것이지 결코 논의의 출발점이 될 수는 없다. 만일 그렇게 된다면 철학으로서는 '선결문제의 오류'를 범하는 것이 되고 말 것이다.

아마도 신앙과 이성의 관계를 가장 잘 말해 주고 있는 중세철학자의 규정이 있다면 안셀무스가 말한 "이해(지성)를 추구하는 믿음*Fides quaerens intellectum*"이라는 규정일 것이다. 그리고 크게 보면 토마스 아퀴나스 역시 이와 동일한 입장이라고 할 수 있을 것이다. 왜냐하면 그는 "신앙을 필요로 하는 지성"이라고 말하고 있기 때문이다. 인간은 단순히 최종적인 결과를 아는 것에, 즉 믿음을 가지는 것만으로는 만족하지 못한다. 왜냐하면 이성을 가진 인간은 왜 그러한 결과가 진리인 것인지, 그리고 거기에 도달하는 구체적인 방법론도 알기를 원하기 때문이다. 바로 이 때문에 인간은 우선적으로 '호모사피엔스', 즉 '생각하는 인간'이라 불리는 것이다. 하지만 목적지를 알지 못하고 항해를 한다는 것은 필연적으로 '방황' 혹은 '헤맴'을 유발한다. 해도海圖 없이 바다에 떠 있는 어떤 섬을 찾아 나선다는 것은 마치 모래 해변에서 바늘을 찾는 것처럼 우연에 기대는 것과 같은 것이다. 그래서 철학은 신학을 필요로 하고 지성은 믿음을 필요로 하는 것이다. 목적지를 알고 있어도 도달하기가 참 어려운 것이 인생인데, 목적지를 알지 못하고 막연하게 인생을 살아간다는 것은 참으로 낭비적인 인생이 되어 버릴 수가 있기 때문이다. 그런데 어떤 이들은 이렇게 목적론적 세계관을 가지는 것은 '하나의 유일한 세계관'이나 '하나의 유일한 가치관'을 지향하면서 '문화적 상대주의'를 부정하는 일종의 정신적인 전체주의를 지향하는 것이 아닌가 하고 의문을 가질 수 있을 것이다. 그런데 목적론적 세계관을 긍정하지 않거나 부정한다는 것은 이성을 가진 인간으로서 자유이겠지만, 목적론적 세계관이 '정신적인 전체주의'를 낳는다거나 '문화적 상대주의'을 부정하는 결과를 유발한다는 것은 선입견이고 속단이다.

**칸트는 '세계, 영혼, 신'은 학문의 대상이 될 수 없다고 하지 않았나?**

칸트는 형이상학을 '일반 형이상학'과 '특수 형이상학'을 구분하고 있다. 전자는 '존재로서의 존재에 관한 학문'이라는 아리스토텔레스의 『형이상학』을 지칭하며, 후자는 '신', '영혼', '세계'를 그 대상으로 하는 구체적인(특수한) 형이상학을 말한다. 그런데 그는 이 특수 형이상학의 대상들은 '이율배반'으로 인해 이성의 적합한 대상이 될 수 없다고 하였다. '이율배반'이란 두 가지 '상반되는' 혹은 '모순되는' 이론이 가능하다는 것을 말하는 것이다. 쉽게 말하면 '신은 있다고도 증명할 수 있고, 없다고도 증명할 수 있기에 학문적인 대상이 될 수 없다'는 것을 말한다. 하지만 이러한 태도는 형이상학자의 관점에서 보자면 오히려 과학적이지 못한 태도라고 할 수 있다. 왜냐하면 어떤 현상에 대해 두 가지 상반된(모순된) 이론이란, '가설'을 말하는 것이지 '증명된 이론'을 말하는 것이 아니기 때문이다. 가령 어떤 사람이 '살인자'라고 말하는 이론과 '무죄하다'고 말하는 이론은 아직 어느 하나가 진리라고 판명되기 전까지는 '가설'이지 '증명'이 아니다. '증명되었다'는 것은 두 가지 가설 중에서 어느 하나가 참인 것으로 판명되었다는 것을 말하는 것이며, 따라서 다른 하나의 가설은 부정되었다고 하는 것이다. 따라서 엄밀히 말해서 '이율배반'이란 '가설'을 말하는 것이며, '증명'을 말하는 것이 아니다. 두 가지 상반되는 결과를 모두 수용할 수 있는 경우는 '증명'이 아닌 '가설'의 경우일 뿐이다. 가설인 한 다양한 가설이 공존할 수 있는 것이며, 증명인 한 유일한 하나의 증명만이 남아 있을 수 있다. 따라서 '이율배반'이기에 이성적 논의의 대상이 될 수 없다는 진술은 서로 상반되는 가설이 존재할 수 있기에 학문적으로 다룰 수 없다는 것과 같다. 이는 과학적 탐구 자체를 부정하는 것과 같은 것이다.

왜냐하면 정신적인 전체주의란 하나의 사상체계(도그마)만을 고집하고 다른 일체의 사상체계를 부정하는 것을 말하는 것인 반면, 목적론적 세계관은 하나의 궁극적인 목적을 전제한다는 것을 의미하는 것이지, 이를 추구하는 다양한 방법론을 부정하거나 다양한 체계를 부정하는 것은 아니기 때문이다. 가령 플라톤의 이데아론이나, 아리스토텔레스의 최고선, 플로티노스의 일자론, 그리고 근대 헤겔의 절대정신, 나아가 현대의 유신론적 실존주의나 테이야르 드 샤르댕과 같은 과학철학자들은 모두 목적론적인 세계관을 말하고 있지만, 다양한 방법론과 다양한 자신만의 표현을 고수하고 있다. 목적론적 세계관에서 전제되는 몇 가지 원칙은 세계의 근원적인 하나의 원리를 긍정하며, 세계나 인생이 다양한 목적 계열을 통해 유기적으로 연결되어 있으며, 또한 이러한 원리들이 궁극적인 하나의 목적을 가진다는 것 등이다. 반면 목적론에서 표현하고 있는 이러한 원리들의 이름이나 표현 방식 혹은 그 구체적인 관계성들은 여전히 다양할 수 있고 열려 있다.

중체철학자들 중에서 이 같은 목적론을 확고하게 주장하면서도 다양성과 열림을 강조하는 대표적인 철학자가 토마스 아퀴나스이다. 그는 "다르다는 것, 이것이 곧 선이다"라고 말하는가 하면, "존재가 상승할수록 다름은 더욱 커진다"라고 말하기도 하고 또 "다양성에 대한 고찰과 추상 행위를 통해 보다 보편적인 것을 추구하는 이성의 추구에는 끝이 없다"라고 말하기도 한다. 이러한 것은 곧 가장 근원적인 것과 궁극적인 것에서는 보편적인 것을 인정하되 구체적이고 개별적인 삶에서는 이 궁극적인 것과 보편적인 것이 다양한 방식으로 나타나고 서로 다르게 표현될 수밖에 없으며 또한 이것에 도달하는 그 방법도 다양할 수밖에 없음을 말하는 것이다. 따라서 비록 동일한 유일신을 믿는 민족이라고 하더라도 그 표현 방식은 본질적으로 다양하게 나타날 수밖에 없는 것이 인간성의 조건이다. 따라서 목적론이 '문화적 다양성'을 부정한다는 것은 잘못된 생각이며 선입견에 불과하다.

비단 형이상학적인 차원이나 세계관의 차원이 아닐지라도 우리는 일상의 삶 속에서도 '믿음'과 '이해'는 동일하게 요청되며 이 둘은 떼려야 뗄 수 없는 관계임을 경험적으로 알 수 있다. 배우자의 부정을 의심하는 사람이 자신의 배우자에 대한 믿음 또한 가질 수 없다면, 배우자가 어떠한 설명을 해도 무용한 것임을 알 수 있다. 즉, 충분한 이해를 유발하는 이성적인 설명은 반드시 믿음을 전제하여야 한다는 것이다. 반면 배우자에 대한 의심이 믿음만을 강조한다고 해결되지는 않는다. 아무리 확고한 믿음을 가지고 있다고 해도 성실성을 확인하고자 하는 것이 인간의 본성이고 따라서 의심이 가는 일에 대해서는 항상 충분한 이성적인 해명을 요청하게 되는 것이다. 어쩌면 인생의 그 어떤 중요한 일에서도 이성만으로 해결되거나 믿음만으로 충분한 것은 없다. 이성은 믿음을 요청하고 믿음은 또한 이성적 설명을 요하는 것이다. 바로 이것이 믿음과 이성의 상호보완적인 관계요, 이 둘의 이상적인 관계인 것이다. 현대의 토미스트인 에티엔 질송Etienne Gilson의 믿음과 이성에 관한 다음과 같은 진술은 토마스 아퀴나스의 사유를 더 이상 잘 설명할 수 없을 만큼 분명하고 아름답기까지 하다.

> 토미즘의 장점은 이처럼 믿음과 이성 사이의 분리되지 않은 구별 그리고 혼동 없는 일치를 유지한다는 데에 있다. 믿음이 이성에 종속된 것도 아니고, 이성이 믿음에 부속된 것도 아니다. 그럼에도 이 둘은 하나가 다른 하나로부터 생명을 가지며 하나의

복합적인 촉진 안에서 완성된다. 여기서 하나의 상호적인 존중을 통하여 각자는 다른 것에 대한 일치를 발견하며 각자가 그 자신으로서 발견되는 것이다. 토미즘은 이성에 의해 찾아진 지상의 진리와 계시를 통해 수용된 믿음의 진리 사이의 흔들리지 않는 신뢰를 통해서 특징 지워진다.

*- Le thomisme -*

# 3. 토미즘의 「형이상학」은<br>진정 그렇게 어려운가?

① 토미즘의 형이상학은 무엇을 말하는가?

철학에서 '형이상학'은 참으로 중요한 것이다. 아리스토텔레스에 의해 처음 사용된 이 용어는 현대철학에 이르기까지 매우 중요한 철학적 개념으로 자리 잡고 있다. 물론 칸트는 형이상학을 '일반 형이상학'과 '특수 형이상학'으로 구분하면서 '특수 형이상학'의 대상들은 그 자체로 이율배반을 가지고 있어서 학문적으로 다루기 어렵다고 생각하기도 하였고, 또 하이데거를 전공한 연구자들 중에서는 "형이상학이 곧 철학이 아닌가"라고 말하기도 한다. 근대철학의 선구자였던 데카르트는 학문의 종류를 나무에 비유하면서 뿌리를 '형이상학'에, 기둥을 '일반철학'에, 가지를 '응용철학'(예술철학, 정치철학 등)에, 잎을 '개별 학문들'(경제학, 역사학 등)에, 마지막으로 열매를 '제작기술'에 비유하였다. 이처럼 형이상학은 어쩌면 다른 모든 학문의 뿌리, 즉 기초 학문에 해당하는 것으로 매우 중요할 수밖에 없다.

그렇다면 토마스 아퀴나스에게 있어서 '형이상학'이란 무엇을 말하는가? 토미즘의 형이상학은 거의 아리스토텔레스의 형이상학 개념과 동일하다. 다른 점이 있다면 '존재'와 관련된 개념들에 있어서 아리스토텔레스의 그것보다는 훨씬 섬세하고 복잡하다는 것이다. 그 이유는 아리스토텔레스의 신, 즉 '우주의 제일원인'은 다만 논리적으로 요청되는 일종의 우주의 법칙을 말하고 있지만, 세계를 창조한 그리스도인들의 신은 인류의 역사에 개입하는 '인격적인 신'이기 때문이며, 그 결과 아리스토텔레스에게는 창조론이 없지만, 그리스도인의 세계관에서는 창조론을 전제하고 있기 때문이다. 그리고 더 나아가 아리스토텔레스에게는 개인들의 영혼은 불멸하는 것이 아니지만, 토마스 아퀴나스에게 있어서는 모든 개인의 영혼은 불멸하는 것이기 때문에 이 모든 것을 해명하고 납득이 가능하게 하기 위해서는 우선적으로 '존재론'에 있어서 매우 섬세하고 복잡한 개념들과 구조들을 통해 존재에 관한 이론들을 정립하지 않으면 안 되었기 때문이었다. 가령 아리스토텔레스에게 있어서 '존재'란 그냥 '있는 상태' 혹은 '있음'을 의미하지만, 토마스 아퀴나스에게 '존재'란 무엇이 존재하고 있는 상태*actus*(행위)를 의미하기도 하고 또 이 무엇을 지속적으로 있게 하는 힘*potentia*을 의미하기도 한다. 일반적으로 학자들은 전자를 '존재 행위'로 그리고 후자를 '존재 현실력'이라고 부른다. 그리고 이 같은 힘을 제공하는 근원적인 존재를 존재 자체*Esse Ipsum*라고 구분하면서 이 존재 자체는 '보편적인 존재'인 신의 존재를 지칭한다. 그리고 이 같이 지속적으로 존재하는 힘을 제공받는 세계와 존재자에 대해 논하는 것을 '분유론'이라고 명명하고 있다. 한마디로 말해 아리스토텔레스의 형이상학이 '존재론'

과 호환되는 용어라고 한다면, 토마스 아퀴나스의 형이상학은 '존재론+세계관'을 함께 고려하는 것이라고 할 수 있다. 바로 이러한 점이 그의 형이상학을 무척 어렵다고 느끼게 하는 이유이다.

그런데 '토미즘이 참 어렵다'고 생각하게 하는 또 다른 이유가 있다. 토마스 아퀴나스에게 있어서 존재에 관한 학문은 마치 물리학에 있어서 '기초물리학'과 같은 것이어서 그의 존재에 관한 이론에 대해 분명하지 않으면, 이후 인식론이나 인간학, 윤리학 등에 있어서 매우 혼란을 가지게 될 수밖에 없다. 왜냐하면 그의 다른 모든 이론은 그 토대를 존재론적인 개념들과 원리들에 두고 있기 때문이다. 예를 들어 토마스 아퀴나스는 영혼의 기능에 따라 '지성적 영혼', '감각적 영혼', '식물적 영혼'으로 구분하고, 지성과 이성을 구분하고, 지성에서도 주체가 되는 지성intellectus(오성)과 지성의 내용이 되는 지성intelligentia(지식)을 구분하고, 이성에서도 초-자연적인 것을 다루는 '상위 이성'과 자연적인 것을 다루는 '하위 이성'을 구분한다. 그리고 기억에 있어서도 '감각적 기억'과 '지성적 기억'을 구분하고 있다. 나아가 윤리적 판단의 원리에서도 '양심synderesis'과 '(윤리적) 의식conscientia'을 구분한다. 이렇게 복잡하게 구분하는 이유는 물론 그의 존재론에서 존재의 구조가 존재의 계층(위계)에 의해 복잡하기 때문이기도 하고, 또한 그의 존재론이 그의 세계관과 모순 없이 정교하게 통일성을 이루고 있기 때문이기도 하다. 아마도 '자기완결성'이란 차원에서 토마스 아퀴나스의 이론보다 더 완전한 것은 보기 힘들 것이다.

이처럼 토마스 아퀴나스의 사상을 제대로 공부하기 위해서는 우선적으로 그의 형이상학적인 용어나 개념들, 그리고 존재를 둘러싸고 있는 다양한 개념의 구조에 대해서 분명한 이해를 가지지 않으면 안 될 것이다. 반면 그의 사상이 매우 정교하고 논리적인 통일성을 갖춘 유기적인 것이라는 차원에서 존재론에 대해 한 번 제대로만 이해한다면 이후 다른 이론들, 인식론이나 윤리학, 그리고 인간학 등에 대해서는 매우 분명하고 수월한 것임을 알 수 있다. 즉 처음 시작할 때는 매우 어려운 것 같지만 분명하게 이해하기만 한다면 뒤로 갈수록 분명하고 쉬운 것이 토미즘의 철학이다. 통속적으로 말하자면 '토마스 아퀴나스의 사상은 "울면서 들어갔다가 웃으며 나온다"라고 할 수 있다. 물론 첫 단추가 잘못 끼워지면 갈수록 어렵게 느껴진다는 것은 당연한 일이다.

② 존재를 둘러싼 복잡한 개념들은 사실 그리 어려운 것은 아니다

토마스 아퀴나스의 사상을 전문적으로 전공하고자 하는 연구자가 아니라면, 그의 사상을 너무 섬세하고 복잡하게 알고자 하기보다는 오히려 단순화시켜 가면서 이해하고자 하면 훨씬 수월할 수 있다. 다시 말해 토미즘의 형이상학이나 여타 이론들을 가장 분명하고 알기 쉽게 공부할 수 있는 방법이 있을 수 있다면 그것은 가장 기본 되는 원리들에 대해서 가장 단순하게 이해해 가는 방법일 것이다. 존재를 둘러싸고 있는 다양한 개념과 그 관계들을 가급적 단순화하면 다음의 네 가지 원리들로 요약될 수 있을 것이다.

① 다양한 존재(자)들이 존재하기 위해서는 그들의 원인이 되는 하나의 존재가 있어야 한다. 그런데 이 최초의 혹은 근원적인 존재는 현실에 존재하는 그 어떤 구체적인 존재여서는 안 된다. 왜냐하면 이 존재는 모든 존재하는 것의 원인이어야 하기 때문이

다. 그래서 이 최초의 존재를 존재 자체라고 부르는 것이다.

② 그리고 존재 자체인 이 최초의 존재는 다른 모든 존재자의 존재의 기원이라는 차원에서 그 자신은 '무엇'이라고 할 만한 '본질'을 가져서는 안 되며, '보편 존재'여야만 하는 것이다. 이것이 곧 창조주라 불리는 신이다.

③ 그리고 모든 존재자는 자신들의 본질을 통해서는 존재함을 지속할 수가 없으니 ―왜냐하면 토끼는 죽기 전까지 토끼의 본질을 가지고 있지만 소멸될 수밖에 없으니까― 존재하는 그 힘(행위)은 존재 자체로부터 부여받아야만 한다. 이렇게 하여 세계가 존재하는 것은 신의 존재가 지속적으로 세계에 존재를 나누어 주기 때문이라는 (혹은 세계의 존재를 보존하기 때문이라는) '분유론'이 가능한 것이다.

④ 이러한 원리에 의해 하나의 개별자에게 있어서 존재하기를 지속할 수 있는 조건은 '본질'과 '존재'의 합성이다. 그리고 한 개별자 안에서 보다 근원적이거나 우선적인 것은 존재이다. 왜냐하면 본질(무엇인 것)을 현실적으로 있게 하는 것이 '존재 행위' 혹은 '존재 현실력'으로서의 '존재'이기 때문이다. 즉, "존재는 본질에 앞서는 것이다."

하지만 이러한 구분은 논리적인 구분이며, 현실적으로는 존재와 본질은 동시적이다. 존재 없는 본질을 상상할 수 없고, 본질 없는 존재를 상상할 수 없기 때문이다. (이데아는 오직 신의 지성에서만 있을 수 있다.) 학자들에 따라서 이 본질과 결합한 존재는 본질과 일치되어 있다는 차원에서 '개별적인 존재'라고 보는 이들도 있고, 또 존재 그 자체는 '개별화될 수 없는 것'이라고 주장하기도 한다. 어쨌든 존재하는 조건이 이러하다면, 우리가 '영혼'이라고 부르는 형상이나, '육체'라고 부르는 질료도 모두 이들을 없지 않고 있게 하는 그 근본적인 원인은 '존재'이다. 물론 토마스 아퀴나스는 육체에게 '존재'를 부여하는 것은 형상으로서의 영혼이라고 주장한다. 이는 존재의 위계(층위)를 긍정하기 때문이다. 따라서 만일 육체와 영혼이 분리된 죽음 이후에 지속적으로 존재할 수 있는 것이 있다면 이는 영혼(정신)뿐이다. 왜냐하면 존재하는 조건이 '본질과 존재'의 합성인데, 육체는 그 스스로는 존재함을 가질 수가 없으며, 육체로서의 본질 또한 영혼(정신)을 통해서 가질 수 있는 것이기 때문이다. 이렇게 '존재 자체'인 '보편 존재'와 개별자를 지속적으로 존재하게 하는 힘으로서의 '존재'가 구별되고, 개별자 안에서는 또한 '무엇'이라는 동일성(정체성)을 가지게 하는 '본질'과 이 본질을 현실적으로 있게 하는 존재(존재 현실력)가 구분되는 것이다. 그리고 육체의 모든 특성을 규정하고 육체를 지속적으로 존재하게 하도록 존재를 부여하는 '영혼' —여기서 영혼은 육체의 형상이 된다— 의 존재와 육체적인 존재가 (사실은 단 하나의 존재의 다양한 양태에 지나지 않지만) 또한 구분되는 것이다.

　이러한 존재론적 구조는 인간학에 있어서 그대로 적용이 된다. 토마스 아퀴나스에게 있어서 모든 개별적인 존재자는 '하나'라는 통일체를 이루고 있다. 왜냐하면 그들을 현실적으로 존재하도록 하는 '존재'는 다양화될 수가 없기 때문이다. [존재의 위계(층위)는 논리적 구분이며, 현실적으로 인간에게 다양성으로 통찰되지 않는다.] 특히 살아 있는 생명체에게 있어서 모든 생명체는 생명 현상에 대해 총체적인 원인이 되는, 하나의 생명의 원리인 '영혼'을 가지고 있다. 이 기본 원칙에 따라 인간의 경우에 생명 현상은 '생물학적 현상', '감성적 현상', '지성적 현상'으로 나타나기에 당연히 인간의 영혼은 '생물학적 기능', '감성적 기능', '지성적 기능'을 동시에 가지고 있어야 하고 이는 하나의 동일한 영혼의 다양한 기능들인 것이다. 이를 편리하게 묘사하고 기술하기 위해 '식물혼', '감성혼'(동물혼), '지성혼'으로 구분하는 것이다.

마찬가지로 인간에게는 사유의 유일한 원리가 있는데 이것을 '정신 *mens*'이라고 부른다. 그리고 정신에는 사물의 본질을 통찰하는 원리(기능)와 어떤 것을 논리적으로 추론하는 원리(기능)가 있는데, 전자를 지성, 후자를 이성이라고 부르는 것이다. 그리고 지성에 대해서도 알게 된 것을 수용하는(저장하는) '수동지성'과 이 앎을 무엇에 적용하기 위해 의지적으로 떠올리는 '능동지성'으로 구분하며, 마찬가지로 하나의 이성에 대해서도 자연적인 현상들에 대해 추론하는 하위 이성과 초-자연적인 현상(은총, 천사, 성성 등)에 대해 추론하는 상위 이성으로 구분하는 것이다.

마찬가지로 인간의 영혼은 사유하는 능력 이외에 무엇을 '원하는(갈망하는) 능력'을 가지고 있는데 이것을 '의지'라고 한다. 이 의지는 유일한 하나의 의지이지만, 이것이 양자를 선택이나 다양한 것 중 하나를 선택하는 행위가 될 때 '선택의 의지'가 되고, 선택함에 있어서 어떤 외적인 영향에 속박됨이 없이 자유롭게 선택할 때 이를 '자유의지'라고 부른다. 따라서 '인간에게 자유의지가 있는가?' 하는 질문은 사실상 '인간의 의지는 자유로울 수 있는가?' 하는 질문과 같은 것이다. 아마도 토마스 아퀴나스를 공부하면서 혼란이나 어려움을 겪는 것은 이 같은 무수한 '용어'나 '개념들'이 유일한 하나의 실체나 단 하나의 원리의 다양한 기능이나 현상처럼 나타나는 것임에도 이들을 마치 그 자체로 독립적인 하나의 개체처럼 착각하기 때문일 것이다.

따라서 우리는 토미즘에 있어서 실제로 존재하는 것은 하나이고 나머지 모두는 이 하나가 가지는 기능 혹은 양태에 지나지 않는다고 말할 수 있다. 인간에게는 자신을 실제로 존재하게 하는 단 하나의 존재가 있고, 모든 생명 현상의 원리가 되는 단 하나의 영혼이 있으며, 또한 생각하는 단 하나의 정신과 무언가를 원할 수 있는 단 하나의 의지가 있을 뿐이다. 그리고 이 하나에 다양한 세부적인 기능이나 양태가 있으니 이에 따른 다양한 이름들이 주어지는 것이다. 하나의 정신에 지성과 이성의 다른 기능이 발생하고, 지성에는 생각하는 주체로서의 지성과 생각된 내용으로서의 지성이 구분되고, 지성의 내용에 있어서도 '감각적인 기억'(이미지)과 '정신적 기억'(개념, 관념 등)으로 구분된다. 그리고 이성에는 또한 상위적인 기능과 하위적인 기능이 발생하니 상위 이성과 하위 이성으로 구분하는 것이다. 이렇게 가장 근본이 되는 하나의 원리들에 대해 이해하고 이 근본 원리들에 대해서 다양한 세부적인 기능이 주어짐을 이해한다면 토미즘의 존재론과 다른 이론들을 이해하는 데는 크게 어려움이 없을 것이다. 그리고 토미즘이 매우 논리적이고 통일된 것이라는 점을 감안한다면, 이해를 거듭할수록, 즉 알면 알수록 더욱 분명해지고 쉬워지는 것이 토미즘의 사상이라고 할 수 있을 것이다.

**표 29** 토마스 아퀴나스의 정신 혹은 지성혼의 구조에 대한 구분

| 이름에 따른 분류 | 역할에 따른 분류 |
|---|---|
| 정신*mens, anima intellectiva*: 가장 포괄적인 의미로 다른 모든 지성적 기능들을 실행하는 주체가 되는 지성혼 혹은 정신을 의미한다. - 『신학대전』, q. 79 - | |
| 1) *intelligentia*:<br>지성혼의 내용 혹은 현실태로서 'species intelligiblis知的相'의 보존 장소. 기억이라고도 함. - q. 79. a. 6 -<br><br>2) *intellectus*:<br>지성혼의 능력 혹은 기능으로서 '사유' 혹은 '이해'를 의미한다. - q. 79, a. 10 - | 1) *intellectus passiva*(수동지성):<br>지성적인 대상에 대해서 가능성 중에 있는 것으로*est in potentia ad intelligibilem*, 사유 혹은 개별이성이라 불린다. 가능성 중에 있다는 의미에서는 가능지성*Intellectus possiblis*이라고 불린다. 보편적인 존재에 대해서 가능적인 것으로 '~가 가해지다'는 형식을 통해 대상을 이해한다(수용한다). |
| *intellectus*의 두 가지 다른 이름들:<br>① *intellectus agentis*(중개지성)<br>대상 속에서 가능성(*potentia*)으로서 지성적인 것이 이 중개지성을 통해서 현실적인 것(*actus*)으로 된다. - q. 84, a. 4 -<br>② *intellectus possiblis*(가능지성)<br>항상 현실성 중에 있지는 않는 지성, 가령 추상 행위를 하는 지성으로 이는 모든 인간에게 있어서 동일하지 않다. 가능지성은 모든 지성적인 행위에 앞서 가능성으로 있는 것*est in potentia ad omnia intelligibilia*을 말한다. - q. 79, a. 4 - | 2) *intellectus in actu*(능동지성):<br>(가능성 중에 있는) 지성적 대상들을 현실성으로 환원하는 기능으로, 지성 행위를 시각적 비전(visio)에 비유한다면 능동지성은 이 시각적 비전을 가능하게 하는 빛에 비유할 수 있다. 능동지성은 수동지성(가능지성)의 비 질료성을 '전제'로 한다. - q. 79, a. 4 -<br><br>3) *intellectus speculativa*(사변지성):<br>진리에 대한 명상(관조)의 능력. 사변지성은 참된 것을 목적으로 하는(지향하는) 능력으로, 자신이 아는 것을 행위 하도록 명령하지는 않는다.<br><br>4) *intellectus pratica*(실천지성):<br>행위를 이끈다는 의미에서 행위의 능력이다. 실천지성은 참된 것과 선한 것을 목적으로 하는(지향하는) 능력으로, 자신이 아는 것을 행위 하도록 명령한다. |
| 3) *ratio*(이성)<br>지성의 논리적, 추론적인 움직임(운동)을 의미, 이 운동을 통해 지성이 하나의 앎에서 다른 하나의 앎으로 나아간다. 운동의 성격에 따라서 상위 이성 혹은 하위 이성이라 불린다. - Quaest. dispu., 15, 1 - | 1) *ratione superiori*(상위 이성):<br>자신의 본성 혹은 진리를 행위의 모델로서 수용하는 이성적 행위.<br><br>2) *ratione inferiori*(하위 이성):<br>(자신보다) 하위적인 실재들을 사변적으로 고려하거나, 실천적인 차원에서 질서지우는 이성적 행위. |

• 도표 출처: 이명곤, 「아우구스티누스와 토마스 아퀴나스에 있어서 인간지성의 구조와 진리의 인식」, 『동서철학연구』, 제51호, 한국동서철학회, 2009. 03.

# 4. 그의 「인간학」은 심오하게 휴머니즘이다

① 인간이란 어떤 존재인가?

파스칼은 『팡세』에서 '인간의 영혼이 존재하는지 않는지' 혹은 '만일 존재한다면 그 영혼은 불멸하는 것인지 아닌지'를 아는 것이 모든 도덕적 추구에 있어서 가장 중요하고 기초적인 것이라 하였다. 이는 사실이다. 인간이 무엇인지를 알아야만, 즉 인간의 본성이나 본질이 무엇인지 알아야 올바른 삶의 목적을 설정할 수가 있고 또 '어떻게 인간답게 살 것인가' 하는 문제가 올바르게 정립될 수가 있기 때문이다. 통속적으로 말해 "첫 단추를 잘 끼워야 제대로 옷을 입을 수 있기 때문"이다. 『대전』이라고 할 만한 토마스 아퀴나스의 저작들에는 하나같이 철학자들이 다루고 있는 거의 모든 주제에 대해서 다루고 있다. 아마도 그중에서 가장 돋보이는 것이 있다면 인간에 관해서 다루고 있는 부분일 것이다. 그는 신을 말하면서도 항상 신과 인간의 관계를 염두에 두어 이를 언급하고 있으며, 천사를 말하면서도 천사에 대한 고찰은 인간의 진보를 염두에 둘 때, 즉 인간이 자신에 대한 이상적 모델을 생각할 때 진정으로 의미가 있는 것이라 말하고 있다. 그리고 세계와 자연에 대해 말할 때에도 항상 인간과의 관계성을 염두에 두고 있으며, 눈에 보이는 이 지상의 세계와 보이지 않는 초월의 세계가 서로 관계성을 가질 수 있는 것도 인간 존재(인간의 영혼)가 매개체의 역할을 하기 때문이라고 말하고 있다. 즉, 어떤 관점에서 보면 그의 모든 논의는 '인간이란 무엇이며, 인간은 무엇을 알 수 있으며 또 인간은 어떻게 살아가야 하는가?'를 중심에 두고 이루어지고 있다고 해도 과언이 아닐 것이다.

현대의 어떤 사상가들은 이 같은 토미즘의 사유를 '인간중심주의'라고 비판할 수도 있겠지만, 사실 인간에 대해서 우선적인 중요성을 부여하거나 보다 깊이 알고자 한다고 해서 '인간중심주의'가 되는 것은 아니다. '인간중심주의'라는 말을 정확하게 이해한다면 이는 '모든 것을 판단하는 데 인간이 중심이 되어 혹은 인간을 위해서 판단을 하는 사상'이거나 혹은 '어떤 가치를 정하는 데 있어서 그 기준이 인간에게 도움이 되는가 아닌가를 기준으로 판단하는 것'이라고 할 수 있을 것이다. 하지만 만일 이런 관점에서 토미즘에 '~중심주의'를 붙이고자 한다면 토미즘은 '진리중심주의'라고 할 수 있을 것이다. 왜냐하면 토마스 아퀴나스는 무엇을 탐구하거나 논하고자 할 때 항상 그 판단의 기준이나 준거가 되는 것은 진리, 즉 참된 것, 올바른 것, 선한 것 등이기 때문이다. 인간을 보다 깊이 이해하고자 한다고 해서 '인간중심주의'라고 매도한다면 논리학은 '논리중심주의', 건축학은 '건축중심주의', 의학은 '의술중심주의' 정치학은 '정치중심주의'가 되고 말 것이다. 이처럼 단적으로 말해 토미즘은 '신중심주의'도 아니고 '인간중심주의'도 아니다. 반면 우리가 토미즘의 '인간학'에 어떤 수식어를 넣어서 보다 구체적으로 이름을 붙이고자 한다면 아마도 '심오한 휴머니즘'이라고 부를 수 있을 것이다. 왜냐하면 그는 인간을 연구함에 있어서 더 이상 깊이 파고들 수 없을 정도로 깊이 파고들고 인간에 관해서 더 이상 심오하게 의미를 부여할 수 없을 정도로 깊게 탐구하고 있기 때문이다. 그 몇 가지 근거를 들자면 아래와 같다.

모든 피조물 안에 신과 유사한 점을 지니고 있는데, 다른 피조물들에게는 신의 '흔적'으로 나타나며, 인간에게는 '신의 이미지'처럼 나타나고 있다.

-『신학대전』, 1, 93 -

인간의 육체도 다른 동물들의 육체보다 더 신과 유사한 모습으로 창조되었다.

-『신학대전』, 2, 93 -

인격*persona*은 모든 본성 안에 있는 것 중 가장 완전한 것이다.

-『신학대전』, 3, 27 -

인간의 영혼은 육체적인 존재들과 비육체적인 존재들을 분리시키는 지평이자 한계이다.

-『대이교도대전』, 2, 68 -

존재하고, 살아가고, 앎을 가지는 세 가지 속성은 유일한 하나의 본질인 영혼으로부터 산출된다.

-『진리론』, 10, 1 -

영혼들의 다양함은 육체들의 다양함과 상관관계를 가지며, 죽음 이후에도 영혼들은 다양함을 지니고 존재한다.

-『신학대전』, 1, 76 -

인간의 지성적인 능력은 믿음의 덕을 통해서 신성한 앎에 참여하며, 신적 사랑을 통해서 의지의 능력은 신의 사랑에 참여하고,

영혼은 '재탄생' 혹은 '새로운 창조'를 통해 신성한 본성에 참여한다.

-『신학대전』, 2, 110 -

인간을 고찰함에 있어서 그리스도인들에게 있어서 부정할 수 없는 한 가지는 '인간이 신을 닮았다'는 사실일 것이다. 이러한 진리는 성경에 근거를 두고 있겠지만, 이성적인 관점에서는 '결과는 원인과 유사성을 가진다'는 형이상학적 원리에 근거하고 있다. 그래서 아우구스티누스는 이 지상의 세계에 신이 거주하는 곳이 있다면 그것은 인간의 내면이라고 본 것이다. 토마스 아퀴나스는 이러한 문학적인 표현 대신에 인간에게는 신과 유사한 것이 내재해 있다고 표현하면서 이를 '이마고 데이', 즉 '신의 이미지'라고 부르고 있다. 인간 육체를 '인간의 육체'이게끔 하는 형상이 인간의 영혼이기에 신의 이미지를 가진 인간의 영혼은 당연히 인간의 육체에게 다른 동물과는 다른 특성을 부여하는 것이다. 아마도 이러한 점은 왜 인간의 육체에 동물의 장기를 이식하는 것이 그토록 윤리·종교계에서 받아들이기 어려운 문제가 되는지를 설명해 주는 이유가 될 수 있다. 그리고 단적으로 한 개별자의 인간을 지칭하는 용어인 '페르소나', 즉 인격은 가장 최상의 실재라고 할 수 있는데, 이는 '인간성' 혹은 '인류'라는 보편적 개념이 지니는 것보다 훨씬 많은 것을 지니고 있으며, 한 개인이 현재 지니고 있는 것을 넘어서는 '가능성'까지를 포함하는 모든 것, 즉 총체성을 지칭하는 개념이다.

표 30 페르소나에 관한 네 가지 의미 구분

| 사전적 의미 | 라틴어에서 'persona'는 인간, 가면, 신분, 직업 등을 의미하며, 특히 신학에서 대문자로 시작하면 신의 위격을 지칭하는 것이었다. 불어에서는 'personne'로 바뀌는데, 이 역시 사람, 자아, 얼굴 등을 지칭한다. 영어에서는 'personality'로 바뀌는데 이는 '성격', '개성', '인물'(유명인)을 의미하고 있다. |
| --- | --- |
| 『성경』혹은 「신학」에서 | 신의 세 위격(성부, 성자, 성령)을 지칭하기 위해 쓴 용어로 대문자 'P'로 시작하며, 제1, 제2, 제3 페르소나로 구분된다. 이 세 가지의 위격은 유일한 하나의 실체의 세 가지 양태 혹은 국면이라고 볼 수 있다. 한 개인을 지칭할 때는 소문자 'p'를 사용하는데, 이 경우 '신의 이미지'(모상)로서의 인간 혹은 인간이 가진 신을 닮은 부분을 지칭하고 있다. |
| 문학에서 | 고전 라틴문학에서 '페르소나'는 '가면'을 의미하기도 하였는데, 그 이유는 분장술이 발달하지 않았던 당시에는 연극의 배우들이 자신이 연기해야 할 인물의 개성을 드러내기 위해서 '가면'을 쓰고 연기하였기 때문이다. 여기서 가면이란 인물의 개성 혹은 인격을 상징하는 것이다. 그래서 문학에서는 사람들은 흔히 3~4개의 다른 인격(가면)을 가지고 상황에 따라서 다른 가면을 쓰고 나타난다고 본 것이다. |
| 철학에서 | 토마스 아퀴나스 역시 '페르소나'를 성경이나 신학에서 사용하는 것과 동일한 의미로 사용하고 있는데, 그는 페르소나가 인간에게 있는 가장 탁월한 것 혹은 가장 완전한 것이라고 말하고 있다. 현대의 토미즘이나 현대 프랑스철학의 '인격주의personnalisme(불)'에서는 이를 '인격'이라고 부르면서 한 인간이 가진 최고의 존재, 그의 모든 것, 가능성을 포함한 총체성 등을 지칭하고 있다. 특히 인간과 절대자와의 관계성을 말해 주고 있는 것이 이 인격의 개념이며, 여기서 인간의 존엄성이란 개념이 발생한다. |

한 개인의 모든 생명 현상의 원인이면서 동시에 원리가 되는 영혼(지성혼)의 개념은 인간에게 있어서 가장 본질적인 어떤 것이요 형상이되겠지만, 그럼에도 '페르소나'라는 개념은 육체적인 특성까지도 포함하는 것이기에 영혼보다도 더 포괄적인 것이며, 단적으로 한 개별자의 총체성이라고 할 만한 것이다. 즉 '홍길동'이나 '이순신'과 같은 그의 이름이 지칭하는 것, 단적으로 '한 개인'을 지칭하는 것이 페르소나의 개념이다. 그리고 한 인간이 신을 닮았다는 것은 바로 이러한 개별자의 차원에서이기에 한 개인은 최후의 가치처럼 고려되고 있다. 인간에게는 이 지상의 세계에 존재하는 것을 초월하는 신성한 어떤 것을 지니고 있다는 차원에서 인간의 영혼은 (비록 우리가 의식할 수는 없다고 해도)

초월적인 세계와 맞닿아 있고, 이와 교감하고 있으며, 어떤 관점에서는 소통을 하고 있다. 만일 이를 부정하게 된다면 신탁을 받은 예언자나 천사의 알림, 신비적 체험 등은 모두 소설이 되고 말 것이다. 그리고 인간이 가지고 있는 이러한 신성한 어떤 것을 부정하게 된다면 '인간으로서의 인간이 가지는 인간 존엄성'은 그 근거를 가지기가 매우 어렵게 되고 말 것이다.

이처럼 토미즘의 인간학에서 두드러지게 드러나고 있는 것은 '개별자'에 대한 가치이다. 토마스 아퀴나스는 '인간에게는 모두에게 공통되는 보편적인 혹은 유일한 하나의 영혼이 있는가 아니면 모두에게 다 다른 개별적인 영혼이 있는가'라는 문제로 아랍 계열의 철학자들과 논쟁을 한 적이 있는데 이 논쟁을 다룬 『지성 단일성 논쟁』이라는 책을 쓰기도 하였다. 여기서 토마스 아퀴나스의 입장은 모든 인간은 모든 다른 인간과 구별되는 개별적인 영혼을 가진다는 것이다. 왜냐하면 소크라테스의 영혼이란 그것을 통해서 살아가고, 그것을 통해서 동물이고, 그것을 통해서 인간이며, 그것을 통해서 소크라테스일 수 있는 유일한 원리이기 때문이다. 즉 한 개인(개별자) 안에, 인간성이란 보편자(본성)가 있으며, 인간성 안에 동물적 특성이 내포되어 있고 또 동물적 특성 안에 식물적인 특성이 내포되어 있는 것이다. 즉, 인간의 영혼은 한 개인의 모든 특성에 대해 총체적으로 원인이 되는 '생명의 제일 원리primum principium vitae'이다. 그래서 그는 '인간의 영혼이 보편적이기에 보편적인 앎을 추구할 수 있다'고 주장하는 이들에게 "인간의 영혼은 개별자이지만, 이 개별자가 보편적인 것을 알 수 있는 원리(지성, 이성)를 타고났다"고 말하고 있는 것이다. 그렇기 때문에 토마스 아퀴나스는 "내가 남과 다르다는 것, 즉 내가 남이 지니고 있는 않은 나만의 고유한 것을 가지고 있다는 것, 이것이 곧 선이다"라고 주장한 것이다.

　이러한 인간에 대한 사유는 인간의 사명(소명)에 대한 개념을 불러일으킨다. 인간이 탄생한다는 것은 삶에 대한 소명을 가진다는 것을 말하며 이는 두 가지의 다른 의미를 가지고 있다. 하나는 인간은 '인간답게 성숙하여야' 한다는 것이며, 다른 하나는 인간은 '개별자가 되어야' 한다는 것을 의미한다. 토마스 아퀴나스는 인간의 영혼이 (탄생 시에는) 아무것도 쓰여 있지 않는 백지와 같다고 말하면서, 진리에 대한 앎을 통해서 완성되어야 한다고 말하고 있다. 이는 배움을 통해서 앎 혹은 깨달음을 가진다는 것이며 결국 이는 영혼의 내용을 가진다는 것과 같은 것이다. 다른 관점에서 말하자면 배움을 통해 올바른 세계관이나 가치관 혹은 인생관 등을 가진다는 것을 말하는 것이다. 이는 모든 인간에게 공히 적용되는 '인간으로서의 인간의 사명'을 말하는 것이다. 반면 인간의 영혼이 원초적으로 개별자의 영혼이라는 것은 이러한 앎들이 자신만의 고유한 인생에 있어서 자기만의 영혼의 내용, 자기만의 고유한 세계관과 가치관, 그리고 인생관을 가져야 한다는 것을 의미한다. 달리 말해서 인간은 누구나 '자기의 세계'를 가져야 한다는 것을 의미한다. 이는 '개인으로서의 인간의 사명'을 말하는 것이다. 전자가 '인간의 길'을 의미한다면 후자는 '개인의 길'이라고 할 수 있다. '인간의 길'이라는 차원에서 이 길은 모두에게 보편적인 것이다. 즉 '인간답다'는 것은 누구에게나 동일하여야 하는 것이며 상대적일 수가 없다. 반면 '개인의 길' 혹은 '나의 길'이란 차원에서 이 길은 모두에게 동일할 수가 없는 것이다. 오히려 모두는 각자 자신의 고유한 인생을 통해서 자신만의 세계관과 가치관, 그리고 인생관을 가지면서 유일한 자기 역사를 가져야 하는 것이다. 즉 한 인간의 영혼이란 개별적인 자기 세계 안에 보편적인 세계관이 내포되어 있고, 개별적인 자기 가치관 안에 보편적인 가치관이 내포되어 있는 것이다. 아마도 베르그송의 말을 빌리면, 보편적인 가치관이란 '윤리éthique(불)'를 지칭하는 것이라고 한다면, 개별적인 가치관은 '도덕moral(영)'이라고 부를 수 있을 것이다. 왜냐하면 베르그송은 "윤리적인 것(의무적인 것)을 다하고, 그 이상을 행할 때 이를 '도덕'이라고 부른다"라고 말하기 때문이다. 이렇게 자기 세계나 자기 가치관을 가지게 될 때 한 영혼은 세계에서 유일한 존재가 될 것이며, 한 영혼의 가치는 ─그것이 절대적인 지평에 있다는 차원에서─ 물리적인 우주 전체의 가치와도 비교할 수 없는 것이 되는 것이다. 그렇기 때문에 인간의 존엄성은 보편적 인류라는 차원에서보다는 유일하고 절대적인 가치를 지닌 개별자의 차원에서 더 분명하게 주어지는 것이다.

이상의 토미즘의 관점에서 보자면 가치는 보편적이어야 하고 문화는 상대적이어야 한다. 따라서 가치상대주의는 극복되어야 하겠지만, 문화상대주의는 보호되어야만 하는 것이다. 엄밀히 말하자면 진리라는 차원에서는 보편적 가치가 확고하게 주어져야 하지만, 문화적 차원에서는 가치 상대주의가 긍정되고 용인되어야 하는 것이다. 모든 인류는 인간이기 때문에 가지게 되는 동일한 가치들, 모두가 존중하고 지향해야 할 가치들, 반드시 실현해야만 할 가치들을 가지고 있어야 한다. '생명의 존엄성', '배움의 중요성', '선을 향한 지향성', '양심적인 삶'과 '정의의 실현', '다양성의 공존', '인류의 보존', '건강한 생태계의 보존', '전쟁보다는 평화' 등 누구도 부정할 수 없는 보편적 가치들이 긍정되어야 한다. 다시 말해 '인간의 길'이란 차원에서 이 길은 다양하거나 서로 상반되는 길이 주어져서는 안 되는 것이다. 반면 모든 민족,

모든 개인은 고유한 자신만의 역사와 문화를 창조하고 향유할 수 있어야 한다. 여기서 그 어떤 특정한 문화가 낮다거나 더 가치 있다고 평할 수는 없으며, 만일 그렇게 평가할 수 있는 근거가 있다면 그것은 '인류의 보편적인 가치'를 실현하는 데 얼마나 도움을 주며, 얼마나 도움을 주지 못하는가 하는 그 척도뿐일 것이다. 이 같은 보편적인 가치와 무관한 문화들, 가령 민속의상이나 전통예술 혹은 종교적 의식의 다양성 등은 이들이 '다름'을 가지고 있다는 차원에서 그 자체로 선한 것, 즉 좋은 것이다.

다시 페르소나의 주제로 돌아와 보자. 개인의 내부에 인간성이 있는 것처럼, 나의 개성(개별성) 안에는 인류로서의 보편성이 이미 내재해 있다. 어떤 의미에서는 이 둘의 구분은 논리적이고 범주적인 구분일 뿐이며, 현실적으로는 혹은 실제적으로는 하나이고 동시적이다. 가령, 어떤 사람이 전쟁 중에 집과 가족을 모두 상실하고 혼자 버려진 불행한 어린이를 만났다면, 그는 인간으로서 그를 외면할 수가 없다고 생각하며 잠시 자신의 가족과 함께 살고자 원할 수 있다. 이는 분명 그의 인간성의 발로이며 일종의 인류애가 작용한 것이다. 왜냐하면 이 같은 도덕 감정은 민족 감정이나, 정치적인 계산 등 그 어떤 다른 것이 개입하지 않고 오직 인간으로서 느끼는 감정이기 때문이다. 하지만 동일하게 인간이고 동일한 인간성을 가진 다른 사람들은 그와 동일하게 느끼지 않을 수 있고 그의 생각과 동일한 생각을 전혀 하지 않을 수도 있다. 그가 그렇게 남과 다르게 느낄 수 있는 것은 그가 남과 다르기 때문이다. 즉 그만이 가진 고유한 외적 내적 상황이 그렇게 느끼고 생각하도록 한 것이다. 그래서 토마스 아퀴나스는 "다르다는 것, 이것이 곧 선이다"라고 말한 것이다. 이는 분명 그의 개별성의 결과이다. 이처럼 인간에게 발생하는 도덕 감정은 한편으로 인간성의 발로이며 다른 한편으로는 개별성의 발로이다. 이 둘은 항상 동시적인 것이다. 이렇게 인간성이라는 보편적 차원과 개별성이라는 특수한 차원이 구분되기 이전에 '단적으로 나'라고 할 때 이것이 곧 '나의 페르소나'가 되는 것이다.

그런데 토마스 아퀴나스에게 있어서 이 같은 개인의 페르소나는 그 자체 유일하고 절대적인 것이어서, 이 세상에 동일한 두 개의 페르소나가 존재할 수 없다. 그리고 인간이 신적인 사랑과 신적인 본성에 참여할 수 있는 것도 사실 이 페르소나의 차원에서이다. '인간은 신적인 사랑이나 신적인 본성에 참여할 수 있다'는 진술은 지상의 모든 다른 생명체와 인간을 구분해 주는 인간의 특수성이며, 인간이 지닐 수 있는 최고의 숭고한 가치를 말해 주고 있는 것이다. 토마스 아퀴나스가 인간이 신적인 존재에 참여할 수 있다고 생각하는 근거들은 아래의 형이상학적 원리들이다.

> 하나의 하위적인 본성은 그 자신이 가진 가장 상승된 것(고차원적인 것)을 통해, 보다 상위적인 본성의 가장 하급적인 부분과의 접촉*attingit*에 들어간다.
>
> -『진리론』, 10, *De Mente*, 1 -

> 우주는 '광대함'과 '확장'에 있어서는 인간보다 더 완전하다. 하지만 '밀도'와 '집중'에 있어서는 신적 완성과 유사한 최고선을 받아들일 수 있는 인간이 우주보다 더 완전하다.
>
> -『신학대전』, 1, 93 -

아우구스티누스에 있어서 그러하듯, 영혼은 자연적으로 하나의 '신성화하기'의 능력을 가지고 있으며, 이를 통해서 영혼은 미래를 알 수가 있다.

-『신학대전』, 1, 86 -

이성적인 피조물인 인간이 현실성으로서 혹은 습관으로서 신을 알고 사랑할 때, 신은 특별하게 이성적인 피조물 안에 존재하는 것이다. … 바로 이러한 방식으로 신은 은총을 통해 '성인들 안에 in sanctis' 존재한다고 말해지는 것이다.

-『신학대전』, 1, 8 -

사람들이 동물들의 어떤 특별한 행동에 관심을 가지는 것은 그것이 동물의 행동을 넘어서 인간과 유사한 행동을 할 때이다. 가령 새가 말을 한다거나, 동료의 죽음을 애도하는 코끼리를 본다거나, 다른 종류의 동물이 위기에 처할 때 위험을 무릅쓰고 도움을 준다거나 하는 등의 행위이다. 이러한 동물들의 행동이 우리의 관심을 끄는 이유는 그 행위가 동물들의 행위에 있어서 탁월한 것이기 때문이며, 이 탁월한 행위를 통해서 어떤 의미에서는 인간과 교감을 가지기 때문이다. 마찬가지로 인간은 가끔 인간적인 것 이상의 행위를 보여 줄 때가 있다. 예술이나 진리를 위해 자신의 이익을 구하지 않고 평생을 헌신하는 일, 세계의 평화나 지구 환경을 위해 자신의 인생을 투신하는 일, 타인의 생명을 구하기 위해 자신의 생명을 희생하거나, 자신이 알지 못하는 불행한 이들을 위해 평생을 헌신하는 일 등은 결코 순수하게 인간적인 행위로 보기 어렵다. 이러한 예들은 특히 '성인전'이나 '위인전'에서는 차고 넘친다. 만일 이를 이성적으로 이해하고자 한다면 한 가지 설명밖에 없을 것이다. 그것은 인간이란 인간 이상이 될 수가 있고, 인간이 가진 페르소나는 무한 혹은 신성에 맞닿아 있으며, 이 페르소나를 통해 신성한 존재와 교감과 소통이 가능하기 때문일 것이다. 만일 천사들이 존재한다면 그들은 이 같은 인간이 가진 인간 이상의 행위에 특히 관심을 가질 것이라는 생각은 자연스러운 것이다.

인간은 그의 페르소나를 통해 언어로 규정할 수 있는 모든 것을 넘어서는 존재이며, 어떤 의미에서 이 지상에서 인간 존재만큼 신비로운 존재는 없다. 인간에 대해서는 인간이 무엇을 산출할 수 있는가에 따라 무한히 새롭게 규정될 수 있는 존재이며, 마르지 않는 샘을 가지고 있는 존재와 같다. 바로 이것이 인간이란 '심오한 존재', '규정이 불가능한 존재', '그 가치를 가늠하기 어려운 존재'일 수밖에 없는 이유이다. 그렇기 때문에 토미즘의 인간학은 '심오한 휴머니즘'이라고 불릴 수밖에 없는 것이다. 만일 이 같은 '심오함'을 전제하지 않는다면, 인간의 존엄성의 근원적이거나 절대적인 근거는 어디에서도 발견할 수가 없을 것이다.

## ② 인간은 무엇을 알 수 있는가?

사람들은 토미즘을 '지성주의'라고 부르기도 한다. 이는 의지와 지성 사이에 지성에게 우선권을 준다는 것을 의미하며, 도덕적 행위의 실천에 있어서 '선의지'보다는 '지성적인 이해'가 우선한다는 것을 의미한다. 물론 선의 실천에서 '앎'이 먼저인가 '의지'가 먼저인가 하는 문제는 관점의 문제이며 정답이 있을 수 없다. 의지주의자는 "아무리 잘 알고 있어도 실천하고자 하는 선의지가 없다면 앎은 무용하다"라고 할 것이고, 지성주의자들은 "아무리 확고한 선의지를 지니고 있어도 무엇이 선한 것인지 진정으로 알지 못한다면 선의 실천은 불가능할 것이다"라고 할 것이기 때문이다.

그런데 토마스 아퀴나스가 '의지'보다 '지성'에 우선권을 부여하는 이유는 무엇일까? 만일 '선의지의 실천'이라는 것을 '사랑'이라고 말할 수 있다면, 토미즘에서 '사랑'이란 '지성에 의해 밝혀진 혹은 확인된 의지'를 의미한다. 다시 말해서 토미즘에서 주장하는 선은 단지 선을 실천하는 그 행위 자체가 아니라, 선의 실천에 대한 분명한 자기인식, 그리고 선의 실천 행위 전반에 걸친 분명하고 확실한 이해를 중요하게 여기는 것이다. 이는 선을 실천하되 그 선에 대한 가급적 분명하고 섬세하고 확고한 방법론까지 함의하고 있음을 보여 준다. 아리스토텔레스는 덕의 실천에 있어서 어떻게 가장 중요한 순간에, 가장 적절한 크기로, 가장 효율적인 결과를 유발할 수 있는가에 대하여 숙고하는 '사려'(중용)를 강조하였고, 사려의 덕을 모든 덕에 동반되는 '덕들의 덕'처럼 고려하였다. 이는 토미즘의 사랑의 실천에 있어서 그대로 적용된다. 토미즘에서 사랑의 실천의 시작으로부터 마지막까지 동반되는 지성적인 인식은 올바른 사랑을 실천하게 하는 필수적인 원리이다. 그렇기 때문에 '안다는 것'은 진정한 사랑의 실천에 있어서 충분조건은 아니겠지만 반드시 요청되는 필요조건이 된다.

그렇다면 토미즘에 있어서 무엇을 '안다는 것' 혹은 '앎을 가진다는 것'은 무엇을 의미하는가? '앎의 등급'이라는 말이 있듯이 '무엇을 안다'는 것은 다양한 차원으로 이해될 수 있다. 여행을 하면서 새로운 지명을 알게 되는 것도 아는 것이요, 영어 단어의 뜻을 아는 것도 아는 것이요, 어떤 사건의 원인을 아는 것도 아는 것이다. 나아가 모르는 사람을 알게 되는 것도 아는 것이며, 인생의 진리나 가치를 깨닫는 것도 아는 것이다. 이렇게 안다는 것은 다양한 차원의 의미가 있다. 그렇다면 토미즘에 있어서 이 같은 앎의 등급은 어떻게 규정되는가? 우선 토마스 아퀴나스는 '안다는 것' 혹은 '지성적으로 아는 것'의 첫 번째 의미는 어떤 대상의 '본질'을 아는 것이다. 이 본질은 '그것이 무엇인 것 *quid*'으로서 영어의 'What'에 해당하는 것이다. 아리스토텔레스의 용어로는 '형상(에이도스)'에 해당하는 것이다. 백지와 같은 태아의 영혼에 다양한 사물에 대한 본질을 개념 혹은 관념의 형태로 채워 가는 것이 곧 앎을 가지는 행위가 되는 것이다.

> 어떤 것이 '알 만한 것으로' 발견되는 것은 이 질료로부터 분리된다는 한에서이다. … 어떤 것을 아는(이해하는) 지성 안에 어떤 비-질료적인 것의 수용*recipi aliquid immaterialier*이 이루어진다는 것은 분명하다.
>
> - 『진리론』, 2, *De Scientia Dei*, 2 -

> 지성은 그 자체 감각적 기관의 도움 없이 지성적인 유類, *species*를 보존하는 주체이다.
>
> - 『신학대전』, 1, 79, 6 -

이렇게 무엇을 알게 된다는 것은 곧 영혼(지성혼)의 내용을 가진다는 것이며, 그 방법론이 곧 '추상 행위'이다. 추상한다는 것은 질료적인 것(물질적인 것)과 함께 있는 비-질료적인 것(정신적인 것)을 추출한다는 것을 의미한다. 추상 행위는 정신의 가장 본질적이고 일차적인 행위이다. 그렇기 때문에 '이상한 것'을 발견하였을 때 사람들은 먼저 '이것이 무엇 (What, quod)인가?'라고 질문하게 되는 것이다. 그런 다음 '이것은 누가 만든 것이지?'(원인)를 묻게 되고, 또 '이것을 왜 만든 것일까?'(의도, 목적)를 묻게 되는 것이다. 사실 모든 사전적인 정의란 곧 추상 작용의 결과이고, 지성의 추상 행위가 전제되지 않는다면 학문이라는 것은 존재할 수가 없을 것이다.

**표 31** 『신학대전』 1권(q. 85, a. 1-3)에 나타나는 지성의 추상 작용의 국면들

| | 개별자의 세계에서 | 추상의 세계에서 |
|---|---|---|
| 진보의 차원 | 불완전한 학문: 모호하고 확연히 구별되지 않는 앎들 - a. 3, c. - | 지성의 진보는 하나의 보편적인 전체에서 제 부분들을 분명히 구별하는 데서 주어진다. |
| | 시간 혹은 발생의 질서: 불완전함, 다양함, 우연적, 진보중인… - a. 3, ad 1 - | 지성적인 혹은 개념의 질서: 가능태와 현실태, 불완전과 완전, 원인과 결과, 존재, 일자 등 - a. 3, ad 1-4 - |
| 본성 혹은 유적인 차원 | 실제적인 본성은 개별자 안에서만 존재할 수 있다. 즉 인간성이란 구체적인 개인 안에서만 존재한다. - a. 2, ad 2 - | 알려진 대상=추상된 지적상: 보편적인 개념 (예, 인간성): 이는 절대를 지향한다. (항상 보다 나은 개념이 가능하다) |
| | 개별성의 원리: 감각적인 이미지, 속성들 (색깔, 모양, 정감 등) - a. 1, ad 1 - | 보편성의 원리, 지적 상: 형이상학적 차원(돌, 말, 사람), 그럼에도 감각 이미지와 함께 인식된다. - a. 1, ad 5 - |
| 질료의 차원 | 개별적이고 감각적인 질료들: 질적 양적인 차이를 내포하는 질료들 | 지성적이고 공통적인 질료적 속성들: 수, 차원, 모양 등 |
| | 개별적이고 감각적인 질료들: (이 육체, 이 뼈, 저 돌 등) - a. 1, ad 2 - | 공통적인 감각 질료들: 육체, 뼈, 돌 등 |

• 도표 출처: 이명곤, 「아우구스티누스와 토마스 아퀴나스에 있어서 인간지성의 구조와 진리의 인식」, 『동서철학연구』, 제51호, 한국동서철학회, 2009. 03.

만일 누군가 '왜 인간은 어떤 것의 본질을 알고자 하는가?'라고 묻는다면, 토미즘은 '그것이 인간의 정신이 가진 본질적인 행위이기 때문, 혹은 그것이 인간의 본성이 가진 특징이기 때문'이라고 말할 것이다. 다시 말해서 인간의 영혼은 진리에 대한 앎을 통해 성장하기 때문

이다. 식량이 육체의 양식이듯이, 앎은 영혼의 양식이다. 그리고 토마스 아퀴나스는 개별적인 차이들로부터 추상의 행위를 통해 '보편적인 것'을 산출하는 지성의 행위에는 끝이 있을 수 없다고 생각하고 있다. 이러한 관점에서 보자면 인류의 문화나 예술이 진보할수록 추상적인 형태를 띠는 작품이 많아지는 것은 자연스러운 일일 것이다.

　토미즘에 있어서 지성적인 앎에 있어서 '감각적인 것' 혹은 '질료적인 것'에 대한 앎의 의미는 지성이 본질을 아는 데 있어서 전제조건이며, 결정적 계기와 같다. 왜냐하면 먼저 감각적 인식이 이루어지지 않는다면 본질을 알고자 하는 지성의 행위도 발생하지 않을 것이기 때문이다. "이미지가 전혀 없는 비육체적인 모든 형상(관념)은 오직 이미지를 가지고 있는 감각적인 육체와의 관계를 통해서만 알려질 수 있다."(신학대전』, 1, 84) 그래서 '왜 인간은 무엇을 알고자 하는가? 안다고 해서 뭐가 달라지는가?'라고 묻는다면 토미즘은 '놀라운 것은 궁금증을 유발하고 궁금한 것을 알고자 하는 것은 지성의 가장 기본적인 욕구'라고 할 것이다. 토마스 아퀴나스는 "경이驚異는 알고자 하는 욕망을 야기한다"(신학대전』, 2, 8)라고 말하고 있다. 감각적인 인식은 지성으로 하여금 현상의 본질, 원인 등을 알고자 하는 욕망을 야기한다. 이는 마치 어떤 음식의 향기가 먹고자 하는 욕구를 야기하는 것과 같은 것이다. 즉 현상을 파악하면 지성은 본성적으로 그 현상의 원인이나 근원을 알고자 하는 것이다. 그래서 세계는 '카오스'(혼돈)가 아니라 '코스모스'(질서)라는 것과 이 질서를 창조한 자가 있다는 것은 '계시'가 없어도 지성에 의해 알 수 있는 것이다. 지성에 있어서 모든 '결과'란 원인을 가정하기 때문이다. "올바른 이성의 질서는 인간에서 비롯되듯이, 자연의 질서는 신에게서 비롯한다."(『신학대전』, 2-2, 154)

토미즘에 있어서 이성이 추론의 능력이라고 한다면, 지성은 이해(직관)의 능력이다. 엄밀히 말하자면 지성은 영혼의 다른 이름이며, 이성은 의지와 함께 영혼의 두 능력이다. 그래서 이성이 수학적인 앎과 관련된다면, 지성은 한 개별자의 본질을 알거나 이 개별자를 '이해'하는 것과 관련된다. 그렇기 때문에 이성적인 앎은 직접적으로 의지와 관련되지 않지만 지성적 앎은 의지와 직접적으로 관련된다. 인간의 지성이 사물의 본질을 알고 세계의 질서를 알아 결국 이들의 원인을 이해한다는 것은 인간에게 있어서 인간은 무엇을 추구해야 하며 어떻게 살아가야 하는가에 대한 문제로 나아가게 하는 것이다. 그래서 인간의 '궁극적인 목적'에 대해서 아는 것은 지성적인 앎이다. '목적론적 세계관'이란 모든 존재하는 것은 어떤 목적을 가지고 있으며, 삶이란 곧 목적을 향해 나아가는 것을 의미한다. 사실 모든 종교적 사상은 일종의 목적론을 가지고 있음을 의미한다. 불교도, 도교도, 기독교도, 이슬람교도 모든 종교는 인간의 삶에 있어서 궁극적으로 추구해야 하는 것이 있음을 가정하고 있다. 그 궁극적인 목적은 다른 말로 '최고선'이라고도 불린다. 그리고 '인간이 어떻게 살아야 하는가' 하는 문제는 결국 '인간은 어떻게 궁극적인 목적을 향해 잘 나아갈 수 있는가?' 하는 문제로 환원되는 것이다. 따라서 목적론적 세계관에 있어서 궁극적인 목적이란 최고의 가치이고, 다른 모든 인간적 삶의 가치는 이 궁극적인 목적의 실현에 도움이 된다는 한에서 가치가 있는 것이다. 따라서 만일 이같은 보편적인 가치를 부정하게 된다면 엄밀한 의미에서는 도덕도 종교도 성립할 수가 없게 되며, 삶이란 '게임'이나 '놀이'처럼 생각되고 모든 윤리·도덕적인 법칙도 다만 '사회 구성원의 합의'에 지나지 않게 되는 것이다. 그래서 앎에 관한 토미즘의 두 번째 의미는 '인간은 어떻게 살아야 하는가?' 하는 인생의 진리를 알게 하는 것에 있다.

아마도 칸트를 공부한 사람이라면 '인간의 지성이 과연 최종적인 목적이 무엇인지 혹은 최고선을 알 수가 있는가?' 하는 질문을 야기할 것이다. 왜냐하면 칸트는 신, 영혼, 세계 등과 같은 형이상학적 대상(특수 형이상학의 대상)은 이성의 적합한 대상이 될 수 없다고 생각하기 때문이다. 하지만 토마스 아퀴나스는 인간의 지성은 신이 '무엇인지'를 알 수는 없어도 신이 '존재하는지 혹은 그렇지 않는지'에 대해서는 알 수 있다고 보았다. 사실 신의 존재에 대해 철학적으로 생각한다는 것은 "(특수) 형이상학'이 가능한가 혹은 불가능한가?" 하는 질문으로 환원된다. 플라톤의 '선의 이데아', 아리스토텔레스의 '우주의 제일원인', 플로티노스의 '일자', 중세철학자들의 '신', 헤겔의 절대정신, 야스퍼스의 '포괄자' 등은 모두 '세계의 원인자'를 형이상학적으로 추적한 결과들이며 이름만 다른 '유일한 절대자'의 다른 명칭들이다. 어쩌면 도가들의 도나 불교의 불성 등도 형이상학적인 '근원자'를 지칭하는 용어들이라 말할 수 있을 것이다. 어쨌든 '(특수) 형이상학이 가능한가?' 하는 문제는 결국 믿음 혹은 철학적 신앙의 문제이며, 어느 것이 정답이라고 할 수 있는 문제는 아니라고 할 것이다. 다만 토마스 아퀴나스는 인간이 지성을 가지고 있기에 형이상학에 다가가고자 하는 경향성을 가질 수밖에 없는 존재이다. 토마스 아퀴나스에게 있어서 인간은 본질적으로 형이상학적인 존재이며, 그 근거는 인간이 사유하는 정신을 가지고 있으며, "어떤 의미에 있어서 정신적인 존재의 고유함은 모든 것이 되는 것"(『대이교도대전』, 3, 112 & 2, 85)이기 때문이다. 다시 말해 인간의 정신은 신적인 존재와 유사하게 될 수 있기 때문이다. 앞서 존재론 부분에서 언급하였듯이 토미즘의 존재론은 아날로그적이며, 하위 지평의 존재는 상위 지평의 존재와 맞닿아 있고 교감과 소통이 가능한 세계이다. 따라서 본질적으로 영적인 존재인 인간은 사유하는 정신을 통해 자신보다 상위적인 존재의 세계에 참여할 수 있고 유사하게 될 수 있는 존재이다. 프랑스의 토미스트인 에매 포레스트Aimé Forest는 이를 '정신과 존재의 친근성l'affinité de l'esprit et de l'Être(불)'이라고 부르고 있다.

형이상학을 긍정한다는 것은 그 이름과 형태가 어떠하든 인간이 궁극적인 목적을 향해 나아가는 존재임을 긍정하는 것이며, 이것이 목적론적 세계관을 형성하게 한다. 그리고 이 같은 목적론적 세계관에서 인생의 행로와 관련하여 '진리'라는 말이 의미를 갖는다면, 그것은 궁극적인 목적지를 향해서 '올바른 길'을 가고 있다는 것을 뜻한다. 토미즘에 있어서 철학의 목적은 인간으로 하여금 올바른 '진리의 길'을 가도록 도움을 준다는 것에 있다. 이것이 곧 '지혜를 사랑하는 것'이란 '필로-소피아'의 중세적 의미가 되는 것이다. 그는 "오류에서 진리로 이끌어진다는 것은 인간에게 주어진 최고의 은혜이다"(『신명론 주해』, 13, 4)라고 말하고 있는데, 이 진술은 모든 인간에게 공통되는 하나의 목적지가 있으며, 이 목적지는 인류의 역사가 궁극적으로 추구해야 하는 최고선이라는 것을 함의하고 있다. 앞서 말했듯이 이러한 목적론은 '정신적인 전체주의'를 의미하는 것이 결코 아니다. 지구상 다양한 인류의 문화나 문명이 존재한다는 것은 목적지를 향해 나아가는 다양한 길과 다양한 방법론이 있다는 것을 의미하는 것이지, 목적 그 자체가 다양하다는 것을 의미하는 것은 아니기 때문이다. 나아가 토미즘은 최종적인 목적이 인간의 언표로 표현될 때 다양하게 다른 표현으로 나타날 수 있는 가능성을 부정하지는 않는다.

토마스 아퀴나스는 구체적인 논의에 있어서는 아리스토텔레스의 형이상학에 기초해 있지만 그의 전체적인 세계관에 있어서는 매우 플라톤적이라고 할 수 있다. 왜냐하면 그는 신의 정신 안에 존재하는 모든 개별자들의 이데아(창조적 형상)를 긍정하고 있으며, 모든 개별자가 궁극적으로 지향하는 목적이 바로 이것이라고 말하기 때문이다. 그는 이 이데아들을 '창조적 형상'이라고 부르기도 한다. "모든 사물은 신의 지성 안에서 그들 자신보다 더 참되게 존재한다. 왜냐하면 신 안에 존재하는 그들의 존재는 창조되지 않은 것이며, 현실적으로 존재하는 그들은 창조된 것이기 때문이다."(『신학대전』, 1, 18) 인간의 정신이 무한히 신의 지성 속에 있는 이데아들로 접근해 갈 수 있다는 것은 무한히 '진리'에 다가갈 수 있다는 것을 의미한다. 이는 인간의 지성이란 앎에 있어서 예외적인 것이나 한계를 가지는 것은 없다는 것을 의미함과 동시에 최소한 이 지상에서는 완전한 앎이란 불가능하다는 것을 말하고 있다. 토미즘에 따르면 어떤 의미에서 인간은 앎을 가지기 위해 부름을 받았고 이 알고자 하는 인간의 근원적인 욕구 역시 신의 품에 안길 때까지 완전한 휴식은 없는 것이다. 문학적인 표현을 빌리자면 '인간의 영혼이란 보다 높은 곳을 향해 비상하도록 불림을 받은 존재이며, 이러한 비상은 결코 이 지상의 삶에서는 끝나지 않기에 '무한으로 열려 있는 존재'인 것이다.

# 5. 토미즘은
## '이성주의'인가 '지성주의'인가?

### ① '지성주의'란 무엇을 말하는가?

일반적으로 종교생활을 하는 사람들이 성직자들과 부딪히는 문제 중 하나는 성직자들이 신앙생활을 하는 데 있어서 앎의 중요성을 평가절하한다는 점이다. 가끔 우리는 사제나 목사들이 "중요한 것은 많이 아는 것이 아니라, 사랑의 실천이다"라고 강조하는 것을 볼 수 있다. 그래서 교회나 성당에서는 아예 철학적인 논의나 심오한 학문적인 대화가 시작부터 불가능하게 된다는 것을 느끼게 된다. 그런데 분명 '사랑의 실천'이 중요하다는 사제들의 말이 틀린 것은 아닐진데, 왜 여기서 무언가 거북한 감정이나 허전함을 느끼게 되는 것일까? 아마도 그 이유는 '사랑의 실천' 혹은 '진리의 실천'이라는 것이 우선적으로 구체적인 현실에 대한 진지한 앎을 전제하지 않는다면 '내용이 없는 공허한 원론적인 진술'에 지나지 않게 되며 그 효력성을 상실하게 되기 때문일 것이다. 어쩌면 성직자들은 필요한 모든 것은 이미 성경에 다 있으며, 신앙인들이 다만 그것을 행동으로 옮기기만 하면 된다고 단순하게 생각하고 있을지도 모른다. 그래서 프랑스의 현대 토미스트들은 성직자를 "단순한 사람homme simple(불)"이라는 별칭으로 부르기도 한다. 토마스 아퀴나스의 아래 진술은 이 같은 상황을 충분히 추론할 수 있게 해 준다.

> 주로 신학자는 죄를 신을 배반하는 행위라고 생각하나, 도덕철학자는 그것을 이성을 배반하는 것이라고 생각한다.

생각해 보자. 신을 배신하는 행위란 어떤 행위일까? 상식적인 수준에서 그것은 성경의 계명들을 어기는 것이다. 왜냐하면 비록 성직자라고 해도 한 개인적인 신앙인으로서 신의 뜻을 안다는 것은 쉬운 일이 아닐 것이며, 설령 알고 있다고 해도 항상 오류의 가능성을 안고 있기에 분명하게 '이것이 신의 뜻이다'라고 강하게 주장할 수 있는 것이 거의 없을 것이기 때문이다. 이는 생전에 이미 성녀라고 알려진 마더 테레사마저도 임종 전에 "가장 힘들었던 것은 자신이 하는 일이 진정 신의 뜻인지 혹은 자신의 계획인지 잘 알 수 없었던 것"이라고 고백한 것을 보면 알 수 있다. 한편, 성경에 이미 모든 것이 다 있다는 말도 사실은 반만 진실이라고 할 수 있다. 원래 윤리·도덕적인 문제는 삶의 한가운데서 복잡하고 모호한 상황 속에서 발생하기 때문에 결코 성경이나 코란 혹은 도덕경이나 법구경 같은 경전의 명령만을 따라서는 해결할 수는 없는 것이다. 예를 들어 오늘날 문제가 되고 있는 '동물의 권리', '학교폭력', '파업문제', '미투운동' 등과 관련된 문제들은 결코 성경이나 코란만으로는 해결할 수 없는 문제들이다. 그래서 현실적인 윤리·도덕적인 문제는 반드시 깊은 철학적 성찰과 다방면의 학문적 검토를 전제할 때 비로소 '사랑의 실천'이 가능한 법이다.

그런데 이성을 배반하는 것이란 무엇을 의미할까? 그것은 이성이 명백하게 옳은 것 혹은 선한 것이라고 규정한 것을 어기는 것을 말한다. 그렇다면 왜 사람들은 이성이 명백하게 진리라고 규정한 것도 어기게 되는 것일까? 아마도 적극적인 이유라면 자신의 이익을 추구하기 위해서라는 '이기주의의 발로'일 것이며, 소극적인 이유라면 인간의 나약함으로 인해 '앎은 분명하지만, 나약한 의지가 따르지 못 한다'는 이유일 것이다. 이를 토마스 아퀴나스는 "존재는 무한하나, 의지는 유한하다"는 말로 표현하고 있다. 만일 선의 실천에 있어서 전적으로 의지에 달린 것이라고 한다면 이를 '의지주의'라고 할 수 있을 것이다. 하지만 토미즘에 있어서 의지가 실행하기 위한 조건이 곧 어떤 사안에 대한 이성적인 앎 혹은 지성적인 이해이다. 그래서 토미즘은 '주지주의' 혹은 '지성주의'라고 할 수 있는 것이다.

　윤리·도덕의 실천 문제와 관련하여 '주지주의'와 '주의주의'의 대립은 마치 '이데아'와 '개별자'의 문제에 있어서 "닭이 먼저인가 달걀이 먼저인가" 하는 문제와 유사하다. 즉 "무엇이 선인지 알지 못한다면 어떻게 선을 실천을 할 수 있을 것인가" 하는 주장과 "선을 실천할 마음이 없다면 안다고 해서 선을 실천할 수 있을까" 하는 주장이 대립하는 것을 '주지주의'와 '주의주의'의 대립이라고 한다. 일반적으로 학자들은 도덕적 실천과 관련하여 토마스 아퀴나스의 사유는 '주지주의'로 이해하고 있으며, 가끔은 그의 사상을 '주의주의'로 해석할 여지가 있다고 주장하는 학자들도 있다. 하지만 그의 사상적 위치가 '주지주의'인가 '주의주의'인가를 밝힌다는 것 혹은 이 양자 사이의 어느 곳에 위치하고 있는지, 어느 곳에 어느 정도의 무게를 두고 있는지를 안다는 것은 '주지주의'라는 그 이름이 내포하고 있는 '의미를 밝히는 일'에 비하면 사소한 것이라 할 수 있다. 왜냐하면 "토마스 아퀴나스가 주지주의자였다"는 명제에서 중요한 것은 그가 주지주의자라는 사실에 있는 것이 아니라, 주지주의가 무엇을 의미하며, 주지주의가 가지는 도덕 행위에 대한 관계성, 이 명제가 함의하고 있는 형이상학적 의미 등이 중요한 것이기 때문이다.

그런데 '주지주의'가 함의하고 있는 의미들을 보다 깊이 이해하고자 하면, 토마스 아퀴나스의 사유는 '주지주의'보다는 '지성주의'가 더 어울린다는 것을 알 수 있다. 왜냐하면 단순히 '안다는 것'과 '지성적'이라는 것은 다른 것이며, 여기서 안다는 것은 이성의 역할이라면, 지성은 '앎을 지니면서 실천을 야기하는 습성'처럼 나타나기 때문이다. 앞 장에서 보았듯이 이성이 지성의 한 능력이며, 지성에는 (지성이 영혼의 다른 이름이므로) 의지의 능력도 포함되기 때문에 토미즘의 사유는 윤리·도덕적 실천의 문제에 있어서는 본질적으로 '지행합일'의 형식을 띠고 있다. 그렇기 때문에 토미즘은 애초에 '주지주의'라기보다는 '지성주의'라고 하는 것이 적합한 것이다. 토마스 아퀴나스는 이성적 앎과 지성적 앎을 구별하면서 '이성적 앎이란 분석과 추론에 해당하며, 지성적인 앎은 이해와 깨달음에 해당하며, 이성적 앎이 운동과 변화에 해당한다면 지성적인 앎은 존재와 휴식에 해당한다'고 보았다.(『진리론』, 15, 2) 다시 말하면 지성의 이해는 이성의 추론이 끝난 시점에서, 추론의 결과를 근거로 직관intuitio, 통찰perspicio 혹은 이해intellego의 모습을 띠게 되는 것이다. 그래서 최소한 도덕적인 영역에 있어서 지성적인 앎으로 연결되지 않는 단순한 이성적인 앎은 반쪽짜리 앎에 지나지 않는 것이다. 아마도 토마스 아퀴나스가 근대를 살았다면 그는 "윤리·도덕적인 것마저도 수학적이고 기하학적인 질서에 따라 거의 절대적인 합리성의 토대 위에서 정립하고자 했던 스피노자의 윤리학"을 지성적 이해가 배제된 반쪽짜리의 윤리·도덕적인 앎이라고 했을 것이다.

단순한 이성적인 앎은 의지가 동반되지 않기 때문에 비록 그것이 윤리·도덕적인 것에 대한 것일지라도 앎의 결과로서의 (개인적인) 가치판단은 동반되지 않는다. 어떤 의미에서 이성적인 앎이란 날카롭고 정확하기는 하지만 무미건조하고 냉정한 앎이라고 할 수 있다. 반면 지성적인 앎은 한 개별자에 대한 총체적인 이해이며 이미 그곳에 옳고 그름에 대한 종합적인 판단이 개입되고 보다 나은 것 혹은 보다 가치 있는 것에 대한 '가치판단'이 존재하게 된다. 이성적인 판단은 모두에게 동일한 객관성 혹은 보편성을 띄고 있지만, 지성적인 판단은 판단 주체의 개별적인 심미적 도덕적 판단, 나아가 인생관이나 정치적 종교적 신념 등이 포함된 총체적인 것이며 개별적인 것이다. 그렇기 때문에 지성적인 지평에서 동일한 사태에 대한 정확히 동일한 판단을 내리는 두 개인이란 있을 수가 없다. 이러한 이유로 도덕적 행위에 대한 책임은 언제나 행위 주체의 개별적 판단과 선택의 자유에 있는 것이다. 또한 이러한 이유로 토미즘에 있어서 최후의 가치는 언제나 개별자인 것이다. 그렇기 때문에 우리는 토미즘을 '주지주의'가 아닌 '지성주의'라고 부르는 것이다.

### ② 토미즘의 지성주의가 내포하고 있는 세 가지 의미

#### • 정신을 가진 인간은 자기 세계를 가지기 위해 산다

그렇다면 토미즘의 지성주의가 함의하고 있는 의미에는 어떤 것들이 있을까? 우리는 이를 크게 세 가지로 구분해 볼 수 있을 것이다. 첫째는 인간의 정신(지성)이란 '되어 가는 것'(혹은 성장하는 것)이며, 이러한 성장에는 거의 한계가 없다는 점이다. 이는 아리스토텔레스가 인간의 영혼을 정의하면서 "실현"이라고 규정한 것과 동일한 맥락에 있다. 비록 탄생 시에 인간의 영혼은 백지와도 같겠지만, 앎과 더불어 인간의 정신은 보다 더 많은 것을 이해하면서 세계와 인생을 이해하는 '자아'를 가지게 된다. 즉 내용을 가진 '무엇'(개별적인 본질)으로 되어 가는(실현되는) 것이다. 그리고 이 같은 앎이 보다 많아질수록 지성은 보다 상위적인 존재들에게로 접근할 수 있고, 또 그러한 상위적인 존재들과 유사하게 된다. 토마스 아퀴나스는 인간보다 상위적인 존재들에 대한 앎과 관계하는 것을 '상위 이성'으로, 그리고 인간과 인간보다 하위적인 존재들에 대한 앎에 관계하는 것을 '하위 이성'으로 구분하고 있다. 물론 이 같은 구분은 하나의 이성에 대한 그 앎의 대상들에 관련하여 구분한 것이다.

예를 들어 토미즘에 있어서 모든 인간은 예외 없이 '신의 이미지'를 지니고 있고, 그의 생명과 삶은 거의 절대적인 가치를 지니고 있다. 그렇기 때문에 또한 그에게는 '성인'이 될 가능성이 잠정적으로 내포되어 있다. 이러한 것에 관해 분석하고 추론하는 것은 상위 이성의 몫이다. 그런데 이러한 가능성은 '이해' 혹은 '깨달음'이라는 지성적인 앎으로 연결되어 스스로 실현하고자 하지 않는다면 다만 가능성으로만 남아 있을 것이며, 만일 죽음에 이르기까지 전혀 이를 이해하지 못하고, 전혀 실현하지 못했다면 그 가능성은 '없는 것'과 다를 바가 없다. 즉 모든 것은 '실현'에 달린 것이다. 그래서 인간에 대한 가장 평범한 명제인 "인생이란 자아의 실현을 목적으로 한다"라는 말은 정확히 토미즘의 사상과 일치하는 것이다. 인간은 이 세상에 '자아를 실현하기 위해서' 태어난 것이며, 자아의 실현이란 본질적으로 '개별자'가 된다는 것이며, 이는 또한 세상에 하나밖에 없는 유일한 자아, 즉 자신만의 '정신적이고 내면적인 세계'를 가진다는 것을 의미한다. 이 정신적인 세계에는 세계관, 가치관, 인생관 등이 모두 포함된 눈에 보이는 감각적인 이 세계보다 훨씬 풍요로운 세계이다. 그래서 이를 창조라고 할 수 있는 것이다. 프랑스의 토미스트인 조제프 라삼Joseph Rassam은 이렇게 자기 세계를 창조할 수 있다는 것이 '인간이 (창조주로서의) 신을 닮았다'는 것의 첫 번째 의미라고 말하고 있다.

**표 32** 토마스 아퀴나스 『진리론』의 「의식」과 「양심」 편에서 앎의 원리들과 관계들

| | |
|---|---|
| 지성혼 | 이성혼, 감성혼, 식물혼을 포함한 유기적 통일성을 가진 실체 |
| 지성 | 이성(사변적 앎의 제일원리)과 양심(실천적 앎의 제일원리)을 근본적인 두 원리로 가지며, 기억의 형태로 자기 자신에 대한 앎의 내용을 가지는 앎의 주체이다. 이성과 양심은 일종의 생득적인 능력 혹은 원리로서 사용의 여부에 따라 진보하거나 퇴보하지만 소멸될 수는 없다. |
| 이성 | 상위 이성 | 상위적인 대상(초월적, 이상적 대상)을 그 사유의 대상으로 함 |
| | 하위 이성 | 상위 이성의 원리들을 하위적인 대상(구체적인 삶의 문제들)에 적용 |
| 양심 | 양심은 다만 실천적 앎의 능력일 뿐 아니라, 선을 실천할 수 있는 근원적인 힘처럼, 즉 선을 부추기고 악을 질타하는 능력으로 나타난다. 양심은 상위 이성의 대상이나 하위 이성의 대상 모두에게 적용되며, 사람에 따라 '이완된 양심', '기민한 양심', '무감각한 양심' 등 다양하게 나타나지만 결코 소멸되지는 않는다. 토마스 아퀴나스는 최후의 심판에서 우리 자신의 선악을 심판하는 것은 곧 우리 자신의 양심이라고 말하고 있다. |
| 의식 | 지성과 양심을 그 근원적인 원리로 하여 하나의 사태에 대해 종합적인 앎(인식)을 가지는 사태 혹은 그 결과를 의미함. 양심을 그 근본 원리로 한다는 의미에서 항상 윤리·도덕적 특성을 유지함. 자신에 대한 총체적인 의식이란 곧 '자아'를 말함. |

**• 인간은 본성적으로 도덕적인 존재이며 이를 통해 행복할 수 있다.**

지성주의가 함의하고 있는 두 번째 의미는 인간이란 본질적으로 '도덕적인 존재'라는 점이다. 토마스 아퀴나스는 인간의 영혼에게는 크게 두 가지의 능력을 생득적으로 타고나는데 하나는 '지성적인 앎의 능력'이며 다른 하나는 '선악 판별의 원리인 양심의 능력'이다. 그리고 이 두 능력이 동일한 영혼의 능력이기에 서로 상호적인 작용을 한다. 다시 말해서 지성이 어떤 올바른 것, 정의로운 것, 참된 것을 분명히 인식하게 되면 뒤이어 양심이 이를 행해야 한다고 명령하게 되는 것이다. 따라서 양심의 명령은 칸트처럼 무조건적인 명령을 의미하는 '정

언명령'이 아니라, 지성적 판단에 따른 일종의 '조건적인 명령'이다. 물론 양심에게는 지성적 이해의 이전에 이미 가장 기본적인 것들에 대한 도덕적 진리를 알 수 있는 능력을 지니고 있다. 그리고 인간에게는 자유의지의 능력이 있기 때문에 양심이 명령한다고 해서 반드시 양심을 명령을 따라 행동하지는 않는다. 그래서 토마스 아퀴나스는 양심을 '원리*principium*' 혹은 '습성*habitus*'이라고 부르고 있다. 따라서 토미즘에 있어서 '이성적인 인간'이라고 한다면 어떤 것에 대한 냉철하고 분명하고 합리적인 사유를 지닌 사람이라는 의미이다. 반면 '지성적인 사람'이란 '이 어떤 것'을 전체적으로 혹은 총체적으로 이해하고자 하고 이와 관련하여 '도덕적인 선을 지향하는 습성을 가진 사람'이라고 할 수 있을 것이다.

　토마스 아퀴나스가 인간에게 선악 판단의 능력인 양심이 있다는 것, 그것도 생득적으로 지니고 있다는 것을 주장하는 근거는 그의 '자연주의적 관점'이다. 즉 모든 자연적인 것에는 근원으로서의 최초의 원리나 원인이 전제되어야 하며, 이 최초의 것으로부터 다른 모든 원리가 파생되어 나온다고 보는 것이다. 사실 이러한 관점은 인간의 상식에 있어서 가장 일반적인 것이다. 자연 혹은 세계라는 용어의 의미가 '질서', '조화', '균형', '통일성'을 전제하는 용어이다. 만일 이러한 질서나 통일성을 전제하지 않는다면, 세계는 세계가 아니라 그냥 '카오스'라고 말해야 할 것이다. 정교한 자연의 법칙들을 보면서 자연이 '혼란' 혹은 '무질서'라고 말할 사람은 어디에도 없을 것이다. 그리고 모든 질서나 법칙이 '인과의 사슬'로 이루어져 있다는 것을 감안한다면, 논리적으로 최초의 원인이나 원리가 있다는 것도 부정할 수가 없다.

이 최초의 원리는 사변적이든 실천적이든 다른 원리들에게 확실
성과 안정성을 가져다주는 그러한 앎이다. 바로 이러한 이유로
이러한 앎이 인간 안에서 자연적으로 발견되어야 하며, 이러한
앎은 말하자면 이후의 모든 앎의 근원이 된다. —다른 한편 모든
자연적인 작용들과 이들에 선— 존재하는 어떤 자연적인 원인
들과 그리고 이 작용들을 뒤따르는 결과들 안에서 역시 근원이
된다.

-『진리론』, 16, 1 -

　사실 어떤 학문도 그 학문의 다양한 앎의 가장 기초가 되는 '근원
적인 앎이나 원리'들을 가진다. 만일 덧셈이나 곱셈 등의 가장 기본적
인 원리가 없다면 수학적 앎의 전체가 아예 존재할 수 없었을 것이다.
그리고 이 기본적인 원리가 오류를 범하고 있다면 나머지의 앎 일체
가 오류에 빠지게 될 것이다. 그래서 "모든 사변적인 앎은 모든 오류가
배제된 절대적으로 확실한 하나의 앎의 유형으로부터 파생되는 것이
다."(『진리론』, 16, 2) 마찬가지로 윤리·도덕적인 제일 원리인 양심은 선악
의 판단에 있어서 가장 확실한 몇 가지 원리들을 가지면서 —예를 들
면 사람의 생명을 해쳐서는 안 되며, 타인의 물건을 절취해서는 안 되
며, 가급적 약속은 지켜야 하며 등— 이에 근거하여 지성의 판단을 통
해 거의 모든 경우에 있어서 선을 실천할 수 있는 힘이 된다.
　이러한 토마스 아퀴나스의 사유는 사실상 데카르트가 '의심할 수
있는 모든 것을 의심하면서 그 자체 명석 판명한 앎'을 가지고자 했던
'방법적 회의'의 기원이 되었다고 할 수 있다. 이후의 다른 모든 앎이
확실성을 가지기 위해서 최초의 가장 확실한 앎이나 원리가 존재하여

야 한다는 이 같은 사유를 우리는 '형이상학적 필연성'이라 부를 수 있을 것이다. 예를 들어 '최초의 사건'을 전제하지 않고서는 우주의 시작이 불가능하기에 '창조'나 '빅뱅'이라는 사건이 필연적으로 요청되며, '최초의 조상'을 전제하지 않고는 '인류의 역사'가 불가능하기에 '최초의 인간'이 필연적으로 요청되는 것이다. 사실상 이러한 형이상학적 필연성은 이성적으로 논증하거나 과학적으로 검증 가능한 것은 아닐 것이다. 그렇기 때문에 우리는 이를 야스퍼스의 말을 빌려 "철학적 신앙"이라고 할 수 있을 것이다. 따라서 누군가 이를 "이성적으로 증명해 보라!"라고 말한다면, 우리는 "이것이 이성적으로 증명 가능한지 아닌지를 먼저 증명해 보라!"라고 응수할 수 있을 것이다. 만일 이와 같은 근원적인 원리, 최초의 확실성 등과 같은 형이상학적 원리들을 부정하게 된다면, 인간의 모든 앎과 지식은 상대적인 것에 불과할 것이며, 진리라는 용어 자체가 무의미한 것이 되고 말 것이다. 이 경우 선과 악의 개념도 다만 사회적 합의에 지나지 않게 될 것이다.

그런데 오늘날 현대인들은 양심의 판단과 양심의 명령에 따른 행위를 너무나 과소평가하고 하찮게 여기는 경향이 있다. 키르케고르는 도덕적인 사람에 관하여 말하면서 "아무리 사소한 것일지라도 양심에 관한 것이 전부라고 생각하는 사람이 도덕적인 사람"이라고 말한 바가 있다. 이는 어느 정도 과장된 말이기는 하지만 토미즘에 있어서도 진리이다. 토미즘에 있어서 지성은 참된 것을 지향하고, 양심은 선한 것을 지향한다. 따라서 지성적인 사람은 참된 것(진리)를 알고자 하는 사람이라면, 도덕적인 사람은 먼저 선한 마음을 가지고자 하고 또 선한 행위를 실천하고자 한다. 그런데 도덕적인 행위에 있어서 어떤 행위의 '선과 악'을 판단하는 기준은 무엇인가? 그것은 그의 행위를 유발한

'의도'이다. 즉 선한 의도로 하지 않은 것은 비록 결과가 좋은 것을 낳는다 해도 이는 우연의 결과이지 진정한 선행은 아니며, 선한 의도로 한 것은 비록 결과가 나쁜 것을 낳았다고 해도 그것은 선행이다. 그래서 오늘날 여전히 가톨릭에서 '고백성사'를 할 때 고백의 유일한 기준은 '양심을 거슬러 행위한 것'뿐이다. 왜냐하면 자신의 행위에 대한 의도를 파악하는 것은 자신의 양심뿐이기 때문이다. 그런데 '양심이 전부'라고 하는 말에는 다른 하나의 의미가 내포되어 있는데, 그것은 '자율적인 인간이 된다'는 의미이다.

인간은 누구나 '자율적인 인간'이 되어야 한다. 그 이유는 인간이 양심을 가지고 있고 또 자유의지를 가지고 있기 때문이다. 이는 인간이 자유롭게 창조되었다는 혹은 자유로울 수 있는 존재로 창조되었다는 것의 이유이기도 하다. 생각해 보자. 만일 도덕적인 행위가 모든 것이 이미 주어져 있는 계명이나 율법에 의해서 규정된 대로만 행위하는 것에서 성립한다면, 이 경우는 오직 순종만이 있을 뿐이고 인간이 스스로의 이해와 결단에 의해서 행위하게 되는 '자율적인 행위'는 존재할 수 없을 것이다. 이렇게 된다면 '선행'이나 '죄'라는 말도 무의미한 것이 되고 말 것이다. 왜냐하면 "하나의 행위가 죄가 있거나 혹은 칭찬할 만한 것은 (행위의) 주체에게 책임이 전가된다는 한에서"(『신학대전』, 21, 2)이기 때문이다. 인간이 자유롭다는 것은 자신의 행위에 있어서 그 어떤 외부적인 힘에도 영향 받지 않고 스스로 행위한다는 것을 말하며, 이러한 자유는 무엇보다 먼저 내가 내 행위의 주인이 되는 '자율적인 행동'에서 비롯한다. 그래서 토마스 아퀴나스는 "고위 성직자의 명령과 양심의 명령이 충돌할 때에는 양심의 명령을 따라야 한다"(『진리론』, 16, 2)라고 말하는 것이다. 양심의 명령은 어떤 관점에서는 신의 뜻과도 같다. 왜냐하면 양심이란 인생사의 다양한 일이 있기 이전에 탄생과 더불어 가지게 되는 것, 다시 말해 탄생과 더불어 신이 부여해 준 신의 선물이기 때문이다. 신이 인간에게 양심을 준 것은 그것을 통해서 인간이 인간다울 수 있고 또 그것을 통해서 인간이 자신의 궁극적인 목적지로 갈 수 있는 여행의 지참금을 준 것과도 같다. 누구도 도덕적인 인간이 되지 않고서는 인간답다고 말할 수가 없고, 또한 인간다움이 없다면 진정한 인간적인 행복도 있을 수 없을 것이다. 토미즘에 있어서는 도덕적인 사람이라고 해서 곧 행복한 사람이라는 등식이 성립할 수야 없겠지만, 도덕적이지 않고서는 결코 진정한 행복을 기대할 수는 없다. 말하자면 '도덕적인 삶'이란 행복한 삶의 충분조건이 아니라 필요조건인 것이다. 단순히 '이성적인 인간'이 아니라 '지성적인 인간'이 되어야 하는 이유가 바로 여기에 있다. 이성적인 노력을 통해서 지성적인 인간이 되고 또 지성적인 앎들에 기초한 양심의 판단과 양심적 행위만이 인간을 '자율적이고', '자유로운' 존재가 되게 한다는 것, 이것이 토미즘의 지성주의가 말해 주는 두 번째 의미이다.

### • 자신을 의식한다는 것은 곧 자신을 창조하는 것이다

토미즘의 지성주의가 내포하고 있는 세 번째 의미는 인간의 고유한 실존양식은 '의식'을 가진 '의식적인 존재'라는 것이다. 현대인들은 인간이 의식을 가지고 있다는 이 단순한 사실은 너무나 당연한 것이라 생각하면서 이것이 지닌 의미에 대해서 그리 중요성을 부여하지 않는다. 오히려 그래서 의식보다는 '무의식'이라는 것에 더 많은 관심을 기울이는 것 같다. 그렇다면 '인간이란 의식을 가진 존재' 혹은 '인간은 의식적인 존재'라는 명제가 함의하고 있는 뜻은 무엇일까? 토미즘이 가진 의식에 관한 독특한 개념은 그 기원이 소크라테스에 있다고 할 수 있다. 그것은 '너 자신을 알라'라는 명제와 관련이 깊기 때문이다. 의식이란 단순한 '인지'가 아니라 한 대상이 가진 총체적인 인식 혹은 '참된 것'에 대한 깨달음과 이를 통해 '앎과 실천'이 일치된 '지혜'로 이어지는 것이라는 한에서 그러하다. 어떤 관점에서 '의식'에 관한 사유는 '인식론'과 '윤리학'이 일치된 사유로 나타난다. 예를 들어서 어떤 사람이 '교사란 무엇인가'를 아는 것과 '자신이 교사임을 의식한다'는 것 혹은 '예술가란 무엇인가'를 아는 것과 '자신이 예술가임을 의식한다'는 것은 전혀 다른 문제이다. 전자는 단순히 이성적인 앎, 즉 추상을 통한 개념 정리로서 충분하겠지만 후자는 교사나 예술가로서의 자기 삶에 대한 윤리·도덕적인 성찰을 동반하게 된다. 자신의 고유한 예술에 대한 관점이나 구체적인 예술의 분야 나아가 예술가로서 어떻게 행동해야 하는가, 예술가로서 무엇을 우선순위에 놓아야 하는가, 예술가로서 결코 해서는 안 되는 일은 무엇인가 하는 등의 자기 삶에 있어서 예술과 관련된 다양한 문제를 생각하지 않을 수 없는 것이다. 그렇기 때문에 '자신이 예술가라는 것을 의식하는 것'에는 앎과 윤리적 행위가 동시에 수반되는 것이다.

사람들은 자주 실수를 하거나 덤벙거리는 사람에게 "생각 좀 하면서 살자!"라고 충고를 한다. 하지만 엄밀한 의미에서 이러한 행위는 '생각하지 않은 것' 때문이 아니라 '무엇을 의식하고 있지 않기 때문'이다. 지성을 가진 인간은 결코 생각을 하지 않고서는 살 수가 없다. 따라서 실수를 한다는 것은 전혀 생각하지 않기 때문이 아니라, 어떤 것을 생각을 하긴 하지만 제대로 생각하지 못했거나 대충 생각을 하였다는 것, 즉 어떤 것을 전반적으로 혹은 전체적으로 생각하지 못했다는 것을 의미한다. 아퀴나스는 '의식'을 '동시적인 앎' 혹은 '복합적인 앎'이라고 규정하고 있다. "의식하는 행위*conscire*란 동시적인 앎*simul scire*(복합적인 앎)의 행위를 지칭하는 것이다."(『진리론』, 16, 1) 이는 '오감과 이성, 그리고 지성 나아가 윤리적인 판단' 등을 동반하는 동시적인 인식임을 말해 주고 있다. 이러한 관점은 토미즘의 인식론이 '실재론'이라는 것을 말해 준다. 실재론이란 관념론에 대비되는 말이다. 그런데 인식론에 있어서 실재론이란 무엇을 말하는가? 그것은 지금 내가 보고 있는 '저 산'이 실제로 산의 모습을 보는 것인가? 혹은 '산의 실재'가 아닌 '(이성이 산출한) 산의 관념'을 보고 있는 것인가? 하는 질문에서 '산의 실재'를 보고 있다고 말하는 것이다. 만일 사실은 산의 실재가 아닌 (이성이 산출한) '산의 관념'을 보고 있다고 한다면 '관념론'이 될 것이다.

이 같은 논의는 칸트의 인식론적 전환 이후에 매우 활발하게 논의된 것이다. 이러한 논의의 출발점은 칸트라고 할 수 있겠는데 그는 "물자체*Ding an sich*(독)는 알 수 없다"라고 하면서 우리가 보는 것은 '인간의 인식론적 조건'에 적합하게 보는 것(합목적성)이지 사물의 실재 그 자체를 보는 것은 아니라고 생각하였다. 이러한 관점은 한편으로 충분히 수긍할 수 있다. 인간의 인식능력은 불완전하여 X선이나 감마선 등은 볼 수가 없으며, 심지어 공기 중에 있는 미세먼지나 음식물 속에 든 미생물도 볼 수가 없다. 그러니 우리가 보는 것이 '실재'(진짜 그러한 것)는 아니라고 해도 크게 잘못된 것은 아닐 것이다. 그리고 이러한 사유는 '논리실증주의'에 와서 보다 정교하게 논증되고 있다. 가령 이들은 '설악산'을 보면서 "우리가 보고 있는 설악산은 진짜 설악산(실재로서의 설악산)이 아니다. 그것은 설악산이 우리의 시각을 통해 뇌에게 전해 준 설악산의 정보를 우리의 뇌가 다시 재구성하여 망막에 투사한 것,

즉 '설악산의 영상'(가상 혹은 관념)이다"라고 말하고 있는 것이다. 따라서 논리실증주의자들에게는 어떤 의미에서 우리는 가상의 세계에 살고 있다고 할 수 있다. 우리가 현실이라고 말하고 있는 것이 곧 가상이고, 가상이 곧 현실이 되는 것이다. 이렇게 하여 '가상과 현실의 경계'가 허물어지게 되는 것이다. 더 나아가 이들은 오늘날 사람들이 기계장치를 통해 체험하는 가상세계(메타버스)를 '현실감이 있다'고 말하지 않고, 이것이 또 다른 현실(가상현실)이라고 말하는 것이다. 이렇게 하여 '현실과 가상의 위상의 변화'를 초래하고 있는 것이다. 이 같은 논리실증주의자들의 관점은 초-기술문명 사회에서는 매우 매력적인 관점이다. 어차피 인간이 인식하고 통찰하는 것이 '실재'가 아니고, 일종의 가상이며 따라서 우리가 현실이라고 하는 것도 일종의 가상이라고 한다면, 기술문명의 도움으로 인간이 가상현실을 창조하면 그것이 곧 또다른 현실이 될 것이기 때문이다. 분명 현대 사회는 '가상과 실재' 혹은 '가상세계와 현실세계'의 경계가 무너지고 점차 가상이 실재를 가상세계가 현실세계를 대신하는 사회인 것 같다.

그런데 이 같은 '새로운 인식론적인 전환'은 실재론의 관점에서 보자면 매우 우려스러운 일이다. 사람들이 더 이상 '실재'를 추구하지 않고 '가상'을 추구하는 사회를 상상해 보자. 가상으로 만든 예술작품을 보고, 가상으로 만든 음악을 듣고, 가상으로 만든 꽃밭을 산책하고, 가상으로 만든 교실에서 공부를 하고, 가상으로 만든 교회에서 가상으로 예배를 본다는 것은 끔찍한 일이다. 심하게 말해 모든 것이 '가상'(가짜)인 세상에서 산다는 것은 삶이라고도 할 수 없는 그냥 '허상을 사는 것'이다. 그렇다면 애초에 무엇이 문제일까? 토마스 아퀴나스는 지성의 제일 첫 대상은 '존재'라고 하였다. 라틴어의 '헤스*res*'란 하나의 사물, 하나의 대상을 단순하게 일컫는 것으로 '구체적인 어떤 것', 즉 "이 소나무", "저 황소" 등을 말하며 사람에게 있어서는 "홍길동", "이순신" 등의 이름이 지칭하는 개별자를 말하는 것이다. 아마도 한글로 번역하자면 '존재'에 대비되는 '존재자'로 될 것이다. 그런데 지성의 첫 대상이 '구체적인 개별자'라는 사실이 의미하는 것은 무엇일까? 그것은 지성의 첫 대상은 곧 '실재 그 자체'라는 말이다. 예를 들어 보자. 우리는 한 자루의 4B 연필을 보면서, '둥글다', '길쭉하다', '검은 심이 있다', '심이 굵다', '잘 지워진다'는 등을 먼저 인식한 다음에 '아, 4B 연필이구나!' 하고 인식하지 않는다. 오히려 '여기 4B 연필이 있네!'라고 먼저 인식을 하고 그런 다음에 '길쭉하고, 둥글고, 검은 심이 있고 …'라는 식으로 인식을 넓혀 가는 것이다. 이처럼 실체를 먼저 인식하고 그런 다음 실체의 속성들을 차례로 인식하게 되는 것이다. 이를 인간의 시각적인 인식에 대입하자면, 첫째 인간의 눈은 대상의 시각적인 정보를 수용하는 것이 먼저가 아니라 대상 그 자체를 시각적으로 인지(교감)하는 것이 먼저이다. 둘째, 시각 정보를 뇌에 보내어 뇌에서 다시 종합하는 것이 아니라, 인지한 실재를 뇌에서 분석하는 것일 뿐이다. 셋째 인간의 시각은 망막에 투사된 사물의 상을 보는 것이 아니라, 이미 보아진 것의 현상(결과물)으로서 망막에 상이 투사되는 것이다. 이를 비유로 말하자면 독감이라는 병이 있기 때문에 독감의 증상들이 나타나는 것이지, 독감의 증상들이 나타나니까 이를 독감이라고 합목적적으로 이해하는 것이 아니다. 물론 이러한 것은 여전히 닭이 먼저냐 달걀이 먼저냐 하는 논란과 유사한 측면이 있겠지만, 어쨌든 실재론의 관점에서는 '현상들'(증상들) 이전에 실재가 있고, 인간이 인식하는 것은 이 실재 자체이며, 현상들이란 인식된 것의 '현상들'(결과물들)이지 그 반대가 아니다.

이제 '물자체' 혹은 '실재 그 자체'라는 말에 주목해 보자. '물자체는 알 수 없다'는 의미가 만일 '우리가 달이 반사하는 자외선이나 감마선 등은 보지 못하기에 우리가 보는 달은 진정한 달의 실재가 아니라고' 생각하는 것이라면, 이는 한 개체가 가진 총체성을 보지 못한다는 것은 '실재를 보지 못하는 것'과 동일한 의미라고 하는 것이다. 하지만 이는 '실재'라는 그 의미를 오해하는 것이다. 실재란 무엇인가? 실재란 원래 '인간이 실제로 교감을 가지는 그 존재'라는 의미이지, 있는 그대로의 것, 절대적으로 통찰되는 것, 한 개체의 총체성을 의미하지 않는다.

사람들은 가끔 어떤 사건이 벌어졌을 때, "실체적인 진실을 알고 싶다!"라고 말한다. 이는 다시 말해서 사건의 실제를 알고자 하는 것이다. 말하자면 사건의 모든 전말을 하나도 남김없이 모두 다 알고자 하는 것이 아니라, 가장 중요한 원인, 핵심이 되는 사안들, 사건의 본질, 사건의 전말 등을 알고자 하는 것이다. 만일 이러한 핵심적이고 중심이 되는 사안들이 밝혀지지 않았다면 우리는 '사건의 실제'를 안다고 할 수는 없는 것이다. 만일 이를 윤리나 도덕 교육이라는 차원에서 적용해 보면 ―물론 교육이 의미하는 것은 사람에 따라 다를 수 있겠지만―, 도덕 교육이란 단순히 어떤 인간관계에 대한 지식이나 법률적인 지식을 학습하는 것이 아니다. 도덕 교육이란 학생들로 하여금 도덕적인 존재가 되도록 훈육한다는 의미를 지니고 있다. 그런데 한 인간으로 하여금 선하게 할 수 있거나 정의롭게 혹은 명예롭게 살도록 하는 교육방법이 있을 수 있을까? 나아가 한 개인으로 하여금 마더 테레사와 같은 성인이 되도록 하는 교육방법이 있을 수 있을까? 아마도 없을 것이다. 이는 망아지를 물가로 데려갈 수는 있어도 물을 마시는 것은 망아지의 자유의지에 달렸다는 사실과 같은 이치이다. 그럼에도 만일 한 가지 방법이 있다면 그것은 학생들로 하여금 '성인'이나 '의인'의 곁에서 교육받게 하는 것이다. 다시 말해 교육자가 성인이거나 의인이라면 학생들은 성인이나 의인이 될 가능성이 높은 것이다. 왜냐하면 이 경우 교육자가 전달하는 것은 단순한 도덕적 지식이 아니라, 그의 의로움이나 그의 거룩함도 함께 전달할 것이기 때문이다. 그의 말을 통해, 그의 정신을 통해, 그의 실존적인 분위기를 통해 그는 학생들에게 그의 내면에 지니고 있는 '실제들'을 전달할 것이기 때문이다. 반면 만일 학생들이 진보된 인공지능 교사를 통해서 학습을 하고 있다면 이러한 일은 결코 일어나지 않을 것이다.

한 교육자가 자신이 교육자임을 의식한다는 것은 복합적인 행위이다. 토마스 아퀴나스는 "의식이란 모든 습성에 적용되는 행위"(『진리론』, 16, 1)라고 말하고 있는데, 이는 말하자면 무엇을 의식한다는 것은 이성적인 앎과 양심의 판단, 그리고 지성의 종합적인 인식을 전제하는 총체적인 앎을 말하는 것이다. 토마스 아퀴나스는 또한 "의식이란 어떤 의미에서 '측정된 척도regula regulata'"라고 말하고 있는데, 이는 다시 말하자면 감성이나 이성, 그리고 양심을 통해서 이미 확신을 가진 어떤 가치관이나 인생관을 자신의 의식에 지니고 있기에 의식이 다른 모든 일에서 행위의 기준이 될 수 있는 '척도가 된 척도'가 될 수 있다는 것이다. 그리고 이렇게 분명한 의식을 가지고 있다는 것은 앎을 실천하고자 하는 습성을 가질 수밖에 없을 것이다. 물론 토마스 아퀴나스는 이렇게 '척도가 된 척도'로서의 의식도 오류를 가질 수가 있다고 말하고 있다. 그 이유는 의식을 구성하는 요소들이 거짓되거나 오류를 범할 때인데, 잘못된 추론, 거짓 정보, 불확실한 학문적인 앎, 그리고 의지의 잘못된 선택 등이 그 원인일 수 있다. 따라서 오늘날 빈번히 언급되고 있는 '가짜 뉴스', '거짓 정보' 등은 사람들로 하여금 오류의 '척도'를 가지게 한다는 의미에서 비록 직접적인 피해를 야기하지 않았다고 해도 그 자체 '도덕적인 죄' 혹은 '사회적 악'이라고 할 수 있을 것이다. 다시 말해 양심이 올바른 사람일지라도 의식을 구성하는 앎의 내용들이 거짓될 때 양심은 오류의 판단을 내릴 수도 있음을 의미하는 것이다. 이는 말하자면 선의지만으로는 반드시 올바른 선행을 기대할 수는 없다는 것을 의미한다.

인간이 의식적인 존재라는 것은 또한 인간은 '반성적인 존재'라는 것을 말해 준다. 토마스 아퀴나스는 인생의 여정에서 의식의 역할을 세 가지로 구분하는데, 첫째는 과거의 일에 대해 우리가 잘못을 했거나 빠뜨린 것을 검토하는 것이며, 둘째는 현재 우리가 하고 있는 일에서 해야 할 것과 피해야 할 것을 구분하는 것이며, 셋째는 우리의 모든 행위에 대한 '가치의 판단' 혹은 '도덕적 판단'을 내리는 것, 즉 행위의 잘잘못을 심판하는 것이다. 그런데 현대인들은 자신의 행위들에 대한 심판을 내린다는 것에 대해서 거북한 감정을 가질 수 있을 것이다. 이는 특히 한 개인의 행위의 동기나 근원이 '무의식'에 있다고 믿을 때에 더욱 그러할 것이다. 프로이트에 의하면 무의식이란 "의식에 영향을 미치기는 하나 꿈 등의 상태 또는 정신분석이라는 방법에 의하지 않고서는 의식화되지 않는 것"이다. 만일 무의식(강박관념, 트라우마 등)이 인간의 행위에 많은 영향을 미치는 것이라고 한다면, 인간은 무엇이 옳은 것이지 그런 것인지 혹은 무엇이 선하고 악한지 알고 있다고 하더라도 '무의식적으로' 나쁜 행위를 지속할 수도 있을 것이다. 그렇기 때문에 자신도 의식하지 못한 원인으로 인해 행해진 행동을 판단할 수는 없다고 믿게 되는 것이다. 이러한 논리는 흔히 법정에서 '심신미약' 등의 이유로 무죄를 선고하거나 죄의 크기를 매우 낮게 보는 것에서 나타난다. 하지만 토마스 아퀴나스는 이러한 무의식에 대한 사유를 그리 신뢰하지 않을 것이다. 왜냐하면 그는 행위의 원리가 되는 "의식이란 오직 현실태actus(행위)만을 지칭할 수 있다"(『진리론』, 16, 1)라고 말하고 있기 때문이다. 의식이 현실태라는 것은 무엇을 말하는 것인가? 이는 '현재 현실적으로 무언가 지각하고 있거나 알고 있음을 말하는 것'이다. 예를 들어 내가 '산'을 의식한다고 할 때 나는 '구체적인 어떤 산'을 바라보거나, 이미지로서 떠올릴 뿐이다. 내가 '어떤 산'을 인지할 능력(가능태)이 있다고 해서 내가 산에 대한 의식을 가지고 있는 것은 아니며, 내가 습관적으로 산을 인지하고 생각하는 '습성'을 지니고 있다고 해서, 현재 산을 인지하거나 떠올리지 않으면서도 '산을 의식하고 있다'고 말할 수는 없는 것이다.

이와 유사하게 현재 내가 인지할 수 없는 과거의 기억이 나의 내면 속에 있다고 하더라도 이는 '의식'이라는 말을 사용할 수가 없다. 다만 인지되지 않은 기억일 뿐이다. 의식인 한 그것은 나의 종합적인 인식에 '행위'로 주어져야만 하는 것이며, 이러한 종합적인 인식을 통해서 비로소 행동을 유발하게 될 어떤 판단이 이루어지는 것이다. 토마스 아퀴나스는 의식이 항상 현실태라는 것의 증거로 잠들기 전의 중요한 일에 관한 근심의 예를 들고 있다. 어젯밤 잠들기 전에 '계약' 등의 중요한 일에 대해 생각을 하다 잠이 들었을 때, 아침에 일어나면 바로 그 일이 머릿속에 또렷이 떠오른다. 이는 비록 잠이 들었다고 해도 그 일이 의식에서 그대로 현실태로 남아 있었음을 의미한다. 이처럼 최소한 행위의 동기가 되는 '의식'은 결코 무의식적일 수가 없다. 따라서 토마스 아퀴나스에게 있어서 행위의 결정적인 원인이 무의식이라는 말은 그 자체로 언어도단이다. 어떤 행위를 함에 있어서 최소한 이 행위가 의미가 있거나 도덕적 판단이 수반될 수 있는 행위라면, 이 행위의 주인은 의식을 가진 나, 즉 나의 자아여야 한다. 비록 과거의 어떤 중요한 체험이 현재의 나의 행위와 관련이 있다고 해도, 그 과거의 기억이란 지금 현재 나의 의식에 용해되어 있는 기억이며, 나의 자아의 한 요소로서 현재화된 기억뿐이다. 이는 베르그송이 '지속으로서의 현재의 자아'라고 할 때와 동일한 관점이다. 그래서 언제나 나의 행위의 주인이 되는 것은 현재의 나의 자아이다. 따라서 의식에 관한 토미즘의 사유에서 부각되는 것은 나의 행위를 결정하는 것은 '현재의 나의 의식'이라는 것이며, 이는 곧 행위함에 있어서의 '주체적인 인간'을 의미하는 것이다.

약간 과장해서 말하자면 토미즘에 있어서는 의식적으로 행위하는 모든 인간 행위에는 도덕적인 가치가 내포되어 있다. 밥을 먹는 것도, 잠을 자는 것도, 산책을 하는 것도, 감동을 하거나 분노를 하는 것도 모든 것이 '의식적으로 행해진다면' 그것에는 일정한 도덕적 가치가 내포되어 있다. 종교를 가지지 않는 한 사람이 식사 전에 기도를 드리는 벗에게 "왜 당신은 식량을 생산한 농부에게 감사하지 않고, 신에게 감사를 드리는가?"라고 물었다고 하자. 사실 이러한 질문은 질문자가 실재에 대해 '무-의식적인 상태'임을 말해 주고 있다. 만일 빵을 있게 한 최초의 원인자인 밀을 생산한 농부에게 감사를 드려야 한다면, 동일한 이유로 밀가루로 빵을 만든 제빵사에게 감사를 해야 할 것이며, 또한 밀을 밀가루로 만든 정미소 일군들에게 감사를 해야 할 것이며, 또한 밀가루를 빵 공장으로 배달한 운전수에게 감사를 해야 할 것이며,

또한 빵을 배달할 수 있도록 차를 만든 자동차 공장이나 정비소에 감사를 해야 할 것이며 또한 빵을 진열대에서 판매한 제과점의 사장이나 점원에게도 감사해야 할 것이다. 그뿐이겠는가, 빵을 맛있게 먹도록 한 버터나 잼을 만든 사람들, 커피를 만든 사람들, 탁자나 식탁보를 만든 사람들 모두에게 감사해야 할 것이다. 더 나아가 혹자는 애초에 밀의 씨앗을 발견하거나 고안한 고대의 선조들에게 감사해야 한다고 말할 수도 있을 것이다. 이렇게 어떤 작은 것도 그것을 종합적으로 생각하자마자 우리는 모든 것이 연결되어 있고, 모든 것이 서로가 서로에게 빚지고 있음을 알 수 있을 것이다. 그래서 무엇을 하든지 의식적으로 행할 때 여기에는 무수한 감사함이 있을 수밖에 없고, 모든 것에게 낱낱이 감사할 수가 없으니, 이 모든 것의 최초의 원인인 신에게 감사를 드리는 것이다. 이것이 곧 토미즘 특유의 유비적인 사유이다. 이는 자아에 대한 성찰에 있어서도 동일하게 적용될 것이다. 만일 내가 누구이며, 내가 어떻게 현재의 내가 될 수 있었던 것인지 하는 것을 생각하면 세상의 모든 것이 오늘날의 내가 존재하게 된 원인에 참여하고 있음을 알 수 있을 것이다. 그리고 그 최초의 원인은 바로 이차적인 모든 원인들의 원인인 신일 수밖에 없다. 그래서 세계를 하나로 보는 사람, 인생을 하나로 보는 이들은 신에게 감사할 수밖에 없다는 것을 알게 되는 것이다.

그 무엇에 감사를 한다는 것은 그 무엇이 소중한 것임을 말해 준다. 현대철학자인 레비나스는 "존재의 중립성l'nutralité de l'être(불)"을 말하였지만, 토마스 아퀴나스는 '존재란 곧 선'이라고 말하였다. 존재가 중립적인 것이 아니라, 그 자체가 '선한 것'(좋은 것)으로 나타난다는 것은 우리에게 감사할 것이 무한히 많이 있다는 경험적인 사실로부터 분명히 나타난다. 이 모든 감사할 수밖에 없는 것의 근원적인 원인은 '존재 자체인 신'이며, 모든 존재는 다른 존재들을 있게 하는 데 참여하는 것이며, 그래서 존재하는 모든 것은 이유가 있는 것이며, 그 어떤 것도 '존재하는 한, 존재하는 만큼 선한 것'이다. 토미즘의 관점에서 보자면 모든 인생은 그 자체 하나의 절대적인 가치를 가지고 있는 것이기 때문에 인생을 전체적으로 고려할 때 나의 인생을 너와 비교할 수는 없다. 모든 인생은 고유한 것이며, 어떤 인생도 무가치한 인생이 없는 것이다. 신의 관점에서 보자면 그 어떤 인생도 사연이 없는 인생이 없고, 그 어떤 인생도 생의 고뇌에 절규하지 않았던 인생이 없으며 그러기에 소중하지 않은 인생이나 무가치한 인생이란 것이 존재하지 않는다. 아마도 자아의 형성이란 관점에서 보자면 유일하게 가치의 척도가 될 수 있는 것은 곧 '나 자신이 된다', '나의 자아를 실현한다'는 것이 될 것이다. '자아의 실현'이란 그 자체 일종의 '창조행위'로 나타난다. 왜냐하면 이 세상에 두 개의 동일한 자아가 있을 수 없을 것인데, 세상에 하나밖에 없는 유일무이한 것을 실현하는 것, 이것이 가장 본래적 의미의 창조이기 때문이다. 진정으로 지성적인 사람이라면, 자신의 지나간 사회적, 역사적, 정치적인 업적에 관해서는 별 관심이 없는 사람이다. 왜냐하면 이 같은 업적들이란 오직 '자아의 실현' 혹은 '정신의 진보'라는 본질적인 중요성의 부산물들 혹은 흔적들에 지나지 않기 때문이다.

# 6. 토미즘의 윤리학은 '사랑의 윤리학'이다

① 진리를 추구하는 목적은 행복에 있다

'인간은 무엇을 알 수 있는가'하는 문제가 인식론의 문제라면, '인간은 무엇을 위해 살아야 하고 또 어떻게 살아야 하는가' 하는 문제는 윤리학의 문제이다. 그런데 토마스 아퀴나스에게 있어서 인식론적인 것의 목적은 곧 윤리학적인 것이다. 다시 말해 앎은 그 자체 목적이 아니라 행복을 위해 앎이 필요한 것이다. "진리를 알고자 추구하는 것은 인간적 추구의 시작이지 목적이 아니다. 진리 추구의 목적은 행복에 있다."(『대이교도대전』, 3, 37) 토마스 아퀴나스의 윤리학의 목적은 아리스토텔레스의 그것과 마찬가지로 '행복을 추구하는 것'이다. 왜냐하면 모든 인간에게 공통되는 것이 곧 '행복하기를 원하는 것'이기 때문이다. 토마스 아퀴나스는 "모든 인간이 자연적으로 행복을 추구한다"(『신학대전』, 2-1, 69)라고 말하고 있는데, 그 이유는 또한 '인간이 이성적인 본성을 가지고 있기 때문'이라고 보고 있다. "모든 인간은 본성상 행복하기를 원한다. 왜냐하면 인간은 이성적인 본성을 가지고 있기 때문이다."(『대이교도대전』, 4, 92) 그런데 이성적 본성을 가지고 있다는 것이 왜 반드시 행복을 추구하게 된다는 사실로 이어지는 것인가?

그것은 행복이라는 언어적 정의에 그 이유가 있다고 할 수 있다. 토마스 아퀴나스가 사용하는 행복에 해당하는 라틴어 용어는 두 가지 있다. 하나는 '펠리시타스*felícitas*'이며, 다른 하나는 '베아티투도*beatitúdo*'이다. 사실 이러한 구분은 이미 보에티우스가 『철학의 위한』에서 구분하였던 것이다. 전자는 '비옥한', '풍요로운', '복된', '성공한', '순조로운' 등의 의미를 가진 형용사 '펠리스*felix*'에서 파생된 용어이며, 후자는 '풍족한', '유복한', '훌륭한', '축복받은', '찬란한' 등의 의미를 가진 형용사 '베아투스*beátus*'에서 파생된 용어이다. 토마스 아퀴나스는 전자를 이 지상에서 사람들이 추구하는 행복의 의미로 사용하고, 후자를 인간이 궁극적으로 추구해야 할 천국에서의 '지복'의 의미로 사용하고 있다. 따라서 행복이란 모든 인간이 바라마지 않는 '좋은 것' 혹은 '선한 것'이 획득된 상태라고 할 수 있다. 그리고 모든 인간의 판단 행위에서 무엇이 나에게 좋은 것이며 무엇이 나에게 해로운 것인가를 판단하는 것은 이성이다. 인간의 이성은 비록 절도 행위를 하더라도 그것이 나에게 도움이 되고 유익함이 있다고 판단할 때 비로소 그 행위를 선택하게 된다. 따라서 모든 인간이 이성을 지니고 있다는 그 이유만으로 그는 자신의 행복을 추구할 수밖에 없는 것이다.

만일 사람들이 루소가 가정했던 '자연인'과 같은 자연 상태의 인간을 상상할 수 있다고 한다면, 이 자연인은 아직 행복한 상태는 아니다. 왜냐하면 인간이란 본질적으로 '더 나은 것'을 추구하고 또 '최고의 것'을 추구할 수밖에 없는 존재이기 때문이다. 인간의 지성은 그 본질적 특성으로 인해 항상 '더 나은 것'을 추구하게 된다는 것은 경험적으로도 충분히 확인할 수 있다. 그래서 모든 인간은 탄생과 더불어 자신의 행복을 위해 애써야 하고, 의지적으로 그것을 추구해야만 하는 존재이다. "행복이란 필연적으로 인간이 그의 의지를 통해서 다가가야 할 어떤 선이다."(『대이교도대전』, 3, 28) 보다 나은 것 혹은 보다 가치 있는 것을 추구하는 것이 곧 행복을 추구하는 것이라고 한다면, 행복은 인간에게 고유한 선이며, 동물에게는 적합하지 않은 용어이다. 토마스 아퀴나스는 동물에게 이 말을 사용한다면 이는 일종의 "언어의 남용"(『대이교도대전』, 3, 27)이라고 말하고 있다.

그 근거는 즐거움*délícia*과 기쁨*gáudium*을 구분하는 것에 있다. 동물들도 사람들과 마찬가지로 '즐거움'을 향유할 수 있지만 '기쁨'은 오직 인간에게만 해당하는 것이다. 왜냐하면 이 기쁨은 감각적이고 순간적인 즐거움과 달리, 내적이고 지속적인 것이며 어떤 정신적인 가치감정에 의해 발생하는 것이기 때문이다. 즉 기쁨은 행복에 직접적으로 관계하지만 즐거움은 순간적인 만족을 줄지언정, 지속하는 행복감을 주지는 못하기 때문이다. 우리는 포도주 한잔으로 만족감을 느끼는 사람에게 축하를 하지는 않는다. 반면 오랫동안의 노력 끝에 중요한 자격증을 획득한 사람에게는 축하의 인사를 보낸다. 즉, 단적으로 말해 '행복한 상태'란 '축하할 만한 상태'에 있는 것을 의미한다. 이와 유사하게 토마스 아퀴나스는 선을 행하는 것에는 즐거움과 기쁨이 함께 주어지나, 악을 행하는 것에는 즐거움은 있을지라도 기쁨은 주어지지 않는다고 보고 있다. 그는 "인간이란 그의 능력으로부터 선을 행하는 즐거움을 가지고 있듯이, 또한 악을 행하는 즐거움도 가지고 있다"(『대이교도대전』, 3, 31)라고 말하지만 또한 "악한 사람이 행복할 수는 없다"(『대이교도대전』, 3, 28)라고 말하고 있다. 그렇기 때문에 진정으로 행복한 삶을 추구하는 사람이라면 누구나 "악을 피하고, 선을 행하라!"는 옛 금언이 토미즘에서도 진리인 것이다.

베르그송은 윤리와 도덕을 구분하면서, '윤리란 의무를 행하는 것이며 의무 이상으로 행할 때 도덕이라고 한다'고 말한 바 있다. 이러한 관점에서 우리는 토마스 아퀴나스의 윤리학은 본질적으로 '도덕적'이라고 말할 수 있다. 윤리가 의무감에 기초한 인간 행위의 일체를 규정하는 것이라고 한다면 도덕은 '보다 가치 있는 것'을 지향하는 인간 행위의 일체를 규정하는 것이라고 할 수 있다. 그래서 아무리 완벽하게 이루어지더라도 의무의 이행만으로는 행복을 가지기에는 한계가 있다. 인간의 지성은 항상 보다 가치가 있고 보다 선한 것을 추구하고자 하기 때문이다. 그리고 이러한 추구는 이 지상에서는 완전히 획득되지는 않는다. 파스칼은 "인간이란 인간을 무한히 초월한 존재"라고 하였고, 막스 셸러도 "인간이란 자신보다 더 큰 세계로 열린 존재"라고 하였다. 토마스 아퀴나스는 '자신을 초월하는 것'과 '자신보다 더 큰 세계'를 '천국적인 것'이라고 할 것이다. 그리고 이 천국적인 곳에서 획득할 수 있는 최고의 행복을 '지복'이라 불렀다. "인간의 최고의 행복은 개별적인 다양한 행복들을 통해서 획득되지는 않는다. 최고의 행복은 인간 이상의 것이기 때문이다."(『대이교도대전』, 3, 28) 사람들은 '인간의 욕심은 끝이 없다'고 말하는데, 토마스 아퀴나스는 그 이유를 원래 인간의 영혼은 우리가 살고 있는 이 세상보다 더 큰 세계를 향하도록 지향되어 있기 때문이라고 할 것이다. 그렇기 때문에 만일 분명하게 (최종) 목적지를 향해 방향 잡혀 있지 않는 영혼이라면, 이 세계 전부를 획득한다고 해도 자신의 행복을 위한 갈증은 그치지 않을 것이다.

## ② 인생에서 최고의 가치는 사랑이다

행복이 깊은 내적인 기쁨을 주는 어떤 선의 획득에서 주어지는 것이라고 한다면, 인간에게 있어서 이러한 기쁨을 주는 선은 어떤 것들이며, 또 이들 중 최고는 무엇일까? 토마스 아퀴나스는 이에 대해 질문하면서 이것은 '부'(재산)인가, '권력'인가, '명예'인가 등을 차례로 질문한다. 그리고 이 모든 것은 진정한 행복을 주지 못한다고 말하고 있다. 왜냐하면 이 모든 것은 기쁨의 원인이 나의 내면이 아닌 외부에 있는 것이어서 언제든지 사라질 수 있는 것이기 때문이다. 만일 나의 기쁨의 원천이 되는 것이 나의 내면에 있는 것이라면, 이는 오직 나의 의지에 달린 것이 되고 내가 의지하는 한 나의 행복을 보장해 줄 것이며, 따라서 진정한 행복을 주는 것이라고 할 수 있을 것이다. 나의 내면에서 나의 기쁨의 원천이 되는 것, 그것은 곧 덕과 사랑이다.

그런데 토마스 아퀴나스에게 있어서 덕이 가능하기 위해서는 먼저 사랑이 전제되어야 한다. 그리고 덕이라는 것도 궁극적인 목적(최고선)을 실현하지는 못한다. 그렇기 때문에 토미즘에서 진정한 행복을 가능하게 하는 것은 사랑뿐이다. 그렇다면 왜 덕이 사랑을 전제하는 것인가? 그것은 사랑이 모든 욕구나 정념의 원인(뿌리)이 되기 때문이다. "사랑은 두려움, 기쁨, 욕망, 그리고 슬픔으로도 불린다. 이는 이러한 정염들과 사랑이 동일하기 때문이 아니라 사랑이 이들의 원인이 되기 때문이다. … 모든 정념들의 원리 혹은 뿌리는 사랑이다."(『신학대전』, 1-2, 26) 인간의 모든 정념은 사실상 '욕구'와 상관관계 속에 있다. 내가 A에게 '감사하는 마음이 생긴다'거나 '화가 난다'는 것은 내가 A에게 바라는 어떤 것을 가졌다는 말이고 이것은 곧 'A에게 어떤 욕구를 가졌다'는 것을 의미한다. 그런데 토마스 아퀴나스는 모든 욕구*appetitus*는 사랑과 상관관계 속에 있다고 보고 있다. 그 이유는 이 둘 모두는 '선'을 공통의 대상으로 가지고 있기 때문이다. 욕구와 사랑은 그 대상이 무엇인가에 따라서 다양하게 분화된다. 욕구의 대상이 감각적인 것이면 그것은 감각적인 사랑이 될 것이며, 그것이 도덕적인 것이면 도덕적인 사랑이 될 것이며 그것이 지성적인 것이면 지성적인 사랑이 되는 것이다.

**표 33** 신학대전 1-2(q. 26)에서 분류되는 욕구들*appetitus*과 사랑

| | 다양한 국면들 | 그 정의들 | 사랑의 형식 |
|---|---|---|---|
| 발생의 질서<br>↓<br>사랑은 인간 실존의 모든 수준에 있어서 운동의 원리이다. | 자연적 욕구 | 창조주에 의해서 각각의 피조물의 본성 안에 주입된 욕구들: 이들은 주체의 인식을 수반하지 않는 본능적인 욕구들이다. (ex. 목마름 배고픔 등) | 생존의 원리이며 자연적인 사랑 |
| | 감각적 욕구 | 감각적인 통찰들을 통해서 깨어난 욕구들: 이들은 동물들에게 있어서 자유로운 판단을 동반하지 않는 필연적인 것이다. 반면 인간에게 있어서는 이성의 참여가 동반된다. | 아름다움의 원리인 감각적 혹은 감성적 사랑 |
| | 지성적 욕구 | 자유로운 판단으로부터 발생하는 욕구들: 아리스토텔레스의 용어로 '반성된 욕구'이다. 이러한 욕구는 앎을 전제하며, 일반적으로 사람들은 이성적 혹은 지성적 욕구란 의미로 '의지'라고 부른다. | 선의 원리인 지성적 사랑 |
| | 영성적 욕구 | 신성한 것에 대한 사랑에 의해서 깨어난 욕구들: 이들은 인간의 자연적인 속성들처럼 주어진 것은 아니다. 특정한 정서적 능력 *affectus* —영적인 아름다움 혹은 선에 대한 명상— 에 의해서 산출된 현상이다. 즉 신성한 것과의 공동본성처럼 간주된다. *caritas* 는 모든 다른 사랑의 형상으로서 다른 모든 사랑의 어머니요 뿌리가 된다. | 영적인 사랑 혹은 종교적 사랑 |

• 도표 출처: 이명곤, 「토마스 아퀴나스/완전한 사랑은 가능한가?」, 『신학과 철학』, 제13호, 서강대학교 신학연구소, 2008.

그런데 토마스 아퀴나스는 인간이 무엇을 갈망하든 반드시 궁극적인 목적을 위해서 갈망한다고 말하고 있다. "인간은 자신이 바라는 모든 것을 반드시 궁극적인 목적을 위해서 바라고 있다."(『신학대전』, 2-1, 1) 물론 이 같은 생각은 현실의 구체적인 삶을 고려한다면 어불성설과 같이 느껴진다. 누구도 자신이 현재 갈망하고 있는 것들, 가령 아파트를 소유하고자 하거나, 학위를 취득하고자 하거나, 승진하고자 하거나 혹은 어떤 특정한 사람의 신임을 얻고자 하는 등의 갈망들이 사실은 천국에서의 행복인 '지복'을 위해서 갈망하고 있다고 생각하는 사람은 아무도 없을 것이기 때문이다. 그렇기 때문에 이 같은 생각은 인생을

전체적으로 보는 형이상학적인 진리를 말하고 있는 것이다. 즉 인생을 궁극적인 목적지로 향해 나아가는 여행이라고 생각하는 것에서 가능한 사유이다. 가브리엘 마르셀은 이를 '여정의 인간'이라고 말하고 있다. 예를 들어 인생을 '설악산'이란 최종 목적지를 가진 수학여행에 비유한다면, 여행하는 학생들은 여행의 과정에서 항상 '설악산'이란 목적지를 염두에 두고 있지는 않겠지만, 그럼에도 그들이 여행 중에 가지게 되는 모든 즐거움이나 기쁨 등은 사실상 설악산에 잘 도착하기 위한 것이라고 말할 수가 있는 것이다. 그래서 형이상학적으로 보자면 "목적은 수행과정에서는 최후의 것이지만 이성의 지향에서는 최초의 것"(『신학대전』, 2-1, 18)이 되는 것이다. 다른 예를 들면 헬스장에 등록을 하게 된 원인이 '건강의 회복'을 위한 것이라고 한다면, 헬스장 등록의 결과도, 즉 최종 목적도 '건강의 회복'일 수밖에 없는 것이다.

이처럼 목적론적이 세계관 안에서는 최초의 출발점은 최후의 목적지와 동일할 수밖에 없다. 그리고 이 여정의 과정에서 요청되는 모든 덕은 사실상 최종목적을 위한 것이라고 말할 수 있는 것이다. 여기서 토마스 아퀴나스는 인간적인 사랑과 신적인 혹은 종교적인 사랑을 구분하고 있다. 종교적 지평에 도달하지 못한 그리하여 신적인 존재와의 관계가 실제적으로 형성되지 않은 모든 인간적인 사랑을 '아모르'라고 부른다면, 종교적 지평에서 가지게 되는 신적인 사랑은 '카리타스'라고 부른다. 그런데 사실상 이 두 가지 구분 역시도 어떤 의미에서는 하나의 사랑에 대한 다양한 표상이라고 할 수 있다. 왜냐하면 인간적인 사랑 역시도 그 뿌리는 '카리타스'이기 때문이다. 이는 앞서 말한 원인과 결과는 일치한다는 형이상학적인 그 원리에 의해서 그렇게 해석할 수 있는 것이다. 토마스 아퀴나스는 덕과 사랑, 그리고 카리타스 사이의 관계를 다음과 같이 잘 설명한다.

> '카리타스'도 하나의 사랑이지만, 모든 사랑이 '카리타스'인 것은
> 아니다.
>
> *– 『신학대전』, 1-2, 62 –*

> 카리타스가 모든 덕 안에서 그들의 형상이 된다는 의미에서, 카
> 리타스는 모든 덕의 어머니요 뿌리이다.
>
> *– 『신학대전』, 1-2, 62 –*

> 인간으로 하여금 마지막 목적으로 질서 지우는 '사랑'으로서 의
> 미를 갖는 카리타스는 이 마지막 목적에 부합하는 모든 선한 업
> 적의 원리임이 분명하다.
>
> *– 『신학대전』, 1-2, 65 –*

> 인간의 노력을 통해 획득된 덕들은 '카리타스' 없이도 존재할 수
> 있다. … 그러나 '카리타스'는 인간적인 덕이 야기하는 것 이상
> 을, 즉 초자연적인 질서에 있는 궁극적인 목적을 획득할 수 있는
> 덕들(곧, 신학적인 덕들)을 유발한다.
>
> *– 『신학대전』, 1-2, 62 –*

> 카리타스가 앎(학문)과 숙고를 초월하지만, 앎과 숙고는 카리타
> 스에 의존한다.
>
> *– 『신학대전』, 1-2, 62 –*

위 진술들에서 우리가 알 수 있는 것은 우선 종교적 혹은 신적인 사랑을 의미하는 '카리타스'는 사랑이라는 범주에 속하는 것이지만, 인간적인 사랑은 카리타스의 범주에 들어가지 않는다는 것이다. 즉 하나의 사랑으로부터 '카리타스'와 '아모르'가 발생하고 이 둘은 분명히 구분된다. 그런데 모든 덕의 뿌리 혹은 형상이 카리타스라는 것은 인간적인 사랑의 뿌리가 카리타스라고 하는 것과 같다. 다시 말하면 카리타스가 가능적으로 인간적인 사랑을 내포하고 있음을 의미한다. 이는 곧 인간적인 사랑이라는 것도 (우리가 의식하지는 못하겠지만) 카리타스에서 그 뿌리를 가지고 있다는 것을 말해 준다. 모든 인간적인 사랑이 사실은 그 근원을 '신적 사랑'에서 가진다는 것은 그리스도교의 세계관과 동일한 세계관을 지니지 않은 사람들에게 있어서는 수용하기 힘든 진리일 것이다. 하지만 플로티노스의 『일자론』을 이해하는 사람이라면 이렇게 이해한다는 것도 충분히 납득이 간다. 모든 존재는 일자로부터 유출되어 궁극적으로 일자로 되돌아간다는 사유에서, 모든 존재의 생의 약동이나 갈망이 결국 '일자를 향한 지향성의 표현'에 지나지 않기 때문이다. 따라서 토미즘에 따르면 끊임없이 돈을 추구하거나 명예를 추구하거나 아름다운 것을 추구하는 사람도 사실은 그 깊숙한 본연의 갈망은 ―비록 본인은 의식하지 못할 지라도― 신의 사랑을 갈망하고 있다고 말할 수 있다. 다만 이 궁극적인 목적으로서의 신적 사랑이 아직은 충분히 알려져 있지 않았고 그것에 대해 자각되어 있지 않았기 때문에 그 대상이 구체적인 감각적인 대상으로 향하고 있을 뿐인 것이다. 이러한 관점에서 보자면 봄날에 약동하는 무수한 생명의 아우성은 곧 신의 사랑을 향한 약동이라고 해도 과언이 아닐 것이다.

마찬가지로 '사랑하는 대상의 선을 지향하는 것'이라는 차원에서 사실 모든 덕이라는 것도 일종의 사랑의 발로라고 해야 할 것이다. 왜 사람들은 용기나 절제나 현명함 등을 필요로 하는 것인가? 그것은 자신들이 사랑하고 있는 것을 획득하거나 더 잘 사랑하기 위해서인 것이다. 그래서 모든 덕이라는 것도 그 뿌리는 '카리타스'인 것이다. 그래서 카리타스를 '모든 덕과 사랑을 궁극적인 목적에로 질서 지워 주는 것'이라고 부르는 것은 형이상학적으로는 정당한 것이다. 예를 들어 자녀가 잘 되기를 바라는 어머니의 사랑은 비록 매 순간 아들의 행위에 개입을 하지 않더라도 아들의 모든 행위가 올바로 방향 잡히기를 바라듯이 모든 덕과 모든 사랑의 뿌리인 카리타스는 인간의 모든 행위에 있어서 궁극적인 목적으로 질서 지워 주는 일종의 초-자연적인 힘과도 같은 것이기 때문이다. 그래서 앎의 행위에 있어서 숙고가 카리타스에 의존한다는 것도 충분히 의미 있는 진술이다. 왜냐하면 진정으로 올바른 길을 추구하는 학자라면 그의 연구의 대상에 대한 사랑이 있어야 하고 이 사랑의 뿌리는 곧 카리타스이기 때문이다. 아마도 토마스 아퀴나스는 "현대의 과학자들의 오류는 그들이 추구하는 대상에 대해 숙고는 하지만 이 숙고가 '사랑'이 배제된 숙고이기에 가끔 길을 잃고 만다"라고 할 것이다.

토마스 아퀴나스의 윤리학은 매우 낙관론적이다. 그의 사유에서 윤리학에 관한 낙관론적인 관점을 몇 가지를 소개하자면 다음과 같은 진술을 들 수 있을 것이다.

> 불행은 그 자체가 사람들의 경멸을 야기하지 않는다. 오히려 불행한 이들이 행복을 추구하는 것을 보고 사람들은 경의를 표시하는 것이다.

- 『대이교도대전』, 3, 38 -

비참한 것을 명상하면서 행복할 수는 없다. 왜냐하면 누구도 행복하면서 동시에 불행할 수는 없을 것이기 때문이다.

- 『대이교도대전』, 3, 39 -

기쁨은 행위를 완전하게 한다. 기쁨은 우리들의 행위에 대해 우리들의 주의와 정성을 더욱 기울이게 하기 때문이다.

- 『대이교도대전』, 3, 26 -

모든 증오도 사실상 사랑으로부터 발생한 것이다.

- 『신학대전』, 2-1, 29 -

보다 큰 사랑을 위한 증오가 아니라면 증오는 언제나 사랑보다 못한 것이다.

- 『신학대전』, 2-1, 29 -

보다 사랑이 클수록 작은 미움도 크게 느껴지는 것이다.

- 『신학대전』, 2-1, 29 -

사실 현상학적으로만 보자면 대다수의 사람은 작은 불행에는 동정을 보이고 있지만, 지극한 불행은 외면하거나 경멸하는 것처럼 보인다. 왜냐하면 불행이라는 것은 항상 고통을 동반하는 것이며 인간은 본능적으로 고통을 피하고자 하기 때문이다. 하지만 토마스 아퀴나스는 어떤 불행도 그 자체가 경멸할 만한 것은 아니라고 생각하고 있다. 왜냐하면 그의 존재론적 법칙에 따라 한 존재자는 '그가 존재하는 그만큼' 선하기 때문이다. 다시 말해 아무리 불행한 사람도 아직 삶을 영위하고 있는 그만큼, 미약하게나마 행복한 부분이 있기 때문이며, 아무리 악한 사람도 그가 여전히 존재하고 있는 만큼 선한 부분이 있기 때문이다. 아마도 경멸해야 할 유일한 것이 있다면, 그것은 그가 불행 속에 있지만 이 불행을 극복하고 행복을 추구하고자 원하지 않는다는 것 혹은 그가 악행 속에 있지만 악을 극복하고 선을 지향하려 하지 않는다는 것뿐일 것이다. 즉 우리가 경멸해야 하는 것은 '개인'이 아니라, '개인의 행위 혹은 의지'인 것이다. 그리고 그가 아무리 불행한 상태에 있다고 하더라도 그 불행을 벗어나 행복을 되찾고자 하는 의지나 노력이 있다면 그것은 존중할 만한 것이다. 우리가 살고자 애쓰는 동물들에게 동정을 보이고 도움을 주고자 하듯이, 행복하고자 애쓰는 모든 사람에게 용기를 주고 경의를 표하여야 한다. 왜냐하면 인생에 있어서 가장 소중한 가치가 바로 그것이기 때문이다. 그렇기 때문에 토미즘의 윤리학에서 강조하는 것은 내가 행복한 것인지를 묻고, 행복하기를 바라고, 항상 행복한 상태를 상상하고 행복을 위한 길을 모색하고 이에 대해 숙고하기를 멈추지 말아야 한다는 것이다.

파스칼은 '상상력이 모든 행복의 원동력'이라고 하였는데, 토마스 아퀴나스도 이 말에 동의하겠지만 그는 파스칼보다 더 낙관적이다. 왜냐하면 그는 이것이 마치 인간 존재의 존재론적 법칙처럼 주어져 있다고 생각하기 때문이다. 다시 말해 모든 사람이 올바르게 사유하기만 한다면 행복을 추구하게 되고, 미래의 행복한 상태를 상상하게 되며, 나아가 궁극적인 행복을 지향하게 된다는 것이다. 그래서 우리가 소설을 읽든지 영화를 보든지 여행을 하든지 항상 내가 행복하다고 생각하는 것들을 보고, 듣고, 체험하는 것이 중요한 것이다. 어떤 의미에 있어서 행복은 전염되는 것이기 때문에, 내가 가치가 있고 선하다고 생각하는 것을 사유하고 상상하고 보고 듣고 한다는 것은 매우 중요하다. 동일한 명상이라도 천사에 대해 명상하는 사람과 악마에 대해 명상하는 사람의 내적인 상태가 동일할 수는 없을 것이다. 이처럼 가급적 나에게 행복을 줄 수 있는 그 무엇을 명상하는 것이 행복을 위한 지름길이라고 보는 것이 토미즘의 관점이다. 그리고 이와 동일한 원리에 의해 누구나 자신에게 기쁨을 주는 것을 행하여야 하고, 무엇을 하든지 기쁜 마음으로 행하여야 한다. 그것이 성공의 지름길이고 행복의 지름길이다. 왜냐하면 나에게 기쁨을 주는 것에는 온 마음을 집중할 수 있겠지만 괴로움을 주는 것에는 그럴 수가 없을 것이기 때문이다. 나의 행위를 완전하게 하는 것, 즉 최상의 열정과 재능을 가지고 할 수 있는 것은 오직 기쁨을 주는 행위뿐이다. 그리고 완전하게 수행된 행위는 또한 보다 큰 만족을 줄 수밖에 없다. 그래서 기쁨을 통해 수행된 일은 마치 눈덩이가 굴러가듯이 시간이 지날수록 그 결과가 풍요롭고 최선의 결과를 야기하는 것이다. 이 또한 매우 낙관적인 생각이다.

한편, 쇼펜하우어와 같은 철학자들은 인생에서 우리로 하여금 기쁨과 행복을 느끼게 하는 일보다는 분노와 증오, 그리고 고통을 유발하는 일이 훨씬 더 많다고 생각하고 있다. 그리하여 이 같은 인생의 진실을 깨달은 이들은 삶에 집착할 필요가 없다고 주장하기도 한다. 어찌 보면 이 같은 통찰은 경험적으로만 혹은 현상적으로만 보자면 사실인 것 같기도 하다. 하루 동안, 혹은 한 달 동안 나에게 기쁨과 행복감을 준 일들과 나에게 분노와 경멸감을 유발하거나 고통을 준 일들을 비교하자면 후자가 훨씬 더 많았다고 생각되기 때문이다. 하지만 토마스 아퀴나스는 이를 다르게 이해하고 있다. 왜냐하면 그는 분노나 증오도 사실은 그 뿌리가 사랑에 있다고 생각하기 때문이다. 분노나 증오의 뿌리가 왜 사랑인 것일까? 예를 들어 보자. 사람들은 자기 자신과 전혀 상관없는 지구 반대편에서 발생하고 있는 전쟁에 대한 뉴스를 접하면서, 그곳에서 자행되는 군인들의 극악무도한 일들을 목격하게 된다. 그리고 그 불의한 일들에 대해 분노나 증오심을 느끼게 된다. 왜 그런 것일까? 그것은 내가 소중하다고 생각하는 것, 내가 가치가 있다고 생각하는 것이 무참하게 파괴되고 있다는 그 사실을 용납할 수가 없기 때문이다. 비록 나 자신과 직접적으로는 상관이 없는 일이지만, 어떤 것을 소중히 생각하고 이것이 잘 지켜지기를 바란다는 것, 이것이 바로 일종의 정신적인 사랑을 의미한다. 사람들이 예술을 사랑하거나, 자유를 사랑하거나, 평화를 사랑하거나 혹은 진리를 사랑한다고 할 때, 예술과 자유와 평화, 그리고 진리는 특정한 사람들이나 특정한 민족이거나 특정한 시대를 위한 배타적인 것이 아니다. 이러한 정신적인 가치들은 시간과 공간, 그리고 특별한 개인을 초월하는 모든 시대의 모든 지역의 모든 사람에게 해당하는 '보편적인 가치들'이다. 바로 이 같은 보편적이고 정신적인 사랑이 무참하게 파괴될 때 사람들은 분노나 증오심을 느끼지 않을 수가 없는 것이다. 반대로 이와 같은 정신적인 가치들이 사람들에 의해 잘 보호되고 지켜지는 것을 볼 때 기쁨이나 행복감을 느끼게 되는 것이다. 따라서 인생에서 분노나 증오심도 그 뿌리는 사랑에 있다는 말은 논리적으로도 충분히 타당한 것이다.

이렇게 본다면 생에 있어서 무관심한 일이 아닌, 나의 관심을 끌고 나에게 기쁨이나 증오를 유발하는 모든 것에서 그 무엇을 사랑하고 있는 나 자신을 발견할 수가 있는 것이다. 전쟁이나 사고와 같은 불행한 일들에도 사랑과 분노는 항상 함께하고 있으며, 사랑이 클수록 기쁨이나 분노도 클 수밖에 없는 것이다. 그래서 토미즘의 논리에 따라 우리는 인생이란 '사랑의 역사이다'라고 말할 수 있는 것이다. 이는 참으로 긍정적이고 낙관주의적인 윤리관이 아닐 수 없다. 그리고 이렇게 인생을 매우 낙관적으로 볼 수 있도록 가능하게 하는 것은 우리의 관심을 끄는 모든 일이나 사건에서 소중한 가치를 부여해 주는, 모든 정염의 뿌리가 되는 사랑이 있기 때문이다. 아마도 우주에 존재하는 모든 대상에 대해 가치를 부여할 수 있는 것이 있다면 그것은 '그 대상을 사랑하는 사람이 있다'는 것으로 충분할 것이다. 왜냐하면 누구도 자신이 사랑하는 것의 가치를 부정할 수가 없기 때문이다. 이처럼 '사랑은 모든 가치의 뿌리가 되면서 예외 없이 모든 것에 가치를 부여한다는 차원에서 모든 가치의 가치, 즉 '최상의 가치'가 되는 것이다.

### ③ 사랑은 인간의 모든 행위를 완성시키는 원리이다

토마스 아퀴나스는 "완전한 앎을 위해서는 사랑이 필요하다"(『신학대전』, 2-1, 27)라고 말한 뒤에 그 이유를 "모든 행위는 사랑을 통해서 완성되기 때문이다"(『신학대전』, 2-1, 28)라고 하였다. 왜 인간의 행위가 사랑을 통해서 완성된다는 것인가? 그리고 행위가 완성된다는 것은 무엇을 의미하는 것일까? 완성*perfectio*이라는 말은 두 가지 의미를 가지고 있다. 첫 번째 '존재론적인 완성'을 의미하는 것으로 어떤 것의 '가능성이 완전히 실현된 상태' 혹은 진보의 과정에 있어서 더 이상 더 나은 상태를 생각할 수 없을 만큼 '최종적인 목적에 도달한 상태'를 의미한다. 두 번째는 '행위론적인 완성'을 의미하는 것으로 어떤 행위에 있어서 최초에 목적한 의도 혹은 의지가 행위를 통해 충만하게 실현되어 만족할 만한 상태가 되었을 때를 말한다. 아마도 예술가들이 '작품이 완성되었다'라고 하는 경우가 대표적인 예일 것이다. 따라서 인간의 행위가 문제가 될 때는 이 후자를 의미하는 것이다. 그렇다면 왜 사랑을 통한 행위가 완성을 가져오고 다른 경우엔 그렇지 않는 것일까? 그 것은 사랑이 가진 절대적인 특성 그 자체 때문이다.

우선 토마스 아퀴나스는 앎과 사랑의 차이에 대해서 말하고 있는데, 앎은 '어떤 본질적인 것'에 대한 앎으로 본질에 속한 것이나, 사랑은 '어떤 것 그 자체'를 동반하는 것으로 구분하고 있다.(『진리론』, 4) 이는 사실이다. 가령, 한 인간에 있어서 앎이란 '의사의 앎', '역사가의 앎', '사회학자의 앎', '심리학자의 앎', '철학자의 앎' 등 다양하게 분화하게 된다. 여기서 앎이란 '생물학적 이해', '역사적 사건', '심리적 상황', '정신적 이해' 등에 관한 앎으로 다양하게 분화할 수밖에 없다. 어떤 학문도 한 개인에 대해서 총체적인 앎이란 것을 가질 수가 없다. 하지만 사랑은 이와 다르다. 사랑하는 사람은 항상 사랑하는 대상 그 자체 혹은 사랑하는 대상의 총체성과 관계하기 때문이다. 누구도 나는 그의 육체는 사랑하지만 마음은 사랑하지 않는다든가, 그의 심리 상태는 사랑하지만 그의 사상은 사랑하지 않는다는 등의 말은 하지 않는다. 그 것이 진정한 사랑이라면 사랑은 단순하게 '그를', 즉 '그 자체를' 사랑하는 것을 말하기 때문이다. 이처럼 앎보다 사랑이 더 많은 것을 포괄하고 보다 완전한 것이라 할 수 있다. 그래서 토마스 아퀴나스는 "우리는 어떤 것을 우리가 아는 것보다 더 많이 사랑할 수 있고, 우리는 완전하게 알지 못하면서도 어떤 것을 완전하게 사랑할 수 있다"(『신학대전』, 2-1, 27)라고 말하는 것이다.

사랑의 탁월성은 관계성에 있어서 보다 분명해진다. 그는 "앎은 유사함을 통해서 일치를 이루지만, 사랑은 실제로 두 존재를 일치시킨다. 이처럼 사랑은 앎보다도 더욱 일치의 능력이 강한 것이다"(『신학대전』, 2-1, 28)라고 말하고 있다. 사람들은 "알게 되면 사랑하게 되고, 사랑하게 되면 알게 된다"라고 말할 수 있지만, 엄밀히 말해 사랑하게 되면 자연적으로 사랑하는 대상에 대한 앎을 가지게 되겠지만, 안다고 해서 앎의 대상을 자연스레 사랑하게 되지는 않는다. 우리는 이를 수학적인 앎이나 과학적인 앎에서 알 수 있다. 과학자들은 자신의 연구대상을 사랑하는 것 없이도 얼마든지 그것에 대한 보다 완벽한 앎을 가질 수 있다는 사실이 이를 뒷받침해 주고 있다. 반면 사람들이 위인전이나 성인전을 읽을 때 어떤 감동을 받게 되고 마음이 고무되는 것은 위인들이나 성인들이 지니고 있는 그 어떤 숭고하고 탁월한 무엇이 우리들의 마음속에 있는 그와 '유사한 것'을 자극하고 움직인다는 것을 말한다. 만일 유사함이 전혀 없다고 한다면 교류나 교감이 전혀 없을 것이며, 마음을 자극하는 그 무엇이 존재할 수가 없게 될 것이다. 그래서 토마스 아퀴나스는 "동일한 것을 사랑하는 사람들 안에서는 유사함이 발견된다"(『신학대전』, 2-1, 27)라고 한 것이다.

그런데 단순한 앎과 달리 무엇을 사랑한다는 것은 사랑하는 대상에 대한 '주의집중'을 유발한다. 바로 이 주의집중이 사랑하는 대상과 더욱 하나 되게 하는 것이다. "사랑은 일종의 법열을 유발한다. 어떤 것에 대한 깊이 있는 명상은 다른 모든 것을 잊게 하는 것처럼, 사랑하는 이에 대한 주의집중은 다른 모든 것으로부터 이탈하게 하기 때문이다."(『신학대전』, 2-1, 28) 사랑이 유발하는 주의집중과 일치는 사랑이 우리들의 행위를 최대한 완성시킨다는 것을 말해 준다. 한 예술가는 ─최소한 고전 미학의 관점에서는— 자신이 창조하고 있는 작품을 위해서 온 마음을 다한다. 자신이 가진 모든 재능과 기술을 동원하고 자신이 애초에 지향하고 있었던 그 어떤 이상적인 작품을 구현하기 위해서 주의를 집중한다. 그래서 예술가의 행위는 본질적으로 사랑의 지평에 있는 것이다. 그래서 예술가가 작품을 완성하였을 때는 비록 잠정적이기는 하지만 완성되었다는 '심리적인 종결'을 맛보게 되는 것이다. 비단 예술의 분야뿐 아니라 우리는 사람들이 자신이 사랑하는 것에 대해서는 심혈을 기울이고 자신의 모든 능력을 총동원하여 최상의 결과를 얻고자 한다는 것을 일상의 삶에서도 충분히 확인할 수 있다. 이렇게 사랑만큼 인간의 행위를 가장 완성시키는 것은 없는 것이다.

그래서 우리는 '진리를 아는 것보다는 진리를 사랑하는 것이 더 낫다'는 말을 정당하게 말할 수 있는 것이다. "인간은 이성적인 추론을 통해서보다 사랑을 통해서 신에게 더 가까이 나아간다. 기쁨이란 이성의 판단을 전제로 하는 행위이다. 따라서 사랑은 기쁨보다 더 신성한 것이다."(『신학대전』, 2-1, 26) 사랑이 기쁨보다 더 신성하다는 것은 참으로 의미심장한 말이다. 우리가 무엇을 사랑할 때 여기엔 반드시 사랑이 주는 '기쁨'을 느낄 수 있다. 하지만 사랑이 주는 기쁨이란 일종의 열매에 대한 꽃에 불과하다. 어떤 의미에서 꽃은 열매를 가지기 위한 수단에 지나지 않는다. 사랑은 그 크기가 커지고 깊이가 깊어질수록 기쁨을 초월한다. 그래서 어느 순간 전혀 기쁨을 느낄 수 없어도 아니 오히려 고통을 동반한다고 해도 포기할 수 없는 것이 사랑인 것이다. 아니면 사랑은 아플수록 오히려 기쁨이 커지는 역설적인 것이 된다. 그래서 사랑이 탁월하게 되었을 때는, 가령 영성적인 삶에 있어서는 '사랑의 길'을 '투신의 길' 혹은 '헌신의 길'이라고 부르는 것이다.

희생이 클수록 기쁨도 커진다는 것이 곧 영적인 사랑의 특성이다. 이 것이 곧 사람들이 '아가페'라고 부르는 그 사랑의 특성이다. 사랑이 인 간의 행위들 중에서 가장 탁월하고 가장 고상한 것이라는 차원에서 사 랑의 행위에 적절하게 보답할 수 있는 것은 오직 사랑밖에 없다. 아우 구스티누스는『고백록』에서 "사랑으로 사랑에 보답하지 않을 때, 양심 의 가책을 느낀다"라고 고백한 바 있는데, 토마스 아퀴나스 역시 "사 랑에 응답할 수 있는 것은 사랑뿐이다"(『신학대전』, 2-1, 28)라고 말하고 있다. 따라서 우리는 토미즘의 윤리학에 있어서 '인간의 길'이란 결국 '사랑의 길이다'라고 말할 수 있는 것이다.

# 5장

## 그 외
## 중요 스콜라철학자들

"무엇을 하는가가 중요한 것이 아니라, 어떤 마음(의도)으로 하는가 하는 것이 중요하다. 왜냐하면 이것이 신이 한 사람의 행위에 그 무게를 두고 있는 것이기 때문이다."

-『윤리학』 중에서-

"진리를 알아가는 순서는 믿음의 안정성에서 출발하고, 이성의 평온을 거쳐서 영적인 관조 *contemplatio*에 이르는 것이다."

-『신학적인 것에 관하여』 중에서-

아벨라르두스
Abaelardus

불어로 '아벨라르Abélard'라고 불리는 아벨라르두스 Abaelardus는 중세의 보편논쟁을 종결하였던 수도자이자 철학자였다. 그는 수도자의 신분으로 엘로이즈와의 연정을 가졌으며 '엘로이즈와 아벨라르'라는 '플라토닉-러브'의 연애설의 장본인이기도 하다. 1131년 샹파뉴Champagne 에서 특별한 여성 규칙을 따르는 최초의 수도원인 파라클레트Paraclete 수녀원을 설립하기도 하였고, 여성 옹호자이자 여성교육의 지지자이기도 하였다. 그는 논리학의 발전에 크게 기여하였는데, 그에게 있어서 변증법은 논리학과 유사하게 나타나고 있다. 그는 보편자가 실재한다는 '실재론'과 보편자란 다만 추상의 산물이며 이름뿐이라는 '유명론'의 대립을 의미하는 '보편논쟁'을 실념론 혹은 개념론conceptualisme(불)을 내세워 종합하였다. 인식론적인 차원에서 그는 데카르트의 '코기토의 원리'의 기원이 될 만한 "의심 속에서 진리를 추구한다"는 "의심을 통한 추구"라는 개념을 발전시켰다. 그리고 도덕적 행위에 있어서 범죄를 형성하는 결정적인 조건을 '행위의 의도'에 두면서 근대적 형법의 근거를 마련하였다.

주요 저서로는 『변증법』, 『예 혹은 아니오』, 『주해서(1, 2, 3)』, 『윤리학 또는 너 자신을 알라』, 『삼위일체의 단일성 혹을 최고선에 관한 신학』, 『기독교 신학』, 『보편적 신앙의 고백』 등이 있다.

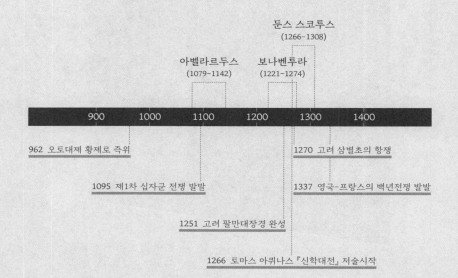

# 1. 보편논쟁을 종결한
   아벨라르두스

① 보편논쟁을 '개념론'으로 종합하다.

중세철학에서 보편논쟁이란 사전적인 정의에 해당하는 인간, 동물, 소나무 같은 '보편적인 것' 즉, 개념에 해당하는 것이 '본질'이나 '본성'의 형태로 실제로 존재하는 것인가? 아니면 실제로 존재하는 것은 다만 구체적인 개별자들뿐이며 '보편자'란 이 개별자들로부터 추상된 것, 즉 '이름에 지나지 않는 것인가' 하는 문제였다. 보편자가 실제로 존재한다고 주장하는 것을 '실재론'이라고 하였고, 보편자가 이름뿐이라고 주장하는 것을 '유명론'이라고 하였다. 이러한 논쟁은 사실 철학사에서 끊임없이 발생할 수밖에 없는 문제이다. 가령 '인간의 본성은 선한가 악한가?' 하는 질문은 '인간을 인간으로서 규정하게 하는 인간 본성이라는 것을 가정하고 있는 질문이다. 만일 모든 인간에게 공통되는 어떤 본성이 존재하지 않는다고 가정하게 되면 이 같은 질문은 무의미할 것이며 주어지지도 않을 것이다. 그런데 어떤 유적인 존재의 본성이나 본질을 규정하는 보편적인 것은 실제로 존재하는 것으로 간주하기에도 문제가 있고 존재하지 않는다고 간주하기에도 문제가 있다. 그리고 이러한 주제는 다만 탁상공론의 문제가 아니라 윤리·도덕적인 문제나 교육의 문제에 있어서도 매우 중대한 영향을 끼치는 것이기에 무시할 수만은 없는 주제이다.

예를 들어 보자. 맹자는 '성선설'을 주장하였기에 인간이 가진 선한 본성을 보다 더 잘 실현해 줄 수 있는 '덕치주의'를 주장하였고, 순자는 '성악설'을 주장하였기에 '인간의 악한 행위를 잘 통제해 줄 수 있는 강력한 법치주의'를 주장하였다. 그런데 만일 선하거나 악한 인간의 본성이 사실은 존재하지 않는다고 한다면 '덕치주의'나 '법치주의'를 주장하는 이론에는 그 근거가 없는 것이 될 것이며, 모든 것이 사회적 합의로 전락해 버릴 것이다. 이처럼 만일 '인간'이라는 개념의 근원 혹은 원인이 되는 '인간 본성'이나 '인간 본질'이 실제로 존재하는 것이 아니라고 한다면, '인간으로서 그러한 일을 할 수는 없다', '인간이라면 최소한 이 정도의 삶은 유지하여야 한다'는 '인간은 그 자체로 목적이며 수단으로 사용되어서는 안 된다'는 등의 주장은 다만 한 개인의 자의적인 주장이거나 관습의 결과물이 되어 버릴 것이며 결코 보편적으로 적용될 수 있는 진리가 될 수는 없을 것이다. 왜냐하면 이러한 주장은 모든 인간에게 공통되는 '인간 본성'이나 '인간 본질'에 근거를 둔 진술이기 때문이다. 이렇게 '인간이란…' 이라는 인간이 주어가 되는 수많은 명제가 무의미한 것이 되고 말 것이며, 모든 인간이 인간이기 때문에 존중해야만 하는 어떤 질서나 규범은 존재할 수가 없을 것이다. 따라서 일체의 준칙이나 원칙은 일종의 '사회적 합의'에 지나지 않는 것이 될 것이다. 마찬가지로 '인간의 존엄성'에 근거한 최소한의 인간다운 삶을 보장하고자 하는 '복지제도' 등도 그 존재론적인 근거를 상실하게 될 것이다.

이와 반대로 만일 인간의 본성이나 인간의 본질이 실제로 존재한다고 인정하게 되면 이러한 본성이나 본질과 전혀 어울리지 않는 수많은 인간의 행위나 행동이 어디서 기인한 것인지 해명할 길이 없을 것이다. 설령 자유의지나 여타의 이론으로서 이를 설명할 수 있다고 해도 왜 인간은 인간의 본성을 가지면서도 인간의 본성과 어울리지 않는 그토록 많은 일이 발생하는지, 나아가 어떤 이들은 인간의 본성과는 정반대되는 행위를 주저 없이 선택하게 되는 것인지를 설명하는 것도 쉽지가 않을 것이다. 게다가 역사 속에는 의인이나 성인 등과 같은 인간의 본성이나 본질을 넘어서는 무수한 사람의 행위를 어떻게 해명하여야 할지도 쉬운 일이 아닐 것이다. 마찬가지로 '인간의 본성이나 본질'이 실제로 존재한다고 가정할 경우 이를 통찰하고 구체적인 내용으로 기술하고자 할 때, 문화적 역사적 지리적 한계로 인해 서로 다른 인간에 대한 규정을 어떻게 수용할 수 있을 것이며, 어디까지를 인간의 본질이나 본성의 결과로 수용하고 어디서부터 이를 넘어서는 것인지를 결정한다는 것도 쉬운 일이 아닐 것이다. 이렇게 된다면 무엇이 그리고 어디까지를 본성이나 본질의 결과로 볼 것인가 하는 해결할 수 없는 논쟁이 지속될 것이다.

이처럼 보편자의 근거가 되는 '본질이나 본성'이 실제로 존재한다고 해도 문제가 발생하고 다만 추상의 산물일 뿐이라고 해도 문제가 발생한다. 이러한 딜레마를 해결하고자 한 것이 아벨라르두스의 '실념론' 혹은 '개념론'이란 것이다. 아벨라르두스는 보편논쟁을 해결하기 위해 먼저 자신만의 개념인 "스타투트*statut*"라는 개념을 고안한다. '스타투트'란 '결정' 혹은 '규정'을 의미하는 "스타투툼*statútum*"에서 유래한 것으로 '지위' 혹은 '위치' 정도로 해석될 수 있다. 예를 들어 인간은 '인간이란 무엇인가'에 대한 앎을 가지고 있다. 하지만 이 앎은 애초에 어떤 고정된 본성이나 본질에 대한 앎을 의미하는 것이 아니라, 인간이 지니고 있는, 동물과는 다른 '어떤 지위'나 '위치'를 아는 것이며, 이것이 경험과 추론을 통해 '인간의 본질'이나 '인간의 본성'에 대한 확고한 앎으로 자리 잡게 된다고 본 것이다. 따라서 만일 인간의 본질이나 본성이 선천적으로 주어진 것이라고 해도 최소한 인간의 이성에 있어서는 초월적인 것이기 때문에 있는 그대로는 알 수가 없다. (물론 아벨라르두스는 신의 지성에는 인간의 모델이라고 할 만한 '인간의 이데아 혹은 형상이 인간의 창조 이전에 존재하였다고 긍정하고 있다.) 따라서 경험적인 질서에서 보자면 애초에는 다만 다른 동물들과는 다른 '지위'나 '위치'가 주어져 있는 것으로만 알 수 있으며, 이것이 앎과 행위의 반복을 통해 확고한 본성이나 본질로서 자리 잡게 된다고 보아야만 하는 것이다. 이는 거의 아리스토텔레스의 '습관이 제2의 천성'이라는 견해와 결을 같이하고 있다. (다만 아리스토텔레스에게 있어서는 본성이나 본질이 이 '실체'라는 이름으로 '습관을 통한 제2의 본성'에 앞서는 것이며 애초에 규정되어 있는 것이다.) 이렇게 본질이나 본성으로 자리를 잡아 가는 이 '형이상학적인 존재'를 정신이 파악하게 될 때 이것이 곧 '개념' 혹은 '관념'인 것이다. 즉 개념 혹은 관념이란 정확히 인간이 추상을 통해 파악한, 인간이 지니고 있는 '보편적인 것'에 해당하는 것이다. 이렇게 해서 인간이 자신에 대해 탐구하게 될 때, 시간의 순서로는 '보편적인 것'으로서의 개념이나 관념이 구체적인 개별자로서의 '실재'보다 항상 늦게 나타나는 것이겠지만, 논리적인 순서에서는 항상 개념이나 관념이 실재보다도 앞서게 되는 것이다. 다시 말해 인간의 어떤 행위에 대한 평가를 내릴 때, 보편적인 개념인 인간의 개념이 모든 것에 앞서 정신에 존재하며, 이것을 근거로 한 개인의 행위에 대한 과실 여부를 판단하게 되는 것이다. 결론적으로 아벨라르두스에게 있어서 보편자란 개별자의 내부에 관념적인 존재로서만 실재하는 것이 된다.

물론 후대에 와서 아벨라르두스가 주장한 '스타투트'라는 개념이 무엇인가에 대한 해석은 분분하여 일관된 것은 없다. 이는 크게 두 가지로 다르게 해석되고 있는데, 하나는 '지위'란 '존재의 방식'이라고 해석하는 것이다. 예를 들어 두 남자는 '남자'라는 이름의 동일한 원인을 가지게 되는데, 이때 이 원인은 남자에게 적절한 '지위', 즉 '남자로서의 존재방식'을 가지고 있다는 것을 의미한다. 하지만 이는 아직은 고정된 '본성'이나 '본질'을 의미하는 것은 아니다. 현대적 용어로는 '성향' 정도로 해석될 수 있을 것이다. 즉 남자와 여자는 본성이나 본질의 차원에서 구별되는 것은 아니나 최소한 '존재하는 방식', 즉 '성향'으로서 구분되는 것이다. 이러한 관점은 오늘날 '페미니즘에 관련된 논란'에 하나의 빛을 줄 수도 있을 것이다. 즉, 인간이라는 차원에서 남자와 여자는 더 인간이라거나 덜 인간이라는 것이 있을 수 없기에 동일한 존재이겠지만, 애초에 타고난 성향에 있어서는 서로의 '존재방식에 적절한' 서로 다른 성향을 가진 구분되는 존재이다. 따라서 인간의 권리라는 차원에서는 남녀는 모두 동일한 권리를 요구할 수 있겠지만,

성향으로서의 존재방식에 있어서는 구분되고 서로 다른 권리를 인정해 주어야 하는 것이다.

두 번째는 아벨라르두스가 말하고 있는 '지위'란 이성을 통해 파악된 '개념적인 존재', 즉 한 종 안에서 다양한 구성원 사이에 존재하는 동일한 속성을 추출하고 일반적인 개념으로 종합해 낸 '추상 활동의 결과'를 의미한다고 해석하는 경우이다. 이 후자의 경우 '유명론'에 보다 가까이 있는 것이다. 한 개별자 안에는 유적인 특성의 공통의 성향을 가지고 있으며, 이 특성들이 인간의 이성에 의해 파악될 때 '개념 혹은 관념적인 존재'로, 즉 '본질'이나 '본성'으로 나타나는 것이다. 즉 실제로 존재하는 것은 개별자이며, 보편적인 것은 이 개별자 안에서 '개념적인 존재' 혹은 '관념적 존재'로서 존재하는 것이다. 하지만 인간의 지성 속에 실제로 존재한다는 의미에서 '관념적인 혹은 정신적인 실재'라고 할 만한 것이다. 이것이 '개념론 혹은 실념론'이라고 말해지는 아벨라르두스의 최종적인 해결책이었다. 이러한 사유는 '자립적인 인간'으로서의 인간에 대한 이해에 빛을 주고 있다. 다시 말해 '인간이란 무엇인가'라는 인간의 본질에 대한 앎은 인간이 스스로를 어떻게 규정해 가는가에 따라 달라지는 것이며, 인간은 자기 스스로에 대해서 무한히 새롭게 규정하고 무한히 발전해 갈 수 있는 존재가 되는 것이다. 다시 말해 미래에 인류가 어떤 본질을 가진 존재가 될 것인가 하는 것은 오로지 인간의 손에 달린 것이다.

물론 아벨라르두스는 이성이 파악하는 이 '관념'의 근거를 단순히 이성의 자율적인 조합으로는 보지 않으며, 플라톤주의의 '이데아'와 같이 신적인 지성 속에 존재하는 이상적인 존재로서의 '관념'에 근거해 있다. 즉 신의 지성에는 모든 개별자가 속하게 되는 '종적인 범주'

를 가진 이데아가 있으며, 한 종의 모든 개별자는 탄생과 더불어 가지는 그들의 지위나 성향을 통해서 이 이데아에 참여하고 있다고 보고 있는 것이다. 즉 인간 혹은 인류의 발전이란 신의 지성 속에 존재하는 '인간의 이데아' 혹은 '이상적인 인간'의 모습에 무한히 다가간다는 의미가 되는 것이다. 그래서 그의 '실념론 혹은 개념론'은 '실재론'과 '유명론'을 종합하였다고 보는 것이다. 물론 이 같은 사유는 여전히 현대의 과학적인 사고방식에 있어서는 신화적이고 신학적인 것으로 보이겠지만 그럼에도 '인간성'이나 '인간의 존엄성' 등을 말할 때 가장 자연스럽게 해결할 수 있는 관점일 수 있다는 데에 그 장점이 있다고 볼 수 있을 것이다.

### ② "너 자신을 알라"의 윤리적 버전

1139년경 아벨라르두스는 "너 자신을 알라*Scito te ipsum*"라는 제목의 논문을 작성하였다. 여기서 그는 자신이 의도한 기초도덕의 이론을 정초하고자 하였다. 그는 이에 대해 다음과 같이 진술하고 있다.

> 무엇을 하는가가 중요한 것이 아니라, 어떤 마음(의도)으로 하는가 하는 것이 중요하다. 왜냐하면 이것이야말로 하느님이 한 사람의 행위에 그 무게 중심을 두시는 것이기 때문이다.
>
> – *Éthique, ou Connais-toi toi-même*, Cerf, 1993, p. 223 –

그리고 이 같은 생각은 그의 개별적인 삶 안에서의 행위를 변호하는 것이기도 하였다. 그는 연인이었던 엘로이즈와 자신 사이의 불미스러운 소문이 발생하고 엘로이즈가 고민에 빠지자 엘로이즈에게 보낸 첫 번째 편지에서 다음과 같이 쓰고 있기 때문이다.

> 죄책감이란 행동에 있는 것이 아니라, 마음의 틀에 있습니다. 정의란 행동이 아닌 의도를 평가하는 것이어야 합니다. 그런데 오직 당신만이 당신에 대한 나의 의도를 헤아릴 수 있는 유일한 사람이며, 따라서 당신만이 그것을 판단할 수 있는 유일한 사람입니다.
>
> – *Héloïse et Abélard*, Flammarion, 1996, p. 102 –

아벨라르두스는 소크라테스가 말하였다고 알려진 유명한 명제 '너 자신을 알라'를 '너의 행위의 의도를 알라' 혹은 '너의 행위의 의도만이 중요한 것이다'는 명제로 해석하여 자신의 윤리·도덕적 원칙의 기초로 삼았다. 이는 윤리·도덕에 있어서 율법주의를 넘어서는 '사랑의 윤리'를 정초한 것이라 할 수 있다. 왜냐하면 학문에 있어서 '추상적인 것'과 '구체적이 것'으로 향한 움직임의 대립이 종교에서는 권위와 사랑의 대립으로 나타나기 때문이다. 율법의 권위는 그것이 개인적인 의도나 사정을 무시한 채 오직 모든 이에게 한결같은 행위를 요구하는 것이기에 많은 경우 사랑하는 이들 사이에 비참한 불행을 야기하는 원인이 된다. 사랑과 권위의 대립은 감정의 지평에서는 비판적 정신과 교조적인 정신의 대립을 야기한다. 그리고 사랑이 지극할수록 이 같은 대립은 극에 달한다. 만일 종교가 비판적 정신에 반대되는 모습을 보인다면 그것은 종교에서 유출되는 율법의 힘 때문이며, 반면 비판적 정신에 대해 긍정의 모습을 보인다면 그것은 종교에서 유출되는 사랑의 힘 때문이다. 종교가 율법이 될수록 '단단하게 닫히게' 되며 종교가 사랑으로 기울수록 '온유함으로 열리게' 된다. 우리는 여기서 '닫힌 도덕'과 '열린 도덕'에 대한 베르그송의 사유의 근원을 발견할 수 있다. 따라서 참된 종교는 개개인의 구체적인 삶 안에서 복잡하고 섬세한 상황 속의 행위와 의도를 헤아리는 사랑의 길을 모색하여야 한다. 바로 이것이 아벨라르두스가 이해하는 율법을 완성한 사랑의 의미이다.

그래서 사랑의 종교라 천명한 기독교에서 행위와 행동의 판단 기준은 행위자의 의도와 숨은 뜻을 파악하는 것이다. 이 같은 기본 원칙은 현대에 있어서 대다수 나라에서도 형법의 원칙이 되어 있다. 프랑스 역시 형법의 원칙에 이 같은 의도를 판단의 기준으로 삼고 있는데 특정한 범법 행위에 대해 "범죄를 저지를 의도가 없었다면 범죄나 위반이 성립되지 않는다"(「프랑스 형법」, 121조 3항)라고 명시되어 있다. 아벨라르두스가 이 같은 프랑스의 형법적 원칙의 기원자라고 하는 것은 과장된 표현이겠지만 최소한 프랑스에서는 가장 먼저 '행위의 의도'가 범죄행위를 판단하는 기준이 되어야 한다고 주장한 사람이 아벨라르두스였다는 것은 의미심장한 일이다.

③ 『'예' 혹은 '아니오'』, 해석학과 의미론의 시작

아벨라르두스는 1122년에 『예 혹은 아니오*Sic et Non*』라는 일종의 교부들의 인용문 모음집과 이에 대해 해석하고 있는 책을 출간한다. 이 책에서 그는 하나의 명제나 진술에 대해 서로 반대되는 해석들에 대한 대립을 해결하고자 하였다. 동일한 사안에 대해서 위대한 신학자들이라 불리는 사람들이 서로 대립하거나 반대되는 해석을 할 때, 이를 어떻게 이해하여야 하며, 이를 어떻게 해결하여야 할까? 사실 이 같은 고민은 근대철학의 아버지라 불리는 데카르트가 그의 『방법서설』을 작

성하면서 가졌던 문제제기였다. 데카르트의 경우엔 이 문제를 해결하기 위해 '방법적 회의'를 고안하였다. 더 이상 의심할 수 없는 그 자체의 '명석 판명한 진리'를 확보하기 위하여 의심할 수 있는 모든 것을 의심하고자 한 것이 '방법적 회의'이며, 이는 권위를 넘어서는 그 자체의 분명한 진리를 가지는 유일한 방법이었다. 반면 아벨라르두스는 이를 다르게 해결하고자 하였다. 그는 하나의 동일한 단어가 여러 가지 의미를 가질 수 있다고 생각하였고 '단어의 의미'를 연구하여야 한다는 일종의 '의미론'을 제기하면서, '언어 과학적인 변증법'의 새로운 형태를 제안하였다. 따라서 어떤 의미에서 아벨라르두스는 중세에서 이미 현대적 차원의 '의미론'을 제창한 사람으로 스콜라철학의 언어와 논리의 발전에 지대한 영향을 미쳤다고 할 수 있다. 토마스 아퀴나스가 그의 주요 저작 대부분의 장의 제목을 '우트룸*Utrum~*'으로, 즉 '인가 아닌가' 혹은 '이것인가 저것인가'로 시작한 것은 아벨라르두스의 영향이라 볼 수 있다.

이러한 대립하는 견해를 세워 두고 문제를 해결해 가는 방법은 아리스토텔레스의 '아포리아'의 변증법과 그 형식에 있어서 다른 것이 아니다. 다만 아리스토텔레스는 아포리아, 즉 '막다른 골목에 처하게 되는 상황'을 의도적으로 만들어 이를 해결하는 과정에서 논리학과 학문의 발전을 꾀한 것이었다면, 아벨라르두스는 교부들의 서로 상반되는 견해들을 해결하기 위해서 텍스트의 이면에 혹은 텍스트의 너머에 있는 진리를 독자들 스스로가 찾아가도록 하는 일종의 '초월의 방법론'을 제시하였다고 볼 수가 있다. 즉 철학을 하고자 하는 모든 개인은 스스로의 힘으로 혹은 성령의 감화에 따라 자신만의 고유한 의미와 가치를 기존의 진리의 명제들에서 새롭게 창출하고 발전시켜 갈 수가 있다고 본 것이다. 다시 말해 서로 대립하는 견해들 사이에서 변증법적인 운동을 통해 새로운 종합을 이루어 내고, 이로써 보다 나은 의미를 가진 제3의 길을 모색할 수가 있는 것이다. 그런데 그가 이러한 사유를 주장한 개인적인 이유가 있다면, 그것은 당시 자신을 비방한 사람들의 비방이 율법에 기초한 '희화적 합리주의'에 기초해 있다고 보았기 때문이다. 다시 말해 율법이 제시하는 규범들에 근거하여 자신의 도덕적인 행위를 부당하게 '웃음거리'로 만들어 버렸다고 본 것이다. 아벨라르두스는 율법이나 도그마는 언어가 암시하는 '미지의 것'을 결코 제시할 수가 없으며, 따라서 율법주의는 진리를 축소할 수밖에 없다고 보았다. 그는 진실한 믿음은 결코 이성과 충돌하지 않는다고 생각하였으며, 신앙과 이성이 충돌을 하게 될 때는 항상 언어나 문자가 지시하고 있는 '그 너머의 것'을, 그리고 '예'와 '아니오'의 저편에 존재하는 진리의 의미를 찾아나서야 한다고 생각한 것이다.

종교 문화적 관점에서 『예 혹은 아니오』에서 나타나는 변증법의 정신은 평신도의 정신을 정초한다고 할 수 있다. 아벨라르두스는 율법에 기초한 사제의 권위에 반대할 수 있는 것이 이성에 근거한 진실일 수 있다고 말하고 있다.

> 이성에 근거한 진실을 말한다는 것은 권위에 기초한 것(율법적인 것)보다 더 확고한 진리라는 것이 증명된다.
>
> – Abélard, *Dialogus inter P. & C. & I.*, Petit Montrouge, 1855, p. 164 –

이러한 아벨라르두스의 사유는 후일 토마스 아퀴나스가 '고위성직자의 명령과 양심의 명령이 충돌할 때는 양심의 명령을 따라야 한다'

라고 했을 때의 그것과 맥락을 같이 하고 있다. 이러한 사유는 적지 않은 윤리적인 결과를 낳게 한다. 죄와 구원은 더 이상 교회의 권위에만 달린 것도 아니며, 개인적으로 이해하고 개인의 내적인 문제로 자리하는 것이 아닌, 보다 보편적인 이성과 양심의 문제로 즉 시대의 도덕에 부합하는 문제로 확대되기 때문이다. 이는 말하자면 율법과 종교라는 범주에 있었던 구원의 문제가 보다 인류적 차원의 문화와 사건들의 범주로 확대되는 것이다. 다시 말해 신앙인들은 동시대의 인류가 직면하고 있는 여러 가지 사회적, 역사적, 정치적 문제들과 고민들에 대해서 자신들의 진리와 구원의 문제로 접근하고 함께 고민하여야 한다는 것을 말해 주고 있는 것이다. 그리고 그 기준은 자신들의 신앙에 기초한 이성과 양심이다.

## 2. 신비주의 형이상학을 정립한 보나벤투라

① 세계란 신의 암호가 드러나는 상징적인 세계이다

중세기의 한 중간에서 기존의 가톨릭교회의 권위적이고 무거운 분위기에서 새로운 개혁의 바람이 일었는데, 이 개혁의 움직임의 한 중간에 두 성인이 있었다. 그들은 각각 '도미니크회 수도원'과 '프란체스코회 수도원'을 창립한 도미니크 성인과 프란체스코 성인이었다. 도미니크회는 교회가 개혁을 하기 위해서는 무엇보다 먼저 신앙인들의 의식의 상승이 필요하다고 보았기 때문에 주로 교육사업에 전념하였고,

보나벤투라
Bonaventura

보나벤투라는 1221년경 이탈리아 바뇨레지오에서 지오바니 피단자Giovanni di Fidanza와 마리아 리텔로Maria di Ritello 사이에서 태어났다. 조반니는 태어나자마자 세례를 받았고 나중에 "보나벤투라"라는 새 이름을 가지게 되었는데, 이름이 바뀐 이유에 대해서는 알려진 역사적 자료는 없다. 다만 15세기 전승에 따르면, 4세에 중병에 걸린 어린 조반니를 이미 성인으로 소문이 나 있던 아시시의 프란체스코에게 데려갔고, 프란체스코는 그의 이마에 십자를 그으며 "오 부오나 벤투라Ô buona ventura!(오 행운이여!)"라고 외쳤다고 한다.

의사였던 그의 아버지는 1236년에 보나벤투라를 소르본에서 예술을 공부하도록 파리로 보냈는데, 1243년에 그곳에서 '작은 형제회'에 가입하였다. 1248년에 그는 대학에서 강의할 수 있는 자격을 취득했고, 1257년에는 토마스 아퀴나스와 동시에 박사학위를 받았다. 이후 그는 토마스 아퀴나스와 친한 벗이자 최고의 경쟁자가 되었다. 하지만 평수사로 평생 학문적 연구에 헌신하였던 토마스 아퀴나스와는 달리 보나벤투라는 화려한 행정적인 경력을 가지고 있는데, 프란체스코회의 수장이기도 하였고, 그레고리 10세 교황을 선출하였던 추기경들의 자문 역할을 하였으며, 1273년에는 알바노의 주교이자 추기경에 축성되었다. 그 다음 해인 1274년에는 그레고리오 10세 교황에 의해 제2차 리옹 공의회를 총괄하는 중책에 임명되기도 하였다. 그는 공의회의 정치적 갈등상황과 맞물려 갑작스러운 죽음을 맞이하게 되어 그해 7월 15일에 임종하였다. 그의 비서의 증언에 따르면 그는 정적에 의해 독살당하였다고 하나 그 진위는 파악할 수 없었다. 1482년 4월 14일, 프란체스코 교황 식스토 4세에 의해 그는 가톨릭의 성인의 반열에 올랐다.

그의 철학적 사상 노선으로는 아우구스티누스를 계승하고 있으며, 신의 도움 없이는 진리의 충만함에 접근할 수 없는 인간 이성에 관한 관점을 견지하였으며, 이는 당시 토마스 아퀴나스의 사유와는 대립하는 대표적인 입장이 되었다. 주요 저서로는 『신을 향한 영혼의 여정Itinerarium Mentis in Deum』, 『금언들Sententia』, 『영원성을 향한 7가지 길Des Sept Chemins de l'eternite』, 『덕의 등급들Degres des Vertus』, 『사랑의 서Le Livre de l'Amour』, 『영적인 훈련Exercices Spirituels』 등이 있다.

프란체스코회는 초대교회의 복음 정신으로 돌아가야 한다고 생각하였기에 청빈과 관상의 삶에 전념하였다. 스콜라철학의 융성기에 도미니크회가 산출한 최고의 학자가 토마스 아퀴나스라고 한다면, 프란체스코회가 매출한 최고의 학자라고 한다면 보나벤투라라고 할 수 있다. 따라서 어떤 점에서는 보나벤투라는 그의 학문적 성과보다는 영적인 삶을 통해서 더 빛이 나는 학자라고 할 수 있다.

스콜라철학의 일반적인 정신이 신학적이고 종교적인 문제에 있어서까지도 가급적 지성이 이해할 수 있는 방식으로 설명하거나 해명하고자 한 것 이었고, 이는 모든 것을 추상할 수 있는 능동적 지성의 힘 때문이었다. 하지만 인간의 능력을 초월하는 대상들에 관한 문제에 있어서는 지성은 신의 조명을 통해서만 이해할 수 있다. 이것이 일찍이 아우구스티누스가 주장한 '조명설'의 의미였다. 조명설에서 인간 지성의 앎을 주도하는 대리인은 신이며, 여기서 앎의 문제는 인간의 영혼은 어떻게 신의 현존에 보다 다가갈 수 있는가 하는 문제로 환원된다. 이러한 정신에 있어서 가장 돋보이는 대표자가 보나벤투라였다. 따라서 보나벤투라의 가장 핵심적인 가르침은 그의 마지막 작품 중 하나인 『신을 향한 영혼의 여정*Itinerarium mentis in Deum*』에 집약되어 있다고 볼 수 있다. 여기서 그는 이성과 철학을 통하여 신학적이거나 신비적인 주제에 관하여 사람들을 더 높은 영적인 삶으로 인도하는 데 모든 노력을 기울이고 있다. 왜냐하면 그에게 있어서 창조된 모든 피조물은 '신을 위해서가 아닌', '신을 향해 나아가도록' 질서 지워져 있기 때문이다. "그것이 무엇이든지 모든 피조물은 신에게로 나아가기 위해서 만들어졌다."(1 *Sententiae*, 3, 1, t. 1) 그리고 이 같은 생각에는 신의 전능함에 대한 하나의 사유, 즉 "측정되지 않았지만, 무게, 수 및 척도에 따라서 모든 것을 배열한 신의 전능함"(1 *Sententiae*, 1, 2, t. 2)에 대한 생각이 뒷받침되어 있다. 스콜라철학의 이성적이고 합리적인 분위기 속에서 여전히 아우구스티누스적인 '영적인 분위기'를 간직하고 발전시킨 철학자가 보나벤투라였다.

보나벤투라에게 있어서 이성의 궁극적인 목적은 사람들로 하여금 신으로 향하게 하는 것에 있으며, 따라서 인간의 정신활동은 신을 향한다는 한에서만 진정으로 의미가 있다. 이는 말하자면 인간의 앎이란 신을 보다 덜 아는 '낮은 단계의 앎'에서 신을 보다 더 많이 알게 되는 '높은 단계의 앎'으로의 지속적인 상승의 과정 중에 있으며, 이성과 철학의 사명은 다만 믿음의 상태에 있는 이들에게 보다 깊이 신을 알 수 있도록 도움을 주는 것이어야 했다. 그래서 에티엔 질송은 보나벤투라의 인식론적 원칙에 대해 "우리는 믿음의 안정에서 시작하여, 이성의 고요함을 거쳐서, 관상의 감미로움에 도달한다"(E. Gilson, *Saint Bonaventure*)라고 요약해 주고 있다. 이러한 관점은 신-플라톤주의의 관점과 일치하는 것이다. 여기서 인간의 이성은 어떤 원리를 즉시 파악하는 직관과 믿음 사이의 중개자처럼 고려되고 있다. 인간의 이성에게 있어서 믿음과 직관은 마치 성화聖化의 은총처럼 나타난다. 먼저 믿음의 덕으로*credere*, 그 다음에는 자신이 믿고 있는 것에 대한 예지*intelligere credita*의 선물로서, 그리고 마지막으로 관조의 행복*videre intellecta*에서 진정한 휴식을 가지는 것이다. 이러한 도식은 플라톤이 『국가론』 6권에서 말한 앎의 단계와도 일치하는 것이다. 하지만 플라톤 철학이 '사물자체'(참된 것)에 대한 호기심과 명상의 열매였다고 한다면, 보나벤투라에게서는 인간의 영혼을 신께로 인도하는 종교적 성향과 영적인 열정의 열매라고 할 수 있다.

그리고 그의 사상적 성격이나 체계의 유사성에도 불구하고 '신-플라톤주의'의 대표자인 플로티노스의 사상과도 분명히 구분되고 있다. 이 둘 사이의 다른 점을 들자면 크게 네 가지 정도로 들 수 있을 것이다. 첫째, 플로티노스의 사상에서는 신(일자)과 인간 영혼과의 사이에는 무한한 간격이 존재하고 있지만, 보나벤투라에게 있어서 신과 인간의 영혼 사이에는 어떠한 실제적인 간격도 존재하지 않으며, 이들의 사이를 가로막는 것도 존재하지 않는다. 보나벤투라에게 있어서 인간의 영혼은 그 무엇보다 신의 존재와 가까이 있음에도 신에 대해 무감각한 이유는 지상의 세계에 완전히 몰입해 있는 영혼들 자신의 문제일 뿐이며, 이는 피조물이 가진 '근원적인 결핍의 감정'을 가지게 하는 이유가 된다. 둘째는 플로티노스에게 있어서는 신과 인간의 영혼 사이에는 원리로서의 세계 영혼이 존재하지만 보나벤투라에게 있어서 인간의 영혼은 결코 세계의 원리보다 열등하지 않다. 셋째 플로티노스가 가정하였던 일자로부터 유출된 이념의 세계는 보나벤투라에게 있어서는 '말씀'이나 '신의 아들'로 표상되는 신 그 자신이다. 마지막으로 네 번째 차이점이 있다면 그것은 우리가 살고 있는 이 세계가 필연적인 방식으로 일자로부터 유출된 것이 아니라, 신의 자유로운 창조의 결과였다는 점이다.

보나벤투라가 자연과 세계에서 고려하고 있는 것은 이들이 지니고 있는 징후이다. 즉 사물들과 세계에서 신의 이미지와 흔적과 그림자를 찾는 것이다. 그는 이러한 것을 보이는 세계를 통해 드러나는 '신의 본성Natura Dei'적 표현으로서 고려하고 있다. 어떤 의미에서 그의 철학은 우리가 거주하는 이 세계 전체를 통해 드러나는 신성한 신의 현존을 이성의 언어로 표현하고자 하는 '방대한 상징주의'라고 할 수 있다. 현대의 유신론적 실존주의자인 야스퍼스는 철학자를 '세계라는 암호를 통해 드러나는 신성한 신의 현존을 밝혀 주기 위해 암호를 해독하는 사람'이라고 하였는데, 아마도 이러한 진술에 가장 어울리는 철학자 중 한 사람이 보나벤투라라고 할 수 있을 것이다. 따라서 인간의 영혼은 지식과 깨달음을 통해 이 세계가 지니고 있는 신성한 의미를 해독해야 하며, 이를 통해 이 시간적인 세계를 벗어나 신에게로 귀의하여야 하며, 이러한 것이 '지혜에 대한 사랑'을 의미하는 철학이 지니고 있는 주제여야 하는 것이다.

따라서 보나벤투라의 철학은 철학사적으로 매우 중요한 사상의 한 유형을 나타내고 있다. 데카르트가 잘 간파하였듯이 인간의 이성은 세상의 진리들(앎들)을 이해하는 데 있어서 참과 거짓을 분별하는 자율적인 방법과 기준을 가지고 있다. 그리고 이러한 확고한 기초적인 기준들과 방법들을 통해 하나씩 전체 세계를 이해해 갈 수가 있는 것이다. 하지만 인간의 영혼이 문제가 될 때는 사정이 달라진다. 인간의 영혼이란 (그리스도교의 계시를 통해 우리에게 알려진) '초자연적인 운명'을 가지고 있다. 이러한 진리는 결코 이성의 추론을 통해 알려질 수 있는 것이 아니라, 오직 영혼이 신에게로 향할 때만 이해될 수 있는 것이다. 그리고 영혼이 신에게로 향한다는 것은 곧 자신의 관심을 자신의 내면으로 돌리는 일이다. 이것이 바로 영혼이 자기 자신에게 머문다는 아우구스티누스적인 '관상의 의미'이다. 인간의 영혼은 본질적으로 신과의 유사함을 지니고 있기 때문에 또한 본질적으로 자신을 신과 결합시키고자 하는 성향과 기능을 지니고 있으며, 사랑의 힘에 의해 이를 실제로 가능하게 하는 존재인 것이다. 이것은 아우구스티누스가 야기한 '영성'이라는 개념을 보다 깊이 이론적으로 정립한 것이라 할 것이다.

보다 참된 것 혹은 보다 근원적인 것을 만나기 위해서 세상 혹은 세속으로부터 돌아선다는 것, 이것은 애초에 소크라테스가 보여 준 인생의 진실이었다. 동굴 속의 그림자들만 보고 산 사람들에게 동굴 바깥의 참된 세계를 보고 돌아와 그것을 알려 주고자 했던 소크라테스의 행위는 '철학적 지혜'라는 것의 가장 원래적인 의미였다. 그리고 그것은 이제 보나벤투라에게 있어서는 '초자연적인 운명'을 의미하는 것이 되었다. 이 같은 사유는 과학적 사유에 길들여진 현대인에게 있어서는 다분히 신화적인 것 같이 보이겠지만, 인류 역사상 한 번도 부정된 적이 없었던 종교적 지평의 세계관이라고 할 수 있을 것이다. '신을 향한 영혼의 여정'은 '동굴 바깥으로의 여정'이라는 소크라테스의 일화를 연상시켜 주지만 또한 진정한 의미의 신비주의, 즉 이 세계 안에 혹은 영혼의 깊은 곳에 현존하는 신성한 존재에 대해서 말해 주고 있는 것이다. 이는 확실히 플라톤의 동굴의 우화와는 깊이와 질적 특성이 다른 하나의 깨달음에 대해 말해 주고 있는 사상이다. 그래서 보나벤투라는 "철학의 명료성은 세상 사람들이 보기에는 큰 것이지만, 그리스도교 학문의 명료성에 비하면 여전히 미미하다"(2 *Sententiae*, 1, t. 2)라고 말하고 있는 것이다.

## ② 불완전하고 이해하기 힘든 이 세계를 어떻게 이해해야 하나?

우리가 살고 있는 이 세계 자체가 신의 본성을 드러내는 상징적인 징표라고 생각하는 보나벤투라에게 있어서 세계는 신의 의지를 반영하고 있는 것이지만, 그렇다고 해서 "우리가 살고 있는 이 세계가 가능한 세계 중에서 가장 이상적인 세계"라는 라이프니츠 식의 변신론의 관점(당시에도 신이 창조한 이 세계의 양태에 대한 논쟁이 많았었다)을 수용할 수는 없었다. 왜냐하면 이 세계란 본질적으로 신의 자유로운 창조의 결과물이기 때문에 모든 것 중 가장 좋은 것을 선택하도록 강요받는 신의 의지란 그 자체 모순적인 개념이기 때문이다. 게다가 어떤 세계를 선택하더라도 보다 나은 세계를 무한히 생각할 수 있기 때문에 '가능한 가장 이상적인 세계'라는 개념 자체가 있을 수가 없기 때문이다. 어떤 시나리오 작가도 모든 것 중 가장 이상적인 스토리를 쓰도록 강요

받을 수 없듯이, 이 세계가 어떤 모양을 하고 있든지 그것은 이를 창조하는 신의 자유의 몫이다. 그렇기 때문에 보나벤투라에게 있어서 '의지주의'라는 개념을 통해 신과 피조물 사이의 연속성을 확립하려는 어떤 시도도 단호히 거절하고 있다. 다시 말해 세계와 인류역사에서 어떤 일이 발생하든지 그것은 결국 신의 의지의 결과라는 특정한 '신비주의적 관점' 혹은 '예정설의 관점'은 수용할 수가 없는 것이다. 세계의 모든 것에서 신성한 빛이 발산되고 있지만, 또한 동시에 이 모든 곳에서 피조물의 한계와 부족함이 드러나는 것이 창조된 세계의 이중적인 모습이다.

토마스 아퀴나스의 사상에 비해 보나벤투라의 사상에서 부각되는 것은 피조된 존재자들의 결핍과 수동성이 강조된다는 점이다. 보나벤투라에게 있어서 순수하다는 것은 완성을 상징하는 것이기에 모든 피조물은 '질료와 형상'으로 결합되어 있으며, 이들 중 순수한 형상이란 있을 수가 없다. 그렇기 때문에 토마스 아퀴나스가 순수형상이라 칭하였던 천사들이나 비물질적이라 규정하였던 인간의 영혼도 형상과 물질로 구성되어 있을 수밖에 없다고 본 것이다. "질료를 가지지 않은 형상이란 하나의 주체가 될 수 없다."(*De Trinitate*, ch. 2) 그에게 있어서 그 존재가 변할 수 있거나, 능동적이며 동시에 수동적일 수 있거나, 개별적인 한 종이나 속으로 들어갈 수 있는 모든 것은 질료를 가지고 있어야 한다. 이렇게 불완전하고 결핍된 피조물에게 있어서 '완전함'이란 오직 신적 완전함을 수용하면서만 가능한 것이다. 아리스토텔레스나 토마스 아퀴나스에게 있어서 하나의 실체는 하나의 (실체적인) 형상을 통해 '그 자신인 것' 혹은 '총체적인 그'가 될 수 있다고 생각하였다. 하지만 보나벤투라는 이러한 사유에 반대하며 하나의 실체에 대한 다수의 형상(영혼, 지성, 의지 등)을 주장하고 있는데 이 역시 피조물에 대한 이 '결핍의 감정' 때문이라 할 수 있다. 왜냐하면 모든 것의 원인이 되고, 모든 것을 질서 지우는 '하나'라는 것은 완전성의 특성을 함의하고 있기 때문이다.

인간이 가진 존재론적인 결핍은 앎의 이론에 있어서 아우구스티누스의 조명설에 충실하도록 만드는 이유가 된다. 그는 모순론과 같은 논리적인 차원에서는 이성의 추론을 통해서 알 수가 있고, 파충류나 포유류 같은 종적 개념들은 감각적인 인식과 이성의 추상적 행위를 통해서 알 수가 있겠지만, 선과 악의 원리와 같은 도덕적인 원리나 영혼과 신에 관한 앎 등은 감각적 인식이나 이성적 추론의 도움 없이 우리 자신에 대한 단순한 반성, 즉 '직관'이라는 직접적인 인식을 통해서 알 수 있다고 보고 있다. 이것이 가능한 것은 인간이 신의 모상으로 창조되었고 또 영혼이 신의 조명을 수용할 수 있기 때문이다. 그리고 자기 자신에 대한 반성의 능력과 신적 조명은 선택된 특정한 사람들의 영혼 안에 '초자연적인 은총'의 효과를 통해 그의 '영혼의 신성화하기la déification de l'âme(불)'를 가능하게 하고, 신과의 진정한 닮음similitudo을 가능하게 한다. 즉 그 사람을 보면서 신이 무엇인지를 유추할 수 있는 사람(즉, 성인들)을 가능하게 하는 것이다.

보나벤투라는 '믿음에 기초하고 비전을 향해 나아간다'는 신앙 우위의 아우구스티누스적 전통을 견지하고 있으며, 이는 이성을 중시하는 아리스토텔레스적 전통에 기초한 토마스 아퀴나스를 비판하는 충분한 이유가 된다.

진리를 알아가는 순서는 믿음의 안정성에서 출발하고, 이성의 평온을 거쳐서 영적인 관조(정관 혹은 관상)에 이르는 것이다. 이 순서를 무시하는 철학자들은 믿음을 등한시하고 완전히 이성에만 기초하고 있기에 결코 관조에 도달할 수가 없다.

*– De rebus theologicis*, 15, t. 5 –

토마스 아퀴나스는 인간의 이성에 있어서 신의 존재 그 자체는 분명한 진리가 아니기 때문에 이성의 추론과 노력을 통해 그 존재를 증명할 방법을 고안하여야 한다고 생각하였다. 반면 보나벤투라에게는 아우구스티누스의 경우와 같은 이유로 신의 존재는 너무나 명백하다. 왜냐하면 신의 존재란 일차적 진리로서 '우리가 (우리 자신을 넘어서는 것에 대한) 생각을 실행하는 바로 그 조건'이기 때문이다. 그래서 신앙인들에겐 매일 태양이 떠오른다는 사실 만큼이나 분명한 것이 '신이 존재한다'는 사실이다. 하지만 "이 같은 진리가 신앙인들에게는 너무나 분명하고 빛을 발하고 있다고 해도, 오랫동안 길을 잃은 철학자들은 오히려 이 신성한 지혜로부터 벗어나 있다."(2 *Sententiae*, 1, t. 2) 한편으로 신성한 빛을 발산하고 다른 한편으로 스스로는 결코 메울 수 없는 어떤 결핍을 지닌 이 이중적인 세계를 보면서 보나벤투라는 여기서 신성한 지혜를 볼 수 있어야 한다고 주장하고 있다.

이 이중적인 세계 안에서 우리는 신성한 지혜를 보아야 한다. 그것이 무엇이든, 그것이 어떤 속성을 가지고 있든지, 이 속성은 신성한 지혜를 포함하고 있고 또 신성한 규칙을 나타내고 있다. 따라서 이 모든 속성을 아는 사람은 분명히 이 신성한 지혜를 알게 될 것이다.

이 세계는 '변신론'으로서 도저히 정당화하거나 납득할 수 없는 이 상한 일들이 벌어진다. 그리고 사람들은 과연 이 세계가 정말 신이 만든 세계인지 의심을 하게 된다. 그래서 세계는 애초에 '부조리하다'는 생각을 가지게 된, '부조리 철학'이라는 것도 생겨난 것이다. 하지만 보나벤투라에 따르면 자연과 세계는 종종 우리가 '이해할 수 없는 언어를 가진 펼쳐진 책'과 같이 나타난다. 그 언어를 알 수 없기 때문에 인간의 영혼은 자급자족하는 본성처럼 이 피조물의 세계에 안주할 수가 없는 것이다. 바로 이것이 세상의 관점에서 안주하고 있는 여타의 철학들을 비판하면서, 모든 것을 신성한 실재의 암호처럼 고려하고, 감각적인 것에서 출발하여 영적인 것으로, 그리고 세상의 것에서 출발하여 신적인 것으로 '전향*conversio*'하도록 초대하고 있는 것이다.

### ③ 진정한 선의 실천 원리는 의지이다

우리는 앞서 윤리·도덕의 실천적인 행위에 있어서 지성의 역할이 중요한 것인가 의지의 역할이 중요한 것인가에 대해 논하는 것이 곧 '지성주의'와 '의지주의'에 대한 논쟁이 의미하는 것임을 말한 바 있다. 여기서 토마스 아퀴나스가 지성주의의 관점에 서 있다면, 보나벤투라는 의지주의의 관점에 서 있다. 사실 희랍의 철학자들에게 있어서 이 문제는 거의 지성주의의 관점에 서 있었다고 할 수 있다. 왜냐하면 소크라테스나 플라톤, 나아가 아리스토텔레스에게 있어서 올바른 행위나 선한 행위를 하지 못한다는 것은 '진정으로 올바른 것이나 선한 것이 무엇인지를 알지 못한 것'을 의미하기 때문이다. 그런데 토마스 아퀴나스 역시 지성주의자로 알려져 있지만 그의 지성주의는 희랍 철학자들의 그것과는 관점이 조금 다르다. 그에게 있어서는 '선을 행하지 못한 것'은 '선을 알지 못했기 때문'이 아니라, 인간에게는 지성적인 인식에 독립하는 혹은 이를 초월하는 의지의 능력인 '자유의지'가 있기 때문이다. 토마스 아퀴나스에게 있어서 의지 그 자체는 지성적인 앎에 뒤따르는 욕구와 같은 것이다. 하지만 이 욕구는 필연적인 것은 아니기 때문에 '알고는 있지만 행하지 않음'이 있을 수 있는 것이다. 여기서 그의 사상이 '지성주의'인 것은 의지의 행위에 앞서는 것이 지성의 행위이기 때문이다. 다시 말해 설령 인간이 '양심의 능력'을 통해 이성의 도움이 없이 직관적으로 올바른 것과 선한 것을 이해하였다고 해도 선을 행하고자 결심하는 그 과정에서 여전히 지성적인 판단이 동반되기 때문이다. 정의로운 행위나 선한 행위에는 항상 지성적인 인식이 동반되며 의지의 행위에 앞서는 것이 지성적인 행위이기에, 어떤 의미에서 도덕적 의지(선 의지)란 '지성에 의해 분별된 의지'에 지나지 않는 것이다. 이것이 토미즘의 지성주의가 의미하는 것이다.

반면 보나벤투라는 이를 달리 생각하고 있다. 그는 먼저 지성과 의지를 영혼의 기능들처럼 생각하지 않고, 거의 영혼과 동일한 실체들처럼 간주하고 있다. 그는 "지성과 의지는 우유적인 것l'accidentiel(불)이 아닌 영혼과 공통의 실체적인 것la consubstantielle(불)으로 간주하여야 하며, 환원을 통해 영혼과 같은 종류로 간주하여야 한다(1 Sententiae, 3, 2, t. 1)"라고 말하고 있다. 이것이 곧 '형상의 복수성'을 의미하는 것이다. 이는 지성과 의지의 능력이 어느 하나가 어느 하나로부터 발생하거나 뒤따르는 것이 아니라, 각자 고유한 영역이나 행위방식이 따로 있다는 것을 의미한다. 그래서 보나벤투라는 두 가지 뚜렷이 구별되는 지식의 대상을 제시하고 있는데, 하나는 감각적인 것에 주어진 형상들을 추상하여 그 대상을 마련하는 지성적인 대상(개념이나 관념들)을 말하고, 다른 하나는 감각이나 지성과는 무관하게 영혼 그 자체에 주어져 있는 즉 생득적인 대상이다. 이 생득적인 대상들은 신적인 것과 관련된 대상들 예를 들면 '신 존재'와 '신적인 사랑'이다. 그는 신적인 사랑을 알 수 있는 방법은 '감각적인 수용'을 통해서도 아니며 '사변적인 것'을 통해서도 아니며, 다만 생득적으로 영혼에게 주어져 있는 유사함을 통해서 알게 된다고 주장하고 있다. 그리고 신에 대한 앎 역시도 인간의 영혼에게 이미 생득적으로 주어져 있다고 말하고 있다. 왜냐하면 이러한 앎은 세상보다 상위적인 것이기 때문에 결코 세상의 대상들을 추론한다고 해서 주어지는 것이 아니기 때문이다.

이처럼 보나벤투라는 탄생 시의 인간의 영혼에는 비록 지성의 차원에서는 백지와 같다고 하는 아리스토텔레스나 토마스 아퀴나스의 관점을 수긍하고 있지만, 영적인 차원에서는 생득적인 앎이 '유사함' 혹은 '이미지'의 형태로 주어져 있으며, 또한 선과 신에게로 향하는 영혼의 자연적인 경향성도 생득적으로 주어져 있다고 주장하고 있다.

> 영혼에게는 그의 상태에 따라 자신을 어떤 것으로 향하게 하는 자연적인 방향성이 주어져 있다. 마찬가지로 영혼에게는 의지의 애정*affectio*이 주어져 있다. 따라서 영혼은 무엇이 올바른 것인지, 그리고 무엇인 올바름에 대한 사랑인지를 알고 있다. 바로 이러한 방식으로 영혼은 '카리타스(신적인 사랑)'를 알게 되는 것이다. 물론 그럼에도 이 신적인 사랑은 카리타스 그 자체에 대한 이미지(유사함)에 불과한 것이다.

　이 같은 보나벤투라의 사유를 간단히 요약하면 인간의 정신에는 세상의 것들에 대한 앎과 관련하여서는 모든 것이 감각적 경험을 통한 지성의 추상 행위를 통해서만 획득될 수 있을 뿐이지만, 즉 생득적인 앎이란 전혀 없겠지만, 세상을 넘어서는 신성한 것들과 관련하여서는 이미 영혼 안에 '이미지' 혹은 '유사함'의 형식으로 생득적으로 주어져 있는 것이다. 이 같은 생각은 인간의 영혼이란 이 세상에 속하는 존재가 아니라 본질적으로 초월적인 세계(이데아의 세계 혹은 천상의 세계)에 속한다는 플라톤적인 이원론을 말해 주고 있다. 플라톤 역시 이데아에 대한 앎은 경험을 통해 아는 것이 아니라, 이미 영혼 속에 있는 것을 '상기想起'하는 것이라고 하였기 때문이다. 그런데 보나벤투라의 사유에서 유념하여 볼 것은 '선에 대한 앎' 역시도 생득적으로 주어진 것으로 고려하고 있다는 점이다. 다시 말해 선을 알고 선을 행하는 것은 곧 신성한 어떤 것에 속하는 것이라는 점이다. 이러한 관점에서 "선하신 분은 오직 하느님 한 분뿐이시다"라는 논증은 성서적 관점에 따른 것이라고 볼 수 있겠지만 또한 이데아들의 이데아인 최고의 이데아를 '선의 이데아'로 간주한 플라톤의 관점과도 일치하는 것이라 할 수 있다. 여하튼 이러한 그의 관점은 '우리가 살고 있는 이 세계란 추락한 세계 혹은 타락한 세계'라는 일종의 실낙원失樂園의 사유를 반영해 주는 것이라 할 수 있다.

　시간적이고 가변적이며 감각적인 세계 내에서 영원하고 불변하는 선 자체이자 최고의 진리인 신에게로 나아가는 영혼의 여정에서 감각적인 능력과 지성적인 능력을 통한 미덕들은 영혼의 상승에 있어서 다만 하나의 하위적인 단계에서의 끝을 의미할 뿐이며, 어떤 의미에서 진리를 향한 여정에서 시작일 뿐이다. 보나벤투라는 '이성의 노력'으로 획득할 수 있는 네 가지 기본 덕목(4추 덕)들과 은총의 도움으로 실현할 수 있는 종교적 혹은 신학적 덕목을 구분하고 있다. 은총의 도움으로 실현되는 이 덕목은 일종의 '정화된 덕목'으로 관상의 행위에서 발생하는 일종의 '내재적인 빛lumen innatum'을 의미한다. 이 빛은 '신성한 빛' 혹은 '근원적인 빛'에 대한 반사라고 할 수 있는 것으로 인간의 영혼으로 하여금 차원 높은 세계로 나아가게 하는 힘이라고 할 수 있다. 바로 이러한 내재적인 빛에 힘입어 생득적으로 주어져 있던 선과 '카리타스'(신적 사랑)를 향한 영혼의 지향성이 보다 구체적인 능력, 즉 '강력한 의지'처럼 나타나게 되는 것이다. 이러한 이유로 선을 실천하는 것은 곧 의지의 작용처럼 고려할 수밖에 없는 것이다.

보나벤투라는 영혼이 지닌 생득적인 앎과 능력을 "습관적 힘potentia habitualis"처럼 고려하고 이를 마치 자연법처럼 간주한다. 반면 은총을 통해 초자연적인 세계로 도약하게 하고 영혼으로 하여금 신적 현존과의 일치를 갈망하게 하는 이 같은 내적인 힘을 "은총을 통해 새롭게 된 능력들facultés réformées par la grâce"이라고 부르고 있다. 생득적으로 주어진 선을 향한 영혼의 지향성을 '자연적인 의지'라고 한다면, 새롭게 된 능력은 '초-자연적인 의지'라고 할 수 있다. 습관적인 힘은 습관적이라는 그 의미에 있어서 항상 선을 보장할 수가 없으며, 자연적인 의지를 통해 형성된 미덕은 그 자체만으로는 진리를 보장할 수가 없다. 오직 새롭게 갱신된 능력만이 확고하게 선을 갈망할 수 있으며, 은총을 통한 초자연적인 의지만이 흔들림 없이 진리를 추구할 수가 있는 것이다. 그렇기 때문에 보나벤투라에게 있어서 선과 진리를 향한 인간의 실천적인 행위의 성공 여부는 오직 은총을 통해 강화된 의지에 달린 문제이다. 따라서 '의지주의'라는 그의 사상적 특성은 신성한 것과 선한 것이 이미 영혼 안에 생득적인 것으로 주어져 있다는 것에서 연유한다. 왜냐하면 이러한 생득적인 앎은 선을 향한 도덕적인 행위에 있어서 지성적인 앎의 도움을 가정하지 않고도 영혼에게 보다 큰 자발성을 부여하기 때문이다.

이 같은 보나벤투라의 사유는 "성선설이냐, 성악설이냐"는 '인간 본성론'의 논쟁에 자연스런 해결책을 제시하는 한 줄기 빛처럼 나타난다. 왜냐하면 그의 사유에는 '성악설'과 '성선설'을 모두 포괄하면서 이 둘의 관계를 잘 설명해 주고 있기 때문이다. 경험적으로만 보자면 인간이란 악한 본성을 가진 것처럼 나타난다. 왜냐하면 인간의 자연적인 경향성은 선과 신성한 것을 지향하도록 하는 생득적인 영혼의 성향에는 관심이 없으며, 우선적으로 감각적인 것이나 이성적인 것에만 관심을 기울이기 때문이다. 그것이 아무리 고상한 것처럼 보일지라도 순수하게 감각적이고 이성적인 것의 산물은 보다 상위적인 신성한 것의 지평에서 보자면 일종의 오류처럼 나타난다. 그래서 인간의 자연적인 의지만으로는 진정한 선을 실현하기에는 역부족이다. 이러한 이유로 인해 인간사에는 무수한 인간의 도덕적인 노력들에도 불구하고 증오와 대립, 범죄와 전쟁이 끊이지 않는 것이다. 경험적으로만 보자면 인간은 확실히 '악한 본성'을 가진 것처럼 보인다. 하지만 인간이 선과 신성한 사랑으로 향하고 있는 자신의 영혼에 관심을 기울이자마자 놀라운 변화가 일어난다. 선과 신성한 사랑을 향한 영혼의 갈망이 마치 자신의 진정한 참모습처럼 보이기 때문이다. 은총이란 바로 이러한 순간에 주어지는 근원적인 세계로부터 혹은 초월적인 세계로부터 오는 빛과도 같다. 이러한 빛에 힘입어 단순히 '습관적인 힘'처럼 주어졌던 것이 이제는 분명하게 '보편적인 원리'처럼 확고하게 자리 잡게 되는 것이다. 이러한 영혼들에게 있어서는 더 이상 의심의 여지가 없이 '인간의 길은 선과 사랑을 향한 여정'처럼 보이는 것이며, 너무나 분명하게 '인간의 본성은 선한 것'으로 나타나는 것이다. 바로 이러한 이유로 세상이 어떻게 변하든지 인간애와 진리를 위해 자신을 헌신하게 되는 의인과 성인들이 끊임없이 나타나는 것이다. 시적인 표현을 빌리자면 '인간은 불완전한 선한 본성을 가지고 태어나서, 완전히 선한 본성으로 변모하게 되는 여정의 삶을 살아가는 것'이라고 할 수 있으며, '그 시작은 참으로 힘겨운 것이나, 길을 갈수록 기쁨과 환희가 넘치는 길'인 것이다.

# 3. 존재의 일의성을 정립한 둔스 스코투스

### ① 무엇에 대해 말하든지 '존재'는 동일한 의미를 가진다

고대 철학자들이 '존재'에 대해 사고할 때, 문제가 되었던 것은 존재가 '영원하고 불변하는 것'(파르메니데스)인가 아니면 존재란 '항상 운동 중에 있는 것'(헤라클레이토스)인가 하는 점이었다. 따라서 고대에는 존재에 대한 '불변성'과 '역동성'의 대립이 있었다고 말할 수 있다. 반면 중세로 오면 존재에 대한 '의미'의 대립이 나타난다. 존재를 말할 때 어떤 '뉘앙스'나 '의미'를 가지고 말하는가 하는 점인데, 존재라는

둔스 스코투스는 토마스 아퀴나스보다 20여년 늦게 스코틀랜드의 국경지대에 위치해 있던 행정도시 둔스Duns에서 태어났다. 1280년에 14살의 어린 나이에 프란체스코 수도회에 입회하여 1291년인 25세에 수도회의 사제가 되었다. 이후 주로 옥스퍼드대학에서 신학과 철학을 공부하였고, 1300년경에 옥스포드 관구의 추천으로 파리대학에서 강의를 시작하였다. 1305년에 박사학위를 받았으며, 이 즈음에 그의 논리학에 관한 저술도 이루어졌다. 1306에서 1307년까지 대학에 부속된 프란체스코회 수련원의 책임자 역할을 맡았고, 1307년 말에 독일의 쾰른으로가 그곳 프란체스코회의 설립을 위한 책임자 역을 맡았다. 1308년 11월 8일에 사망한 그는 1993년에 이탈리아의 놀Nole 교구에서 시복되었는데, 가톨릭교회에서는 복자로만 인정되고 있으며 축일은 11월 8일이다. '명민한 박사Doctor subtilis'라는 별명을 가지고 있는 스코투스는 토마스 아퀴나스가 도미니크 수도회의 자부심이었던 만큼이나 프란체스코 수도회의 존경받았던 스콜라철학의 대표적인 신학자이자 철학자였다. 스코투스의 사상은 토마스 아퀴나스의 사상과 대립하면서 정신적으로 프란체스코학파가 도미니크학파와의 끊임없는 경쟁관계를 형성하는 데 기여하였고, 후일 윌리엄 오캄의 사상에 큰 영향을 미치게 된다. 사상적으로는 토마스 아퀴나스의 '존재에 관한 유비론'을 부정하면서 '존재의 단일성univocité de l'être(불)' 개념을 주장하였는데, 이는 말하자면 신과 다른 피조물의 차이는 '존재의 지평이나 위계'의 차원이 아니라, 존재로서는 모두 동일한 방식으로 표현되어야 하며 오직 유한한가 무한한가의 차이만 있을 뿐이라는 이론이다. 이외에도 그는 '개별화'에 있어서나 윤리, 도덕적인 차원에서 '의지주의'를 주장하며 토마스 아퀴나스와 대립을 이루었다. 스콜라철학 초기에 융성하였던 아리스토텔레스주의가 1277년에 이단으로 판단되자, 스콜라철학은 아리스토텔레스주의와 아우구스티누스주의 사이에서 이 둘을 중재할 수 있는 새로운 사상적 정립을 필요로 하였는데, 이것이 둔스 스코투스의 임무였다고 할 수 있으며, 그는 이러한 사명을 프란체스코학파의 사상적 전통에 충실하면서 수행하고자 하였다(사실상 토마스 아퀴나스의 사명도 여기에 있었다고 볼 수 있다). 주요 저서로는 『작은 논리학Parva logicalia』, 『영혼의 책에 관한 질문들Quaestiones super libros De anima』, 『제1원리에 관한 논고Tractatus de Primo Principio』, 『질서론Ordinatio』 등이 있다.

말이 어떤 대상을 두고 말하는가에 따라서 그 의미나 뉘앙스가 '달라진다'는 것과 무엇에 대해 말하든 존재의 의미는 '동일하다'는 것이 그것이다. 전자의 경우 토마스 아퀴나스의 '존재의 유비analogia entis'가 대표적이고 후자는 둔스 스코투스가 고안한 개념으로 '존재의 단일성univocitas entis'이 대표적이다. 스코투스의 '존재의 단일성'은 사람들이 '존재'라고 말할 때, 신에게 있어서나 피조물들에게 있어서나 그 의미가 동일하다는 것을 의미한다, 즉, 신의 존재와 다른 피조물들의 존재가 최소한 '존재'라는 지평에서 말로 표현될 때는 다른 의미나 다른 뉘앙스로서 표현되는 것이 아니라 동일한 의미나 뉘앙스로 언급된다는 것이다. 따라서 이는 '존재의 유비'에 반대되는 개념이다. 만일 신과 피조물들의 존재가 '존재의 차원에서 동일한 의미'를 가진다면 이 두 존재의 개념에서 그 차이는 어디에 있는가? 그것은 '무한함'과 '유한함'이라는 일종의 양적인 차이뿐이다. 그렇다면 스코투스는 어떻게 이 같은 존재의 단일성에 이르게 되었으며 이 이론이 지닌 철학적 의미, 즉 존재의 유비에 대한 반대가 낳는 결과는 어떤 것일까?

존재의 단일성(일의성)이 의미하는 것을 보다 잘 이해하기 위해서는 존재의 유비에 대해 먼저 이해할 필요가 있다. '유비'란 유사함, 닮음, 비례적인, 유추 등의 의미를 가진 용어이다. 따라서 '존재의 유비'에서 존재를 고려할 때 모든 존재자가 각자 지닌 존재의 특성에 의해 일종의 유사함, 비례적인 무엇을 지니고 있음을 말한다. 예를 들어 광물들은 식물들과 유사한 것을 가지는 데 그것은 물질 혹은 질료이다. 식물들은 동물들과 유사한 것을 지니는데 그것은 생명이다. 나아가 동물들은 인간들과 유사한 것을 지니고 있는데 그것은 감각하는 것, 느끼는 것 등이다. 어떤 관점에서 코끼리나 돌고래 같은 동물은 사유하는 것에 있어서도 인간과 유사함을 가진다. 마찬가지로 인간도 어떤 의미에서는 천사나 신과의 유사함을 가진다. 그래서 토마스 아퀴나스는 '한 하위적인 존재의 가장 상위적인 부분은 자신보다 상위적인 존재의 하위적인 부분과 맞닿아 있다'고 생각한 것이다. 이렇게 본질의 차원에서 완전히 서로 다른 존재자들이 서로 유사함을 가지게 되는 근본적인 이유는 그들이 가지는 '존재의 특성' 때문이다. 이러한 사유는 플로티노스의 '유출설'로 거슬러 올라간다. 유출설에서는 '일자'(절대자)로부터 모든 것이 흘러나오는 것이 곧 세계이다. 세계를 태양계에 비유하고, 존재를 태양빛에 비유하자면, 하나의 태양(일자)으로부터 태양계의 끝자락까지 태양빛(존재)이 흘러나온다. 태양에 가까이 있는 것일수록 빛(존재)이 더욱 충만하겠지만, 태양계의 끝자락에 있는 빛(존재)은 매우 빈약하다. 그럼에도 그 본질에 있어서 태양계에 존재하는 모든 빛은 동일한 '유사함'을 가진다. 이렇게 세계의 '있음'의 근본적인 원인인 '존재'는 존재하는 모든 것에 있어서 그 밀도나 완전성에 있어서 차이를 가지나 근본적으로 유사한 것이다. 이처럼 토마스 아퀴나스는 신의 '창조행위'를 '하나의 보편적인 원인으로부터 다른 모든 것이 흘러나오는 것'으로 규정하고 있으며, 신의 존재를 '보편 존재'라고 보았고, 다른 모든 피조물의 존재는 '개별 존재', 즉 구체적인 본질과 결합된 '한계를 가진 존재'라고 본 것이다. '결과는 원인과 유사함을 가진다'는 형이상학적인 원리에 따라 존재하는 모든 존재자가 그들의 존재의 원인이 되는 '보편 존재'와 유사함을 가지며 또한 그들 각자가 가지는 '존재의 특성'으로 인해 유사함을 가지는 것이다. 이렇게 세계를 '절대적 존재에 대한 상대적 존재들의 참여'(분유론)로 볼 때, 세계는 마치 아날로그처럼 존재의 지속으로 나타나며, 서로 유사하면서도 다른 존재자들의 유기적인 통일체로 나타나게 되는 것이다.

이렇게 세계는 존재를 통해 유사함을 가지고 또 본질을 통해 서로 구분되는 '존재의 공동체'처럼 나타나는 것이다. 세계란 이렇게 서로 구분되지만 유사한 무수한 존재자가 마치 하나의 유기적인 통일체처럼 '조화'로 나타난다. 비록 인간의 사유에 있어서는 분명히 구분되는 존재자들이지만 그들이 지니고 있는 '존재의 특성'을 통해 '존재의 차원'에서는 유사성을 가지는 것이다. 이렇게 하여 모든 존재하는 것이 '인간의 사유'를 넘어 서로 유사성을 가지게 되는 것이다. 이것이 존재의 유비가 통찰하는 '존재의 공동체로서의 세계'이다.

존재의 유비에 대한 사유는 많은 장점을 가지고 있을 것이다. 그것은 세계를 '하나의 통일체'로 볼 수 있게 하며, 다양한 계층의 존재자들이 서로 소통과 교감을 가능하게 하며, 또한 인간의 영혼은 초월적인 세계에 대해서도 어떤 '친근성'을 가질 수 있게 된다. 하지만 존재의 유비가 가진 부정적인 측면 혹은 위험도 있다. 그것은 이렇게 이해된 세계란 본질적으로 '지성적인 이해'라는 것이다. 즉 세계를 존재의 유비로 이해한다는 것은 '지성주의'를 낳게 되고, 인간의 지성을 지나치게 신뢰하여 종종 '필연성', '산출', '일반화' 등을 통해 세계의 모든 것을 이해하고자 하고, 본질적으로 신비의 영역이며 이해 불가능한 신의 섭리와 인간의 운명 등에 대해서도 '합리적 추론'으로 모든 것을 체계적으로 이해하고자 한다는 것이다. 이러한 지성주의적인 성향은 특히 본질적으로 개인의 자율적인 선택에 따라 행해지는 '윤리·도덕적인 범주'에 있어서 개인의 의지를 무화시키는 경향이 있다. 둔스 스코투스가 가장 수용할 수 없었던 것이 바로 '의지에 대한 지성의 우선권'이었다. 그래서 그는 지성주의에 대한 의지주의의 우선권을 내세웠고, 이를 위해서 '존재의 유비'가 아닌 '존재의 단일성'(일원성)을 주장했던 것이다. 이러한 관점에서 스코투스는 전통적으로 대립관계에 있었던 아리스토텔레스와 토마스 아퀴나스의 전통을 따르는 '지성주의'와 아우구스티누스와 보나벤투라의 전통을 따르는 '의지주의'에서 후자를 계승하고 있다고 볼 수 있다. 그의 '존재의 단일성'에 대한 개념은 이러한 그의 입장을 보다 공고히 하는 데 있어서 '형이상학적인 근거'를 마련하고자 한 것으로 이해 할 수 있다.

그렇다면 '의지주의'에서는 왜 존재를 '유비적으로'가 아닌 '단일하게' 혹은 '일의적으로' 이해하는가? 존재의 단일성 개념이 왜 인간의 의지의 우선권을 보장하게 되는가? 우선 스코투스는 신에 의한 세계의 창조가 '신의 자유'에 의한 것이라는 점에 주안점을 두고 있다. 그는 지성의 추론에 의한 필연성의 개념으로 '신의 섭리와 계획'을 설명하고자 하는 것을 거부하고, "이유가 없는 것에 대해서는 이유를 찾지 말아야 한다"라고 말하고 있다. 즉, 신이 제정한 법칙들의 우연적 성격을 분명히 한다. 철학사가인 에밀 브레이에Émile Bréhier는 "스코투스는 때때로 인간의 지성이 존재의 개념을 통해서 지각 있는 존재로부터 신에게로 갈 수 있다는 사실을 의심하는 것 같다"라고 말하고 있는데, 이 역시 신과 인간의 교감에 있어서 지성적인 차원의 이해를 거부하는 것을 의미한다. 이러한 스코투스의 입장은 신학은 세속적인 지식을 필요로 하지만, 그럼에도 그 대상의 본질에 의해 세속적인 지식보다 우월하다고 하는 관점이며, 따라서 이성은 믿음에 종속되고, 철학은 신학에 종속된다는 관점을 분명히 하는 것이다. 이러한 그의 관점은 토마스 아퀴나스 등의 도미니크학파에서 강조한 '지성주의'보다는 프란체스코학파에서 강조하는 '의지주의'에 더욱 의미를 부여하는 것이 된다. 아마도 그는 토마스 아퀴나스의 지성주의가 세속적으로 변모하며 '신앙의 권위'를 약화시켰고 그러므로 신앙과 교회의 권위가 회복될 필요가 있다고 생각하였을 것이다.

서로 다른 다양한 존재자 사이에서 '존재의 유비'를 통해 지성이 파악한 '유사함', '비례', '조화' 등을 부정하게 된다면, 구체적인 존재자들은 '근본적으로 다른 것'으로 나타나고, 이러한 근본적인 '타자성'을 내세우게 되면 이들의 유사함은 오직 이들이 '자립하는 존재 자체'인 '신의 존재'에게 의존하게 된다는 한 가지 사실만이 남게 된다. 이러한 관점은 신이나 절대적인 것이 앎의 대상이 될 때 형이상학(혹은 철학)에 대한 신학의 뚜렷한 우위성을 지지하는 것이 된다. 아래 에티엔 질송의 말은 이를 분명히 보여 주고 있다.

> 신학의 고유한 대상과 특수성에 대해 토마스 아퀴나스의 사유에 대한 둔스 스코투스의 반대는 이 둘 사이에 완전히 공통된 영역이 있다는 것을 인정하기를 거부하는 것이다. 그것은 … 형이상학이 존재에 대한 학문이라면 신학만이 정확히 신으로 간주되는 신을 직접 다룰 수 있다는 것을 암시하고 있다.
>
> *– Duns Scotus*, p. 42–43 –

### ② 모든 지식은 경험에서 출발한다

일단 '존재의 일의성'에 대해 긍정하고 나면, 이는 인식론상의 변화를 낳게 된다. 그것은 앎의 추구에 있어서 경험론의 입장을 취할 수밖에 없다는 것이다. 합리론의 선구자였던 데카르트는 하나의 학문이 의심의 여지가 없는 '확실성'을 가지기 위해서는 그 출발점으로부터 명석하고 판명한 (소극적인 의미에서 절대적인), 그리하여 더 이상 의심의 여지가 없는 최소한의 몇 가지 원리를 가져야 한다고 생각을 하였다. 이처럼 합리주의는 인간의 지성(혹은 이성)의 분명한 몇 가지 기본적인 원리와 추론을 통해 앎을 넓혀간다. 지성이 이 같은 소극적으로 절대적인 어떤 앎을 가질 수 있는 것은 물론 '존재의 유비'에서 그 근거를 가진다. 인간은 어떤 절대적인 것을 직접 통찰할 수는 없다고 해도 유비를 통해 접근해 갈 수 있고, 신이나 초월적인 것에 대해서도 의심할 수 없는 앎을 최소한 몇 가지는 도출할 수 있다고 믿는 것이다. 하지만 존재의 일원성에 근거한 스코투스의 사유는 인간은 이성이나 지성을 통해 신에 대한 관념을 가질 수가 없으며, 이성이나 지성은 절대적인 것에 대해서는 타고난 관념이나 직관을 가지고 있지 않다고 생각한다. 그렇기 때문에 그는 어떤 절대적인 것이 인간에게 자연적으로 알려진 것은 아무것도 없으며, 따라서 절대적인 것으로부터 추론하여 다른 지식을 산출하는 지성의 방식을 긍정하지 않았다. 즉, 모든 지식은 후천적인 것이며 경험적인 것으로 보는 것이다.

이 같은 스코투스의 사유는 '보편적인 것'이 존재한다는 의미의 '실념론實念論'에 대한 부정으로 나아간다. '인간성', '동물성'과 같은 보편적인 것이 실제로 존재하는가(실재론) 혹은 다만 이름뿐인가(유명론) 하는 보편논쟁이 결말을 맺은 것은 아벨라르두스의 '실념론'을 통해서였다. 이는 보편적인 것이란 실제로 존재하는 것이지만, 관념의 형태로 개별자의 내부에 존재하는 것이라는 결론을 맺었다. 그런데 스코투스는 '관념적인 존재'마저도 실제로 존재한다기보다, 일종의 존재에 대한 변형이며, 존재의 범주로 귀속된다. 그렇다면 그는 어떤 논거로 이러한 결론을 내리게 되는가? 그는 인간은 '가장 불분명한 것'에서부터 시작하여 '가장 분명한 것'으로 나아간다고 보았다. 여기서 불분명하다는 것은 아직 지성에게 알려지지 않은 것, 즉 감각적인 것을 의미한다. 왜냐하면 감각적인 지각은 아직 '실재'나 '진리'에 대한 물음이 제기 되지 않은 것이기 때문이다. 그렇기 때문에 스코투스에게 있어서 인간의 감각적인 지각이란 '인식하는 것'이라기보다는 '느끼는 것'이며 또한 판단이 보류된 것이며, 동물의 감각지각과 근본적으로 구분되지는 않는다. 스코투스에게 있어서 모든 앎은 감각적인 지각에서 출발하며, 지성은 추론과 반성을 통하여 양과 질, 종과 속 등 다양한 관념, 그리고 관념과 관념을 연결하는 학문적인 앎을 산출하는 것이다. 그리고 지성이 산출한 이 같은 관념적인 것은 다만 '존재의 변형', '존재의 범주에 귀속하는 것'이기 때문이다. 그것이 '실제로 존재한다'고 할 수는 없는 것이다. 다시 말해서 인간 존재와 독립하여 그 자체로서의 '인간성'이란 존재하지 않는 것이다. 여기서 '존재의 일의성'이 다시 그 역할을 하고 있다.

> 앎을 가진다는 것은 사물의 진실(진리)을 인식하는 것이다. 그것은 감각의 역할이 아니라 이성의 역할일 뿐이다. … 지성은 감각적인 힘과 구별되는 고유한 기능을 가지고 있다. 이러한 기능은 보편적인 개념의 산출, 분석하고 종합하는 것 그리고 추론하는 것이다.
>
> - inium. sent., 3, 6 -

지성에게 확실한 것을 제공하는 것은 일차적으로 감각적인 지각이다. 그리고 이를 근거로 지성이 보편적인 개념을 산출한다. 따라서 모든 보편적인 개념에 해당하는 것은 실재하는 것이 아니라, 지성에 의해 구성된 혹은 형성된 것으로 실재하는 개인(개별자)과 분리되어 존재할 수가 없다. 그렇기 때문에 실제로 존재하는 것은 개별자뿐이다. 물론 아리스토텔레스나 토마스 아퀴나스에게도 실제로 존재하는 것은 개별자뿐이다. 하지만 토마스 아퀴나스는 '보편적인 것'이 개별자의 내부에 '일종의 정신적인 실재로서' 실제로 존재한다고 보았다. 토마스 아퀴나스는 이 같은 '정신적인 실재'로서의 보편적인 것(관념)의 존재 근거를 '생명의 원리로서의 영혼(형상)이 존재를 순수하게 부여(증여)한다는 것'에서 추구하였다. 그리고 이러한 '보편적인 것(관념)'은 개별자를 인식하는 데 있어서 매개체가 된다. 예를 들어 '성인과 같은 한 개인'을 볼 때, 사람들은 먼저 '성인'이라는 보편적인 개념을 매개로 하여 '성인과 유사한 그 사람'이라는 인식을 가지게 되는 것이다. 반면 존재의 일의성을 강조하고 있는 스코투스에게 있어서 보편적인 것이 '존재'를 가진다는 것은 인정할 수가 없다. 그렇기 때문이 만일 지성이 한 개별자를 안다면 그것은 '개별자 그 자체'를 통해서 직접 인식하는 것이며, 보편적 개념의 매개를 필요치 않는다. 이점에 있어서 이 둘은 분명히 구분된다고 할 수 있다.

스코투스에게 있어서 보편적인 것(개념) —사실은 보편적인 것이 아닌, 일반성이라고 하는 것이 더 가깝다— 의 역할은 인식의 역할이 아니라 인식의 과정에서 판단의 역할을 한다. 예를 들어 내가 '길동이'라는 개인을 보았을 때, 먼저 길동이라는 개인을 인식하고, 그런 다음 '남자'라는 것을 알고, 그런 다음 그가 또 '철학자'라는 것을 알고, 이렇게 이런 저런 그에 대한 앎을 넓혀 가는 것이다. 여기서 '남자', '철학자' 등은 '여자가 아닌 것', '과학자가 아닌 것' 등을 암시하는 것으로 '판단하는 기능'을 의미한다. 인식되는 것은 개별자로서의 길동이 자체이다. 반면 토마스 아퀴나스라면 '개인'에 대한 인식과 '개인이 지니고 있는 보편적인 것'에 대한 인식은 시간상 동시적인 것이지만, 논리적으로는 '보편적인 것이 먼저'라고 생각할 것이다. 왜냐하면 어떤 사람이 기러기를 닮은 이상한 새를 발견하였을 때, "이게 뭐지What is this?"라고 물음을 던진다. 여기서 '무엇What'에 해당하는 것은 '개별자'를 묻는 것이 아니라, 그것의 '종류'를 묻는 것이기 때문이다. 즉 기러기인지, 백조인지, 황새인지를 묻는 것이다. 만일 '기러기'라는 것이 확실하다면 뒤이어 이것이 '인도 기러기'인지 '캐나다 기러기'인지 혹은 '회색 기러기'인지 '흰 기러기'인지 등의 보다 개별적인 질문을 던질 것이기 때문이다. 그리고 이렇게 이해를 넓혀 가다 보면 최종적으로 '개별자'에 대한 이해를 가질 수가 있는 것이다. 사실 이러한 인식의 과정에 대한 이해는 매우 섬세하고 복잡한 것이어서 간단하게 도식화하기 어려운 것이며, 어느 것이 정답이라고 할 만한 것은 없다. 분명한 것은 스코투스는 "개별자(개인)를 직접 인식한다"라고 생각하고 있다는 점이다.

③ 소크라테스를 개별자 소크라테스로 만드는 것은 소크라테스 자체이다

나의 개성 혹은 개별성은 어디에서 오는가? 이러한 질문은 스콜라 철학 전반에 걸쳐 아리스토텔레스의 '질료-형상론'에 근거하여 설명하고자 하였다. 예를 들어 토마스 아퀴나스 역시 육체적인 다름은 질료로부터 영혼(자아)의 다름의 '개별적인 영혼'으로부터 발생한다고 보았다. 형상과 질료가 만날 때 이미 이 두 원리에 의해 존재자는 자연히 개별자가 된다고 본 것이다. 물론 토마스 아퀴나스에게 한 개인을 보다 근본적으로 타인과 구별되게 하는 것은 '영혼'이다. 그래서 학자들에 따라서는 '개별적인 영혼'을 '근원적인 자아'라고 부르기도 한다. 육체의 다름보다는 자아(정신)의 다름이 보다 근본적으로 개별자를 구별하게 하는 것이기 때문이다. 하지만 스코투스는 이러한 원리에 의문을 제기한다. 그는 개체화의 원리에서 '형상으로서의 영혼'에 과도한 무게를 두고 있는 것에 이의를 제기한 것이다. 만일 육체의 형상으로서의 영혼이 비-규정적인 육체를 개별화한다면, 비-규정적인 질료가

존재자들을 개별화한다는 것은 말이 되지 않으며, 나아가 형상으로서의 영혼은 일반성 혹은 보편성의 질서에 있는 것이기에 이 역시 개별화의 원인이 될 수 없다고 보았다.

그는 자신의 이 같은 논리를 지지하기 위해 천사론의 패러다임을 사용하는데, 순수형상으로서의 천사는 질료를 가지지 않는다. 만일 질료가 개별화의 원인이 된다면, 순수한 형상으로서의 천사는 어떻게 차별된 천사가 될 수 있는가를 묻고 있다. 따라서 '질료-형상론'에 의한 '개별화'는 천사의 개별성을 설명하기에 적합하지 않다. 그리하여 그는 형상도 질료도 한 존재자의 '개체화'를 성명하는 데는 충분치 않다고 생각한 것이다. 여기에는 형상과 질료의 구성 이전에 존재론적인 차원에서 개체화의 원리가 주어져야 하는 것이다. 다시 말해서 한 존재자가 개별화된다는 것은 질료와 형상의 결합 이전에 이미 존재의 차원에서 개별성이 주어져 있는 것이다. 따라서 스코투스는 한 개인을 개별자로 만드는 것은 '개인 그 자체' 혹은 '개별화' 그 자체로 보았다. 혹은 개별자 안에 있는 '개성원리' 혹은 '현존재성'이라고 부르는 에세이테eccéité(불) 그 자체이다. 다시 말해서 소크라테스로 하여금 개별자로서의 소크라테스이게끔 하는 것은 '소크라테스 그 자체' 혹은 '소크라테스성Socratéité(불)'이다. 이는 어떤 관점에서는 플라톤이 말하는 이데아가 "개인의 이데아"로 존재하는 것이라고 말하는 것과 같다.

그런데 이 같은 개체화 원리의 (질료와 형상에 대한) 선재성은 자아의 형성과 완성이라는 '자기동일성'의 추구에 있어서 인간의 자율성을 제한하는 측면이 있는 것이 사실이다. 예를 들어 아벨라르두스에게서 보았듯이 자아의 형성이라는 차원에서 인간은 자신이 어떤 자아(자기 정체성 혹은 동일성)를 가질 것인가 하는 것을 스스로의 선택을 통해 자율적으로 형성해 가는 존재이다. 여기서 인간의 영혼은 곧 '되어 감' 혹은 '실현'이라는 것으로 나타나는 것이다. 스콜라철학자들은 이렇게 자신이 누구인지를 스스로 선택하는 '선택의 자유'를 마치 절대적인 자유를 지닌 신과 닮은 것이라고 생각하였다. 즉 인간은 탄생 시에는 백지와 같은 영혼을 가지고 탄생하지만 스스로의 선택에 의해서 '자기의 세계관', '자신의 가치관', '자신의 인생관'을 영혼의 내용처럼 형성하면서 '자기 세계'를 가진 '개별자'가 되어 가는 것이다. 반면 이러한 영혼의 모든 내용 이전에 존재의 차원에서 '이미 개별화가 주어져 있는 것'이라고 한다면, 최소한 이러한 영혼의 노력과 형성한 내용들은 '이미 개별화된 존재'에 있어서 여분의 것 혹은 잉여의 것에 지나지 않는 것이 되고 말 것이다. 이러한 관점을 극단적으로 밀어붙이면 '운명론', '예정론'에 봉착하게 될 것이다. 왜냐하면 개별화가 존재의 차원에서 이미 결정된 것이란 스코투스에게 있어서 한 개인의 모든 개별화가 신의 존재에 의해서 규정된 것을 의미하는 것이기 때문이다. 이러한 점에서 스코투스의 개별화의 원리는 분명 취약점이 있는 것이 사실이다.

반면 어떤 관점에서 한 개인의 개별화를 '존재의 지평에서 원초적인 것'처럼 고려하는 데에는 매우 큰 장점을 지니고 있다. 그것은 점점 더 집단성에 의한 개성 혹은 개인성의 소외가 발생하는 현대 사회의 분위기에 신선한 해독제의 역할을 할 수 있다는 점이다. 현대 사회의 특징은 다양한 단체나 조직에 의해서 개인들이 움직인다는 것이며, 이러한 단체나 조직 속에서 개인의 개성이나 특성들은 그 의미를 가지기 힘들어진다. 가령 한 정당이 일단 당론을 정하게 되면 당원들 중 어떤 사람도 이 당론에 대립하거나 반대하여 자신의 견해를 개진하기 어렵다. 마찬가지로 노조에서도 노조가 방향을 설정하면 노조원들 중 누구도 이러한 방향성에 반기를 들거나 독자적인 행동을 하기가 불가능해진다. 이처럼 개인의 진정한 가치가 소멸되고 일군의 집단이나 단체에 의해서 자신의 견해나 가치가 정해지며 전체의 행동에 따라서 자신의 행동 거취를 정해야만 하는 것이 현대 사회에는 일상으로 발생하는 일이다. 현대의 철학자들 중에는, 예를 들어 질 들뢰즈나 시몽동Simondon은 이렇게 한 단체의 구성원들이 동일한 집단적인 의식을 가지는 것을 "초개인화" 혹은 "집단 개체화"라고 부르고 있다. 이러한 '집단 개체화'가 일상화가 된 사회에서는 진정한 민주주의를 가지기가 어렵고, 또한 개인을 사유재산과 법률의 제한적이고 결정적인 원천으로 간주하는 자유주의 이념이 형성되기가 불가능해진다. 하지만 개인의 진정한 특이점을 '존재의 차원'에서 모든 사회적 습득에 앞서는 것으로 간주한다는 것은 이 같은 "집단성"에 소외되어 가는 '개별성'의 복원에 매우 큰 도움을 줄 수 있는 관점이 된다.

만일 나의 개체성이 그 어떤 교육이나 사회적 관습의 습득에서 주어진 것이 아니며, 존재의 우연적인 연속적 산출에도 선행하는 유일하고 필연적인 존재라면 그 스스로 충만하고 다른 어떤 것으로부터도 영향을 받지 않는 절대적인 존재인 신의 존재로부터 주어진 것이라고 한다면 여기엔 하나의 절대적 가치가 내포되어 있고, 그 어떤 외적인 힘도 나의 개별성을 무시하거나 나의 개체로서의 자유를 파괴할 수가 없을 것이다. 아무리 집단화나 초-개인화에 물든 자아일지라도 자기 자신에 대한 깊은 명상만으로도 유일하고 절대적이며 그 어떤 것으로도 대체될 수 없는 '자기 자신'의 '개별성'을 발견할 수 있을 것이다. 이러한 사유하에서 진정으로 '인간이기 때문에' 가지게 되는 권리들, 즉 '인권'의 의미도 제대로 그 정당성을 확보할 수 있게 될 것이다. 이러한 사유는 또한 종교적 소명의 길을 걷거나 사회적 헌신의 삶을 살아가는 사람들 중에서 "이것이 진정 신의 뜻인가? 혹은 나의 주관적인 신념에 의한 것인가?" 하는 문제로 갈등하는 이들에게 내적인 평화를 가져다주는 한 줄기 빛이 될 수 있다. 왜냐하면 나의 깊은 개성이나 인격으로부터 발생하는 것, 그것은 곧 애초에 신이 나를 위해 마련한 '섭리'를 의미하는 것이기 때문이다. 스코투스의 "개체화"의 개념은 현대의 사회적 윤리에 많은 시사성을 함의하고 있는 개념이 분명하다.

# 6장

## 중세철학의
## 현대적 지속성 '인격주의'

"한 인격체une personne는 자유의 중심이다. 그는
사물들, 우주, 신 앞에서 다른 인격체와 담화하
고 지성과 감성을 통해서 소통하고 있다. 그것이
아무리 복잡하다고 하더라도 인격성의 의미는
무엇보다 먼저 존재론의 질서에 있다."

-자크 마리텡의 『앎의 등급들』 중에서-

**에마뉘엘 무니에**
Emmanuel Mounier

에마뉘엘 무니에Emmanuel Mounier는 1905년 프랑스의 그르노블에서 태어났으며, 철학 잡지 에스프리la revue Esprit의 창시자이자 프랑스의 '인격주의 운동'의 출발점이 된 철학자이다. 사상적으로 그는 파리에서 가장 먼저 레옹 브랑쉬빅의 관념론과 마주하였으나, 결코 여기에 만족하지 못하였고, 이는 그로 하여금 앙리 베르그송을 만나게 한 계기가 되었다. 이후 당시 프랑스의 민주시민운동의 소명을 가지고 있었던 현대 토미스트 자크 마리텡Jacques Maritain을 만난 것이 철학자로서의 그의 평생의 소명을 가지게 하는 결정적인 계기가 된다. 그것은 2차 세계대전 이후에 찢기고 부서진 유럽 사회의 재건을 위해 그 근원적인 지반이 될 철학적 이념을 제공하고자 하는, 일종의 사회적·정치적 소명을 가지는 일이었다. 그리하여 '인격주의'를 제창하였는데, 그의 '인격주의'는 '공동체적 인격주의personnalisme communautaire(불)'라고도 불린다. 이 사상은 하나의 체계가 아니며, 그렇다고 '도그마'는 더욱 아니다. 사람들은 이를 '철학적 매트릭스matrice philosophique(불)'라고도 불렀는데, 이 개념은 이것을 중심으로 다른 모든 사상이 교류하고 소통하는 일종의 정신적인 '공간'을 의미하는 것이었다. 오늘날 27개의 유럽 국가가 하나의 헌법 아래 유럽공동체를 이루고 있다는 점을 감안한다면, 무니에의 철학적 매트릭스로서의 '인격주의'는 새로운 유럽 공동체를 형성하는 데 큰 기여를 하였다고 추정할 수 있다.

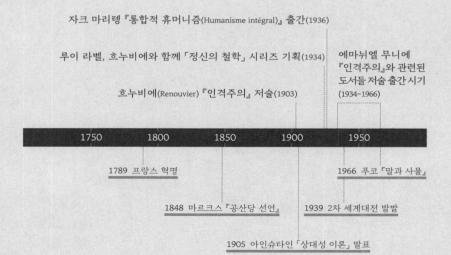

자크 마리텡『통합적 휴머니즘(Humanisme intégral)』출간(1936)

루이 라벨, 흐누비에와 함께 「정신의 철학」 시리즈 기획(1934)

에마뉘엘 무니에 『인격주의』와 관련된 도서들 저술 출간 시기 (1934~1966)

흐누비에(Renouvier)『인격주의』저술(1903)

| 1750 | 1800 | 1850 | 1900 | 1950 |

1789 프랑스 혁명

1966 푸코『말과 사물』

1848 마르크스『공산당 선언』

1939 2차 세계대전 발발

1905 아인슈타인 「상대성 이론」 발표

# 1. '인격주의'란
무엇인가?

    중세철학은 많은 오해에도 불구하고 서구의 근·현대 사회에 많은 영향을 미치고 있는 사상임을 부정할 수가 없다. 이는 비록 조선시대가 오래전에 끝났음에도 조선시대의 '유교문화'가 오늘날 한국사회에 많은 영향을 미치고 있는 것과 유사하다고 할 수 있다. 철학사적 차원에서 중세사상을 계승하고 있는 구체적인 사조나 사상을 들라고 한다면 가브리엘 마르셀Gabriel Marcel과 루이 라벨Louis Lavelle로 대표되는 프랑스의 '유신론적 실존주의'와 에마뉘엘 무니에Emmanuel Mounier, 자크 마리텡Jacques Maritain 등으로 대표되는 '인격주의Le personnalisme(불)' 일 것이다. 독일 철학에서도 기독교 사상을 계승하고 있는 현대 철학자들이 있지만 이들은 대게 종교혁명 이후의 개신교적 사상가들에 영향을 받은 이들로 중세 가톨릭철학과는 어느 정도 거리가 있는 것이 사실이다. 프랑스는 현대에도 여전히 외형상으로는 가톨릭국가로 알려져 있으며 그만큼 중세의 가톨릭 사상을 계승하고 있는 현대 철학자들이 많은 편이다. 실존주의가 2차 세계대전 이후 유럽 사회의 정신적인 변화에 지대한 영향을 끼쳤던 것이 사실이지만 어떤 면에서 실존주의는 마치 하나의 유행사상처럼 한때 풍미하고는 오늘날의 사회문화 전반에 걸쳐서는 크게 부각되고 있지는 않다. 따라서 지금 우리 시대에 사람들의 주목을 받고 있는 사상으로 중세철학의 사유를 계승하고 있는 대표적인 사상이라고 한다면 '인격주의Le personnalisme(불)'라고 해야 할 것이다.

한국사회에서도 '사람이 먼저다'는 말이 한때 유행하였고, 이 말은 아직도 많은 사람의 공감을 받고 있다. '인권'이라는 주제는 UN에서도 가장 중요하게 취급하는 용어이기도 하다. '인권'이란, 말 그대로 '인간의 권리', 즉 오직 '인간이라는 이유만으로 가지게 되는 권리'라는 말이며, 이는 철학적으로 '인간이란 무엇인가?'라는 인간학적 물음에 있어서 본질적인 주제라고 할 수 있다. 현대 사회가 보다 더 인권에 대해 요구하고, 사람이 소중하다고 말한다는 것은 역설적으로 그만큼 현대 사회가 여러 가지 측면에서 '인간의 권리'를 박탈하고 '사람을 소외시키는' 구조나 분위기 속에 있다는 것을 반증하는 것이라 할 수 있다. 과학기술의 발전으로 인한 유물론적 사고의 팽배, 지나친 자본주의로 인한 물신숭배, 신자유주의로 인한 과도한 경쟁사회, 이러한 정신적인 분위기가 생산성이 없거나 경쟁력을 가지지 못하는 사람을 마치 '잉여인간'처럼 고려하고, 한 개인의 가치가 오직 '수치적인 평가'에 의해

결정되는 사회에서는 일상적으로 '인간성'이 소외되고 '인권'이 침해당하는 일이 발생한다. '인격주의'가 발생한 배경은 바로 이러한 현대의 사회 문화 전반에 걸쳐 인간성을 왜곡하고 인간의 가치를 평가절하하는 분위기에 대한 반동이라고 할 수 있다.

'인격주의'라는 말이 '하나의 사상'을 지칭하는 철학적 용어로 처음 등장하게 된 것은 프랑스 철학자 흐누비에Renouvier였는데, 1903년에 그는 '인격주의'라는 제목의 저서를 출간하였다. 이 책의 서문에서 그는 '인격주의'라는 용어를 "사회적이고 집단적인 지성에 대립하여 한 개인의 가치를 부각시키고 있는 사상"처럼 사용하고 있다고 밝혔다. 이후 이 용어는 20세기 초에 토미스트인 자크 마리텡과 에마뉘엘 무니에 등에게 차용되어 보다 엄밀하고 광범위하게 사용되었다. 특히 에마뉘엘 무니에는 '인격주의'에 관련된 여러 편의 책을 출간하였는데, 그중 『인격주의』(1961)라는 제목을 가진 책에서 자신의 사상을 '인격주의'라고 명명하고 있다. 사람들이 'A주의'라고 할 때, 이는 하나의 사상 내지는 사조를 지칭하는 것이 되겠지만, 문자 그대로는 'A'를 가장 중시하거나 'A'를 가장 우선적인 가치라고 여기는 사유 혹은 정신을 말한다. '자유주의'가 '자유'라는 가치를 가장 중시하거나, '민주주의'가 우선적으로 '민주'라는 가치를 가장 먼저 고려하는 정신을 의미하듯이, '인격주의'는 무엇보다 먼저 '인격'을 중시하고 '인격'에 대한 고려가 우선적으로 시급하다는 의미를 담고 있다. 따라서 '인격주의'는 단순히 '사람이 먼저다'라기 말하기보다는 인간을 고려하되 '인격이라는 차원'에서 고려하여야 한다고 말하는 정신 혹은 신념이라고 해야 할 것이다. 그렇다면 '인격'이란 무엇을 말하는가?

불어의 '인격personne'은 라틴어의 '페르소나persona'에서 유래하였다. 보에티우스Boethius에 의하면 라틴어의 '페르소나'는 그리스어의 '프로소폰πρόσωπον'에서 유래한 것인데, 그는 이를 "지적본성을 지닌 개별적인 실체"로 규정하였다. 그리고 토마스 아퀴나스 역시 동일한 규정을 하였는데 그는 또한 언어적인 분석을 통해 "스스로를 통해 per se 분리될 수 없는 하나인 것una"이라고 규정하기도 하였다. 일반적으로 중세의 교부철학자들에게 있어서 '페르소나'는 '히포스타시스 hypostasis', 즉 삼위일체로서의 각 각의 신의 위격을 지칭하기 위한 '위격'의 의미로 사용되었다. 동일한 '페르소나'가 대문자 'P'로 시작하면 신의 위격을 지칭하는 것이 될 것이며, 소문자 'p'로 시작하면 인간의 '인격'을 지칭하는 것이 되는 것이다. 따라서 '페르소나'라는 말에는 크게 두 가지의 의미가 부각되고 있다. 첫 번째 의미는 '나누어질 수 없는 하나'라는 차원인데 이는 한 개인에게 부여될 수 있는 그 어떤 개념들, 가령 '인간', '동물', '한국인', '유교주의자', '공무원', '열정적인 사람' 등 그 어떤 개념도 그의 인격은 아니며, 인격이란 이 모든 규정들을 포함하는 '개별자로서의 한 개인', '세상에 하나뿐인 유일한 개체'로서의 '그 사람'을 지칭하는 용어이다. 그렇기 때문에 '나의 인격'은 내가 속한 그 어떤 집단성으로서의 자아(집단지성이나 집단이성)로 대신할 수 없는 것이며, 이것보다 더 상위적인 개념이라고 할 수 있고, 나아가 '내가 소유한 일체의 것의 통일체', '추상화될 수 없는 절대적인 개별자로서의 나'라는 의미를 내포하고 있다.

다른 하나는 성서적 의미의 '인간개념', 즉 '인간이란 신을 닮은 존재'라는 차원에서 인간을 고려하는 것이다. 인간의 무엇이 신을 닮았다는 것인가에 대한 답변은 사상가들마다 조금씩 차이가 있을 것이겠지만, 일반적으로 '자기 세계를 가질 수 있는(창조할 수 있는) 자율적인 존재'라는 것을 의미이며, 이는 또한 '도덕적 행위에 있어서 절대적으로 자신이 주인일 수 있는 자유를 가진 인간'이라는 의미이다. 나아가 자신이 발을 딛고 있는 '사회나 세계에 대해 책임을 가진 주인된 자격'이라는 '사회나 세계에 대한 책임성'의 의미가 내포되어 있다. 이러한 책임성은 당연히 어떤 복합적인 관계성을 전제하고 있는데, 인간은 그 자체 '신'과 '자연'과 '사회' 그리고 '타인들'과 불가분하게 관계성 중에 있는 존재이며, 인간의 '페르소나' 안에서 이 모든 것이 수렴되고 있음을 의미하고 있는 것이다. 그래서 토마스 아퀴나스는 "인격은 총체적 본성에 있어서 완성인 그것(혹은 완성된 그것)을 의미한다*Persona significat id quod est perfectissimum in tota natura*"(『신학대전』, 1, 29, 3)라고 한 것이다. 이 같은 인격에 대한 사유는 인간을 고려함에 있어서, 무한과의 관계성 속에서 고려하고자 하는 것이며, 또한 결코 추상화될 수 없는 총체적인 개체성으로 고려하고자 하는 것이다. 그래서 에마뉘엘 무니에 역시 『인격주의』에서 "인격은 결코 직접적인 소통을 통해서는 소통이 가능하지 않으며, 총체적으로는 소통할 수가 없다"(『인격주의』 중에서)라고 하였다. 따라서 '페르소나'로서의 '인격'은 주로 심리적인 자아를 지칭하는 개념인 '개성' 혹은 '개인성'을 의미하는 영어의 '퍼스널리티personality'보다 훨씬 포괄적이고 심오한 개념이라고 할 수 있다.

## 2. '인격주의'를 지향하게 된 세 가지 동기들

그렇다면 이 같은 '인격주의'가 탄생한 배경은 무엇일까? 무엇이 철학자들로 하여금 이러한 인간의 인격에 대해 우선적으로 관심을 가지게 한 것일까? 인격주의는 1930년경 프랑스에서 '정신의 철학La philosophie de l'Espirt(불)'이라 불리는 사상을 주도하였던 철학자들 중에서 특히 인간의 존재론적인 특성에 주목한 이들에 의해 주장하게 되었다.

> **'정신의 철학'과 '인격주의'**
>
> 정신의 철학이란 '프랑스 영성주의le spiritualisme français(불)'를 지칭하는 것으로 영미 중심의 '심-철학philosophy of mind'과는 다른 것이다. 심철학이 주로 인간의 마음을 이해하는 데 있어서 '신경', '두뇌', '심리현상' 등 인지과학의 관점에서 인간의 정신이나 마음을 이해하고자 하는 것이라면, '정신의 철학'은 형이상학적 관점에서 인간의 '존재와의 관계', '실존과 자아', '영적인 진보' 등의 관점에서 인간을 고찰하고자 하는 사상이다. 정신의 철학을 형성하고 있는 대표적인 사상가들에는 루이 라벨, 흐네 르 센느, 가브리엘 마디니에, 가브리엘 마르셀, 에마뉘엘 무니에, 자크 마리텡, 모리스 블롱델, 에메 포레스트, 모리스 네동셀, 니콜라스 베르디에프, 장 노게 등이 있다. 이들은 공통적으로 '인격'에 대해서 말하고 있지만, 특히 에마뉘엘 무니에와 자크 마리텡 등은 정신의 철학이 궁극적으로 지향하는 것이 '인격주의' 혹은 '공동체적 인격주의'라고 생각하고 있다. 왜냐하면 '인간으로서의 인간', 즉 '인간성' 혹은 '인류'라는 차원에서 모든 인간은 '인격'이라는 동일한 형이상학적 지반을 가지면서 인간 사회가 가지는 궁극적인 목적을 개개인의 '인격'을 최대한 실현하고 완성하는 것이라고 생각하기 때문이다.

당시 유럽에는 지속된 경제공황과 전체주의적인 움직임 등으로 인해 젊은 지식인층에서는 이를 '사회적 위기' 혹은 '문명의 위기'로 인식하게 되었는데, 이러한 위기의 극복 방편으로 그리고 기성 질서에 대한 반작용으로 '인격주의'를 주창하게 된 것이다. 에마뉘엘 무니에 역시 『20세기의 작은 불안』에서 당시의 유럽 사회를 한마디로 "절망"이라고 표현하면서 이러한 절망을 극복하는 유일한 방편이 '인격주의'를 형성하는 것이라고 보았다. 에마뉘엘 무니에는 이 같은 절망에 맞서 '인격주의자들'이 내세우고 있는 것을 크게 세 가지로 꼽았다. 그것은 '무제약적인 기계기술문명에 대한 거부', '전체주의에 대한 거부', '과도한 개인주의에 대한 거부'였다.

## ① 무제약적인 기계기술문명에 대한 거부

산업혁명 이후 유럽 사회에는 기계기술문명에 대한 거부감이 존재하였다는 것은 누구나 알고 있는 일이다. 특히 단순한 기계적인 일을 반복하는 공장 노동자들에게는 자신들의 일자리를 앗아가기 때문에 더욱 그러했을 것이다. 하지만 인격주의자들이 가졌던 거부감은 무엇보다 먼저 '휴머니즘의 차원'에서였다. 예를 들면 자크 라피트Jacques Lafitte는 기계문명에 대해 말하면서 수공手工에 대한 향수를 "우리의 손으로 만든 바로 그 형상 뒤에는 일종의 직접적으로 접근할 수 없는 고동치는 생명과 같은 무언가가 숨겨져 있다"(『기계들의 과학에 대한 성찰』 중에서)라고 말하였다. 마찬가지로 에마뉘엘 무니에 역시 기술문명에 대해 거부감을 표시하였는데 그 근본적인 이유는 기술문명이 야기할 과도한 '획일성' 때문이었다. 그는 『인격주의』에서 다음과 같이 말하고 있다.

> 인간이 다양성을 지향하는 것인 반면, 기계는 표준화하고 합리
> 화하며 본질적으로 획일성을 지향하는 경향이 있다. 따라서 기
> 계는 그의 모든 능력으로부터 비인간적으로 보인다.
>
> – 『인격주의』, p. 60 – [1]

하지만 무니에가 부정한 것은 '기계기술문명' 그 자체는 아니었다. 그는 "감탄을 하던, 경멸을 하던 기계는 그저 기계일 뿐이다"라고 말는가 하면, 또한 "근대 서구시대를 특징 짓는 그리고 오늘날 전 세계로 뻗어나가는 과학기술의 발전이 인간 해방의 결정적 계기'가 되어야 한다"고 말하기도 한다. 즉 기술문명이란 사용하기에 따라 인류에게 약이 될 수도 있고 독이 될 수도 있다는 것이다. 따라서 '인격주의'가 반대하고 있는 것은 기술문명 그 자체가 아니라, '기계주의로 변하게 될' 기술문명이었다.

근본적으로 그리스도교적 도덕 이념에 충실하였던 에마뉘엘 무니에에게 있어서 인간의 궁극적인 목적이란 인간이 지닌 '인격의 가능성'을 최대한 꽃피우는 것이었다. 즉 인간의 진보란 보다 더 인간답게 되고, 영성le spiritualité(불)을 실현하는 것으로 나아가야만 한다. 개개인이 충분히 자기다움을 실현하면서 영적인 인간으로 변모하는 그것이다. 이를 위해서는 인간이 사는 그 사회 자체가 '인격화'되어야만 하는 것이다. 하지만 기계주의가 지배하는 세상에서는 이것이 불가능하게 된다. 왜냐하면 기계주의는 개개인의 진보를 지향하기보다는 모든 인간의 균등화 균질화를 지향할 수밖에 없기 때문이다. 따라서 무니에는 비록 기술문명 그 자체를 거부한 것은 아니었지만, 결국 '기계주의'로 나아갈 수밖에 없는 무제약적인 기술문명의 발전을 거부한 것이다. 아

마도 이 같은 에마뉘엘 무니에의 염려는 가상세계, AI시대, 스마트 시대 등으로 대변되는 4차 산업 시대를 준비하는 우리들에게는 더욱 현실적으로 다가오는 문제일 것이다.

---

### 기계주의machinisme란?

‘자본주의’가 모든 것이 자본을 중심으로 돌아가는 사회를 말하듯 ‘기계주의’란 모든 것이 기계를 중심으로 돌아가는 사회를 말한다. 다시 말해서 기계기술이 인간 활동의 총체성에서 이루어지고 있는 사회가 곧 ‘기계주의’ 사회인 것이다. 기계주의에 대한 이론은 자크 엘뤼 Jacques Ellul의 『기술 혹은 세기의 관건La technique ou l'Enjeu du siècle』에서 등장하는데, 이 책에서 그는 기술은 당초에 산업 분야에서 효과성으로 출발하였으나, 어느 순간 기계가 거의 자율성을 가지게 되었다고 생각하고 있다. 즉 기술은 어느 순간 더 이상 산업분야에서뿐 아니라 인간 생활 전반에서 적용되고 있으며, 오늘날 거의 모든 인간의 생활 영역이 기계기술에 의존하고 있다고 보는 것이다. 어떤 의미에서 기계기술은 ‘인간 활동의 총체성la totalité des activités de l'homme(불)’에서 수행되고 있다고 보는 것이 ‘기계주의’가 의미하는 것이다. 아마도 이러한 기계주의는 ‘AI시대’, ‘네트워크시대’로 불리는 오늘날의 사회를 가장 잘 말해 주는 용어라 할 수 있다. 사람들은 자발적으로 거의 모든 인간의 영역에서 ‘인공지능’을 사용하고 인공지능의 안내와 가르침을 따르고 있기 때문이다. 즉 ‘기계주의’는 현대 사조를 대변하는 중요한 개념 중 하나라고 할 수 있다.

---

② 일체의 전체주의에 대한 거부

거의 모든 시대에 있어서 ‘전체주의’라는 용어는 경멸의 대상이 되었다. 그런데도 역사상 모든 세대에 있어서 ‘전체주의의 위협’이 없었던 시대는 없었다. 전체주의는 다양한 모습을 띠고 나타난다. 과거에는 주로 '독재'라는 형식으로 나타났었다. 정신의 철학자들이 운동을 시작하였던 당시 유럽 사회에서는 이 전체주의적인 움직임이 '나치즘'과 '공산주의'의 모습으로 나타나고 있었다. 2차 세계대전까지 무니에는 '인격주의'의 제 방향들을 심화시키는 데에 집중하였는데, 이러한 운동은 당시에 태동하고 있었던 '나치즘', '파시즘' 혹은 '스탈린주의' 등의 전체주의에 빠지지 않기 위해 '유럽의 무질서'를 치유하는 일로 나아갔다. 2차 세계대전 이후에 그는 전쟁으로 찢기고 부서진 유럽 사회의 재건을 위해 그 근원적인 지반이 될 철학적 이념을 제공하고자 하는 일종의 사회적, 정치적인 소명으로 나아갔다. 전쟁에서의 패배와 함께 나치즘이 몰락하자 지성인들은 점차 두드러지는, 무질서한 좌파 운동에 대해 염려하였다. 무니에는 이러한 염려를 다음과 같이 표현하고 있다.

> 정의는 좌파에 있고, 질서는 우파에 있다. 이는 오랫동안 모든 정치의 A.B.C.였다. … 그러나 오늘날 좌파는 깊이 분열되어 있다. 좌파는 자기 동일성을 지니고 있는가? 비록 표면상 단합된 것처럼 보이지만 그들은 균열 없는 확고한 기초를 가지고 있는가? 좌파는 정의의 약속만을 지니고 있는 것일까, 아니면 금세기의 행운들과 불행들이 튀어나올 판도라의 상자를 지니고 있는 것은 아닐까?
>
> －『공산주의, 무정부주의, 인격주의』, p. 13 – [2]

  사상으로서의 공산주의가 곧 전체주의인 것은 아니다. 하지만 무니에는 당시 유럽 사회에 태동하고 있었던 좌파의 운동이 지향했던 '공산주의'란 더 이상 원래 의미의 공산주의가 아니라 일종의 '전체주의'를 의미하는 것이라 보았다. 그는 "평범한 신자가 신학에 따라 생활하지는 않고 경전의 한 조항을 위해 순교를 감행하지 않는 것처럼, 공산주의자는 더 이상 맑스주의에 따라 살지 않고 맑스주의 때문에 죽임을 당하지도 않는다"라고 말하면서 당시의 공산주의자들을 비판하였다. 따라서 무니에가 염려하였던 것은 공산주의 이론이나 공산주의 그 자체가 아니라 진정한 인간해방을 방해하는 '이데올로기'로서의 공산주의였다. 사실 그는 모든 '이데올로기'란 그것이 '인간의 진정한 해방'을 방해한다는 차원에서 비판되어야 할 것이라 생각하였다. 그는 "우파도 좌파도, 파시즘도 공산주의도, 자본주의도 집단주의도, 민족주의도 사해동포주의도, 독재도 무정부주의도 진정한 인간의 해방을 가져다주는 것은 아니며, 사람들은 불신하는 쌍들을 끊임없이 나열할 것이다"라고 말하였다.

무니에는 나치즘에 대해서는 "하나의 전체주의적 악이 유럽을 덮쳤다. 그것은 나치 정권에서 완벽한 예를 보여 주고 있다. 그들은 다른 구조를 그대로 두지 않았다"라고 비판했는데, 반면 공산주의에 대해서는 나치즘보다는 긍정적인 시각을 지니고 있었지만, 그 형식적 구조에 있어서 '전체주의의 형식'을 고스란히 지니고 있다고 비판하였다. 이 공통된 전체주의의 형식이란 '형식적 민주주의에 대한 거부', '과도한 중앙집권적 국가구조', '단일 정당', '경찰 기구', '수행된 정책들에 대한 그들의 성향', '국제 의회주의에 대한 거부' 등이다. 이러한 전체주의적 구조는 한마디로 말해 국민들로 하여금 '언론의 자유' 혹은 '비판의 자유'를 허락하지 않는다는 문제를 안고 있었다. 그래서 그는 '파시즘'의 성향을 가진 당시 유럽의 공산주의에 대해서 "공산주의에 대한 유혹은 '우리들의 친숙한 악마notre démon familier(불)'가 되었다"라고 비판하였다.

정치적 영역에서 민주주의는 자유를, 공산주의는 평등을 지향한다는 것은 공식과도 같은 것이다. 그래서 자유를 강조하면 평등이 약화되고 평등을 강조하면 자유가 약화된다는 사실은 논리적인 귀결처럼 보인다. 마찬가지로 오늘날 우파정치인들은 '국민에 의한 정치'를 내세우며 자유를 강조하고 좌파정치인들은 '국민을 위한 정치'를 내세우며 평등을 강조하고 있다. 그리고 둘 중 하나를 선택하면 다른 하나를 포기해야 하는 것처럼 생각하고 있다. 하지만 이는 아주 잘못된 딜레마이다. 진정 중요한 것은 이들을 동시에 만족할 수 있는 정치체제를 만드는 일이다. 무니에는 자유와 평등은 서로 상보적인 것이라고 생각하였다. 자유와 평등은 대립하는 것이 아닌, 서로 뗄 수 없는 상호관계 속에 있는 것으로 보았다. 모두에게 동등하게 자유를 허용하는 것, 이것이 곧 자유에 있어서 평등한 것, 즉 가장 원초적인 평등의 개념이기 때문이었다. 그래서 무니에는 자유와 평등 둘 모두를 포괄할 수 있는 하나의 이념을 구상하였고 그것을 가능하게 하는 것이 곧 '인격주의'라 믿었다.

### ③ 과도한 개인주의에 대한 거부

인격주의를 지향했던 당시의 사상가들은 과도하게 팽배하였던 '개인주의'에 대해서도 깊은 염려를 가지고 있었다. 이들은 개인주의의 '개인' 개념을 '인격'에 대립하는 개념으로 간주하였는데 개인이란 기초적이고 물질적인 것에 대한 열정들과 소유욕에 따라 움직이는 도식적인 존재이며, 기껏 웰빙이라는 소시민적 이상을 위해서만 행동하는 사람들이라면, '인격'이란 자신의 영적인 차원과 창조적인 에너지 그리고 잠재력을 실현하고자 하는 자유로운 존재를 의미한다. 무니에에게 개인이란 비록 군중 속에 있다고 해도 분산, 탐욕, 소외 등을 산출하면서 파편화되는 존재를 의미하였다. 그래서 그는 "인격체는 자신에게 있는 개인을 정화하면서만 성장할 수 있다"(『인격주의』, p. 81)라고 말하고 있다. 인격주의자들은 개인이라는 개념을 18세기의 기계기술문명과 전체주의적 경향으로 부각된 서구 사회문명의 추락을 상징하는 용어라고 간주하였으며, 반면 인격의 개념은 개인의 창조적인 긴장과 사회적 헌신과 통합을 지향하는 새로운 휴머니즘을 상징하는 용어로 간주하였다.

이러한 개인과 인격에 대한 개념은 개인주의와 인격주의에 대한 개념을 낳게 되는데, '개인주의'는 사람들을 물질화하고 획일화하며 양적인 팽창과 소유에 대한 집착을 지향하면서 사람들로 하여금 자연과 공동체로부터 분리시키는 추상적인 이상주의를 낳게 된다. 반면 '인격주의'는 개개인이 지닌 감성적, 정신적, 영적인 가능성을 최대한 실현시키면서 동시에 "구체적인 인간(l'homme concret(불)"과 연결하여 자기존재와 사회적 운명 모두에 책임을 가질 수 있는 인간을 형성하고자하는 것이다. 무니에는 『인격주의』에서 '개인주의'에는 '건전한 민주주의'를 붕괴시키는 치명적인 약점이 있다고 보았는데, 그것은 '무제한적인 개인에 대한 권리의 요청'이라고 보았다.

> 권리에 대한 영감은 복잡하고 그 유산도 그만큼 복잡하다. 우리
> 가 다소 도식적인 이 개인주의의 노선에 집착하는 것은 그 안에
> 서 오늘날 특정 형태의 민주주의의 붕괴를 초래하는 약점이 발

견되기 때문이다. '권리들로부터의 개인'은 일종의 소극적인 절대로 남아 있다. 이렇게 말하는 것이 너무 일반적으로 말하는 것인지 모르나, 나는 외부의 자유로부터도, 어떠한 상위적인 권위에 의해서도 자신의 권리가 삭감되는 것에 반대하고, 자신의 자유가 '침해당하는empiéter(불)' 것을 결코 용납하지 않으려는 지칠 줄 모르는 주장을 추하게 생각한다.

- 『인격주의』, p. 38 - [3]

사실상 위의 무니에의 진술은 오늘날 한국사회에서 경험할 수 있는 일반적인 삶의 형태가 아닌가 하는 생각이 든다. '민주주의'란 말 그대로 '국민이 주인이 되는' 사회를 말한다. 그런데 주인의식을 가지기 위해서는 사회의 공동선을 위해 자신의 이익을 어느 정도 포기할 수 있어야만 한다. 하지만 모든 개인이 자신들의 권리를 조금도 포기하지 않고 절대적으로 주장하게 된다면, 필연적으로 권리들에 대한 대립과 충돌이 발생할 수밖에 없다. 사실 모든 개인의 개별적인 권리 추구는 "최대 다수의 최대 행복"이라는 공리주의의 이념에서 발생하였다고 볼 수 있다. 그런데 행복이라는 매력적인 용어로 포장하고 있지만 이러한 이념은 결국 "만인에 대한 만인의 투쟁"을 낳을 수밖에 없다. 왜냐하면 무제한적인 재화가 공급되지 않는 한, 한 사회의 재화의 총화는 한정되어 있을 것이며 한정된 재화로는 결코 모든 구성원의 최대 행복을 보장할 수가 없을 것이기 때문이다. 논리적으로 볼 때 최대 다수(평등)를 지향하려면 어느 정도 최대 행복을 포기할 수밖에 없고, 최대 행복(자유)을 지향하려면 어느 정도 최대 다수를 포기할 수밖에 없다. 따라서 '최대 다수의 최대 행복'은 그 자체 모순된 용어로서 '추상적인 이상주의'라고 할 수 있다. 결국 각자가 최대한의 행복을 추구하는 방법은 각자가 가진 권리에 대한 최대한의 확보를 위해 투쟁하는 것밖에는 없을 것이며, 결과론적으로 비록 '합법적'이라는 이름을 가지긴 하겠지만 이러한 사회는 각자가 자신의 권리를 위한 무한 투쟁의 연속이 될 수밖에 없을 것이다. 오늘날 노동계에서 파업이란 것이 끊임없이 이어지는 것이 이를 보여 주는 한 예라고 할 수 있을 것이다.

사회의 모든 구성원이 자신의 권리를 최대한 획득하기 위해 애쓰는 사회란 결국 타인의 권리를 침해할 수밖에 없을 것이며, 결과론적으로 많은 힘(권력)을 가진 사람이 더 많은 것을 소유하고 타인을 지배하는 구조로 나아갈 수밖에 없을 것이다. 이러한 사회에서는 '공동선'의 개념이 매우 희박해진다. 통속적으로 말해 각자가 도생하는 그러한 냉정한 사회가 되고 말 것이다. 그래서 무니에는 "오늘날 임의의 한 시민에게 이러한 개인주의는 무엇을 의미하는가?"라고 묻고는 "모든 명령은 태도와 훈련과 목소리를 통해서 전쟁과도 같고, 권력 남용은 권력의 자연스러운 산물이 될 것이다"(『공산주의, 무정부주의, 인격주의』 중에서)라고 답하고 있다. 그래서 무니에는 '개인주의적 민주주의'의 실패는 민주주의의 실패가 아니라 개인주의의 실패라고 말하고 있다. 지나친 개인주의에 기초한 사회는 더 이상 공동체가 아니라 집단으로 전락하고 말며, 이 집단 속에서 개인들은 오직 권리와 이익을 위해 움직이게 된다. 이러한 사회는 겉으로는 '연대'의 모습을 가지겠지만, 개인과 개인, 집단과 집단을 분열시키고 이 속에서 개인들은 더 이상 인격적인 존재가 아니라, 사물화되어 버리고 만다. 그래서 그는 지나친 개인주의를 극복하기 위해서는 가장 먼저 사람과 사람 사이의 관계를 사물과 사물 사이의 관계처럼 고려하는 것을 중단하여야 한다고 주장하고 있다.

과학, 법률, 유용성, 심지어 개인주의라는 비인격적인 언어들에
의해 강화된 우리의 우주를 탈-중심화한다는 것은 어떤 식으로
든 인간 사이의 관계에 대한 생각을 사물 사이의 관계의 이미지
에서 생각하는 것을 중단하는 것이다.

– 『공산주의, 무정부주의, 인격주의』 p. 55 – 4

　　사실상 철학적으로 볼 때 '개인화'는 좋은 것이다. 한 개인이 자기
자신만의 가치관이나 인생관 혹은 세계관을 가지면서 자신이 지닌 가
능성을 최대한 실현하고자 하는 '자아실현'은 그 자체로 철학함의 최고
의 성과라고 할 수 있다. 하지만 지나친 개인주의는 '개인의 퇴폐'를 야
기한다. 공동체에 대한 염려와 관심, 나아가 이웃에 대한 사랑, 즉 공동
선에 대한 관심이 배제된 개인화는 '고립'과 '이기주의'를 낳고 결국 도
덕을 부정하며 오직 개인의 권리와 이익만을 추구하는 '극단적인 이기
주의'를 낳게 되는 것이다. 이러한 극단적인 이기주의는 '소통의 부재'
를 야기하면서 타자에 대한 열림이나 이웃에 대한 교감이나 공감이 불
가능하게 하고 진정한 윤리 도덕적인 삶을 불가능하게 하는 것이다. 어
떤 관점에서 전체주의 국가나 파시즘은 개인주의를 집단적 차원에서
연장한 것에 불과하다. 즉, 전체주의 국가란 확대된 한 개인일 뿐이고,
파시즘이란 '대규모 개인주의'에 불과할 뿐이다. 오늘날 유행하는 '패
권주의'라는 것은 이러한 집단적 개인주의를 상징하는 용어라고 할 수
있을 것이다. 모든 사회구성원이 단 하나의 이념이나 단 하나의 가치에
획일적으로 수렴되는 사회는 다양성이 소멸하고 구성원들의 개별성과
자유가 부정되면서 마치 거대한 하나의 '집단지성'처럼 변해 버린다.
이 경우 이 사회의 목적은 '전체주의'라는 그 동일한 원리에 의해 타 국

가나 타 사회에 대한 인정이나 소통과 공존을 추구하기보다는 타자에 대한 독점적 지배 혹은 패권주의로 나아갈 수밖에 없게 되는 것이다.

무니에가 무제약적인 기계기술문명에대해, 전체주의에 대해, 그리고 극단적인 개인주의에 대해 거부하고 부정하는 근본적인 이유는 이러한 사상들이 개개인이 지닌 '인격'의 개념을 무화시키고 사람을 사물화시키기 때문이다. 따라서 이 같은 논의들은 필연적으로 하나의 질문으로 수렴된다. 그것은 '인격'이란 무엇이며, "어떻게 인격이 최상으로 실현되는 사회가 가능할 것인가?" 하는 질문이다. 인격주의자들은 이 질문에 성급하게 답하기 이전에 먼저 고·중세 시대부터 매우 중요하게 고려되었던 '인격'의 개념이 왜 근·현대로 오면서 상실되었는지를 고찰하고 있다. 그리고 이들은 하나같이 그 근본 원인을 '영적인 것에 대한 추구'와 '물질에 대한 추구'를 이원화시킨 것에 있다고 분석하고 있다. 극단적인 개인주의는 영적인 것에 대한 추구와 물질에 대한 추구를 내부적으로 분리시키면서 결국 자연적인 공동체들을 와해시킨다. 인간을 인격적인 존재로 고려한다는 것은 물질적인 선의 추구에서 점진적으로 정서적인, 윤리·도덕적인, 그리고 영적인 선을 추구하여야 하는 존재로 고려하는 것이다. 노동자이건, 과학자이건, 수도자이건 이는 공히 적용되는 '인격 실현의 법칙'이다. 하지만 현대인의 삶은 다양하게 분업화되고 전문화되면서, 마치 어떤 사람은 전문적으로 물질적인 것을 추구하고, 어떤 이들은 전문적으로 정서적인 것을 추구하고, 또 어떤 이들은 전문적으로 영적인 것을 추구하는 삶의 양태로 분화된다. 나아가 여기서 무엇을 선택하든 그것은 개인의 자유에 달린 것처럼 생각하기에 '인격'의 개념을 상실하게 된다는 것이다. 이렇게 전문화되고 파편화된 사회, 그리고 인격의 개념을 상실한 사회는 자연히 '공동체의 개념'을 상실하게 되는 것이다. 그래서 인격주의자들은 자신들이 추구하는 인격주의를 "공동체적 인격주의le personnalisme communautaire(불)"라고 말하고 있는 것이다.

## 3. '인격주의'가 지향하는 사회 / 사회적(공동체적) 신비주의

인격주의는 정치적 관점에서 보자면 역사 속에 되풀이되었던 '자본주의'와 '공산주의'의 대립을 넘어서 제3의 길을 모색하는 사상이라고 할 수 있다. 그리고 이 제3의 길에서 중심이 되는 것은 개개인의 '인격의 실현'이다. 이는 다시 말해 제3의 길에서 인격이란 곧 신성한 무엇이 발현하는 장소처럼 고려되고, 이 신성한 것의 발현이 '구체적인 사회적 현상처럼' 간주되는 그러한 사회를 말하는 것이다. 인격과 인격주의에 대한 두 철학자의 말을 들어 보자.

한 인격체는 자유의 중심이다. 그는 사물들, 우주, 신 앞에서 다른 인격체와 담화하고 지성과 감성을 통해서 소통하고 있다. 그것이 아무리 복잡하다고 하더라도 인격성(개별성)의 의미는 무엇보다 먼저 존재론의 질서에 있다. … 인격성의 형이상학적인 뿌리는 사람들이 실체라고 부르는 그것이다. … 나의 인격은 행위하기 이전에 존재한다. 그리고 이 인격은 그의 실존을 마치 그의 본성처럼 일종의 절대적인 방식으로 그리고 소통 불가능한 것으로 소유하고 있다.

- 『앎의 등급들Les degrés du savoir』, p. 451-452 - 5

개인주의individualisme(불)의 첫 번째 근심이 개인을 자기 자신의 중심에 위치시키는 것이라면, 인격주의personnalisme(불)의 첫 번째 근심은 인격의 열려진 지평들 안에서 개인을 다시 정립하기 위해서 자신의 중심에 위치시킨 이 중심을 허물어뜨리는 것이다.

- 『인격주의』 p. 35 - 6

이상의 진술에서 우리는 한 개인의 인격이란 선천적으로 주어진 것이며, 절대적인 어떤 것이라는 존재론적인 특성을 가진 것임을 알 수 있고 또 인격이 존재하는 모든 것과 소통하는 것이라는 측면에서 인격이란 감각적 활동, 심리적 활동, 지성적 활동 등 모든 생명 현상이 집약되고 수렴되는 한 개인의 존재와 삶의 중심축처럼 고려되고 있음을 알 수 있다. 따라서 개인의 인격이란 곧 초월성의 징표이며, 영적인 삶 혹은 신비적인 삶은 필연적으로 한 개인의 개별성 혹은 인격성에 대한 사유와 불가분의 관계임을 알 수 있다. 특히 자크 마리텡은 현대철학자들이 인간 본성에 대해서 "막대함 혹은 비-규정성"으로 말하고 있는 것은 바로 인간의 인격이 지니는 무한 혹은 신성과의 관계성에서 비롯한다고 말하고 있다. 따라서 인격주의자들이 지향하는 것은 크게 두 가지이다. 첫째는 "마치 무한한 가능성처럼 지니고 있는 자신의 인격을 각각의 개인들은 어떻게 실현할 수 있는가?" 하는 질문이며, 둘째는 "이러한 개인들의 인격화를 가능하게 하는 사회란 어떤 사회인가?" 하는 질문이다.

| 표 34 | 에마뉘엘 무니에가 규정하는 인격의 세 가지 특성 |
|---|---|
| 비-규정적 개별성 | 인격이란 '진정한 그 자신', 한 개인의 자아를 형성하고 있는 내면적이고 정신적인 존재라는 차원에서 '비-규정적'이고 '환원 불가능한 특성'을 가진 것이며, 인격이 가진 유일성 그 자체로부터, 그리고 자기 세계를 지니고 있는 존재자의 '최고의 완성'이라는 의미에서의 '개별성'을 지닌 것. |
| 열림과 관계성 | 인격의 '개별성'은 인격의 차원에서 소통이 불가능한 '존재론적인 고독'을 지니고 있지만, 또한 자기 세계를 형성하는 제 요소들을 '소통'과 '관계성'을 통해서 취하는 것으로, 본질적으로 '실존적인 열림'을 가지고 끊임없이 '관계성' 중에 있는 '역설적인 것'이다. |
| 역동성 | '인격'은 끊임없이 새로운 자아를 창조하는 '역동적'인 것으로 나타나며, 이러한 인격의 역동성은 자기 동일성을 보존하고자 함과 동시에 '인류애'에 기초한 '사회의 인격화'를 지향하는 것으로 나타난다. |

자크 마리텡은 비-규정적인 인격이 유한성과 규정성이라는 구체적인 모습을 통해 실현하여야 하는 것이 모든 인간의 공통된 사명이라고 생각한다면, 에마뉘엘 무니에는 이러한 '인격의 구체적인 실현'의 과정에 그의 시선을 집중하고 있다. 무니에는 한 개인의 인격이 실현되는 것은 자신을 둘러싸고 있는 역사적 사회적 사건과 환경을 통해서, 그리고 한 개인이 관계를 맺고 있는 모든 것과의 관계성을 통해 이루어진다고 보고 있다. 무니에는 인격의 관계성을 강조하기 위해 인격의 '사회적 특성'을 강조하면서 인격의 개별적인 특성은 '도약'을 위한 '필요조건'처럼 고려하고 있다. "개별적인 인격은 오직 보다 잘 도약하기 위해서만 자신에로 칩거한다. 침묵과 피안의 가치들은 바로 이러한 생동하는 체험에 있어서 정립된다."(『인격주의』, p. 48)[7] 다시 말해서 전통적인 의미의 '내면성'과 '피안'의 개념은 문화적, 사회적, 역사적 특성을 모두 포괄하는 자아를 감싸며 '인격화의 길la voie de la personnalisation(불)'로 나아가야 한다는 것이다. 아마도 우리는 '종교적 다원주의'라는 말이 가능한 것은 이러한 '인격화의 길'에서뿐일 것이라 말할 수 있을 것이다.

이 인격화의 길에서 부각되는 것은 두 가지일 것인데, 하나는 인격화가 한 개인의 총체성 안에서 이루어져야 한다는 의미이며, 다른 하나는 나와 관계하고 있는 "세계 그 자체"가 인격화가 되어야 한다는 의미이다. 아마도 우리는 이러한 예를 아시시의 성 프란체스코의 예에서 발견할 수 있을 것이다. 그는 풀 한 포기, 꽃 한 송이에서 신의 현존을 맞이하였고, 아주 보잘 것 없는 한 개인의 인격 안에서조차 신의 현존과 신성한 섭리를 발견하고자 하였다. 에마뉘엘 무니에는 특히 불의와 폭력으로 인해 고통과 절규가 가중되고 있는 사회적 삶 안에서의 인격화를 강조하고 있다. 그래서 그가 말하는 것은 '공동체적 인격주의'이자 '사회적 신비주의'라고 말할 수 있는 것이다. 인격화의 길로 나아갈수록 사회는 '신비적(영적인) 특성'을 띨 수밖에 없을 것이며, 사회가 보다 '신비적(영적)이 될수록' 인간과 세계에 대한 '인격화'가 깊어질 수밖에 없는 것이다.

고생물학자이자 가톨릭 신부였던 떼이야르 드 샤르댕은 한발 더 나아가 '우주적 인격화*personnalisation cosmique*'라는 말을 사용하고 있다. 그는 현대 사회에 만연하는 악을 단죄의 대상이 아니라 변모의 대상으로 보았으며, 고통은 제거해야 할 대상이 아니라 여기서부터 구원이 시작되는 역설의 장소여야 한다고 주장하였다. 그는 "인격화에 대한 장애가 많았음에도 불구하고 인격화는 진전되고 있다. 한편으로는 인견적인 존재로서의 우주가 되어 가고 다른 한편 우주가 인격화를 이루는 것이다"(『인간 현상 이해』, p. 188)[8]라고 말하고 있다. 물론 천문학자들이 관찰하고 있는 저 우주가 인격화가 되어야 한다는 주장은 매우 낙관적이고 신화적인 것처럼 들린다. 하지만 오늘날 과학의 분야에서조차 '빅-히스토리'라는 용어를 사용하면서 우주 전체를 하나의 역사로 고찰하고자 하고 있다. 우주 그 자체를 '하나'로 혹은 '총체성'으로 고찰한다는 것은 우주를 형이상학적으로 보려고 하는 상징적인 몸짓이다. 상징이 상징인 한, 구체적인 무엇이 될 것인가 하는 것은 중요한 것이 아닐 것이다. 그것은 단지 이념이나 염원의 한 표현이기 때문이다.

아마도 우리는 '사회를 인격화하는 유일한 방법'은 사회의 구조를 이상적으로 만드는 것이 아니라, 사회를 구성하고 있는 개개인이 보다 인격화되는 길뿐이라고 말할 수 있을 것이다. 즉 인격화의 길에서 사람들이 기대하는 것은 더 이상 이상적인 사회적 구조나 혹은 선택받은 위대한 영혼의 탄생이 아니라, 인간 사회 곳곳에 숨겨져 있는 평범한 모습의 영혼들, 인격화된 영혼들의 모습들이다. 이들로 인하여 인간 사회는 단순히 만들어진 구조가 아니라, 살아 있는 인격체의 모습으로 변모할 것이다. 이들로 인해 사회는 더욱 인간답고 정의로우며 보다 명예로운 사회가 될 것이다. 이들로 인하여 증가하는 악과 고통이 선과 생명으로 도약하는 계기로 변모하면서 인류는 끊임없이 도약을 기대할 수 있을 것이다. 바로 이러한 것이 중세의 '인격'의 개념을 통해 현대의 인격주의자들이 지향하는 '공동체적 인격주의 사회'이다. 인격주의자들의 관점은 본질적으로 낙관적이며, 어떤 이들의 시선에는 마치 '자아도취'에 취한 것처럼 희망이 넘친다. 하지만 어차피 인류의 미래란 그 누구도 예측할 수가 없는 것이라면 암울한 디스토피아를 예상하는 어두운 정신보다는, 희망찬 미래를 예측하는 가볍고 밝은 정신이 보다 선호할 만한 것임은 사실이다. 아마도 잘못 접어든 길을 바로 잡기 위해 출발점으로 되돌아가서 다시 올바른 길을 모색한 가장 대표적인 사례가 '인격주의'자들의 정신이 아닌가 생각한다.

# 중세철학을 마치며…

중세는 천년 이상 지속된 사회였다. 이 사실은 두 가지 상반된 의미를 말해 주고 있다. 우선 비판적인 시각으로 보자면 이 긴 시간 동안 오직 하나의 세계관만이 지속했을 뿐 아니라 오직 하나의 정치적 체제만이 존재하였다는 것은 대단히 폐쇄적인 사회였던 것 같은 인상을 주기도 한다. 이는 한편으로는 중세시대가 정신적인 면에서 진보 혹은 의식의 진화가 더딘 시기였음을 의미한다.

반면 긴 시간이란 어떤 의미에서 매우 큰 장점을 가지고 있다. 그것은 발효의 시기가 충분하였다는 것이다. 존재론 혹은 세계관의 차원에서 중세철학은 희랍의 그것보다 한층 정교하게 완성을 이루었고, 사유가 깊어지고 보다 통일되었으며 인간에 대한 이해도 '신성한 것'과 한층 더 가까이 다가설 수 있었다. 중세철학자들은 논리학을 발전시키고 담론의 방식을 발전시키고 이에 따라 인식론의 차원에서도 다양하게 발전시켰다. 르네상스가 '희랍적 사유의 재탄생'을 의미하기는 하지만, 사실상 중세철학이 없었다면 서양의 근·현대사상도 존재할 수 없었을 것이다. 존재를 둘러싼 다양한 개념, 인식에 있어서 경험주의적 방법과 조명설, 그리고 선의 실천에 있어서 지성주의와 의지주의 나아가 개별자와 보편자에 대한 논의들, 선과 악에 대한 논의들 등 거의 모든 분야에서 정-반-합의 변증법적 방식으로 사유를 매우 섬세하게 전개시켜 나간 것이 중세철학자들의 장점이었다. '존재', '인격', '의식' '의지', '선과 악', '사랑', '신성함', '믿음' 등 진정으로 인간적인 삶을 이해하는 데 요청되는 수많은 개념이 중세철학자들에 의해 섬세하게 정립되었다.

일반적인 관점에서 보자면 중세의 철학은 희랍의 철학을 계승하고 발전시킨 것이겠지만, 그럼에도 중세철학은 현재의 서구문명의 근간을 이루는 데 있어서 희랍철학보다는 훨씬 더 실제적인 영향을 미치고 있는 정신적 지주라고 할 수가 있을 것이다. 그중에서도 윤리학 혹은 도덕 분야에서 희랍의 사유에서 진정한 도약을 이룬 것이 중세철학이었다. 희랍의 윤리학이 덕의 윤리학이라고 한다면, 중세철학의 윤리학은 사랑의 윤리학이라 할 수 있기 때문이다. 이 사랑의 윤리학은 오늘날 서구 기독교문명의 뿌리이자 삶의 목적이기도 하다. 중세인들이 사랑의 윤리학을 자신들의 삶의 원리로 삼은 것은 물론 존재론적으로 신은 사랑 자체이며, 세계의 존재 이유와 인생의 목적이 여기에 있다고 믿었기 때문이다. 그리고 이 사랑의 원리를 통해서 실제로 '보편적인 가치'가 이 세상에 존재할 수 있었다. 왜냐하면 중세철학자들이 말하는 사랑이란 그 대상과 범주를 초월하는 말 그대로 존재하는 모든 것을 사랑하는 것이며, 세상 모든 사람을 품을 수 있는 '아가페적인' 사랑이기 때문이다.

물론 현대인의 관점에서 중세의 사상들을 비판적으로 고찰할 수 있는 여지도 많다. 아마도 그 대표적인 것을 들자면 중세철학이 충분히 자율성을 가지지는 못하였다고 할 수 있다. 교회가 이상적인 사유의 원형이라고 할 수 있는 '도그마'를 이미 가지고 있었기 때문에 대다수의 중세철학자는 이 모범적인 사유의 틀을 벗어나 자유롭게 사유를 전개할 수가 없었다. 예를 들어 중세 기독교는 '죄의 기원'과 관련하여 '원죄개념'을 가지고 있었고, 원죄의 교리를 부정하는 철학자는 보이지 않지만, 자신들의 사유의 틀 속에서 이 원죄가 어떻게 실제로 개인들에게 이어지고 또 이 문제를 어떻게 해결할 수 있을 것인지에 대해 고민한 철학자는 거의 없었다. 마찬가지로 현실에서의 '악의 현존'에 대한 문제에 있어서도 거의 '존재의 부족'이라는 소극적인 방식으로만 이해하고자 하였고, 인간들에 의해 이루어지는 '적극적인 악의 현존'에 대한 해명은 충분히 주어지지 않았다. 따라서 자연히 도덕적인 영역에 있어서 중세의 사상들은 이론적인 학문의 영역과 실천적 삶의 영역이 매우 이원화될 수밖에 없었던 세계였다. 아우구스티누스, 토마스 아퀴나스 그리고 그 외 수많은 철학자의 저작에는 세계와 인간, 그리고 신에 대한 사랑의 이론들이 풍부하게 발견되지만, 실제로 당시 철저하게 계급적이었던 사회에 대한 비판적인 성찰은 이루어지지 않았고, 무수하게 반복하여 일어났던 전쟁에 대해서도 그 비-정의로움을 논하거나 고발하지 않았다. 모든 개인은 신의 모상을 간직한 '인격'이라고 주장하였지만, 당시 일상으로 발생하였던 약자와 가난한 자들에 대한 인격 침해나 삶의 어려움에 대해 진정으로 고민하였던 철학자는 거의 보이지 않는다. 한마디로 사변적으로 매우 정교하고 탁월한 그들의 사상이 민중이나 국민들 나아가 인류의 삶의 질적인 향상을 위한 실제적인 도구가 되는 데는 한계를 가지고 있었다고 말할 수 있다.

물론 서구적인 '진보사관'에서 보자면 우리는 '의식의 진보가 너무나 더딘' 이러한 시기적인 발생은 자연스러운 것이라고 할 수도 있을 것이다. 어느 지역이든 역사의 경험적 자료에 의하면 서구의 고·중세와 크게 다를 바가 없기 때문이다. 그렇기 때문에 진정한 비판은 당시의 철학자들이 어떠하였는가 하는 것에 주어질 것이 아니라, 오늘날의 후학들에게 주어져야 할 것이다. 즉 중세철학을 공부하는 현대의 후학들은 과연 중세의 철학자들의 그 부족함을 충실히 메꾸어 주고 있는지를 스스로 질문해 보아야 하는 것이다. 그리하여 '지혜를 혹은 진리를 사랑하는 것'이라는 '철학의 그 원래 의미나 목적'을 현대사회 안에서 되살리고자 노력하는 일일 것이다.

# 주 · 석

1 Emmanuel Mounier, *Le Personnalisme*, du Seuil, 1972.

2 Emmanuel Mounier, *Communisme, anarchie et personnalisme*, Québec, Édition numérique, 2007.

3 Emmanuel Mounier, *Le Personnalisme*.

4 Emmanuel Mounier, *Communisme*.

5 J. Martain, *Trois réformateurs*, in O.C, Tom 3, Saint-Paul, 1925.

6 Platon, *La Republique*, trad. par R. Baccou, GF-Flammarion, 1966, p. 360.

7 *Ibid.*

8 Pierre Teilhard de Chardin, *Le Phénomen humaine*, du Seuil, 1956.

# 용·어·해·설

**가브리엘 마르셀**G. Marcel**과 사르트르**J. P. Sartre: 이 두 사람은 프랑스의 대표적인 실존주의자들이다. 실존주의는 2차 세계대전 이후 현대인의 우울한 비극에 대한 고찰에서 출발하고 있는데, 독일의 실존주의자 하이데거가 '존재의 망각' '죽음의 근심' 등에서 그 모티브로 삼고 출발하고 있다면, 마르셀과 사르트르는 사람들 사이의 관계의 단절과 소통의 부재 등으로 인한 고독의 문제로 출발하고 있다.

**개념론**conceptualisme: 보편논쟁에서 '유명론'과 '실재론'을 종합한 사유라고 할 수 있다. 보편자란 개별자 안에서 '형상', '본질', '본성' 등의 형태로 존재하고 있다고 보는 관점이다. 이것이 인간의 정신에게는 '개념'이란 형식으로 나타나기에 '개념론'이라고 한다.

**건덕적**建德的**인 지혜**: 말 그대로 '덕을 세우는 지혜'를 의미한다. 소크라테스가 철학적 담론을 통해서 궁극적으로 지향한 것이 아테네 사람들의 도덕적인 올바름을 회복하고자 하였다. 이를 실존주의자의 선구자인 키르케고르는 마치 의사가 의료지식을 배우는 궁극적인 목적이 '학문을 만들기 위해서'가 아니라 '사람들을 치유하기 위한 것'처럼 사람들의 잘못된 윤리·도덕적 의식을 바로잡기 위한 것으로 보고 '건덕적 지혜'라고 부른 것이다.

**견해**doxa: 플라톤에 따르면 '견해'란 일종의 앎과 무지의 중간 상태로서 '그럴듯함' 혹은 '맹목적 믿음' 등을 의미하는 것이다. 불충분한 근거로 수용된 믿음이라고 할 수 있다. 플라톤은 이를 '학문science'과 대립시키고 있다. (국가론, 5권, t. 7, 5장 참조)

**경이**驚異: '놀람' '감탄함' '전율을 느낌'을 의미하는 것으로 이해할 수 없는 놀라운 어떤 것, 숭고한 어떤 것과 마주하였을 때 인간이 느끼는 감정을 말한다. 불어로는 '메르베이유merveille'라고 하는데 아리스토텔레스는 이 같은 감정을 가지게 될 때 인간은 "이것이 누가 만든 것인가?", "어떤 힘이나 원리가 이를 가능하게 하는 것인가?", "무엇을 목적으로 이러한 것을 만든 것인가?"는 등의 질문을 할 수 밖에 없고 여기서 진리를 위한 탐구, 즉 철학이 시작된다고 본 것이다. 후일 토마스 아퀴나스 역시 동일한 입장을 견지하고 있다.

**관상**contemplatio: '정관'이라고도 불리는 진리를 통찰하는 인간의 행위를 말한다. 아리스토텔레스의 '관조'의 개념과 유사하나, 보다 차원 높은 것이다. 관조란 세상의 어떤 진리, 즉 어떤 대상의 원리나 본질을 통찰하는 단계를 말한다. 반면 관상은 본질적으로 세상에 현존하는 신의 현존이나 신의 섭리를 통찰하는 것을 말한다. 가톨릭에서는 두 종류의 수도원이 있는데, 세상 사람들에게 봉사를 하는 '활동수도원'과 세상과 거리를 두고 고독과 명상을 통해서 신의 현존을 추구하는 '관상수도원'이 있다. 관상은 이 세상 안에서 신의 현존을 발견하고 통찰하며 그 현존과 일치하고자 하는 행위를 말한다.

**관조**theoria: 아리스토텔레스에게 있어서 '관조'란 탐구의 마지막에서 최후적으로 획득한 원리나 본질 등을 통찰하는 단계를 말한다. 어떤 관점에서는 탐구주체가 사라지는 '몰아일체'의 단계라고 할 수 있다. 희랍어로는 '테오리아theoria'라고 불렀는데 이는 '인간으로서의 최상의 앎의 단계'를 의미한다. 따라서 이 용어에서 파생된 용어인 영어의 'theory', 즉 '이론'은 아리스토텔레스의 '관조'의 의미보다 축소된 개념이라고 할 수 있다.

**용어해설**

**대화**dialektike: '디알렉티케'는 '담론' '이야기' '대화' 등을 의미한다. 플라톤의 『대화』편의 '대화'란 어떤 결론을 이끌어내기 위해서 '논해가는 과정'을 말한다. 이로부터 '정-반-합'을 과정을 통해 보다 나은 것을 도출해가는 '변증법diallectique'이란 용어가 파생된 것이다.

**보눔**bonum: 라틴어의 '보눔'은 '좋은 것' 혹은 '좋음'이라는 뜻을 가진 용어이며, 윤리·도덕적인 의미에서는 '선함', '착함' 등을 지칭한다. 일반적으로 '보눔'은 존재의 특성으로 고려되면서 통일성, 질서, 아름다움, 선량함 등의 속성을 지칭하는 용어이다.

**로고스**Logos: 로고스는 '언어', '이성', '지성', '담론' 등을 의미하는 그리스 말이다. 희랍의 초기 철학자들에게는 '부분을 하나의 전체로 종합하는 이성' 혹은 '변화의 창조적 법칙(헤라클레이토스)'처럼 고려하였고, 스토아철학자들에게는 '신성함'의 의미로 사용하기도 하였다.

**맹모삼천지교**孟母三遷之敎: 맹자의 어머니가 맹자의 교육을 위해 세 곳을 이사했다는 데서 유래하는 말이다. 원래 맹자의 집이 공동묘지 근처였는데 그래서 어린 맹자는 상여놀이를 하면서 놀았다. 아이의 교육을 위해 시장으로 이사를 하니 여기서는 또 상인들을 흉내 내면서 놀았다. 마지막으로 학교 근처로 이사를 가니 맹자가 공부하는 것을 흉내 내면서 놀았는데 그리하여 후일 훌륭한 선비가 된 것이다. 이 말은 교육에 있어서 환경의 영향이 매우 중요하는 의미를 담고 있다.

**목적**telos: 아리스토텔레스의 사상을 흔히 '목적론적 세계관'이라고 한다. 여기서 '목적'(텔로스)은 모든 운동이나 행위가 발생하기 위한 조건으로서의 궁극적인 지향점을 의미한다. 따라서 어떤 운동도 목적에 도달하기 전까지는 운동이 멈추지 않는다. 그리고 '텔로스'는 이를 획득하기 위한 어떤 에너지 즉, '열정'(파토스)을 유발하는 동기가 된다. 영어의 목적론을 의미하는

'Teleology'는 '텔로스'에서 파생된 것이다.

**무아**無我: 불교에서 무아를 지향하는 것은 '나 자신我'을 추구하는 것에서 집착이 발생하고 집착하는 것에서 고뇌나 번뇌가 발생한다고 보기 때문이다. 즉 '비움'을 실천하여 완전히 '없음空'에 이르면 고통이나 고뇌가 소멸되는 것이다. 무아를 통해 일체의 번뇌가 사라진 상태를 '해탈'이라고 한다.

**무지에 대한 자각**aporia: '아포리아'는 희랍으로 '막다른 골목에 봉착하는 것' 혹은 '진퇴양난'을 말하는 것이다. 대화의 과정 속에서 더 이상 합리적인 설명이 불가능하여 스스로 자신의 무지를 자각하게 되는 상태를 '아포리아의 상태'라고 한다.

**문자적**littéral 해석: 성서를 해석하는 데 있어서 (역사적 문화적 배경을 참조하기보다는) 문자(단어, 용어 등)의 의미들을 밝히는 것을 중심으로 해석하는 방법을 말한다.

**분서갱유**焚書坑儒: '책을 불태우고 선비들을 파묻는다'는 뜻을 가진 용어로 그 기원의 진시황제가 학자들이 전제정치를 비판하는 것을 막기 위해 명한 것에서 비롯한다. 특히 사상을 다루고 있는 책들을 불태우고 학자들을 핍박하는 정치적 행위를 지칭하는 말이다.

**분유론**分有論: '분유'란 말 그대로 '존재를 나누어 줌'을 의미한다. 따라서 참여이론이 신의 존재에 참여하고 있는 세계 혹은 존재자들의 관점에서 본 것이라면, '분유론'은 세계와 존재자들에게 존재를 나누어 주고 있는 신 혹은 존재 자체의 관점에서 본 관점이다. 따라서 '참여론'과 '분유론'은 동일한 사태를 두 가지 다른 관점에서 본 것이다.

**선**禪, **교**教, **염**念: 일반적으로 불교의 승려들이 '수행'을 하는 방법을 말하는 것으로 '선'은 '참선'을 말하는 것으로 '명상' 혹은 '묵상'을 의미하는 것이며, '교'는 말 그대로 경전을 공부하는 것을 말하며, '염'은 '염불'을 의미하는 것으로 어떤 중요한 말이나 용어를 반복하여 외는 것을 말한다.

**성성**聖性: '인간성'이 인간을 인간답게 하듯이, 성성은 성인을 성인답게 하는 내적인 본성과 같은 것이다. 일반적으로 성성은 신으로부터 주어지는 것도 아니요, 타고난 것도 아니다. 이는 모든 인간이 일종의 가능성으로서 지니고 있는 것으로 불교의 '불성'과 유사한 개념이다. 다만 그리스도교에서는 '가능성으로서의 성성'을 실현하는데 있어서 인간의 힘만으로는 불가능하며, 신의 은총을 전제하고 있다.

**신**Dämonen: 희랍의 초기 철학자들에게 있어서 신의 관념은 그리 분명하지 않았다. 소크라테스에게 신탁을 준 신의 이름도 '다이몬'이었다. 라틴어의 신Deus과 동일한 용어로는 '떼오스θεός'인데 아리스토텔레스의 형이상학에 이 용어가 등장한다. 여기서 '신학'(테올로지)이라는 용어가 파생되어 나온다. 반면 '다이몬'은 '인간을 훨씬 능가하는 자' '초-자연적인 존재'의 의미로 쓰이다가 후일 불어의 'Démon' 즉 '악마'라는 용어로 파생된다.

**신의 도성**civitate Dei: '신의 도성'이라는 용어는 아우구스티누스의『신국론』의 책의 제목으로 번역된 용어이기도 하다. 이 용어를 직역하면 신이 다스리고 통치하는 '신의 나라' 혹은 '신의 왕국' 혹은 '신의 도성'이 되겠지만, 책의 제목으로 번역할 때는 '어떤 이론을 담고 있는 책'이기에『신국론』으로 번역하고 있는 것이다. 하지만 세속적인 국가와 신성한 국가를 대립시킬 때, 당연히 이 용어는 '신의 나라' 혹은 '신의 도성'으로 번역되는 것이다.

**신의 이미지**Imago Dei: '신의 모상'이라고도 불린다. 성서에 신이 인간을 만들 때 '우리의 모습대로(모습을 본따) 만들자'라고 하였는데, 이를 근거로 '인간은 신을 닮았다'라고 한다. 즉 인간은 그 깊은 본질 안에 신성한 무엇을 지니고 있는 존재인 것이다.

**신학**theologikē: 아리스토텔레스가 '형이상학'을 '신학'이라고 부른 이유도 신이 실제로 존재한다면 '우주의 제일원이'이 곧 신일 밖에 없다고 본 때문이다. 라틴어에서 'Theologia''신에 관한 학문' 즉, '신학'을 의미한다.

**아타락시아**ataraxia: '내적평정'을 의미하는 이 용어는 스토아 철학자들의 최고경지의 상태를 지칭한다. 단순한 마음의 평정이라기보다는 자신이나 자신의 주위에 어떤 일이 발생하더라도 흔들림이 없이 내적인 평정을 유지하는 '정신의 혹은 영혼의 평정'을 의미하는 것이다. 즉 아타락시아는 스토아 철학자들의 수행의 궁극적인 목적이었다.

**여정의 인간**homo viator: '호모 사피엔스'가 생각하는 인간을 지칭하듯이 '호모 비아토르'는 말 그대로 '여행을 하는 인간'이라는 의미이다. 이 용어는 실존주의자 '가브리엘 마르셀'이 자신의 책의 제목으로 사용한 용어로서 '인간이란 무엇인가'에 대해 '인간이란 본질적으로 여행 중에 있는 존재'라는 답이 적절한 것이며, 인생이란 '궁극적인 목적지를 향해 여행을 하고 있는 중'이라고 이해하여야 한다고 하였다. 따라서 '호모 비아토르'는 '종교적 인간'을 의미하는 '호모 헐리지오수스homo religiosus'와 호환될 수 있는 용어이다.

**여정의 인간**Homo Viator: '여행하는 인간' 혹은 '여행 중에 있는 인간'의 뜻으로 '종교적 인간'의 다른 표현이다. 가브리엘 마르셀이 중세 그리스도인들의 인간관을 자신의 저서에 제목으로 붙인 용어로서 '종교적 인간'의 의미를 내포하고 있다. 다만 종교적 인간이 '초월성'의 의미를 부각시킨다면, '여정의 인간'은 '현세의 의미' 혹은 '세속적인 의미'를 부각시키고 있다. 즉 이 지상의 삶이라는 것은 크게 보면 여행 중의 한 부분에 불과하다는 관점이다.

**오블라**<sup>obla</sup>: 중세의 중기에는 어린이들을 위한 교육 기관이 없었는데, 귀족들은 수도원에 땅 등을 기부하고 자녀들의 교육을 위탁하였다. 이러한 아동들을 '오블라'라고 불렀다.

**우의적**<sup>allégorique</sup> **해석**: 성서를 해석하는 데 있어서 성서 속의 어떤 사건의 중요성을 인식함으로써 여기서 보다 깊은 뜻을 해석해 내는 방식을 말한다. 예를 들어 구약에서 홍해를 건넌 사건에서 신약에 있을 그리스도의 승리와 세계의 표징을 해석해 내는 방식이 우의적 해석이다.

**위**<sup>偽</sup> **디오니시우스**: 여기서 '위'란 라틴어로 'pesudo' 즉, '거짓' 혹은 '가짜'를 의미하는 말로써 '위 디오니시우스'란 '거짓 디오니시우스'라는 말이다. 관련 책들을 소개하는 저자가 자신을 사도 바울에 의해 개종한 '디오니시우스 아레오파기타'라고 소개하지만 전문가들은 저자가 디오니시우스의 권위를 빌리려는 거짓 정보라고 판단하였다.

**유명론**<sup>nominalisme</sup>: 중세의 '보편논쟁'이란 이데아, 인간성 같은 보편적인 존재가 실제로 존재하는가, 아니면 실제로 존재하는 것은 '개별자'뿐이며 이데아와 같은 것은 다만 이름만이 있는 것일까 하는 논쟁을 말한다. 여기서 '이데아'가 이름뿐이라고 생각하는 사유를 '유명론'이라고 한다. 반면 실제로 존재한다고 생각하는 사유를 '실재론'이라고 한다.

**유비**<sup>analogia</sup>: 라틴어에서 유비란 '비유'와 유사한 뜻을 가지고 있지만 그 쓰임새가 다르다. 비유란 A의 특성을 설명하기 위해서 사람들이 익히 알고 있는 B의 특성을 들어 설명하는 것이다. 예를 들어 '사자는 백수의 왕이다'라고 했을 때, 가장 큰 권력을 가진 '왕'의 특성을 들어 사자가 동물들 중에 가장 힘이 센 동물임을 표현해 주는 것이다. 하지만 이러한 특성을 빼면 왕과 사자는 유사한 점이 거의 없다. 반면 유비란 '연속' 혹은 '지속'을 통해서 어떤 인과관계를 설명하는 것을 말한다. 예를 들어 A가 B로 하여금 C를 훔치도록 협박을 하여 어쩔 수 없이 B가 C를 훔쳤다면, 비록 절도행위는 B가 했지만 절도의 첫 원인이 A에게 있으므로 '유비적으로 말해 A가 절도자다'라고 말할 수 있다. 이와 유사하게 봄에 꽃이 피는 것은 자연법칙에 의한 것이지만, 애초에 자연법칙을 신이 만든 것이라고 한다면 "유비적으로 말해 봄에 꽃이 피는 것은 신이 그렇게 하기 때문이다"라고 말할 수 있다.

**유비적**anagogique **해석:** 유비적 해석은 성서의 어떤 사건들을 역사의 마지막에 실현될 '현실'에 대한 비전을 제공하기 위한 것이라는 차원에서 해석하는 방식이다. 예를 들어 '예루살렘의 교회'는 하늘의 교회, 즉 천국을 표징하는 것으로 해석하는 방식이다. 따라서 이 해석은 항상 '미래의 사건'과 연관되는 것으로 '종말론적 해석'이라고도 한다.

**일자론**一者論**:** '일자론'이란 세계(우주)가 하나의 최초의 원인으로부터 모든 것이 흘러나와서 형성된 것이며, 세계는 또한 최종적으로 이 '일자'로 다시 돌아가게 된다는 이론이다. 여기서 '일자the One'란 절대자, 무한자, 신 등과 유사한 개념이며, 무엇이라 말로 표현할 수 없는 '유일한 하나'라는 의미가 강조되고 있다.

**일체유심조**一切唯心造**:** 불교에서 '모든 것이 마음이 만든 것' 혹은 '만사가 마음의 조화에 달려있음'을 의미하는 말이다. 원효대사가 한밤중에 해골바가지의 물을 맛있게 마셨지만, 아침에 일어나 그 물이 구더기가 묻어 있는 해골바가지의 물인 것을 알고는 구역질을 하게 되었다는 일화는 '일체유심조'의 한 상징적 일화이다.

**전의적**tropologique **해석:** 성서에 기록된 사건들은 신도들을 올바른 행동으로 인도할 수 있는 것으로 이해하는 방식이다. 즉, 신앙인들의 '도덕적 삶을 위해서' 쓰였다고 이해하는 방식으로 해석하는 것이다. '도덕적 해석'이라고도 한다.

**전제정치**despotism: 개인이든 집단이든 하나의 개체가 절대 권력을 가지고 모든 것을 지배하고 통치하는 정치형태 혹은 정부형태를 말한다. 예를 들어 왕이 지배하였던 조선시대는 전제정치 시대였다. 따라서 정교일치 시대는 전제정치의 한 형태일 수밖에 없다.

**정교분리**: '정교분리'란 '정교일치'의 반대말이다. 고·중세 때에는 주로 정치와 종교가 일치된 형태를 보여 주고 있는데, 이는 성직자(제사장)가 곧 왕(통치자)의 역할을 동시에 하거나 최소한 왕이 성직자의 권위 아래 있는 사회를 말한다. 반면 근대 이후 대다수의 사회는 왕(정치)이 성직자(종교)의 권위로부터 독립하여 독자적인 권한과 결정권을 가지고 있었는데 이러한 사회가 정교분리의 사회이다.

**정교일치**政敎一致: 정교일치란 '종교와 정치가 일치된 형태'를 말하는 것으로 보통 제사장(성직자)이 왕의 역할을 함께하였던 체제 혹은 최소한 왕이 제사장의 권한 밑에 있고 최종적인 정치적 결정권이 제사장에게 있었던 체제를 말한다.

**제일철학**prōtē philosophia: 아리스토텔레스가 '형이상학'을 제일철학이라고 부른 이유는 형이상학에서 다양한 개념들과 원리들을 탐구하지만 그 중에서도 어떤 것의 원인을 탐구하는데, 하나의 결과는 반드시 원인을 가정하여야 하고, 그 원인은 그것의 또 다른 원인을, 또 다른 원인은 또 다른 원인을... 가져야 한다. 이렇게 무한히 인과관계의 계열을 올라가다보면 (현실에서 무한히 라는 개념이 불가능하므로) 언젠가는 최초의 원인(우주의 제일원인)에 봉착하게 될 것이다. 바로 이렇게 모든 것의 원인이 되는 최초이자 최고의 원인을 추구하는 것이 형이상학이기에 '제일철학'이라고 부른 것이다.

**존재 자체**Ipsum Esse: 그 어떤 본질도 자신의 존재를 스스로 산출할 수가 없다는 의미에서 모든 존재하는 것은 '다른 어떤 것'으로부터 존재를 부여받아야 하는데, 이것이 곧 '존재 자체'이며 중세인들에게 있어서 이는 '신 자체'이다. 신으로서의 존재자체는 또한 모든 존재들에게 궁극적인 원인으로서 이해되기에 '보편존재'라고도 불린다.

**존재**esse: 존재의 개념은 중세 때에도 철학자들마다 약간의 차이가 있지만 일반적으로 '본질(정체성)'에 대립하는 개념으로서 본질을 '실제적으로 있게 하는 힘' 혹은 '이 본질이 현실적으로 있음'을 의미하는 것이다. 예를 들어 '용'이라는 개념은 개념으로서는 있지만, 실제로 존재하지는 않는다. 이 경우 우리는 용은 개념으로는 있지만, 존재하지 않는 것이라고 할 수 있다. 이렇게 돌, 나무, 동물, 사람 등 모든 것은 실제로 존재하기 위해서는 그 본질을 있도록 하는 어떤 근원적인 힘을 전제하여야 한다. 이것이 곧 '존재'이다. 어떤 것을 현실적으로 존재하도록 하는 힘(에너지)을 의미할 때, 존재를 '존재현실력'이라고 부르고, 없지 않고 '현재 존재하고 있음'이라는 행위 actus를 지칭할 때는 '존재행위'라고 부른다.

**종교적 사랑**Caritas: 라틴어에서 모든 인간적인 사랑을 '아모르amor'라고 하고, 종교적 삶에 있어서 '헌신적이 사랑' 혹은 '신성한 사랑'을 카리타스 Caritas라고 한다. 토마스 아퀴나스는 모든 종류의 사랑이 시작되는 근원적인 뿌리와 이 사랑들이 궁극적으로 지향하는 것을 '카리타스'라고 하였다. 그 근거는 운동의 원인이 건강이고 운동의 결과도 건강이듯이, 형이상학적으로 볼 때 원인과 결과는 동일하기 때문이다. 다시 말해 모든 종류의 사랑이 소멸하지 않고 끝까지 나아간다면 도달하게 되는 곳이 곧 '카리타스'이라는 것이다. (표 33 참조)

**지복**至福: 지복은 말 그대로 '지극한 행복'이라는 뜻으로 '최고의 행복'이라고 할 수 있다. 아리스토텔레스는 이를 'eudaimonia'라고 불렀는데, 이것이 이 현세에서 가능한 것인가 아닌가 하는 문제는 학자들마다 이견이 있다. 반면 후일 토마스 아퀴나스는 이 지복을 'beatitúdo'라 불렀는데 이는 이 지상에서는 주어질 수 없으며 천국에서만 주어질 수 있는 것이라 보았다. 다만 성인들의 경우 이 자상에서 이미 지복에 (어느 정도) 참여하고 있다고 주장하였다.

**지성적인 유**知性的 類, species intelligibilis: '지성적인 유' 혹은 '지적인 유'의 용어는 '감각적인 유'와 함께 현대에는 거의 사용하지 않는 용어이며, 한글로 규정하기도 매우 어려운 중세철학 특유의 용어이다. '감각적인 유'란 오로지 감각적인 차원에서 완결된 최상의 규정을 말하며, 지성적인 유란 지성적 차원에서 완결된 최상의 규정을 의미한다. 예를 들어 '교사'라고 한다면, 감각적으로 떠올릴 수 있는 최상의 교사에 대한 이미지를 교사에 대한 감각적인 유라고 한다면, 교사에 대한 최상의 완결된 개념 혹은 '교사의 이데아'를 교사에 대한 '지성적인 유'라고 할 수 있다.

**지혜**sophia**와 사랑**philein: 철학을 의미하는 그리스말 'philosophia'에서 '소피아'는 '지혜'를 의미하고, 'philo'는 갈망하다 혹은 사랑하다는 'philein'에서 파생된 것이다. 따라서 철학자란 '지혜를 사랑하는 사람'을 말한다. 일반적으로 철학자가 추구하는 것으로 '지식'에 대비되는 말로, 지식이 '정보의 축적'으로서의 앎이라고 한다면 지혜는 '깨달음'으로서의 앎, 특히 인생의 진리에 대한 깨달음을 말한다. 그리고 사랑에는 남녀 간의 감성적 사랑의 '에로스', 형제지간의 형제애 혹은 벗들 사이의 우정의 '필리아' 그리고 자기 헌신적인 사랑을 의미하는 '아가페'가 있다. 따라서 철학자는 지혜를 벗으로 삼고 살아가는 사람이라고 할 수 있다.

**진정한 앎**epistēmē: 대화와 숙고의 최후에 얻어지는 내적인 확신을 동반하는 앎을 말하는 것으로 최후적인 앎이라고 할 수 있다. 플라톤은 이를 '학문적인 앎'과 동일시하면서 '견해'에 대립시키고 있다. 여기서 '인식론epistemology'이란 용어가 파생되어 나온다.

**참여이론**participatio: '참여이론'은 줄여서 '참여론'이라고도 한다. 이는 중세 철학에서 모든 존재하는 것은 자신들의 존재의 근원에 근거하여서만 존재를 지속할 수 있으며, 따라서 세계 자체가 신의 존재에 의존하여서만 존재를 지속할 수 있다고 보는 이론이다. 즉 존재하는 모든 것은 존재를 지속하기 위해서는 '존재자체Ipsum Esse'인 신의 존재에 참여하여야 한다는 것이다. 그래서 중세철학자들은 존재의 지평에서 독립하는 존재는 오직 신뿐이며 나머지 모든 존재는 '의존적인 존재'라고 보았다.

**창조적 본질**essentia crēativa: 창조적 본질이란 마치 도공이 청자를 만들기 전에 도공의 지성 안에 '청자의 이데아 혹은 모델'을 상상하듯이, 세계가 창조되기 위해서 창조주의 정신 안에 세계를 만들기 위한 이상적인 세계의 형상이 주어져야 하는데, 이것이 '창조적 본질'을 의미한다. 플라톤의 '이데아 개념'은 후일 토마스 아퀴나스에게서는 신의 지성 속에 존재하는 '창조적 본질'을 지칭하는 것이 된다.

**코스모스**kosmos: 질서, 조화, 균형, 세계, 우주 등을 의미하는 희랍어 용어이다. 희랍사람들에게 세계 혹은 우주라는 것은 그 자체 비례와 조화와 질서를 완벽하게 갖춰진 것, 가장 완전한 것처럼 보였고 그래서 세계를 '코스모스'라고 부른 것이다.

**타-메타-타-피지카**: 아리스토텔레스가 '형이상학'에 해당하는 저서에 일종의 '가제'로 붙여놓은 것이 후일 'Metaphysica'로 정착되었다. 한문용어로 '形而上學'이라고 이름이 번역되어 사용된 것은 18세기에 일본의 학자들이 유럽의 언어를 한자어 용어로 처음 번역하여 사용한 것이다.

**탁월한 것**aretē: '아레떼'란 탁월한 것 혹은 탁월성을 의미한다. 일반적으로 어떤 전문 분야의 체득된 기술을 '탁월한 것'으로 여기며, '탁월성'이라고 할 때는 '성품의 탁월함'을 말하는데, 인내, 용기(용감), 현명함, 절제(중용) 등

오랫동안의 습관을 통해 마치 본성처럼 된 것을 이르는 것이다.

**행복**felicitas**과 행운**fortuna: 라틴어에서는 '행복'을 의미하는 '펠리시타스'와 '행운'을 의미하는 '포르투나'는 언어적으로 분명히 구분된다. 불어에서 '축하합니다!'라고 할 때 '펠리시타시옹félicitation!'이라고 하는데, 이 용어는 '펠리타스'에서 파생된 것이다. 즉 누군가 축하할 일이 있다는 것은 곧 '행복한 상태에 있음'을 의미하는 것이다. 반면 '행운'은 축하할 일은 아니며, 행복과는 직접 상관이 없다. 그 이유는 행복은 어떤 식으로든 내적인 충만의 상태를 가정한다. 가령 오랫동안 노력한 끝에 획득한 '학위'나 '자격증' 등은 축하할 만한 일이며, 자신의 내적인 충만을 가져다주며 그의 노력의 결실은 그의 내적인 특성을 이루면서 시간이 지나도 소멸하지 않는 것이다. 반면 스스로의 노력으로 무엇인가를 이룬 경우가 아닌 '우연히' 주어진 '좋음' 즉 '행운'은 결코 내적인 충만함과 이어지지 않으며 오래 지속하지도 않는다.

**형상**eidos: 하나의 존재자는 '형상과 질료'로 구성되어 있다고 할 때, 이 형상이 곧 '에이도스'이다. 이는 라틴어의 'essentia' 그리고 불어와 영어의 'essence'에 해당하는 용어이다. '본성natura'과 호환될 수 있는 용어이지만, 본성이 이로부터 한 존재자의 작용이나 행위가 유발되는 원리라고 한다면, 형상은 이 존재자의 특성, 자격, 자기동일성 등을 규정하는 원리 즉, 그것이 '무엇인 것What'을 규정하는 원리로 본성보다 포괄적이거나 상위적인 원리를 의미한다.

# 도·표·색·인

# 색인

588

# 인·명·색·인

색인

# 저·자·후·기

〈서양고중세철학〉의 과목을 강의해 온 지도 거의 20년이 되었다. 강사 시절에는 '대구가톨릭대학'에서 강의를 하였고 그 이후로는 '제주대학'에서 강의를 하였다. 그동안 적절한 교재를 쓰고 싶다는 생각을 지속적으로 가졌지만 이런저런 이유로 미루다가 이제야 마련하게 되었다. 철학 혹은 사상이란 매우 탄력적인 것이어서 동일한 사상을 가톨릭대학에서 강의를 할 때와 국립대학에서 강의를 할 때에는 누가 지적해 주지 않아도 저절로 분위기가 바뀌게 된다는 것을 느낄 수 있다. 그 이유는 물론 다수의 수강자가 신앙인들인가, 일반인들인가 하는 데 있다. 가톨릭대학에서는 중세사상을 보다 강조하였다면 국립대학에서는 고대철학을 보다 강조하게 된다. 가톨릭대학에서는 고대철학을 강의할 때 보다 신중하게 되고, 국립대학에서는 중세철학을 강의할 때 보다 신중하게 된다. 반드시 선입견을 가지고 비판적으로 바라보거나 거부감을 느낄 수 있는 학생들이 있기 때문이다. 고대와 중세는 유사한 면이나 지속성을 가지고 있기는 하지만 분명 그 세계관이나 가치관이 확연히 다른 두 시기이다. 이 두 시기를 동시에 강의할 때 이를 어떻게 하나의 지평에서 소화해 내는가 하는 점은 매우 중요하다. 다행히 철학이란 지식을 습득하는 것이 아니라, 지혜를 습득하는 것이어서 이 점에서 두 부류의 수강자들을 모두 만족시키고 수렴할 수 있다고 생각된다.

강의를 하는 입장에서 강의 교재가 자신이 만든 것인가 타인의 것인가 하는 점은 매우 중요한 것이다. 자신의 것일 때는 보다 자신감과 확신을 가지고 강의에 임할 수 있기 때문이다. 어떤 의미에서 자신만의 글을 쓴다는 것은 용기를 필요로 하는 일이다. 왜냐하면 항상 객관성과 정확성을 무기로 자신만의 글을 비판하고자 하는 이들도 반드시 있기 때문이다. 프랑스의 현대 가톨릭철학자인 '모리스 블롱델'은 "사랑한다는 것은 우선적으로 고통을 사랑하는 것"이며 또한 "사랑이란 소중하고 사랑스러운 고통 그 자체를 사랑하는 것"이라고 하였다. 이는 사실인 것 같다. 무엇을 사랑하고자 한다는 것은 안전함을 포기하는 것과 같은 것이기 때문이다. 기존의 권위들을 염두에 두지 않고, 세태의 흐름에 구애치 않고 오직 독자들의 유익과 행복만을 생각하면서 글을 쓴다는 것은 항상 망설임을 야기한다. 소크라테스나 토마스 아퀴나스와 같이 철학자이면서 동시에 성인이었던 사람이라면 그 무엇에도 두려움을 가지지 않고 '오직 진리만이' 자신의 척도가 될 수 있었겠지만 현실을 살아가는 일반인들에게는 이는 항상 두려움을 동반하는 것이기 때문이다. 하지만 만일 철학적인 저작도 일종의 '작품', 즉 '창작행위'라고 생각할 수 있다면, 글을 쓰는 일이 훨씬 자유로울 수 있을 것이며, 또한 그 결과도 훨씬 만족스러울 수 있을 것이다. 왜냐하면 창작이란 '가장 자기다운 것, 자신의 인격이 묻어나는 유일한 것'을 산출하는 작업이기 때문이다. 철학을 하면서 예술을 함께한 때문인지, 나의 대부분의 글에는 주관적인 특성이 매우 부각되어 있다. 심지어 논문을 쓸 때에도 나는 무언가 나다운 것을 쓰고자 하였고, 내가 이해한 것, 나의 마음속에서 이미 내 것이 되어 버린 것을 제시하고자 하는 성

저자후기
591

향을 감추지를 못하였다. 그래서 이 책을 쓰면서도 한편 조심스러웠던 것이 사실이다. 혹시라도 나의 지나친 주관적 성향 때문에 고대철학을 전공한 전공자들에게, 그리고 중세철학을 전공한 다른 전공자들에게 누를 끼치지나 않을까 하는 생각 때문이었다. 만에 하나 그러한 점이 있다면 '나의 예술적 기질의 발로' 때문이라고 너그러이 이해해 주기를 바라고 싶다.

사실 철학적 작업에서 정확한 해석이나 엄밀한 규정 등은 본질적인 부분이 아닐 것이다. 수학이나 과학은 정확성과 엄밀성이 생명일 수 있겠지만 '인생의 지혜'를 추구하는 철학자에게는 정확한 것보다는 '참된 것', 분명한 것보다는 '진실한 것'이 더 우선적이고 더 중요한 것일 수 있기 때문이다. 지하수를 끌어 올리는 사람에게 있어서 어떤 수도관을 통해서 지하수가 나오는가 하는 것이 중요한 것이 아니라, 어떤 수도관에서 나오든지 맑고 깨끗하고 시원한 지하수가 나오는 것이 중요하기 때문이다. 이 책의 제목에 '진리'라는 말 대신에 '지혜'라고 쓴 이유도 이 때문이다. 이번 원고가 출간될 수 있도록 선뜻 허락해 주신 세창출판사의 모든 분께 진심으로 감사의 마음을 드린다.

2023년 8월 14일,
아라동 연구실에서
저자